U0903209

2013

辽宁统计年鉴

LIAONING STATISTICAL YEARBOOK

辽宁省统计局 编

图书在版编目（CIP）数据

辽宁统计年鉴. 2013 / 辽宁省统计局编. -- 北京 : 中国统计出版社, 2013.9

ISBN 978-7-5037-6959-7

Ⅰ. ①辽… Ⅱ. ①辽… Ⅲ. ①统计资料－辽宁省－2013－年鉴 Ⅳ. ①C832.31-54

中国版本图书馆 CIP 数据核字(2013)第 215633 号

辽宁统计年鉴-2013

作　　者/辽宁省统计局
责任编辑/佘竞雄
封面设计/黄　晨
出版发行/中国统计出版社
通信地址/北京市丰台区西三环南路甲 6 号　邮政编码/100073
电　　话/邮购（010）63376907　书店（010）68783172
网　　址/http://csp.stats.gov.cn
印　　刷/河北天普润印刷厂
经　　销/新华书店
开　　本/880×1230 毫米　1/16
字　　数/1090 千字
印　　张/36
版　　别/2013 年 9 月第 1 版
版　　次/2013 年 9 月第 1 次印刷
定　　价/390.00 元

本书附同版本 CD-ROM 一张，光盘内容以书面文字为准。
如有印装差错，由本社发行部调换。

《辽宁统计年鉴—2013》编委会和编辑出版人员

编者说明

一、《辽宁统计年鉴—2013》是一部信息高度密集的大型资料性年刊。本书收录了全省和各市、县、区 2012 年经济、社会、科技等方面的统计数据，以及重要年份和改革开放以来的主要统计数据。

二、全书分为二十四个部分，即：1.行政区划和自然资源；2.综合；3.国民经济核算；4.人口；5.就业人员和职工工资；6.固定资产投资；7.能源；8.财政；9.物价；10.人民生活；11.城市概况；12.环境保护；13.农业；14.工业；15.建筑业；16.运输和邮电；17.国内贸易；18.对外经济贸易；19.旅游；20.金融业；21.服务业；22.教育和科技；23.文化、体育、卫生；24.其他社会活动。另附辽宁省与有关省市经济指标对比及各市、县、区主要经济指标。

三、本年鉴中所使用的计量单位均采用国际统一标准计量单位。

四、本年鉴中的资料大部分来自年度统计报表，部分数据使用年度快报数。全国分省资料来自国家统计局出版的有关统计资料。

五、本年鉴中部分数据的合计数或相对数由于单位取舍不同产生的计算误差均未作机械调整。

六、本年鉴中凡带续表的资料，如有注解均加在最后一张续表下面，请使用时注意。

七、本年鉴表中的符号使用说明："…"表示数据不足本表最小单位数；"空格"表示该项统计指标数据不详或无该项数据；"#"表示其中的主要项。

目 录

一、行政区划和自然资源
Chapter 1 Administrative Division and Natural Resources

二、综合
Chapter 2 General Survey

三、国民经济核算
Chapter 3 National Economy Accounting

四、人口
Chapter 4 Population

五、就业人员和职工工资
Chapter 5　Employment and Wage

六、固定资产投资

Chapter 6 Investment in Fixed Assets

七、能源
Chapter 7 Energy

八、财政
Chapter 8 Government Finance

九、物价

Chapter 9 Price Indices

十、人民生活

Chapter 10 People's Living Conditions

十一、城市概况
Chapter 11 General Survey of Cities

十二、环境保护
Chapter 12 Environment Protection

十三、农业
Chapter 13 Agriculture

十四、工业
Chapter 14 Industry

十五、建筑业
Chapter 15　Construction

十六、运输和邮电
Chapter 16　Transport, Post and Telecommunication Services

十七、国内贸易
Chapter 17 Domestic Trade

十八、对外经济贸易

Chapter 18　Foreign Trade and Economy Cooperation

十九、旅游
Chapter 19 Tourism

二十、金融业
Chapter 20 Financial Intermediation

二十一、服务业
Chapter 21 Service

二十二、教育和科技
Chapter 22　Education, Science and Technology

二十三、文化、体育和卫生
Chapter 23 Culture, Sports and Public Health

二十四、其他社会活动

Chapter 24 Others Social Activities

附录

Appendix

一、行政区划和自然资源

Chapter 1 Administrative Division and Natural Resources

1-1 行政区划

(2012年末)

地　区	县级市	县	自治县	区	镇	乡	街道
全　省	**17**	**19**	**8**	**56**	**623**	**262**	**630**
沈　阳	1	3		9	55	18	141
大　连	3	1		6	35	20	106
鞍　山	1	1	1	4	60	3	47
抚　顺		1	2	4	24	23	36
本　溪			2	4	18	5	35
丹　东	2		1	3	59	5	26
锦　州	2	2		3	54	27	35
营　口	2			4	35	3	34
阜　新		1	1	5	53	12	30
辽　阳	1	1		5	30	6	25
盘　锦		2		2	27	1	28
铁　岭	2	3		2	71	18	14
朝　阳	2	2	1	2	68	63	37
葫芦岛	1	2		3	34	58	36

1-2 县区一览表

地　区	县(市)	区
沈　阳	新民市、辽中县、康平县、法库县	和平、沈河、大东、皇姑、铁西、东陵、苏家屯、沈北新区、于洪
大　连	瓦房店市、普兰店市、庄河市、长海县	中山、西岗、沙河口、甘井子、旅顺口、金州
鞍　山	海城市、台安县、岫岩县(满)	铁东、铁西、立山、千山
抚　顺	抚顺县、新宾县(满)、清原县(满)	新抚、东洲、望花、顺城
本　溪	本溪县(满)、桓仁县(满)	平山、溪湖、明山、南芬
丹　东	东港市、凤城市、宽甸县(满)	元宝、振兴、振安
锦　州	凌海市、北镇市、义县、黑山县	古塔、凌河、太和
营　口	大石桥市、盖州市	站前、西市、老边、鲅鱼圈
阜　新	阜新县(蒙)、彰武县	海州、新邱、太平、细河、清河门
辽　阳	辽阳县、灯塔市	白塔、文圣、宏伟、弓长岭、太子河
盘　锦	盘山县、大洼县	双台子、兴隆台
铁　岭	调兵山市、开原市、铁岭县、西丰县、昌图县	银州、清河
朝　阳	北票市、凌源市、朝阳县、建平县、喀左县(蒙)	双塔、龙城
葫芦岛	兴城市、绥中县、建昌县	连山、南票、龙港

1-3 自然状况及资源

指　　标	2012年
一、自 然 状 况	
1.经　纬　度	
东　　经	118°53′～125°46′
北　　纬	38°43′～43°26′
2.气　　候	
平均降水量	886.4毫米
平 均 气 温	8.3摄氏度
平均日照时数	2557.8小时
二、土地资源	
土地总面积	14.84万平方公里
山　　地	8.6万平方公里
平　　地	4.9万平方公里
其　　他	1.3万平方公里
农业用地面积	1123.0万公顷
1.耕地面积	408.5万公顷
2.园地面积	59.7万公顷
3.林地面积	569.9万公顷
4.牧草地面积	34.9万公顷
5.其他农业用地	50.0万公顷
建设用地面积	151.98万公顷
1.居民点和工矿用地面积	115.2万公顷
2.交通用地面积	9.1万公顷
3.水利设施用地	14.8万公顷
未利用地面积	518.5万公顷
三、海洋、水产资源	
海岸线总长度	3026公里
大陆岸线长度	2110公里
岛屿岸线长度	916公里
海水养殖面积	817.035千公顷
滩 涂 面 积	130.046千公顷
海 上 面 积	611.668千公顷
其　　他	75.321千公顷
内陆水域养殖面积	202.601千公顷
水 库 面 积	103.915千公顷
池 塘 面 积	47.173千公顷
其 他 面 积	51.513千公顷
四、水　资　源	
省内流域面积	14.55万平方公里
#辽　河	6.35万平方公里
鸭 绿 江	1.66万平方公里
沿海诸河	5.75万平方公里
地 表 水:	
河川径流量	492.42亿立方米
#辽　河	158.88亿立方米
鸭 绿 江	112.95亿立方米
沿海诸河	215.54亿立方米
地 下 水:	
资　源　量	147.36亿立方米
水资源总量	547.30亿立方米

注：本表土地资源数据，由于第二次国土资源调查数据国土资源部没有确定，因此除土地总面积(仅总值数)、建设用地面积(仅总值数)为2011年数据外，其他均为2008年数据。

1-4 主要城市平均气温

(2012年) 单位：摄氏度

城市	1月	2月	3月	4月	5月	6月	7月	8月	9月	10月	11月	12月	年平均
沈阳	-14.0	-8.8	-0.4	10.5	18.6	21.6	24.8	23.0	17.7	9.4	-0.4	-12.9	7.4
大连	-4.9	-3.0	2.4	9.4	18.4	20.0	23.7	24.3	20.5	14.5	5.2	-4.4	10.5
鞍山	-9.3	-5.5	1.6	12.2	20.5	22.8	25.4	24.2	19.3	12.1	1.7	-9.3	9.6
抚顺	-15.7	-11.0	-1.3	10.0	17.7	20.5	23.8	22.3	16.6	7.9	-2.0	-15.3	6.1
本溪	-12.5	-8.1	-0.3	10.4	17.9	21.1	24.3	22.9	17.4	9.6	-0.3	-11.7	7.6
丹东	-8.2	-6.4	1.2	8.6	16.8	20.0	22.8	23.5	18.3	11.0	1.5	-8.9	8.4
锦州	-9.4	-5.4	1.5	10.7	19.8	21.0	24.8	23.3	19.0	12.0	1.8	-8.0	9.3
营口	-9.7	-5.7	0.9	11.0	18.6	21.6	25.1	23.7	19.4	12.3	2.2	-8.6	9.2
阜新	-14.5	-9.0	-0.5	10.4	18.4	21.2	23.7	22.1	16.9	8.4	-1.6	-12.4	6.9
辽阳	-11.4	-6.7	1.1	11.7	19.9	22.5	25.5	24.1	18.9	11.0	1.1	-10.5	8.9
盘锦	-11.1	-7.0	0.3	9.8	18.5	21.4	24.8	23.4	18.8	11.3	0.9	-10.1	8.4
铁岭	-14.2	-8.6	-0.9	11.0	18.8	21.5	24.4	22.9	17.7	9.5	-1.1	-12.7	7.4
朝阳	-12.2	-6.9	1.2	12.3	19.8	21.4	24.6	22.9	17.2	10.0	-1.4	-10.3	8.2
葫芦岛	-10.2	-6.0	1.6	10.1	18.6	20.5	24.4	23.0	18.6	11.9	1.5	-8.8	8.8

1-5 主要城市平均相对湿度

(2012年) 单位：%

城市	1月	2月	3月	4月	5月	6月	7月	8月	9月	10月	11月	12月	年平均
沈阳	65	51	61	53	53	78	81	84	81	72	73	70	69
大连	53	50	52	63	52	78	81	74	65	57	57	60	62
鞍山	51	40	49	47	43	68	78	79	73	60	64	63	60
抚顺	69	62	66	51	54	81	81	83	82	73	77	70	71
本溪	58	47	54	48	50	72	77	82	77	66	70	65	64
丹东	47	52	57	65	67	78	89	81	78	68	65	60	67
锦州	47	45	45	51	43	73	71	72	65	55	55	51	56
营口	54	51	59	59	59	78	82	83	76	65	64	62	66
阜新	50	44	47	45	45	72	78	80	78	70	68	58	61
辽阳	59	46	54	51	48	70	76	78	74	66	68	66	63
盘锦	53	52	58	61	56	75	77	78	74	66	67	63	65
铁岭	60	46	57	44	47	73	79	79	75	64	71	65	63
朝阳	44	32	39	37	39	73	72	77	73	58	64	54	55
葫芦岛	52	47	49	57	50	83	83	84	77	64	61	57	64

1-6 主要城市降水量

(2012年)

单位：毫米

城市	1月	2月	3月	4月	5月	6月	7月	8月	9月	10月	11月	12月	全年
沈阳	0.7	10.9	23.3	40.9	59.6	105.3	102.5	241.6	56.3	93.8	29.8	21.3	786.0
大连	2.4		19.1	105.5	0.2	108.8	198.6	106.3	74.0	44.8	74.5	34.9	769.1
鞍山	7.2	10.6	24.4	107.7	45.4	168.9	134.2	270.2	57.5	93.9	48.9	28.4	997.3
抚顺	0.7	8.0	23.4	33.8	32.1	186.9	155.4	220.8	49.5	73.9	53.6	26.2	864.3
本溪	3.1	5.7	23.7	54.5	57.5	163.7	153.8	355.2	58.1	74.2	54.8	21.8	1026.1
丹东	7.6	6.3	23.2	89.3	31.6	187.7	359.3	212.0	210.1	126.4	68.9	24.7	1347.1
锦州	0.3	2.3	19.9	60.4	15.0	155.1	224.7	249.5	54.6	32.3	45.3	9.5	868.9
营口	0.3	6.8	24.5	125.6	34.7	158.7	114.7	279.5	87.3	79.5	62.2	23.5	997.3
阜新	0.1	3.6	14.7	72.7	33.2	90.6	81.4	192.5	71.2	73.3	45.0	3.9	682.2
辽阳	2.8	9.5	21.1	86.1	49.9	166.4	128.2	299.7	49.9	86.2	48.5	22.5	970.8
盘锦	0.1	9.2	23.8	113.2	38.6	117.1	208.3	169.4	72.8	83.9	52.7	7.4	896.5
铁岭	0.7	12.2	28.9	57.9	28.1	168.8	180.1	159.6	51.3	60.0	34.0	15.7	797.3
朝阳		3.7	11.7	37.9	30.9	84.0	139.0	153.9	74.0	26.5	71.7	2.8	636.1
葫芦岛	1.2	2.6	18.1	53.9	10.4	123.1	199.5	212.3	67.9	34.4	40.7	5.9	770.0

1-7 主要城市日照时数

(2012年)

单位：小时

城市	1月	2月	3月	4月	5月	6月	7月	8月	9月	10月	11月	12月	全年
沈阳	210.0	230.2	233.9	236.6	308.8	166.0	209.9	229.4	206.7	231.1	142.4	172.2	2577.2
大连	191.4	226.0	229.9	235.4	306.4	210.8	201.6	244.6	233.4	234.1	194.8	162.5	2670.9
鞍山	182.2	215.9	216.5	247.3	312.6	212.0	199.6	242.8	206.9	239.2	163.6	168.3	2606.9
抚顺	186.1	207.0	226.7	241.0	297.3	180.8	201.3	226.8	223.2	208.4	132.2	151.0	2481.8
本溪	186.3	234.6	236.5	255.9	359.8	241.9	235.9	259.1	249.9	257.6	163.0	170.9	2851.4
丹东	207.0	223.8	224.7	208.9	289.4	195.9	117.0	221.9	222.5	246.1	200.6	189.6	2547.4
锦州	202.1	216.4	249.2	220.8	285.7	168.4	236.1	205.8	204.4	223.1	167.8	181.6	2561.4
营口	178.3	220.9	228.0	232.1	301.3	182.2	191.3	223.0	210.0	229.6	179.8	172.6	2549.1
阜新	158.8	220.2	228.5	206.7	260.9	206.7	199.8	223.3	207.2	215.1	155.6	152.7	2435.5
辽阳	168.8	192.4	188.5	216.4	302.9	168.6	156.5	188.9	198.0	224.0	146.1	157.0	2308.1
盘锦	204.0	214.0	251.1	247.3	308.8	203.3	240.7	234.8	221.3	223.6	171.2	195.4	2715.5
铁岭	167.9	200.2	219.5	214.4	308.2	171.7	207.6	239.8	231.4	227.4	145.6	165.4	2499.1
朝阳	163.0	201.9	251.4	235.8	273.4	144.1	187.4	227.7	202.5	235.8	158.7	143.3	2425.0
葫芦岛	202.7	213.2	238.2	226.3	281.7	166.0	240.0	211.9	194.0	230.7	178.2	196.5	2579.4

主要统计指标解释

森林面积 指生长着乔木和竹林，郁闭度在 0.3 以上(不包括 0.3)的林地面积，即有林地面积。它是反映森林资源总面积的重要指标。森林面积包括天然林面积和人工林面积。但不包括灌木林地和疏林面积。

森林覆盖率 通常是指森林面积占土地总面积之比，一般用百分数表示。但国家规定在计算森林覆盖率时，森林面积还包括灌木林面积、农田林网树占地面积以及四旁树木的覆盖面积。森林覆盖率，是反映一个国家或地区森林资源和绿化水平的重要指标。计算公式:

森林覆盖率(%) =（森林面积 / 土地总面积）× 100%

本年鉴内所列森林覆盖率是按有林地面积计算的。

活立木总蓄积量 指全部土地上树木蓄积的总量。包括森林蓄积、疏林蓄积、散生木蓄积和四旁树蓄积。

森林蓄积量 指森林面积上生长着的林木树干材积总量。它是反映一个国家或地区森林资源总规模和水平的重要指标。

草地面积 指牧区和农区用于放牧牲畜或割草，植被盖度在 5%以上的草原、草坡、草山等面积。包括天然的和人工种植或改良的草地面积。

矿产保有储量 指探明的矿产储量(包括工业储量和远景储量)扣除已开采部分和地下损失量后的年底实有储量。它反映全省矿产资源的现状。

二、综合

Chapter 2 General Survey

2-1 全省法人、产业活动单位数

(2012年末)

单位：个

项　　目	代码	合计	单产业法人单位	多产业法人单位	合计	多产业法人所属的产业活动单位
合　　计	--	**453597**	**442775**	**10822**	**514817**	**72042**
一、按国民经济行业分组		**453597**	**442775**	**10822**	**514817**	**72042**
农、林、牧、渔业	A	13494	13434	60	14090	656
采矿业	B	6077	6022	55	6259	237
制造业	C	91309	90372	937	92549	2177
电力、燃气及水的生产和供应业	D	1972	1865	107	2961	1096
建筑业	E	21390	20824	566	23139	2315
交通运输、仓储和邮政业	F	124783	122838	1945	138882	16044
信息传输、计算机服务和软件业	G	13591	13252	339	16502	3250
批发和零售业	H	7576	7379	197	8679	1300
住宿和餐饮业	I	10034	9871	163	13426	3555
金融业	J	3821	3278	543	13335	10057
房地产业	K	17676	17272	404	18627	1355
租赁和商务服务业	L	35133	34652	481	38125	3473
科学研究、技术服务和地质勘查业	M	17257	17009	248	18727	1718
水利、环境和公共设施管理业	N	3622	3552	70	4080	528
居民服务和其他服务业	O	10647	10534	113	12095	1561
教育	P	13687	12670	1017	19407	6737
卫生、社会保障和社会福利业	Q	10655	10344	311	13582	3238
文化、体育和娱乐业	R	7075	7008	67	7617	609
公共管理和社会组织	S	43798	40599	3199	52735	12136
国际组织	T					
二、按登记注册类型分组		**453597**	**442775**	**10822**	**514817**	**72042**
内资	1	443343	432913	10430	500424	67511
国有	110	50665	46507	4158	75742	29235
集体	120	20018	19222	796	26018	6796
股份合作	130	4030	3912	118	5741	1829
联营	140	589	579	10	712	133
国有联营	141	103	101	2	135	34
集体联营	142	250	246	4	287	41
国有与集体联营	143	77	75	2	92	17
其他联营	149	159	157	2	198	41
有限责任公司	150	51608	50445	1163	56862	6417
国有独资公司	151	662	597	65	1138	541
其他有限责任公司	159	50946	49848	1098	55724	5876
股份有限公司	160	5891	5418	473	12496	7078
私营	170	258856	256372	2484	267122	10750
私营独资	171	93189	92740	449	95086	2346
私营合伙	172	6554	6507	47	6730	223
私营有限责任公司	173	150042	148167	1875	155742	7575
私营股份有限公司	174	9071	8958	113	9564	606
其他内资	190	51686	50458	1228	55731	5273
港澳台商投资	2	2390	2271	119	3927	1656
与港澳台商合资经营	210	1118	1076	42	1353	277
与港澳台商合作经营	220	100	97	3	124	27
港澳台商独资	230	1048	982	66	1948	966
港澳台商投资股份有限公司	240	112	105	7	478	373
其他港、澳、台商投资	290	12	11	1	24	13
外商投资	3	7864	7591	273	10466	2875
中外合资经营	310	3206	3103	103	3597	494
中外合作经营	320	356	345	11	418	73
外资企业	330	4010	3869	141	5664	1795
外商投资股份有限公司	340	231	215	16	635	420
其他外商投资	390	61	59	2	152	93

2-2 平均每天主要社会经济活动

指　标	单位	2005年	2008年	2009年	2010年	2011年	2012年
一、全省每天创造财富							
地区生产总值(现价)	亿元	22.05	37.45	41.68	50.57	60.90	68.07
农业总产值	亿元	4.58	6.79	7.41	8.51	9.96	11.13
地区财政收入	亿元	5.17	10.18	12.64	18.43	21.52	21.21
地方财政一般预算收入	亿元	1.85	3.72	4.36	5.49	7.24	8.51
布	万米	156.00	129.00	137.00	197.26	197.26	126.03
纸及纸板	万吨	0.20	0.20	0.20	0.20	0.21	0.20
卷　烟	亿支	1257.00	0.70	0.70	0.70	0.75	0.76
啤　酒	万升	5058.00	643.80	676.70	679.50	717.81	723.65
原　煤	万吨	17.52	17.57	18.15	18.20	19.19	17.62
发 电 量	亿千瓦小时	2.48	3.12	3.18	3.55	3.75	3.98
原　油	万吨	3.45	3.29	2.74	2.60	2.74	2.74
钢	万吨	8.38	11.15	13.10	14.25	14.86	14.19
水　泥	万吨	7.34	11.16	12.89	13.11	15.87	15.91
二、全省每天消费量							
城乡居民消费总额	万元	82164.40	134726.00	159249.30	186564.40	219277.30	253605.48
每人平均消费额	元	19.70	31.80	37.50	43.90	51.55	59.67
三、其他经济活动量							
货物运输总量	万吨	267.80	347.78	382.30	447.41	521.45	583.44
旅客运输总量	万人	166.02	248.57	263.48	280.11	272.13	285.24
港口货物吞吐量	万吨	82.76	133.61	152.09	186.17	214.72	242.47
房屋建筑竣工面积	万平方米	22.40	35.37	34.88	37.27	41.67	46.21
住宅	万平方米	13.05	18.85	19.60	20.56	25.10	24.94
邮寄函件	万件	34.15	22.82	20.51	21.92	24.11	20.27
四、人口变动和婚姻							
出　生	人	899	917	883	1020	862	956
死　亡	人	667	756	797	1272	827	1110
结　婚	对	704	880	1046	882	1021	1022
离　婚	对	218	253	278	273	305	310

注：2007年及以前卷烟产量的计量单位为万箱、啤酒产量的计量单位为万吨。

2-3 国民经济和社会

指 标	单位	总量指标					
		2005年	2008年	2009年	2010年	2011年	2012年
人口与就业							
人 口							
年底总人口	万人	4189.2	4246.1	4256.0	4251.7	4255.0	4244.8
男性人口	万人	2123.4	2146.9	2149.9	2144.7	2143.6	2136.5
女性人口	万人	2065.8	2099.2	2106.1	2107.0	2111.4	2108.3
就 业							
从业人员数	万人	2120.3	2198.2	2277.1	2317.5	2364.9	2423.8
# 职工人数	万人	609.6	585.6	572.1	572.8	557.2	572.3
城镇登记失业人数	万人	60.4	39.0	41.6	39.5	39.4	38.1
宏观经济							
地区生产总值(现价)	亿元	8047.3	13668.6	15212.5	18457.3	22226.7	24846.4
第一产业	亿元	882.4	1302.0	1414.9	1631.1	1915.6	2155.8
第二产业	亿元	3869.4	7158.8	7906.3	9976.8	12152.2	13230.5
第三产业	亿元	3295.5	5207.7	5891.3	6849.4	8159.0	9460.1
人均地区生产总值	元	19074	31739	35149	42355	50760	56649
固定资产投资							
全社会固定资产投资总额	亿元	4234.1	10019.1	12292.6	16043.0	17726.3	21836.3
# 国有经济	亿元	1245.5	2496.8	2845.6	3875.5	3718.6	4492.9
集体经济	亿元	526.3	442.1	480.7	504.4	457.9	505.3
私营个体	亿元	819.8	3140.7	4108.3	5437.5	6637.7	8402.8
其他经济	亿元	1642.5	3939.4	4858.0	6225.7	6912.1	8435.3
财 政							
地方财政一般预算收入	亿元	675.3	1356.1	1591.2	2004.8	2643.2	3105.4
地方财政一般预算支出	亿元	1204.4	2153.4	2682.4	3195.8	3905.9	4558.6
物价总指数(上年=100)							
商品零售价格总指数	%	100.1	105.3	99.8	103.2	105.0	102.2
居民消费价格总指数	%	101.4	104.6	100.0	103.0	105.2	102.8
利用外资							
签订利用外资协议额	亿美元	110.2	203.0	281.8	256.4	196.4	247.7
实际外商直接投资额	亿美元	35.9	120.2	154.4	207.5	242.7	267.9
产 业							
农 业							
耕地面积	千公顷	3655.2	4085.3				
乡村从业人员	万人	1113.5	1164.7	1180.4	1208.5	1223.1	1217.8
农林牧渔业总产值(现价)	亿元	1671.6	2476.9	2704.6	3106.5	3633.6	4062.4
主要农产品产量							
粮 食	万吨	1745.8	1860.3	1591.0	1765.4	2035.5	2070.5
棉 花	吨	2685.0	2401.0	956.0	655.0	736.0	560.0
油 料	万吨	36.8	83.5	55.3	99.6	119.8	120.9
甜 菜	万吨	6.2	7.5	6.2	4.9	7.8	9.7
水 果	万吨	329.3	422.5	477.2	521.6	574.4	632.9
肉 类	万吨	346.1	373.3	389.2	406.7	408.2	418.7
水产品	万吨	425.3	494.9	534.7	429.1	453.9	480.8
工 业							
主要工业产品产量							
布	亿米	5.7	4.7	5.0	7.2	7.2	4.6
机制纸及纸板	万吨	83.4	56.9	77.2	88.5	76.2	73.3

注：1.本表总量指标中的价值量指标除邮电业务总量指标外均按当年价格计算。
2.本表速度指标中，地区生产总值和三次产业及人均生产总值、农林牧渔业总产值、邮电业务总量指标均按可比价格计算。

发展总量与速度指标

速度指标(%)							
指数(2012为以下各年)					平均增长速度		
2005年	2008年	2009年	2010年	2011年	2006-2010年	2003-2012年	2008-2012年
101.3	100.0	99.7	99.8	99.8	0.3	0.2	0.1
100.6	99.5	99.4	99.6	99.7	0.2	0.1	0.0
102.1	100.4	100.1	100.1	99.9	0.4	0.3	0.2
114.3	110.3	106.4	104.6	102.5	1.8	1.8	2.1
93.9	97.7	100.0	99.9	102.7	-1.2	-1.8	-0.8
63.1	97.7	91.6	96.5	96.7	-8.1	-6.6	-6.7
236.3	158.7	140.3	122.9	109.5	14.0	12.8	12.5
143.5	122.1	118.4	111.9	105.1	5.1	6.0	5.4
270.7	169.0	146.2	125.2	109.7	16.7	15.0	14.4
222.3	154.1	137.5	122.2	110.1	12.7	11.9	11.5
227.5	155.9	138.6	122.2	109.4	13.2	12.4	12.0
607.2	256.4	209.0	160.1	123.2	30.5	32.0	28.2
470.9	235.1	206.2	151.4	120.8	25.5	24.6	23.4
114.5	136.3	125.4	119.6	110.3	-0.9	13.2	16.7
1121.4	292.7	223.8	169.0	126.6	46.0	44.0	34.5
513.3	214.1	173.7	135.5	122.0	30.5	31.6	22.9
459.9	229.0	195.2	154.9	117.5	24.3	22.8	23.5
378.5	211.7	169.9	142.6	116.7	21.6	20.8	20.9
123.1	110.5	110.7	107.3	102.2	2.8	2.2	3.1
124.0	111.4	111.4	108.2	102.8	2.8	2.8	3.1
224.8	122.0	87.9	96.6	126.1	18.4	13.2	3.6
746.2	222.9	173.5	129.1	110.4	42.0	21.2	24.1
109.4	104.6	103.2	100.8	99.6	1.7	2.1	1.1
144.1	121.6	117.7	111.2	104.9	5.3	6.0	5.3
118.6	111.3	130.1	117.3	101.7	0.2	3.2	2.4
20.9	23.3	58.6	85.5	76.1	-24.6	-15.4	-23.2
328.5	144.8	218.6	121.4	100.9	22.0	7.9	35.6
157.0	129.8	157.0	198.6	124.8	-4.6	-13.1	14.1
192.2	149.8	132.6	121.3	110.2	9.6	10.4	9.8
121.0	112.2	107.6	103.0	102.6	3.3	4.5	3.8
113.1	97.2	89.9	112.1	105.9	0.2	2.5	5.9
80.7	97.9	92.0	63.9	63.9	4.8	-0.8	-9.8
87.9	128.8	94.9	82.8	96.2	1.2	3.5	-3.5

2-3 续表 1

指　　标	单位	总量指标					
		2005年	2008年	2009年	2010年	2011年	2012年
糖	万吨	4.2	2.0	5.6	6.1	24.2	5.4
家用电冰箱	万台	120.4	139.3	96.2	87.8	102.2	101.5
彩色电视机	万台	550.2	500.2	441.4	576.9	557.5	500.4
原　　煤	万吨	6395.0	6415.5	6624.2	6641.6	7005.1	6431.3
原　　油	万吨	1261.0	1199.3	1000.0	950.0	1000.0	1000.0
发 电 量	亿千瓦小时	904.2	1139.0	1162.5	1295.1	1369.9	1453.1
钢	万吨	3059.1	4068.6	4783.2	5202.7	5424.8	5178.4
成品钢材	万吨	3235.9	4285.3	4943.4	5669.4	5761.1	5924.2
水　　泥	万吨	2680.7	4074.4	4704.8	4785.8	5791.1	5809.0
全部规模以上工业企业主要指标							
固定资产原价	亿元	8202.5	12731.7	15419.8	18742.1	19977.7	21748.4
利润总额	亿元	356.0	658.2	1382.0	2371.4	2511.2	2435.7
建　筑　业							
建筑业企业人数	万人	91.7	109.3	132.6	165.8	171.7	203.2
建筑业总产值	亿元	1482.0	2505.2	3384.6	4690.3	6218.3	7543.3
施工房屋面积	万平方米	10224.9	14616.8	18760.5	26807.0	34906.3	40040.9
竣工房屋面积	万平方米	5111.1	6707.5	9228.4	13003.3	16692.1	17466.1
交 通 运 输							
货运量合计	万吨	97748	126939	139541	163303	190329	212957
铁　　路	万吨	14271	17400	18262	18622	18716	17388
公　　路	万吨	74799	92938	105088	127361	151773	174355
水　　运	万吨	5730	9267	9651	10434	11632	12631
空　　运	万吨	9.4	10.4	9.5	10.2	8.9	9.6
管　　道	万吨	2939	7323	6531	6876	8199	8573
客运量合计	万人	60599	90729	96172	102241	99328.4	104113
铁　　路	万人	9503	11958	13336	13298	12016.4	12018
公　　路	万人	49917	77510	81585	87699	86013	90650
水　　运	万人	650	597	543	490	549	588
空　　运	万人	529	664	708	754	750	857
沿海主要港口货物吞吐量	万吨	30208	48768	55513	67952	78374	88502
邮 电 通 信 业							
函　　件	亿件	1.3	0.8	0.8	0.8	0.9	0.7
报刊期发数	万份	339.0	375.1	356.1	383.7	554.6	404.0
国 内 商 业							
社会消费品零售总额	亿元	2999.0	4917.5	5812.6	6809.6	8003.6	9256.6
对 外 贸 易							
进出口总额	亿美元	410.1	724.4	629.2	806.7	959.6	1039.9
进口额	亿美元	175.7	303.8	294.8	375.5	449.2	460.4
出口额	亿美元	234.4	420.5	334.4	431.2	510.4	579.5
国 际 旅 游							
接待旅游人数	万人	130.2	241.9	293.2	361.8	410.3	473.1
旅游外汇收入	亿美元	7.4	15.3	18.6	22.6	27.1	31.8
金　　　融							
金融机构各项存款余额	亿元	11967.0	18223.2	22758.6	27372.5	30832.4	35303.5
金融机构各项贷款余额	亿元	7958.1	11794.6	15549.6	18689.8	22831.7	26306.5

速度指标(%)							
指数(2012为以下各年)					平均增长速度		
2005年	2008年	2009年	2010年	2011年	2006-2010年	2003-2012年	2008-2012年
127.4	267.6	95.6	87.7	232.7	7.7	2.5	30.8
84.3	72.9	105.5	115.6	99.3	-6.1	7.0	-5.4
91.0	100.0	113.4	86.7	89.8	1.0	2.1	3.4
100.6	100.2	97.1	96.8	91.8	0.8	2.2	0.3
79.3	83.4	100.0	105.3	100.0	-5.5	-3.0	-3.7
160.7	127.6	125.0	112.2	106.1	7.5	7.2	5.4
169.3	127.3	108.3	99.5	95.5	11.2	10.3	4.6
183.1	138.2	119.8	104.5	102.8	11.9	11.0	6.3
216.7	142.6	123.5	121.4	100.3	12.3	10.5	8.3
265.1	170.8	141.0	116.0	108.9	18.0	12.8	14.8
684.2	370.1	176.2	102.7	97.0	46.1	31.6	23.4
221.6	185.9	153.2	122.6	118.3	12.6	7.9	15.4
509.0	301.1	222.9	160.8	121.3	25.9	24.6	29.1
391.6	273.9	213.4	149.4	114.7	21.3	12.7	23.9
341.7	260.4	189.3	134.3	104.6	20.5	10.8	23.6
217.9	167.8	152.6	130.4	111.9	10.8	9.8	12.0
121.8	99.9	95.2	93.4	92.9	5.5	2.9	1.0
233.1	187.6	165.9	136.9	114.9	11.2	10.5	14.0
220.4	136.3	130.9	121.1	108.6	12.7	15.2	7.5
101.7	91.9	100.6	93.7	107.8	1.6	1.7	-3.1
291.7	117.1	131.3	124.7	104.6	18.5	10.1	11.9
171.8	114.8	108.3	101.8	104.8	11.0	6.7	7.9
126.5	100.5	90.1	90.4	100.0	7.0	2.2	2.9
181.6	117.0	111.1	103.4	105.4	11.9	7.6	8.8
90.5	98.5	108.3	120.0	107.1	-5.5	-0.6	-2.0
162.0	129.1	121.0	113.7	114.3	7.3	6.5	4.4
293.0	181.5	159.4	130.2	112.9	17.6	18.2	16.3
56.9	92.5	92.5	92.5	84.1	-9.3	-8.0	-1.5
119.2	107.7	113.5	105.3	72.8	2.5	-0.3	4.1
308.7	188.2	159.3	135.9	115.7	17.8	15.2	18.1
253.6	143.6	165.3	128.9	108.4	14.5	16.9	11.8
262.0	151.5	156.2	122.6	102.5	16.4	17.3	13.8
247.2	137.8	173.3	134.4	113.5	13.0	16.7	10.4
363.4	195.6	161.4	130.8	115.3	22.7	17.7	18.8
430.2	208.1	171.2	140.9	117.5	25.0	19.2	21.0
295.0	193.7	155.1	129.0	114.5	18.0	16.6	18.5
330.6	223.0	169.2	140.8	115.2	18.6	15.5	20.4

2-3 续表 2

指　　标	单位	总量指标					
		2005年	2008年	2009年	2010年	2011年	2012年
教育、科技、文化							
教　　育							
专任教师数							
普通高等学校	万人	4.4	5.3	5.6	5.7	5.9	6.1
中等学校	万人	17.5	17.5	17.7	17.7	17.7	14.8
小　　学	万人	16.4	15.1	15.0	14.7	14.5	14.5
在校学生数							
普通高等学校	万人	65.9	82.0	85.2	88.0	90.2	93.4
中等学校	万人	283.6	273.4	263.1	251.9	234.6	183.1
小　　学	万人	266.6	236.7	225.6	218.3	216.8	213.0
科　　技							
科技活动人数	万人	18.6	20.4	23.5	21.9	23.8	25.5
研究与发展经费支出	亿元	125.3	194.2	241.1	287.5	363.8	390.9
技术市场成交额	亿元	86.5		119.8	130.7	159.7	230.7
家庭、生活、环境							
家　　庭							
家庭总户数	万户	1400.2	1452.7	1473.3	1488.8	1498.7	1508.8
城镇居民平均每户家庭人口	人	2.8	2.7	2.7	2.7	2.6	2.7
农村居民平均每户家庭人口	人	3.4	3.3	3.2	3.2	3.2	3.2
婚　　姻							
结 婚 数	万对	25.7	32.1	38.2	32.2	37.3	37.3
离 婚 数	万对	8.0	9.2	10.1	10.0	11.1	11.3
居　　住							
城市居民人均住宅建筑面积	平方米	22.0	25.7	26.6	26.9	27.3	27.3
农村居民人均住房面积	平方米	25.1	26.4	27.0	27.3	29.0	29.5
生　　活							
城镇居民人均可支配收入	元	9107.6	14392.7	15761.4	17712.6	20466.8	23222.7
农村居民人均纯收入	元	3690.2	5576.0	5958.0	6908.0	8297.5	9383.7
城乡储蓄存款余额	亿元	6950.2	10127.3	12030.9	13690.3	15529.6	17967.4
工资和福利							
职工工资总额	亿元	862.9	1396.4	1552.5	1771.8	2171.6	2466.9
在岗职工平均工资	元	17331	27729	31104	35057	38713	42503
卫　　生							
医疗机构数	个	3457	3701	3711	3879	4001	4171
医　　生	万人	7.9	9.1	9.2	9.4	9.9	10.1
医疗床位数	万张	17.8	18.3	19.2	20.4	21.7	23.4
市政建设							
自来水供应量	亿吨	28.3	29.5	28.9	26.2	26.6	27.5
排水管道长度	公里	10519	12192	13350	14070	14906	15945
城市煤气和天然气供气量	亿立方米	10.0	12.0	11.4	12.1	13.4	14.6
道路长度	公里	10556	12111	12866	14238	14468	15513.3
园林绿地面积	公顷	74583	78841	84145	92751	95968	118297
环境、灾害							
工业固体废物综合利用量	万吨	4267.8	7581.8	8240.7	8417.5	10747.8	11861.8
火灾发生数	起	25478	5134	3785	5601	4080	8012
火灾损失	万元	4766	3930	2773	3587	16046.6	5542.5
交通事故发生数	起	10334	7210	6973	6758	6446	5979
交通事故损失	万元	5906.0	3758.0	3145.6	3061.8	2745.2	2917.8

速度指标(%)							
指数(2012为以下各年)					平均增长速度		
2005年	2008年	2009年	2010年	2011年	2006-2010年	2003-2012年	2008-2012年
137.5	114.2	108.0	106.1	103.0	5.3	5.9	3.7
102.6	103.1	102.2	102.1	100.6	0.1	0.4	0.7
88.2	95.8	96.4	98.4	99.4	-2.2	-1.9	-1.2
141.7	113.9	109.6	106.1	103.5	6.0	7.6	3.7
79.1	84.7	88.1	92.1	95.9	-3.0	-2.7	-3.8
79.9	90.0	94.4	97.6	98.2	-3.9	-3.6	-2.8
137.1	125.0	108.5	116.4	107.1	3.3	4.9	6.0
312.0	201.3	162.1	136.0	107.4	18.1	19.9	18.7
266.7		192.6	176.5	144.5	8.6	16.3	19.7
107.8	103.9	102.4	101.3	100.7	1.2	1.2	0.9
95.4	98.9	98.9	98.9	101.1	-0.7	-1.2	-0.8
92.8	95.6	98.6	99.2	98.6	-1.3	-1.1	-0.8
145.1	116.2	97.6	115.8	100.0	4.6	4.7	5.2
141.5	123.0	112.1	113.2	102.0	4.6	10.7	5.6
124.1	106.2	102.6	101.5	100.1	4.1	3.5	2.9
117.5	111.7	109.3	108.1	101.7	1.7	2.5	2.8
255.0	161.4	147.3	131.1	113.5	14.2	13.5	13.6
254.3	168.3	157.5	135.8	113.1	13.4	13.1	14.5
258.5	177.4	149.3	131.2	115.7	14.5	14.4	17.4
285.9	176.7	158.9	139.2	113.6	15.5	14.5	16.6
245.2	153.3	136.6	121.2	109.8	15.1	13.8	12.9
120.7	112.7	112.4	107.5	104.2	2.3	2.0	2.5
127.5	110.7	109.5	107.2	101.8	3.5	2.2	2.1
131.7	128.1	122.1	114.9	108.0	2.8	3.0	5.4
97.2	93.2	95.2	105.0	103.4	-1.5	-0.2	-0.6
151.6	130.8	119.4	113.3	107.0	6.0	6.0	6.5
146.0	121.7	128.1	120.7	109.0	3.9	4.7	5.8
147.0	128.1	120.6	109.0	107.2	6.2	4.6	6.1
158.6	150.0	140.6	127.5	123.3	4.5	6.8	9.0
277.9	156.5	143.9	140.9	110.4	14.6	14.2	15.7
31.4	156.1	211.7	143.0	196.4	-26.1	-9.6	-3.2
116.3	141.0	199.9	154.5	34.5	-5.5	4.9	-5.0
57.9	82.9	85.7	88.5	92.8	-8.1	-3.6	-5.7
49.4	77.6	92.8	95.3	106.3	-12.3	-4.0	-3.9

2-4 国民经济主要比例关系

单位：%

指标	2005年	2006年	2008年	2009年	2010年	2011年	2012年
地区生产总值产业比例							
第一产业	11.0	10.1	9.5	9.3	8.8	8.7	8.7
第二产业	48.1	49.1	52.4	52.0	54.1	55.2	53.2
第三产业	41.0	40.8	38.1	38.7	37.1	36.1	38.1
就业人数产业比例							
第一产业	34.1	33.7	31.9	30.6	30.4	29.6	28.7
第二产业	28.1	27.7	27.5	27.2	27.7	27.3	26.9
第三产业	37.8	38.6	40.6	42.2	42.0	43.1	44.5
固定资产投资总额资金来源比例							
国家预算	4.1	4.5	4.5	4.2	2.9	5.2	4.1
国内贷款	12.2	11.3	11.5	13.9	15.5	15.2	14.5
利用外资	2.9	2.3	3.7	2.9	1.8	1.7	1.5
自筹和其他	80.8	81.9	80.3	79.0	79.8	77.9	79.9
农业总产值中五业比例							
农　业	38.3	38.8	36.2	33.8	36.7	36.0	37.9
林　业	2.7	2.8	2.8	2.6	2.7	3.0	3.2
牧　业	38.1	35.6	42.5	43.3	40.9	41.9	39.9
渔　业	18.3	19.9	15.1	16.3	15.8	15.4	15.2
农林牧渔服务业	2.6	2.9	3.4	4.0	3.9	3.8	3.8
工业总产值中分行业比例							
国有企业	12.7	11.6	14.8	9.6	8.5	6.2	5.5
集体企业	3.4	3.0	2.4	2.6	2.5	2.2	2.2
其他经济类型企业	83.9	85.5	82.8	87.8	89.0	91.6	92.3
货运周转总量比例							
铁　路	35.1	29.5	19.0	16.7	15.4	14.7	12.0
公　路	12.2	11.6	19.1	19.9	21.3	22.3	23.0
水　运	51.1	57.7	61.2	62.8	62.8	62.4	64.4
民　航	0.1	0.1	0.1	0.1	0.1	0.1	0.1
管　道	1.5	1.1	0.6	0.5	0.5	0.6	0.5
客运周转总量比例							
铁　路	56.7	55.2	52.2	51.4	50.3	51.5	49.3
公　路	31.2	31.7	36.2	37.2	38.3	37.5	38.9
水　运	1.2	1.2	0.9	0.7	0.6	0.7	0.7
民　航	10.9	11.9	10.7	10.6	10.7	10.3	11.1

2-5 按总人口平均的国民经济主要指标

指　　标	单位	2005年	2006年	2008年	2009年	2010年	2011年	2012年
地区生产总值(现价)	元／人	19074	21914	31736	35239	42355	52258	58463
农业总产值(现价)	元／人	3998	4384	5843	6362	7303	8543	9559
固定资产投资总额	元／人	10127	13547	23636	28916	37715	41677	51381
地方财政收入	元／人	1615	1947	3199	3743	4713	6214	7307
地方财政支出	元／人	2881	3388	5080	6310	7513	9183	10726
粮食产量	公斤／人	417.6	410.7	438.9	374.3	415.0	478.6	487.2
油料产量	公斤／人	8.8	9.1	19.7	13.0	23.4	28.2	28.4
棉花产量	公斤／人	0.1	0.1	0.1	0.02	0.02	0.02	0.01
猪牛羊肉产量	公斤／人	57	55	60	63	65	65	66
水产品产量	公斤／人	101.7	83.7	116.8	125.8	100.9	106.7	113.1
水果产量	公斤／人	78.8	81.8	99.7	112.3	122.6	135.0	148.9
布产量	米／人	13.6	11.9	11.0	11.8	16.9	16.9	10.8
纸及纸板产量	公斤／人	19.9	16.1	13.4	18.2	20.8	17.9	17.2
卷烟产量	支／人	11.0	11.4	614.0	612.0	624.0	645.4	650.4
钢产量	公斤／人	732	908	960	1125	1223	1275	1218
煤产量	公斤／人	1530	1645	1514	1558	1561	1647	1513
发电量	千瓦小时／人	2162	2413	2687	2735	3045	3221	3419
原油产量	公斤／人	302	292	283	235	223	235	235
水泥产量	公斤／人	641	775	961	1107	1125	1362	1367
社会消费品零售总额	元／人	7173	8178	11601	13673	16008	18817	21781
出口总额	美元／人	561	674	992	787	1014	1200	1364
高等学校在校学生	人／万人	157.7	171.6	193.5	201.0	207.0	212.1	219.8
普通中学在校学生	人／万人	553.6	540.0	510.0	489.0	467.0	551.6	430.7
医院床位数	张／万人	42.5	42.9	43.2	45.1	48.0	51.0	52.8
卫生技术人员数	人／万人	49.9	45.2	51.4	52.2	53.7	55.8	57.9
医生	人／万人	21.8	22.4	21.4	21.6	22.0	23.3	23.7
城乡储蓄余额	元／人	16591	18291	23891	28301	32184	36512	42277

注：2005年及以后各年医生数为执业医师和执业助理医师。

主要统计指标解释

可比价格 指在不同时期的价值指标对比时，扣除了价格变动的因素，以确切反映物量的变化。按可比价格计算有两种方法：一种是直接用产品产量乘某一年的不变价格计算；另一种是用价格指数换算。

不变价格 指用同类产品的年平均价格作为固定价格，来计算各年产品价值。按不变价格计算的产品价值消除了价格变动因素，不同时期对比可以反映生产的发展速度。新中国成立后，随着工农业产品价格水平的变化，国家统计局先后五次制定了全国统一的工业产品不变价格和农业产品不变价格，从 1949 年到 1957 年使用 1952 年工(农)业产品不变价格，从 1957 年到 1971 年使用 1957 年不变价格，从 1971 年到 1981 年使用 1970 年不变价格，从 1981 年到 1990 年使用 1980 年不变价格，从 1990 年开始使用 1990 年不变价格。

平均每年增长速度 在我国计算平均增长速度有两种方法，一种是习惯上经常使用的“水平法”，又称几何平均法，是以间隔期最后一年的水平同基期水平对比来计算平均每年增长(或下降)速度。另一种是“累计法”，又称代数平均法或方程法，是以间隔期内各年水平的总和同基期水平对比来计算平均每年增长(或下降)速度。

在一般正常情况下，两种方法计算的平均每年增长速度比较接近，但在经济发展不平衡，出现大起大落时，两种方法计算的结果差别较大。

本年鉴内所列的平均每年增长速度均用“水平法”计算。从某年到某年平均增长速度的年份，均不包括基期年在内。如建国 43 年的平均增长速度是以 1949 年为基期计算的，则写为 1950~1992 年平均增长速度，余类推。

各个计划时期 表内所用各个“时期”代表的年份如下：恢复时期为 1950 年到 1952 年；第一个五年计划时期(简称一五时期)为 1953 年到 1957 年；第二个五年计划时期(简称“二五”时期)为 1958 年到 1962 年；第三个五年计划时期(简称“三五”时期)为 1966 年到 1970 年；第四个五年计划时期(简称“四五”时期)为 1971 年到 1975 年；第五个五年计划时期(简称“五五”时期)为 1976 年到 1980 年；第六个五年计划时期(简称“六五”时期)为 1981 年到 1985 年；第七个五年计划时期(简称“七五”时期)为 1986 年到 1990 年；第八个五年计划时期(简称“八五”时期)为 1991 到 1995 年；第九个五年计划时期(简称“九五”时期)为 1996 年到 2000 年。

企业(单位)登记注册类型 是以在工商行政管理机关登记注册的各类企业为划分对象，以工商行政管理部门对企业登记注册的类型为依据，将企业登记注册类型分为内资企业、港澳台商投资企业和外商投资企业三大类。内资企业包括国有企业、集体企业、股份合作企业、联营企业、有限责任公司、股份有限公司、私营公司和其他企业；港澳台商投资企业和外商投资企业分别包括合资经营企业、合作经营企业、独资经营企业和股份有限公司。对不在工商行政管理部门进行登记注册的行政机关、事业单位和社会团体，主要按其经费来源和管理方式进行划分。

国有企业 指企业全部资产归国家所有，并按《中华人民共和国企业法人登记管理条例》规定登记注册的非公司制的经济组织。不包括有限责任公司中的国有独资公司。

集体企业 指企业资产归集体所有，并按《中华人民共和国企业法人登记管理条例》规定登记注册的经济组织。

股份合作企业 指以合作制为基础，由企业职工共同出资入股，吸收一定比例的社会资产投资组建，实行自主经营，自负盈亏，共同劳动，民主管理，按劳分配与按股分红相结合的一种集体经济组织。

联营企业 指两个及两个以上相同或不同所有制性质的企业法人或事业单位法人，按自愿、平等、互利的原则，共同投资组成的经济组织。联营企业包括国有联营企业、集体联营企业、国有与集体联营企业和其他联营企业。

有限责任公司 指根据《中华人民共和国公司登记管理条例》规定登记注册，由两个以上、五十个以下的股东共同出资，每个股东以其所认缴的出资额对公司承担有限责任，公司以其全部资产对其债务承担责任的经济组织。有限责任公司包括国有独资公司以及其他有限责任公司。

(1)国有独资公司：指国家授权的投资机构或者国家授权的部门单独投资设立的有限责任公司。

(2)其他有限责任公司：指国有独资公司以外的有限责任公司。

股份有限公司 指根据《中华人民共和国公司登记管理条例》规定登记注册，其全部注册资本由等额股份构成并通过发行股票筹集资本，股东以其认购的股份对公司承担有限责任，公司以其全部资产对其债务承担责任的经济组织。

私营企业 指由自然人投资设立或由自然人控股，以雇佣劳动为基础的营利性经济组织。包括按照《公司法》、《合伙企业法》、《私营企业暂行条例》规定登记注册的私营有限责任公司、私营股份有限公司、私营合伙企业和私营独资企业。

(1)私营独资企业：指按《私营企业暂行条例》的规定，由一名自然人投资经营，以雇佣劳动为基础，投资者对企业债务承担无限责任的企业。

(2)私营合伙企业：指按《合伙企业法》或《私营企业暂行条例》的规定，由两个以上自然人按照协议共同投资、共同经营、共负盈亏，以雇佣劳动为基础，对债务承担无限责任的企业。

(3)私营有限责任公司：指按《公司法》、《私营企业暂行条例》的规定，由两个以上自然人投资或由单个自然人控股的有限责任公司。

(4)私营股份有限公司：指按《公司法》的规定，由五个以上自然人投资，或由单个自然人控股的股份有限公司。

其他内资企业 指上述企业之外的其他内资经济组织。

政府对生产单位的单方面收入转移，因此视为负生产税处理，包括政府亏损补贴、粮食系统价格补贴、外贸企业出口退税收入等。

固定资产折旧 固定资产折旧是指一定时期内为弥补固定资产损耗按照核定的固定资产折旧率提取的固定资产折旧，或按国民经济核算统一规定的折旧率虚拟计算的固定资产折旧。它反映了固定资产在当期生产中的转移价值。各种类型企业和企业化管理的事业单位的固定资产折旧指实际计提并计入成本费用中的折旧费；不计提折旧的单位，如政府机关、非企业化管理的事业单位和居民住房的固定资产折旧则是按照统一规定的折旧率和固定资产原值计算的虚拟折旧。原则上，固定资产折旧应按固定资产的重置价值来计算，但是我国目前尚不具备对全社会固定资产进行重估的基础，所以暂时只能采用上述方法来计算。

营业盈余 营业盈余是指常住单位创造的增加值扣除劳动者报酬、生产税净额和固定资产折旧后的余额。它相当于企业的营业利润加上生产补贴，但要扣除从利润中开支的工资和福利等。

三、国民经济核算

Chapter 3 National Economy Accounting

3-1 生产总值

单位：亿元

年份	生产总值	第一产业	第二产业	工业	建筑业	第三产业	人均生产总值(元)
1978	229.2	32.4	162.9	155.2	7.7	33.9	680
1979	245.0	40.7	166.4	158.0	8.4	37.9	717
1980	281.0	46.1	192.3	182.7	9.6	42.6	811
1981	288.6	49.1	187.5	174.0	13.5	51.9	823
1982	315.1	54.7	199.7	185.6	14.1	60.7	884
1983	364.0	72.2	219.7	202.2	17.5	72.1	1012
1984	438.2	80.4	268.2	243.3	24.9	89.6	1203
1985	518.6	74.9	328.1	299.2	28.9	115.6	1413
1986	605.3	92.9	357.8	326.0	31.8	154.6	1633
1987	719.1	109.5	417.0	375.6	41.4	192.6	1917
1988	881.0	141.9	492.5	444.4	48.1	246.6	2285
1989	1003.8	141.9	545.1	492.6	52.5	316.9	2574
1990	1062.7	168.6	540.8	482.9	57.9	353.3	2698
1991	1200.1	180.8	590.1	526.8	63.3	429.2	3027
1992	1473.0	194.6	741.9	661.2	80.7	536.5	3693
1993	2010.8	260.8	1039.3	920.6	118.8	710.8	5015
1994	2461.8	319.0	1259.1	1109.8	149.2	883.8	6103
1995	2793.4	392.2	1390.0	1233.4	156.6	1011.2	6880
1996	3157.7	474.1	1537.7	1379.1	158.6	1145.9	7730
1997	3582.5	474.4	1743.9	1567.6	176.3	1364.2	8725
1998	3881.7	531.5	1855.2	1664.1	191.2	1495.1	9415
1999	4171.7	520.8	2001.5	1795.7	205.8	1649.4	10086
2000	4669.1	503.4	2344.4	2114.9	229.5	1821.2	11177
2001	5033.1	544.4	2440.6	2190.1	250.4	2048.1	12015
2002	5458.2	590.2	2609.9	2332.0	277.9	2258.2	13000
2003	6002.5	615.8	2898.9	2556.8	342.1	2487.9	14270
2004	6672.0	798.4	3061.6	2680.4	381.2	2812.0	15835
2005	8047.3	882.4	3869.4	3401.8	467.6	3295.5	19074
2006	9304.5	939.4	4566.8	4017.0	549.8	3798.3	21914
2007	11164.3	1133.4	5544.2	4892.5	651.7	4486.7	26057
2008	13668.6	1302.0	7158.8	6359.4	799.4	5207.7	31739
2009	15212.5	1414.9	7906.3	6925.6	980.7	5891.3	35149
2010	18457.3	1631.1	9976.8	8789.3	1187.5	6849.4	42355
2011	22226.7	1915.6	12152.1	10696.5	1455.6	8159.0	50760
2012	24846.4	2155.8	13230.5	11605.1	1625.4	9460.1	56649

注：1.2000年以后的人均生产总值按常住人口计算。
2.2004年以前数据未与经济普查数据衔接，下同。
3.2005-2008年数据已根据2008年第二次经济普查数据进行了修订，下同。

3-2 生产总值指数

(上年=100)

单位：%

年 份	生产总值	第一产业	第二产业	工业	建筑业	第三产业	人均生产总值
1978	110.7	96.9	115.4	116.6	92.6	103.4	109.3
1979	104.9	106.9	103.3	103.2	106.5	111.2	103.6
1980	109.2	103.8	110.0	110.0	109.4	109.9	107.6
1981	98.4	98.1	94.0	92.8	123.5	119.4	97.2
1982	105.3	106.6	102.5	101.8	113.5	113.8	103.7
1983	113.3	128.3	108.8	109.1	104.4	115.2	112.3
1984	116.8	105.0	119.5	120.1	109.3	119.5	115.4
1985	113.3	84.0	118.7	118.2	127.8	120.5	112.4
1986	108.3	111.7	103.5	103.1	109.6	120.5	107.2
1987	114.1	106.0	111.4	111.5	110.4	124.8	112.7
1988	111.7	106.9	111.7	111.5	114.9	113.7	108.7
1989	103.1	95.7	101.6	102.0	95.4	109.3	101.9
1990	100.9	114.5	97.0	96.6	104.0	104.8	100.1
1991	106.1	104.2	104.0	103.2	110.9	110.2	105.4
1992	112.1	104.2	113.6	114.7	104.4	113.6	111.4
1993	114.9	110.7	116.6	116.1	120.4	114.3	114.3
1994	111.2	102.1	113.8	128.1	109.3	111.1	111.2
1995	107.1	104.9	107.1	107.8	100.1	107.8	106.4
1996	108.6	112.6	107.8	108.6	99.1	108.4	107.9
1997	108.9	101.3	110.5	110.9	106.1	109.2	108.7
1998	108.3	113.0	107.6	107.6	108.2	107.9	107.9
1999	108.2	105.1	108.5	108.6	106.7	108.9	107.9
2000	108.9	98.4	110.7	110.8	109.3	109.6	108.6
2001	109.0	106.7	107.5	107.4	108.7	111.5	108.7
2002	110.2	108.4	109.8	109.8	110.3	111.3	110.0
2003	111.5	107.2	112.3	111.6	117.5	111.7	111.3
2004	112.8	107.9	116.0	115.2	121.3	110.7	112.6
2005	112.7	107.9	114.4	114.9	111.0	112.1	112.6
2006	114.2	106.3	117.1	117.5	114.4	112.9	113.5
2007	115.0	104.0	117.8	118.6	111.7	114.5	114.0
2008	113.4	106.3	116.1	117.2	108.3	111.6	112.8
2009	113.1	103.1	115.6	114.4	125.6	112.1	112.5
2010	114.2	105.8	116.8	116.9	116.2	112.5	113.4
2011	112.2	106.5	114.0	114.3	112.3	111.0	111.7
2012	109.5	105.1	109.8	109.7	110.4	110.1	109.4

注：本表按可比价计算。

3-3 生产总值指数

(1952年=100)　　单位：%

年份	生产总值	第一产业	第二产业	工业	建筑业	第三产业	人均生产总值
1952	100.0	100.0	100.0	100.0	100.0	100.0	100.0
1957	212.8	113.8	297.2	293.7	327.8	174.9	171.9
1965	251.2	134.7	353.4	365.0	183.0	203.4	172.3
1970	382.9	168.5	588.5	616.3	201.4	260.9	237.3
1975	578.8	192.8	955.5	986.6	486.7	359.7	335.3
1978	665.8	173.9	1178.8	1248.7	378.1	380.1	373.7
1979	698.4	185.9	1217.7	1288.7	402.7	422.7	387.2
1980	762.7	193.0	1339.5	1417.5	440.5	464.5	416.6
1981	750.5	189.3	1259.1	1315.5	544.1	554.6	405.0
1982	790.3	201.8	1290.6	1339.2	617.5	631.2	419.9
1983	895.4	258.9	1404.1	1461.0	644.7	727.1	471.6
1984	1045.8	271.8	1677.9	1754.7	704.6	868.9	544.2
1985	1184.9	228.4	1991.7	2074.0	900.5	1047.0	611.7
1986	1283.2	255.1	2061.4	2138.3	987.0	1261.6	655.7
1987	1464.1	270.4	2296.4	2384.2	1089.6	1574.5	739.0
1988	1635.4	289.0	2565.1	2658.4	1252.0	1790.2	803.3
1989	1686.1	276.6	2606.1	2711.6	1194.4	1956.7	818.6
1990	1701.3	316.7	2528.0	2619.4	1242.2	2050.6	819.4
1991	1805.1	330.0	2629.1	2703.2	1377.6	2259.8	863.6
1992	2023.5	343.9	2986.6	3100.6	1438.2	2567.1	962.1
1993	2325.0	380.7	3482.4	3599.8	1731.6	2934.2	1099.7
1994	2585.4	388.7	3963.0	4611.3	1892.6	3259.9	1222.9
1995	2768.9	407.7	4244.3	4971.0	1894.5	3514.2	1301.1
1996	3007.2	459.1	4575.4	5398.5	1877.4	3809.4	1403.9
1997	3274.8	465.1	5055.8	5986.9	1992.0	4159.9	1526.0
1998	3546.7	525.6	5440.1	6442.0	2155.3	4488.5	1646.6
1999	3837.5	552.4	5902.5	6996.0	2299.7	4888.0	1776.7
2000	4179.0	543.6	6534.1	7751.5	2513.6	5357.2	1929.5
2001	4555.1	580.0	7024.2	8325.1	2732.3	5973.3	2097.4
2002	5019.7	628.7	7712.6	9141.0	3013.7	6648.3	2307.1
2003	5596.0	673.8	8657.8	10203.6	3541.3	7423.3	2567.8
2004	6312.0	726.9	10041.4	11757.9	4294.1	8214.6	2891.3
2005	7113.6	784.3	11487.4	13509.8	4766.5	9208.6	3255.6
2006	8123.8	833.7	13451.7	15874.0	5452.8	10396.5	3695.1
2007	9342.3	867.1	15846.1	18826.6	6090.8	11904.0	4212.4
2008	10594.2	921.7	18397.3	22064.8	6596.3	13284.8	4751.6
2009	11982.0	950.3	21267.3	25242.1	8285.0	14892.3	5345.6
2010	13683.4	1005.4	24840.2	29508.0	9627.2	16753.8	6061.9
2011	15352.8	1070.8	28317.8	33727.6	10811.3	18596.7	6771.1
2012	16811.3	1125.4	31092.9	36999.2	11935.7	20475.0	7407.6

注：本表按可比价计算。

3-4 生产总值构成

单位：%

年 份	生产总值	第一产业	第二产业	工业	建筑业	第三产业
1952	100.0	29.0	48.3			22.7
1953	100.0	23.3	49.5			27.2
1957	100.0	20.3	59.3			20.4
1965	100.0	19.6	60.7			19.7
1970	100.0	20.8	62.4			16.8
1975	100.0	18.1	66.9			15.0
1978	100.0	14.1	71.1	95.3	4.7	14.8
1979	100.0	16.6	67.9	94.9	5.1	15.5
1980	100.0	16.4	68.4	95.0	5.0	15.2
1981	100.0	17.0	65.0	92.8	7.2	18.0
1982	100.0	17.4	63.4	92.9	7.1	19.2
1983	100.0	19.9	60.3	92.1	7.9	19.8
1984	100.0	18.3	61.2	90.7	9.3	20.5
1985	100.0	14.4	63.3	91.2	8.8	22.3
1986	100.0	15.3	59.1	91.1	8.9	25.6
1987	100.0	15.2	58.0	90.1	9.9	26.8
1988	100.0	16.1	55.9	90.2	9.8	28.0
1989	100.0	14.1	54.3	90.4	9.6	31.6
1990	100.0	15.9	50.9	89.3	10.7	33.2
1991	100.0	15.1	49.2	89.3	10.7	35.7
1992	100.0	13.2	50.4	89.1	10.9	36.4
1993	100.0	13.0	51.7	88.6	11.4	35.3
1994	100.0	13.0	51.1	88.2	11.8	35.9
1995	100.0	14.0	49.8	88.7	11.3	36.2
1996	100.0	15.0	48.7	89.7	10.3	36.3
1997	100.0	13.2	48.7	89.9	10.1	38.1
1998	100.0	13.7	47.8	89.7	10.3	38.5
1999	100.0	12.5	48.0	89.7	10.3	39.5
2000	100.0	10.8	50.2	90.2	9.8	39.0
2001	100.0	10.8	48.5	89.7	10.3	40.7
2002	100.0	10.8	47.8	89.4	10.6	41.4
2003	100.0	10.3	48.3	88.2	11.8	41.4
2004	100.0	12.0	45.9	87.5	12.5	42.1
2005	100.0	11.0	48.1	87.9	12.1	41.0
2006	100.0	10.1	49.1	88.0	12.0	40.8
2007	100.0	10.2	49.7	88.2	11.8	40.2
2008	100.0	9.5	52.4	88.8	11.2	38.1
2009	100.0	9.3	52.0	87.6	12.4	38.7
2010	100.0	8.8	54.1	88.1	11.9	37.1
2011	100.0	8.6	54.7	88.0	12.0	36.7
2012	100.0	8.7	53.2	87.7	12.3	38.1

注：1999年初进行了第三产业快速调查，本表中1997、1998年生产总值使用的是快速调查数，以前年度未进行调整。

3-5 分行业增加值

单位：亿元

行　业	2005年	2006年	2007年	2008年	2009年	2010年	2011年	2012年
总　计	**8047.26**	**9304.51**	**11164.28**	**13668.58**	**15212.49**	**18457.27**	**22226.70**	**24846.43**
第一产业	**882.41**	**939.43**	**1133.4**	**1302.02**	**1414.9**	**1631.08**	**1915.57**	**2155.82**
农林牧渔业	882.41	939.43	1133.4	1302.02	1414.9	1631.08	1915.57	2155.82
第二产业	**3869.4**	**4566.83**	**5544.14**	**7158.84**	**7906.34**	**9976.82**	**12152.15**	**13230.49**
工业	3401.8	4017.02	4892.45	6359.43	6925.63	8789.27	10696.54	11605.07
建筑业	467.6	549.81	651.69	799.41	980.71	1187.55	1455.61	1625.42
第三产业	**3295.45**	**3798.25**	**4486.74**	**5207.72**	**5891.25**	**6849.37**	**8158.98**	**9460.12**
交通运输、仓储和邮政业	493.75	572.26	665.63	734.13	790.56	926.81	1143.17	1297.18
批发和零售业	820.35	919.43	1078.67	1257.5	1410.33	1651.66	1960.33	2191.19
住宿和餐饮业	180.81	202.49	231.54	275.86	318.8	369.61	436.13	487.49
金融业	232.85	303.41	386.34	455.07	560.2	639.27	755.57	969.37
房地产业	256.77	318.54	410.43	500.81	605.27	733.37	876.12	1050.03
其他服务业	1310.92	1482.12	1714.13	1984.35	2206.09	2528.65	2987.66	3464.86

3-6 三次产业贡献率

单位：%

年　份	生产总值	第一产业	第二产业		第三产业
				#工业	
1991	100.0	13.8	41.2		45.0
1992	100.0	6.4	64.2		29.4
1993	100.0	12.1	63.3	55.6	24.6
1994	100.0	2.7	63.3	59.0	34.0
1995	100.0	8.6	55.7	55.6	35.7
1996	100.0	18.0	50.2	50.7	31.8
1997	100.0	1.9	64.7	61.9	33.4
1998	100.0	17.7	50.2	46.3	32.1
1999	100.0	7.4	56.0	52.8	36.6
2000	100.0	-2.0	65.4	61.3	36.6
2001	100.0	8.0	42.2	37.4	49.8
2002	100.0	8.6	47.5	42.6	43.9
2003	100.0	6.5	51.0	43.2	42.5
2004	100.0	6.4	57.0	47.5	36.6
2005	100.0	6.5	53.0	48.2	40.5
2006	100.0	2.1	53.6	46.6	44.3
2007	100.0	2.7	57.4	52.8	39.9
2008	100.0	4.3	60.1	56.5	35.6
2009	100.0	2.0	60.7	50.0	37.3
2010	100.0	3.2	61.6	54.7	35.2
2011	100.0	4.7	62.1	55.6	33.2
2012	100.0	4.5	56.5	49.5	39.0

注：产业贡献率指各产业增加值增量与GDP增量之比。

3-7 三次产业对生产总值增长的拉动

单位：百分点

年 份	生产总值	第一产业	第二产业	#工业	第三产业
1991	6.1	0.8	2.5		2.7
1992	12.1	0.8	7.8		3.6
1993	14.9	1.8	9.4	8.3	3.7
1994	11.2	0.3	7.1	6.6	3.8
1995	7.1	0.6	4.0	3.9	2.5
1996	8.6	1.6	4.3	4.4	2.7
1997	8.9	0.2	5.8	5.5	3.0
1998	8.3	1.5	4.2	3.8	2.7
1999	8.2	0.6	4.6	4.3	3.0
2000	8.9	-0.2	5.8	5.5	3.3
2001	9.0	0.7	3.8	3.4	4.5
2002	10.2	0.9	4.8	4.3	4.5
2003	11.5	0.7	5.9	5.0	4.9
2004	12.8	0.8	7.3	6.1	4.7
2005	12.7	0.8	6.7	6.1	5.2
2006	14.2	0.3	7.6	6.6	6.3
2007	15.0	0.4	8.6	7.9	6.0
2008	13.4	0.5	8.1	7.6	4.8
2009	13.1	0.3	7.9	6.5	4.9
2010	14.2	0.5	8.7	7.8	5.0
2011	12.2	0.6	7.6	6.8	4.1
2012	9.5	0.4	5.4	4.7	3.7

注：产业拉动指GDP增长速度与各产业贡献率之乘积。

3-8 各地区生产总值和指数

地 区	2005年	2006年	2007年	2008年	2009年	2010年	2011年	2012年
生产总值(亿元)								
沈 阳	2084.13	2519.63	3159.69	3780.87	4268.51	5017.54	5915.71	6602.59
大 连	2119.82	2541.71	3078.76	3803.35	4349.51	5158.16	6150.63	7002.83
鞍 山	1005.21	1122.08	1299.59	1536.96	1730.47	2125.01	2398.76	2429.32
抚 顺	386.83	452.03	526.56	637.41	698.64	895.16	1113.37	1236.37
本 溪	343.29	399.91	484.92	625.70	688.39	860.37	1044.59	1112.36
丹 东	302.22	356.81	430.36	522.42	607.52	728.89	888.67	1015.37
锦 州	348.58	432.42	516.60	629.20	727.30	912.63	1116.93	1242.71
营 口	375.64	447.77	552.49	674.73	806.96	1002.45	1224.65	1381.18
阜 新	143.99	162.09	198.79	243.93	287.97	378.87	480.26	559.96
辽 阳	304.27	363.18	433.29	523.12	608.26	735.43	888.67	1000.49
盘 锦	444.36	517.92	575.59	682.13	676.87	926.32	1119.92	1244.96
铁 岭	264.23	323.93	403.97	516.60	605.71	722.13	873.84	975.33
朝 阳	211.77	253.07	333.84	446.01	518.09	656.41	813.02	920.63
葫芦岛	299.52	335.35	379.41	414.56	445.58	531.45	650.06	719.33
指数(上年=100)								
沈 阳	116.0	116.7	120.5	116.3	114.1	114.1	112.3	110.0
大 连	114.2	116.5	117.4	116.5	115.0	115.2	113.5	110.3
鞍 山	116.2	115.6	115.7	116.8	117.2	116.0	111.0	109.0
抚 顺	113.8	115.1	116.1	116.0	114.1	117.0	113.7	110.7
本 溪	115.1	116.1	114.5	115.0	118.3	116.0	113.6	110.0
丹 东	116.4	116.1	116.2	116.1	116.6	115.8	113.6	110.5
锦 州	114.1	114.9	114.8	114.4	116.0	116.2	113.2	110.4
营 口	120.4	118.8	121.3	120.3	120.3	117.8	113.9	110.8
阜 新	114.3	112.3	116.6	114.8	116.2	117.5	113.7	110.9
辽 阳	117.0	116.0	116.7	116.0	116.2	116.0	113.5	110.3
盘 锦	106.4	106.1	108.9	111.0	110.0	117.8	113.9	110.8
铁 岭	118.1	120.1	120.0	120.0	118.0	116.0	113.8	109.0
朝 阳	116.6	117.9	121.9	120.5	117.6	116.6	113.8	110.8
葫芦岛	113.8	110.1	108.0	110.0	110.0	115.5	112.1	109.0

3-9 各地区生产总值

(2012年)

地区	生产总值(亿元)	第一产业	第二产业			第三产业
				工业	建筑业	
沈阳	6602.59	315.20	3383.16	3046.91	336.25	2904.23
大连	7002.83	451.37	3634.80	3207.43	427.37	2916.66
鞍山	2429.32	124.43	1293.15	1159.86	133.29	1011.74
抚顺	1236.37	85.11	736.74	627.62	109.12	414.52
本溪	1112.36	60.19	674.60	608.60	66.00	377.57
丹东	1015.37	140.01	508.52	428.54	79.98	366.84
锦州	1242.71	190.29	616.23	549.63	66.60	436.19
营口	1381.18	103.56	738.99	660.35	78.64	538.63
阜新	559.96	125.40	255.80	214.94	40.86	178.76
辽阳	1000.49	63.28	632.10	594.10	37.99	305.11
盘锦	1244.96	108.44	843.55	778.05	65.50	292.97
铁岭	975.33	193.30	505.20	458.50	46.70	276.83
朝阳	920.63	205.03	455.59	375.56	80.03	260.01
葫芦岛	719.33	95.91	342.88	285.83	57.05	280.54

3-9 续表

地区	人均生产总值(元)	构成(%)			指数(上年=100)			
		第一产业	第二产业	第三产业	生产总值	第一产业	第二产业	第三产业
沈阳	80480	4.8	51.2	44.0	110.0	105.1	111.3	108.9
大连	102922	6.4	51.9	41.7	110.3	105.1	110.6	110.6
鞍山	69211	5.1	53.2	41.7	109.0	105.2	109.9	108.3
抚顺	58512	6.9	59.6	33.5	110.7	105.2	111.6	110.0
本溪	64459	5.4	60.7	33.9	110.0	104.0	110.0	110.8
丹东	42171	13.8	50.1	36.1	110.5	105.1	111.2	111.4
锦州	40002	15.3	49.6	35.1	110.4	105.3	111.9	110.4
营口	56583	7.5	53.5	39.0	110.8	105.1	111.5	111.0
阜新	31049	22.4	45.7	31.9	110.9	105.4	113.6	111.2
辽阳	53877	6.3	63.2	30.5	110.3	105.2	111.1	109.7
盘锦	87153	8.7	67.8	23.5	110.8	105.2	112.2	108.8
铁岭	32130	19.8	51.8	28.4	109.0	105.3	109.1	111.1
朝阳	30765	22.3	49.5	28.2	110.8	105.4	112.4	111.6
葫芦岛	27709	13.3	47.7	39.0	109.0	105.0	112.1	106.4

3-10 生产总值(支出法)

单位：亿元

年 份	生产总值	最终消费支出	资本形成总额	货物和服务净流出	消费率%	投资率%
1978	229.20	109.37	62.33	57.50	47.72	27.19
1980	281.00	157.43	56.82	66.75	56.02	20.22
1981	288.61	177.41	53.80	57.40	61.47	18.64
1982	315.07	185.21	67.87	61.99	58.78	21.54
1983	364.02	208.15	86.81	69.06	57.18	23.85
1984	438.17	236.89	127.59	73.69	54.06	29.12
1985	518.59	276.19	174.24	68.16	53.26	33.60
1986	605.33	314.75	215.95	74.63	52.00	35.67
1987	719.12	371.81	256.83	90.48	51.70	35.71
1988	881.24	459.39	335.39	86.24	52.14	38.07
1989	1003.81	543.60	356.47	103.74	54.15	35.51
1990	1062.74	574.24	392.74	95.76	54.03	36.96
1991	1200.10	640.51	452.62	106.97	53.37	37.72
1992	1472.95	769.94	561.81	141.20	52.27	38.14
1993	2010.82	962.51	901.26	147.05	47.87	44.82
1994	2461.78	1239.61	1024.66	197.51	50.35	41.62
1995	2793.37	1501.84	1046.60	244.93	53.76	37.47
1996	3148.23	1728.74	1076.26	343.23	54.91	34.19
1997	3582.46	1943.35	1146.95	491.66	54.42	32.02
1998	3881.73	2128.05	1225.99	527.69	54.82	31.58
1999	4171.69	2330.53	1284.31	556.85	55.87	30.79
2000	4669.06	2587.52	1471.61	609.93	55.42	31.52
2001	5033.08	2828.09	1625.50	579.49	56.19	32.30
2002	5458.22	3031.47	1835.54	591.21	55.54	33.63
2003	6002.54	3102.51	2333.67	566.36	51.69	38.88
2004	6672.00	3248.30	3161.08	262.62	48.69	47.38
2005	8047.26	3688.94	4580.40	-222.08	45.84	56.92
2006	9304.52	4054.93	5519.65	-270.06	43.58	59.32
2007	11164.30	4717.14	6646.09	-198.93	42.25	59.53
2008	13668.59	5595.95	8547.81	-475.17	40.94	62.54
2009	15212.49	6311.05	9412.02	-510.58	41.49	61.87
2010	18457.27	7374.14	11521.78	-438.65	39.95	62.42
2011	22226.70	8867.21	13930.21	-570.72	39.89	62.67
2012	24846.43	10073.26	15492.08	-718.91	40.54	62.35

3-11 生产总值结构(支出法)

年 份	资本形成总额		最终消费支出			
	固定资本形成总额	存货增加	居民消费支出	农村居民	城镇居民	政府消费支出
一、绝对数(亿元)						
1985	130.91	43.33	225.51	90.99	134.52	50.68
1986	158.58	57.37	257.88	100.04	157.84	56.87
1987	210.23	46.60	296.93	113.00	183.93	74.88
1988	260.30	75.09	379.61	131.15	248.46	79.78
1989	241.89	114.58	434.09	148.43	285.66	109.51
1990	262.39	130.35	450.76	140.60	310.16	123.48
1991	323.66	128.96	502.22	156.02	346.20	138.29
1992	405.18	156.63	614.28	200.54	413.74	155.66
1993	731.60	169.66	770.19	240.22	529.97	192.32
1994	887.99	136.67	965.96	302.29	663.67	273.65
1995	884.95	161.65	1177.59	350.38	827.21	324.25
1996	920.66	155.60	1327.68	408.76	918.92	401.06
1997	976.45	170.50	1485.79	425.90	1059.89	458.06
1998	1069.57	156.42	1578.49	462.27	1116.22	549.56
1999	1115.82	168.49	1707.30	491.98	1215.32	623.23
2000	1293.92	177.69	1867.36	535.84	1331.52	720.16
2001	1444.15	181.35	2001.97	566.95	1435.02	826.12
2002	1627.56	207.98	2141.47	590.27	1551.20	890.00
2003	2102.10	231.57	2172.06	487.16	1684.90	930.45
2004	2925.14	235.94	2316.03	486.35	1829.68	932.27
2005	4279.75	300.65	2719.91	553.24	2166.67	969.03
2006	5272.12	247.53	2940.79	612.97	2327.82	1114.14
2007	6297.19	348.90	3399.14	653.15	2745.99	1318.00
2008	8098.60	449.21	4172.81	766.60	3406.21	1423.14
2009	8906.44	505.58	4720.31	867.91	3852.40	1590.74
2010	11079.59	442.19	5672.33	1006.04	4666.29	1701.81
2011	13474.62	455.59	6846.44	1167.53	5678.91	2020.77
2012	15049.60	442.48	7894.45	1333.83	6560.62	2178.81
二、比重(%)						
1985	72.60	27.40	79.54	42.81	57.19	20.46
1986	75.13	24.87	81.65	40.35	59.65	18.35
1987	73.43	26.57	81.93	38.79	61.21	18.07
1988	81.86	18.14	79.86	38.06	61.94	20.14
1989	77.61	22.39	82.63	34.55	65.45	17.37
1990	67.86	32.14	79.85	34.19	65.81	20.15
1991	66.81	33.19	78.50	31.19	68.81	21.50
1992	71.51	28.49	78.41	31.07	68.93	21.59
1993	72.12	27.88	79.78	32.65	67.35	20.22
1994	74.41	25.59	80.02	31.19	68.81	19.98
1995	86.66	13.34	77.92	31.29	68.71	22.08
1996	84.55	15.45	78.41	29.75	70.25	21.59
1997	85.54	14.46	76.80	30.79	78.03	23.20
1998	85.13	14.87	76.44	29.99	70.01	23.56
1999	87.24	12.76	74.18	29.29	70.71	25.82
2000	86.88	13.12	73.26	28.82	71.18	26.74
2001	88.84	11.16	70.79	28.32	71.68	29.21
2002	88.67	11.33	70.64	27.56	72.44	29.36
2003	90.08	9.92	70.01	22.43	77.57	29.99
2004	92.54	7.46	71.30	21.00	79.00	28.70
2005	93.44	6.56	73.73	20.34	79.66	26.27
2006	95.52	4.48	72.52	20.84	79.16	27.48
2007	94.75	5.25	72.06	19.22	80.78	27.94
2008	94.74	5.26	74.57	18.37	81.63	25.43
2009	94.63	5.37	74.79	18.39	81.61	25.21
2010	96.16	3.84	76.92	17.74	82.26	23.08
2011	96.73	3.27	77.21	17.05	82.95	22.79
2012	97.14	2.86	78.37	16.90	83.10	21.63

3-12 三大需求对生产总值增长的贡献率和拉动

年 份	最终消费支出		资本形成总额		货物和服务净出口	
	贡献率(%)	拉动(百分点)	贡献率(%)	拉动(百分点)	贡献率(%)	拉动(百分点)
1991	62.3	3.8	37.0	2.3	0.7	
1992	62.1	7.5	36.3	4.4	1.7	0.2
1993	40.2	6.0	60.1	8.9	-0.3	
1994	56.3	6.3	52.7	5.9	-9.0	-1.0
1995	80.4	5.7	-14.1	-1.0	33.7	2.4
1996	51.4	4.4	9.3	0.8	39.3	3.4
1997	50.2	4.5	19.4	1.7	30.4	2.7
1998	54.5	4.5	30.0	2.5	15.5	1.3
1999	65.5	5.4	16.2	1.3	18.3	1.5
2000	56.8	5.1	35.1	3.1	8.2	0.7
2001	61.6	5.5	35.2	3.2	3.2	0.3
2002	53.0	5.4	37.1	3.8	9.9	0.5
2003	31.6	3.6	67.5	7.8	0.9	0.1
2004	33.8	4.1	58.6	7.0	7.6	0.9
2005	33.9	4.3	73.0	9.3	-6.9	-0.9
2006	34.4	4.9	73.1	10.4	-7.5	-1.1
2007	36.1	5.4	74.1	11.1	-10.3	-1.5
2008	41.7	5.6	75.7	10.1	-17.4	-2.3
2009	41.5	5.4	76.6	10.0	-18.1	-2.4
2010	39.6	5.6	71.7	10.2	-11.3	-1.6
2011	41.3	5.0	70.4	8.6	-11.7	-1.4
2012	42.2	4.0	71.5	6.8	-13.7	-1.3

注：1.贡献率指三大需求增量与支出法国内生产总值增量之比。
　　2.拉动指国内生产总值增长速度与三大需求贡献率的乘积。

3-13 居民消费水平

年 份	居民消费水平(元/人)			城镇与农村消费水平对比
	全体居民	农村居民	城镇居民	
1978	267	173	476	2.75∶1
1980	355	235	573	2.44∶1
1981	400	264	632	2.39∶1
1982	410	270	641	2.37∶1
1983	443	301	669	2.22∶1
1984	510	362	735	2.03∶1
1985	605	414	880	2.12∶1
1986	686	454	1012	2.23∶1
1987	780	508	1160	2.28∶1
1988	985	589	1530	2.60∶1
1989	1113	662	1722	2.60∶1
1990	1144	622	1849	2.97∶1
1991	1267	687	2045	2.98∶1
1992	1540	884	2407	2.72∶1
1993	1921	1065	3021	2.84∶1
1994	2397	1348	3704	2.75∶1
1995	2900	1566	4540	2.90∶1
1996	3250	1826	4975	2.73∶1
1997	3619	1906	5665	2.97∶1
1998	3828	2073	5897	2.84∶1
1999	4128	2209	6366	2.84∶1
2000	4490	2403	6903	2.88∶1
2001	4789	2540	7366	2.90∶1
2002	5095	2643	7874	2.98∶1
2003	5159	2630	7147	2.72∶1
2004	5492	2621	7748	2.71∶1
2005	6447	3175	8749	2.76∶1
2006	6926	3508	9317	2.66∶1
2007	7934	3727	10845	2.91∶1
2008	9690	4409	13265	3.01∶1
2009	10906	5039	14786	2.93∶1
2010	13016	5955	17488	2.94∶1
2011	15635	7221	20560	2.85∶1
2012	17999	8652	23065	2.67∶1

3-14 居民消费水平指数

单位：%

年 份	以上年为100			以1952年为100		
	全体居民	农村居民	城镇居民	全体居民	农村居民	城镇居民
1978	108.5	97.6	116.3	170.1	143.4	160.2
1980	107.2	119.1	95.2	210.2	187.3	173.4
1981	108.1	109.1	105.5	227.4	204.2	182.9
1982	101.1	100.8	100.2	229.8	205.9	183.2
1983	106.1	108.6	103.1	243.9	223.6	188.9
1984	111.8	115.9	107.1	272.6	259.1	202.3
1985	106.3	104.7	105.8	289.7	271.3	214.1
1986	107.6	105.7	108.5	311.7	286.6	232.2
1987	106.3	105.1	106.7	331.2	301.1	247.8
1988	107.6	104.6	108.9	356.3	314.8	269.7
1989	122.3	157.4	99.9	435.8	495.7	269.4
1990	83.7	56.8	109.9	364.9	281.7	296.1
1991	105.3	104.5	105.5	384.3	294.4	312.5
1992	112.4	112.9	111.5	431.8	332.5	348.3
1993	108.7	108.9	107.6	469.4	361.9	374.8
1994	108.8	108.9	107.7	476.4	330.8	454.7
1995	106.2	102.3	107.3	505.9	338.4	423.8
1996	106.3	106.1	105.9	537.8	359.0	448.8
1997	110.7	110.2	110.4	595.3	395.6	495.5
1998	107.7	109.9	106.3	641.2	434.8	526.7
1999	108.4	107.0	108.6	749.6	465.2	572.0
2000	108.4	107.9	108.2	695.0	502.0	618.9
2001	107.6	106.1	107.8	747.9	532.6	667.2
2002	108.4	107.2	108.4	810.7	571.0	723.2
2003	105.3	109.1	103.6	853.7	622.9	749.2
2004	106.5	99.7	108.4	909.1	621.0	812.2
2005	111.6	114.2	107.5	1014.6	709.2	873.1
2006	106.6	108.6	106.0	1081.5	770.2	925.5
2007	110.1	100.1	112.4	1190.7	770.9	1040.3
2008	116.9	112.2	117.2	1392.0	865.0	1219.2
2009	112.2	114.0	111.1	1561.8	986.1	1354.5
2010	113.4	112.5	112.4	1771.1	1109.4	1522.5
2011	114.3	107.4	117.2	2024.4	1191.5	1784.3
2012	110.4	114.3	107.7	2234.4	1361.5	1921.3

主要统计指标解释

国内生产总值 是按市场价格计算的国内生产总值的简称。它是一个国家(地区)所有常住单位在一定时期内生产活动的最终成果。国内生产总值有三种表现形态，既价值形态、收入形态和产品形态。从价值形态看，它是所有常住单位在一定时期内所生产的全部货物和服务价值超过同期投入的全部非固定资产货物和服务价值的差额，即所有常住单位的增加值之和；从收入形态看，它是所有常住单位在一定时期内所创造并分配给常住单位和非常住单位的初次分配收入之和；从产品形态看，它是最终使用的货物和服务减去进口货物和服务。在实际核算中，国内生产总值的三种表现形态表现为三种计算方法，即生产法、收入法和支出法。三种方法分别从不同的方面反映国内生产总值及构成。

国民生产总值 是按市场价格计算的国民生产总值的简称。它是一个国家(或地区)所有常住单位在一定时期内收入初次分配的最终成果。一国常住单位从事生产活动所创造的增加值在初次分配过程中主要分配给该国的常住单位，但也有一部分以生产税及进口税(扣除生产和进口补贴)、劳动者报酬和财产收入等形式分配给该国的非常住单位，同时，国外生产所创造的增加值也有一部分以生产税及进口税(扣除生产和进口补贴)、劳动者报酬和财产收入等形式分配给该国的常住单位。从而产生了国民生产总值概念，它等于国内生产总值加上来自国外的初次分配收入净额。与国内生产总值不同，国内生产总值是一个生产概念，而国民生产总值则是个收入概念。

三次产业 根据社会生产活动历史发展的顺序对产业结构的划分，产品直接取自自然界的部门称为第一产业，对初级产品进行再加工的部门称为第二产业。为生产和消费提供各种服务的部门称为第三产业。它是世界上通用的产业结构分类，但各国的划分不尽一致。我国的三次产业划分是：

第一产业：农林牧渔业(包括农业、林业、畜牧业和渔业)。

第二产业：工业(包括采掘业、制造业、电力煤气及水的生产和供应业)、建筑业。

第三产业：除第一、第二产业以外的其他各业。包括农林牧渔服务业、地质勘查业及水利管理业、交通运输仓储及邮电通信业、批发和零售贸易及餐饮业、金融保险业、房地产业、社会服务业、卫生体育和社会福利业、教育文化艺术及广播电影电视业、科学研究和综合技术服务业、国家机关政党机关和社会团体、其他行业。

最终消费 最终消费是指常住单位在一定时期内对于货物和服务的全部最终消费支出，也就是常住单位为满足物质、文化和精神生产的需要，从本国经济领土和国外购买的货物和服务的支出。它不包括非常住单位在本国经济领土内的消费支出。最终消费分为居民消费和政府消费。

居民消费 居民消费指常住住户在一定时期内对于货物和服务的全部最终消费支出。居民消费除了包括直接以货币形式购买的货物和服务的消费支出外，还包括以其他方式获得的货物和服务的消费支出。

政府消费 政府消费指政府部门为全社会提供的公共服务的消费支出和免费或以较低的价格向居民住户提供的货物和服务的净支出，前者等于政府服务的产出价值减去政府单位所获得的经营收入的价值，政府服务的产出价值等于它的经营性业务支出加上固定资产折旧；后者等于政府部门免费或以较低价格向居民住户提供的货物和服务的市场价值减去向住户收取的价值。

资本形成总额 资本形成总额指常住单位在一定时期内对固定资产和存货的投资支出合计，包括固定资产形成总额和存货增加。

(1)固定资产形成总额：指从常住单位在一定时期内购置、转入和资产自用的固定资产，扣除固定资产的销售和转出后的价值。可分为有形固定资本形成总额和无形固定资产形成总额。

(2)存货增加：存货增加指常住单位在一定时期内存货实物量变动的市场价值，即期末价值减期初价值的差额。存货增加可以是正值，也可以是负值，正值表示存货上升，负值表示存货下降。它包括生产单位购进的原材料、燃料和储备物资等存货，以及生产单位生产的产成品、在制品和半成品等存货等。

货物和服务净出口 指货物和服务出口减货物和服务进口的差额。出口包括常住单位向非常住单位出售或无偿转让的各种货物和服务的价值；进口包括常住单位从非常住单位购买或无偿得到的各种货物和服务的价值。由于服务活动的提供与使用同时发生，因此服务的进出口业务并不发生出入境现象，一般把常住单位从国外得到的服务作为进口，非常住单位从本国得到的服务作为出口。货物的出口和进口都按离岸价格计算。

劳动者报酬 劳动者报酬是指劳动者因从事生产活动所获得的全部报酬。它包括劳动者获得的各种形式工资、奖金和津贴，即包括货币形式的，也包括实物形式的，它还包括劳动者所享受的公费医疗和医药卫生费、上下班交通补贴和单位支付的社会保险费等。单位支付的社会保险费，就是单位直接支付给负责社会保险的政府单位(一般指劳动部门)的社会保险金或为本单位职工离退休、发生死亡、伤残、医疗保险等而支付的保险费。对于个体经济来说，其所有者所获得的劳动报酬和经营利润不易区分，这两部分统一作为劳动者报酬处理。

生产税净额 生产税净额是指生产税减生产补贴后的差额。生产税指政府对生产单位生产、销售和从事经营活动以及因从事生产活动使用某些生产要素，如固定资产、土地、劳动力所征收的各种税、附加费和规费。具体包括销售锐金及附加、增值税、管理费中开支的各种税、应交纳的养路费、排污费和水电费附加、烟酒专卖上缴政府的专项收入等。生产补贴与生产税相反，是政府对生产单位的单方面收入转移，因此视为负生产税处理，包括政策亏损补贴、粮食系统价格补贴、外贸企业出口退税收入等。

固定资产折旧 固定资产折旧是指一定时期内为弥补固定资产损耗按照核定的固定资产折旧率提取的固定资产折旧，或按国民经济核算统一规定的折旧率虚拟计算的固定资产折旧。它反映了固定资产在当期生产中的转移价值。各种类型企业和企业化管理的事业单位的固定资产折旧指实际计提并计入成本费用中的折旧费；不计提折旧的单位，如政府机关、非企业化管理的事业单位和居民住房的固定资产折旧则是按照统一规定的折旧率和固定资产原值计算的虚拟折旧。原则上，固定资产折旧应按固定资产的重置价值来计算，但是我国目前尚不具备对全社会固定资产进行重估价的基础，所以暂时只能采用上述方法来计算。

营业盈余 营业盈余是指常住单位创造的增加值扣除劳动者报酬、生产税净额和固定资产折旧后的余额。它相当于企业的营业利润加上生产补贴，但要扣除从利润中开支的工资和福利等。

四、人口

Chapter 4 Population

4-1 人口数

单位：万人

年 份	年末总人口	按性别分	
		男	女
1978	3394.0	1735.3	1658.7
1980	3486.9	1779.2	1707.7
1981	3534.8	1803.2	1731.6
1982	3592.1	1832.0	1760.1
1983	3629.1	1852.9	1776.2
1984	3654.8	1866.6	1788.2
1985	3686.2	1883.2	1803.0
1986	3726.0	1904.1	1821.9
1987	3777.4	1930.4	1847.0
1988	3825.5	1955.5	1870.0
1989	3876.0	1979.5	1896.5
1990	3917.3	1999.1	1918.2
1991	3938.5	2009.8	1928.7
1992	3957.9	2018.9	1939.0
1993	3982.9	2031.6	1951.3
1994	4007.2	2043.6	1963.6
1995	4034.0	2056.9	1977.1
1996	4056.8	2067.5	1989.3
1997	4077.1	2076.9	2000.2
1998	4090.4	2083.1	2007.3
1999	4103.2	2088.4	2014.8
2000	4135.3	2103.3	2032.0
2001	4147.0	2109.1	2037.9
2002	4155.4	2111.6	2043.8
2003	4161.6	2113.2	2048.4
2004	4172.8	2117.3	2055.5
2005	4189.2	2123.4	2065.8
2006	4210.4	2132.5	2077.9
2007	4231.7	2141.5	2090.2
2008	4246.1	2146.9	2099.2
2009	4256.0	2149.9	2106.1
2010	4251.7	2144.7	2107.0
2011	4255.0	2143.6	2111.4
2012	4244.8	2136.5	2108.3

注：本表至4-6表为公安户籍统计数。

4-2 人口构成

单位：%

年份	总人口	按性别分	
		男	女
1978	100	51.2	48.8
1980	100	51.0	49.0
1981	100	51.0	49.0
1982	100	51.0	49.0
1983	100	51.1	48.9
1984	100	51.1	48.9
1985	100	51.1	48.9
1986	100	51.1	48.9
1987	100	51.1	48.9
1988	100	51.1	48.9
1989	100	51.1	48.9
1990	100	51.0	49.0
1991	100	51.0	49.0
1992	100	51.0	49.0
1993	100	51.0	49.0
1994	100	51.0	49.0
1995	100	51.0	49.0
1996	100	51.0	49.0
1997	100	50.9	49.1
1998	100	50.9	49.1
1999	100	50.9	49.1
2000	100	50.9	49.1
2001	100	50.9	49.1
2002	100	50.8	49.2
2003	100	50.1	49.9
2004	100	50.7	49.3
2005	100	50.7	49.3
2006	100	50.6	49.4
2007	100	50.6	49.4
2008	100	50.6	49.4
2009	100	50.5	49.5
2010	100	50.4	49.6
2011	100	50.4	49.6
2012	100	50.3	49.7

4-3 人口出生率、死亡率、自然增长率

单位：‰

年 份	出生率	死亡率	自然增长率
1978	18.0	5.3	12.7
1980	14.1	5.4	8.7
1981	16.6	5.3	11.3
1982	18.9	5.4	13.5
1983	13.4	5.0	8.4
1984	10.8	5.0	5.8
1985	11.9	5.3	6.6
1986	14.8	5.2	9.6
1987	17.3	5.3	12.0
1988	15.4	5.2	10.2
1989	14.6	5.2	9.4
1990	14.5	5.7	8.8
1991	9.9	5.2	4.7
1992	10.2	5.4	4.8
1993	10.0	5.6	4.4
1994	10.7	5.8	4.9
1995	9.9	5.5	4.4
1996	9.5	5.8	3.7
1997	8.9	5.7	3.2
1998	7.9	5.8	2.1
1999	8.0	6.0	2.0
2000	10.7	6.7	4.0
2001	7.1	5.3	1.8
2002	7.5	5.4	2.1
2003	6.2	5.6	0.6
2004	7.7	6.5	1.2
2005	7.8	5.8	2.0
2006	7.8	5.5	2.3
2007	8.2	5.8	2.4
2008	7.9	6.5	1.4
2009	7.6	6.8	0.8
2010	8.8	10.9	-2.1
2011	7.4	7.1	0.3
2012	8.1	9.4	-1.3

4-4 各地区年末总户数及总人口

单位：万户、万人

地 区	总户数		总人口		男性人口		女性人口	
	2011年	2012年	2011年	2012年	2011年	2012年	2011年	2012年
全 省	**1498.7**	**1508.8**	**4255.0**	**4244.8**	**2143.6**	**2136.5**	**2111.4**	**2108.3**
沈 阳	255.1	257.6	722.7	724.8	359.5	360.2	363.2	364.6
大 连	209.2	210.4	588.5	590.3	294.8	295.4	293.7	294.9
鞍 山	118.7	122.5	351.6	350.3	177.7	176.8	173.9	173.5
抚 顺	83.7	85.1	220.1	219.3	110.2	109.7	109.9	109.6
本 溪	57.1	56.9	154.3	153.2	77.4	76.7	76.9	76.5
丹 东	83.6	84.0	241.1	240.5	121.2	120.8	119.9	119.7
锦 州	104.0	107.0	308.3	307.8	155.0	154.7	153.3	153.1
营 口	88.5	88.4	235.5	235.1	119.2	119.2	116.3	115.9
阜 新	66.7	67.4	192.1	191.6	95.9	95.6	96.2	96.0
辽 阳	68.4	68.1	182.4	180.3	92.5	91.3	89.9	89.0
盘 锦	47.5	46.4	131.2	128.8	66.1	64.7	65.1	64.1
铁 岭	105.8	105.5	304.9	302.2	154.9	153.4	150.0	148.8
朝 阳	113.4	112.7	341.0	340.6	174.9	174.7	166.1	165.9
葫芦岛	97.0	96.8	281.3	280.0	144.3	143.3	137.0	136.7

4-5 各地区人口自然变动情况

地 区	平均人口(万人)		人口出生率(‰)		人口死亡率(‰)		人口自然增长率(‰)	
	2011年	2012年	2011年	2012年	2011年	2012年	2011年	2012年
全 省	**4253.3**	**4249.9**	**7.4**	**8.1**	**7.1**	**9.4**	**0.3**	**-1.3**
沈 阳	721.2	723.7	7.7	8.6	7.9	8.7	-0.2	-0.1
大 连	587.5	589.4	7.7	9.1	5.5	8.0	2.2	1.1
鞍 山	351.7	350.9	8.1	8.6	7.0	9.9	1.1	-1.3
抚 顺	220.5	219.7	6.0	6.7	7.7	8.5	-1.7	-1.8
本 溪	154.5	153.8	5.9	6.5	6.2	12.5	-0.3	-6.0
丹 东	241.2	240.8	5.9	6.6	6.4	7.7	-0.5	-1.1
锦 州	308.3	308.1	6.3	7.0	5.6	7.8	0.7	-0.8
营 口	235.5	235.3	8.9	9.0	10.4	9.3	-1.5	-0.3
阜 新	192.2	191.8	6.7	7.0	8.6	8.0	-1.9	-1.0
辽 阳	182.9	181.4	7.1	7.0	9.6	16.2	-2.5	-9.2
盘 锦	131.2	130.0	7.1	7.6	7.8	9.4	-0.7	-1.8
铁 岭	305.0	303.5	6.3	6.9	5.5	12.6	0.8	-5.7
朝 阳	340.1	340.8	9.0	9.4	7.4	7.2	1.6	2.2
葫芦岛	281.5	280.7	7.9	8.5	7.2	11.0	0.7	-2.5

4-6 各地区分年龄人口数

(2012年) 单位：万人

地　区	总人口	18岁以下	18-35岁	35-60岁	60岁以上
全　省	**4244.8**	**581.5**	**1018.7**	**1873.6**	**771.0**
沈　阳	724.8	90.7	179.6	319.5	135.0
大　连	590.3	71.1	146.5	255.7	117.0
鞍　山	350.3	49.5	81.5	155.2	64.1
抚　顺	219.3	24.8	50.0	103.5	41.0
本　溪	153.2	16.4	36.7	71.5	28.6
丹　东	240.5	31.2	53.5	109.6	46.2
锦　州	307.8	42.2	69.2	135.0	61.4
营　口	235.1	31.3	63.4	99.3	41.1
阜　新	191.6	27.1	44.7	87.2	32.6
辽　阳	180.3	25.0	40.8	81.0	33.5
盘　锦	128.8	19.3	31.2	57.8	20.5
铁　岭	302.2	44.4	70.4	135.5	51.9
朝　阳	340.6	58.0	81.9	146.0	54.7
葫芦岛	280.0	50.5	69.3	116.8	43.4

4-7 全省历年人口变动抽样调查推算数

年　份	总人口(万人)	出生率(‰)	死亡率(‰)	自然增长率(‰)	文盲率(%)	家庭户规模(人/户)
1990	3946	15.60	6.01	9.59	11.51	3.59
1991	3990	12.10	6.64	5.46		3.60
1992	4016	12.57	6.11	6.46		3.57
1993	4042	12.43	6.11	6.32		3.53
1994	4067	12.26	6.03	6.23	10.46	3.48
1995	4092	12.17	6.15	6.02	9.31	3.49
1996	4116	12.15	6.20	5.95	8.86	3.44
1997	4138	11.78	6.38	5.40	8.21	3.31
1998	4157	11.39	6.81	4.58	8.17	3.27
1999	4171	10.38	7.05	3.33	7.18	3.24
2000	4184	8.46	6.06	2.40	5.79	3.15
2001	4194	7.74	6.10	1.64	5.16	3.12
2002	4203	7.38	6.04	1.34	5.16	3.14
2003	4210	6.90	5.83	1.07	4.74	3.10
2004	4217	6.51	5.60	0.91	4.03	3.13
2005	4221	7.32	6.06	1.26	4.75	2.92
2006	4271	6.40	5.30	1.10	4.17	2.95
2007	4298	6.89	5.36	1.53	3.76	2.91
2008	4315	6.32	5.22	1.10	3.45	2.85
2009	4341	6.06	5.09	0.97	3.29	2.87
2010	4375	6.68	6.26	0.42	2.18	2.78
2011	4383	5.71	6.05	-0.34	2.37	2.72
2012	4389	6.15	6.54	-0.39	2.30	2.70

注：文盲率是指15岁及15岁以上人口中，文盲和半文盲人口所占比例。

4-8 全省历年人口变动抽样调查年龄构成指数

单位：%

年 份	0-14岁占总人口比重	15-64岁占总人口比重	65岁及以上占总人口比重	总负担系数	负担少儿系数	负担老年系数
1990	23.22	71.10	5.68	40.65	32.66	7.99
1991	23.33	70.48	6.19	41.88	33.10	8.78
1992	22.78	70.62	6.60	41.60	32.25	9.35
1993	22.00	71.21	6.79	40.44	30.90	9.54
1994	22.26	71.20	6.54	40.45	31.27	9.18
1995	21.37	71.61	7.02	40.15	29.96	10.19
1996	20.61	72.47	6.92	37.98	28.44	9.54
1997	19.12	73.63	7.25	36.62	25.95	10.67
1998	18.51	73.94	7.55	35.24	25.03	10.21
1999	18.48	73.71	7.81	35.67	25.07	10.60
2000	17.68	74.44	7.88	34.34	23.75	10.59
2001	17.68	74.44	7.88	34.34	23.75	10.59
2002	15.70	76.20	8.10	31.23	20.60	10.63
2003	15.90	75.60	8.50	32.27	21.03	11.24
2004	14.50	76.60	8.90	30.55	18.93	11.62
2005	14.18	76.08	9.74	31.44	18.64	12.80
2006	12.61	76.85	10.54	30.13	16.41	13.72
2007	12.68	76.69	10.63	30.40	16.54	13.86
2008	12.03	76.56	11.41	30.62	15.72	14.90
2009	11.14	77.43	11.43	29.15	14.38	14.77
2010	11.42	78.27	10.31	27.76	14.59	13.17
2011	11.09	78.26	10.65	27.78	14.17	13.61
2012	10.80	78.04	11.16	28.15	13.84	14.31

主要统计指标解释

人口数 指一定时点、一定地区范围内的有生命的个人的总和。年度统计的年末人口数是指每年 12 月 31 日 24 时的人口数。

出生率（又称粗出生率） 指在一定时期内(通常为一年)平均每千人所出生的人数的比率，一般用千分率表示。计算公式:

出生率=（年出生人数／年平均人数）×1000‰

出生人数是指活产婴儿，即胎儿脱离母体时(不管怀孕月数)，有过呼吸或其他生命现象。

年平均人数是指年初、年末人口数的平均数，也可用年中人口数代替。

死亡率（又称粗死亡率） 指在一定时期内(通常为一年)某地区的死亡人数与同期平均人数(或期中人数)之比，一般用千分率表示。计算公式:

死亡率=（年死亡人数／年平均人数）×1000‰

人口自然增长率 指在一定时期内(通常为一年)人口自然增加数(出生人数减死亡人数)与该时期内平均人数(或期中人数)之比，一般用千分率表示。计算公式:

人口自然增长率=（本年出生人数-本年死亡人数／年平均人数）×1000‰

人口自然增长率=人口出生率-人口死亡率

五、就业人员和职工工资

Chapter 5 Employment and Wage

5-1 就业基本情况

指　　标	单位	2006年	2007年	2008年	2009年	2010年	2011年	2012年
年末就业人员	**万人**	**2128.1**	**2180.7**	**2198.2**	**2277.1**	**2317.5**	**2364.9**	**2423.8**
第一产业	万人	716.2	705.7	700.7	697.5	703.6	699.9	694.7
第二产业	万人	590.2	601.4	605	619.2	641.5	645.1	651.1
第三产业	万人	821.7	873.6	892.5	960.4	972.4	1019.9	1078.0
按城乡分就业人员								
城镇就业人员	万人	995.2	1027	1033.5	1096.6	1109	1141.8	1206.0
国有单位	万人	345.6	336.8	338.1	313.7	312.1	303.8	310.3
城镇集体单位	万人	99	90.6	83.9	74.6		34.1	35.1
其他内资	万人	117.1	118	128.2	149.3	154.9	165.7	177.4
外商投资单位	万人	42.8	44.1	44.7	41	41.8	53.0	51.9
港澳台投资单位	万人	10.1	11.5	10.8	11.5	11.9	15.1	15.1
其他	万人	4.1	3.9	5	6.5	6.9	7.9	9.0
私营企业	万人	184.6	202.9	206.1	240.7	271.6	303.3	318.7
个体	万人	191.9	219.2	216.6	259.2	239.9	259.0	288.6
乡村就业人员	万人	1132.9	1153.6	1164.7	1180.5	1208.5	1223.1	1217.8
在岗职工人数	万人	596.7	582.4	585.6	572.1	572.8	557.2	572.3
国有单位	万人	335.8	327.7	327.2	303.2	300.4	294.6	298.8
城镇集体单位	万人	97.9	89.6	82.3	72.9	68.5	32.1	33.0
其他单位	万人	163	165.1	176.1	196.1	204	230.5	240.6
城镇当年就业(再就业)人数	万人	120.4	122.4	112.6	114	115.6	105.4	103.7
城镇登记失业人数	万人	53.9	44.5	39	41.6	39.5	39.4	38.1
# 失业女性	万人	28.1	23.4	18.6	19.4	20.5	19.7	18.3
城镇登记失业率	%	5.1	4.4	3.8	3.9	3.7	3.7	3.6

5-2 按三次产业分的就业人员

(年末数)

年份	就业人员合计(万人)				构成(%,以合计为100)		
		第一产业	第二产业	第三产业	第一产业	第二产业	第三产业
1978	1254.1	595.3	433.4	225.4	47.4	34.6	18.0
1980	1441.7	597.1	564.7	279.9	41.4	39.2	19.4
1985	1769.1	634.3	726.4	408.4	35.9	41.0	23.1
1986	1799.2	640.4	735.3	423.5	35.6	40.9	23.5
1987	1835.4	630.7	770.7	434.0	34.4	42.0	23.6
1988	1858.6	625.1	784.2	449.3	33.6	42.2	24.2
1989	1874.8	638.2	777.1	459.5	34.0	41.5	24.5
1990	1897.3	646.0	778.2	473.1	34.0	41.0	25.0
1991	1938.3	666.3	788.5	483.5	34.4	40.7	24.9
1992	1957.8	652.6	797.4	507.8	33.3	40.7	26.0
1993	2006.1	640.3	827.4	538.4	31.9	41.3	26.8
1994	2009.3	627.7	773.3	608.3	31.2	38.5	30.3
1995	2027.8	632.7	787.5	607.6	31.2	38.8	30.0
1996	2031.8	644.7	751.8	635.3	31.7	37.0	31.3
1997	1967.1	639.7	716.7	610.7	32.5	36.4	31.1
1998	1958.8	657.9	684.7	616.2	33.6	35.0	31.4
1999	1994.4	651.5	658.3	684.6	32.7	33.0	34.3
2000	2052.0	685.4	649.6	717.0	33.4	31.7	34.9
2001	2069.3	686.7	625.9	756.7	33.2	30.2	36.6
2002	2025.3	697.6	580.6	747.1	34.4	28.7	36.9
2003	2018.9	700.8	568.8	749.3	34.7	28.2	37.1
2004	2097.3	721.2	586.8	789.3	34.4	28.0	37.6
2005	2120.3	722.1	596.0	802.2	34.1	28.1	37.8
2006	2128.1	716.2	590.2	821.7	33.7	27.7	38.6
2007	2180.7	705.7	601.4	873.6	32.4	27.6	40.1
2008	2198.2	700.7	605.0	892.5	31.9	27.5	40.6
2009	2277.1	697.5	619.2	960.4	30.6	27.2	42.2
2010	2317.5	703.6	641.5	972.4	30.3	27.7	42.0
2011	2364.9	699.9	645.1	1019.9	29.6	27.3	43.1
2012	2423.8	694.7	651.1	1078.0	28.7	26.9	44.5

5-3 各地区按三次产业分的就业人员

(2012年末)

地　区	就业人员合计(万人)				构成(%,以合计为100)		
		第一产业	第二产业	第三产业	第一产业	第二产业	第三产业
全　省	2423.8	694.7	651.1	1078.0	28.7	26.9	44.5
沈　阳	363.6	78.1	96.6	188.9	21.5	26.6	52.0
大　连	441.9	62.7	142.1	237.1	14.2	32.1	53.7
鞍　山	171.9	48.0	59.8	64.1	27.9	34.8	37.3
抚　顺	112.4	30.7	31.8	49.9	27.3	28.3	44.4
本　溪	72.3	14.4	24.6	33.2	20.0	34.1	45.9
丹　东	124.9	44.8	31.2	48.9	35.9	25.0	39.1
锦　州	164.8	67.9	34.7	62.3	41.2	21.0	37.8
营　口	155.0	37.1	41.2	76.7	23.9	26.6	49.5
阜　新	117.4	39.1	26.3	52.0	33.3	22.4	44.3
辽　阳	105.0	31.9	27.9	45.3	30.3	26.5	43.1
盘　锦	100.9	42.0	22.0	36.9	41.6	21.8	36.6
铁　岭	146.4	61.0	32.2	53.3	41.6	22.0	36.4
朝　阳	194.9	79.7	50.4	64.8	40.9	25.9	33.3
葫芦岛	136.9	56.9	28.9	51.0	41.6	21.1	37.3

5-4 各地区分行业城镇非私营单位就业人数

(2012年末)

单位：人

行　业	沈阳	大连	鞍山	抚顺	本溪	丹东	锦州
总　计	**1128029**	**1114876**	**551689**	**309403**	**279672**	**268624**	**292068**
农、林、牧、渔业	3231	6822	4316	4569	1892	2941	14042
采　矿　业	19248	2124	5352	37736	18920	3432	7870
制　造　业	337981	460735	210363	89204	89371	61779	62181
电力、燃气及水的生产和供应业	31021	17521	13279	13345	10130	6912	14584
建　筑　业	76826	96053	84112	41318	35178	29228	35257
批发和零售业	50099	57528	17577	10850	6743	8006	11702
交通运输、仓储及邮政业	40528	64300	12730	7778	8950	12981	13167
住宿和餐饮业	15852	28124	5378	1199	1365	2313	1657
信息转输、软件和信息技术服务业	18910	33130	3769	2722	2729	5062	3936
金融业	46855	54727	17356	10139	10175	7577	13783
房　地　产　业	27877	39001	10316	3812	7699	11207	4185
租赁和商务服务业	38409	13222	8688	2810	1920	2362	3814
科学研究和技术服务业	58505	21839	20004	5637	3428	11725	8418
水利、环境和公共设施管理业	40595	15482	16645	9035	7675	11677	5605
居民服务、修理和其他服务业	4229	3835	3299	1147	491	976	1502
教育	134728	83469	47412	25066	24376	37656	35875
卫生和社会工作	72687	42961	26873	14310	24593	22850	18181
文化、体育和娱乐业	16008	9989	3224	2036	1715	2318	2973
公共管理、社会保障和社会组织	94440	64014	40996	26690	22322	27622	33336
国际组织							

5-4 续表

单位：人

行业	营口	阜新	辽阳	盘锦	铁岭	朝阳	葫芦岛
总计	**279916**	**216580**	**179581**	**468890**	**230077**	**309251**	**204172**
农、林、牧、渔业	710	4103	3765	177849	17742	2531	3114
采矿业	2869	60029	2221	102022	44329	15568	3453
制造业	104555	25254	60189	39826	19937	51012	66772
电力、燃气及水的生产和供应业	8100	8975	3782	5480	9646	8695	13005
建筑业	24727	19423	24807	34396	20813	71362	5453
批发和零售业	9162	4651	2914	10809	3493	10543	4227
交通运输、仓储及邮政业	22854	3398	4063	4123	7367	6024	5723
住宿和餐饮业	3340	855	1065	2382	313	936	1329
信息转输、软件和信息技术服务业	3420	3458	1703	2378	2664	3099	2778
金融业	9726	8655	6281	8609	9140	12909	9249
房地产业	3208	2720	1886	4467	2018	3688	750
租赁和商务服务业	4205	2358	2104	11327	3051	2740	2316
科学研究和技术服务业	2874	2940	3352	4903	5145	4230	4206
水利、环境和公共设施管理业	7461	5511	8181	9282	6840	5554	5958
居民服务、修理和其他服务业	269	277	261	637	557	3350	331
教育	25679	25821	18404	16250	29754	44123	28723
卫生和社会工作	12825	11171	10521	7099	11958	15542	11332
文化、体育和娱乐业	1905	2360	1696	1696	1486	1520	1175
公共管理、社会保障和社会组织	32027	24621	22386	25355	33824	45825	34278
国际组织							

5-5 各地区城镇非私营单位就业人员

(年末数)

单位：万人

地区	2010年			2011年			2012年		
	单位全部就业人员	全部职工	其他就业人员	单位全部就业人员	全部职工	其他就业人员	单位全部就业人员	全部职工	其他就业人员
全省	**597.6**	**572.8**	**24.7**	**579.6**	**557.2**	**22.4**	**598.7**	**572.3**	**26.4**
沈阳	109.9	103.6	6.3	110.0	104.3	5.7	112.8	107.1	5.7
大连	96.3	89.3	7.0	109.8	104.5	5.4	111.5	106.7	4.8
鞍山	51.2	49.5	1.7	52.0	49.4	2.6	55.2	51.9	3.2
抚顺	40.3	39.7	0.7	28.2	27.5	0.7	30.9	29.9	1.0
本溪	32.3	31.5	0.9	26.4	25.1	1.3	28.0	26.3	1.6
丹东	24.6	23.9	0.7	26.8	26.3	0.5	26.9	26.2	0.6
锦州	32.2	31.5	0.6	26.8	26.0	0.8	29.2	28.4	0.8
营口	20.8	20.4	0.4	26.6	26.4	0.2	28.0	27.7	0.3
阜新	25.6	24.9	0.7	19.6	18.3	1.3	21.7	19.9	1.8
辽阳	18.9	18.7	0.2	17.6	17.5	0.1	18.0	17.8	0.2
盘锦	50.3	47.6	2.7	47.4	46.3	1.1	46.9	44.2	2.7
铁岭	27.2	26.8	0.5	23.1	22.5	0.6	23.0	22.2	0.8
朝阳	25.2	24.2	1.0	26.5	25.4	1.1	30.9	28.7	2.2
葫芦岛	25.4	24.2	1.1	22.2	21.3	0.9	20.4	19.9	0.6

5-6 各地区个体从业人员

单位：户、万人

地　区	2005年		2010年		2011年		2012年	
	户数	从业人数	户数	从业人数	户数	从业人数	户数	从业人数
全　省	**1274219**	**288.3**	**1529646**	**346.2**	**1612104**	**364.4**	**1677398**	**385.4**
沈　阳	191639	56.9	226732	59.6	226122	55.6	248109	57.8
大　连	250925	42.1	263602	38.0	287637	41.7	301268	45.4
鞍　山	91430	24.6	82488	15.1	94666	14.4	102302	17.3
抚　顺	73769	23.9	109156	28.2	106519	34.5	100944	27.4
本　溪	38906	12.2	58628	13.1	57295	12.9	54063	12.4
丹　东	79254	20.3	82526	18.8	85987	18.6	88857	16.0
锦　州	89065	18.5	127751	29.1	126290	29.6	134019	30.9
营　口	72557	11.6	120031	47.1	130721	62.1	129371	53.4
阜　新	59160	16.2	69636	13.5	70521	15.8	74591	23.8
辽　阳	47225	16.3	62023	15.6	73490	12.9	74311	27.9
盘　锦	42745	8.6	62249	11.4	68572	9.9	71051	10.4
铁　岭	87135	14.0	104566	26.2	109648	23.3	113012	24.4
朝　阳	80647	13.4	76368	15.5	86046	16.9	91425	20.0
葫芦岛	69762	9.6	83890	15.0	88590	16.2	94075	18.3

5-7 各地区私营企业从业人员

单位：户、万人

地　区	2005年		2010年		2011年		2012年	
	户数	从业人数	户数	从业人数	户数	从业人数	户数	从业人数
全　省	**165217**	**252.1**	**307733**	**371.1**	**337170**	**402.6**	**374024**	**421.6**
沈　阳	47703	54.2	80729	64.7	86199	74.2	108938	81.9
大　连	56056	90.2	85317	144.0	96583	163.9	100970	171.9
鞍　山	11482	11.0	22293	14.8	22260	15.3	22007	15.4
抚　顺	5294	14.6	11827	10.8	13804	11.6	14684	12.0
本　溪	3821	7.4	7116	7.3	7488	7.7	7746	7.6
丹　东	6556	9.9	13535	11.2	16526	12.2	17409	12.6
锦　州	6243	6.9	12840	12.5	13320	12.8	14865	13.5
营　口	6218	8.6	20090	28.0	20972	28.9	22404	30.0
阜　新	2834	9.6	7745	12.1	9143	12.6	10316	12.3
辽　阳	4744	11.2	9856	12.4	10921	13.7	12302	13.9
盘　锦	3108	6.2	8389	13.3	8991	10.0	8950	9.6
铁　岭	3891	7.1	10202	12.2	10852	10.6	11994	11.1
朝　阳	3644	10.0	8757	15.6	9968	15.8	10905	16.0
葫芦岛	3623	5.2	9037	12.3	10143	13.4	10534	13.7

5-8 分行业在岗职工人数(一)

单位：万人

行　业	2006年	2007年	2008年	2009年	2010年	2011年	2012年
总　计	**476.0**	**473.0**	**485.7**	**485.0**	**493.4**	**557.2**	**572.3**
农、林、牧、渔业	28.8	29.8	30.9	27.2	27.6	26.1	24.5
采　矿　业	29.8	29.6	33.3	35.3	35.0	32.8	31.6
制　造　业	140.5	138.9	140.4	139.2	140.0	164.6	165.6
电力、燃气及水的生产和供应业	16.5	16.8	16.7	16.0	16.3	16.7	16.0
建　筑　业	28.8	26.7	27.2	28.2	29.1	44.2	55.1
批发和零售业	15.7	13.8	14.9	16.6	16.4	21.1	20.0
交通运输、仓储及邮政业	32.7	32.7	32.7	31.0	29.5	32.4	32.3
住宿和餐饮业	5.6	6.1	6.2	6.4	6.0	7.0	7.0
信息转输、计算机服务和软件业	4.9	5.4	5.9	5.9	6.7	8.2	8.8
金 融 业	13.9	14.2	14.7	15.0	15.3	17.3	18.3
房 地 产 业	6.0	5.6	6.0	7.0	8.4	11.0	11.8
租赁和商务服务业	7.7	7.9	9.9	8.3	10.4	12.3	9.2
科学研究和技术服务业	9.2	9.3	9.7	10.4	11.3	13.1	15.1
水利、环境和公共设施管理业	10.7	11.0	10.3	10.2	11.0	12.7	13.1
居民服务、修理和其他服务业	2.0	1.8	1.9	2.2	2.8	2.9	2.6
教育	50.0	50.2	49.1	49.4	50.7	53.3	55.8
卫生和社会工作	21.8	21.8	23.1	23.3	24.2	26.8	29.1
文化、体育和娱乐业	4.9	4.8	4.8	5.3	4.9	5.1	4.9
公共管理、社会保障和社会组织	46.4	46.7	47.7	48.1	47.7	49.2	51.3

注：本表到5-17表2011年、2012年均为含劳务派遣人数。

5-9 分行业在岗职工人数(二)

行　业	2010年			2011年			2012年		
	在岗职工	#国有单位	#集体单位	在岗职工	#国有单位	#集体单位	在岗职工	#国有单位	#集体单位
总　计	**493.4**	**271.6**	**29.6**	**557.2**	**294.6**	**32.1**	**572.3**	**298.8**	**33.0**
农、林、牧、渔业	27.6	26.6	0.1	26.1	25.0	0.1	24.5	23.8	0.1
采　矿　业	35.0	8.3	1.2	32.8	14.6	1.4	31.6	13.4	1.4
制　造　业	140.0	29.4	11.9	164.6	31.0	12.5	165.6	30.1	12.5
电力、燃气及水的生产和供应业	16.3	9.9	0.2	16.7	9.6	0.4	16.0	9.5	0.4
建　筑　业	29.1	10.1	6.0	44.2	13.4	7.6	55.1	14.8	8.9
批发和零售业	16.4	3.7	1.8	21.1	3.9	1.8	20.0	3.8	1.3
交通运输、仓储及邮政业	29.5	21.6	0.8	32.4	23.4	0.7	32.3	22.8	0.6
住宿和餐饮业	6.0	1.6	0.3	7.0	2.0	0.3	7.0	1.9	0.4
信息转输、软件和信息技术服务业	6.7	2.1		8.2	2.4		8.8	2.5	
金 融 业	15.3	6.5	2.3	17.3	7.2	2.4	18.3	7.7	2.4
房 地 产 业	8.4	2.4	0.2	11.0	3.2	0.2	11.8	2.7	0.3
租赁和商务服务业	10.4	4.7	2.0	12.3	6.1	1.6	9.2	4.7	1.5
科学研究和技术服务业	11.3	9.2	0.3	13.1	10.4	0.3	15.1	12.0	0.3
水利、环境和公共设施管理业	11.0	10.3	0.2	12.7	11.7	0.3	13.1	12.0	0.3
居民服务、修理和其他服务业	2.8	2.0	0.3	2.9	2.0	0.4	2.6	1.7	0.3
教育	50.7	49.3	0.2	53.3	51.2	0.5	55.8	53.8	0.4
卫生和社会工作	24.2	21.9	1.4	26.8	24.2	1.4	29.1	26.4	1.6
文化、体育和娱乐业	4.9	4.5		5.1	4.6		4.9	4.5	
公共管理、社会保障和社会组织	47.7	47.5	0.1	49.2	48.8	0.1	51.3	50.9	0.1
国际组织									

5-10 各地区在岗职工人数

单位：人

地区	2010年				2011年				2012年			
	合计	国有单位	城镇集体单位	其他单位	合计	国有单位	城镇集体单位	其他单位	合计	国有单位	城镇集体单位	其他单位
全　省	**4934115**	**2715820**	**295513**	**1922782**	**5571577**	**2945802**	**320882**	**2304893**	**5723311**	**2987820**	**329914**	**2405577**
沈　阳	935114	475621	55529	403964	1042560	523817	53714	465029	1070957	542630	53365	474962
大　连	871718	273741	23045	574932	1044607	292460	27286	724861	1067340	304735	25396	737209
鞍　山	392355	276108	40657	75590	493700	309352	53613	130735	519451	317853	55454	146144
抚　顺	260972	114252	16031	130689	274579	113248	17126	144205	299262	115253	19124	164885
本　溪	223603	176454	20453	26696	251172	178454	21373	51345	263358	188838	23549	50971
丹　东	204199	125267	13243	65689	262680	139026	16563	107091	262136	147501	15022	99613
锦　州	235007	155234	17767	62006	260283	166120	22358	71805	283585	167191	26756	89638
营　口	192284	105488	10743	76053	264097	120274	16231	127592	277057	119954	16694	140409
阜　新	168403	129343	16263	22797	183207	135835	13819	33553	198886	142064	17926	38896
辽　阳	164414	82605	16978	64831	175220	86538	14116	74566	177950	91078	14793	72079
盘　锦	467304	253823	4127	209354	463210	329461	5003	128746	442194	306675	7408	128111
铁　岭	216689	127444	20478	68767	225132	131198	21084	72850	222237	132532	20371	69334
朝　阳	229738	136978	11207	81553	254080	141154	10241	102685	287390	141951	11166	134273
葫芦岛	214841	125988	28992	59861	213270	115085	28355	69830	198552	116609	22890	59053

5-11 各地区分行业在岗职工人数

(2012年末)

单位：人

行　业	沈阳	大连	鞍山	抚顺	本溪	丹东	锦州
总　计	**1070957**	**1067340**	**519451**	**299262**	**263358**	**262136**	**283585**
农、林、牧、渔业	3038	6619	4298	4565	1892	2941	13912
采　矿　业	19243	2124	5260	37665	18910	3368	7534
制　造　业	329418	453903	205769	88163	88514	61366	61560
电力、燃气及水的生产和供应业	30507	16799	12880	13015	9379	6843	14287
建　筑　业	66866	91998	77879	40264	28082	26731	32644
批发和零售业	49262	53890	16914	8829	6688	7328	10280
交通运输、仓储及邮政业	39712	63288	11035	7753	8779	12870	13090
住宿和餐饮业	15620	26651	5314	1199	1333	2283	1639
信息转输、软件和信息技术服务业	18898	32972	3725	2031	2635	5034	3933
金 融 业	34952	39236	16365	8627	7786	7201	13491
房 地 产 业	27142	36843	9353	3675	7201	10996	4102
租赁和商务服务业	37622	12881	8579	2752	1849	2353	3797
科学研究和技术服务业	57823	20189	16746	5459	3330	11715	8205
水利、环境和公共设施管理业	31744	13556	14405	8219	5269	10874	4982
居民服务、修理和其他服务业	4187	3623	3286	1112	488	958	1487
教育	129034	79876	40861	24708	23898	37086	35609
卫生和社会工作	69339	40999	24104	13860	24362	22579	17356
文化、体育和娱乐业	15634	9344	3182	2028	1636	2251	2951
公共管理、社会保障和社会组织	90916	62549	39496	25338	21327	27359	32726
国际组织							

5-11 续表 单位：人

行 业	营口	阜新	辽阳	盘锦	铁岭	朝阳	葫芦岛
总 计	**277057**	**198886**	**177950**	**442194**	**222237**	**287390**	**198552**
农、林、牧、渔业	707	4097	3765	172187	17561	2520	3017
采 矿 业	2869	52189	2221	101307	44329	15191	3163
制 造 业	104309	24967	59162	38619	19699	50134	66435
电力、燃气及水的生产和供应业	7953	8973	3782	5351	9270	8635	12753
建 筑 业	23875	17263	24728	30031	18018	58669	4191
批发和零售业	9124	4053	2858	10682	3375	10167	4182
交通运输、仓储及邮政业	22827	3366	4063	4077	6996	5971	5633
住宿和餐饮业	3306	855	1062	2191	313	936	1319
信息转输、软件和信息技术服务业	3410	2916	1703	2343	2579	3073	2727
金 融 业	9721	6575	6224	6191	8106	9568	9166
房 地 产 业	3171	2648	1883	4332	1974	3585	700
租赁和商务服务业	4193	2301	2091	2731	3050	2739	2312
科学研究和技术服务业	2799	2580	3306	4877	5099	4207	3799
水利、环境和公共设施管理业	7371	3742	8163	7406	4993	4876	5770
居民服务、修理和其他服务业	246	254	261	634	557	3327	292
教育	25491	25692	18348	16190	29683	42893	27815
卫生和社会工作	12122	10362	10371	6877	11629	14885	11133
文化、体育和娱乐业	1903	2302	1675	1689	1467	1511	1137
公共管理、社会保障和社会组织	31660	23751	22284	24479	33539	44503	33008
国际组织							

5-12 分细行业在岗职工人数

(2012年末)　　单位：人

项　　目	在岗职工人数合计	国有经济单位	城镇集体经济单位	其他经济单位
全省总计	**5723311**	**2987820**	**329914**	**2405577**
按隶属关系分组				
中　　央		676701		
省　　属		319903		
市　　属		719151		
县及县以下		1238109		
其　　他		33956		
按企、事业和机关分组				
企　　业	4016049	1346142	306587	2363320
#地　方		729759		
事　　业	1255793	1193308	22414	40071
#地　方		1157680		
机　　关	451469	448370	913	2186
#地　方		423680		
按国民经济行业分组				
农、林、牧、渔业	245221	238179	715	6327
农　　业	212092	211135	63	894
林　　业	15845	15764	61	20
畜 牧 业	2627	1673	7	947
渔　　业	5919	1121	460	4338
农、林、牧、渔服务业	8738	8486	124	128
采 矿 业	315741	134259	14268	167214
煤炭开采和洗选业	160476	55583	4342	100551
石油和天然气开采业	44332			44332
黑色金属矿采选业	26522	13546	4957	8019
有色金属矿采选业	16518	5953	1713	8852
非金属矿采选业	10120	2949	2836	4335
开采辅助活动	57405	55860	420	1125
其他采矿业	368	368		
制 造 业	1656058	300540	125334	1230184
农副食品加工业	69001	6834	2289	59878
食品制造业	21547	1382	161	20004
酒、饮料和	22045	799	204	21042
烟草制品业	2541	643	145	1753
纺织业	25973	1764	933	23276
纺织服装、服饰业	69205	1603	1967	65635
皮革、毛皮、羽毛及其制品和制鞋业	6327	384	258	5685
木材加工和木、竹、藤、棕、草制品业	12189	332	1202	10655
家具制造业	18526	214	129	18183
造纸和纸制品业	12291	982	908	10401
印刷和记录媒介复制业	10870	2325	2821	5724
文教、工美、体育和娱乐用品制造业	7168	43	1002	6123
石油加工、炼焦和核燃料加工业	88662	13975	9044	65643
化学原料和化学制品制造业	82170	13490	8467	60213

5-12 续表 1

单位：人

项 目	在岗职工人数合计	国有经济单位	城镇集体经济单位	其他经济单位
医药制造业	28536	3637	1282	23617
化学纤维制造业	6789	44	1718	5027
橡胶和塑料制品业	44448	641	7280	36527
非金属矿物制品业	78670	7263	10551	60856
黑色金属冶炼和压延加工业	269756	168121	11130	90505
有色金属冶炼和压延加工业	35300	5116	4089	26095
金属制品业	98156	8118	10222	79816
通用设备制造业	154524	14694	12695	127135
专用设备制造业	100952	14735	10724	75493
汽车制造业	82297	5674	4372	72251
铁路、船舶、航空航天和其他运输设备制造业	106403	18945	12577	74881
电气机械和器材制造业	80661	2577	4201	73883
计算机、通信和其他电子设备制造业	68336	2921	1436	63979
仪器仪表制造业	23176	3066	1153	18957
其他制造业	7918	3	1081	6834
废弃资源综合利用业	3227	54	61	3112
金属制品、机械和设备修理业	18394	161	1232	17001
电力、热力、燃气及水生产和供应业	160427	94697	3892	61838
电力、热力生产和供应业	112831	58533	2617	51681
燃气生产和供应业	14382	9396	128	4858
水的生产和供应业	33214	26768	1147	5299
建筑业	551492	148363	89428	313701
房屋建筑业	285561	47208	52973	185380
土木工程建筑业	164210	81279	19087	63844
建筑安装业	73733	17446	16497	39790
建筑装饰和其他建筑业	27988	2430	871	24687
批发和零售业	200123	38053	12836	149234
批发业	84126	25159	6254	52713
零售业	115997	12894	6582	96521
交通运输、仓储和邮政业	322981	227738	6466	88777
铁路运输业	118083	114144	925	3014
道路运输业	94791	55771	3736	35284
水上运输业	48257	15179	56	33022
航空运输业	18495	11797	13	6685
管道运输业	3745	1776		1969
装卸搬运和运输代理业	9210	2810	1135	5265
仓 储 业	11935	8317	561	3057
邮政业	18465	17944	40	481
住宿和餐饮业	69799	18640	3884	47275
住宿业	45942	17135	3246	25561
餐饮业	23857	1505	638	21714
信息传输、软件和信息技术服务业	88285	24883	322	63080
电信、广播电视和卫星传输服务	55555	22040	107	33408
互联网和相关服务	1962	796	47	1119
软件和信息技术服务业	30768	2047	168	28553

5-12 续表 2

单位：人

项　　目	在岗职工人数合计	国有经济单位	城镇集体经济单位	其他经济单位
金融业	183209	76645	23592	82972
货币金融服务业	146606	68899	22257	55450
资本市场服务业	3776	869		2907
保险业	31449	6463	1081	23905
其他金融业	1378	414	254	710
房地产业	118425	27162	2896	88367
房地产开发经营	58297	7096	1416	49785
物业管理	44485	10029	1086	33370
房地产中介服务	4827	870	9	3948
租赁和商务服务业	91973	46789	15160	30024
租赁业	937	150	41	746
商务服务业	91036	46639	15119	29278
科学研究、技术服务业	151235	119877	3288	28070
研究和试验发展	40905	33690	278	6937
专业技术服务业	91575	72129	2369	17077
科技推广和应用服务业	18755	14058	641	4056
水利、环境和公共设施管理业	131370	120006	3294	8070
水利管理业	20079	19229	344	506
生态保护和环境治理业	6589	5025	138	1426
公共设施管理业	104702	95752	2812	6138
居民服务、修理和其他服务业	26248	16536	3401	6311
居民服务业	11466	8265	1154	2047
机动车、电子产品和日用产品修理业	3465	537	820	2108
其他服务业	11317	7734	1427	2156
教育	557593	538213	4069	15311
初等教育	156502	155289	398	815
中等教育	241847	236280	629	4938
高等教育	102690	100066	706	1918
卫生和社会工作	291054	263593	15686	11775
卫生	272487	245818	15229	11440
社会工作	18567	17775	457	335
文化、体育和娱乐业	49142	44992	437	3713
新闻和出版业	9426	8687	79	660
广播、电视、电影和影视录音制作业	17036	15907	56	1073
文化艺术业	17492	17379	109	4
体育	3787	2244	20	1523
娱乐业	1401	775	173	453
公共管理、社会保障和社会组织	512935	508655	946	3334
中国共产党机关	23009	23009		
国家机构	462014	461921	23	70
人民政协、民主党派	3166	3166		
社会保障	7254	7089		165
群众社团、社会团体和其他成员组织	13859	13240	76	543

5-13 国有单位分行业在岗职工人数

单位：万人

行业	2006年	2007年	2008年	2009年	2010年	2011年	2012年
总　　计	**292.5**	**289.4**	**292.8**	**271.2**	**271.6**	**294.6**	**298.8**
农、林、牧、渔业	27.9	28.8	30.1	26.4	26.6	25.0	23.8
采　矿　业	17.3	17.1	20.8	8.2	8.3	14.6	13.4
制　造　业	35.4	33.8	34.2	30.7	29.4	31.0	30.1
电力、燃气及水的生产和供应业	11.0	10.8	10.4	9.5	9.9	9.6	9.5
建　筑　业	9.3	8.7	9.2	9.2	10.1	13.4	14.8
批发和零售业	5.2	4.1	3.8	4.6	3.7	3.9	3.8
交通运输、仓储及邮政业	27.7	27.5	25.5	23.6	21.6	23.4	22.8
住宿和餐饮业	1.8	1.6	1.4	1.4	1.6	2.0	1.9
信息转输、软件和信息技术服务业	2.0	1.9	2.1	2.0	2.1	2.4	2.5
金 融 业	6.4	6.0	6.6	6.6	6.5	7.2	7.7
房 地 产 业	3.0	2.7	2.5	2.3	2.4	3.2	2.7
租赁和商务服务业	5.3	5.7	6.0	4.7	4.7	6.1	4.7
科学研究和技术服务业	7.9	8.1	8.2	8.7	9.2	10.4	12.0
水利、环境和公共设施管理业	10.2	10.4	9.8	9.6	10.3	11.7	12.0
居民服务、修理和其他服务业	1.2	1.1	1.2	1.4	2.0	2.0	1.7
教育	49.8	49.9	48.5	48.5	49.3	51.2	53.8
卫生和社会工作	20.3	20.3	20.5	21.0	21.9	24.2	26.4
文化、体育和娱乐业	4.6	4.5	4.5	4.9	4.5	4.6	4.5
公共管理、社会保障和社会组织	46.3	46.5	47.6	47.9	47.5	48.8	50.9
国际组织							

5-14 各地区国有单位分行业在岗职工人数

(2012年末)

单位：人

行业	沈阳	大连	鞍山	抚顺	本溪	丹东	锦州
总　　计	**542630**	**304735**	**317853**	**115253**	**188838**	**147501**	**167191**
农、林、牧、渔业	3031	1301	3708	4538	1717	2918	13912
采　矿　业	240	2078		5718	12891	777	4165
制　造　业	35026	28258	112937	10797	58097	3215	5609
电力、燃气及水的生产和供应业	19071	7511	9601	5750	6412	5989	10166
建　筑　业	22288	13849	39698	755	11850	10266	7957
批发和零售业	11889	2288	3364	1786	2461	1619	2527
交通运输、仓储及邮政业	24581	17084	8220	6740	4064	6656	8839
住宿和餐饮业	3754	3343	673	630	527	522	650
信息转输、软件和信息技术服务业	9264	509	95	87	1578	2126	2785
金 融 业	19962	14633	3890	1481	5934	3946	6263
房 地 产 业	7203	2757	2161	1073	2374	2169	1351
租赁和商务服务业	14232	4684	5833	2602	1656	859	1987
科学研究和技术服务业	45745	12492	11533	3335	3266	10803	7842
水利、环境和公共设施管理业	31081	9472	13230	7357	5063	10123	4380
居民服务、修理和其他服务业	2112	1259	535	433	466	355	957
教育	123387	75736	38978	23694	23823	35714	35515
卫生和社会工作	64760	37075	21364	11117	23725	20506	16646
文化、体育和娱乐业	14111	7861	2945	2022	1619	2159	2951
公共管理、社会保障和社会组织	90893	62545	39088	25338	21315	26779	32689
国际组织							

5-14 续表

单位：人

行　业	营口	阜新	辽阳	盘锦	铁岭	朝阳	葫芦岛
总　计	**119954**	**142064**	**91078**	**306675**	**132532**	**141951**	**116609**
农、林、牧、渔业	707	4074	3765	171693	17464	2319	2930
采　矿　业		48546	376	55858	586	1035	1621
制　造　业	11786	1676	10882	2733	1837	2907	10740
电力、燃气及水的生产和供应业	5767	7929	1345	1751	2788	6208	4409
建　筑　业	2460	1891	6647	9863	7958	1388	1240
批发和零售业	898	1233	1080	789	1782	1294	2552
交通运输、仓储及邮政业	13894	2597	1770	3034	6639	5306	4793
住宿和餐饮业	490	585	228	547	282	594	37
信息转输、软件和信息技术服务业	2527	1189	117	391	657	1188	2064
金 融 业	4446	3074	717	1334	3288	3945	3732
房　地　产　业	745	905	1385	419	1852	1415	533
租赁和商务服务业	2362	1376	1208	2317	2748	1458	744
科学研究和技术服务业	2622	2435	2414	3812	4990	3747	3740
水利、环境和公共设施管理业	5963	3435	7654	7049	4908	4556	5735
居民服务、修理和其他服务业	221	195	250	150	551	3234	282
教育	23306	25489	18339	15074	29378	41769	27602
卫生和社会工作	9735	9603	8964	5554	9890	13616	9962
文化、体育和娱乐业	1466	2112	1653	1641	1466	1474	1080
公共管理、社会保障和社会组织国际组织	30559	23720	22284	22666	33468	44498	32813

5-15 城镇集体单位分行业在岗职工人数

单位：万人

行　业	2006年	2007年	2008年	2009年	2010年	2011年	2012年
总　计	**37.2**	**34.4**	**32**	**30.3**	**29.6**	**32.1**	**34.7**
农、林、牧、渔业	0.3	0.2	0.2	0.2	0.1	0.1	0.1
采　矿　业	1.8	1.7	1.4	1.2	1.2	1.4	1.4
制　造　业	15.6	14.8	13.6	12.7	11.9	12.5	12.5
电力、燃气及水的生产和供应业	0.4	0.4	0.4	0.3	0.2	0.4	0.4
建　筑　业	8.2	7.1	6.3	5.9	6.0	7.6	10.7
批发和零售业	2.1	1.8	1.5	1.5	1.8	1.8	1.3
交通运输、仓储及邮政业	1.5	1.4	0.9	0.9	0.8	0.7	0.7
住宿和餐饮业	0.3	0.3	0.3	0.3	0.3	0.3	0.4
信息转输、软件和信息技术服务业	0.1	0.1					
金 融 业	2.7	2.6	2.5	2.3	2.3	2.4	2.4
房　地　产　业	0.2	0.2	0.2	0.2	0.2	0.2	0.3
租赁和商务服务业	1.5	1.4	2.1	1.9	2.0	1.6	1.4
科学研究和技术服务业	0.3	0.3	0.3	0.4	0.3	0.3	0.3
水利、环境和公共设施管理业	0.3	0.3	0.3	0.2	0.2	0.3	0.3
居民服务、修理和其他服务业	0.3	0.3	0.3	0.3	0.3	0.4	0.3
教育	0.2	0.2	0.2	0.2	0.2	0.5	0.4
卫生和社会工作	1.2	1.2	1.3	1.5	1.4	1.4	1.6
文化、体育和娱乐业							
公共管理、社会保障和社会组织国际组织	0.1	0.1	0.1	0.1	0.1	0.1	0.1

5-16 各地区集体单位分行业在岗职工人数

(2012年末)

单位：人

行 业	沈阳	大连	鞍山	抚顺	本溪	丹东	锦州
总 计	**53365**	**25396**	**55454**	**19124**	**23549**	**15022**	**26756**
农、林、牧、渔业	2	478	66	27	43	18	
采 矿 业	28		1551	2089	3344	733	2385
制 造 业	19077	8342	26866	5526	11941	3703	8781
电力、燃气及水的生产和供应业	316	15	494	1538	87	164	221
建 筑 业	15188	6377	15704	5845	4702	4421	7648
批发和零售业	3535	475	1790	778	491	719	1312
交通运输、仓储及邮政业	1170	651	1491	192	624	255	818
住宿和餐饮业	471	996	156	151	13	154	196
信息转输、软件和信息技术服务业	10	16		19	13	234	
金 融 业	4100		1998	1044	995	717	2137
房 地 产 业	289	303	226	494	232	436	74
租赁和商务服务业	2782	3815	984	145	193	259	1731
科学研究和技术服务业	1346	771	251	5		124	129
水利、环境和公共设施管理业	174	181	705	58	118	403	587
居民服务、修理和其他服务业	1165	265	717	499	12	197	265
教育	1289	918	416	8	75	856	32
卫生和社会工作	2315	1779	1920	700	637	1593	440
文化、体育和娱乐业	85	14	54	6	17	25	
公共管理、社会保障和社会组织	23		65		12	11	
国际组织							

5-16 续表

单位：人

行 业	营口	阜新	辽阳	盘锦	铁岭	朝阳	葫芦岛
总 计	**16694**	**17926**	**14793**	**7408**	**20371**	**11166**	**22890**
农、林、牧、渔业		23		18	29	11	
采 矿 业	682	2821	261			322	52
制 造 业	8470	2296	4896	1529	9230	1538	13139
电力、燃气及水的生产和供应业	192		86	522			257
建 筑 业	2529	6762	5043	3681	4735	4325	2468
批发和零售业	508	1547	419	344	438	258	222
交通运输、仓储及邮政业	63	433	392	35	218	74	50
住宿和餐饮业	7	130	169	292	25	9	1115
信息转输、软件和信息技术服务业							30
金 融 业	205	1149	1097	344	3860	3230	2716
房 地 产 业	4	698	48	54	28	10	
租赁和商务服务业	1827	572	835	10	184	314	1509
科学研究和技术服务业	123	136	109	139	88	8	59
水利、环境和公共设施管理业	50	307	509	82	85		35
居民服务、修理和其他服务业	25	59	10	125	6	46	10
教育	4	171	5	16	279		
卫生和社会工作	1161	652	914	217	1166	1021	1171
文化、体育和娱乐业	9	170					57
公共管理、社会保障和社会组织	835						
国际组织							

5-17 其他经济单位分行业在岗职工人数

单位：万人

行 业	2006年	2007年	2008年	2009年	2010年	2011年	2012年
总 计	**146.4**	**149.2**	**160.9**	**183.5**	**192.3**	**230.5**	**240.6**
农、林、牧、渔业	0.7	0.7	0.6	0.6	0.9	1.0	0.6
采 矿 业	10.6	10.9	11.1	25.9	25.5	16.8	16.7
制 造 业	89.6	90.3	92.6	95.8	98.7	121.1	123.0
电力、燃气及水的生产和供应业	5.2	5.7	5.9	6.2	6.1	6.7	6.2
建 筑 业	11.3	10.9	11.7	13.0	13.0	23.3	31.4
批发和零售业	8.4	7.9	9.6	10.6	10.9	15.5	14.9
交通运输、仓储及邮政业	3.6	3.8	6.3	6.4	7.2	8.3	8.9
住宿和餐饮业	3.5	4.2	4.5	4.7	4.1	4.8	4.7
信息转输、软件和信息技术服务业	2.8	3.3	3.8	3.9	4.6	5.8	6.3
金 融 业	4.8	5.6	5.5	6.1	6.5	7.7	8.3
房 地 产 业	2.8	2.7	3.3	4.6	5.8	7.6	8.8
租赁和商务服务业	0.9	0.8	1.8	1.7	3.7	4.6	3.0
科学研究和技术服务业	1.0	0.9	1.2	1.4	1.8	2.4	2.8
水利、环境和公共设施管理业	0.2	0.3	0.3	0.4	0.4	0.7	0.8
居民服务、修理和其他服务业	0.4	0.4	0.4	0.4	0.5	0.6	0.6
教育	0.1	0.1	0.5	0.6	1.2	1.7	1.5
卫生和社会工作	0.3	0.3	1.3	0.8	0.9	1.2	1.2
文化、体育和娱乐业	0.3	0.3	0.3	0.3	0.4	0.4	0.4
公共管理、社会保障和社会组织				0.1	0.1	0.3	0.3
国际组织							

5-18 城镇登记失业人数及失业率

(年末数)

年 份	城镇登记失业人数(万人)	#女性	女性占城镇登记失业人数(%)	失业率(%)
1980	44.7			
1985	19.7			1.9
1986	20.2			2.0
1987	25.4			2.4
1988	25.8			2.4
1989	28.3			3.3
1990	23.7			2.7
1991	24.9			2.2
1992	26.7			2.4
1993	28.5			2.6
1994	30.0			2.5
1995	30.4			2.6
1996	40.8	22.5	55.1	3.6
1997	43.5	23.4	53.8	3.7
1998	40.0	21.0	52.5	3.4
1999	39.8	21.5	54.0	3.5
2000	40.8	21.6	52.9	3.7
2001	55.5	29.2	52.6	4.8
2002	75.5	39.1	51.8	6.8
2003	72.0	46.0	63.9	6.7
2004	68.2	44.2	64.8	6.3
2005	60.4	35.3	58.4	5.7
2006	53.9	28.1	52.1	5.1
2007	44.5	23.4	52.6	4.4
2008	39.0	18.6	47.7	3.8
2009	41.6	19.4	46.6	3.9
2010	39.5	20.5	51.9	3.7
2011	39.4	19.7	50.0	3.7
2012	38.1	18.3	48.0	3.6

5-19 各地区城镇登记失业人数及失业率

地区	年末城镇登记失业人数(万人)							城镇登记失业率(%)						
	2006年	2007年	2008年	2009年	2010年	2011年	2012年	2006年	2007年	2008年	2009年	2010年	2011年	2012年
全省	**53.9**	**44.5**	**39.0**	**41.6**	**39.5**	**39.4**	**38.1**	**5.1**	**4.4**	**3.8**	**3.9**	**3.7**	**3.7**	**3.6**
沈阳	11.8	8.1	7.6	7.7	7.8	7.6	7.7	5.1	3.3	3.3	3.1	3.1	3.1	3.0
大连	6.0	5.0	5.3	6.7	7.2	8.0	8.5	2.8	2.2	2.4	2.8	2.7	2.9	2.6
鞍山	5.2	4.4	3.2	3.2	2.0	2.0	2.0	5.0	4.3	3.3	3.1	2.0	2.0	2.0
抚顺	5.1	4.1	3.8	4.1	4.0	3.7	3.6	5.5	4.5	4.4	4.5	4.3	4.2	3.9
本溪	3.7	3.4	3.1	3.0	2.9	2.7	2.7	5.4	5.2	5.0	4.5	4.0	4.2	3.9
丹东	2.8	2.4	2.4	2.4	2.2	2.3	2.3	5.5	4.8	4.9	4.5	4.1	4.2	4.3
锦州	3.7	3.5	1.7	1.7	1.8	1.3	1.1	5.0	4.7	4.1	3.7	3.9	3.8	2.3
营口	2.5	1.8	1.7	2.2	1.6	1.7	1.2	4.8	3.3	3.2	3.5	2.6	3.1	2.0
阜新	2.2	2.1	2.1	1.8	1.7	2.0	2.0	5.5	5.0	5.1	4.3	4.0	3.9	4.0
辽阳	2.1	2.0	1.7	1.5	1.2	1.0	0.9	4.8	4.5	4.0	3.3	2.7	2.6	2.3
盘锦	1.4	1.3	1.3	1.8	1.9	1.8	1.7	3.1	2.8	2.9	3.6	3.7	2.9	2.7
铁岭	2.0	1.9	1.6	1.8	1.8	1.9	1.4	3.9	3.6	3.4	3.9	3.9	3.6	2.7
朝阳	2.7	1.9	1.4	1.4	1.5	1.7	1.3	5.8	4.2	3.2	2.8	2.8	3.8	2.9
葫芦岛	2.7	2.6	2.3	2.2	2.0	1.7	1.6	4.9	4.7	4.4	3.9	3.6	3.7	3.1

5-20 职工工资总额及指数

年份、地区	绝对数(亿元)				指数(上年=100)			
	合计	国有经济单位	城镇集体经济单位	其他经济单位	合计	国有经济单位	城镇集体经济单位	其他经济单位
1990	217.8	158.1	55.3	4.4	112.3	113.6	108.2	122.2
1991	242.1	174.8	61.6	5.7	111.2	110.6	111.4	129.5
1992	282.0	204.1	70.1	7.8	116.5	116.8	113.8	136.8
1993	342.5	248.5	79.1	14.9	121.5	121.8	112.8	191.0
1994	439.7	319.4	90.4	29.9	128.4	128.5	114.3	200.7
1995	496.9	368.1	97.2	31.6	113.0	115.2	107.5	105.7
1996	525.3	394.2	94.6	36.5	105.7	107.1	97.3	115.4
1997	544.5	408.1	92.4	44.0	103.6	103.5	97.6	120.6
1998	521.3	384.9	71.7	64.7	95.7	94.3	197.6	147.0
1999	529.6	388.9	62.1	78.6	101.6	101.0	86.6	121.5
2000	553.1	404.2	57.1	91.8	104.4	103.9	91.9	116.8
2001	595.9	425.3	51.9	118.7	107.7	105.2	90.9	129.3
2002	635.9	437.8	43.7	154.4	106.7	102.9	84.1	130.1
2003	680.6	455.6	41.3	183.7	107.0	104.1	94.5	118.9
2004	759.8	501.0	40.8	218.1	111.6	110.0	98.8	118.7
2005	862.9	566.4	39.7	256.8	113.6	113.1	97.3	117.7
2006	973.0	631.9	44.0	297.1	112.8	111.6	110.8	115.7
2007	1143.0	745.1	46.4	351.5	117.5	117.9	105.5	118.3
2008	1396.4	892.0	53.7	450.7	122.2	119.7	115.8	128.2
2009	1552.5	912.5	56.4	583.6	111.2	102.3	105.0	129.5
2010	1771.8	1013.0	63.4	695.5	114.1	111.0	112.3	119.2
2011	2171.6	1186.5	83.5	901.6	122.6	117.1	131.7	129.6
2012	2466.9	1320.7	99.3	1046.9	113.6	111.3	119.0	116.1
沈　阳	523.3	298.8	18.5	205.9	113.9	113.4	128.0	113.4
大　连	586.5	201.9	10.5	374.2	114.0	110.3	107.3	116.4
鞍　山	180.0	125.9	12.7	41.4	107.9	104.1	116.9	118.0
抚　顺	118.1	44.0	5.0	69.1	117.3	108.4	124.2	123.2
本　溪	103.2	79.7	5.2	18.3	110.3	108.4	121.4	116.2
丹　东	74.5	48.5	3.5	22.5	105.0	107.9	87.1	102.2
锦　州	111.9	63.5	7.7	40.7	122.5	116.3	133.0	131.5
营　口	102.5	47.7	4.5	50.3	122.0	108.8	127.9	137.1
阜　新	76.6	61.1	4.4	11.1	125.0	122.8	131.4	135.2
辽　阳	76.0	32.1	9.0	34.9	112.9	114.6	128.1	108.1
盘　锦	149.5	79.6	1.4	68.4	106.1	102.8	120.5	110.0
铁　岭	82.1	41.2	4.2	36.7	110.0	112.9	109.5	107.1
朝　阳	114.9	59.1	7.0	48.8	124.9	127.3	116.1	123.3
葫芦岛	71.0	40.7	5.7	24.6	105.1	110.3	106.8	97.1

5-21 在岗职工平均工资及指数

年份、地区	在岗职工平均工资(元)				指数(上年=100)			
	合计	国有经济单位	城镇集体经济单位	其他经济单位	合计	国有经济单位	城镇集体经济单位	其他经济单位
1990	2180	2388	1740	2300	111.0	111.7	108.6	108.6
1991	2371	2582	1904	2741	108.8	108.1	109.4	119.2
1992	2715	2975	2134	3265	114.5	115.2	112.1	119.1
1993	3305	3593	2568	4071	121.7	120.8	120.3	124.7
1994	4269	4766	2940	5717	129.2	132.6	114.5	140.4
1995	4877	5434	3333	6349	114.2	114.0	113.4	111.1
1996	5269	5894	3462	6648	108.0	108.5	103.9	104.7
1997	5591	6226	3583	7266	106.1	105.6	103.5	109.3
1998	7161	7604	4972	8285	128.1	122.1	138.8	114.0
1999	7895	8370	5161	9122	110.2	110.1	103.8	110.1
2000	8811	9221	5721	10196	111.6	110.2	110.9	111.8
2001	10145	10609	6354	11258	115.1	115.1	111.1	110.4
2002	11659	12239	7094	12214	114.9	115.4	111.6	108.5
2003	13008	13603	7629	13665	111.6	111.1	107.5	111.9
2004	14922	15716	8466	15301	114.7	115.5	111.0	112.0
2005	17331	18360	9161	17550	116.1	116.8	108.2	114.7
2006	19624	20681	10888	19797	113.2	112.6	118.9	112.8
2007	23202	24748	12242	22834	118.2	119.7	112.4	115.3
2008	27729	29456	15365	27163	119.5	119.0	125.5	119.0
2009	31104	32572	17369	31266	112.2	110.6	113.0	115.1
2010	35057	36371	20237	35527	112.7	111.7	116.5	113.6
2011	38713	40553	24591	38462	110.4	111.5	121.5	108.3
2012	42503	44062	28634	42559	109.8	108.7	116.4	110.7
沈　阳	48835	54455	35081	43817	107.8	104.6	126.6	110.0
大　连	54820	66860	42564	50337	110.2	106.3	116.0	112.2
鞍　山	34527	39412	22799	28322	102.4	99.8	113.0	108.8
抚　顺	38757	38342	24559	40745	107.1	107.1	106.5	107.1
本　溪	38766	41795	21727	35462	105.2	101.5	108.9	121.4
丹　东	28630	32977	23304	22932	105.8	102.0	95.3	111.3
锦　州	37703	37055	29202	41090	112.5	112.2	115.9	112.1
营　口	36028	39826	27160	33944	112.9	109.6	122.7	117.4
阜　新	38558	43216	25603	27686	116.5	117.2	123.6	114.8
辽　阳	40244	35194	38198	47124	111.3	112.6	122.4	108.0
盘　锦	33947	26234	18727	52926	111.7	111.4	81.1	110.0
铁　岭	36479	31185	20453	50640	111.8	112.3	110.0	113.2
朝　阳	36281	41783	36188	31307	115.5	126.3	117.3	105.4
葫芦岛	35031	34738	24285	39638	111.2	108.8	131.2	109.8

注：1978-1997年为全部职工平均工资。

5-22 按登记注册类型分在岗职工平均工资

单位：元

年份、地区	合计	国有经济单位	城镇集体经济单位	股份合作单位	联营单位	有限责任公司	股份有限公司	其他经济单位	港澳台商投资单位	外商投资单位
1995	4877	5434	3333							
1996	5269	5894	3462							
1997	5591	6226	3583							
1998	7161	7604	4972	5381	5547	7875	7946	5684	9133	9951
1999	7895	8370	5161	5817	6578	8534	8517	6380	10060	11487
2000	8811	9221	5721	6422	6460	9816	10003	4828	10539	12109
2001	10145	10609	6354	6584	8877	10826	11441	5643	12505	12766
2002	11659	12239	7094	8122	9173	11206	13960	9186	12805	14277
2003	13008	13603	7629	8685	8810	12839	16165	8422	13846	15060
2004	14922	15716	8466	10132	10439	14489	19009	9828	15902	15821
2005	17331	18360	9161	11364	10646	17148	21874	10163	17164	17448
2006	19624	20681	10888	13261	11843	19056	25312	10053	18959	19556
2007	23202	24748	12242	14640	15471	22074	29851	12089	21520	21826
2008	27729	29456	15365	18305	19166	26826	34466	17202	25307	26388
2009	31104	32572	17369	19927	20288	29670	39677	19546	29123	29626
2010	35057	36371	20237	23099	22486	33368	46281	23092	31241	34121
2011	38713	40553	24591	27409	27636	36064	51237	25964	36018	38513
2012	42503	44062	28634	32169	30429	39161	56226	30671	40261	44633
沈　阳	48835	54455	35081	36765	36236	42566	56512	34953	40180	44730
大　连	54820	66860	42564	47931	32856	46368	83589	37832	44199	48935
鞍　山	34527	39412	22799	24960	19884	24728	44124	24307	37124	28757
抚　顺	38757	38342	24559	20703	15200	38948	48414	41862	38770	28834
本　溪	38766	41795	21727	29808	63263	31092	38639	31488	44968	39052
丹　东	28630	32977	23304	17786	17840	22930	22072	21954	23396	25365
锦　州	37703	37055	29202	37688	36513	34682	56387	20987	35978	34498
营　口	36028	39826	27160	29251	31178	34055	38199	32791	33708	31554
阜　新	38558	43216	25603	27124	29147	27037	27629	14066	18630	43745
辽　阳	40244	35194	38198	22718		39255	64858	22731	47367	34345
盘　锦	33947	26234	18727	28112	23636	39029	70413	18908	36455	52851
铁　岭	36479	31185	20453	34459	28800	54021	33013	33533	56057	28624
朝　阳	36281	41783	36188	24238	33304	31562	29251	24844	32580	40773
葫芦岛	35031	34738	24285		25853	39628	43685	28393	21807	49445

注：1995-1997年为全部职工平均工资。

5-23 分细行业在岗职工平均工资

(2012年) 单位：元

项　　目	在岗职工合计	国有经济单位	城镇集体经济单位	其他经济单位
全省总计	**42503**	**44062**	**28634**	**42559**
按隶属关系分组				
中　　央		60645		
省　　属		52807		
市　　属		42165		
县及县以下		33618		
其　　他		52155		
按企、事业和机关分组				
企　　业	42276	44622	28460	42803
#地　方		32106		
事　　业	43238	43966	30685	28265
#地　方		42768		
机　　关	42531	42601	40773	29025
#地　方		42036		
按国民经济行业分组				
农、林、牧、渔业	12213	11372	29563	40256
农　业	9348	9311	15143	17878
林　业	28009	27935	52475	11500
畜 牧 业	20540	16265	19714	27890
渔　业	40205	18085	23449	47789
农、林、牧、渔服务业	30112	29914	58017	17320
采 矿 业	54578	54480	25544	57040
煤炭开采和洗选业	50530	50161	22299	51962
石油和天然气开采业	77475			77475
黑色金属矿采选业	38108	45648	25775	32477
有色金属矿采选业	39954	38010	27464	43775
非金属矿采选业	35366	38252	30753	36315
开采辅助活动	63198	64065	15196	39310
其他采矿业	46667	46667		
制 造 业	39467	42348	24072	40321
农副食品加工业	30546	42091	10705	29919
食品制造业	28752	29793	14926	28793
酒、饮料和	33241	18041	16265	33990
烟草制品业	101329	51409	71517	116318
纺织业	22198	18146	16460	22720
纺织服装、服饰业	30117	41722	16201	30243
皮革、毛皮、羽毛及其制品和制鞋业	28330	20315	10347	29750
木材加工和木、竹、藤、棕、草制品业	31759	19994	37403	31512
家具制造业	27878	28750	17171	27947
造纸和纸制品业	25034	32007	18354	24959
印刷和记录媒介复制业	29479	29356	23079	32659
文教、工美、体育和娱乐用品制造业	25417	27512	23878	25646
石油加工、炼焦和核燃料加工业	59543	64555	20697	63920
化学原料和化学制品制造业	41521	28411	28647	46292

5-23 续表 1

单位：元

项目	在岗职工合计	国有经济单位	城镇集体经济单位	其他经济单位
医药制造业	36246	35932	14175	37505
化学纤维制造业	30122	29273	62633	18250
橡胶和塑料制品业	34609	28948	25107	36592
非金属矿物制品业	30365	27588	24517	31681
黑色金属冶炼和压延加工业	41062	42320	19997	41283
有色金属冶炼和压延加工业	32524	25341	27621	34257
金属制品业	33018	46540	21414	33055
通用设备制造业	39422	43194	21080	40816
专用设备制造业	41340	46497	20071	43326
汽车制造业	43469	25356	38145	45242
铁路、船舶、航空航天和其他运输设备制造业	56704	55080	29887	61325
电气机械和器材制造业	38284	39673	20883	39206
计算机、通信和其他电子设备制造业	37732	34376	21315	38236
仪器仪表制造业	33174	40283	22701	32661
其他制造业	30559	28333	26636	31175
废弃资源综合利用业	36244	18964	18164	37011
金属制品、机械和设备修理业	61789	32913	18293	65209
电力、热力、燃气及水生产和供应业	52372	54021	27155	51398
电力、热力生产和供应业	60310	68282	26671	52910
燃气生产和供应业	35026	31156	12244	42745
水的生产和供应业	32961	30763	29857	44853
建筑业	34788	42067	31122	32537
房屋建筑业	33692	43300	29209	32425
土木工程建筑业	37150	41962	29759	33341
建筑安装业	36158	41282	40493	32359
建筑装饰和其他建筑业	30815	21969	33960	31683
批发和零售业	35950	43282	21768	35310
批发业	46812	52954	23427	46673
零售业	28099	24405	20185	29125
交通运输、仓储和邮政业	51433	52780	20075	50287
铁路运输业	63283	64330	15999	37641
道路运输业	28021	25337	22556	32843
水上运输业	58935	49551	40914	63240
航空运输业	83458	81316	13846	87459
管道运输业	48475	40470		55792
装卸搬运和运输代理业	43478	52381	11441	45561
仓 储 业	41769	39319	25390	51601
邮政业	54966	55605	21714	33517
住宿和餐饮业	30743	35246	24659	29386
住宿业	32503	35854	25931	30973
餐饮业	27339	28043	18097	27565
信息传输、软件和信息技术服务业	67171	55219	26694	72257
电信、广播电视和卫星传输服务	59095	56704	32804	60788
互联网和相关服务	71266	33974	13702	100143
软件和信息技术服务业	81971	47716	26441	84913

5-23 续表 2

单位：元

项 目	在岗职工合计	国有经济单位	城镇集体经济单位	其他经济单位
金融业	78577	83090	46841	83569
货币金融服务业	82912	86122	46763	93642
资本市场服务业	93351	162471		72960
保险业	56576	40698	47736	61367
其他金融业	72065	74108	49921	78920
房地产业	36462	34124	22066	37767
房地产开发经营	44320	44913	21488	44937
物业管理	26233	27119	21564	26121
房地产中介服务	42177	38058	41444	43147
租赁和商务服务业	33282	34674	27898	33665
租赁业	27263	32376	32463	25947
商务服务业	33344	34681	27885	33863
科学研究、技术服务业	55775	55584	53601	56843
研究和试验发展	59785	60574	30194	57215
专业技术服务业	57640	57464	57711	58378
科技推广和应用服务业	37722	33664	48509	49773
水利、环境和公共设施管理业	29896	30220	23691	27682
水利管理业	30565	30714	25374	28431
生态保护和环境治理业	39610	42470	26703	30827
公共设施管理业	29161	29482	23339	26914
居民服务、修理和其他服务业	33021	36917	26060	26106
居民服务业	28242	28218	27335	28841
机动车、电子产品和日用产品修理业	25222	29566	19792	26163
其他服务业	39773	45698	28584	23422
教育	48562	48973	33960	38583
初等教育	44728	44757	30864	45745
中等教育	45945	46138	29639	39222
高等教育	63676	63992	55318	50225
卫生和社会工作	45675	46836	31119	38965
卫生	46113	47317	31540	39540
社会工作	39332	40261	16989	20235
文化、体育和娱乐业	44102	44327	20664	44109
新闻和出版业	52374	50371	27165	81704
广播、电视、电影和影视录音制作业	46211	45968	29625	50797
文化艺术业	39631	39729	23971	25250
体育	38581	46294	33200	27442
娱乐业	32940	39646	11285	29609
公共管理、社会保障和社会组织	42099	42281	26719	18742
中国共产党机关	46925	46925		
国家机构	42173	42175	24174	32271
人民政协、民主党派	50415	50415		
社会保障	38100	38605		16448
群众社团、社会团体和其他成员组织	37307	38099	23763	19801

5-24　各地区在岗职工平均工资

单位：元

地　区	2010年				2011年				2012年			
	合计	国有单位	集体单位	其他单位	合计	国有单位	集体单位	其他单位	合计	国有单位	集体单位	其他单位
全　省	**35057**	**36371**	**20237**	**35527**	**38713**	**40553**	**24591**	**38462**	**42503**	**44062**	**28634**	**42559**
沈　阳	41525	49968	24706	34118	45306	52049	27711	39834	48835	54455	35081	43817
大　连	44617	56729	30412	39356	49730	62882	36699	44872	54820	66860	42564	50337
鞍　山	32913	37080	17123	26302	33730	39501	20182	26037	34527	39412	22799	28322
抚　顺	35148	34872	19773	37251	36191	35786	23070	38058	38757	38342	24559	40745
本　溪	31823	34791	15416	24525	36845	41188	19951	29203	38766	41795	21727	35462
丹　东	25863	30911	17988	17862	27055	32315	24445	20612	28630	32977	23304	22932
锦　州	29450	30164	16943	31325	33500	33035	25206	36667	37703	37055	29202	41090
营　口	30592	35068	18720	26299	31902	36332	22141	28903	36028	39826	27160	33944
阜　新	25354	27670	14712	19929	33110	36859	20710	24125	38558	43216	25603	27686
辽　阳	32028	28211	26196	38315	36161	31255	31215	43619	40244	35194	38198	47124
盘　锦	28028	13152	20922	46371	30397	23546	23102	48107	33947	26234	18727	52926
铁　岭	27959	23626	14290	39896	32640	27777	18600	44737	36479	31185	20453	50640
朝　阳	29947	32169	24800	26946	31402	33086	30861	29711	36281	41783	36188	31307
葫芦岛	26041	26517	17604	29452	31498	31939	18509	36093	35031	34738	24285	39638

5-25　分行业在岗职工工资总额

单位：万元

行　业	2010年				2011年			
	合计	国有单位	集体单位	其他单位	合计	国有单位	集体单位	其他单位
总　计	**17310261**	**9860507**	**609805**	**6839949**	**21715637**	**11865251**	**834721**	**9015665**
农、林、牧、渔业	277348	245674	2899	28776	301319	265099	3237	32984
采　矿　业	1437951	211882	21362	1204708	1606814	703659	33614	869541
制　造　业	4494150	1145822	211501	3136827	5991715	1317555	257035	4417126
电力、燃气及水的生产和供应业	698934	452178	4886	241870	771742	479497	9066	283178
建　筑　业	905240	358154	136234	410853	1639692	544472	252843	842378
批发和零售业	482200	133076	32904	316220	672184	150366	38938	482880
交通运输、仓储及邮政业	1143523	858800	12134	272589	1418950	1025582	12483	380884
住宿和餐饮业	131429	39006	6512	85910	182172	54609	5937	121626
信息转输、软件和信息技术服务业	368994	101120	361	267513	480544	124866	575	355104
金融业	930380	451937	77086	401357	1184190	555412	90799	537980
房地产业	236121	66743	4815	164563	349806	95389	5530	248888
租赁和商务服务业	282876	136686	35280	110910	360044	162509	35922	161614
科学研究和技术服务业	543848	426126	12148	105574	707005	556603	14838	135564
水利、环境和公共设施管理业	291374	276611	4327	10437	354786	332004	5230	17553
居民服务、修理和其他服务业	69651	53132	5713	10806	85924	61949	8886	15090
教育	2132586	2093213	5700	33673	2361880	2293052	14192	54637
卫生和社会工作	899909	840895	33239	25775	1091322	1009339	42084	39900
文化、体育和娱乐业	183081	171867	452	10762	208516	193796	603	14117
公共管理、社会保障和社会组织	1800667	1797587	2254	827	1947030	1939494	2912	4624

5-25 续表

单位：万元

行　业	2012年			
	合计	国有单位	集体单位	其他单位
总　计	**24668874**	**13206768**	**993036**	**10469070**
农、林、牧、渔业	300071	270911	2551	26609
采　矿　业	1713796	716153	35417	962226
制　造　业	6566700	1282840	301397	4982464
电力、燃气及水的生产和供应业	839912	511155	10292	318466
建　筑　业	2227315	703373	334392	1189550
批发和零售业	722204	164424	28005	529776
交通运输、仓储及邮政业	1652739	1197445	13117	442178
住宿和餐饮业	212863	67680	9694	135490
信息转输、软件和信息技术服务业	578477	137158	865	440455
金 融 业	1426188	631795	110906	683486
房 地 产 业	442151	102396	6869	332886
租赁和商务服务业	302034	162716	39721	99597
科学研究和技术服务业	829309	653892	17656	157761
水利、环境和公共设施管理业	392061	361484	7844	22733
居民服务、修理和其他服务业	89905	64342	8842	16721
教育	2702375	2626435	13706	62234
卫生和社会工作	1310108	1217798	48334	43976
文化、体育和娱乐业	216100	198953	893	16254
公共管理、社会保障和社会组织	2144566	2135821	2536	6209

5-26 各地区在岗职工工资总额

单位：万元

地　区	2010年				2011年				2012年			
	合计	国有单位	集体单位	其他单位	合计	国有单位	集体单位	其他单位	合计	国有单位	集体单位	其他单位
全　省	**17310261**	**9860507**	**609805**	**6839949**	**21715637**	**11865251**	**834721**	**9015665**	**24668874**	**13206768**	**993036**	**10469070**
沈　阳	3853139	2333191	138538	1381410	4594936	2634634	144834	1815468	5232527	2988493	185412	2058622
大　连	3849830	1547295	67733	2234802	5142861	1830015	97788	3215057	5865315	2018662	104930	3741724
鞍　山	1289331	1020406	70153	198772	1669034	1209451	108798	350786	1800411	1259356	127215	413840
抚　顺	919875	397633	31582	490660	1007425	405964	40327	561133	1181234	440073	50073	691089
本　溪	716592	619702	31331	65559	935552	734896	42696	157960	1031904	796589	51824	183491
丹　东	528188	386672	24031	117485	709296	449072	39989	220236	744578	484672	34814	225093
锦　州	694798	469693	30809	194296	913515	546399	57847	309268	1118828	635308	76945	406575
营　口	593218	365260	19974	207984	840214	438638	35090	366486	1024707	477203	44876	502628
阜　新	429145	359433	24602	45109	613164	497479	33243	82442	766280	611122	43693	111464
辽　阳	547420	237653	48281	261486	672850	280023	70467	322360	759703	320944	90236	348523
盘　锦	1299816	332658	8630	958527	1408540	774759	11526	622255	1494837	796457	13886	684494
铁　岭	616259	303433	30210	282616	746225	364852	38276	343096	821112	411783	41923	367407
朝　阳	688980	440104	27818	221057	920490	463886	60653	395950	1149256	590527	70430	488299
葫 芦 岛	572164	335865	56113	180186	675522	369167	53187	253168	709920	407318	56779	245823

5-27 分行业在岗职工平均工资

单位：元

行业	2010年				2011年				2012年			
	合计	国有单位	集体单位	其他单位	合计	国有单位	集体单位	其他单位	合计	国有单位	集体单位	其他单位
总计	**35057**	**36371**	**20237**	**35527**	**38713**	**40553**	**24591**	**38462**	**42503**	**44062**	**28634**	**42559**
农、林、牧、渔业	10109	9289	19235	34413	11550	10614	23521	33826	12213	11372	29563	40256
采矿业	41419	25224	17669	47981	49244	48463	23408	52150	54578	54480	25544	57040
制造业	32256	39447	17654	31911	36462	42305	20938	36534	39467	42348	24072	40321
电力、燃气及水的生产和供应业	43069	45710	20571	39662	46754	50399	21731	43067	52372	54021	27155	51398
建筑业	28545	34198	21180	27746	31182	38567	26546	29105	34788	42067	31122	32537
批发和零售业	28635	34737	17958	28294	32112	38954	21625	31619	35950	43282	21768	35310
交通运输、仓储及邮政业	38833	39341	15086	40008	44053	44234	16763	46002	51433	52780	20075	50287
住宿和餐饮业	21708	24356	19417	20865	26242	28648	20609	25618	30743	35246	24659	29386
信息转输、软件和信息技术服务业	56870	48011	15301	61376	61650	52628	23549	65788	67171	55219	26694	72257
金融业	61507	70523	33177	62767	69494	77680	38255	71571	78577	83090	46841	83569
房地产业	28395	27510	21353	29054	32740	31331	22271	33672	36462	34124	22066	37767
租赁和商务服务业	26905	28308	17604	30130	28988	26665	21298	34835	33282	34674	27898	33665
科学研究和技术服务业	48882	46840	45841	59869	54990	54890	49626	56074	55775	55584	53601	56843
水利、环境和公共设施管理业	27105	27290	18585	27386	28202	28684	17661	24750	29896	30220	23691	27682
居民服务、修理和其他服务业	25196	27615	18701	20202	28760	30698	24054	25141	33021	36917	26060	26106
教育	42266	42656	24642	29197	45240	45593	32790	36867	48562	48973	33960	38583
卫生和社会工作	37552	38799	23735	28938	41463	42537	29754	33885	45675	46836	31119	38965
文化、体育和娱乐业	37218	37962	17240	29437	40765	41529	18331	33958	44102	44327	20664	44109
公共管理、社会保障和社会组织	37842	37936	19716	9846	39976	40172	20504	16357	42099	42281	26719	18742

5-28 各地区分行业在岗职工平均工资

(2012年)

单位：元

行业	沈阳	大连	鞍山	抚顺	本溪	丹东	锦州
总计	**48835**	**54820**	**34527**	**38757**	**38766**	**28630**	**37703**
农、林、牧、渔业	25970	44329	14529	19824	25970	19217	11659
采矿业	56144	41602	33788	46048	46823	25786	38069
制造业	43571	45699	32342	39089	38019	21596	38663
电力、燃气及水的生产和供应业	57520	61587	49389	48969	33181	39012	44834
建筑业	40017	42815	30261	29579	34364	29222	37116
批发和零售业	36552	46080	27167	30933	29514	23974	25727
交通运输、仓储及邮政业	45548	67679	26062	21245	27426	26855	35949
住宿和餐饮业	28215	35117	20178	18002	21769	21138	22588
信息转输、软件和信息技术服务业	74145	87733	49166	49008	41598	24805	50500
金融业	100352	123538	60745	56296	63400	35624	62544
房地产业	38997	44280	32393	28743	25843	20303	43238
租赁和商务服务业	33730	43120	26349	21948	27776	21452	24959
科学研究和技术服务业	64447	82411	51249	58524	37262	26611	43837
水利、环境和公共设施管理业	33438	40425	29042	24581	29663	28288	36830
居民服务、修理和其他服务业	31357	43246	19745	25534	31217	20562	33633
教育	55111	68910	41698	45415	42863	38628	40683
卫生和社会工作	58466	66132	35210	38463	42593	29701	32990
文化、体育和娱乐业	49756	59543	34989	35184	41808	32371	31450
公共管理、社会保障和社会组织	47830	61414	38123	41988	42738	34540	37285

5-28 续表

单位：元

行业	营口	阜新	辽阳	盘锦	铁岭	朝阳	葫芦岛
总计	**36028**	**38558**	**40244**	**33947**	**36479**	**36281**	**35031**
农、林、牧、渔业	20432	17426	8181	8907	10582	34377	20755
采矿业	29011	50019	38726	69920	56505	27477	31410
制造业	31248	25350	44494	45947	20486	35027	36214
电力、燃气及水的生产和供应业	68538	48848	69309	47321	58288	55474	46699
建筑业	32673	27560	34413	34843	34721	30079	28467
批发和零售业	32090	32869	35109	27259	44634	26551	30058
交通运输、仓储及邮政业	35014	27492	30109	32686	24678	33809	30931
住宿和餐饮业	30131	18186	22513	31922	16422	18943	22033
信息转输、软件和信息技术服务业	43105	42194	57464	51951	52904	52381	50876
金融业	60793	46398	61901	68899	41546	51074	51474
房地产业	36568	22799	25774	31641	23122	29208	37011
租赁和商务服务业	25618	27131	45259	36178	21027	28588	20585
科学研究和技术服务业	41225	37041	39746	37166	28803	41401	33965
水利、环境和公共设施管理业	23741	31566	25805	24172	24626	30296	16669
居民服务、修理和其他服务业	36420	33441	39962	24754	31517	12859	29784
教育	43461	44782	44375	38473	37360	45369	35495
卫生和社会工作	38117	35201	39673	30415	32849	41115	34072
文化、体育和娱乐业	33897	31903	32103	31752	28939	39655	30716
公共管理、社会保障和社会组织	38799	35437	38540	34329	33422	40750	31451

5-29 国有单位分行业职工工资总额

单位：万元

行业	2006年	2007年	2008年	2009年	2010年	2011年	2012年
总计	**6318724**	**7451021**	**8614665**	**9125030**	**10129558**	**11865251**	**13206768**
农、林、牧、渔业	177394	205179	209295	229049	251731	265099	270911
采矿业	447602	516551	819843	208675	221642	703659	716153
制造业	953740	1058849	1143282	1216148	1249490	1317555	1282840
电力、燃气及水的生产和供应业	307249	356931	367542	365902	468089	479497	511155
建筑业	204294	214970	242402	303917	371666	544472	703373
批发和零售业	106541	103330	102246	149227	142834	150366	164424
交通运输、仓储及邮政业	667600	762695	741406	809326	884354	1025582	1197445
住宿和餐饮业	27106	26148	25707	29716	39897	54609	67680
信息转输、软件和信息技术服务业	79161	77464	81674	93996	102840	124866	137158
金融业	244036	265188	365367	395474	473440	555412	631795
房地产业	50613	52707	54283	56972	69316	95389	102396
租赁和商务服务业	87439	94424	117169	132464	145834	162509	162716
科学研究和技术服务业	203572	246864	283124	357649	432281	556603	653892
水利、环境和公共设施管理业	148241	170072	196485	247954	282774	332004	361484
居民服务、修理和其他服务业	23791	20962	25211	34276	53274	61949	64342
教育	1029385	1323509	1579923	1897978	2101899	2293052	2626435
卫生和社会工作	439672	507023	593094	726596	850639	1009339	1217798
文化、体育和娱乐业	103938	119276	138153	182261	174210	193796	198953
公共管理、社会保障和社会组织	1017348	1328879	1528459	1687451	1813348	1939494	2135821

5-30 城镇集体单位分行业职工工资总额

单位：万元

行　业	2006年	2007年	2008年	2009年	2010年	2011年	2012年
总　计	**439975**	**464149**	**513765**	**564377**	**633720**	**834721**	**993036**
农、林、牧、渔业	2844	3646	2861	3349	2965	3237	2551
采　矿　业	20473	24057	21292	20853	23021	33614	35417
制　造　业	168188	180203	201521	208171	222885	257035	301397
电力、燃气及水的生产和供应业	4166	5611	7470	6423	4994	9066	10292
建　筑　业	100747	99303	110885	122143	140216	252843	334392
批发和零售业	21838	22459	17662	21646	34000	38938	28005
交通运输、仓储及邮政业	17839	18582	11415	13073	12678	12483	13117
住宿和餐饮业	3904	3939	4016	5548	6566	5937	9694
信息转输、软件和信息技术服务业	3142	2715	269	373	363	575	865
金 融 业	48801	50868	56847	70345	80549	90799	110906
房　地　产　业	2163	2625	4082	3747	4932	5530	6869
租赁和商务服务业	18886	20345	34439	32696	35710	35922	39721
科学研究和技术服务业	5364	5386	8015	10649	12338	14838	17656
水利、环境和公共设施管理业	2386	2999	3054	3919	4436	5230	7844
居民服务、修理和其他服务业	3771	4109	4836	5954	5985	8886	8842
教育	2013	2084	3007	4489	5803	14192	13706
卫生和社会工作	12175	13456	20045	28518	33568	42084	48334
文化、体育和娱乐业	244	174	344	476	452	603	893
公共管理、社会保障和社会组织	1031	1588	1706	2005	2259	2912	2536

5-31 其它单位分行业职工工资总额

单位：万元

行　业	2006年	2007年	2008年	2009年	2010年	2011年	2012年
总　计	**2971070**	**3515195**	**4393707**	**5835691**	**6954732**	**9015665**	**10469070**
农、林、牧、渔业	13501	15924	19108	15728	28976	32984	26609
采　矿　业	264767	299490	354712	1047349	1218527	869541	962226
制　造　业	1647495	1929735	2340636	2686378	3187697	4417126	4982464
电力、燃气及水的生产和供应业	140629	173102	192945	229511	251388	283178	318466
建　筑　业	199601	217824	286419	374188	418731	842378	1189550
批发和零售业	142394	161097	215881	279667	320051	482880	529776
交通运输、仓储及邮政业	85284	100362	198480	233744	281841	380884	442178
住宿和餐饮业	46820	53718	67996	82665	86156	121626	135490
信息转输、软件和信息技术服务业	121501	148811	207003	232379	269227	355104	440455
金 融 业	178225	260294	260667	334872	415993	537980	683486
房　地　产　业	51863	55500	81550	123943	166214	248888	332886
租赁和商务服务业	15586	20312	43583	46380	111637	161614	99597
科学研究和技术服务业	42056	52034	78131	83136	105741	135564	157761
水利、环境和公共设施管理业	3653	6891	7233	8896	10466	17553	22733
居民服务、修理和其他服务业	5539	6207	6964	8324	10872	15090	16721
教育	1375	1976	13591	18957	33791	54637	62234
卫生和社会工作	4399	6543	12391	21354	25825	39900	43976
文化、体育和娱乐业	6292	5266	6049	7532	10768	14117	16254
公共管理、社会保障和社会组织	91	110	370	689	834	4624	6209

主要统计指标解释

劳动力资源总数 指在劳动年龄内，具有劳动能力，在正常情况下，可能或实际参加社会劳动的人口数。

从业人员 指从事一定社会劳动并取得劳动报酬或经营收入的全部劳动力。包括:

(1)全部职工

(2)城镇私营企业从业人员

(3)城镇个体劳动者

(4)农村社会劳动者

(5)其他社会劳动者

这一指标反映了一定时期内全部劳动力资源的实际利用情况，是研究国情国力的重要指标。

各单位的从业人员是指在各级国家机关、政党机关、社会团体及企业、事业单位中工作，并取得劳动报酬的全部人员。包括职工、再就业的离退休人员、民办教师以及在各单位中工作的外方人员和港、澳、台方人员。

各单位的从业人员反映了各单位实际参加生产或工作的全部劳动力。

在岗职工 是指在本单位工作并由单位支付劳动报酬的在岗职工。

在岗职工可分为在岗长期职工和在岗临时职工。包括由单位派出学习、劳务及病伤产假并由单位支付劳动报酬的人员。

使用的农村劳动力 指国有经济、城镇集体经济、联营经济、股份制经济、外商和港、澳、台投资经济、其他经济单位的职工中，现仍保留农村户籍关系的人员。

在岗长期职工 指用工期限在一年以上(含一年)的职工。包括原固定职工、合同制职工、长期临时工以及国有单位使用的城镇集体所有制单位的人员和其他使用期限在一年以上的原计划外用工。

在岗临时职工 指用工期限不超过一年的职工。包括各单位根据国家有关规定招用的，签订一年以内的劳动合同或使用期不超过一年的临时性、季节性用工。

其他从业人员 指劳动统计制度规定不作职工统计，但实际参加社会劳动并取得劳动报酬的人员。

各单位的其他从业人员是指单位中除职工以外的全部参加本单位生产或工作并取得劳动报酬的人员。包括再就业的离退休人员、民办教师以及在各单位中工作的外方人员和港、澳、台方人员。

离岗职工(离开本单位仍保留劳动关系的职工) 指由于各种原因已离开本人的生产或工作岗位，并已不在本单位从事其他工作，但仍与用人单位保留劳动关系的职工。

城镇集体经济单位职工 指在城镇集体经济单位及其管理部门工作，并由其支付工资的各类人员。

其他经济单位职工 指在联营经济、股份制经济、外商投资经济、港、澳、台投资经济单位工作，并由其支付工资的各类人员。

城镇个体劳动者 指经工商行政管理部门核准登记，领取营业执照，参加生产经营活动，户口在城镇的全部人员。

农村社会劳动者 指农村人口中经常参加合作经济组织〔包括乡(镇)办企业事业单位〕和家庭副业生产劳动的劳动力。凡是由合作经济组织分配劳动任务或承包各种生产任务，并从中直接取得实物、现金收入和从承包的生产任务中获得实物、现金收入的劳动力，不管从事何种劳动，都要统计为农村社会劳动者。国家从乡(村)调用的建勤民工；由集体经费支付工资或补贴的乡(村)脱产管理干部；乡(村)劳动力到国有经济单位或城镇集体经济单位工作，其收入交给合作经济组织，并从中取得实物或现金收入的合同工、临时工、亦工亦农人员；自行外出，但户口没有转出的劳动力，都应包括在内。

城镇登记失业人员 指有非农业户口，在一定的劳动年龄内(16 岁以上及男 50 岁以下、女 45 岁以下)，有劳动能力，无业而要求就业，并在当地就业服务机构进行求职登记的人员。

城镇登记失业率 是城镇登记失业人数与城镇从业人数与城镇失业人数之和的比。计算公式为：

城镇登记失业率=（城镇登记失业人数／城镇从业人数+城镇登记失业人数）×100%

从业人员劳动报酬 指各单位在一定时期内直接支付给本单位全部从业人员的劳动报酬总额。包括职工工资总额和本单位其他从业人员劳动报酬两部分。

在岗职工工资总额 指各单位在一定时期内直接支付给本单位全部在岗职工的劳动报酬总额。

在岗工资总额的计算原则应以直接支付给在岗职工的全部劳动报酬为根据。各单位支付给在岗职工的劳动报酬以及其他根据有关规定支付的工资，不论是计入成本的还是不计入成本的，不论是按国家规定列入计征奖金税项目的，还是未列入计征奖金税项目的，不论是以货币形式支付的还是以实物形式支付的，均包括在在岗职工工资总额内。

计时工资 指按计时工资标准(包括地区生活费补贴)和工作时间支付给个人的劳动报酬，以及根据国家法律、法规和政策规定，因病、工伤、产假、计划生育假、婚丧假、事假、探亲假、定期休假、停工学习、执行国家或社会义务等原因按计时工资标准或计时工资标准的一定比例支付的工资。

计件标准工资 是指实行计件工资制的单位按照批准的计件单价和规定的劳动定额或工作量应支付给计件工人的劳动报酬。

计件超额工资 是计件工资的一部分，指计件工人超额完成定额任务后所得的工资。即计件工人实得的全部计件工资减去应得的计件标准工资后的数额。某些企业的工人由于从事生产的工作物等级高于本人工资等级，因而其计件标准工资高于本人标准工资，其计件超额工资也应是全部工资减去应得的计件标准工资后的数额。

奖金 指支付给职工的超额劳动报酬和增收节支的劳动报酬。

津贴和补贴 指为了补偿职工特殊或额外的劳动消耗和因其他特殊原因支付给职工的津贴，以及为了保证职工工资水平不受物价影响支付给职工的物价补贴。

离岗生活费(离开本单位仍保留劳动关系的职工生活费) 指离开本单位仍保留劳动关系的职工，在离开本单位仍保留劳动关系期间从单位领取的生活费。

其他从业人员劳动报酬 指各单位在一定时期内直接支付给本单位其他从业人员的全部劳动报酬。

在岗职工平均工资 指企业、事业、机关单位的在岗职工在一定时期内平均每人所得的货币工资额。它表明一定时期在岗职工工资收入的高低程度，是反映在岗职工工资水平的主要指标。计算公式为：

在岗职工平均工资=（报告期实际支付的全部在岗职工工资总额／报告期全部在岗职工平均人数）

在岗职工平均实际工资 指扣除物价变动因素后的在岗职工平均工资。计算公式为：

在岗职工平均实际工资=（报告期在岗职工平均工资／报告期在岗职工生活费价格指数）

六、固定资产投资

Chapter 6 Investment in Fixed Assets

6-1 全社会固定资产投资

指　　标	2006年	2008年	2009年	2010年	2011年	2012年
投资总额(亿元)	**5689.6**	**10019.1**	**12292.6**	**16043.0**	**17726.3**	**21836.3**
1.按经济类型分						
国有经济	1700.3	2496.8	2845.6	3875.5	3718.6	4492.9
集体经济	185.3	442.1	480.7	504.4	457.9	505.3
私营个体经济	1486.6	3140.7	4108.3	5437.5	6637.7	8402.8
其他经济	2317.5	3939.4	4858.0	6225.7	6912.1	8435.3
2.按投资渠道分						
建设项目投资	3835.7	6821.2	8964.6	11640.6	11927.7	14468.2
房地产开发投资	1142.2	2060.8	2640.6	3465.8	4487.6	5455.8
3.按资金来源分						
国家预算内资金	258.8	448.1	518.3	472.5	928.4	898.7
国内贷款	641.0	1153.7	1705.1	2485.7	2691.3	3172.2
利用外资	132.4	372.4	350.5	280.9	293.8	330.2
自筹投资	4034.1	7238.2	8803.6	11843.5	12215.6	15469.9
其他投资	623.4	806.7	915.1	960.4	1597.2	1965.2
4.按构成分						
建筑安装工程	3437.6	6208.1	7891.1	10348.8	11597.3	14008.2
设备、工具、器具购置	1367.4	2574.2	3007.6	3756.0	3740.9	4953.0
其他费用	884.7	1236.9	1393.9	1938.3	2388.1	2875.1
5.按建设性质分						
# 新建	2320.2	4691.7	5666.6	8174.8	9281.0	12060.7
扩建	1014.9	1277.2	1344.6	1217.0	1852.4	2038.4
改建	741.1	1238.8	1764.5	2206.5	1266.9	1359.9
6.按产业分						
第一产业	155.6	325.1	322.6	358.3	537.0	601.4
第二产业	2644.4	4833.1	5833.7	7498.1	7468.9	9424.1
第三产业	2889.7	4860.8	6136.3	8186.7	9720.4	11810.8
7.按城乡分						
城镇	4977.8	8882.0	11605.2	15106.3	16415.3	19924.0
农村	711.8	1137.1	687.4	936.7	1311.0	1912.3
8.按主要行业分						
# 农业	155.6	325.1	322.6	358.3	537.0	601.4
工业	2560.4	4764.4	5704.5	7302.6	7221.3	8954.7
# 能源工业	435.9	541.2	726.8	972.3	767.1	1173.0
运输邮电业	561.3	804.2	757.6	1080.8	907.5	1068.6
本年新增固定资产(亿元)	**3394.5**	**6087.6**	**7508.6**	**10150.4**	**10071.2**	**13177.7**
房屋建筑面积(万平方米)						
施工面积	19863.9	29420.1	33861.3	49050.4	60774.2	68320.2
# 住宅	10863.3	15741.3	18429.9	24867.6	31734.3	34069.7
竣工面积	10241.7	12909.2	12731.0	13603.7	15210.7	16867.6
# 住宅	5960.0	6879.9	7152.5	7504.3	9161.0	9103.7

注：从2011年开始统计范围为500万元的建设项目投资。

6-2 按登记注册类型分全社会固定资产投资

年 份	总计	国有经济	集体经济	私营个体	其他经济
投资额(亿元)					
1985	142.18	110.41	15.73	16.04	
1990	262.88	217.94	22.13	22.81	
1991	317.96	261.15	21.61	35.19	
1992	436.85	362.88	43.19	30.78	
1993	718.25	476.47	98.54	36.66	106.58
1994	887.98	592.97	98.62	41.11	155.28
1995	884.95	584.39	95.46	49.53	155.57
1996	876.07	548.54	102.83	59.83	164.88
1997	953.69	603.76	97.36	54.22	198.35
1998	1052.57	651.21	119.26	95.20	186.90
1999	1102.32	662.95	111.44	132.84	195.10
2000	1267.69	649.42	154.14	149.10	315.02
2001	1420.96	690.71	158.49	179.08	392.68
2002	1605.55	648.90	173.54	240.19	542.92
2003	2082.70	712.23	229.49	336.18	804.81
2004	3000.11	928.20	341.26	589.66	1140.99
2005	4234.06	1245.53	526.28	819.75	1642.50
2006	5689.64	1700.33	185.30	1486.56	2317.45
2007	7435.23	2051.43	278.71	2091.58	3013.50
2008	10019.07	2496.84	442.12	3140.67	3939.44
2009	12292.59	2845.55	480.72	4108.29	4858.03
2010	16043.03	3875.48	504.36	5437.46	6225.73
2011	17726.29	3718.57	457.93	6637.67	6912.12
2012	21836.28	4492.91	505.33	8402.81	8435.23
比上年增长速度(%)					
1985	47.1	50.7	48.3	25.2	
1990	3.7	8.3	23.3	-33.4	
1991	21.0	19.8	-2.4	54.3	
1992	37.4	39.0	99.9	-12.5	
1993	64.4	31.3	128.2	19.1	
1994	23.6	24.5	0.1	12.2	45.7
1995	-0.3	-1.4	-3.2	20.5	0.6
1996	-1.0	-6.1	7.7	20.8	6.0
1997	8.9	10.1	-5.3	-9.4	20.3
1998	10.4	7.9	21.3	75.6	-5.8
1999	4.7	1.8	-8.4	39.5	4.4
2000	15.0	-2.0	38.3	12.2	61.5
2001	12.1	6.4	2.8	20.1	24.7
2002	13.0	-6.1	9.5	34.1	38.3
2003	29.7	9.8	32.2	40.0	48.2
2004	44.0	30.3	48.7	75.4	41.8
2005	41.1	34.2	54.2	39.0	44.0
2006	34.4	36.5	-64.8	81.3	41.1
2007	30.7	20.6	50.4	40.7	30.0
2008	34.8	21.7	58.6	50.2	30.7
2009	22.7	14.0	8.7	30.8	23.3
2010	30.5	36.2	4.9	32.4	28.2
2011	30.0	25.3	8.4	33.5	11.0
2012	23.2	20.8	10.3	26.6	22.0

2013 15.1

6-3 按资金来源和构成分全社会固定资产投资

年 份	按资金来源分				按构成分		
	国家投资	国内贷款	利用外资	自筹和其他资金	建筑安装工程	设备工具器具购置	其他费用
投资额(亿元)							
1985	21.14	29.97	1.07	90.00	91.21	38.47	12.50
1990	17.32	54.30	21.61	169.65	162.77	73.21	26.90
1991	16.98	81.18	31.04	188.76	192.75	92.58	32.63
1992	17.20	113.21	25.05	281.39	275.78	108.42	52.65
1993	22.50	149.72	66.74	479.30	462.57	178.46	77.22
1994	16.41	186.28	119.81	565.49	546.98	234.77	106.24
1995	21.78	178.34	112.43	572.40	536.18	223.31	125.46
1996	19.67	151.26	92.58	612.56	531.29	212.99	131.79
1997	29.35	163.36	133.47	627.50	583.67	231.47	138.55
1998	36.63	190.03	94.61	731.30	642.00	273.72	136.85
1999	71.10	216.50	70.62	744.10	718.77	248.24	135.31
2000	72.25	252.22	73.23	869.98	801.57	301.08	165.04
2001	112.21	264.50	53.44	990.80	885.71	325.90	209.34
2002	108.29	279.92	72.16	1145.18	969.71	348.08	287.76
2003	89.35	372.14	58.55	1562.66	1222.23	472.60	387.87
2004	114.00	390.01	90.00	2406.10	1791.86	728.97	479.29
2005	173.74	516.84	124.49	3418.99	2490.04	1050.16	693.86
2006	258.78	640.95	132.44	4657.47	3437.55	1367.37	884.72
2007	363.11	967.00	203.91	5901.21	4703.50	1703.47	1028.26
2008	448.05	1153.72	372.41	8044.89	6208.05	2574.14	1236.88
2009	518.33	1705.09	350.45	9718.72	7891.13	3007.54	1393.92
2010	472.50	2485.74	280.91	12803.88	10348.82	3755.95	1938.26
2011	928.42	2691.33	293.75	13812.79	11597.33	3740.88	2388.08
2012	898.74	3172.24	330.19	17435.11	14008.24	4952.97	2875.07
构成(%)							
1985	14.9	21.1	0.7	63.3	64.1	27.1	8.8
1990	6.6	20.7	8.2	64.5	61.9	27.8	10.3
1991	5.3	25.5	9.8	59.4	60.6	29.1	10.3
1992	3.9	25.9	5.7	64.5	63.1	24.8	12.1
1993	3.1	20.8	9.3	66.8	64.4	24.8	10.8
1994	1.8	21.0	13.5	63.7	61.6	26.4	12.0
1995	2.5	20.2	12.7	64.6	60.6	25.2	14.2
1996	2.2	17.3	10.6	69.9	60.6	24.3	15.1
1997	3.1	17.1	14.0	65.8	61.2	24.3	14.5
1998	3.5	18.1	9.0	69.4	61.0	26.0	13.0
1999	6.5	19.6	6.4	67.5	65.2	22.5	12.3
2000	5.7	19.9	5.8	68.6	63.2	23.8	13.0
2001	7.9	18.6	3.8	69.7	62.3	22.9	14.8
2002	6.7	17.4	4.5	71.4	60.4	21.7	17.9
2003	4.3	17.9	2.8	75.0	58.7	22.7	18.6
2004	3.8	13.0	3.0	80.2	59.7	24.3	16.0
2005	4.1	12.2	2.9	80.8	58.8	24.8	16.4
2006	4.5	11.3	2.3	81.9	60.4	24.0	15.5
2007	4.9	13.0	2.7	79.4	63.3	22.9	13.8
2008	4.5	11.5	3.7	80.3	62.0	25.7	12.3
2009	4.2	13.9	2.9	79.0	64.2	24.5	11.3
2010	2.9	15.5	1.8	79.8	64.5	23.4	12.1
2011	5.2	15.2	1.7	77.9	65.4	21.1	13.5
2012	4.1	14.5	1.5	79.9	64.2	22.7	13.1

6-4 全社会固定资产投资及构成

(2012年)

指　　标	总计	建设项目投资	房地产开发投资	农村集体单位投资	农村私人投资
一、绝　对　数					
1.投资总额(亿元)	21836.3	14468.2	5455.8	1611.4	300.9
# 住　　宅	4201.1	58.4	3961.9	2.5	178.3
(1)按资金来源分					
国家预算内投资	898.7	853.6		45.1	
国 内 贷 款	3172.2	2271.5	769.3	130.5	0.9
债　　券	14.5	14.5			
利 用 外 资	330.2	225.7	98.2	6.3	
自 筹 投 资	15469.9	10885.9	2869.8	1414.9	299.4
其 他 投 资	1950.7	217.0	1718.6	14.5	0.6
(2)按 构 成 分					
建筑安装工程	14008.2	8527.5	4261.2	1018.3	201.3
设备工器具购置	4953.0	4327.5	112.8	462.8	49.9
其 他 费 用	2875.1	1613.2	1081.9	130.3	49.8
2.本年新增固定资产(亿元)	13177.7	9256.9	2315.5	1307.2	298.2
3.房屋建筑面积(万平方米)					
施 工 面 积	68320.2	22629.9	38502.0	2690.3	4498.1
竣 工 面 积	16867.6	5400.5	6438.2	852.8	4176.1
# 住 宅	9103.7	274.9	5132.3	6.3	3690.2
二、构　　成(%)					
(1)按资金来源分					
国家预算内投资	4.1	5.9		2.8	
国 内 贷 款	14.5	15.7	14.1	8.1	0.3
债　　券	0.1	0.1			
利 用 外 资	1.5	1.6	1.8	0.4	
自 筹 投 资	70.8	75.2	52.6	87.8	99.5
其 他 投 资	8.9	1.5	31.5	0.9	0.2
(2)按 构 成 分					
建筑安装工程	64.2	58.9	78.1	63.2	66.9
设备工具器具购置	22.7	29.9	2.1	28.7	16.6
其 他 费 用	13.2	11.1	19.8	8.1	16.5

6-5 各地区全社会固定资产投资

(2012年) 单位：万元

地 区	总计	建设项目投资	房地产开发投资	农村集体单位投资	农村私人投资
全 省	**218362831**	**144681900**	**54558196**	**16113649**	**3009086**
沈 阳	56433999	34071279	19429642	2753078	180000
大 连	56540965	36674906	13965204	5603855	297000
鞍 山	16995005	10094404	3847745	2480856	572000
抚 顺	9665233	7857762	1297002	380469	130000
本 溪	7232317	6074223	1044135	88428	25531
丹 东	8752500	6136518	1983021	412961	220000
锦 州	8268988	6219550	1380929	436509	232000
营 口	11100902	6973633	3069683	807586	250000
阜 新	5060213	3020896	915816	1043501	80000
辽 阳	6256076	4536786	1261844	139446	318000
盘 锦	9822209	7305348	1787849	584012	145000
铁 岭	9252128	6555502	2146222	360404	190000
朝 阳	7339221	5627256	1078621	439789	193555
葫芦岛	5643075	3533837	1350483	582755	176000

注：分市数据由各市提供。

6-6 各地区按经济类型分全社会固定资产投资

(2012年) 单位：万元

地 区	总计	国有经济	集体经济	私营个体		联营经济	股份制经济	外商投资经济	港澳台商投资经济	其他经济
					#农户					
全 省	**218362831**	**44929110**	**5053301**	**84028072**	**3009086**	**87731**	**57229694**	**9160064**	**10661131**	**7213728**
沈 阳	56433999	10350820	804254	17087109	180000	12000	16718544	4878074	4403685	2179513
大 连	56540965	14118074	2669070	18990025	297000	2300	12972110	2675875	2736895	2376616
鞍 山	16995005	2311439	355313	7946993	572000	5224	4334666	224523	785508	1031339
抚 顺	9665233	1647958	121018	4177815	130000		3121093	97452	350481	149416
本 溪	7232317	2198694	117133	2491653	25531		2335641	14100	59096	16000
丹 东	8752500	1859769	276312	4922024	220000	7600	1339808	132863	62375	151749
锦 州	8268988	1498607	182803	1630211	232000		3454541	208572	492097	802157
营 口	11100902	1852106	169273	6554545	250000		1893649	155302	389895	86132
阜 新	5060213	2034625	26380	2085489	80000		782118	60727	12294	58580
辽 阳	6256076	1078324	54689	3038875	318000		1327243	125935	533760	97250
盘 锦	9822209	2032964		3705376	145000	42417	3037737	371873	595158	36684
铁 岭	9252128	693863	43919	5413523	190000	11290	2901960	85975	79300	22298
朝 阳	7339221	1458430		4596370	193555		1175108	10549	3500	95264
葫芦岛	5643075	1450031	192925	2630524	176000	6900	1194209	55603	60427	52456

6-7 各地区按隶属关系和构成分全社会固定资产投资

(2012年) 单位：万元

地 区	总计	按隶属关系分		按构成分		
		中央项目	地方项目	建安工程投资	设备工器具购置	其他费用
全 省	**218362831**	**7955109**	**210407722**	**140082422**	**49529717**	**28750692**
沈 阳	56433999	1750014	54683985	35678939	12099054	8656006
大 连	56540965	1834251	54706714	40543396	8252151	7745418
鞍 山	16995005	342804	16652201	10480621	3887447	2626937
抚 顺	9665233	291303	9373930	5042157	3945011	678065
本 溪	7232317		7232317	3560161	2122344	1549812
丹 东	8752500	159217	8593283	5375666	2072904	1303930
锦 州	8268988	191134	8077854	4135206	2426334	1707448
营 口	11100902	630096	10470806	8600747	1830101	670054
阜 新	5060213	1199211	3861002	2840175	1785929	434109
辽 阳	6256076	183252	6072824	3470481	2467571	318024
盘 锦	9822209	967351	8854858	7457778	1411009	953422
铁 岭	9252128	92861	9159267	5262981	3300858	688289
朝 阳	7339221	181103	7158118	3283369	3247613	808239
葫芦岛	5643075	144447	5498628	4357272	701828	583975

6-8 各地区按主要行业分全社会固定资产投资

单位：亿元

年份、地区	合计	农林牧渔业	采矿业	制造业	电力、燃气及水的生产和供应业	建筑业	交通运输仓储和邮政业	信息传输、计算机服务和软件业	批发和零售业	住宿和餐饮业
2003	2082.70	93.65	101.75	576.18	98.38	61.98	208.95		91.02	
2004	3000.11	94.28	147.42	942.49	110.20	63.66	237.76	50.60	100.99	47.96
2005	4234.06	143.83	226.44	1588.86	144.32	53.14	308.81	41.28	132.04	44.19
2006	5689.64	155.55	256.09	2088.88	215.46	83.96	561.26	97.21	141.67	60.86
2007	7435.23	197.99	334.92	2839.84	342.66	55.61	592.75	67.05	200.15	91.85
2008	10019.07	325.14	400.48	3917.72	446.24	68.67	804.23	116.42	243.21	119.82
2009	12292.59	322.59	388.20	4637.55	678.73	129.24	757.62	132.56	393.60	177.41
2010	16043.03	358.28	635.72	5838.22	828.65	195.49	1080.82	146.51	323.93	210.19
2011	17726.29	536.95	547.44	5975.61	698.28	247.58	907.53	105.46	532.03	323.74
2012	21836.28	601.39	684.21	7494.21	776.31	469.39	1068.60	133.13	763.10	428.46
沈阳	5643.40	94.01	10.48	1740.81	109.43	55.06	355.49	48.71	334.96	106.09
大连	5654.10	216.11	13.23	1489.93	175.59	165.35	336.47	58.37	158.63	134.51
鞍山	1699.50	82.48	80.94	704.35	37.15	20.77	95.00	27.88	39.58	6.87
抚顺	966.52	13.21	40.33	481.41	28.23	54.23	21.62	11.56	42.19	1.03
本溪	723.23	16.45	68.09	268.57	26.98	1.38	40.89	0.20	28.26	36.19
丹东	875.25	32.09	93.22	263.58	33.73	23.19	27.79	31.79	13.04	5.97
锦州	826.90	14.37	23.24	329.36	47.43	21.73	48.65	0.79	12.51	11.47
营口	1110.09	11.99	5.66	459.26	19.37	15.72	80.51	9.54	30.12	25.00
阜新	506.02	26.93	23.63	129.09	136.02	2.50	18.89	0.15	7.12	2.85
辽阳	625.61	10.46	73.66	264.77	19.64	26.83	3.24	0.40	10.78	6.73
盘锦	982.22	19.54	96.15	418.94	25.74	64.03	29.59	0.80	1.65	3.28
铁岭	925.21	14.41	31.78	550.98	40.56	20.93	9.43		11.70	1.91
朝阳	733.92	91.46	121.61	220.97	58.84	1.77	10.33		21.83	2.68
葫芦岛	564.31	20.59	7.99	193.98	18.83	0.11	44.00	0.90	16.08	11.55

6-8 续表 单位：亿元

年份、地区	金融业	房地产业	租赁和商务服务业	科学研究、技术服务和地质勘查业	水利、环境和公共设施管理业	居民服务和其他服务业	教育	卫生、社会保障和社会福利业	文化、体育和娱乐业	公共管理和社会组织
2003	4.57	516.43	5.38	14.92	16.85	101.63		11.90	68.44	110.68
2004	4.13	797.30	25.86	25.27	168.33	13.27	68.24	19.46	32.90	49.84
2005	17.49	981.30	38.87	27.16	274.38	13.58	89.60	23.31	36.05	49.41
2006	10.36	1318.95	58.39	36.75	318.23	27.19	92.43	30.07	60.16	76.17
2007	20.81	1701.06	87.66	49.30	541.95	41.37	101.18	44.66	57.92	66.50
2008	47.20	2306.87	128.74	63.31	684.55	39.87	110.70	54.25	64.34	77.31
2009	41.06	2861.99	158.40	95.04	899.34	59.94	129.12	84.35	132.16	213.68
2010	32.53	3755.53	340.84	122.30	1377.03	89.87	132.68	86.84	186.60	301.00
2011	56.68	4884.53	410.43	107.78	1489.28	156.53	178.05	92.99	184.26	291.14
2012	63.88	5828.43	547.80	161.23	1677.42	210.09	196.22	161.89	282.61	287.93
沈　阳	32.34	2012.62	117.00	67.27	154.12	135.80	80.38	79.05	66.35	43.44
大　连	3.28	1522.60	139.88	64.37	942.00	28.22	45.60	26.36	80.95	52.65
鞍　山	3.59	459.31	37.81	5.35	14.24	22.02	8.24	10.87	9.14	33.91
抚　顺	3.94	140.95	15.12	1.62	65.42	1.92	6.50	2.23	17.95	17.06
本　溪	1.18	105.68	7.96	0.94	65.64	4.33	14.56	5.31	14.20	16.43
丹　东	0.57	205.65	25.49	0.94	84.54	2.59	5.51	5.59	4.31	15.66
锦　州	0.44	190.57	1.57	1.47	65.98	7.18	4.08	9.75	5.89	30.41
营　口	4.88	319.22	7.64	13.16	84.15	6.24	3.19	3.94	10.35	0.15
阜　新	0.81	111.68	5.10	1.50	26.46	0.30	2.47	2.04	3.75	4.73
辽　阳	0.76	147.60	5.13	0.58	33.10	1.31	1.08	4.59	8.87	6.09
盘　锦		192.41	1.36		54.16	1.57	10.00	3.70	52.61	6.70
铁　岭		225.37	0.21	2.37	8.15	1.11	0.83	2.01	0.15	3.32
朝　阳		135.35	1.15		11.13	1.72	3.09	4.12	6.56	41.32
葫芦岛	4.25	140.02	2.80	0.47	70.51	0.98	10.64	2.56	1.48	16.57

6-9 各地区全社会住宅投资

单位：亿元

年份、地区	合计	城镇		农村	
			#房地产		#农户
2000	317.00	252.03	181.29	64.98	53.19
2001	323.49	275.79	227.57	47.71	43.55
2002	376.31	323.76	275.89	52.55	45.06
2003	439.70	388.10	343.47	51.60	43.37
2004	608.55	535.75	494.28	72.80	53.49
2005	751.79	685.11	614.54	66.68	57.44
2006	1041.86	929.38	838.90	112.48	92.59
2007	1380.53	1256.50	1165.89	124.03	101.26
2008	1768.62	1639.17	1579.21	129.45	121.15
2009	2128.39	1984.13	1933.92	144.26	142.35
2010	2724.15	2562.10	2481.35	162.05	158.73
2011	3691.60	3511.95	3410.49	179.65	177.49
2012	4201.12	4020.31	3961.95	180.81	178.30
沈　阳	1354.58	1336.58	1331.43	18.00	18.00
大　连	1089.50	1069.72	1055.41	19.78	17.82
鞍　山	278.67	271.92	269.71	6.75	6.37
抚　顺	97.43	92.93	90.80	4.50	4.50
本　溪	4.27	4.27	79.16		
丹　东	153.89	151.65	151.57	2.23	2.23
锦　州	118.43	110.88	101.52	7.55	7.55
营　口	246.94	240.94	240.45	6.00	6.00
阜　新	64.79	63.97	62.03	0.82	0.82
辽　阳	124.07	100.07	93.15	24.00	24.00
盘　锦	134.32	119.82	119.82	14.50	14.50
铁　岭	183.18	175.18	174.09	8.00	8.00
朝　阳	97.11	92.05	82.02	5.06	5.00
葫芦岛	125.36	111.18	110.79	14.18	14.06

6-10 各地区全社会施工、竣工房屋面积

单位：万平方米

年 份	施工房屋建筑面积	#住宅	竣工房屋建筑面积	#住宅
1990	4353.9		3049.0	2112.1
1991	5267.0		3640.4	2678.8
1992	6123.7		3772.8	2531.6
1993	7379.4		3972.3	2633.3
1994	7756.6		4058.2	2614.5
1995	6844.0	4002.8	3648.6	2477.7
1996	6172.0	3652.3	3536.0	2407.3
1997	5705.7	3447.4	3254.1	2314.4
1998	5816.4	3321.1	3469.5	2144.5
1999	6347.2	3850.9	4002.4	2686.2
2000	7986.4	5449.2	5202.0	3920.1
2001	8877.8	5871.3	5519.0	4033.8
2002	10359.3	6552.0	6309.8	4221.1
2003	11820.7	7017.8	6949.9	4352.1
2004	13594.0	7865.5	7799.1	4846.6
2005	15881.9	8595.4	8177.5	4762.5
2006	19863.9	10863.3	10241.7	5960.0
2007	25805.9	13503.7	11279.3	6189.6
2008	29420.1	15741.3	12909.2	6879.9
2009	33861.3	18429.9	12731.0	7152.5
2010	49050.4	24867.6	13603.7	7504.3
2011	60774.2	31734.3	15210.7	9161.0
2012	68320.2	34069.7	16867.6	9103.7
沈 阳	18318.6	8249.0	4125.7	1758.8
大 连	10294.4	4925.0	2009.8	656.1
鞍 山	6112.7	3242.6	742.2	428.8
抚 顺	3031.2	1067.0	598.9	237.8
本 溪	2726.1	1145.7	806.9	394.6
丹 东	2526.0	172.0	351.0	248.0
锦 州	2832.9	1413.0	634.6	283.2
营 口	5711.9	2624.9	1034.6	445.5
阜 新	1947.0	1108.0	533.0	288.0
辽 阳	1827.3	922.7	332.7	204.3
盘 锦	2073.1	1089.4	426.0	234.1
铁 岭	3273.0	1511.9	1238.3	486.2
朝 阳	2628.5	1442.7	558.2	317.7
葫芦岛	1790.5	1089.5	116.5	98.0

6-11 按构成和建设性质分的城镇固定资产投资

单位：亿元

年份、地区	投资额	按构成分			按建设性质分	
		建筑安装工程	设备、工器具购置	其他费用	#新建	#改、扩建
2000	1067.10	676.69	246.37	144.04	249.66	489.24
2001	1203.74	772.27	257.44	174.03	278.91	545.87
2002	1364.04	839.45	276.04	248.55	307.31	600.27
2003	1777.57	1065.42	375.51	336.64	511.82	687.51
2004	2600.80	1579.60	593.60	427.60	807.55	941.98
2005	3672.87	2167.63	882.14	623.09	1388.41	1224.34
2006	3015.85	1164.71	797.28	1976.40	888.65	689.09
2007	6576.05	4176.03	1459.18	940.84	3073.58	1657.19
2008	8881.95	5526.65	2229.01	1126.29	4144.82	2203.95
2009	11605.17	7473.49	2813.46	1318.22	5399.68	2946.08
2010	15106.33	9775.50	3477.08	1853.75	7724.28	3236.78
2011	16415.32	10790.42	3384.03	2240.86	8548.16	2872.64
2012	19924.01	12788.70	4440.28	2695.03	10859.91	3008.00
沈　阳	5350.09	3418.50	1091.40	840.19	2118.14	1042.71
大　连	5064.01	3572.24	743.20	748.56	3106.26	390.51
鞍　山	1394.21	898.57	297.02	198.63	752.81	239.42
抚　顺	915.48	473.55	374.47	67.46	643.06	123.50
本　溪	711.84	351.49	207.35	153.00	277.29	314.56
丹　东	811.95	496.79	191.26	123.91	445.71	165.28
锦　州	760.05	374.02	227.36	158.66	489.67	86.09
营　口	1004.33	789.30	154.78	60.25	659.47	25.84
阜　新	393.67	226.31	128.35	39.02	283.21	18.73
辽　阳	579.86	321.78	228.31	29.77	321.33	96.63
盘　锦	909.32	698.58	126.39	84.34	631.97	96.11
铁　岭	870.17	501.76	311.53	56.89	520.86	122.08
朝　阳	670.59	292.68	299.46	78.45	294.78	250.04
葫芦岛	488.43	373.14	59.40	55.89	315.35	36.51

6-12 按资金来源和隶属关系分的城镇固定资产投资

单位：亿元

年份、地区	按资金来源分					按隶属关系分	
	国家预算资金	国内贷款	利用外资	自筹资金	其他投资	中央项目	地方项目
2000	65.63	245.25	69.30	511.43	175.48	283.93	783.07
2001	107.69	256.03	51.33	592.83	195.86	302.20	901.54
2002	100.68	265.02	65.80	726.20	206.34	269.85	1094.19
2003	82.89	345.98	49.35	1051.91	247.44	250.90	1526.67
2004	105.02	359.85	79.61	1676.65	379.67	363.65	2237.14
2005	164.74	489.57	117.64	2447.25	453.67	476.68	3196.19
2006	252.39	618.77	127.01	3376.11	603.56	606.17	4371.67
2007	355.49	917.52	199.76	4394.80	708.48	861.29	5714.76
2008	422.62	1117.03	367.31	6198.79	776.20	1073.03	7808.91
2009	510.98	1677.54	348.16	8159.79	908.70	815.50	10789.67
2010	465.62	2417.01	278.85	10996.13	948.72	994.90	14111.43
2011	917.24	2581.58	289.69	11040.79	1586.02	799.57	15615.75
2012	853.62	3040.78	323.91	13755.63	1950.07	779.27	19144.74
沈　阳	290.01	882.13	85.25	4113.14	742.53	175.00	5175.09
大　连	535.02	1053.72	100.59	3172.21	640.57	168.06	4895.95
鞍　山	8.39	341.28	10.93	1101.56	142.38	34.28	1359.93
抚　顺	27.83	110.04	5.36	708.37	84.57	29.13	886.35
本　溪	6.74	22.86	15.35	661.10	62.08		711.84
丹　东	30.50	167.44	10.93	636.56	97.10	15.37	796.58
锦　州	9.50	113.65	8.59	684.91	91.23	19.11	740.93
营　口	4.07	64.31	30.74	814.05	111.24	61.71	942.62
阜　新	3.70	38.17	0.25	376.47	9.60	119.92	273.75
辽　阳	0.96	24.69		542.49	49.50	17.82	562.04
盘　锦	1.63	219.27	81.47	676.35	90.94	96.89	812.43
铁　岭	3.82	59.01	0.65	808.62	110.89	9.74	860.44
朝　阳	14.07	91.97		659.68	55.35	18.11	652.48
葫芦岛	21.87	91.18	1.60	381.36	52.17	14.12	474.31

来源分市数据为本年到位资金。

6-13 按行业分的城镇固定资产投资额

（2012年） 单位：万元

行业	投资额	建筑安装工程投资	设备工器具购置	其他费用
全省合计	**199240096**	**127887020**	**44402793**	**26950283**
农、林、牧、渔业	**2555682**	**1568365**	**737253**	**250064**
农业	973454	486724	417405	69325
林业	111066	28964	11294	70808
畜牧业	568404	301494	209857	57053
渔业	647926	565767	55788	26371
农、林、牧、渔服务业	254832	185416	42909	26507
采矿业	**5931491**	**2649225**	**2772164**	**510102**
煤炭开采和洗选业	607588	216915	372250	18423
石油和天然气开采业	853718	648862	73392	131464
黑色金属矿采选业	2398497	889365	1353540	155592
有色金属矿采选业	543322	236213	263605	43504
非金属矿采选业	1341059	519162	670009	151888
开采辅助活动	167207	130758	27218	9231
其他采矿业	20100	7950	12150	
制造业	**66438142**	**34080198**	**27136284**	**5221660**
农副食品加工业	4174353	2223144	1521973	429236
食品制造业	1500555	813489	572566	114500
酒、饮料和精制茶制造业	1328617	595544	630121	102952
烟草制品业	74164	43746	30000	418
纺织业	755921	370134	322702	63085
纺织服装、服饰业	797984	513647	223420	60917
皮革、毛皮、羽毛及其制品和制鞋业	188199	97031	79468	11700
木材加工和木、竹、藤、棕、草制品业	955093	486866	414521	53706
家具制造业	692239	431345	199507	61387
造纸和纸制品业	756016	328704	359244	68068
印刷和记录媒介复制业	550636	288261	231986	30389
文教、工美、体育和娱乐用品制造业	261669	138739	105291	17639
石油加工、炼焦和核燃料加工业	2199371	1221907	728796	248668
化学原料和化学制品制造业	4166662	2177756	1668267	320639
医药制造业	1364122	708376	477364	178382
化学纤维制造业	476054	229579	225950	20525
橡胶和塑料制品业	2966771	1423848	1344754	198169
非金属矿物制品业	6542351	3242635	2709973	589743
黑色金属冶炼和压延加工业	4040559	1962210	1793599	284750
有色金属冶炼和压延加工业	2722949	1239070	1209996	273883
金属制品业	3190140	1725947	1206905	257288
通用设备制造业	8109623	4282025	3358900	468698

6-13 续表 1　　　　单位：万元

行　业	投资额	建筑安装工程投资	设备工器具购置	其他费用
专用设备制造业	6113028	3086574	2597990	428464
汽车制造业	3840108	1863733	1728186	248189
铁路、船舶、航空航天和其他运输设备制造业	1743528	1000463	620407	122658
电气机械和器材制造业	3798591	1923938	1613502	261151
计算机、通信和其他电子设备制造业	1403812	678456	583266	142090
仪器仪表制造业	547273	336480	188109	22684
其他制造业	354638	185082	129017	40539
废弃资源综合利用业	578820	321827	170700	86293
金属制品、机械和设备修理业	244296	139642	89804	14850
电力、热力、燃气及水生产和供应业	**7013792**	**3006741**	**3050966**	**956085**
电力、热力生产和供应业	4541890	1713971	2124070	703849
燃气生产和供应业	1541579	618516	742687	180376
水的生产和供应业	930323	674254	184209	71860
建筑业	**4118104**	**3394496**	**464997**	**258611**
房屋建筑业	954612	733916	141180	79516
土木工程建筑业	2490692	2078771	243704	168217
建筑安装业	322453	302704	15702	4047
建筑装饰和其他建筑业	350347	279105	64411	6831
批发和零售业	**7238927**	**4746802**	**1354664**	**1137461**
批发业	2502055	1619247	475225	407583
零售业	4736872	3127555	879439	729878
交通运输、仓储和邮政业	**10015472**	**5875423**	**2069542**	**2070507**
铁路运输业	630185	357363	122874	149948
道路运输业	5154372	3055288	940961	1158123
水上运输业	1641338	907993	389122	344223
航空运输业	259320	85252	142849	31219
管道运输业	381430	178630	67000	135800
装卸搬运和运输代理业	230237	146659	65570	18008
仓储业	1714810	1144232	338180	232398
邮政业	3780	6	2986	788
住宿和餐饮业	**3813846**	**2621670**	**787878**	**404298**
住宿业	2489202	1684324	582017	222861
餐饮业	1324644	937346	205861	181437
信息传输、软件和信息技术服务业	**1296904**	**856736**	**322600**	**117568**
电信、广播电视和卫星传输服务	135981	64056	64956	6969
互联网和相关服务	95129	46024	41143	7962
软件和信息技术服务业	1065794	746656	216501	102637

6-13 续表 2

单位：万元

行 业	投资额	建筑安装工程投资	设备工器具购置	其他费用
金融业	**630261**	**457955**	**74997**	**97309**
货币金融服务	420728	303038	57186	60504
资本市场服务	87632	48382	7564	31686
保险业	47217	35895	8657	2665
其他金融业	74684	70640	1590	2454
房地产业	**58134809**	**45257541**	**1503198**	**11374070**
租赁和商务服务业	**3619489**	**2292447**	**657436**	**669606**
租赁业	110380	19898	85345	5137
商务服务业	3509109	2272549	572091	664469
科学研究和技术服务业	**1587629**	**949667**	**357340**	**280622**
研究和试验发展	420738	241966	112214	66558
专业技术服务业	830297	473558	164156	192583
科技推广和应用服务业	336594	234143	80970	21481
水利、环境和公共设施管理业	**16046049**	**12648798**	**1454077**	**1943174**
水利管理业	603054	421070	91826	90158
生态保护和环境治理业	274268	171051	49736	53481
公共设施管理业	15168727	12056677	1312515	1799535
居民服务、修理和其他服务业	**1990149**	**1197673**	**247078**	**545398**
居民服务业	657826	453773	103840	100213
机动车、电子产品和日用产品修理业	294381	192511	80655	21215
其他服务业	1037942	551389	62583	423970
教育	**1809012**	**1304646**	**300734**	**203632**
卫生和社会工作	**1588693**	**960369**	**347049**	**281275**
卫生	1373778	797402	319006	257370
社会工作	214915	162967	28043	23905
文化、体育和娱乐业	**2739483**	**2060604**	**394166**	**284713**
新闻和出版业	4039	4039		
广播、电视、电影和影视录音制作业	50060	35422	14067	571
文化艺术业	1035686	819185	110358	106143
体育	852009	635962	106640	109407
娱乐业	797689	565996	163101	68592
公共管理、社会保障和社会组织	**2672162**	**1957664**	**370370**	**344128**
中国共产党机关	91875	87697	26	4152
国家机构	2043180	1466572	305787	270821
人民政协、民主党派	42162	32253	8909	1000
社会保障	169529	146370	7241	15918
群众团体、社会团体和其他成员组织	106116	73558	29927	2631
基层群众自治组织	219300	151214	18480	49606

6-14 按行业、隶属关系和注册类型分城镇固定资产投资

（2012年） 单位：万元

行业	投资额	中央	地方	内资	港澳台商投资	外商投资	个体经营
全省合计	**199240096**	**7792744**	**191447352**	**178643684**	**10650131**	**9084602**	**861679**
农、林、牧、渔业	**2555682**		**2555682**	**2452013**			**103669**
农业	973454		973454	887070			86384
林业	111066		111066	108066			3000
畜牧业	568404		568404	558979			9425
渔业	647926		647926	643066			4860
农、林、牧、渔服务业	254832		254832	254832			
采矿业	**5931491**	**900490**	**5031001**	**5841032**	**80959**	**3500**	**6000**
煤炭开采和洗选业	607588	1099	606489	607588			
石油和天然气开采业	853718	789307	64411	853718			
黑色金属矿采选业	2398497	84396	2314101	2392497			6000
有色金属矿采选业	543322	25687	517635	543322			
非金属矿采选业	1341059		1341059	1337559		3500	
开采辅助活动	167207	1	167206	86248	80959		
其他采矿业	20100		20100	20100			
制造业	**66438142**	**1567932**	**64870210**	**60624100**	**1310613**	**4239541**	**263888**
农副食品加工业	4174353		4174353	4022746	81113	38100	32394
食品制造业	1500555		1500555	1436718	34210	18721	10906
酒、饮料和精制茶制造业	1328617		1328617	962203	110539	219933	35942
烟草制品业	74164	60114	14050	74164			
纺织业	755921		755921	744551			11370
纺织服装、服饰业	797984		797984	757658	1580	31377	7369
皮革、毛皮、羽毛及其制品和制鞋业	188199		188199	177809		10390	
木材加工和木、竹、藤、棕、草制品业	955093		955093	874186	7090	57400	16417
家具制造业	692239		692239	673608		7481	11150
造纸和纸制品业	756016		756016	691421	53235	8760	2600
印刷和记录媒介复制业	550636		550636	539854		2582	8200
文教、工美、体育和娱乐用品制造业	261669		261669	252840		3369	5460
石油加工、炼焦和核燃料加工业	2199371	451921	1747450	1898683	33599	264189	2900
化学原料和化学制品制造业	4166662	53308	4113354	3970192	20193	173817	2460
医药制造业	1364122	75594	1288528	1332122	15800	16200	
化学纤维制造业	476054		476054	476054			
橡胶和塑料制品业	2966771		2966771	2354481	64847	542943	4500
非金属矿物制品业	6542351	7370	6534981	6221960	13350	268701	38340
黑色金属冶炼和压延加工业	4040559	254013	3786546	4026399		10400	3760
有色金属冶炼和压延加工业	2722949	89914	2633035	1916670	513067	293212	
金属制品业	3190140	43485	3146655	2913851	46238	222221	7830
通用设备制造业	8109623	34038	8075585	7827266	17872	258928	5557

6-14 续表 1

单位：万元

行业	投资额	中央	地方	内资	港澳台商投资	外商投资	个体经营
专用设备制造业	6113028	63548	6049480	5763469	14790	325839	8930
汽车制造业	3840108	28500	3811608	2723695	139949	965811	10653
铁路、船舶、航空航天和其他运输设备制造业	1743528	326961	1416567	1661971	18730	62827	
电气机械和器材制造业	3798591		3798591	3503113	78514	214014	2950
计算机、通信和其他电子设备制造业	1403812	1200	1402612	1245232	39527	84853	34200
仪器仪表制造业	547273	12000	535273	486202	1370	59701	
其他制造业	354638		354638	328938	5000	20700	
废弃资源综合利用业	578820	8894	569926	578820			
金属制品、机械和设备修理业	244296	57072	187224	187224		57072	
电力、热力、燃气及水生产和供应业	**7013792**	**2756057**	**4257735**	**6597953**	**368439**	**47400**	
电力、热力生产和供应业	4541890	1668669	2873221	4211864	303622	26404	
燃气生产和供应业	1541579	1073520	468059	1498128	38455	4996	
水的生产和供应业	930323	13868	916455	887961	26362	16000	
建筑业	**4118104**	**130683**	**3987421**	**3949824**	**78542**	**86838**	**2900**
房屋建筑业	954612	15047	939565	887244		67368	
土木工程建筑业	2490692	636	2490056	2477922		9970	2800
建筑安装业	322453		322453	247326	65527	9500	100
建筑装饰和其他建筑业	350347	115000	235347	337332	13015		
批发和零售业	**7238927**	**41632**	**7197295**	**6769196**	**166440**	**238873**	**64418**
批发业	2502055	41632	2460423	2434249	44920	8887	13999
零售业	4736872		4736872	4334947	121520	229986	50419
交通运输、仓储和邮政业	**10015472**	**666568**	**9348904**	**9867915**	**132115**	**12542**	**2900**
铁路运输业	630185	50603	579582	524512	105673		
道路运输业	5154372	29611	5124761	5142972	11400		
水上运输业	1641338	20300	1621038	1641338			
航空运输业	259320	8986	250334	259320			
管道运输业	381430	8500	372930	380982	448		
装卸搬运和运输代理业	230237	23676	206561	214483	12854		2900
仓储业	1714810	522237	1192573	1700528	1740	12542	
邮政业	3780	2655	1125	3780			
住宿和餐饮业	**3813846**		**3813846**	**3163509**	**372572**	**72818**	**204947**
住宿业	2489202		2489202	2075050	347613	30246	36293
餐饮业	1324644		1324644	1088459	24959	42572	168654
信息传输、软件和信息技术服务业	**1296904**	**42326**	**1254578**	**1124060**	**152283**	**17621**	**2940**
电信、广播电视和卫星传输服务	135981	42326	93655	126460		9521	
互联网和相关服务	95129		95129	92189			2940
软件和信息技术服务业	1065794		1065794	905411	152283	8100	

6-14 续表 2

单位：万元

行　业	投资额						
		中央	地方	内资	港澳台商投资	外商投资	个体经营
金融业	**630261**	**60868**	**569393**	**551724**		**78237**	**300**
货币金融服务	420728	60868	359860	347109		73519	100
资本市场服务	87632		87632	82914		4718	
保险业	47217		47217	47017			200
其他金融业	74684		74684	74684			
房地产业	**58134809**	**794967**	**57339842**	**46414036**	**7514148**	**4200645**	**5980**
租赁和商务服务业	**3619489**	**108139**	**3511350**	**3305406**	**279602**	**29011**	**5470**
租赁业	110380		110380	103566		3722	3092
商务服务业	3509109	108139	3400970	3201840	279602	25289	2378
科学研究和技术服务业	**1587629**	**9002**	**1578627**	**1516140**	**52819**	**5782**	**12888**
研究和试验发展	420738	7458	413280	419956		782	
专业技术服务业	830297	1544	828753	817609			12688
科技推广和应用服务业	336594		336594	278575	52819	5000	200
水利、环境和公共设施管理业	**16046049**	**566508**	**15479541**	**15886627**	**85796**	**26200**	**47426**
水利管理业	603054	5344	597710	603054			
生态保护和环境治理业	274268	612	273656	274268			
公共设施管理业	15168727	560552	14608175	15009305	85796	26200	47426
居民服务、修理和其他服务业	**1990149**		**1990149**	**1914375**		**10115**	**65659**
居民服务业	657826		657826	599083		2815	55928
机动车、电子产品和日用产品修理业	294381		294381	286151			8230
其他服务业	1037942		1037942	1029141		7300	1501
教育	**1809012**	**46443**	**1762569**	**1776073**	**9203**		**23736**
卫生和社会工作	**1588693**	**43425**	**1545268**	**1558637**		**1500**	**28556**
卫生	1373778	43425	1330353	1346722		1500	25556
社会工作	214915		214915	211915			3000
文化、体育和娱乐业	**2739483**	**16100**	**2723383**	**2670611**	**43800**	**5070**	**20002**
新闻和出版业	4039		4039	4039			
广播、电视、电影和影视录音制作业	50060		50060	50060			
文化艺术业	1035686		1035686	1035686			
体育	852009	16100	835909	825769	18400		7840
娱乐业	797689		797689	755057	25400	5070	12162
公共管理、社会保障和社会组织	**2672162**	**41604**	**2630558**	**2660453**	**2800**	**8909**	
中国共产党机关	91875		91875	91875			
国家机构	2043180	41604	2001576	2040380	2800		
人民政协、民主党派	42162		42162	33253		8909	
社会保障	169529		169529	169529			
群众团体、社会团体和其他成员组织	106116		106116	106116			
基层群众自治组织	219300		219300	219300			

6-15 各地区按主要行业分城镇固定资产投资

单位：万元

年份、地区	合计	农林牧渔业	采矿业	制造业	电力、燃气及水的生产和供应业	建筑业	交通运输仓储和邮政业	信息传输、计算机服务和软件业	批发和零售业	住宿和餐饮业
2003	17775685	234325	915589	4699166	943523	111335	1929401		796023	
2004	26007969	253367	1288067	7734975	1087657	250849	2194541	503526	970188	416317
2005	36728695	341531	1829455	13593118	1386721	246171	2805633	411454	1190215	379739
2006	49778419	383657	2120810	17907431	2077061	578028	5264691	963092	1276364	561116
2007	65760474	548289	2815200	24505157	3363528	386305	5478029	657518	1876047	850319
2008	88819463	867756	3106769	34622302	4321872	464902	7483593	1149446	2245410	1108692
2009	116051706	1485099	3417380	44368986	6524871	1126099	7214713	1321260	3887762	1726569
2010	151063279	2163769	5643295	55032705	7870743	1717387	10482028	1464595	3098954	1965858
2011	164153167	2655814	4827510	54688918	6669618	2141251	8601729	1046901	4925353	2969173
2012	199240096	2555682	5931491	66438142	7013792	4118104	7238927	10015472	3813846	1296904
沈　阳	53500921	609902	94669	15322403	1071898	465657	3242871	3550298	983518	470113
大　连	50640110	750061	52569	12594519	1206027	1448209	1526997	3247210	1028412	568042
鞍　山	13942149	120145	528709	5781284	294944	66669	753291	202247	366859	61149
抚　顺	9154764	80454	326856	4650194	273599	449553	213355	115622	421862	10283
本　溪	7118358	135498	645033	2640936	269796	13815	282559	408940	361881	2000
丹　东	8119539	83787	830866	2427775	323667	218911	276300	287142	119402	59749
锦　州	7600479	73396	126449	3085631	462767	217265	118923	461910	114748	7937
营　口	10043316	22670	46206	3952005	170771	153146	232909	762106	165080	95387
阜　新	3936712	75724	86177	768481	1338103	21492	34532	152359	19362	1549
辽　阳	5798630	20985	699132	2474160	186453	252694	96330	30773	63840	3763
盘　锦	9093197	46440	961513	3761190	251307	606468	16477	264138	32835	7972
铁　岭	8701724	20002	284148	5257887	398703	202625	99526	90787	15593	
朝　阳	6705877	506368	1210098	2079268	585987	500	208701	86015	25820	
葫芦岛	4884320	10250	39066	1642409	179770	1100	136156	355925	94634	8960

6-15 续表 单位：万元

年份、地区	金融业	房地产业	租赁和商务服务业	科学研究、技术服务和地质勘查业	水利、环境和公共设施管理业	居民服务和其他服务业	教育	卫生、社会保障和社会福利业	文化、体育和娱乐业	公共管理和社会组织
2003	43986	5014438	53077	143409	105645	960830		108821	637396	1078721
2004	41271	7424980	241364	252248	1654275	101378	610905	188193	324261	468059
2005	173555	9232250	370072	268299	2591290	110551	851655	214137	330560	402289
2006	101482	12236920	571007	345972	3016699	187220	888807	284697	532540	480825
2007	208014	15938297	861383	458820	4992339	354511	964571	390367	536500	575280
2008	471310	21885701	1239833	608542	6180492	327680	1048700	510951	580516	594996
2009	410232	27246609	1574604	945500	8834138	547760	1258501	833296	1288585	2039742
2010	325279	35995812	3336478	1219997	13134381	827292	1319221	848511	1812590	2804384
2011	566805	47040827	4022261	1050982	14267792	1451001	1758492	894835	1788613	2785292
2012	630261	58134809	3619489	1587629	16046049	1990149	1809012	1588693	2739483	2672162
沈 阳	398154	19946146	1160045	664416	1503317	1340401	803757	790499	650453	432404
大 连	27050	14932535	1380937	638815	9054214	277328	392596	249163	784814	480612
鞍 山	34268	4542327	352091	53053	104068	145839	60899	98383	66370	309554
抚 顺	39410	1309492	147718	16223	644649	19193	65030	22329	178339	170603
本 溪	11800	1056777	79595	9435	654081	43319	145571	53069	139974	164279
丹 东	5696	2051721	261583	17555	826876	22242	55105	51438	43104	156620
锦 州	4436	1762005	15745	14669	659764	59553	40807	97537	58939	217998
营 口	52800	3201349	79414	131178	788633	14108	25458	39381	108506	2209
阜 新	8130	1080236	51027	12045	178387	2980	12249	20438	36323	37118
辽 阳	7223	1401002	48693	5500	314139	11400	10262	43520	82165	46596
盘 锦		1924074	5405		517231	15720	69806	36994	508611	67016
铁 岭		2173692	2117	20015	62454	11096	8250	20125	1547	33157
朝 阳		1352998	11366		94522	17179	30255	40256	65585	390959
葫芦岛	41294	1400455	23753	4725	643714	9791	88967	25561	14753	163037

6-16 城镇固定资产投资各行业资金来源和新增固定资产

(2012年) 单位：万元

行业	本年资金来源合计	国家预算内资金	国内贷款	利用外资	自筹资金
全省合计	**222665525**	**9581177**	**32797103**	**3517048**	**153368778**
农、林、牧、渔业	**2705470**	**74698**	**296557**	**2463**	**2298245**
农业	1030165	28415	105993		889057
林业	135247	23200	5750		99797
畜牧业	690775		60454	2463	627658
渔业	591665	3300	100860		477505
农、林、牧、渔服务业	257618	19783	23500		204228
采矿业	**6507113**	**1500**	**490196**	**262884**	**5702673**
煤炭开采和洗选业	611680		35350		576330
石油和天然气开采业	879153		500	52884	825669
黑色金属矿采选业	2660121		137238	3000	2483433
有色金属矿采选业	643221		134727	4000	501394
非金属矿采选业	1390421	1500	175181	3000	1200530
开采辅助活动	302416		6300	200000	96116
其他采矿业	20101		900		19201
制造业	**71284959**	**122008**	**7929744**	**1625991**	**60782823**
农副食品加工业	4888882		469658	30450	4332476
食品制造业	1623768	4000	134072	4563	1444889
酒、饮料和精制茶制造业	1417003		98262	17200	1263000
烟草制品业	117051		12951		104100
纺织业	822382		106210		709172
纺织服装、服饰业	893729		55455		833404
皮革、毛皮、羽毛及其制品和制鞋业	199849		19480		179869
木材加工和木、竹、藤、棕、草制品业	1115659		78206	49300	974580
家具制造业	705375		62607		642718
造纸和纸制品业	827775		108140	5000	709985
印刷和记录媒介复制业	563953		109526		449300
文教、工美、体育和娱乐用品制造业	272030		19300		250730
石油加工、炼焦和核燃料加工业	2171492		320219	292825	1544939
化学原料和化学制品制造业	4161686	1000	981184	21024	3088878
医药制造业	1422456		33596	200	1388260
化学纤维制造业	431487		31080	171580	224547
橡胶和塑料制品业	3177681		352883	27000	2765899
非金属矿物制品业	7054360		970354	35341	6005775
黑色金属冶炼和压延加工业	4161670	288	377417	103031	3605214
有色金属冶炼和压延加工业	2937211	1000	433913	25700	2451608
金属制品业	3498389	24873	276959	145043	3018553
通用设备制造业	8621497	29451	849959	145978	7506133

6-16 续表 1

单位：万元

行　　业	本年资金来源合计	国家预算内资金	国内贷款	利用外资	自筹资金
专用设备制造业	6607098	1900	764973	72502	5694428
汽车制造业	3760368		320071	212473	3212274
铁路、船舶、航空航天和其他运输设备制造业	2153361	21132	290068		1767024
电气机械和器材制造业	4082668	25000	470895	68074	3458336
计算机、通信和其他电子设备制造业	1572664		92178	117592	1326724
仪器仪表制造业	620353	4470	41248	55146	515989
其他制造业	515965		17484	5400	491841
废弃资源综合利用业	577871	8894	31396	5710	531371
金属制品、机械和设备修理业	309226			14859	290807
电力、热力、燃气及水生产和供应业	**7512634**	**343733**	**1772486**	**60729**	**4988984**
电力、热力生产和供应业	4740485	155708	1496966	31400	2772795
燃气生产和供应业	1636592	1280	108665	4115	1487331
水的生产和供应业	1135557	186745	166855	25214	728858
建筑业	**4746958**	**366230**	**1272507**		**3017725**
房屋建筑业	1096096	49654	188062		792530
土木工程建筑业	2959908	275430	1072645		1587187
建筑安装业	332718	21389	1500		309829
建筑装饰和其他建筑业	358236	19757	10300		328179
批发和零售业	**8623960**	**79274**	**1042937**	**163661**	**7123692**
批发业	3340845	38600	689282		2549721
零售业	5283115	40674	353655	163661	4573971
交通运输、仓储和邮政业	**11675529**	**1655928**	**4474355**	**19900**	**5282501**
铁路运输业	671683		402278		267205
道路运输业	6005915	1506390	2145049		2159451
水上运输业	1976048	13445	965755		968378
航空运输业	284664	8860	79450		193104
管道运输业	408435	6717	249224	19900	132594
装卸搬运和运输代理业	239732		11500		214732
仓储业	2085267	120516	621099		1343252
邮政业	3785				3785
住宿和餐饮业	**4325325**	**4780**	**407416**	**49756**	**3817003**
住宿业	2776885	4780	213806	24756	2490543
餐饮业	1548440		193610	25000	1326460
信息传输、软件和信息技术服务业	**1361852**		**176213**		**1171701**
电信、广播电视和卫星传输服务	141799		2000		136919
互联网和相关服务	96760		14223		74769
软件和信息技术服务业	1123293		159990		960013

6-16 续表 2

单位：万元

行　业	本年资金来源合计	国家预算内资金	国内贷款	利用外资	自筹资金
金融业	**800247**	**33875**	**42796**	**3500**	**718076**
货币金融服务	510493	33875	24296		450322
资本市场服务	143749		10000	3500	130249
保险业	54684		8500		46184
其他金融业	91321				91321
房地产业	**67999386**	**249378**	**9187506**	**1208814**	**36690636**
租赁和商务服务业	**3964697**	**182797**	**298491**	**20500**	**3411709**
租赁业	118837		4050		114787
商务服务业	3845860	182797	294441	20500	3296922
科学研究和技术服务业	**1877936**	**79270**	**159243**		**1624363**
研究和试验发展	498564	38357	62730		395477
专业技术服务业	988933	40913	80690		864275
科技推广和应用服务业	390439		15823		364611
水利、环境和公共设施管理业	**17041028**	**4414995**	**3342827**	**97350**	**8755058**
水利管理业	639165	107380	216908		304418
生态保护和环境治理业	296864	60649	37299		188668
公共设施管理业	16104999	4246966	3088620	97350	8261972
居民服务、修理和其他服务业	**2304181**	**359722**	**746490**		**1114675**
居民服务业	819692	58216	195374		487859
机动车、电子产品和日用产品修理业	354408	4704	12775		332179
其他服务业	1130081	296802	538341		294637
教育	**1937037**	**403807**	**70139**		**1388607**
卫生和社会工作	**1825598**	**304041**	**482748**	**1500**	**993792**
卫生	1637906	277328	478432	1500	837129
社会工作	187692	26713	4316		156663
文化、体育和娱乐业	**3158020**	**444398**	**453409**		**2232275**
新闻和出版业	6940	5600			1340
广播、电视、电影和影视录音制作业	49258	7547	5890		35821
文化艺术业	1190880	341168	30830		813382
体育	1077808	77083	157665		823160
娱乐业	833134	13000	259024		558572
公共管理、社会保障和社会组织	**3013595**	**460743**	**151043**		**2254240**
中国共产党机关	92669		3000		89669
国家机构	2363290	308959	141983		1788680
人民政协、民主党派	50959				50959
社会保障	170082	115161	3000		51921
群众团体、社会团体和其他成员组织	117013	32673	1060		59379
基层群众自治组织	219582	3950	2000		213632

6-16 续表 3

单位：万元

行　业	其他资金	投资额	新增固定资产	固定资产交付使用率(%)
全 省 合 计	**23401419**	**199240096**	**115723387**	**58.1**
农、林、牧、渔业	**33507**	**2555682**	**1685006**	**65.9**
农业	6700	973454	723337	74.3
林业	6500	111066	76915	69.3
畜牧业	200	568404	304396	53.6
渔业	10000	647926	362357	55.9
农、林、牧、渔服务业	10107	254832	218001	85.5
采矿业	**49860**	**5931491**	**4524880**	**76.3**
煤炭开采和洗选业		607588	576662	94.9
石油和天然气开采业	100	853718	816354	95.6
黑色金属矿采选业	36450	2398497	1624883	67.7
有色金属矿采选业	3100	543322	286093	52.7
非金属矿采选业	10210	1341059	1097413	81.8
开采辅助活动		167207	113075	67.6
其他采矿业		20100	10400	51.7
制造业	**824393**	**66438142**	**45738723**	**68.8**
农副食品加工业	56298	4174353	3399375	81.4
食品制造业	36244	1500555	1092118	72.8
酒、饮料和精制茶制造业	38541	1328617	980525	73.8
烟草制品业		74164	108664	146.5
纺织业	7000	755921	367409	48.6
纺织服装、服饰业	4870	797984	531490	66.6
皮革、毛皮、羽毛及其制品和制鞋业	500	188199	126615	67.3
木材加工和木、竹、藤、棕、草制品业	13573	955093	560322	58.7
家具制造业	50	692239	601607	86.9
造纸和纸制品业	4650	756016	555656	73.5
印刷和记录媒介复制业	5127	550636	253785	46.1
文教、工美、体育和娱乐用品制造业	2000	261669	242002	92.5
石油加工、炼焦和核燃料加工业	13509	2199371	1236359	56.2
化学原料和化学制品制造业	69600	4166662	2574551	61.8
医药制造业	400	1364122	1023862	75.1
化学纤维制造业	4280	476054	271765	57.1
橡胶和塑料制品业	31899	2966771	1920329	64.7
非金属矿物制品业	42890	6542351	4477429	68.4
黑色金属冶炼和压延加工业	75720	4040559	3063076	75.8
有色金属冶炼和压延加工业	24990	2722949	1567426	57.6
金属制品业	32961	3190140	2298832	72.1
通用设备制造业	89976	8109623	6071366	74.9

6-16 续表 4

单位：万元

行 业	其他资金	投资额	新增固定资产	固定资产交付使用率(%)
专用设备制造业	73295	6113028	4040430	66.1
汽车制造业	15550	3840108	2589425	67.4
铁路、船舶、航空航天和其他运输设备制造业	75137	1743528	1154630	66.2
电气机械和器材制造业	60363	3798591	2551897	67.2
计算机、通信和其他电子设备制造业	36170	1403812	864386	61.6
仪器仪表制造业	3500	547273	462862	84.6
其他制造业	1240	354638	198661	56
废弃资源综合利用业	500	578820	463240	80
金属制品、机械和设备修理业	3560	244296	88629	36.3
电力、热力、燃气及水生产和供应业	**346702**	**7013792**	**4571954**	**65.2**
电力、热力生产和供应业	283616	4541890	3371094	74.2
燃气生产和供应业	35201	1541579	346289	22.5
水的生产和供应业	27885	930323	854571	91.9
建筑业	**90496**	**4118104**	**2425923**	**58.9**
房屋建筑业	65850	954612	469230	49.2
土木工程建筑业	24646	2490692	1665995	66.9
建筑安装业		322453	100266	31.1
建筑装饰和其他建筑业		350347	190432	54.4
批发和零售业	**214396**	**7238927**	**4398017**	**60.8**
批发业	63242	2502055	1599370	63.9
零售业	151154	4736872	2798647	59.1
交通运输、仓储和邮政业	**242845**	**10015472**	**5230732**	**52.2**
铁路运输业	2200	630185	90000	14.3
道路运输业	195025	5154372	2453959	47.6
水上运输业	28470	1641338	1072338	65.3
航空运输业	3250	259320	160377	61.8
管道运输业		381430	170454	44.7
装卸搬运和运输代理业	13500	230237	167912	72.9
仓储业	400	1714810	1113667	64.9
邮政业		3780	2025	53.6
住宿和餐饮业	**46370**	**3813846**	**2093167**	**54.9**
住宿业	43000	2489202	975144	39.2
餐饮业	3370	1324644	1118023	84.4
信息传输、软件和信息技术服务业	**13938**	**1296904**	**924977**	**71.3**
电信、广播电视和卫星传输服务	2880	135981	65004	47.8
互联网和相关服务	7768	95129	85025	89.4
软件和信息技术服务业	3290	1065794	774948	72.7

6-16 续表 5

单位：万元

行　业	其他资金	投资额	新增固定资产	固定资产交付使用率(%)
金融业	**2000**	**630261**	**357002**	**56.6**
货币金融服务	2000	420728	250670	59.6
资本市场服务		87632	35632	40.7
保险业		47217	52818	111.9
其他金融业		74684	17882	23.9
房地产业	**20663052**	**58134809**	**24793921**	**42.6**
租赁和商务服务业	**51200**	**3619489**	**1911086**	**52.8**
租赁业		110380	61174	55.4
商务服务业	51200	3509109	1849912	52.7
科学研究和技术服务业	**15060**	**1587629**	**1027945**	**64.7**
研究和试验发展	2000	420738	176341	41.9
专业技术服务业	3055	830297	673958	81.2
科技推广和应用服务业	10005	336594	177646	52.8
水利、环境和公共设施管理业	**430798**	**16046049**	**9294834**	**57.9**
水利管理业	10459	603054	284028	47.1
生态保护和环境治理业	10248	274268	316968	115.6
公共设施管理业	410091	15168727	8693838	57.3
居民服务、修理和其他服务业	**83294**	**1990149**	**1092993**	**54.9**
居民服务业	78243	657826	347135	52.8
机动车、电子产品和日用产品修理业	4750	294381	233984	79.5
其他服务业	301	1037942	511874	49.3
教育	**74484**	**1809012**	**1580444**	**87.4**
卫生和社会工作	**43517**	**1588693**	**861322**	**54.2**
卫生	43517	1373778	735978	53.6
社会工作		214915	125344	58.3
文化、体育和娱乐业	**27938**	**2739483**	**1531331**	**55.9**
新闻和出版业		4039	45000	1114.1
广播、电视、电影和影视录音制作业		50060	33756	67.4
文化艺术业	5500	1035686	541889	52.3
体育	19900	852009	540905	63.5
娱乐业	2538	797689	369781	46.4
公共管理、社会保障和社会组织	**147569**	**2672162**	**1679130**	**62.8**
中国共产党机关		91875	18300	19.9
国家机构	123668	2043180	1313504	64.3
人民政协、民主党派		42162	32909	78.1
社会保障		169529	11410	6.7
群众团体、社会团体和其他成员组织	23901	106116	85825	80.9
基层群众自治组织		219300	217182	99

6-17 各地区城镇固定资产投资施工、竣工房屋面积

单位：万平方米

年份、地区	施工房屋建筑面积	#住宅	竣工房屋建筑面积	#住宅
2000	5693.4	3553.2	3017.0	2092.1
2001	6120.1	3869.7	2991.0	2116.3
2002	7237.3	4429.0	3209.8	2116.1
2003	8254.7	4809.1	3667.4	2214.0
2004	10437.4	5653.5	4711.0	2646.9
2005	12381.8	6329.8	5032.3	2539.0
2006	15104.0	7805.5	6164.4	2950.1
2007	20932.3	10350.5	6847.7	3130.4
2008	23875.5	12389.6	7988.8	3568.3
2009	29221.2	14886.9	8397.8	3638.4
2010	44138.5	21222.0	9245.7	3865.9
2011	54173.3	27752.4	10527.7	5475.6
2012	61131.9	30093.9	11838.7	5407.2
沈　阳	17848.8	8164.0	3779.7	1673.8
大　连	9461.3	4914.0	1855.7	651.3
鞍　山	5427.4	3129.0	579.7	370.7
抚　顺	2950.9	1022.4	554.3	193.2
本　溪	2718.5	1145.7	802.1	402.2
丹　东	2484.2	1137.3	399.7	227.9
锦　州	2721.1	1369.0	525.0	239.2
营　口	5302.5	2544.9	882.0	365.5
阜　新	1681.8	1085.8	392.6	266.0
辽　阳	1468.7	770.0	158.9	110.9
盘　锦	1863.0	1038.8	322.9	224.8
铁　岭	3044.4	1397.6	1038.5	371.9
朝　阳	2488.4	1341.8	437.4	217.5
葫芦岛	1671.0	1033.5	110.1	92.3

6-18 各地区按行业分城镇固定资产投资新增固定资产

单位：万元

年份、地区	合计	农林牧渔业	采矿业	制造业	电力、燃气及水的生产和供应业	建筑业	交通运输仓储和邮政业	信息传输、计算机服务和软件业	批发和零售业	住宿和餐饮业
2005	23785868	278332	1466943	9828630	956830	188933	1416108	359388	923303	401408
2006	27641611	354483	1944056	11027672	948659	324995	1756914	394289	1059344	421746
2007	36316002	477202	2100599	14261494	2353587	285779	2493073	319701	1445176	584539
2008	50566948	770661	2355216	21893841	2192069	406054	2328227	618041	1799541	973428
2009	68569660	1151381	2295717	29092046	3411559	938757	4058862	864654	3229421	1261212
2010	94292140	1384973	4126137	35728460	3762066	1134045	4108876	958593	1883003	1080068
2011	90101829	2066201	2964006	34722047	3052749	1429403	4192201	576606	2250995	1194100
2012	115723387	1685006	4524880	45738723	4571954	2425923	4398017	5230732	2093167	924977
沈　阳	29541505	443409	94669	10551947	955978	266969	1992534	1386007	626255	395560
大　连	26512075	500448	52295	8813415	467098	667150	1258839	1506878	473720	375550
鞍　山	8032094	100014	291796	3957682	152413	62830	443003	40142	302811	11608
抚　顺	4432800	65900	174558	2239114	262717	281478	63362	58330	85150	
本　溪	4918465	59620	463494	1186148	240603	2850	63300	522029	186020	
丹　东	5722056	89535	674695	1881726	262854	195965	198555	97014	136231	59461
锦　州	4168874	14806	121224	2049951	346317	90927	47184	29850	24698	7937
营　口	6250859	23457	9780	2827876	160154	33833	69138	1029205	136030	61000
阜　新	2165428	43871	108165	695880	405578	35753	26105	94434	33369	327
辽　阳	2561540	20985	615701	901087	100478	120720	45300	9909	50348	2888
盘　锦	6861900	46440	874542	2552621	167545	606468	9199	190605	18900	1686
铁　岭	7688702	25927	270172	5097513	491882	57480	79720	91642	7945	
朝　阳	4027165	248334	773433	1302071	516400	500	34960	52463	10100	
葫芦岛	2839924	2260	356	1681692	41937	3000	66818	122224	1590	8960

6-18 续表 单位：万元

年份、地区	金融业	房地产业	租赁和商务服务业	科学研究、技术服务和地质勘查业	水利、环境和公共设施管理业	居民服务和其他服务业	教育	卫生、社会保障和社会福利业	文化、体育和娱乐业	公共管理和社会组织
2005	98925	4623591	297858	206698	1313070	106320	608380	180826	213179	317146
2006	53810	5801680	348341	166703	1450509	134351	588452	177265	336290	352052
2007	93356	6552689	392885	330772	2710649	250160	708908	282776	290804	381853
2008	219398	9863600	747145	477847	3731698	317367	669226	334031	390321	479237
2009	215985	11230393	848711	581705	5841711	485911	726414	594542	511926	1228753
2010	125389	13411205	1640555	322560	6987561	276354	14752804	620434	779497	1209560
2011	504351	22398101	1772265	537061	8073340	583466	726459	503195	684118	1871165
2012	357002	24793921	1911086	1027945	9294834	1092993	1580444	861322	1531331	1679130
沈　阳	224091	8866147	380147	383457	847788	650401	593860	429199	257112	195975
大　连	7250	4252376	892341	509106	5321237	160836	301258	163042	387119	402117
鞍　山	35861	1631995	346694	11330	32251	146560	274452	52747	41063	96842
抚　顺	15047	796491	39436	13980	200726	19193	22480	24249	19455	51134
本　溪	8300	1363013	57500	8200	299110	15750	122623	9500	97866	212539
丹　东	5000	1019361	57510	7500	742051	29947	79153	18054	16900	150544
锦　州	4436	969834	11622	14669	142561	3576	34592	50691	18355	185644
营　口	4600	1345660	2150	44540	372227	25200	14467	1533	82800	7209
阜　新	4900	414368	20570	5776	103931		17992	30764	21378	102267
辽　阳	7223	472636		4000	122318	1200	7170	8477	42100	29000
盘　锦		1205571	5405		502790	15720	69806	32014	508611	53977
铁　岭		1438307	22000	8100	36342	1990	6750	21575		31357
朝　阳		765649	11366		130321	12650	19375	5452	25019	119072
葫芦岛	40294	252513	64345	17287	441181	9970	16466	14025	13553	41453

6-19 按构成和建设性质分的建设项目投资

单位：亿元

年份、地区	投资额	按构成分			按建设性质分	
		建筑安装工程	设备、工器具购置	其他费用	#新建	#改、扩建
2000	784.42	462.30	239.86	82.25	249.66	489.24
2001	873.10	529.57	252.15	91.38	278.91	545.87
2002	969.01	560.24	268.07	140.70	307.31	600.27
2003	1279.14	733.57	368.64	176.92	511.82	687.51
2004	1875.04	1082.72	584.61	207.70	807.55	941.98
2005	2792.27	1570.08	868.22	353.97	1388.41	1224.34
2006	3835.65	2250.14	1153.40	432.10	1976.40	1577.74
2007	5078.47	3009.83	1442.12	626.52	3073.58	1657.19
2008	6821.15	3956.06	2193.86	671.23	4144.82	2203.95
2009	8964.61	5388.60	2777.61	798.39	5399.68	2946.08
2010	11640.57	7100.08	3422.75	1117.75	7724.28	3236.78
2011	11927.76	7183.68	3264.08	1480.00	8548.16	2872.64
2012	14468.19	8527.51	4327.53	1613.15	10859.91	3008.00
沈　阳	3407.13	1960.30	1029.98	416.85	2118.14	1042.71
大　连	3667.49	2516.95	723.74	426.80	3106.26	390.51
鞍　山	1009.44	587.92	284.89	136.64	752.81	239.42
抚　顺	785.78	369.35	372.80	43.63	643.06	123.50
本　溪	607.42	269.12	206.42	131.88	277.29	314.56
丹　东	613.65	329.56	189.06	95.04	445.71	165.28
锦　州	621.96	276.97	224.00	120.98	489.67	86.09
营　口	697.36	516.53	151.64	29.20	659.47	25.84
阜　新	302.09	155.50	128.10	18.49	283.21	18.73
辽　阳	453.68	215.72	227.04	10.92	321.33	96.63
盘　锦	730.53	544.05	122.91	63.58	631.97	96.11
铁　岭	655.55	313.27	310.38	31.90	520.86	122.08
朝　阳	562.73	210.33	298.12	54.27	294.78	250.04
葫芦岛	353.38	261.94	58.47	32.98	315.35	36.51

6-20 按资金来源和隶属关系分的建设项目投资

单位：亿元

年份、地区	按资金来源分					按隶属关系分	
	国家预算内资金	国内贷款	利用外资	自筹资金	其他投资	中央项目	地方项目
2000	65.13	184.98	64.15	420.69	67.25	277.40	524.80
2001	107.51	192.97	46.36	479.35	54.48	300.40	580.27
2002	99.49	190.62	59.92	572.13	53.56	266.19	709.54
2003	82.59	229.86	44.51	853.85	80.37	245.37	1045.80
2004	104.88	251.74	71.32	1372.45	74.65	358.04	1516.99
2005	164.74	374.16	108.90	2016.02	128.44	474.18	2318.09
2006	252.39	480.22	102.80	2852.19	148.06	603.41	3232.23
2007	355.49	761.77	121.88	3656.50	182.82	856.53	4221.94
2008	422.62	858.00	260.66	5125.31	154.56	1059.69	5761.46
2009	510.98	1255.05	268.94	6813.10	116.54	787.41	8177.20
2010	465.62	1862.49	209.53	8916.68	186.25	930.91	10709.66
2011	917.25	1908.44	155.06	8707.26	239.75	702.25	11225.51
2012	958.12	2428.95	233.82	12026.37	290.53	702.46	13765.73
沈　阳	290.01	635.18	16.58	2991.71	61.29	145.61	3261.52
大　连	535.02	749.92	91.43	2410.73	48.16	136.70	3530.79
鞍　山	8.39	209.86	3.36	851.91	59.82	23.06	986.38
抚　顺	27.83	82.99	3.49	653.30	8.96	27.41	758.37
本　溪	6.74	15.80	13.44	572.36	0.24		607.42
丹　东	30.50	143.42	7.02	528.38	6.72	15.37	598.28
锦　州	9.50	97.23	5.15	576.04	32.56	19.11	602.84
营　口	4.07	51.66	25.31	605.08	10.60	61.71	635.65
阜　新	3.70	34.41	0.25	286.97	0.35	117.84	184.25
辽　阳	0.96	6.42		445.52	6.36	17.39	436.29
盘　锦	1.63	188.37	67.14	572.10	24.75	96.74	633.80
铁　岭	3.82	41.68	0.65	667.15	1.57	9.29	646.26
朝　阳	14.07	88.89		579.88	24.40	18.11	544.62
葫芦岛	21.87	83.13		285.24	4.77	14.12	339.26

注：本表资金来源分市数据为本年到位资金。

6-21 按行业分的建设项目投资额

(2012年) 单位：万元

行业	投资额	#新建	#扩建	#改建	建筑安装工程投资	设备工器具购置	其他费用
全省合计	**144681900**	**108599148**	**17313669**	**12766337**	**85275114**	**43275276**	**16131510**
农、林、牧、渔业	**2555682**	**1795371**	**505303**	**221828**	**1568365**	**737253**	**250064**
农业	973454	802761	168909	1784	486724	417405	69325
林业	111066	101676	9390		28964	11294	70808
畜牧业	568404	457709	99749	4666	301494	209857	57053
渔业	647926	282611	147765	193050	565767	55788	26371
农、林、牧、渔服务业	254832	150614	79490	22328	185416	42909	26507
采矿业	**5931491**	**2621624**	**1824038**	**1230692**	**2649225**	**2772164**	**510102**
煤炭开采和洗选业	607588	284314	64565	166253	216915	372250	18423
石油和天然气开采业	853718	845790	5400	1079	648862	73392	131464
黑色金属矿采选业	2398497	561214	974285	793430	889365	1353540	155592
有色金属矿采选业	543322	87567	291976	158479	236213	263605	43504
非金属矿采选业	1341059	669533	473712	111450	519162	670009	151888
开采辅助活动	167207	165706	1500	1	130758	27218	9231
其他采矿业	20100	7500	12600		7950	12150	
制造业	**66438142**	**48173850**	**9148389**	**5432370**	**34080198**	**27136284**	**5221660**
农副食品加工业	4174353	2880476	957232	180786	2223144	1521973	429236
食品制造业	1500555	1022324	322133	124754	813489	572566	114500
酒、饮料和精制茶制造业	1328617	800264	377939	69999	595544	630121	102952
烟草制品业	74164	14050		60114	43746	30000	418
纺织业	755921	500286	90002	37262	370134	322702	63085
纺织服装、服饰业	797984	477831	165532	91151	513647	223420	60917
皮革、毛皮、羽毛及其制品和制鞋业	188199	116326	12820	44821	97031	79468	11700
木材加工和木、竹、藤、棕、草制品业	955093	644701	149206	119729	486866	414521	53706
家具制造业	692239	545556	85264	34121	431345	199507	61387
造纸和纸制品业	756016	480664	137030	113201	328704	359244	68068
印刷和记录媒介复制业	550636	399536	24068	51967	288261	231986	30389
文教、工美、体育和娱乐用品制造业	261669	130774	74813	37691	138739	105291	17639
石油加工、炼焦和核燃料加工业	2199371	1812746	267957	94578	1221907	728796	248668
化学原料和化学制品制造业	4166662	3215556	530343	244078	2177756	1668267	320639
医药制造业	1364122	1044247	223620	64853	708376	477364	178382
化学纤维制造业	476054	390834	7900	74710	229579	225950	20525
橡胶和塑料制品业	2966771	1908706	669697	163860	1423848	1344754	198169
非金属矿物制品业	6542351	4831880	924852	603156	3242635	2709973	589743
黑色金属冶炼和压延加工业	4040559	2659511	586917	752210	1962210	1793599	284750
有色金属冶炼和压延加工业	2722949	1944945	469604	261188	1239070	1209996	273883
金属制品业	3190140	2285442	534414	190820	1725947	1206905	257288
通用设备制造业	8109623	5942771	950398	652440	4282025	3358900	468698

6-21 续表 1

单位：万元

行业	投资额	#新建	#扩建	#改建	建筑安装工程投资	设备工器具购置	其他费用
专用设备制造业	6113028	4540743	683563	469578	3086574	2597990	428464
汽车制造业	3840108	2792512	305708	300391	1863733	1728186	248189
铁路、船舶、航空航天和其他运输设备制造业	1743528	1433380	65489	102370	1000463	620407	122658
电气机械和器材制造业	3798591	2994998	306947	258935	1923938	1613502	261151
计算机、通信和其他电子设备制造业	1403812	1073511	72395	83066	678456	583266	142090
仪器仪表制造业	547273	368758	65694	63861	336480	188109	22684
其他制造业	354638	216974	28974	35380	185082	129017	40539
废弃资源综合利用业	578820	505866	50678	19536	321827	170700	86293
金属制品、机械和设备修理业	244296	197682	7200	31764	139642	89804	14850
电力、热力、燃气及水生产和供应业	**7013792**	**5767327**	**570828**	**443833**	**3006741**	**3050966**	**956085**
电力、热力生产和供应业	4541890	3520860	417071	391955	1713971	2124070	703849
燃气生产和供应业	1541579	1454792	72291	10696	618516	742687	180376
水的生产和供应业	930323	791675	81466	41182	674254	184209	71860
建筑业	**4118104**	**3461492**	**144811**	**321633**	**3394496**	**464997**	**258611**
房屋建筑业	954612	832474	48118	17666	733916	141180	79516
土木工程建筑业	2490692	2110984	64452	221155	2078771	243704	168217
建筑安装业	322453	268427	13786	33130	302704	15702	4047
建筑装饰和其他建筑业	350347	249607	18455	49682	279105	64411	6831
批发和零售业	**7238927**	**5269306**	**564388**	**1267039**	**4746802**	**1354664**	**1137461**
批发业	2502055	1561248	291479	551992	1619247	475225	407583
零售业	4736872	3708058	272909	715047	3127555	879439	729878
交通运输、仓储和邮政业	**10015472**	**7544168**	**1455011**	**513017**	**5875423**	**2069542**	**2070507**
铁路运输业	630185	562862	16720	50603	357363	122874	149948
道路运输业	5154372	3626113	859881	401739	3055288	940961	1158123
水上运输业	1641338	1090059	447940	31587	907993	389122	344223
航空运输业	259320	103956	24380	3960	85252	142849	31219
管道运输业	381430	381430			178630	67000	135800
装卸搬运和运输代理业	230237	207971	2980	11668	146659	65570	18008
仓储业	1714810	1570652	103110	13460	1144232	338180	232398
邮政业	3780	1125			6	2986	788
住宿和餐饮业	**3813846**	**2684225**	**663178**	**437473**	**2621670**	**787878**	**404298**
住宿业	2489202	2085578	259084	140258	1684324	582017	222861
餐饮业	1324644	598647	404094	297215	937346	205861	181437
信息传输、软件和信息技术服务业	**1296904**	**898619**	**27970**	**263333**	**856736**	**322600**	**117568**
电信、广播电视和卫星传输服务	135981	59314	9972	63760	64056	64956	6969
互联网和相关服务	95129	28510	2480	29798	46024	41143	7962
软件和信息技术服务业	1065794	810795	15518	169775	746656	216501	102637

6-21 续表 2

单位：万元

行业	投资额	#新建	#扩建	#改建	建筑安装工程投资	设备工器具购置	其他费用
金融业	**630261**	**311955**	**38573**	**226963**	**457955**	**74997**	**97309**
货币金融服务	420728	215767	21973	130218	303038	57186	60504
资本市场服务	87632	10000	11700	65932	48382	7564	31686
保险业	47217	25006	4900	17311	35895	8657	2665
其他金融业	74684	61182		13502	70640	1590	2454
房地产业	**3576613**	**3123224**	**275864**	**152063**	**2645635**	**375681**	**555297**
租赁和商务服务业	**3619489**	**3103963**	**123839**	**290687**	**2292447**	**657436**	**669606**
租赁业	110380	32344	8630	2752	19898	85345	5137
商务服务业	3509109	3071619	115209	287935	2272549	572091	664469
科学研究和技术服务业	**1587629**	**1165290**	**47097**	**248462**	**949667**	**357340**	**280622**
研究和试验发展	420738	272306	7676	103534	241966	112214	66558
专业技术服务业	830297	684794	16341	74565	473558	164156	192583
科技推广和应用服务业	336594	208190	23080	70363	234143	80970	21481
水利、环境和公共设施管理业	**16046049**	**13852961**	**1135171**	**921548**	**12648798**	**1454077**	**1943174**
水利管理业	603054	478717	31922	89615	421070	91826	90158
生态保护和环境治理业	274268	242614	3766	18398	171051	49736	53481
公共设施管理业	15168727	13131630	1099483	813535	12056677	1312515	1799535
居民服务、修理和其他服务业	**1990149**	**1652067**	**133737**	**174487**	**1197673**	**247078**	**545398**
居民服务业	657826	454075	61412	131470	453773	103840	100213
机动车、电子产品和日用产品修理业	294381	199697	40775	36896	192511	80655	21215
其他服务业	1037942	998295	31550	6121	551389	62583	423970
教育	**1809012**	**1405128**	**204503**	**148793**	**1304646**	**300734**	**203632**
卫生和社会工作	**1588693**	**1194358**	**138206**	**97701**	**960369**	**347049**	**281275**
卫生	1373778	988680	134130	92540	797402	319006	257370
社会工作	214915	205678	4076	5161	162967	28043	23905
文化、体育和娱乐业	**2739483**	**2398712**	**141494**	**179283**	**2060604**	**394166**	**284713**
新闻和出版业	4039	1339		2700	4039		
广播、电视、电影和影视录音制作业	50060	31865	6890	7329	35422	14067	571
文化艺术业	1035686	906225	78680	39123	819185	110358	106143
体育	852009	816819	28900	6290	635962	106640	109407
娱乐业	797689	642464	27024	123841	565996	163101	68592
公共管理、社会保障和社会组织	**2672162**	**2175508**	**171269**	**195132**	**1957664**	**370370**	**344128**
中国共产党机关	91875	81275		10600	87697	26	4152
国家机构	2043180	1636516	153904	134413	1466572	305787	270821
人民政协、民主党派	42162	33253			32253	8909	1000
社会保障	169529	139584	3200	26745	146370	7241	15918
群众团体、社会团体和其他成员组织	106116	67700	12045	23374	73558	29927	2631
基层群众自治组织	219300	217180	2120		151214	18480	49606

6-22 按行业、隶属关系和注册类型分建设项目投资

（2012年） 单位：万元

行业	投资额	中央	地方	内资	港澳台商投资	外商投资	个体经营
全省合计	**144681900**	**7024571**	**137657329**	**135613186**	**3293078**	**4913957**	**861679**
农、林、牧、渔业	**2555682**		**2555682**	**2452013**			**103669**
农业	973454		973454	887070			86384
林业	111066		111066	108066			3000
畜牧业	568404		568404	558979			9425
渔业	647926		647926	643066			4860
农、林、牧、渔服务业	254832		254832	254832			
采矿业	**5931491**	**900490**	**5031001**	**5841032**	**80959**	**3500**	**6000**
煤炭开采和洗选业	607588	1099	606489	607588			
石油和天然气开采业	853718	789307	64411	853718			
黑色金属矿采选业	2398497	84396	2314101	2392497			6000
有色金属矿采选业	543322	25687	517635	543322			
非金属矿采选业	1341059		1341059	1337559		3500	
开采辅助活动	167207	1	167206	86248	80959		
其他采矿业	20100		20100	20100			
制造业	**66438142**	**1567932**	**64870210**	**60624100**	**1310613**	**4239541**	**263888**
农副食品加工业	4174353		4174353	4022746	81113	38100	32394
食品制造业	1500555		1500555	1436718	34210	18721	10906
酒、饮料和精制茶制造业	1328617		1328617	962203	110539	219933	35942
烟草制品业	74164	60114	14050	74164			
纺织业	755921		755921	744551			11370
纺织服装、服饰业	797984		797984	757658	1580	31377	7369
皮革、毛皮、羽毛及其制品和制鞋业	188199		188199	177809		10390	
木材加工和木、竹、藤、棕、草制品业	955093		955093	874186	7090	57400	16417
家具制造业	692239		692239	673608		7481	11150
造纸和纸制品业	756016		756016	691421	53235	8760	2600
印刷和记录媒介复制业	550636		550636	539854		2582	8200
文教、工美、体育和娱乐用品制造业	261669		261669	252840		3369	5460
石油加工、炼焦和核燃料加工业	2199371	451921	1747450	1898683	33599	264189	2900
化学原料和化学制品制造业	4166662	53308	4113354	3970192	20193	173817	2460
医药制造业	1364122	75594	1288528	1332122	15800	16200	
化学纤维制造业	476054		476054	476054			
橡胶和塑料制品业	2966771		2966771	2354481	64847	542943	4500
非金属矿物制品业	6542351	7370	6534981	6221960	13350	268701	38340
黑色金属冶炼和压延加工业	4040559	254013	3786546	4026399		10400	3760
有色金属冶炼和压延加工业	2722949	89914	2633035	1916670	513067	293212	
金属制品业	3190140	43485	3146655	2913851	46238	222221	7830
通用设备制造业	8109623	34038	8075585	7827266	17872	258928	5557

6-22 续表 1　　　　　　　　　　　　　　　　　　单位：万元

行　　业	投资额	中央	地方	内资	港澳台商投资	外商投资	个体经营
专用设备制造业	6113028	63548	6049480	5763469	14790	325839	8930
汽车制造业	3840108	28500	3811608	2723695	139949	965811	10653
铁路、船舶、航空航天和其他运输设备制造业	1743528	326961	1416567	1661971	18730	62827	
电气机械和器材制造业	3798591		3798591	3503113	78514	214014	2950
计算机、通信和其他电子设备制造业	1403812	1200	1402612	1245232	39527	84853	34200
仪器仪表制造业	547273	12000	535273	486202	1370	59701	
其他制造业	354638		354638	328938	5000	20700	
废弃资源综合利用业	578820	8894	569926	578820			
金属制品、机械和设备修理业	244296	57072	187224	187224		57072	
电力、热力、燃气及水生产和供应业	**7013792**	**2756057**	**4257735**	**6597953**	**368439**	**47400**	
电力、热力生产和供应业	4541890	1668669	2873221	4211864	303622	26404	
燃气生产和供应业	1541579	1073520	468059	1498128	38455	4996	
水的生产和供应业	930323	13868	916455	887961	26362	16000	
建筑业	**4118104**	**130683**	**3987421**	**3949824**	**78542**	**86838**	**2900**
房屋建筑业	954612	15047	939565	887244		67368	
土木工程建筑业	2490692	636	2490056	2477922		9970	2800
建筑安装业	322453		322453	247326	65527	9500	100
建筑装饰和其他建筑业	350347	115000	235347	337332	13015		
批发和零售业	**7238927**	**41632**	**7197295**	**6769196**	**166440**	**238873**	**64418**
批发业	2502055	41632	2460423	2434249	44920	8887	13999
零售业	4736872		4736872	4334947	121520	229986	50419
交通运输、仓储和邮政业	**10015472**	**666568**	**9348904**	**9867915**	**132115**	**12542**	**2900**
铁路运输业	630185	50603	579582	524512	105673		
道路运输业	5154372	29611	5124761	5142972	11400		
水上运输业	1641338	20300	1621038	1641338			
航空运输业	259320	8986	250334	259320			
管道运输业	381430	8500	372930	380982	448		
装卸搬运和运输代理业	230237	23676	206561	214483	12854		2900
仓储业	1714810	522237	1192573	1700528	1740	12542	
邮政业	3780	2655	1125	3780			
住宿和餐饮业	**3813846**		**3813846**	**3163509**	**372572**	**72818**	**204947**
住宿业	2489202		2489202	2075050	347613	30246	36293
餐饮业	1324644		1324644	1088459	24959	42572	168654
信息传输、软件和信息技术服务业	**1296904**	**42326**	**1254578**	**1124060**	**152283**	**17621**	**2940**
电信、广播电视和卫星传输服务	135981	42326	93655	126460		9521	
互联网和相关服务	95129		95129	92189			2940
软件和信息技术服务业	1065794		1065794	905411	152283	8100	

6-22 续表 2

单位：万元

行　业	投资额	中央	地方	内资	港澳台商投资	外商投资	个体经营
金融业	**630261**	**60868**	**569393**	**551724**		**78237**	**300**
货币金融服务	420728	60868	359860	347109		73519	100
资本市场服务	87632		87632	82914		4718	
保险业	47217		47217	47017			200
其他金融业	74684		74684	74684			
房地产业	**3576613**	**26794**	**3549819**	**3383538**	**157095**	**30000**	**5980**
租赁和商务服务业	**3619489**	**108139**	**3511350**	**3305406**	**279602**	**29011**	**5470**
租赁业	110380		110380	103566		3722	3092
商务服务业	3509109	108139	3400970	3201840	279602	25289	2378
科学研究和技术服务业	**1587629**	**9002**	**1578627**	**1516140**	**52819**	**5782**	**12888**
研究和试验发展	420738	7458	413280	419956		782	
专业技术服务业	830297	1544	828753	817609			12688
科技推广和应用服务业	336594		336594	278575	52819	5000	200
水利、环境和公共设施管理业	**16046049**	**566508**	**15479541**	**15886627**	**85796**	**26200**	**47426**
水利管理业	603054	5344	597710	603054			
生态保护和环境治理业	274268	612	273656	274268			
公共设施管理业	15168727	560552	14608175	15009305	85796	26200	47426
居民服务、修理和其他服务业	**1990149**		**1990149**	**1914375**		**10115**	**65659**
居民服务业	657826		657826	599083		2815	55928
机动车、电子产品和日用产品修理业	294381		294381	286151			8230
其他服务业	1037942		1037942	1029141		7300	1501
教育	**1809012**	**46443**	**1762569**	**1776073**	**9203**		**23736**
卫生和社会工作	**1588693**	**43425**	**1545268**	**1558637**		**1500**	**28556**
卫生	1373778	43425	1330353	1346722		1500	25556
社会工作	214915		214915	211915			3000
文化、体育和娱乐业	**2739483**	**16100**	**2723383**	**2670611**	**43800**	**5070**	**20002**
新闻和出版业	4039		4039	4039			
广播、电视、电影和影视录音制作业	50060		50060	50060			
文化艺术业	1035686		1035686	1035686			
体育	852009	16100	835909	825769	18400		7840
娱乐业	797689		797689	755057	25400	5070	12162
公共管理、社会保障和社会组织	**2672162**	**41604**	**2630558**	**2660453**	**2800**	**8909**	
中国共产党机关	91875		91875	91875			
国家机构	2043180	41604	2001576	2040380	2800		
人民政协、民主党派	42162		42162	33253		8909	
社会保障	169529		169529	169529			
群众团体、社会团体和其他成员组织	106116		106116	106116			
基层群众自治组织	219300		219300	219300			

6-23 各地区按主要行业分建设项目投资

单位：亿元

年份、地区	合计	农林牧渔业	采矿业	制造业	电力、燃气及水的生产和供应业	建筑业	交通运输仓储和邮政业	信息传输、计算机服务和软件业	批发和零售业	住宿和餐饮业
2003	1291.17	23.43	91.56	469.92	94.35	11.13	192.94		79.60	
2004	1880.05	25.34	128.81	773.50	108.77	25.08	219.45	50.35	97.02	41.63
2005	2798.62	34.15	182.95	1359.31	138.67	24.62	280.56	41.15	119.02	37.97
2006	3835.65	38.37	212.08	1790.74	207.71	57.80	526.47	96.31	127.64	56.11
2007	5078.47	54.83	281.52	2450.52	336.35	38.63	547.80	65.75	187.60	85.03
2008	6821.15	86.78	310.68	3462.23	432.19	46.49	748.36	114.94	224.54	110.87
2009	8964.61	148.51	341.74	4436.90	652.49	112.61	721.47	132.13	388.78	172.66
2010	11640.57	216.38	564.33	5503.27	787.07	171.74	1048.20	146.46	309.90	196.59
2011	11927.76	265.58	482.75	5468.89	666.96	214.13	860.17	104.69	492.54	296.92
2012	14468.19	255.57	593.15	6643.81	701.38	411.81	723.89	1001.55	381.38	129.69
沈　阳	3407.13	60.99	9.47	1532.24	107.19	46.57	324.29	355.03	98.35	47.01
大　连	3667.49	75.01	5.26	1259.45	120.60	144.82	152.70	324.72	102.84	56.80
鞍　山	1009.44	12.01	52.87	578.13	29.49	6.67	75.33	20.22	36.69	6.11
抚　顺	785.78	8.05	32.69	465.02	27.36	44.96	21.34	11.56	42.19	1.03
本　溪	607.42	13.55	64.50	264.09	26.98	1.38	28.26	40.89	36.19	0.20
丹　东	613.65	8.38	83.09	242.78	32.37	21.89	27.63	28.71	11.94	5.97
锦　州	621.96	7.34	12.64	308.56	46.28	21.73	11.89	46.19	11.47	0.79
营　口	697.36	2.27	4.62	395.20	17.08	15.31	23.29	76.21	16.51	9.54
阜　新	302.09	7.57	8.62	76.85	133.81	2.15	3.45	15.24	1.94	0.15
辽　阳	453.68	2.10	69.91	247.42	18.65	25.27	9.63	3.08	6.38	0.38
盘　锦	730.53	4.64	96.15	376.12	25.13	60.65	1.65	26.41	3.28	0.80
铁　岭	655.55	2.00	28.41	525.79	39.87	20.26	9.95	9.08	1.56	
朝　阳	562.73	50.64	121.01	207.93	58.60	0.05	20.87	8.60	2.58	
葫芦岛	353.38	1.03	3.91	164.24	17.98	0.11	13.62	35.59	9.46	0.90

6-23 续表

单位：亿元

年份、地区	金融业	房地产业	租赁和商务服务业	科学研究、技术服务和地质勘查业	水利、环境和公共设施管理业	居民服务和其他服务业	教育	卫生、社会保障和社会福利业	文化、体育和娱乐业	公共管理和社会组织
2003	4.40	15.05	5.31	14.34	10.56	96.08		10.88	63.74	107.87
2004	4.13	21.75	24.14	25.22	165.43	10.14	61.09	18.82	32.43	46.81
2005	17.36	48.97	37.01	26.83	259.13	11.06	85.17	21.41	33.06	40.23
2006	10.15	81.50	57.10	34.60	301.67	18.72	88.88	28.47	53.25	48.08
2007	20.80	96.25	86.14	45.88	499.23	35.45	96.46	39.04	53.65	57.53
2008	47.13	127.77	123.98	60.85	618.05	32.77	104.87	51.10	58.05	59.50
2009	41.02	84.10	157.46	94.55	883.41	54.78	125.85	83.33	128.86	203.97
2010	32.53	133.83	333.65	122.00	1313.44	82.73	131.92	84.85	181.26	280.44
2011	56.68	216.52	402.23	105.10	1426.78	145.10	175.85	89.48	178.86	278.53
2012	63.03	357.66	361.95	158.76	1604.60	199.01	180.90	158.87	273.95	267.22
沈　阳	39.82	51.65	116.00	66.44	150.33	134.04	80.38	79.05	65.05	43.24
大　连	2.71	96.73	138.09	63.88	905.42	27.73	39.26	24.92	78.48	48.06
鞍　山	3.43	69.46	35.21	5.31	10.41	14.58	6.09	9.84	6.64	30.96
抚　顺	3.94	1.25	14.77	1.62	64.46	1.92	6.50	2.23	17.83	17.06
本　溪	1.18	1.26	7.96	0.94	65.41	4.33	14.56	5.31	14.00	16.43
丹　东	0.57	6.87	26.16	1.76	82.69	2.22	5.51	5.14	4.31	15.66
锦　州	0.44	38.11	1.57	1.47	65.98	5.96	4.08	9.75	5.89	21.80
营　口	5.28	13.17	7.94	13.12	78.86	1.41	2.55	3.94	10.85	0.22
阜　新	0.81	16.44	5.10	1.20	17.84	0.30	1.22	2.04	3.63	3.71
辽　阳	0.72	13.92	4.87	0.55	31.41	1.14	1.03	4.35	8.22	4.66
盘　锦		13.62	0.54		51.72	1.57	6.98	3.70	50.86	6.70
铁　岭		2.75	0.21	2.00	6.25	1.11	0.83	2.01	0.15	3.32
朝　阳		27.44	1.14		9.45	1.72	3.03	4.03	6.56	39.10
葫芦岛	4.13	5.00	2.38	0.47	64.37	0.98	8.90	2.56	1.48	16.30

6-24 建设项目投资各行业资金来源和新增固定资产

（2012年） 单位：万元

行业	本年资金来源合计	国家预算内资金	国内贷款	利用外资	自筹资金
全省合计	**159377970**	**9581177**	**24289543**	**2338234**	**120263682**
农、林、牧、渔业	**2705470**	**74698**	**296557**	**2463**	**2298245**
农业	1030165	28415	105993		889057
林业	135247	23200	5750		99797
畜牧业	690775		60454	2463	627658
渔业	591665	3300	100860		477505
农、林、牧、渔服务业	257618	19783	23500		204228
采矿业	**6507113**	**1500**	**490196**	**262884**	**5702673**
煤炭开采和洗选业	611680		35350		576330
石油和天然气开采业	879153		500	52884	825669
黑色金属矿采选业	2660121		137238	3000	2483433
有色金属矿采选业	643221		134727	4000	501394
非金属矿采选业	1390421	1500	175181	3000	1200530
开采辅助活动	302416		6300	200000	96116
其他采矿业	20101		900		19201
制造业	**71284959**	**122008**	**7929744**	**1625991**	**60782823**
农副食品加工业	4888882		469658	30450	4332476
食品制造业	1623768	4000	134072	4563	1444889
酒、饮料和精制茶制造业	1417003		98262	17200	1263000
烟草制品业	117051		12951		104100
纺织业	822382		106210		709172
纺织服装、服饰业	893729		55455		833404
皮革、毛皮、羽毛及其制品和制鞋业	199849		19480		179869
木材加工和木、竹、藤、棕、草制品业	1115659		78206	49300	974580
家具制造业	705375		62607		642718
造纸和纸制品业	827775		108140	5000	709985
印刷和记录媒介复制业	563953		109526		449300
文教、工美、体育和娱乐用品制造业	272030		19300		250730
石油加工、炼焦和核燃料加工业	2171492		320219	292825	1544939
化学原料和化学制品制造业	4161686	1000	981184	21024	3088878
医药制造业	1422456		33596	200	1388260
化学纤维制造业	431487		31080	171580	224547
橡胶和塑料制品业	3177681		352883	27000	2765899
非金属矿物制品业	7054360		970354	35341	6005775
黑色金属冶炼和压延加工业	4161670	288	377417	103031	3605214
有色金属冶炼和压延加工业	2937211	1000	433913	25700	2451608
金属制品业	3498389	24873	276959	145043	3018553
通用设备制造业	8621497	29451	849959	145978	7506133

6-24 续表 1

单位：万元

行　业	本年资金来源合计	国家预算内资金	国内贷款	利用外资	自筹资金
专用设备制造业	6607098	1900	764973	72502	5694428
汽车制造业	3760368		320071	212473	3212274
铁路、船舶、航空航天和其他运输设备制造业	2153361	21132	290068		1767024
电气机械和器材制造业	4082668	25000	470895	68074	3458336
计算机、通信和其他电子设备制造业	1572664		92178	117592	1326724
仪器仪表制造业	620353	4470	41248	55146	515989
其他制造业	515965		17484	5400	491841
废弃资源综合利用业	577871	8894	31396	5710	531371
金属制品、机械和设备修理业	309226			14859	290807
电力、热力、燃气及水生产和供应业	**7512634**	**343733**	**1772486**	**60729**	**4988984**
电力、热力生产和供应业	4740485	155708	1496966	31400	2772795
燃气生产和供应业	1636592	1280	108665	4115	1487331
水的生产和供应业	1135557	186745	166855	25214	728858
建筑业	**4746958**	**366230**	**1272507**		**3017725**
房屋建筑业	1096096	49654	188062		792530
土木工程建筑业	2959908	275430	1072645		1587187
建筑安装业	332718	21389	1500		309829
建筑装饰和其他建筑业	358236	19757	10300		328179
批发和零售业	**8623960**	**79274**	**1042937**	**163661**	**7123692**
批发业	3340845	38600	689282		2549721
零售业	5283115	40674	353655	163661	4573971
交通运输、仓储和邮政业	**11675529**	**1655928**	**4474355**	**19900**	**5282501**
铁路运输业	671683		402278		267205
道路运输业	6005915	1506390	2145049		2159451
水上运输业	1976048	13445	965755		968378
航空运输业	284664	8860	79450		193104
管道运输业	408435	6717	249224	19900	132594
装卸搬运和运输代理业	239732		11500		214732
仓储业	2085267	120516	621099		1343252
邮政业	3785				3785
住宿和餐饮业	**4325325**	**4780**	**407416**	**49756**	**3817003**
住宿业	2776885	4780	213806	24756	2490543
餐饮业	1548440		193610	25000	1326460
信息传输、软件和信息技术服务业	**1361852**		**176213**		**1171701**
电信、广播电视和卫星传输服务	141799		2000		136919
互联网和相关服务	96760		14223		74769
软件和信息技术服务业	1123293		159990		960013

6-24 续表 2

单位：万元

行　业	本年资金来源合计	国家预算内资金	国内贷款	利用外资	自筹资金
金融业	**800247**	**33875**	**42796**	**3500**	**718076**
货币金融服务	510493	33875	24296		450322
资本市场服务	143749		10000	3500	130249
保险业	54684		8500		46184
其他金融业	91321				91321
房地产业	**4711831**	**249378**	**679946**	**30000**	**3585540**
租赁和商务服务业	**3964697**	**182797**	**298491**	**20500**	**3411709**
租赁业	118837		4050		114787
商务服务业	3845860	182797	294441	20500	3296922
科学研究和技术服务业	**1877936**	**79270**	**159243**		**1624363**
研究和试验发展	498564	38357	62730		395477
专业技术服务业	988933	40913	80690		864275
科技推广和应用服务业	390439		15823		364611
水利、环境和公共设施管理业	**17041028**	**4414995**	**3342827**	**97350**	**8755058**
水利管理业	639165	107380	216908		304418
生态保护和环境治理业	296864	60649	37299		188668
公共设施管理业	16104999	4246966	3088620	97350	8261972
居民服务、修理和其他服务业	**2304181**	**359722**	**746490**		**1114675**
居民服务业	819692	58216	195374		487859
机动车、电子产品和日用产品修理业	354408	4704	12775		332179
其他服务业	1130081	296802	538341		294637
教育	**1937037**	**403807**	**70139**		**1388607**
卫生和社会工作	**1825598**	**304041**	**482748**	**1500**	**993792**
卫生	1637906	277328	478432	1500	837129
社会工作	187692	26713	4316		156663
文化、体育和娱乐业	**3158020**	**444398**	**453409**		**2232275**
新闻和出版业	6940	5600			1340
广播、电视、电影和影视录音制作业	49258	7547	5890		35821
文化艺术业	1190880	341168	30830		813382
体育	1077808	77083	157665		823160
娱乐业	833134	13000	259024		558572
公共管理、社会保障和社会组织	**3013595**	**460743**	**151043**		**2254240**
中国共产党机关	92669		3000		89669
国家机构	2363290	308959	141983		1788680
人民政协、民主党派	50959				50959
社会保障	170082	115161	3000		51921
群众团体、社会团体和其他成员组织	117013	32673	1060		59379
基层群众自治组织	219582	3950	2000		213632

6-24 续表 3

单位：万元

行 业	其他资金	投资额	新增固定资产	固定资产交付使用率(%)
全省合计	**2905334**	**144681900**	**92568783**	**64.0**
农、林、牧、渔业	**33507**	**2555682**	**1685006**	**65.9**
农业	6700	973454	723337	74.3
林业	6500	111066	76915	69.3
畜牧业	200	568404	304396	53.6
渔业	10000	647926	362357	55.9
农、林、牧、渔服务业	10107	254832	218001	85.5
采矿业	**49860**	**5931491**	**4524880**	**76.3**
煤炭开采和洗选业		607588	576662	94.9
石油和天然气开采业	100	853718	816354	95.6
黑色金属矿采选业	36450	2398497	1624883	67.7
有色金属矿采选业	3100	543322	286093	52.7
非金属矿采选业	10210	1341059	1097413	81.8
开采辅助活动		167207	113075	67.6
其他采矿业		20100	10400	51.7
制造业	**824393**	**66438142**	**45738723**	**68.8**
农副食品加工业	56298	4174353	3399375	81.4
食品制造业	36244	1500555	1092118	72.8
酒、饮料和精制茶制造业	38541	1328617	980525	73.8
烟草制品业		74164	108664	146.5
纺织业	7000	755921	367409	48.6
纺织服装、服饰业	4870	797984	531490	66.6
皮革、毛皮、羽毛及其制品和制鞋业	500	188199	126615	67.3
木材加工和木、竹、藤、棕、草制品业	13573	955093	560322	58.7
家具制造业	50	692239	601607	86.9
造纸和纸制品业	4650	756016	555656	73.5
印刷和记录媒介复制业	5127	550636	253785	46.1
文教、工美、体育和娱乐用品制造业	2000	261669	242002	92.5
石油加工、炼焦和核燃料加工业	13509	2199371	1236359	56.2
化学原料和化学制品制造业	69600	4166662	2574551	61.8
医药制造业	400	1364122	1023862	75.1
化学纤维制造业	4280	476054	271765	57.1
橡胶和塑料制品业	31899	2966771	1920329	64.7
非金属矿物制品业	42890	6542351	4477429	68.4
黑色金属冶炼和压延加工业	75720	4040559	3063076	75.8
有色金属冶炼和压延加工业	24990	2722949	1567426	57.6
金属制品业	32961	3190140	2298832	72.1
通用设备制造业	89976	8109623	6071366	74.9

6-24 续表 4

单位：万元

行　业	其他资金	投资额	新增固定资产	固定资产交付使用率(%)
专用设备制造业	73295	6113028	4040430	66.1
汽车制造业	15550	3840108	2589425	67.4
铁路、船舶、航空航天和其他运输设备制造业	75137	1743528	1154630	66.2
电气机械和器材制造业	60363	3798591	2551897	67.2
计算机、通信和其他电子设备制造业	36170	1403812	864386	61.6
仪器仪表制造业	3500	547273	462862	84.6
其他制造业	1240	354638	198661	56
废弃资源综合利用业	500	578820	463240	80
金属制品、机械和设备修理业	3560	244296	88629	36.3
电力、热力、燃气及水生产和供应业	**346702**	**7013792**	**4571954**	**65.2**
电力、热力生产和供应业	283616	4541890	3371094	74.2
燃气生产和供应业	35201	1541579	346289	22.5
水的生产和供应业	27885	930323	854571	91.9
建筑业	**90496**	**4118104**	**2425923**	**58.9**
房屋建筑业	65850	954612	469230	49.2
土木工程建筑业	24646	2490692	1665995	66.9
建筑安装业		322453	100266	31.1
建筑装饰和其他建筑业		350347	190432	54.4
批发和零售业	**214396**	**7238927**	**4398017**	**60.8**
批发业	63242	2502055	1599370	63.9
零售业	151154	4736872	2798647	59.1
交通运输、仓储和邮政业	**242845**	**10015472**	**5230732**	**52.2**
铁路运输业	2200	630185	90000	14.3
道路运输业	195025	5154372	2453959	47.6
水上运输业	28470	1641338	1072338	65.3
航空运输业	3250	259320	160377	61.8
管道运输业		381430	170454	44.7
装卸搬运和运输代理业	13500	230237	167912	72.9
仓储业	400	1714810	1113667	64.9
邮政业		3780	2025	53.6
住宿和餐饮业	**46370**	**3813846**	**2093167**	**54.9**
住宿业	43000	2489202	975144	39.2
餐饮业	3370	1324644	1118023	84.4
信息传输、软件和信息技术服务业	**13938**	**1296904**	**924977**	**71.3**
电信、广播电视和卫星传输服务	2880	135981	65004	47.8
互联网和相关服务	7768	95129	85025	89.4
软件和信息技术服务业	3290	1065794	774948	72.7

6-24 续表 5

单位：万元

行业	其他资金	投资额	新增固定资产	固定资产交付使用率(%)
金融业	**2000**	**630261**	**357002**	**56.6**
货币金融服务	2000	420728	250670	59.6
资本市场服务		87632	35632	40.7
保险业		47217	52818	111.9
其他金融业		74684	17882	23.9
房地产业	**166967**	**3576613**	**1639317**	**45.8**
租赁和商务服务业	**51200**	**3619489**	**1911086**	**52.8**
租赁业		110380	61174	55.4
商务服务业	51200	3509109	1849912	52.7
科学研究和技术服务业	**15060**	**1587629**	**1027945**	**64.7**
研究和试验发展	2000	420738	176341	41.9
专业技术服务业	3055	830297	673958	81.2
科技推广和应用服务业	10005	336594	177646	52.8
水利、环境和公共设施管理业	**430798**	**16046049**	**9294834**	**57.9**
水利管理业	10459	603054	284028	47.1
生态保护和环境治理业	10248	274268	316968	115.6
公共设施管理业	410091	15168727	8693838	57.3
居民服务、修理和其他服务业	**83294**	**1990149**	**1092993**	**54.9**
居民服务业	78243	657826	347135	52.8
机动车、电子产品和日用产品修理业	4750	294381	233984	79.5
其他服务业	301	1037942	511874	49.3
教育	**74484**	**1809012**	**1580444**	**87.4**
卫生和社会工作	**43517**	**1588693**	**861322**	**54.2**
卫生	43517	1373778	735978	53.6
社会工作		214915	125344	58.3
文化、体育和娱乐业	**27938**	**2739483**	**1531331**	**55.9**
新闻和出版业		4039	45000	1114.1
广播、电视、电影和影视录音制作业		50060	33756	67.4
文化艺术业	5500	1035686	541889	52.3
体育	19900	852009	540905	63.5
娱乐业	2538	797689	369781	46.4
公共管理、社会保障和社会组织	**147569**	**2672162**	**1679130**	**62.8**
中国共产党机关		91875	18300	19.9
国家机构	123668	2043180	1313504	64.3
人民政协、民主党派		42162	32909	78.1
社会保障		169529	11410	6.7
群众团体、社会团体和其他成员组织	23901	106116	85825	80.9
基层群众自治组织		219300	217182	99

6-25 各地区建设项目施工、竣工房屋面积

单位：万平方米

年份、地区	施工房屋建筑面积	#住宅	竣工房屋建筑面积	#住宅
2000	2125.80	822.50	1132.20	568.50
2001	2019.30	717.10	1018.70	493.50
2002	2368.00	625.40	1110.40	363.90
2003	2830.70	564.50	1417.80	378.20
2004	3633.90	424.80	1898.50	256.60
2005	5250.70	725.60	2516.20	343.40
2006	6525.20	1110.60	3275.60	503.70
2007	9317.20	995.40	3717.70	445.30
2008	8970.97	653.96	4162.71	303.62
2009	10642.16	360.00	4366.03	243.64
2010	17307.47	544.66	4748.32	174.51
2011	19809.01	1107.47	4204.95	250.35
2012	22629.89	808.97	5400.50	274.91
沈　阳	6846.19	124.15	1713.32	29.00
大　连	3247.87	80.59	1105.75	63.13
鞍　山	1275.51	27.54	117.55	10.01
抚　顺	1582.94	24.07	308.62	0.50
本　溪	1310.09	92.02	249.69	8.86
丹　东	1000.85	0.10	145.09	0.10
锦　州	1260.28	122.11	248.60	
营　口	2131.31	38.10	474.39	38.10
阜　新	426.77	173.24	192.30	104.82
辽　阳	432.14	28.40	12.03	1.40
盘　锦	448.03		50.20	
铁　岭	1366.70	14.77	587.09	4.06
朝　阳	872.23	79.19	195.87	14.94
葫芦岛	428.98	4.70		

6-26 各地区按行业分建设项目新增固定资产

单位：万元

年份、地区	合计	农林牧渔业	采矿业	制造业	电力、燃气及水的生产和供应业	建筑业	交通运输仓储和邮政业	信息传输、计算机服务和软件业	批发和零售业	住宿和餐饮业
2005	19464179	278332	1466943	9828630	956830	188933	1416108	359388	923303	401408
2006	22422137	354483	1944056	11027672	948659	324995	1756914	394289	1059344	421746
2007	30472909	477202	2100599	14261494	2353587	285779	2493073	319701	1445176	584539
2008	41978223	770661	2355216	21893841	2192069	406054	2328227	618041	1799541	973428
2009	58021883	1151381	2295717	29092046	3411559	938757	4058862	864654	3229421	1261212
2010	81599523	1384973	4126137	35728460	3762066	1134045	4108876	958593	1883003	1080068
2011	68713502	2066201	2964006	34722047	3052749	1429403	4192201	576606	2250995	1194100
2012	92568783	1685006	4524880	45738723	4571954	2425923	4398017	5230732	2093167	924977
沈　阳	20904462	443409	94669	10551947	955978	266969	1992534	1386007	626255	395560
大　连	22743548	500448	52295	8813415	467098	667150	1258839	1506878	473720	375550
鞍　山	6467995	100014	291796	3957682	152413	62830	443003	40142	302811	11608
抚　顺	3641159	65900	174558	2239114	262717	281478	63362	58330	85150	
本　溪	3559241	59620	463494	1186148	240603	2850	63300	522029	186020	
丹　东	4705595	89535	674695	1881726	262854	195965	198555	97014	136231	59461
锦　州	3492190	14806	121224	2049951	346317	90927	47184	29850	24698	7937
营　口	5070845	23457	9780	2827876	160154	33833	69138	1029205	136030	61000
阜　新	1791062	43871	108165	695880	405578	35753	26105	94434	33369	327
辽　阳	2106104	20985	615701	901087	100478	120720	45300	9909	50348	2888
盘　锦	5756659	46440	874542	2552621	167545	606468	9199	190605	18900	1686
铁　岭	6259645	25927	270172	5097513	491882	57480	79720	91642	7945	
朝　阳	3452867	248334	773433	1302071	516400	500	34960	52463	10100	
葫芦岛	2617411	2260	356	1681692	41937	3000	66818	122224	1590	8960

6-26 续表 单位：万元

年份、地区	金融业	房地产业	租赁和商务服务业	科学研究、技术服务和地质勘查业	水利、环境和公共设施管理业	居民服务和其他服务业	教育	卫生、社会保障和社会福利业	文化、体育和娱乐业	公共管理和社会组织
2005	98925	301902	297858	206698	1313070	106320	608380	180826	213179	317146
2006	53810	582206	348341	166703	1450509	134351	588452	177265	336290	352052
2007	93356	709596	392885	330772	2710649	250160	708908	282776	290804	381853
2008	219398	1274875	747145	477847	3731698	317367	669226	334031	390321	479237
2009	215985	682616	848711	581705	5841711	485911	726414	594542	511926	1228753
2010	125389	718588	1640555	322560	6987561	276354	14752804	620434	779497	1209560
2011	504351	1009774	1772265	537061	8073340	583466	726459	503195	684118	1871165
2012	357002	1639317	1911086	1027945	9294834	1092993	1580444	861322	1531331	1679130
沈　阳	224091	229104	380147	383457	847788	650401	593860	429199	257112	195975
大　连	7250	483849	892341	509106	5321237	160836	301258	163042	387119	402117
鞍　山	35861	67896	346694	11330	32251	146560	274452	52747	41063	96842
抚　顺	15047	4850	39436	13980	200726	19193	22480	24249	19455	51134
本　溪	8300	3789	57500	8200	299110	15750	122623	9500	97866	212539
丹　东	5000	2900	57510	7500	742051	29947	79153	18054	16900	150544
锦　州	4436	293150	11622	14669	142561	3576	34592	50691	18355	185644
营　口	4600	165646	2150	44540	372227	25200	14467	1533	82800	7209
阜　新	4900	40002	20570	5776	103931		17992	30764	21378	102267
辽　阳	7223	17200		4000	122318	1200	7170	8477	42100	29000
盘　锦		100330	5405		502790	15720	69806	32014	508611	53977
铁　岭		9250	22000	8100	36342	1990	6750	21575		31357
朝　阳		191351	11366		130321	12650	19375	5452	25019	119072
葫芦岛	40294	30000	64345	17287	441181	9970	16466	14025	13553	41453

6-27 各地区城镇500万元以上施工、投产项目个数

年份、地区	施工项目(个)	新开工项目(个)	全部建成投产项目(个)	项目建成投产率(%)
2003	8200	6809	5420	66.1
2004	10485	8632	6244	59.6
2005	14339	10535	10068	70.2
2006	13477	10904	9670	71.8
2007	13193	10413	9157	69.4
2008	14749	12544	11710	79.4
2009	19388	16998	14519	74.9
2010	10263	8053	6684	65.1
2011	14690	10624	9063	61.7
2012	14698	9336	9485	64.5
沈　阳	4144	3207	3046	73.5
大　连	2080	1348	1369	65.8
鞍　山	1400	928	875	62.5
抚　顺	777	453	414	53.3
本　溪	743	418	294	39.6
丹　东	821	366	563	68.6
锦　州	509	379	324	63.7
营　口	807	452	397	49.2
阜　新	386	187	263	68.1
辽　阳	432	298	313	72.5
盘　锦	549	249	387	70.5
铁　岭	778	381	547	70.3
朝　阳	952	480	527	55.4
葫芦岛	320	190	166	51.9

6-28 按行业分城镇500万元以上施工、投产项目个数

(2012年)

行业	施工项目(个)	#新开工	全部建成投产项目(个)	项目建成投产率(%)
全省合计	**14698**	**9336**	**9485**	**64.5**
农、林、牧、渔业	**467**	**280**	**313**	**67**
农业	186	102	124	66.7
林业	28	22	14	50
畜牧业	136	78	85	62.5
渔业	48	21	35	72.9
农、林、牧、渔服务业	69	57	55	79.7
采矿业	**732**	**401**	**496**	**67.8**
煤炭开采和洗选业	79	31	69	87.3
石油和天然气开采业	9	4	8	88.9
黑色金属矿采选业	340	184	210	61.8
有色金属矿采选业	75	41	45	60
非金属矿采选业	218	137	158	72.5
开采辅助活动	8	3	4	50
其他采矿业	3	1	2	66.7
制造业	**7448**	**4649**	**4792**	**64.3**
农副食品加工业	601	373	413	68.7
食品制造业	191	127	127	66.5
酒、饮料和精制茶制造业	121	72	83	68.6
烟草制品业	3		2	66.7
纺织业	110	78	62	56.4
纺织服装、服饰业	158	116	100	63.3
皮革、毛皮、羽毛及其制品和制鞋业	50	32	29	58
木材加工和木、竹、藤、棕、草制品业	181	118	116	64.1
家具制造业	118	88	97	82.2
造纸和纸制品业	100	73	64	64
印刷和记录媒介复制业	63	46	39	61.9
文教、工美、体育和娱乐用品制造业	69	45	47	68.1
石油加工、炼焦和核燃料加工业	200	101	110	55
化学原料和化学制品制造业	395	218	258	65.3
医药制造业	140	84	81	57.9
化学纤维制造业	15	8	9	60
橡胶和塑料制品业	358	248	239	66.8
非金属矿物制品业	816	512	545	66.8
黑色金属冶炼和压延加工业	318	185	157	49.4
有色金属冶炼和压延加工业	154	96	95	61.7
金属制品业	410	266	265	64.6
通用设备制造业	999	619	638	63.9

6-28 续表 1

行 业	施工项目(个)	#新开工	全部建成投产项目(个)	项目建成投产率(%)
专用设备制造业	712	451	479	67.3
汽车制造业	273	152	163	59.7
铁路、船舶、航空航天和其他运输设备制造业	112	57	58	51.8
电气机械和器材制造业	412	270	275	66.7
计算机、通信和其他电子设备制造业	155	82	110	71
仪器仪表制造业	94	57	55	58.5
其他制造业	41	23	28	68.3
废弃资源综合利用业	54	35	33	61.1
金属制品、机械和设备修理业	25	17	15	60
电力、热力、燃气及水生产和供应业	**507**	**291**	**287**	**56.6**
电力、热力生产和供应业	309	177	165	53.4
燃气生产和供应业	68	37	42	61.8
水的生产和供应业	130	77	80	61.5
建筑业	**407**	**298**	**269**	**66.1**
房屋建筑业	110	65	76	69.1
土木工程建筑业	213	158	132	62
建筑安装业	40	35	29	72.5
建筑装饰和其他建筑业	44	40	32	72.7
批发和零售业	**865**	**661**	**590**	**68.2**
批发业	389	322	277	71.2
零售业	476	339	313	65.8
交通运输、仓储和邮政业	**537**	**322**	**306**	**57**
铁路运输业	12	3	1	8.3
道路运输业	279	175	160	57.3
水上运输业	54	21	25	46.3
航空运输业	15	13	13	86.7
管道运输业	15	6	4	26.7
装卸搬运和运输代理业	39	26	24	61.5
仓储业	122	78	78	63.9
邮政业	1		1	100
住宿和餐饮业	**467**	**327**	**317**	**67.9**
住宿业	178	118	94	52.8
餐饮业	289	209	223	77.2
信息传输、软件和信息技术服务业	**125**	**98**	**100**	**80**
电信、广播电视和卫星传输服务	23	15	16	69.6
互联网和相关服务	11	9	10	90.9
软件和信息技术服务业	91	74	74	81.3

6-28 续表 2

行　业	施工项目（个）	#新开工	全部建成投产项目（个）	项目建成投产率（%）
金融业	**92**	**67**	**70**	**76.1**
货币金融服务	56	40	44	78.6
资本市场服务	12	11	9	75
保险业	14	10	11	78.6
其他金融业	10	6	6	60
房地产业	**217**	**122**	**111**	**51.2**
租赁和商务服务业	**250**	**149**	**156**	**62.4**
租赁业	13	12	10	76.9
商务服务业	237	137	146	61.6
科学研究和技术服务业	**189**	**137**	**119**	**63**
研究和试验发展	53	39	25	47.2
专业技术服务业	74	51	50	67.6
科技推广和应用服务业	62	47	44	71
水利、环境和公共设施管理业	**1195**	**719**	**782**	**65.4**
水利管理业	94	64	54	57.4
生态保护和环境治理业	51	35	31	60.8
公共设施管理业	1050	620	697	66.4
居民服务、修理和其他服务业	**218**	**167**	**143**	**65.6**
居民服务业	114	84	81	71.1
机动车、电子产品和日用产品修理业	72	54	45	62.5
其他服务业	32	29	17	53.1
教育	**307**	**215**	**234**	**76.2**
卫生和社会工作	**166**	**99**	**104**	**62.7**
卫生	136	79	85	62.5
社会工作	30	20	19	63.3
文化、体育和娱乐业	**194**	**127**	**101**	**52.1**
新闻和出版业	2	1	1	50
广播、电视、电影和影视录音制作业	10	7	7	70
文化艺术业	72	44	33	45.8
体育	46	30	20	43.5
娱乐业	64	45	40	62.5
公共管理、社会保障和社会组织	**315**	**207**	**195**	**61.9**
中国共产党机关	15	15	2	13.3
国家机构	248	161	156	62.9
人民政协、民主党派	2	1	1	50
社会保障	12	10	3	25
群众团体、社会团体和其他成员组织	25	18	21	84
基层群众自治组织	13	2	12	92.3

6-29 农村集体固定资产投资主要指标

指 标	2006年	2008年	2009年	2010年	2011年	2012年
一、投 资 总 额（万元）	**5644176**	**9354679**	**4592962**	**6873125**	**10161447**	**16113649**
1.按资金来源分						
国 家 资 金	63915	254329	73487	68731	111776	451182
国 内 贷 款	181178	328961	275578	687313	1087275	1305206
引 进 外 资	54327	50977	22965	20619	40646	62843
自 筹 资 金	5146360	8415699	4156631	5979619	8816071	14149395
其 他 资 金	198396	304713	64301	116843	105679	145023
2.按 构 成 分						
建筑安装工程	3204560	5471020	2572513	3918798	6085415	10182672
设备、工具、器具购置	1838183	3175411	1638066	2474399	3138915	4628116
其 他 费 用	601433	708248	382383	479928	937117	1302861
3.按建设性质分						
#新 建	3437972	5468596	2669488	4505528	7328153	12007827
扩 建	1262945	2118639	1142780	1417344	1666283	3070175
改 建	520480	1002467	487367	449864	800207	832816
二、新增固定资产（万元）	**4871711**	**8292248**	**4235129**	**4718290**	**7691591**	**13071645**
三、房屋建设面积（万平方米）						
施 工 面 积	1703.1	1948.7	706	843.7	2116.7	2690.3
#住 宅	177.3	69.1	14.5	7.5	24.1	13.8
竣 工 面 积	1035.3	1324.6	429.3	289.9	550.3	852.8
#住 宅	131.2	29	5.6	0.3	10.5	6.3

6-30 农村个人固定资产投资和建房

年份、地区	投资总额（万元）	#住宅	竣工房屋建筑面积（万平方米）	#住宅
2000	820527	531850	1750.0	1711.0
2001	829920	435463	2061.5	1841.1
2002	927219	450638	2273.0	2013.0
2003	1044548	433702	2273.0	2013.0
2004	1188251	534916	2207.8	2083.4
2005	1328935	574375	2276.9	2153.2
2006	1473789	925869	3042.0	2878.7
2007	1670728	1012628	3276.0	2981.0
2008	2016553	1211542	3595.8	3282.6
2009	2281262	1423481	3904.0	3508.5
2010	2493851	1587274	4068.1	3638.1
2011	2948251	1774916	4132.6	3674.9
2012	3009086	1782976	4176.1	3690.2
沈 阳	180000	180000	85.0	85.0
大 连	297000	178200		
鞍 山	572000	63726	88.4	57.8
抚 顺	130000	45000	44.6	44.6
本 溪	25531			
丹 东	220000	22336	20.0	20.0
锦 州	232000	75539	61.0	44.0
营 口	250000	60000	80.0	80.0
阜 新	80000	8199	22.0	22.0
辽 阳	318000	240016	173.2	93.4
盘 锦	145000	145000	50.9	9.3
铁 岭	190000	80000	174.3	114.3
朝 阳	193555	50000	100.0	100.0
葫 芦 岛	176000	140616	5.3	4.6

注：本表为抽样调查推算数，分市数据由各市统计局提供。

6-31 房地产开发主要指标

指　　标	单位	2006年	2008年	2009年	2010年	2011年	2012年
土地购置							
本年土地购置面积	万平方米	2316.9	2953.8	2086.8	3134.6	3446.3	3199.5
本年完成投资额	**万元**	**11421948**	**20607952**	**26405639**	**34657562**	**44875610**	**54558196**
土地开发投资额	万元	1393514	1254806	1316844			
配套工程投资	万元	619007	1019087	709545	738642	630488	744553
#住　　宅	万元	8388987	15792147	19339201	24813478	34104876	39619482
#经济适用房屋	万元	574098	495296	637407	503756		
本年资金来源小计	**万元**	**13002851**	**22029829**	**32684449**	**50708103**	**55650848**	**63287555**
#国内贷款	万元	1728346	2769112	4737260	6483457	7671009	8507560
利用外资	万元	242602	1140114	1149245	1742831	1920617	1178814
自筹资金	万元	5924162	11475416	15800648	27857536	27758717	33105096
房屋建筑面积							
施工面积	万平方米	8615.5	14904.6	18579.1	26831.1	34364.3	38502.0
竣工面积	万平方米	2907.8	3826.1	4031.7	4497.4	6322.8	6438.2
本年新开工面积	万平方米	4531.4	6761.9	8305.4	12647.9	12444.3	13828.9
#住　　宅	万平方米	3797.7	5563.3	6639.9	9870.4	9910	10644.0
#经济适用房屋	万平方米	390	214	281.6	252.8		
商品房屋销售额	**万元**	**9278590**	**15376463**	**21685950**	**30633172**	**35691155**	**43627815**
#住　　宅	万元	7909896	13338922	18834702	25876571	30092300	36112089
#经济适用房屋	万元	340400	288019	300723	205561		
商品房屋销售面积	**万平方米**	**3026.5**	**4091.2**	**5375.5**	**6800.5**	**7541.5**	**8827.9**
#住　　宅	万平方米	2749.9	3731.2	4864.2	6013.5	6624.1	7655.4
#经济适用房屋	万平方米	151.7	137.5	138.3	67.1		

6-32 房地产开发企业(单位)的土地购置

年份、地区	本年购置土地面积(万平方米)	本年土地成交价款(万元)
2000	1019.3	
2001	1107.1	
2002	1384.7	
2003	1668.7	1395759
2004	2256.9	1779227
2005	2432.8	2034432
2006	2316.9	2065722
2007	3323.6	2899565
2008	2953.8	3080834
2009	2086.9	2936827
2010	3134.6	4878841
2011	3446.3	5312808
2012	3199.5	4918076
沈 阳	810.4	1271041
大 连	509.7	1295109
鞍 山	91.1	149319
抚 顺	97.9	198909
本 溪	219.9	229433
丹 东	113.7	171650
锦 州	69.5	146685
营 口	350.7	350119
阜 新	248.5	290306
辽 阳	37.9	53278
盘 锦	143.7	226182
铁 岭	153.9	173573
朝 阳	172.9	215107
葫芦岛	179.7	147365

6-33 按用途分的房地产开发建设投资

单位：万元

年份、地区	本年完成投资额	住宅	#经济适用房屋	办公楼	商业营业用房	其他
2000	2649062	1812920	250726	155384	445326	235432
2001	3230692	2275667	289402	155329	511287	288409
2002	3883147	2758906	317602	182161	632742	309338
2003	4863947	3434716	234820	131670	866730	430831
2004	7207433	4942767	170802	221662	1253815	789189
2005	8742525	6145405	154200	258764	1502775	835581
2006	11421948	8388987	574098	376442	1539711	1116808
2007	14975793	11658892	509414	391338	1946253	979310
2008	20607952	15792147	495296	668581	3006798	1140426
2009	26405639	19339201	637407	867569	4321470	1877399
2010	34657562	24813478	503756	1029344	5886469	2928271
2011	44875610	34104876		929622	6753253	3087859
2012	54558196	39619482		1633776	8627741	4677197
沈　阳	19429642	13314308		1000929	3590212	1524193
大　连	13965204	10554073		304267	1649340	1457524
鞍　山	3847745	2697096		34768	771495	344386
抚　顺	1297002	908038		2784	265049	121131
本　溪	1044135	791554		8509	126450	117622
丹　东	1983021	1515726		30103	327282	109910
锦　州	1380929	1015205		11281	156619	197824
营　口	3069683	2404458		42737	440954	181534
阜　新	915816	620343		11712	187689	96072
辽　阳	1261844	931470		25435	202395	102544
盘　锦	1787849	1198244		128883	319181	141541
铁　岭	2146222	1740872		8997	279323	117030
朝　阳	1078621	820162		22439	163591	72429
葫芦岛	1350483	1107933		932	148161	93457

6-34 按构成分房地产开发建设投资

单位：万元

年份、地区	建筑安装工程	设备、工具器具购置	其他费用	
				#土地购置费
2000	1966063	65137	617862	347314
2001	2351326	52831	826535	516854
2002	2724912	79696	1078539	581343
2003	3198149	68635	1597163	1024229
2004	4918594	89875	2198964	1267595
2005	5912043	139201	2691281	1682273
2006	7657084	113123	3651741	2021204
2007	11662016	170600	3143177	1971841
2008	15705901	351522	4550529	3002435
2009	20848847	358489	5198303	3606763
2010	26754213	543356	7359993	5080384
2011	36067442	1199549	7608619	5225988
2012	42611906	1127517	10818773	7405576
沈　阳	14582042	614151	4233449	3108494
大　连	10552913	194648	3217643	2031325
鞍　山	3106532	121334	619879	375535
抚　顺	1041990	16759	238253	142752
本　溪	823648	9380	211107	118405
丹　东	1672292	21994	288735	182505
锦　州	970479	33580	376870	251369
营　口	2727704	31449	310530	260869
阜　新	708072	2449	205295	190214
辽　阳	1060563	12733	188548	87751
盘　锦	1545290	34889	207670	130707
铁　岭	1884921	11444	249857	175315
朝　阳	823436	13416	241769	194420
葫芦岛	1112024	9291	229168	155915

6-35 房地产开发企业(单位)的资金来源

单位：万元

年份、地区	本年资金来源小计	国内贷款	利用外资	自筹资金	其他资金	
						#定金及预收款
2000	2837089	645522	55167	971842	1159178	910460
2001	3532286	689515	54351	124710	1545785	1179279
2002	4180547	800959	63316	1658685	1644787	1234539
2003	5582992	1332891	55561	2273464	1917688	1578904
2004	8490919	1366702	82619	3496051	3544047	2740905
2005	9372018	1267527	89308	4586225	3428958	2531636
2006	13002851	1728346	242602	5924162	5107741	3266026
2007	18703917	2598871	924053	8429379	6751614	4520319
2008	22029829	2769112	1140114	11475416	6645187	4543873
2009	32684449	4737260	1149245	15800648	10997296	7506860
2010	50708103	6483457	1742831	27857536	14624279	9666914
2011	55650848	7671009	1920617	27758717	18300505	10950702
2012	63287555	8507560	1178814	33105096	20496085	13905878
沈　阳	21182953	2469559	686713	11214271	6812410	4983948
大　连	16668419	3037922	91605	7614861	5924031	3681297
鞍　山	4712043	1314161	75710	2496544	825628	526368
抚　顺	1596218	270580	18728	550724	756186	528851
本　溪	1595417	70625	19095	887307	618390	398938
丹　东	2264724	240135	39056	1081778	903755	511189
锦　州	1874108	164187	34445	1088719	586757	395137
营　口	3276864	126484	54269	2089723	1006388	710806
阜　新	1025135	37627		895003	92505	80856
辽　阳	1583880	182737		969721	431422	226273
盘　锦	2156568	308992	143222	1042475	661879	515756
铁　岭	2681246	173285		1414733	1093228	751705
朝　阳	1138324	30790		798026	309508	245973
葫芦岛	1531656	80476	15971	961211	473998	348781

6-36 房地产开发建设房屋建筑面积和竣工率

年份、地区	施工房屋面积 (万平方米)	竣工房屋面积 (万平方米)	房屋建筑面积竣工率 (%)	竣工房屋价值 (万元)
2000	3301.8	1618.9	49.0	1507495
2001	3971.2	1842.7	46.4	1818229
2002	4754.1	1984.3	41.7	2061219
2003	5314.1	2139.7	40.3	2301203
2004	6294.6	2303.6	36.6	2805817
2005	7058.9	2443.9	34.6	2931979
2006	8615.5	2907.8	33.8	3885888
2007	11615.1	3129.9	26.9	4453006
2008	14904.6	3826.1	25.7	6399392
2009	18579.1	4031.7	21.7	7524878
2010	26831.1	4497.4	16.8	9711392
2011	34364.3	6322.8	18.4	15176420
2012	38502.0	6438.2	16.7	15937814
沈　阳	11002.6	2066.4	18.8	5795742
大　连	6213.4	750.0	12.1	2331998
鞍　山	4151.9	462.1	11.1	968508
抚　顺	1367.9	245.7	18.0	629287
本　溪	1408.4	552.4	39.2	1296286
丹　东	1483.3	254.6	17.2	551847
锦　州	1460.8	276.4	18.9	611371
营　口	3171.2	407.6	12.9	770996
阜　新	1255.0	200.3	16.0	315982
辽　阳	1036.6	146.9	14.2	362668
盘　锦	1415.0	272.7	19.3	652492
铁　岭	1677.7	451.4	26.9	984438
朝　阳	1616.2	241.5	14.9	464066
葫芦岛	1242.0	110.1	8.9	202133

6-37 各地区房地产开发企业基本情况

年份、地区	开发公司个数(个)	#国有经济	#集体经济	#外商投资经济	#港澳台投资经济	年末从业人员人数(人)
2000	1417	293	161	73	109	42098
2001	1545	209	106	79	103	44612
2002	1635	158	81	70	94	47284
2003	1800	127	61	78	93	49497
2004	2303	121	65	105	126	53579
2005	2744	134	77	136	157	51692
2006	2771	113	56	150	165	56411
2007	2981	104	50	163	184	57032
2008	4841	142	96	261	254	70435
2009	3920	130	59	203	226	73829
2010	4181	126	57	211	245	79346
2011	3647	97	39	155	229	76248
2012	3961	105	39	142	256	92574
沈　阳	822	22	1	76	96	23317
大　连	1006	24	12	31	84	25378
鞍　山	391	10	4	12	24	5355
抚　顺	150	7	3	1	8	2689
本　溪	115	9	1		2	4510
丹　东	200	4	9	9	4	5020
锦　州	108		2		5	3138
营　口	269	6	2	5	7	4738
阜　新	167	4		4	3	2751
辽　阳	133	4		1	2	2546
盘　锦	100		1	1	15	3007
铁　岭	163	11			1	3189
朝　阳	179	1	1	1	2	3373
葫芦岛	158	3	3	1	3	3563

6-38 各地区房地产开发经营情况

单位：万元

年份、地区	主营业务收入	土地转让收入	商品房屋销售收入	房屋出租收入	其他收入	主营业务税金及附加	利润总额
2000	2339911	33981	2156412	10251	139267	129169	3473
2001	2573462	15737	2408399	13501	135825	141554	-10552
2002	2882505	27624	2763036	13909	77936	173135	-22649
2003	3675534	43475	3518507	15173	98379	217110	-32804
2004	5347879	91369	5075229	76381	104900	339651	88536
2005	6144218	20145	6025782	31680	66611	376911	198983
2006	7223740	41758	7036720	42193	103069	486136	282916
2007	8761740	68877	8575020	20793	97050	636021	488180
2008	11731198	102669	11439215	52501	136813	792186	1087841
2009	15404024	25404	15193794	44263	140563	1064018	1269888
2010	20597959	73968	20159693	135406	228891	1421464	1865672
2011	22947376	190599	22177928	204193	374656	1710041	2753903
2012	24747923	122510	24038626	169517	417271	2046951	2336588
沈　阳	7905312	1927	7683513	72642	147229	633568	889152
大　连	6988073	86530	6738432	59657	103453	692540	1121579
鞍　山	1639241	331	1574450	10434	54026	126926	90593
抚　顺	571053	60	540486	1389	29118	39459	-10179
本　溪	587986		567509	3016	17462	43982	9823
丹　东	1006307	7028	983875	3629	11775	72322	6324
锦　州	854603	59	845801	2498	6245	67860	30841
营　口	1479548	12948	1465513	242	845	103961	111782
阜　新	317636	20	306414		11202	21375	-14622
辽　阳	476016		472578	1588	1851	33287	16912
盘　锦	888535		881942	4887	1706	68762	43479
铁　岭	655776	3600	628069	4143	19964	53569	22676
朝　阳	901321	9195	881869	4806	5451	53286	21449
葫芦岛	476516	811	468176	586	6943	36056	-3220

6-39 按用途分的商品房屋实际销售面积

单位：万平方米

年份、地区	商品房销售面积	住宅	#经济适用房	办公楼	商业营业用房	其他
2000	948.7	804.4	146.8	20.3	114.3	9.7
2001	1165.7	994.7	179.2	27.1	128.4	15.5
2002	1277.5	1120.4	133.3	20.7	127.7	8.7
2003	1499.1	1320.3	110.4	25.9	133.6	19.3
2004	2013.5	1798.4	72.3	17.2	164.0	33.9
2005	2564.5	2340.4	71.4	16.1	182.6	25.3
2006	3026.4	2749.9	151.7	24.1	201.6	50.8
2007	3830.4	3545.6	114.4	19.1	220.4	45.3
2008	4091.2	3731.2	137.5	35.9	268.0	56.1
2009	5375.5	4864.2	138.3	30.1	394.0	87.2
2010	6800.5	6013.5	67.1	64.7	510.0	212.2
2011	7541.5	6624.1		52.4	583.5	281.5
2012	8827.9	7655.4		79.1	775.9	317.5
沈　阳	2469.7	2201.5		21.8	191.8	54.6
大　连	1076.4	966.9		24.6	58.9	26.0
鞍　山	766.9	584.8		4.0	120.3	57.8
抚　顺	319.9	267.9		0.9	46.5	4.7
本　溪	476.2	362.1		2.2	24.5	87.4
丹　东	480.7	437.9		3.9	36.2	2.7
锦　州	500.4	463.5		7.4	20.9	8.6
营　口	641.8	555.3		1.0	66.5	19.0
阜　新	186.4	149.1		2.1	28.4	6.8
辽　阳	258.4	236.7			17.9	3.9
盘　锦	376.6	326.3		1.5	42.5	6.2
铁　岭	504.8	441.0		0.8	41.3	21.7
朝　阳	571.6	473.2		9.1	71.6	17.7
葫芦岛	198.1	189.3			8.5	0.4

6-40 按用途分的商品房屋实际销售额

单位：万元

年份、地区	商品房销售额	住宅	#经济适用房	办公楼	商业营业用房	其他
2000	1969468	1514151	213338	81327	350835	23155
2001	2478449	1988320	261222	78822	387466	23841
2002	2732993	2231000	199616	83089	398162	20742
2003	3434521	2813999	185315	87307	488483	44732
2004	4866124	4165674	138291	50524	564718	85208
2005	7174340	6205959	150932	61993	829475	76913
2006	9278590	7909896	340400	131269	1073899	163526
2007	13368797	11893975	278991	90342	1208087	176393
2008	15376463	13338922	288019	171558	1647920	218063
2009	21685950	18834702	300723	187058	2356123	308067
2010	30633172	25876571	205561	524527	3328874	903200
2011	35691155	30092300		307547	4078586	1212722
2012	43627815	36112089		763539	5464026	1288161
沈　阳	15611316	13185506		246289	1862936	316585
大　连	8614711	7332894		380068	745113	156636
鞍　山	3123127	2237891		13913	637157	234166
抚　顺	1457461	1090339		7272	346563	13287
本　溪	1708468	1288719		12842	135621	271286
丹　东	1787824	1530715		33838	210015	13256
锦　州	1581257	1430563		23555	95982	31157
营　口	2682137	2199607		5019	396208	81303
阜　新	588467	416503		5371	153539	13054
辽　阳	966576	822666			135020	8890
盘　锦	1483265	1231125		3785	224249	24106
铁　岭	1669691	1395058		2984	187140	84509
朝　阳	1514853	1181879		28603	265644	38727
葫芦岛	838662	768624			68839	1199

6-41 房地产开发企业(单位)施工、销售情况

(2012年)

指 标	单位	合计	住宅	#90平米以下住房	144平米以上住房	别墅、高档公寓	办公楼	商业营业用房	其他
房屋施工面积	万平方米	38502.0	29284.9	13820.5	3332.4	935.7	779.0	5698.6	2739.6
#新开工面积	万平方米	13828.9	10644.0	5269.4	906.8	218.4	234.6	1922.6	1027.6
房屋竣工面积	万平方米	6438.2	5132.3	2742.9	392.8	120.3	99.7	762.1	444.1
#不可销售面积	万平方米	342.3	192.5	146.0	0.9	2.0	18.7	55.5	75.6
竣工房屋价值	亿元	1593.8	1208.0	629.9	92.2	32.5	60.3	211.3	114.1
出租房屋面积	万平方米	44.3	12.7	3.3			0.3	31.4	
商品房销售面积	万平方米	8827.9	7655.4	4461.4	826.2	243.8	79.1	775.9	317.5
#现房销售面积	万平方米	2501.6	2022.5	1348.1	196.4	45.6	38.5	280.9	159.7
期房销售面积	万平方米	6326.3	5632.9	3113.3	629.8	198.2	40.6	495.1	157.8
商品房销售额	亿元	4362.8	3611.2	1949.4	558.9	211.2	76.4	546.4	128.8
#现房销售额	亿元	1141.9	873.6	554.4	110.6	42.5	41.5	165.3	61.5
期房销售额	亿元	3220.9	2737.6	1395.0	448.3	168.8	34.9	381.1	67.3

6-42 房地产开发企业(单位)投资、资金和土地情况

单位：万元

指 标	2006年	2008年	2009年	2010年	2011年	2012年
计划总投资	36503869	75407081	91859648	144692113	184107428	227292321
自开始建设累计完成投资	22272502	42097592	55564174	83464409	113205599	145384135
本年完成投资	11421948	20607952	26405639	34657562	44875610	54558196
土地开发投资额	1393514	1254806	1316844			
配套工程投资额	619007	1019087	709545	738642	630488	744553
按构成分:						
建筑工程	7130483	14396878	18662694	24417347	32471278	38281458
安装工程	526601	1309023	2186153	2336866	3596164	4330448
设备工器具购置	113123	351522	358489	543356	1199549	1127517
其他费用	3651741	4550529	5198303	7359993	7608619	10818773
#旧建筑物购置费	217520	202965	173395	296701	252364	313691
土地购置费	2021204	3002435	3606763	5080384	5225988	7405576
按工程用途分:						
住 宅	8388987	15792147	19339201	24813478	34104876	39619482
经济适用房	574098	495296	637407	503756		
别墅、高档公寓	488660	1232710	1528912	1915220	2067588	1811848
办公楼	376442	668581	867569	1029344	929622	1633776
商业营业用房	1539711	3006798	4321470	5886469	6753253	8627741
其 他	1116808	1140426	1877399	2928271	3087859	4677197
本年新增固定资产	5219474	8588725	10547777	12692617	21388327	23154604
本年购置土地面积(万平米)	2316.9	2953.8	2086.9	3134.6	3446.3	3199.5
本年土地成交价款	2065722	3080834	2936827	4878841	5312808	4918076

主要统计指标解释

全社会固定资产投资 固定资产投资是社会固定资产再生产的主要手段。通过建造和购置固定资产的活动，国民经济不断采用先进技术装备，建立新兴部门，进一步调整经济结构和生产力的地区分布，增强经济实力，为改善人民物质文化生活创造物质条件。这对我国的社会主义现代化建设具有重要意义。

固定资产投资额是以货币表现的建造和购置固定资产活动的工作量，它是反映固定资产投资规模、速度、比例关系和使用方向的综合性指标。全社会固定资产投资包括国有经济单位投资、城乡集体经济单位投资、各种经济类型的单位投资和城乡居民个人投资。按照我国现行计划管理体制，国有经济单位固定资产投资总额分为基本建设、更新改造、商品房屋建设投资和其他固定资产投资四个部分；城乡集体经济单位投资包括城镇集体所有制单位投资和农村集体所有制单位投资；各种经济类型的单位投资包括联营经济、股份制经济、中外合资经营、中外合作经营、外资、与大陆合资经营、与大陆合作经营、港澳台独资及其他经济类型的单位投资。城镇居民个人投资包括城市、县城、镇、工矿区所辖范围内的个人建房和农村个人建房及购买生产性固定资产的投资。

基本建设投资 基本建设是国有企业、事业单位以扩大生产能力或工程效益为主要目的的新建、扩建工程及有关工作。包括工厂、矿山、铁路、桥梁、港口、农田水利、商店、住宅、学校、医院等工程的建造和机器设备、车辆、船舶、飞机等的购置。

基本建设投资额是以货币表现的基本建设完成的工作量，是反映一定时期内基本建设规模和建设进度的综合性指标。它是根据工程的实际进度按预算价格(预算价格是编制施工图预算时所用的价格)计算的工作量，没有形成工程实体的建筑材料和没有开始安装的设备，都不计算投资完成额。

更新改造投资 更新改造是指国有企业、事业单位对原有设施进行固定资产更新和技术改造，以及相应配套的工程和有关工作(不包括大修理和维护工程)。更新改造投资是以货币表现的更新改造完成的工作量。根据我国现行统计制度，基本建设和更新改造的划分是：(1)列入基本建设计划的项目作为基本建设投资，列入更新改造计划的项目作为更新改造投资；(2)更新改造计划与基本建设计划结合安排的项目及未列入计划的项目，根据工程性质分别作为基本建设投资或更新改造投资。属于对企业、事业单位原有设施进行技术改造或更新的项目和增建主要生产车间、分厂等，其新增生产能力或效益尚未达到大中型标准的项目，以及由于城市环境保护和安全生产的需要而进行的迁建工程，作为更新改造投资。

其他固定资产投资 是指按照国家规定不纳入基本建设和更新改造计划管理，其总投资在五万元以上的固定资产投资。具体包括：国有经济单位用油田维护费和石油开发基金进行的油田维护和开发工程；煤炭、铁矿、森林工业等采掘采伐业用维检费进行的开拓延伸工程；交通部门用公路养路费对原有公路、桥梁进行改建的工程；商业部门用简易建筑费建造的仓库工程。

固定资产投资的资金来源 根据固定资产投资的资金来源不同，分为上年末结余资金、本年资金来源小计和各项应付款。其中本年资金来源小计又分为国家预算内资金、国内贷款、股票、债券、利用外资、自筹资金和其他资金来源七种：

(1)国家预算内资金指国家预算、地方财政、主管部门和国家专业投资公司拨给或委托银行贷给建设单位的基本建设拨款和中央基本建设基金，拨给企业单位的更新改造拨款，以及中央财政安排的专项拨款中用于基本建设的资金。

(2)国内贷款指报告期企、事业单位向银行及非银行金融机构借入的用于固定资产投资的各种国内借款。国内贷款包括：银行利用自有资金及吸收的存款发放的贷款、上级主管部门拨入的国内贷款、国家专项贷款(包括煤代油贷款、劳改煤矿专项贷款等)，地方财政专项资金安排的贷款、国内储备贷款、周转贷款等。

(3)股票是股份制企业通过发行股票筹集到的，用于固定资产投资的资金。

(4)债券是企业(公司)或金融机构通过发行各种债券筹集到的用于固定资产投资的资金，包括由银行代理国家专业投资公司发行的重点企业债券和重点建设债券。

(5)利用外资指报告期收到的用于固定资产投资的国外资金，包括统借统还、自借自还的国外贷款，中外合资项目中的外资，以及无偿捐赠等。其中，国家统借统还的外资，是指由我国政府出面同外国政府、团体或金融组织签订贷款协议、并负责偿还本息的国外贷款。

(6)自筹资金指建设单位报告期收到的，用于进行固定资产投资的上级主管部门、地方和本单位自筹资金。

(7)其他资金来源指报告期收到的除以上各种拨款、借款、自筹资金之外，其他用于固定资产投资的资金。

固定资产投资按国民经济行业分 建设项目归哪个行业，按其建成投产后的主要产品或主要用途及社会经济活动性质来确定。基本建设按建设项目划分国民经济行业，更新改造、国有经济单位其他固定资产投资及城镇集体投资根据整个企业、事业单位所属的行业来划分。一般情况下，一个建设项目或一个企业、事业单位只能属于一种国民经济行业。为了更准确地反映国民经济各行业之间的比例关系，联合企业(总厂)所属分厂属于不同行业的，原则上按分厂划分行业。

固定资产投资按建设性质分 建设项目的性质一般分为新建、扩建、改建、迁建、恢复。基本建设按建设项目划分建设性质，更新改造、国有经济单位其他固定资产投资及城镇集体投资按整个企业、事业单位的建设情况确定建设性质。目前基本建设和更新改造是根据我国现行的计划管理体制区分的，所以基本建设和更新改造都可以分别按新建、扩建等划分。

(1)新建一般是指从无到有、“平地起家”新开始建设单位。有的单位原有的基础很小，经过建设后其新增加的固定资产价值超过原有固定资产价值(原值)三倍以上的也算新建。

(2)扩建一般是指为扩大原有产品的生产能力，在厂内或其他地点增建主要生产车间(或主要工程)、独立的生产线或总厂之下的分厂的企业；事业单位和行政单位在原单位增建业务用房(如学校增建教学用房、医院增建门诊部或病床用房、行政机关增建办公楼等)也作为扩建。

(3)改建一般是指现有企业、事业单位为了技术进步，提高产品质量，增加花色品种，促进产品升级换代、降低消耗和成本，加强资源综合利用和三废治理、劳保安全等，采用新技术、新工艺、新设备、新材料等对现有设施、工艺条件进行技术改造或更新(包括相应配套的辅助性生产、生活福利设施)。有的企业为充分发挥现有生产能力，进行填平补齐而增建不增加本单位主要产品生产能力的车间等，也属于改建。

固定资产投资按用途分 固定资产投资按工程的经济用途分为用于第一产业、第二产业、第三产业和住宅四部分的建设，是研究不同用途的固定资产投资之间比例关系的重要指标。基本建设投资、国有经济单位其他固定资产投资及城镇集体投资的用途按单项工程确定，现有企业、事业单位更新改造投资的用途按更新改造项目确定。

固定资产投资按构成分 固定资产投资活动按其工作内容和实现方式分为建筑安装工程，设备、工具、器具购置，其他费用三个部分。

(1)建筑安装工程(建筑工作量)指各种房屋、建筑物的建造工程和各种设备、装置的安装工程。包括各种房屋建造工程，各种用途设备基础和各种工业窑炉的砌筑工程；为施工而进行的各种准备工作和临时工程以及完工后的清理工作等；铁路、道路的铺设，矿井的开凿及石油管道的架设等；水利工程；防空地下建筑等特殊工程；以及各种机械设备的安装工程；为测定安装工程质量，对设备进行的试行工作。在安装工程中，不包括被安装设备本身的价值。

(2)设备、工具、器具购置指购置或自制达到固定资产标准的设备、工具、器具的价值，固定资产的标准按财务部门规定。新建单位、扩建单位的新建车间按照设计和计划要求购置或自制的全部设备、工具、器具，不论是否达到固定资产标准均计入“设备、工具、器具购置中”。

(3)其他费用指除建筑安装工程和设备、工具、器具购置以外的投资完成额。它包括两种性质的费用，一种是属于增加固定资产的费用，主要有：建设单位管理费，土地、青苗等补偿费和安置补助费、勘察设计费，研究实验费、农林单位牲畜购置费、各种经济林木的营造费、办公和生活家具、器具购置费、引进技术和进口设备项目的其他费用、联合试运转费等；一种是属于不增加固定资产的费用，主要有：施工机械转移费、生产职工培训费、农业开荒费用及报废工程损失费等。

基本建设项目按大中小型划分 基本建设划分大中小型项目原则上应按照上级批准的设计任务书或初步设计所确定的总规模或总投资划分，没有正式批准设计任务书或初步设计的，按国家或省、自治区、直辖市年度基本建设投资计划中所列的总规模或总投资划分。上述两条均不具备的，按本年计划施工工程的建设总规模或总投资划分。生产单一产品的工业项目，按产品的设计能力划分的；生产多种产品的工业项目，按其主要产品的设计能力划分。品种繁多，难以按生产能力划分的，按全部计划投资额划分。划分标准以国家颁发的《大中小型建设项目划分标准》依据。国家曾在1958年、1962年、1977年和1979年先后五次修订《大中小型建设项目划分标准》，因此各历史时期的大中型项目数不完全可比。

施工项目 指报告期内曾进行建筑或安装工程施工活动的建设项目。包括报告期内新开工项目、报告期以前开工跨入报告期继续施工的项目以及报告期施过工并在报告期内全部建设投产或停缓建的项目。

全部建成投产项目 工业项目是指设计文件规定形成生产能力的主体工程及其相应配套的辅助设施全部建成，经负荷试运转，证明具备生产设计规定合格产品的条件，并经过验收鉴定合格或达到竣工验收标准，与生产性工程配套的生产福利设施可以满足近期正常生产的需要，正式移交生产的建设项目。非工业项目是指设计文件规定的主体工程和相应的配套工程全部建成，能够发挥设计规定的全部效益，经验收鉴定合格或达到竣工验收标准，正式移交使用的建设项目。

新增生产能力 指通过固定资产投资活动而增加的设计能力或工程效益，它是用实物形态表示的固定资产投资的成果。新增生产能力的计算，是以能独立发挥生产能力或效益的单项工程(或项目)为对象，当单项工程(或项目)建成，经有关部门鉴定合格，正式移交投入生产，即可计算新增生产能力。

新增生产能力或工程效益有以下几种表现形式：

(1)以建设项目或单项工程建成后的年产能力表示。如煤炭开采、石油开采等。

(2)以建设项目或单项工程建成后处理原料的能力表示。如选矿工程的年处理矿石能力，洗煤厂年洗原煤能力等。

(3)以新增的主要设备数量或容量表示。如棉纺绽枚数、发电机组容量等。

(4)以建筑物容积、容量、面积或长度表示。如水库容量、铁路公路里程等。

新增生产能力的数量一般按设计能力计算。设计能力是指设计文件中规定的在正常情况下能够达到的生产能力，而不论投产后的实际产量如何。以设备数量、建筑物容积、面积、长度等表示的新增生产能力(或效益)，则按建成的实际数量计算。

施工和竣工房屋建筑面积 房屋建筑面积是从房屋外墙线算起的各层平面面积的总和，包括房屋结构(如柱、墙)占用的面积和地下室面积。多层建筑按各自然层面积总和计算，包括房屋内的楼隔层，突出墙面的眺望间、门斗、有柱雨罩的面积。不包括突出墙面结构的构件、艺术装饰等所占的面积，如台阶等。凹阳台、挑阳台按其水平投影面积一半计算建筑面积。

竣工面积 指在报告期内房屋建筑按照设计要求已全部完工，达到住人和使用条件，经验收鉴定合格，正式移交使用单位的建筑面积。

房屋建筑面积竣工率 指一定时间内房屋竣工面积占同期房屋施工面积的比率。它是从房屋建筑施工速度的角度反映投资效果和建筑业经济效益的指标。

新增固定资产 指通过投资活动所形成的新的固定资产价值。包括已经建成投入生产或交付使用的工程价值和达到固定资产标准的设备、工具、器具的价值及有关应摊入的费用。它是以价值形式表示的固定资产投资成果的综合性指标，可以综合反映不同时期、不同部门、不同地区的固定资产投资成果。

建设项目投资率 指一定时期内全部建成投入生产项目个数占同期正式施工项目个数的比率。它是从项目建设速度的角度反映投资效果的指标。

固定资产交付使用率 指一定时期新增固定资产与同期完成投资额的比率。它是反映各个时期固定资产动用速度，衡量建设过程中投资效果的一个综合性指标。

未完工程占用率 指年末未完工程累计完成投资额占全年实际完成投资额的比率。它反映未完工程的相对规模，并可从资金占用的角度反映固定资产投资效果。由于未完工程是指已经开工，但尚未建成交付使用的工程，有个跨年度问题，因此未完工程占用率会出现大于 1 的情况。

七、能源

Chapter 7 Energy

7-1 能源生产总量及构成

年 份	能源生产总量（万吨标准煤）	占能源生产总量的%			
		原煤	原油	天然气	水电
1978	3890.7	78.9	14.0	5.6	1.5
1980	3765.8	70.8	20.2	6.3	2.7
1985	4953.2	66.2	26.6	4.1	3.1
1986	5011.4	63.4	29.1	4.0	3.5
1987	5094.9	60.5	32.1	4.1	3.3
1988	5410.9	60.6	33.5	4.0	2.0
1989	5766.6	61.7	33.3	4.0	2.0
1990	5958.9	61.1	32.8	3.9	2.2
1991	6082.4	61.4	32.3	3.9	2.4
1992	6233.4	61.8	31.8	4.5	1.9
1993	6327.2	62.8	32.1	4.6	0.5
1994	6384.8	61.6	33.6	4.4	0.4
1995	6239.3	59.5	35.6	4.1	0.8
1996	6610.8	63.0	32.5	3.6	0.9
1997	6638.7	63.3	32.4	3.8	0.5
1998	6422.5	64.3	32.3	2.9	0.5
1999	5649.5	60.4	36.2	3.0	0.4
2000	5380.5	59.1	37.2	3.3	0.3
2001	5376.8	59.4	36.8	3.3	0.5
2002	5809.8	63.6	33.2	2.8	0.4
2003	6288.3	66.7	30.3	2.6	0.4
2004	6749.9	70.3	27.1	1.9	0.7
2005	6219.8	67.4	29.0	2.5	1.1
2006	6513.4	69.8	26.9	2.4	0.9
2007	6311.2	69.2	28.0	1.9	0.9
2008	6257.5	69.7	27.4	1.8	1.1
2009	6037.8	73.3	23.7	1.8	1.2
2010	6769.5	73.9	22.2	1.6	1.9
2011	6890.0	75.5	20.7	1.4	1.9
2012	6393.3	72.8	22.4	1.5	2.8

7-2 能源消费总量及构成

年 份	能源消费总量（万吨标准煤）	占能源消费总量的%			
		煤炭	石油	天然气	水电
1978	5261.5	64.6	30.2	4.2	1.0
1980	5272.1	67.8	25.8	4.5	1.9
1985	6325.1	78.7	15.2	3.7	2.4
1986	6360.3	79.4	14.6	3.2	2.8
1987	6475.8	81.5	12.7	3.2	2.6
1988	6824.6	83.0	12.3	3.1	1.6
1989	7000.1	83.1	12.8	3.3	0.8
1990	7170.8	82.2	12.8	3.3	1.7
1991	7218.0	83.0	11.7	3.3	2.0
1992	7191.6	83.7	10.7	3.9	1.7
1993	8695.5	74.6	21.8	3.3	0.3
1994	9204.6	76.0	20.9	2.9	0.2
1995	9381.7	77.1	19.6	2.7	0.6
1996	9417.6	79.6	17.3	2.5	0.6
1997	9191.6	82.0	14.9	2.7	0.4
1998	8873.7	82.5	14.6	2.6	0.3
1999	8869.9	80.5	16.7	2.6	0.2
2000	9877.2	77.5	19.8	2.5	0.2
2001	10356.9	73.8	23.7	2.2	0.3
2002	10333.5	77.8	19.8	2.2	0.2
2003	11430.7	78.6	18.8	2.3	0.3
2004	12454.0	79.2	19.0	1.5	0.3
2005	12883.3	71.3	24.1	1.5	0.6
2006	14228.0	71.4	24.3	1.2	0.4
2007	15757.9	73.2	22.6	1.2	0.4
2008	16925.7	73.1	22.7	1.3	0.4
2009	18172.5	73.0	22.5	1.2	0.4
2010	19856.4	67.9	27.3	1.3	0.6
2011	21492.1	65.3	29.0	2.4	0.6
2012	22313.9	61.3	31.6	3.8	0.8

7-3 能源生产弹性系数

年　份	能源生产比上年增长 %	电力生产比上年增长 %	生产总值比上年增长 %	能源生产弹性系数	电力生产弹性系数
1985	10.3	8.8	13.3	0.84	0.72
1990	3.3	3.6	1.1	3.30	3.60
1991	2.1	3.0	6.1	0.50	0.70
1992	0.5	9.5	12.1	0.40	0.80
1993	11.0	5.2	14.9	0.75	0.35
1994	0.9	-2.2	11.2	0.08	
1995	-2.1	1.3	7.1		0.18
1996	6.0	8.4	8.6	0.70	0.98
1997	0.4	8.9	8.9	0.45	1.00
1998	-3.3	-8.5	8.3		
1999	-12.0	-3.5	8.2		
2000	-4.8	5.3	8.9		0.59
2001	-0.1	2.5	9.0		0.27
2002	8.1	14.5	10.2	0.79	1.42
2003	8.2	10.7	11.5	0.71	0.93
2004	7.3	4.2	12.8	0.57	0.33
2005	0.3	4.0	12.3	0.02	0.33
2006	1.9	10.8	13.8	0.14	0.78
2007	-5.6	10.2	14.5		0.70
2008	-0.9	2.4	13.4		0.18
2009	-3.5	4.9	13.1		0.37
2010	12.1	12.2	14.2	0.85	0.86
2011	1.8	6.2	12.2	0.15	0.51
2012	-7.2	4.5	9.5		0.47

7-4 能源消费弹性系数

年　份	能源生产比上年增长 %	电力生产比上年增长 %	生产总值比上年增长 %	能源生产弹性系数	电力生产弹性系数
1985	6.8	7.6	13.3	0.55	0.62
1990	1.4	2.6	1.1	1.40	2.60
1991	0.6	6.0	6.1	0.10	1.30
1992	1.0	10.0	12.1	0.10	0.90
1993	11.0	10.6	14.9	0.75	0.72
1994	8.2	-1.8	11.2	0.73	-
1995	2.5	4.8	7.1	0.35	0.68
1996	0.4	8.4	8.6	0.04	0.98
1997	-2.5	7.6	8.9	-	0.85
1998	-3.5	-5.2	8.3	-	-
1999	0.1	12.1	8.2	0.14	1.47
2000	14.1	4.8	8.9	1.58	0.54
2001	1.3	2.0	9.0	0.14	0.22
2002	-0.2	6.0	10.2	-	0.59
2003	7.2	5.5	11.5	0.63	0.48
2004	12.4	16.5	12.8	0.96	1.28
2005	12.0	5.0	12.3	0.97	0.40
2006	10.8	10.6	13.8	0.78	0.77
2007	9.9	10.7	14.5	0.68	0.74
2008	7.6	3.9	13.1	0.58	0.30
2009	7.4	5.4	13.1	0.56	0.41
2010	9.6	15.3	14.2	0.68	1.08
2011	8.4	8.5	12.2	0.69	0.70
2012	3.6	2.1	9.5	0.38	0.22

7-5 分行业主要能源品种消费量

(2011年)

行　　业	煤炭消费量(万吨)	焦炭消费量(万吨)	原油消费量(万吨)	汽油消费量(万吨)	煤油消费量(万吨)	柴油消费量(万吨)	燃料油消费量(万吨)	天然气消费量(亿立方米)	电力消费量(亿千瓦小时)
消费总量	**18053.60**	**3386.36**	**6705.53**	**706.61**	**27.35**	**1104.53**	**391.40**	**38.89**	**1861.55**
农、林、牧、渔业	63.61			59.46		75.05			24.65
采矿业	1829.60	26.69	86.69	9.18	0.79	74.83	58.81	11.14	168.75
煤炭开采和洗选业	1566.21	0.05		1.61	0.77	9.27			28.69
石油和天然气开采业	94.44		86.69	2.61		7.16	58.81	11.14	25.74
黑色金属矿采选业	36.85	15.62		2.85		35.73			80.24
有色金属矿采选业	93.57	10.38		0.61		2.10			24.30
非金属矿采选业	38.53	0.64		1.50	0.02	20.39			9.75
其他采矿业						0.18			0.03
制造业	7312.16	3356.94	6588.16	143.83	3.97	209.29	157.74	24.42	970.89
农副食品加工业	126.33	2.10		8.77	0.05	18.73	0.23	0.03	30.12
食品制造业	26.93	5.24		1.93		2.00			8.41
饮料制造业	43.64	0.21		1.37		2.34	0.02	0.01	7.13
烟草制品业	0.06			0.01		0.47			0.30
纺织业	23.17	5.19		1.91		0.96	0.01		10.51
纺织服装、鞋、帽制造业	22.52	1.90		4.53	0.23	2.58	0.01	0.01	14.35
皮革、毛皮、羽毛(绒)及其制品业	1.53	0.01		0.33		0.24			0.67
木材加工及木、竹、藤、棕、草制品业	16.66	0.01		5.15		2.80		0.08	5.11
家具制造业	10.33	0.27		0.96		0.79			5.80
造纸及纸制品业	59.47	2.38		1.14		2.93	0.01	0.08	8.07
印刷业和记录媒介的复制	3.82			0.83		0.68	0.08		1.19
文教体育用品制造业	1.34			1.17		0.09			0.27
石油加工、炼焦及核燃料加工业	563.16	2.41	5177.74	1.18		2.40	98.85	0.13	61.56
化学原料及化学制品制造业	635.56	26.93	1410.34	10.48	0.40	14.79	23.84	8.26	71.70
医药制造业	83.40	0.01		2.00		1.31	0.38	0.06	5.54
化学纤维制造业	46.09	2.03		0.05		0.28	0.13		20.30
橡胶制品业	56.63	6.28		2.56		3.61	0.02		13.89
塑料制品业	40.51	2.84		5.31		3.94	0.43		16.09
非金属矿物制品业	984.34	231.12	0.06	12.40	0.06	27.76	25.76	12.70	163.37
黑色金属冶炼及压延加工业	4157.89	2782.59		7.48	0.02	30.29	1.53	0.49	290.48
有色金属冶炼及压延加工业	99.70	44.21		2.44		4.68	1.73	0.24	68.70
金属制品业	30.19	9.14		16.98	0.04	7.68	0.14	0.32	33.59
通用设备制造业	98.63	192.73	0.02	25.01	0.19	29.94	0.28	0.58	50.90
专用设备制造业	37.21	29.44		8.92	0.02	15.68	0.35	0.15	22.32
交通运输设备制造业	70.53	6.19		7.27	2.94	23.67	3.91	0.61	27.51
电气机械及器材制造业	43.18	2.92		7.90	0.01	6.29	0.03	0.67	13.71
通信设备、计算机及其他电子设备制造业	3.53	0.20		1.59		0.59			10.23
仪器仪表及文化、办公用机械制造业	3.22			2.66		0.33			4.91
工艺品及其他制造业	18.25	0.59		1.34	0.01	0.79			3.52
废弃资源和废旧材料回收加工业	4.34			0.16		0.65			0.64
电力、燃气及水的生产和供应业	8228.93	2.72		3.52		6.78	1.15	0.80	282.15
电力、热力的生产和供应业	8224.76	0.60		2.45		3.57	1.15		259.63
燃气生产和供应业	1.12	2.12		0.56		1.05		0.80	3.33
水的生产和供应业	3.05			0.51		2.16			19.19
建筑业	23.65			12.42	0.72	59.71	1.94		25.04
房屋和土木工程建筑业	14.83			8.92	0.65	53.83	1.50		22.65
建筑安装业	4.88			1.78	0.07	3.01	0.44		0.43
建筑装饰业	0.99			0.96		1.02			1.59
其他建筑业	2.95			0.76		1.85			0.37
交通运输、仓储和邮政业	65.93	0.01	30.68	303.77	21.21	557.87	170.65	0.05	37.36
铁路运输业	65.54	0.01		0.51		19.68			28.89
道路运输业	0.39			125.59		276.55			
城市公共交通业				175.68		236.15		0.05	1.11
水上运输业				0.17		18.66	132.05		
航空运输业					21.17		36.44		
管道运输业			30.68						2.28
装卸搬运和其他运输服务业				1.05	0.04	5.25	2.16		0.88
仓储业				0.31		1.10			3.63
邮政业				0.46		0.48			0.57
批发、零售业和住宿、餐饮业	61.00			15.89	0.12	5.90	0.42	1.04	66.37
其他行业	62.00			44.00	0.54	79.05	0.69	0.22	98.74
城乡居民生活	406.72			114.54		36.05		1.22	187.60

注：能源消费总量中电、热按当量值计算。

7-6 分行业主要能源品种消费量

(2012年)

	煤炭消费量(万吨)	焦炭消费量(万吨)	原油消费量(万吨)	汽油消费量(万吨)	煤油消费量(万吨)	柴油消费量(万吨)	燃料油消费量(万吨)	天然气消费量(亿立方米)	电力消费量(亿千瓦小时)
消费总计	**18218.86**	**3442.08**	**7000.91**	**780.84**	**35.58**	**1225.48**	**422.00**	**63.15**	**1899.88**
一、农、林、牧、渔业	**21.29**			**60.65**		**100.21**			**26.59**
(一)采矿业	**2674.49**	**68.96**	**23.75**	**7.51**	**0.63**	**84.53**	**63.56**	**16.47**	**196.72**
煤炭开采和洗选业	2418.01	0.03		1.19	0.63	6.34			28.77
石油和天然气开采业	1.41		0.99	0.64		0.61	61.35	16.32	23.90
黑色金属矿采选业	28.80	18.50		2.80		30.23			92.47
有色金属矿采选业	91.14	8.50		0.92		2.29	0.25	0.03	23.39
非金属矿采选业	41.86	41.93		1.12		41.34			18.84
开采辅助活动	93.27		22.76	0.84		3.72	1.96	0.12	9.33
其他采矿业									0.02
(二)制造业	**7406.69**	**3371.13**	**6943.65**	**149.74**	**5.52**	**269.37**	**155.60**	**36.97**	**946.87**
农副食品加工业	120.46	0.36		8.71		18.28	0.24	0.02	25.05
食品制造业	27.32	0.05		1.37		3.30		0.05	8.41
酒、饮料和精制茶制造业	43.81			1.56		1.88	0.03	0.09	5.96
烟草制品业	0.28					0.45			0.30
纺织业	21.17	1.54		0.90		0.72			9.55
纺织服装、服饰业	17.68	0.21		5.83		1.17	0.02	0.01	11.60
皮革、毛皮、羽毛及其制品和制鞋业	1.96			0.36		0.26			4.03
木材加工及木、竹、藤、棕、草制品业	17.01			5.89		1.86		0.05	5.11
家具制造业	8.50	0.24		0.94		0.72			5.61
造纸及纸制品业	71.09			1.88		2.09		0.03	8.56
印刷和记录媒介复制业	2.85			1.06		0.59			1.19
文教、工美、体育和娱乐用品制造业	3.65			0.69		2.59			0.30
石油加工、炼焦和核燃料加工业	757.22	0.06	5859.51	1.14		3.02	105.29	4.38	61.96
化学原料和化学制品制造业	555.73	7.59	1083.85	8.29	0.36	27.96	19.20	5.24	52.67
医药制造业	75.25	0.16		1.02		1.16	0.27	0.05	5.54
化学纤维制造业	45.07			0.03		0.02	0.16		20.31
橡胶和塑料制品业	99.56	0.25		4.17		4.26	0.31		23.35
非金属矿物制品业	1273.06	384.16	0.29	8.71		42.21	25.29	23.45	161.62
黑色金属冶炼和压延加工业	3915.25	2776.51		8.83	0.01	44.38	0.43	0.66	308.96
有色金属冶炼和压延加工业	74.96	33.62		2.14		5.19	0.67	0.34	76.57
金属制品业	38.20	2.80		15.14	0.01	7.22	0.18	0.37	45.96
通用设备制造业	65.80	156.62		21.51	0.12	40.63	0.25	0.13	19.21
专用设备制造业	29.22	1.94		10.02	0.01	37.53		0.16	15.70
汽车制造业	33.44	4.45		10.91	0.06	7.11	0.05	0.65	11.40
铁路、船舶、航空航天和其他运输设备制造业	33.43	0.08		10.10	0.51	8.10	2.83	0.04	14.56
电气机械和器材制造业	43.46	0.28		13.45	0.01	3.52	0.01	1.23	11.71
通信设备、计算机和其他电子设备制造业	3.46			0.75		0.62			10.23
仪器仪表制造业	2.83			2.76		0.44			4.23
其他制造业	8.99	0.21		0.21		0.40			1.89
废弃资源综合利用业	8.35			0.10		0.53	0.24		0.90
金属制品、机械和设备修理业	7.63			1.27	4.43	1.16	0.13	0.02	14.44
(三)电力、燃气及水的生产和供应业	**7500.63**	**1.98**		**2.44**		**7.53**	**1.05**	**1.29**	**278.62**
电力、热力的生产和供应业	7445.48			1.94		4.27	1.05		273.51
燃气生产和供应业	51.79	1.98		0.20		1.09		1.29	3.49
水的生产和供应业	3.36			0.30		2.17			1.62
二、建筑业	**24.33**			**15.73**	**0.71**	**39.66**	**1.95**		**27.76**
房屋和土木工程建筑业	15.40			11.02	0.65	33.00	1.55		25.11
建筑安装业	4.65			2.79	0.06	3.68	0.40		0.48
建筑装饰业	1.14			1.05		1.05			1.76
其它建筑业	3.14			0.87		1.93			0.41
三、交通运输储运业和邮政业	**77.11**	**0.01**	**33.51**	**315.73**	**28.02**	**568.35**	**198.55**	**0.10**	**39.05**
铁路运输业	62.41	0.01		0.49		19.65			20.39
道路运输业	0.38			313.00		516.00		0.10	11.91
水上运输业	14.32			0.42		25.52	148.55		
航空运输业					27.98		50.00		
管道运输业			33.51						2.42
装卸搬运及其他运输服务业				1.05	0.04	5.60			
仓储业				0.32		1.13			3.78
邮政业				0.45		0.45			0.55
五、批发、零售业和住宿、餐饮业	**59.50**			**21.01**	**0.10**	**5.00**	**0.50**	**1.07**	**75.24**
六、其他行业	**60.00**			**88.00**	**0.60**	**93.02**	**0.79**	**0.25**	**108.99**
七、城乡居民生活	**394.82**			**120.03**		**57.81**		**7.00**	**200.04**

7-7 能源加工转换效率

单位：%

年 份	总效率	发电及电站供热	炼焦	炼油
1985	79.1	37.2	94.5	98.6
1990	82.7	48.1	97.1	98.0
1991	82.2	49.1	98.5	98.9
1992	81.0	48.3	97.5	86.3
1993	80.6	48.1	83.0	99.0
1994	75.2	46.0	72.6	97.0
1995	80.2	50.3	98.6	97.4
1996	77.6	46.0	90.6	98.0
1997	75.9	43.8	91.7	97.8
1998	76.9	44.9	96.0	99.6
1999	76.0	44.8	97.1	95.6
2000	75.3	41.9	93.2	96.7
2001	73.5	43.8	92.8	89.9
2002	76.8	42.8	98.1	98.0
2003	73.3	39.9	98.1	96.2
2004	72.4	38.2	92.3	96.6
2005	74.7	42.1	98.9	92.4
2006	74.1	43.0	96.7	93.6
2007	75.4	43.3	97.3	95.5
2008	75.9	43.5	97.8	95.0
2009	75.6	43.4	98.1	94.4
2010	77.4	46.2	97.3	95.2
2011	76.9	46.5	97.5	94.7
2012	78.6	47.5	97.4	95.7

7-8 平均每天能源消费量

能源品种	单位	2006年	2007年	2008年	2009年	2010年	2011年	2012年
煤 炭	万吨	38.93	41.71	42.05	43.92	46.32	49.46	49.91
焦 炭	万吨	5.36	6.30	6.69	7.66	8.67	9.28	9.43
原 油	万吨	15.22	16.15	16.29	16.09	17.97	18.37	19.18
燃料油	万吨	0.63	0.61	1.04	0.82	0.98	1.04	1.16
汽 油	万吨	1.07	1.21	1.12	1.27	1.63	1.94	2.14
煤 油	万吨	0.09	0.10	0.07	0.06	0.06	0.04	0.09
柴 油	万吨	1.61	1.90	2.13	2.22	2.64	3.02	3.35
天然气	亿立方米	0.03	0.04	0.04	0.05	0.05	0.11	0.17
电 力	亿千瓦小时	3.36	3.72	3.87	4.08	4.70	5.10	5.21

注：能源消费量包括加工转换量。

7-9 综合能源平衡表

单位：万吨标准煤

指 标	2005年	2006年	2008年	2009年	2010年	2011年	2012年
一、可供本地区消费的能源量	12883.32	14228.02	16925.68	18172.45	19856.39	21492.07	22313.93
1.年初库存量	1066.82	1298.89	1456.92	1572.40	1474.50	1670.64	1907.08
2.一次能源生产量	6219.88	6513.36	6257.47	6037.79	6769.52	6889.99	6393.34
3.外省(区、市)调入量	11124.33	11401.45	13665.53	12946.55	14076.39	17776.98	17124.83
4.进口量	1188.15	1450.23	2187.54	2947.55	3099.70	2665.47	3485.17
5.境内轮船和飞机在境外加油量	24.78	30.92	51.80	47.80	59.43	75.80	82.09
6.本省(区、市)调出量(－)	-5018.42	-4895.41	-5749.84	-4336.85	-3933.12	-4884.43	-4264.85
7.出口量(－)	-353.65	-415.45	-381.40	-795.18	-974.54	-726.50	-571.30
8.境外轮船和飞机在境内加油量(－)	-108.77	-32.35	-95.19	-93.91	-92.16	-84.07	-76.76
9.年末库存量(－)	-1340.71	-1213.01	-1481.48	-1516.50	-1638.51	-1891.80	-1765.67
二、加工转换投入(－)产出(+)量	-4060.09	-4432.55	-4537.95	-4661.20	-4496.71	-4450.23	-4277.36
1.火力发电	-2389.89	-2689.79	-2886.08	-2916.90	-2813.32	-2941.65	-2938.61
2.供热	-372.14	-438.60	-516.80	-521.81	-475.59	-483.23	-452.82
3.洗选煤	-673.11	-731.23	-672.78	-698.50	-700.73	-799.94	-721.06
4.炼焦	-18.28	-63.31	-47.39	-43.22	-61.70	-62.58	-68.38
5.炼油	-577.62	-488.98	-407.06	-447.83	-233.92	-297.45	-298.89
6.制气	-28.99	-20.32	513.73	363.66	-2.01	-1.53	-5.64
7.天然气液化							
8.煤制品加工						-2.79	-1.78
9.回收能						340.18	351.24
三、损失量	118.82	126.46	87.25	103.73	203.89	201.80	202.01
#运输和输配损失	118.82	126.46	87.25	103.73	203.89	201.80	202.01
四、终端消费量	8704.41	9669.01	12300.47	13407.52	15155.78	16840.05	17834.56
(一)第一产业	215.59	235.33	244.14	249.85	266.73	284.55	287.59
(二)第二产业	6176.60	6845.28	8885.83	9833.29	11112.25	12378.85	13014.25
工业	6093.39	6751.67	8775.85	9708.30	10966.99	12217.15	12835.51
建筑业	83.21	93.61	109.98	124.99	145.26	161.70	178.75
(三)第三产业	1323.69	1517.86	1960.00	2088.74	2348.51	2614.63	2819.72
交通运输、仓储及邮电通讯业	1031.92	1147.07	1374.72	1445.64	1597.03	1746.40	1879.08
批发和零售贸易业、餐饮业	85.04	90.55	135.16	154.11	170.34	203.95	216.58
其他	206.73	280.23	450.12	488.99	581.15	664.28	724.06
(四)生活消费	988.53	1070.54	1210.50	1235.64	1428.30	1562.02	1713.00
城镇	772.71	867.12	993.67	1023.37	1175.58	1276.00	1393.40
乡村	215.81	203.42	216.84	212.27	252.72	286.02	319.60
五、平衡差额							

注：电、热按当量值计算。

主要统计指标解释

能源生产总量 指一定时期内全省一次能源生产量的总和，是观察全省能源生产水平、规模、构成和发展速度的总量指标。一次能源生产量包括原煤、原油、天然气、水电及其他动力能(如风能、地热能等)发电量。不包括低热值燃料生产量、生物质能、太阳能等的利用和由一次能源加工转换而成的二次能源产量。

能源消费总量 指一定时期内全省物质生产部门、非物质生产部门和生活消费的各种能源的总和，是观察能源消费水平、构成和增长速度的总量指标，能源消费总量包括原煤和原油及其制品、天然气、电力。不包括低热值燃料、生物质能和太阳能等的利用。能源消费总量分为三部分，即终端能源消费量、能源加工转换损失量和损失量。

(1)终端能源消费量指一定时期内全省物质生产部门、非物质生产部门和生活消费的各种能源在扣除了用于加工转换二次能源消费量和损失量以后的数量。

(2)能源加工转换损失量指一定时期内全省投入加工转换的各种能源数量之和与产出各种能源产品之和的差额。它是观察能源在加工转换过程中损失量变化的指标。

(3)能源损失量指一定时期内能源在输送、分配、储存过程中发生的损失和由客观原因造成的各种损失量。不包括各种气体能源放空、放散量。

能源生产弹性系数 是研究能源生产量的增长与国民经济增长之间关系的指标。计算公式:

能源生产弹性系数=（能源生产总量年平均增长速度／国民经济年平均增长速度）

国民经济年平均增长速度，可根据不同的目的或需要，用国内生产总值等指标来计算，本资料是采用国内生产总值指标计算的。

电力生产弹性系数 是研究电力生产量的增长与国民经济增长之间关系的指标。一般来说，电力的发展应当快于国民经济的发展，也就是说电力应超前发展。计算公式:

电力生产弹性系数=（电力生产量年平均增长速度／国民经济年平均增长速度）

能源消费弹性系数 是反映能源消费增长速度与国民经济增长速度之间的比例关系的指标。计算公式:

能源消费弹性系数=（能源消费量年平均增长速度／国民经济年平均增长速度）

电力消费弹性系数 是反映电力消费增长速度与国民经济增长速度之间比例关系的指标。计算公式:

电力消费弹性系数=（电力消费量年平均增长速度／国民经济年平均增长速度）

能源加工转换效率 指一定时期内能源经过加工转换后，产出的各种能源产品的数量与同期内投入加工转换的各种能源数量的比率。它是观察能源加工转换装置和生产工艺先进与落后、管理水平高低等的重要指标。计算公式:

能源加工转换效率=（加工转换产出量／加工转换投入量） × 100%

八、财政

Chapter 8 Government Finance

8-1 地区财政收入

单位：亿元

年 份	地区财政收入合计	预算收入			财政专户管理资金收入		
			中央	地方		中央	地方
1981	146.8	97.5	18.0	79.5	49.3	9.6	39.7
1982	155.1	96.9	17.0	79.9	58.2	15.7	42.5
1983	185.3	114.6	46.7	67.9	70.7	20.7	50.0
1984	215.3	127.7	50.6	77.1	87.6	27.0	60.6
1985	288.4	162.2	77.0	85.2	126.2	37.3	88.9
1986	309.2	172.9	74.0	98.9	136.3	34.6	101.7
1987	338.4	185.6	77.6	108.0	152.8	45.8	107.0
1988	366.0	192.8	76.9	115.9	173.2	53.3	119.9
1989	400.5	212.2	78.3	133.9	188.3	62.2	126.1
1990	399.2	196.8	67.5	129.3	202.4	65.1	137.3
1991	491.5	256.8	95.3	161.5	234.7	90.2	144.5
1992	519.5	229.3	77.7	151.6	290.2	136.8	153.4
1993	387.3	292.8	79.1	213.7	94.5	6.8	87.7
1994	443.8	336.8	183.1	153.7	107.0	8.3	98.7
1995	500.6	369.1	184.7	184.4	131.5	11.5	120.0
1996	558.7	410.6	198.9	211.7	148.1	7.6	140.5
1997	584.1	458.9	230.7	228.2	125.2	8.6	116.6
1998	682.9	551.3	251.4	299.9	131.6	13.1	118.5
1999	727.3	579.2	265.0	314.2	148.1	18.5	129.6
2000	830.4	659.1	323.5	335.6	171.3	15.6	155.7
2001	1010.1	816.4	386.9	429.5	193.7	22.6	171.1
2002	1119.1	914.4	423.3	491.1	204.7	20.5	184.2
2003	1283.0	1063.2	491.2	572.0	219.8	25.1	194.7
2004	1572.9	1335.4	631.6	703.8	237.5	26.2	211.3
2005	1888.8	1639.5	723.9	915.6	249.3	10.5	238.8
2006	2332.8	2068.4	898.3	1170.1	264.4	11.9	252.5
2007	3153.8	2824.8	1137.2	1687.6	329.0	12.2	316.8
2008	3716.3	3452.6	1262.6	2190.0	263.7	19.8	243.9
2009	4615.2	4363.9	1460.5	2903.3	251.4	37.9	213.5
2010	6728.2	6546.0	1991.3	4554.7	182.2	33.4	148.8
2011	7824.2	7719.4	2196.3	5523.1	104.8	8.8	96.0
2012	7741.4	7621.0	2408.9	5212.1	120.4	27.5	92.9

注：1.本表中不含债务类收入。
2.2003年以前中央预算收入为国地税上缴中央收入合计，2003年后为人民银行国库收入。

8-2 历年公共财政预算收入

单位：亿元

年 份	公共财政预算收入	各项税收	国有资本经营收入	国有企业计划亏补	其他各项收入
1980	86.9	41.6	43.3		2.0
1985	85.2	102.3	1.4	-20.2	1.7
1986	98.9	107.1	1.4	-13.3	3.7
1987	108.0	115.5	1.4	-14.8	5.9
1988	115.9	128.4	1.7	-24.9	10.7
1989	133.9	145.6	1.6	-29.7	16.4
1990	129.3	140.3	2.0	-31.0	18.0
1991	161.5	155.7	1.6	-30.2	34.4
1992	151.6	158.6	1.5	-24.5	16.0
1993	213.7	220.0	1.9	-24.8	16.6
1994	153.7	147.5	0.8	-17.3	22.7
1995	184.4	174.0	0.6	-18.0	27.8
1996	211.7	195.8	0.7	-17.1	32.3
1997	228.2	215.1	1.0	-16.6	28.7
1998	264.6	233.5	2.6	-13.1	41.6
1999	279.6	247.5	2.5	-11.2	40.8
2000	295.6	266.4	3.7	-9.7	35.2
2001	370.4	320.0	3.5	-4.7	51.6
2002	399.7	333.0	6.7	-3.5	63.5
2003	447.0	361.4	9.1	-3.3	79.8
2004	529.6	411.5	13.0	-2.9	108.0
2005	675.3	528.4	24.5	-3.0	125.4
2006	817.7	626.2	40.9	-3.0	153.6
2007	1082.7	815.7	57.8	-	209.2
2008	1356.1	1017.1	92.9	-	246.1
2009	1591.2	1184.0	145.7	-	261.5
2010	2004.8	1516.7	131.2	-	356.9
2011	2643.2	1974.9	142.8	-	525.5
2012	3105.4	2317.2	157.4	-	630.8

注：1.本表财政收入为当年财政决算数据。
2.各项税收1983年利改税以后含企业所得税，1994年以后为新税制收入。
3.国有资产经营收益1998年以前指国企上缴利润，1983年前含企业上缴的基本折旧。
4.其他各项收入指行政性收费、罚没收入、海域场地矿区使用费收入、专项收入和其他各项收入。
5.国有资本经营收入2007年以前为“国有资产经营收益”。

8-3 公共财政预算收入

单位：亿元

项目	2006年	2007年	2008年	2009年	2010年	2011年	2012年
合计	**817.67**	**1082.69**	**1356.08**	**1591.22**	**2004.84**	**2643.15**	**3105.38**
一、各项税收小计	626.21	815.67	1017.10	1183.98	1516.65	1974.85	2317.19
增值税	124.40	149.11	172.76	163.56	188.84	218.32	216.70
营业税	205.37	252.01	304.00	363.94	453.75	556.20	606.49
企业所得税	74.00	108.06	142.44	125.09	174.06	227.16	242.39
个人所得税	35.63	45.78	51.73	48.94	64.20	76.94	60.92
资源税	18.74	24.26	28.25	32.65	46.45	68.12	109.30
城市维护建设税	43.87	51.58	58.71	57.69	71.62	102.79	108.41
房产税	29.80	29.86	35.38	41.09	45.91	55.87	64.17
印花税	9.62	12.66	16.38	16.67	22.81	27.71	28.15
城镇土地使用税	16.83	49.42	66.03	85.18	108.05	145.75	221.92
土地增值税	11.54	18.24	24.78	47.99	77.59	128.80	190.38
车船税	2.23	3.02	11.11	9.80	12.28	14.98	19.90
耕地占用税	5.29	5.97	24.33	69.56	96.43	140.40	225.20
契税	48.32	64.74	78.15	116.89	152.94	209.84	217.47
烟叶税	0.23	0.46	0.53	0.83	0.53	0.83	1.07
其他税收收入	0.44	0.51	2.07	4.10	1.20	1.13	4.73
二、非税收入小计	191.46	267.03	338.98	407.24	488.18	668.30	788.19
专项收入	34.50	50.85	50.67	45.67	55.02	99.28	110.53
行政事业性收费收入	81.14	96.54	117.17	93.76	131.92	158.64	194.59
罚没收入	29.82	32.91	35.91	41.89	60.10	69.96	88.06
国有资本经营收入	35.95	57.79	92.93	145.66	131.19	142.77	157.43
国有资源有偿使用收入	6.81	25.63	39.03	69.46	97.84	171.42	206.29
其他收入	3.25	3.32	3.27	10.80	12.10	26.23	31.31

8-4 地区各项税收及附加收入

单位：亿元

税种分类	2005年	2006年	2008年	2009年	2010年	2011年	2012年
收入合计	**1270.34**	**1456.21**	**2295.04**	**2651.89**	**3504.61**	**4216.10**	**4749.42**
一、税收合计	**1244.35**	**1428.10**	**2256.94**	**2605.57**	**3445.44**	**4125.00**	**4646.47**
1.增值税	517.03	572.17	861.83	816.22	1091.61	1208.15	1307.98
#国内增值税	455.11	499.23	694.15	677.09	821.27	914.36	919.74
2.消费税	67.39	92.17	112.76	392.64	495.03	493.84	557.48
#国内消费税	62.80	84.46	99.56	366.23	443.31	435.76	532.49
3.营业税	164.69	205.37	303.99	363.94	453.83	556.25	606.74
4.个人所得税	82.02	89.09	129.32	122.36	160.51	192.36	152.30
5.外商外国企业所得税	31.46	38.43		82.30	128.22	158.05	167.16
6.企业所得税	160.64	162.29	373.50	222.42	303.72	407.03	432.10
7.资源税	12.05	18.65	28.33	32.73	46.43	68.08	109.16
8.投资方向调节税	0.20	0.35	0.45	0.05			0.03
9.城市维护建设税	39.92	43.86	58.71	74.35	95.09	125.00	136.11
10.房产税	24.83	29.80	35.38	41.08	45.92	55.87	64.17
11.印花税	7.51	9.62	16.38	16.67	22.81	27.71	28.15
12.城镇土地使用税	9.76	16.84	66.03	85.18	108.05	145.75	221.92
13.土地增值税	5.95	11.54	24.78	47.99	77.59	128.80	190.37
14.车船使用税	1.68	2.23	11.11	9.80	12.28	14.98	19.90
15.屠宰税							
16.筵席税							
17.农业税	0.53						
18.农业特产税	0.63	0.33					
19.耕地占用税	3.69	5.29	24.33	69.56	96.43	140.40	225.20
20.契税	38.93	48.36	78.12	116.89	152.94	209.84	217.47
21.车辆购置税	22.64	26.68	39.19	44.72	66.46	78.35	80.38
22.烟叶税			0.53	0.83	0.53	0.83	1.07
23.关税	52.80	55.03	90.02	61.89	86.80	112.80	125.66
24.其他税收			2.18	3.95	1.20	0.91	3.12
二、其他收入	**25.99**	**28.11**	**38.10**	**46.32**	**59.17**	**91.10**	**102.95**
1.教育费附加	17.35	19.49	27.13	33.52	42.95	55.90	60.76
2.文化事业建设费	0.91	1.05	1.27	1.27	1.53	1.87	2.02
3.地方教育费收入	5.41	5.90	8.72	10.74	13.15	32.58	39.76
4.矿区使用费	0.33	0.31					
5.罚没收入	1.43	0.72	0.30	0.20	0.85	0.45	0.34
6.其他收入	0.56	0.64	0.68	0.58	0.69	0.30	0.07

注：1.本表按1994年新税制改革以来的地区实际税收收入整理。
2.增值税和消费税含海关代征，不含出口退税绝对值；国内增值税和国内消费税不含海关代征，含出口退税绝对值。

8-5 各地区地方公共财政预算收入

(2012年)

单位：万元

项 目	沈阳	大连	鞍山	抚顺	本溪	丹东	锦州
合 计	**7150377**	**7501085**	**2343946**	**1301533**	**1235244**	**1279733**	**1315031**
一、各项税收小计	5753744	5979981	1571339	988364	960041	960786	993115
增值税	520788	559416	187617	91035	79866	59349	75811
营业税	1803516	1746363	348434	214461	139131	219312	284561
企业所得税	748567	743643	148364	79574	41792	74541	58696
个人所得税	175968	211302	24326	20054	22600	15241	21626
资源税	34497	224830	96070	49042	87808	58271	32217
城市维护建设税	330958	291310	70105	40415	33417	29434	37513
耕地占用税	442614	140856	161003	248017	385735	132294	155180
契税	504061	713478	143197	73562	33073	92647	53952
烟叶税						3809	
其他税收收入	1192775	1348783	392223	172204	136619	275888	273559
二、非税收入小计	1396633	1521104	772607	313169	275203	318947	321916
专项收入	214100	153145	90809	35689	35850	25602	29632
行政事业性收费收入	269972	369448	146687	72977	53420	84846	44768
罚没收入	146704	146311	74218	28460	42610	28558	64436
国有资本经营收入	403097	305505	419483	112654	50981	52461	17856
国有资源有偿使用收入	335974	484699	29484	61437	90851	121201	139740
其他收入	26786	61996	11926	1952	1491	6279	25484

8-5 续表

单位：万元

项 目	营口	阜新	辽阳	盘锦	铁岭	朝阳	葫芦岛
合 计	**1702183**	**640300**	**1102146**	**1402223**	**1146166**	**1070857**	**839778**
一、各项税收小计	1270523	447055	790282	1066520	856697	777814	583943
增值税	94957	48898	83999	161568	57455	81348	64864
营业税	299804	107592	155828	256571	131486	158092	199712
企业所得税	83575	40249	84463	54761	48622	55214	37164
个人所得税	15246	10420	14723	27364	10917	27518	11857
资源税	14708	28457	131643	86460	48902	191270	8801
城市维护建设税	55133	19563	34497	59483	25273	23997	32970
耕地占用税	96187	97248	91253	62780	110422	65449	62942
契税	136041	31950	79243	89535	90125	68846	64994
烟叶税		2082			1873	2927	
其他税收收入	474872	60596	114633	267998	331622	103153	100639
二、非税收入小计	431660	193245	311864	335703	289469	293043	255835
专项收入	36088	12087	61073	36631	22147	35383	25124
行政事业性收费收入	132857	100439	68717	55949	94339	77981	85045
罚没收入	29087	21633	30622	17218	35724	45507	57573
国有资本经营收入	92933	14463	6480		22742	8956	65586
国有资源有偿使用收入	122950	30191	134627	220863	110933	93579	22212
其他收入	17745	14432	10345	5042	3584	31637	295

8-6 地方公共财政预算支出

单位：亿元

行 业	2006年	2007年	2008年	2009年	2010年	2011年	2012年
合 计	**1422.75**	**1764.28**	**2153.43**	**2682.39**	**3195.82**	**3905.85**	**4558.59**
一般公共服务	233.81	271.16	307.65	329.16	352.40	415.23	485.71
国 防	3.42	5.89	5.38	7.49	7.58	11.43	13.75
公 共 安 全	99.26	126.77	147.58	154.16	191.29	210.29	228.80
教 育	193.14	252.13	306.36	346.73	405.39	544.09	728.79
科 学 技 术	27.72	38.69	49.02	57.49	68.90	87.20	101.24
文化体育与传媒	23.58	24.80	29.94	76.25	56.76	68.60	79.25
社会保障和就业	322.99	402.98	469.97	518.07	579.84	657.36	727.71
医疗卫生	46.30	66.60	83.90	163.32	151.36	182.07	200.19
节能环保	21.16	28.07	48.18	55.71	77.44	74.20	93.27
城乡社区事务	143.47	171.78	217.22	289.66	360.31	442.58	595.19
农林水事务	101.81	121.80	149.29	240.71	289.00	329.20	405.02
交通运输	17.76	26.92	37.25	106.60	140.29	220.53	256.10
工业商业金融等事务	112.78	150.22	221.28	211.64	441.88	298.81	315.94
其他支出	75.57	76.48	80.40	125.40	73.38	364.26	327.63

8-7 各地区地方公共财政预算支出

(2012年)

单位：万元

行　业	沈阳	大连	鞍山	抚顺	本溪	丹东	锦州
合　计	**7660854**	**8909590**	**2902652**	**2002015**	**1755681**	**1969376**	**2047132**
一般公共服务	916696	823294	281465	183452	298352	183208	212623
国　防	30535	16192	19736	3416	266	2240	896
公共安全	463504	359204	139668	90871	80769	93704	94896
教　育	1194323	1369604	331590	321502	242508	340631	336747
科学技术	246407	392872	24548	25483	23826	14020	24489
文化体育与传媒	130962	130393	30051	16276	30848	21878	29875
社会保障和就业	1253429	1226919	557113	443980	272133	329950	375874
医疗卫生	366015	311201	129152	72775	67681	81993	110623
环境保护	213077	101420	37539	57046	63036	37371	31346
城乡社区事务	1260436	1245401	737502	305281	345451	273963	225761
农林水事务	387865	564409	198288	176043	126230	237354	335309
交通运输	260931	512054	112639	63460	70424	91464	110462
商业服务业金融等事务	119242	131305	17827	32684	22124	19061	26199
其他支出	817432	1725322	285534	209746	112033	242539	132032

8-7 续表

单位：万元

行　业	营口	阜新	辽阳	盘锦	铁岭	朝阳	葫芦岛
合　计	**2210335**	**1453992**	**1373950**	**1821769**	**2002912**	**2137193**	**1667955**
一般公共服务	239807	124504	159258	214286	279950	246504	181823
国　防	3359	1356	2455	1916	1560	4723	16375
公共安全	100282	75202	77614	64959	91205	109679	102621
教　育	350764	207476	218913	289276	338397	364329	288061
科学技术	35089	11967	20250	18520	36369	21032	20550
文化体育与传媒	26089	18911	18542	17227	20403	30155	21872
社会保障和就业	353271	243893	240635	203796	218349	372465	290635
医疗卫生	142363	80320	72504	64137	101208	134082	92417
环境保护	34633	69049	34986	52760	89968	44445	19727
城乡社区事务	331244	156408	207484	349829	245051	141704	120630
农林水事务	145563	172142	102488	194245	280390	338098	230981
交通运输	78879	50555	56697	69489	62020	106802	80981
商业服务业金融等事务	23416	18876	14944	18379	16847	26278	22580
其他支出	345576	223333	147180	262950	221195	196897	178702

主要统计指标解释

财政总收入 指国家财政参与社会产品分配所取得的收入，是实现国家职能的财力保证。财政收入所包括的内容几经变化，目前主要包括：

（1）税收收入 包括增值税、营业税、企业所得税、个人所得税、资源税、固定资产投资方向调节税、城市维护建设税、房产税、印花税、城镇土地使用税、土地增值税、车船税、耕地占用税、契税、烟叶税、其他税收收入。

（2）非税收入 包括专项收入、行政事业性收费收入、罚没收入、国有资本经营收入、国有资源有偿使用收入、其他收入。

财政总支出 国家财政将筹集起来的资金进行分配使用，以满足经济建设和各项事业的需要，主要包括以下各项支出：

（1）一般公共服务 反映政府提供一般公共服务的支出。

（2）公共安全 反映政府维护社会公共安全方面的支出，有关事务包括武装警察、公安、国家安全、检察、法院、司法行政、监狱、劳教、国家保密、缉私警察等。

（3）教育支出 反映政府教育事务支出。有关具体教育事务包括教育行政管理、学前教育、小学教育、初中教育、普通高中教育、普通高等教育、初等职业教育、中专教育、技校教育、职业高中教育、高等职业教育、广播电视教育、留学生教育、特殊教育、干部继续教育、教育机关服务等。

（4）科学技术 反映政府用于科学技术方面的支出。

（5）文化体育与传媒 反映政府在文化、文物、体育、广播电视、新闻出版等方面的支出。

（6）社会保障和就业 反映政府在社会保障与就业方面的支出。有关事项包括社会保障与就业管理事务、民政管理事务、财政对社会保险基金的补助、补充全国社会保障基金、行政事业单位离退休、企业改革补助、就业补助、抚恤、退役安置、社会福利、残疾人事业、城市居民最低生活保障、其他城镇社会救济、农村社会救济、自然灾害生活补助、红十字事务等。

（7）医疗卫生 反映政府医疗卫生方面的支出。具体包括医疗卫生管理事务支出、医疗服务支出、医疗保障支出、疾病预防控制支出、卫生监督支出、妇幼保健支出、农村卫生支出等。

（8）环境保护 反映政府环境保护支出。具体包括：环境保护管理事务支出、环境监测与监察支出、污染治理支出、自然生态保护支出、天然林保护工程支出、退耕还林支出、风沙荒漠治理支出、退牧还草支出、已垦草原退耕还草支出。

（9）城乡社区事务 反映政府城乡社区事务支出。具体包括：城乡社区管理事务支出、城乡社区规划与管理支出、城乡社区公共设施支出、城乡社区住宅支出、城乡社区环境卫生支出、建设市场管理与监督支出等

（10）农林水事务 反映政府农林水事务方面的支出。具体包括农业、林业、水利、扶贫支出、农业综合开发支出等。

（11）交通运输 反映政府交通运输方面的支出。包括公路运输支出、水路运输支出、铁路运输支出、民用航空运输支出等。

（12）工业商业金融等事务 反映政府工业、商业、金融等事务支出。具体包括：采掘业支出、制造业支出、电力支出、信息产业支出、旅游业支出、涉外发展支出、粮油事务支出、商业流通事务支出、物资储备支出、金融保险支出、烟草事务支出、安全生产支出、国有资产监督支出、中小企业发展支出、清洁生产支出等。

(13) 其他支出 反映不能划分到上述功能科目的其他政府支出。包括预备费、年初预留、住房改革支出以及其他支出。

中央财政和地方财政 财政是国家为了实现其职能，凭借政治权力，对一部分社会产品进行分配和再分配的经济活动。中央财政和地方财政，是指财政体制上划分中央政府和地方政府以及地方各级政府之间财政管理权限的一项根本制度，它是经济管理体制的重要组成部分，它在财政管理体制中居于主导地位。它具体规定了各级政府筹集资金、支配使用资金的权力、范围和责任，使各级政府在财政管理上有责有权。这对于正确处理中央和地方之间，以及地方各级之间的分配关系，充分发挥各级政府的积极性，更好地完成国家财政收支任务，促进社会主义建设的发展有着极其重要的意义。中央财政收入和地方财政收入，是指中央和地方各级负责组织征收的收入，不是按财政体制计算的收入分成数。其收入中还包括了国外借款。

预算外资金 是指不纳入国家财政预算，由各地方、各部门、各企业、事业、行政单位，按国家规定范围自行筹集和使用的资金。它是国家财政预算内资金的补充财力。

九、物价

Chapter 9 Price Indices

9-1 各种价格指数

(上年=100)

年 份	居民消费价格指数	城市居民消费价格指数	农村居民消费价格指数	商品零售价格指数	工业生产者出厂价格指数	工业生产者购进价格指数	固定资产投资指数
1980		104.4		105.9			
1985	110.7	111.4	106.7	110.0			
1986	106.7	107.0	105.0	106.0			
1987	108.6	109.8	105.6	109.0			
1988	119.3	119.6	115.9	119.3	122.4	133.9	
1989	118.2	117.2	120.1	118.4	121.2	133.3	
1990	103.3	103.1	104.1	102.7	103.8	117.6	105.9
1991	105.6	106.0	104.2	104.1	119.2	108.1	108.2
1992	106.7	108.1	102.3	106.0	112.1	116.6	120.9
1993	115.2	116.7	110.9	113.5	138.4	149.9	136.4
1994	124.3	126.1	120.9	120.6	119.9	118.2	117.4
1995	116.1	116.1	116.0	114.0	109.9	114.2	104.9
1996	107.9	108.2	106.8	105.4	102.8	103.7	102.2
1997	103.1	103.8	102.1	101.0	100.1	103.1	102.3
1998	99.3	99.8	98.7	97.6	95.8	99.3	99.8
1999	98.6	98.7	98.3	96.1	102.0	99.0	100.0
2000	99.9	100.0	99.7	98.4	108.8	103.9	101.1
2001	100.0	99.9	100.2	99.4	98.6	100.0	100.4
2002	98.9	98.9	98.7	97.4	97.8	98.3	100.7
2003	101.7	101.2	103.7	98.9	103.6	105.1	102.5
2004	103.5	102.8	106.3	101.9	107.1	112.1	104.8
2005	101.4	100.8	104.0	100.1	105.1	108.1	102.8
2006	101.2	101.1	101.6	101.3	104.1	104.2	102.1
2007	105.1	104.6	107.0	104.4	104.4	104.8	104.3
2008	104.6	104.4	105.5	105.3	110.9	111.5	109.1
2009	100.0	100.0	100.3	99.8	94.0	93.3	97.0
2010	103.0	102.8	104.0	103.2	107.4	108.6	103.3
2011	105.2	105.1	105.5	105.0	106.5	108.3	106.6
2012	102.8	102.9	102.5	102.2	99.9	99.0	101.0

9-2 各种价格定基指数

年 份	居民消费价格指数(1984=100)	城市居民消费价格指数(1978=100)	农村居民消费价格指数(1984=100)	商品零售价格总指数(1978=100)	工业生产者出厂价格指数(1988=100)	工业生产者购进价格指数(1988=100)	固定资产投资指数(1990=100)
1979		101.7		101.4			
1980		106.2		105.4			
1981		112.3		108.8			
1982		113.9		110.1			
1983		115.8		111.8			
1984		120.0		116.2			
1985	110.7	133.7	106.7	127.8			
1986	118.1	143.1	112.0	135.5			
1987	128.3	157.1	118.3	147.7			
1988	153.0	187.9	137.1	176.2			
1989	180.9	220.2	164.7	208.6	121.2	133.3	
1990	186.8	227.0	171.4	214.3	125.8	156.8	
1991	197.3	240.6	178.6	223.0	150.0	169.5	108.2
1992	210.5	260.1	182.7	236.4	168.1	197.6	130.9
1993	242.5	303.6	202.7	268.3	232.7	296.2	178.6
1994	301.4	382.8	245.0	323.6	279.0	350.1	209.6
1995	350.0	444.4	284.2	368.9	306.6	399.8	219.9
1996	377.6	480.8	303.5	388.8	315.2	414.6	224.7
1997	389.3	499.1	309.9	392.7	315.5	427.4	229.9
1998	386.6	498.1	305.9	383.3	302.2	424.5	229.4
1999	381.2	491.6	305.0	368.4	308.3	420.2	229.4
2000	380.8	491.6	304.1	362.5	335.4	436.6	231.9
2001	380.8	491.1	304.7	360.3	330.7	436.6	232.9
2002	376.6	485.7	300.7	350.9	323.4	429.2	234.5
2003	383.0	494.0	311.9	347.0	335.1	451.1	240.6
2004	396.4	507.8	331.5	353.6	358.9	505.7	252.1
2005	401.9	511.9	344.8	354.0	377.2	546.7	259.2
2006	406.7	517.5	350.3	358.6	392.7	569.7	264.6
2007	427.4	541.3	374.8	374.4	409.9	596.9	275.9
2008	447.2	565.0	395.5	394.4	454.6	665.5	301.0
2009	447.2	565.0	396.7	393.6	427.3	621.0	291.9
2010	460.6	580.8	412.6	406.2	458.9	674.4	301.6
2011	484.6	610.4	435.3	426.5	488.7	730.3	321.5
2012	498.2	628.1	446.2	435.9	488.2	723.0	324.7

9-3 居民消费价格分类指数

(2012年，上年=100)

项　　目	全省	城市	农村
居民消费价格总指数	102.8	102.9	102.5
一、食品	104.9	105.3	103.0
1.粮食	103.6	103.9	103.2
2.淀粉及制品	107.1	106.8	107.9
3.干豆类及豆制品	101.8	101.9	101.7
4.油脂	105.0	105.3	104.3
5.肉禽及其制品	102.6	103.3	99.9
6.蛋	96.2	95.9	97.3
7.水产品	107.3	107.4	106.8
8.菜	117.5	119.0	110.9
9.调 味 品	104.6	105.5	102.4
10.糖	103.7	104.8	101.6
11.茶及饮料	104.0	104.3	102.3
12.干鲜瓜果	97.5	97.3	98.6
13.糕点饼干面包	103.8	103.4	105.4
14.液体乳及乳制品	103.8	104.1	101.7
15.在外用膳食品	106.3	106.4	105.5
16.其他食品	105.3	105.5	104.5
二、烟酒	102.3	102.5	101.9
1.烟草	100.5	100.3	101.4
2.酒	105.2	106.1	102.6
三、衣着	102.3	102.1	102.8
1.服　　装	103.1	103.3	102.7
2.衣着材料	103.6	104.5	102.1
3.鞋袜帽	100.1	99.5	102.9
4.衣着加工服务费	107.2	107.9	105.6
四、家庭设备用品及维修服务	102.9	103.4	101.0
1.耐用消费品	100.7	101.0	99.6
2.室内装饰品	101.2	101.3	100.9
3.床上用品	104.3	105.0	100.5
4.家庭日用杂品	104.3	104.7	102.7
5.家庭服务及加工维修服务	108.4	109.2	103.5
五、医疗保健和个人用品	101.9	101.7	102.4
1.医疗保健	101.4	101.2	102.1
2.个人用品及服务	102.9	102.8	103.1
六、交通和通信	100.1	100.1	100.0
1.交通	101.6	101.7	101.2
2.通信	98.6	98.5	98.7
七、娱乐教育文化用品及服务	101.1	100.8	102.6
1.文娱用耐用消费品及服务	93.8	93.7	94.6
2.教育	102.4	101.8	104.8
3.文化娱乐类	100.9	101.1	99.6
4.旅游	104.1	104.4	101.0
八、居住	102.8	102.7	103.0
1.建房及装修材料	102.3	102.0	102.8
2.住房租金	103.6	103.7	103.3
3.自有住房	103.2	103.2	103.5
4.水、电、燃料	101.7	101.7	101.9

9-4 居民消费价格分类指数

(2012年，2010年平均价格=100)

项　目	全省	城市	农村
居民消费价格总指数	110.1	110.1	110.4
一、食品	120.8	121.0	120.1
1.粮食	119.3	119.9	118.3
2.淀粉及制品	128.7	134.0	120.2
3.干豆类及豆制品	110.8	111.1	109.8
4.油脂	122.7	122.7	122.5
5.肉禽及其制品	138.1	139.5	132.5
6.蛋	125.0	124.9	125.4
7.水产品	118.7	118.2	122.5
8.菜	121.8	122.5	118.5
鲜　菜	123.9	124.4	121.5
9.调 味 品	114.5	115.8	111.4
10.糖	116.9	116.8	117.0
11.茶及饮料	110.0	110.8	105.1
12.干鲜瓜果	104.1	102.8	112.9
13.糕点饼干面包	115.4	116.1	112.4
14.液体乳及乳制品	110.0	110.7	105.3
15.在外用膳食品	117.6	118.1	113.9
16.其他食品	116.1	116.9	112.8
二、烟酒	104.7	104.9	104.0
1.烟草	101.0	100.6	102.6
2.酒	110.6	112.2	105.9
三、衣着	106.9	106.7	107.5
1.服　装	107.9	108.1	106.9
2.衣着材料	114.6	114.1	115.7
3.鞋袜帽	103.6	102.9	106.9
4.衣着加工服务费	125.4	128.6	119.1
四、家庭设备用品及维修服务	107.1	108.0	103.2
1.耐用消费品	101.6	102.3	98.9
2.室内装饰品	102.4	102.7	101.2
3.床上用品	118.1	119.9	108.6
4.家庭日用杂品	108.7	109.1	106.9
5.家庭服务及加工维修服务	117.2	118.5	109.5
五、医疗保健和个人用品	106.3	106.1	107.0
1.医疗保健	105.0	104.7	106.2
2.个人用品及服务	109.2	109.2	109.1
六、交通和通信	99.8	99.8	100.2
1.交通	103.8	103.9	103.2
2.通信	96.1	96.0	96.9
七、娱乐教育文化用品及服务	101.2	100.5	104.6
1.文娱用耐用消费品及服务	84.8	84.1	88.1
2.教育	104.8	103.6	109.2
3.文化娱乐类	102.6	103.1	99.3
4.旅游	104.0	104.2	101.7
八、居住	109.9	109.9	110.0
1.建房及装修材料	107.6	107.5	107.9
2.住房租金	110.5	110.5	110.9
3.自有住房	111.8	111.6	112.8
4.水、电、燃料	107.3	107.3	106.9

9-5 各市居民消费价格分类指数

(2012年，上年=100)

市名称	居民消费价格指数	食品							
			#粮食	#油脂	#肉禽及其制品	#蛋类	#水产品	#菜类	#茶和饮料
全　省	**102.8**	**104.9**	**103.6**	**105.0**	**102.6**	**96.2**	**107.3**	**117.5**	**104.0**
沈　阳	103.0	106.1	104.6	105.3	106.1	95.1	108.8	122.6	104.0
大　连	103.4	105.3	104.8	105.2	103.7	97.4	109.0	112.9	106.9
鞍　山	102.3	104.0	102.4	107.3	103.7	94.8	105.4	116.5	104.5
抚　顺	102.8	106.4	102.1	101.7	103.2	102.5	116.1	122.3	107.5
本　溪	102.7	105.1	102.8	104.8	103.9	92.7	109.0	119.2	105.1
丹　东	102.9	104.9	102.5	106.7	102.8	93.7	99.7	113.8	103.1
锦　州	102.2	106.2	106.5	112.5	103.3	98.0	99.7	134.2	101.6
营　口	102.7	104.6	103.4	103.7	103.5	95.2	100.4	115.7	104.7
阜　新	102.6	104.0	102.7	103.7	101.6	95.7	106.2	119.4	100.0
辽　阳	102.5	104.6	103.1	103.9	101.0	90.6	105.9	121.8	101.3
盘　锦	102.6	103.4	103.7	107.1	100.2	96.3	105.0	115.9	105.0
铁　岭	102.8	104.0	101.8	100.5	103.8	89.7	113.3	115.6	100.7
朝　阳	103.3	102.5	101.2	103.8	98.1	94.0	108.7	110.8	103.8
葫芦岛	102.2	104.5	102.8	101.6	101.4	97.4	107.3	113.3	98.9

9-5 续表

市名称			烟酒及用品	衣着	家庭设备及服务	医疗保健个人用品	交通和通讯	娱乐教育文化用品	居住
	#干鲜瓜果	#奶及奶制品							
全　省	**97.5**	**103.8**	**102.3**	**102.3**	**102.9**	**101.9**	**100.1**	**101.1**	**102.8**
沈　阳	95.8	104.4	103.3	103.1	102.8	100.0	99.9	101.3	102.1
大　连	98.2	104.0	103.5	100.6	106.2	103.6	101.1	102.2	102.4
鞍　山	91.1	105.1	102.3	102.2	106.4	101.7	100.1	99.8	101.7
抚　顺	103.5	104.1	100.6	103.7	101.5	102.6	99.5	99.5	100.7
本　溪	99.2	102.4	100.5	103.4	100.8	101.6	100.4	101.7	101.0
丹　东	105.4	101.9	101.1	101.4	100.3	102.7	99.0	100.1	105.7
锦　州	104.8	106.7	102.9	90.2	102.7	102.6	99.7	98.8	106.3
营　口	89.4	100.5	103.8	107.8	100.9	101.3	101.9	99.3	100.4
阜　新	99.2	104.5	102.3	100.7	103.2	105.8	100.8	100.0	101.7
辽　阳	104.8	104.6	100.1	100.6	105.5	103.7	100.5	98.8	102.5
盘　锦	97.8	102.1	104.1	100.2	102.9	101.6	99.8	99.0	108.7
铁　岭	100.6	104.3	101.1	102.3	101.0	103.7	100.8	101.5	103.3
朝　阳	91.3	101.9	103.1	106.5	100.5	102.6	99.9	107.0	103.9
葫芦岛	101.6	105.9	102.0	98.2	100.4	102.4	99.4	99.5	103.2

9-6 农业生产资料价格指数

(上年=100)

项　　目	2006年	2007年	2008年	2009年	2010年	2011年	2012年
农业生产资料价格指数	**100.5**	**114.2**	**128.1**	**96.7**	**103.7**	**112.8**	**106.9**
1.农用手工工具	104.6	105.6	112.0	102.5	104.9	105.0	106.8
2.饲　　料	101.8	109.6	120.9	104.7	112.8	108.1	106.4
3.产　品　畜	76.6	196.6	157.9	71.3	99.6	135.5	104.2
4.半机械化农具	100.2	102.1	107.2	100.4	102.9	102.2	101.3
5.机械化农具	100.0	102.0	106.5	101.4	103.4	103.3	102.0
6.化 学 肥 料	100.6	100.9	134.3	94.1	95.3	116.4	108.5
7.农药及农药械	101.6	102.0	108.7	103.1	99.0	102.9	102.9
8.农 机 用 油	114.3	105.5	114.8	87.3	112.5	111.7	104.4
9.其他农业生产资料	103.4	105.4	115.1	101.9	103.6	108.2	111.6
10.农业生产服务	109.1	118.1	121.1	112.6	108.4	108.2	106.6

9-7 各地区农村消费价格分类指数

(2012年，上年=100)

项　　目	辽中	瓦房店	海城	新宾	凤城	昌图	建平	北票	绥中
总 指 数	**104.5**	**102.3**	**101.7**	**102.2**	**102.6**	**102.2**	**102.6**	**102.5**	**102.9**
一、食　　品	104.2	104.0	102.4	103.7	102.2	102.7	101.5	104.5	102.7
二、烟 酒 及 用 品	101.9	102.6	100.3	103.2	102.8	99.8	102.8	103.3	102.3
三、衣　着　类	101.6	100.9	101.9	102.1	105.8	102.4	103.1	101.0	107.9
四、家庭设备及服务	101.2	101.3	100.2	100.8	99.9	101.5	102.8	100.8	101.6
五、医疗保健及个人用品	104.2	103.3	101.9	101.1	101.5	102.1	103.0	102.5	102.9
六、交 通 和 通 讯	103.0	100.2	99.6	99.3	100.1	99.9	98.6	100.3	100.4
七、娱乐教育文化	106.7	99.8	101.1	99.1	105.0	102.5	111.8	99.3	99.7
八、居　　住	107.3	102.2	102.4	103.9	102.9	103.0	100.6	103.1	104.0

9-8 工业生产者出厂价格分类指数

(上年=100)

类　别	2005年	2006年	2008年	2009年	2010年	2011年	2012年
全部工业产品出厂价格总指数	105.1	104.1	110.9	94.0	107.4	106.5	99.9
一、按轻重工业分							
1.轻　工　业	101.7	100.4	106.3	98.8	102.9	104.7	101.4
以农产品为原料	100.0	100.3	108.9	98.5	103.8	105.5	102.0
以非农产品为原料	102.7	100.6	103.6	99.2	102.0	101.7	99.1
2.重　工　业	107.3	105.1	112.1	92.2	109.2	106.9	99.6
采 掘 工 业	119.0	108.3	114.7	85.8	120.3	110.2	95.5
原 料 工 业	107.5	107.7	114.0	91.9	115.2	111.7	101.9
加 工 工 业	103.6	100.8	108.9	93.8	103.5	104.6	99.2
二、按两大部类分							
1.生 产 资 料	106.5	104.7	111.3	93.2	108.2	107.0	99.7
采 掘 工 业	119.1	108.0	115.8	87.6	119.1	110.2	95.5
原 料 工 业	107.2	107.8	113.7	91.6	115.8	111.9	101.8
加 工 工 业	103.7	100.9	108.1	95.0	103.2	104.7	99.3
2.生 活 资 料	99.7	99.6	107.3	98.9	103.0	104.1	101.2
食　　品	99.8	100.3	110.9	97.6	104.3	106.8	101.9
衣　　着	99.6	101.7	102.6	101.8	100.8	102.3	102.1
一般日用品	100.0	100.5	103.2	97.9	101.5	102.1	99.8
耐用消费品	99.6	93.8	100.1	101.0	102.4	100.6	100.1
三、按工业部门分							
1.冶 金 工 业	105.3	100.0	117.4	84.9	109.4	108.3	94.6
2.电 力 工 业	103.3	102.9	101.8	102.4	102.2	100.8	103.6
3.煤炭及炼焦工业	122.8	106.7	120.1	109.0	112.8	109.6	100.1
4.石 油 工 业	117.4	117.6	117.1	87.0	125.1	119.4	105.4
5.化 学 工 业	109.6	100.5	108.9	94.3	108.4	106.0	98.0
6.机 械 工 业	101.5	100.9	102.6	99.9	99.3	102.5	100.1
7.建筑材料工业	102.6	101.8	105.0	100.3	102.8	104.4	103.5
8.森 林 工 业	101.3	101.0	102.9	99.6	104.1	104.6	103.1
9.食 品 工 业	99.5	99.7	112.6	97.3	103.9	106.6	102.1
10.纺 织 工 业	101.7	101.3	101.1	97.7	111.2	106.9	98.4
11.缝 纫 工 业	100.8	101.0	101.4	101.2	100.5	102.3	102.1
12.皮 革 工 业	95.6	102.8	107.3	104.7	103.3	99.2	101.1
13.造 纸 工 业	102.2	99.4	107.3	98.0	103.5	103.2	100.4
14.文教艺术用品工业	99.5	98.8	100.3	98.5	102.1	99.3	100.1
15.其 他 工 业	102.2	102.0	105.2	98.6	103.0	104.3	99.7

9-9 工业生产者购进价格分类指数

(上年=100)

类　别	2005年	2006年	2008年	2009年	2010年	2011年	2012年
全部原材料、燃料、动力购进总指数	108.1	104.2	111.5	93.3	108.6	108.3	99.0
1.燃 料、动 力 类	112.5	110.2	111.7	97.1	112.4	109.6	101.1
2.黑色金属材料类	108.2	97.3	120.6	85.5	106.8	108.7	95.9
3.有色金属材料和电线类	112.8	122.1	99.1	84.3	111.1	108.9	97.4
4.化 工 原 料 类	110.4	102.4	107.1	90.6	108.1	107.3	96.5
5.木材及纸浆类	101.1	100.4	106.9	99.0	101.2	104.6	101.8
6.建 筑 材 料 类	105.5	101.1	117.1	98.5	105.3	109.4	103.3
7.非 金 属 矿 类	103.2	101.3	108.1	97.5	104.4	103.0	99.7
8.农 副 产 品 类	103.9	103.2	115.0	95.6	110.8	114.6	99.3
9.纺 织 原 料 类	102.9	102.7	103.5	99.9	105.2	106.3	99.7

主要统计指标解释

商品零售价格指数 商品零售价格，是指工业、商业、餐饮业和其他零售企业向城乡居民、机关团体出售生活消费品和办公用品的价格。商品零售价格指数，是反映一定时期内商品零售价格变动趋势和变动程度的相对数，利用商品零售价格指数，可以全面掌握市场商品零售价格的变动状况，为国家制定经济政策提供参考依据，同时还可在此基础上编制出其他各种派生价格指数，为研究市场流通、进行国民经济核算提供科学依据。

商品零售价格指数的汇总计算公式为加权算术平均公式，权数资料来源于社会消费品销售额统计和重点调查资料。所选商品为十四个大类，必报商品为304种。

居民消费价格指数 居民消费价格，是指城乡居民支付生活消费品和服务项目消费的价格，是社会产品和服务项目的最终价格。居民消费价格指数，是反映一定时期内居民消费价格变动趋势和变动程度的相对数，利用居民消费价格指数，可以全面观察居民消费价格变动对居民生活的影响，为党政领导和决策部门掌握消费价格状况，研究和制定居民消费政策、价格政策、工资政策、货币政策以及进行国民经济核算提供科学依据。

居民消费价格指数还是反映通货膨胀程度的重要指标。

农产品收购价格指数 农产品收购价格，是指各种经济类型的工商企业和其他单位以及个人直接从农民个人和国有农业生产单位收购农产品的价格。农产品收购价格指数，是反映一定时期内农产品收购价格变动趋势和变动程度的相对数，利用这一指数，可以反映农产品收购价格的变动情况及其对农产品生产者、收购者货币收支的影响，为国家制定、检查农产品收购政策，研究收购价格水平，差价政策和比价政策提供科学依据。

农产品收购价格指数的计算公式为加权倒数平均公式，权数资料来源于农村住户主要农村产品出售量、农村住户出售畜禽及渔业产品情况、国家和社会其他农产品收购部门的收购金额或收购量资料、历年农产品收购金额资料等。所选商品为十一个大类，250种商品。

农业生产资料价格指数 农业生产资料价格，是指工商企业、供销合作社和其他单位及个人向农民出售农业生产资料的价格，也是农业生产资料在流通领域中最后一个环节的价格。农业生产资料价格指数，是反映一定时期内农业生产资料价格变动趋势和变动程度的相对数。利用这一指数可以掌握农业生产资料价格的变动情况，为国家制定有关政策，保障农民利益，促进农业发展提供决策参考依据；同时，也为研究市场流通和新国民经济核算体系提供科学依据。1994年以前，农业生产资料价格指数仅仅是商品零售价格指数的一个类别，此后，从商品零售价格指数中单列出来，独立编制。

农业生产资料价格指数的计算公式为加权算术平均公式。权数资料来源于供销合作社等部门的销售统计资料和农村住户调查资料中的农业生产资料购买数量和金额资料。所选商品为十个大类，49种主要商品。

工业品出厂价格指数 是反映工业产品出厂价格水平变动趋势及变动程度的相对数，一般用百分数(%)表示。

原材料、燃料和动力购进价格指数 是反映工业企业作为生产投入，而从物资交易市场和能源、原材料生产企业购买原材料、燃料和动力产品时，所支付的价格水平变动趋势和程度的统计指标，是扣除工业企业物质消耗成本中的价格变动影响的重要依据。

十、人民生活

Chapter 10 People's Living Conditions

10-1 人民物质文化生活提高情况

项　　目	单位	2005年	2006年	2008年	2009年	2010年	2011年	2012年
就　　业								
每一农村劳动力负担人数	人	1.34	1.34	1.31	1.30	1.30	1.30	1.30
每一城镇就业者负担人数	人	2.03	2.01	1.97	1.95	1.95	2.03	1.99
收　　入								
农民家庭人均纯收入	元	3690.2	4090.4	5576.5	5958.0	6908.0	8296.5	9383.7
城镇居民家庭人均可支配收入	元	9107.6	10369.6	14392.7	15761.4	17712.6	20466.8	23222.7
在岗职工平均工资	元	17331.0	19624.0	27729.0	31104.0	35057.0	38713.4	42502.9
消费水平								
全省居民消费水平	元	6447	6926	9690	10906	13016	15635	17999
农村居民	元	3175	3508	4409	5039	5955	7221	8652
城镇居民	元	8749	9317	13265	14786	17488	20560	23065
储　　蓄								
城乡居民年底储蓄存款余额	亿元	6950.2	7701.2	10127.3	12030.9	13690.3	15529.6	17967.4
平均每人储蓄存款余额	元	16591.0	18291.0	23891.4	28300.8	32183.6	36511.9	42277.2
住　　房								
农村平均每人住房面积	平方米	25.1	25.2	26.4	27.0	27.3	29.0	29.5
城市平均每人建筑面积	平方米	22.0	23.0	25.7	26.6	26.9	27.3	27.3
交通、邮电								
城市每万人拥有公共汽车	辆	8.9	9.7	10.6				
每人每年函件交寄	件	3.0	2.3	2.0	1.8	2.0	2.1	1.7
城市公用事业								
自来水普及率	%	93.8	96.7	96.9	97.2	97.4	98.4	98.5
燃气普及率	%	88.1	92.3	92.4	93.7	94.2	95.5	96.0
文　　化								
每百户拥有彩色电视机								
城　　镇	台	122.1	123.5	119.3	121.8	123.1	115.7	114.7
农　　村	台	102.3	106.7	109.8	110.9	111.7	112.1	112.2
教　　育								
学龄儿童入学率	%	99.7	99.8	99.9	99.9	99.9	99.9	99.9
每万人口有大学生	人	157.7	171.6	193.5	200.8	206.9	212.1	219.8
卫　　生								
每万人拥有医院病床	张	42.5	42.9	43.1	45.1	48.0	51.0	55.1
每万人拥有医生	人	21.8	22.4	21.4	21.6	22.0	23.3	23.7

10-2 城乡居民家庭人均收入及恩格尔系数

年份	城镇居民家庭人均可支配收入(元)	指数(1978=100)	农村居民家庭人均纯收入(元)	指数(1978=100)	城镇居民家庭恩格尔系数(%)	农村居民家庭恩格尔系数(%)
1978	363.3	100.0	185.2	100.0		63.8
1979			235.0	126.9		60.5
1980	493.9	136.0	273.0	147.4		56.3
1981	508.1	139.9	306.6	165.6		53.8
1982	529.4	145.7	334.3	180.5		54.7
1983	548.7	151.0	452.5	244.3		53.0
1984	636.1	175.1	477.4	257.8		54.9
1985	704.3	193.9	485.7	262.3	54.7	51.6
1986	881.9	242.8	533.2	287.9	53.6	51.0
1987	992.4	273.2	599.3	323.6	53.6	50.7
1988	1204.0	331.4	699.6	377.8	50.7	48.5
1989	1417.3	390.1	740.2	399.7	54.3	49.5
1990	1551.0	426.9	836.2	419.2	55.3	54.1
1991	1705.6	469.5	896.7	484.2	55.9	52.6
1992	1936.0	532.9	995.1	537.3	54.4	51.7
1993	2299.5	633.0	1161.0	626.9	50.5	55.1
1994	3047.0	838.7	1423.5	768.6	51.5	58.0
1995	3691.4	1016.1	1756.5	948.4	51.9	60.3
1996	4207.2	1158.1	2150.0	1160.9	50.1	56.5
1997	4518.1	1243.6	2301.5	1242.7	48.1	55.4
1998	4617.2	1270.9	2579.8	1393.0	44.6	52.8
1999	4898.6	1348.4	2501.0	1350.4	43.4	50.6
2000	5357.8	1474.8	2355.6	1271.9	40.7	46.5
2001	5797.0	1595.7	2557.9	1381.2	39.7	45.6
2002	6524.6	1795.9	2751.3	1485.6	38.8	45.0
2003	7240.6	1993.0	2934.2	1584.3	39.4	43.2
2004	8007.6	2204.1	3307.1	1785.7	40.4	46.4
2005	9107.6	2506.9	3690.2	1992.6	38.8	41.6
2006	10369.6	2854.3	4090.4	2208.6	38.8	41.2
2007	12300.4	3385.7	4773.4	2577.4	37.8	39.6
2008	14392.7	3961.7	5576.5	3011.0	39.0	40.6
2009	15761.4	4338.4	5958.0	3217.1	38.0	36.7
2010	17712.6	4875.5	6908.0	3730.0	35.1	38.2
2011	20466.8	5633.6	8297.5	4480.3	35.5	39.1
2012	23222.7	6392.2	9383.7	5066.8	35.0	38.4

注：1.1978年可支配收入为推算数。
2.1978-1984年为全省城市数。

10-3 城镇居民家庭基本情况

指　　标	单位	2005年	2006年	2008年	2009年	2010年	2011年	2012年
一、调查户数	**户**	**3650**	**3650**	**4300**	**4300**	**4300**	**4300**	**4300**
二、平均每户家庭人口	**人**	**2.85**	**2.80**	**2.75**	**2.73**	**2.71**	**2.64**	**2.67**
三、平均每户就业人口	**人**	**1.40**	**1.39**	**1.39**	**1.40**	**1.38**	**1.30**	**1.34**
四、平均每户就业面	**%**	**49.12**	**49.60**	**50.50**	**51.28**	**50.92**	**49.24**	**50.19**
五、负担系数	**人**	**2.03**	**2.01**	**1.98**	**1.95**	**1.96**	**2.03**	**1.99**
六、平均每人全部年收入	**元**	**9837.20**	**11230.03**	**15836.25**	**17757.70**	**20014.57**	**22879.77**	**25915.72**
#可支配收入	元	9107.55	10369.61	14392.69	15761.38	17712.58	20466.84	23222.67
(一)工资性收入	元	6103.41	6611.44	9494.59	10420.60	11712.68	13093.86	14846.05
1.工资及补贴收入	元	6003.75	6446.40	9283.71	10233.65	11563.68	12835.69	14589.80
2.其它劳动收入	元	99.66	165.04	210.88	186.95	149.01	258.18	256.25
(二)经营净收入	元	486.03	688.16	1483.30	1553.18	1797.82	2285.41	2710.30
(三)财产性收入	元	95.60	146.49	248.04	239.81	249.59	333.55	493.01
1.利息收入	元	13.12	15.41	42.94	42.01	49.71	59.60	248.98
2.股息与红利收入	元	9.45	13.82	58.23	41.41	34.23	33.01	18.36
3.保险收益	元	3.57	5.50	9.10	7.50	3.02	4.20	7.15
4.其它投资收入	元	13.14	40.82	64.46	62.40	65.71	81.66	23.66
5.出租房屋收入	元	55.29	65.78	69.11	75.05	79.84	99.24	182.01
6.知识产权收入	元	0.09	2.64	0.02	1.78	10.73	49.37	3.96
7.其它财产性收入	元	0.93	2.52	4.17	9.66	6.36	6.47	8.90
(四)转移性收入	元	3152.17	3783.94	4610.32	5544.11	6254.48	7166.95	7866.35
1.养老金或离退休金	元	2573.62	3089.75	3865.03	4638.72	5379.14	6160.02	7017.41
2.社会救济收入	元	35.68	32.80	53.02	50.57	45.48	65.27	70.65
3.辞退金	元	44.24	32.22	7.69	6.31	20.68	8.24	1.78
4.赔偿收入	元	5.32	22.48	15.92	12.11	3.63	5.70	4.28
5.保险收入	元	46.31	31.12	20.46	17.04	17.06	9.87	14.67
#失业保险金	元	42.51	26.08	9.92	9.18	11.32	7.37	10.80
6.赡养收入	元	82.20	118.99	196.29	224.46	172.73	201.86	199.88
7.捐赠收入	元	250.35	302.51	306.19	385.53	379.87	484.48	237.13
8.亲友搭伙费	元	13.07	13.72					61.93
9.提取住房公积金	元	43.82	67.12	33.35	77.89	55.53	39.10	221.93
10.记帐补贴	元	42.51	51.69	79.30	102.67	142.68	135.49	36.68
11.其它转移性收入	元	15.05	21.53	33.06	28.81	37.68	56.92	
七、平均每人出售财物收入	**元**	**164.41**	**244.47**	**267.81**	**222.36**	**349.45**	**274.92**	**137.88**
1.出售住房收入	元	161.11	231.88	257.75	217.88	306.42	242.69	117.13
2.出售其它物品收入	元	3.29	12.59	10.06	4.47	43.03	32.23	20.75
八、平均每人消费性支出	**元**	**7369.27**	**7987.49**	**11231.48**	**12324.58**	**13280.04**	**14789.61**	**16593.60**
1.食品支出	元	2860.98	3102.13	4378.14	4680.85	4658.00	5254.96	5809.39
2.衣着支出	元	740.83	846.91	1187.41	1338.84	1586.81	1854.63	2042.40
3.家庭设备用品及服务	元	304.80	362.10	507.40	607.51	785.67	929.37	1069.65
4.医疗保健支出	元	751.16	767.13	913.13	1018.44	1079.81	1208.30	1309.62
5.交通和通信支出	元	744.02	797.64	1295.70	1493.17	1773.26	1899.06	2323.29
6.教育和文化娱乐服务支出	元	849.53	853.92	1145.46	1283.68	1495.90	1614.52	1843.89
7.居住支出	元	792.75	909.42	1270.95	1293.00	1314.79	1385.62	1433.28
8.其它商品和服务支出	元	325.18	348.23	533.29	609.09	585.78	643.15	762.07

10-4 城镇居民家庭平均每人总收入

(2012年，按相对收入不等距九组分)

单位：元

指 标	合计	最低10%	#更低5%	低10%	较低20%	中间20%	较高20%	高10%	最高10%	#更高5%
家庭总收入	**25915.72**	**9426.04**	**8032.74**	**13303.32**	**17568.68**	**22830.93**	**29305.45**	**37415.81**	**61407.12**	**76179.68**
可支配收入	23222.67	7861.16	6332.24	11751.00	15573.72	20327.67	26163.57	33849.29	56328.58	70621.69
(一)工资性收入	14846.05	5894.93	5110.64	8730.25	10641.51	12922.67	17774.81	20796.13	31234.33	35559.31
1.工资及补贴收入	14589.80	5707.71	4922.86	8584.28	10522.03	12819.56	17576.26	20601.69	30030.42	33403.11
2.其它劳动收入	256.25	187.22	187.77	145.97	119.48	103.11	198.55	194.44	1203.91	2156.20
(二)经营净收入	2710.30	426.37	161.64	802.34	1033.36	1479.38	2248.98	2691.43	13902.44	23200.97
(三)财产性收入	493.01	52.01	50.40	82.03	175.94	258.99	396.07	714.61	2482.17	3784.01
1.利息收入	248.98	19.98	17.83	54.71	97.87	151.85	225.65	401.26	1095.49	1662.40
2.股息与红利收入	18.36			4.63	3.88	5.80	13.78	30.09	104.91	189.84
3.保险收益	7.15	0.02			2.44	1.92	9.70	12.31	31.83	63.82
4.其它投资收入	23.66			0.22	2.46	0.09	4.47	12.67	212.91	328.39
5.出租房屋收入	182.01	29.83	31.23	22.36	64.42	97.09	136.20	230.34	962.87	1539.57
6.知识产权收入	3.96								40.06	
7.其它财产性收入	8.90	2.18	1.34	0.11	4.88	2.23	6.28	27.95	34.10	
(四)转移性收入	7866.35	3052.73	2710.07	3688.70	5717.87	8169.88	8885.59	13213.63	13788.18	13635.38
1.养老金或离退休金	7017.41	2288.85	1779.62	2946.20	5188.06	7520.01	8146.13	11955.52	11841.77	10829.30
2.社会救济收入	70.65	287.70	408.48	184.79	52.40	29.85	19.41	17.81	2.94	
3.辞退金	1.78			5.16	2.70			8.03		
4.赔偿收入	4.28	2.61		1.27	3.51		13.97		2.99	5.26
5.保险收入	14.67	11.56	2.34	28.82	17.91	11.83	2.83	15.01	27.57	45.25
#失业保险金	10.80	11.52	2.34	28.82	16.61	10.15	1.53	9.09	2.72	
6.赡养收入	199.88	99.02	135.91	109.05	68.48	155.98	154.79	362.08	697.05	992.42
7.捐赠收入	237.13	140.40	165.18	178.82	154.86	202.06	258.75	385.65	453.52	677.12
8.亲友搭伙费	61.93					1.63	35.59	133.38	425.43	797.55
9.提取住房公积金	221.93	176.60	175.59	197.08	210.34	226.09	231.39	259.07	255.72	263.47
10.记帐补贴	36.68	45.98	42.93	37.49	19.60	22.43	22.74	77.09	81.21	25.02
出售财物收入	**137.88**	**1.84**	**2.34**	**151.11**	**42.91**	**2.74**	**33.28**	**7.15**	**1075.49**	**2073.60**
1.出售住房收入	117.13			145.46			20.67		999.26	1923.55
2.出售其它物品收入	20.75	1.84	2.34	5.65	42.91	2.74	12.61	7.15	76.23	150.04

10-5 各地区城市居民平均每人全年家庭总收入

(2012年)

单位：元

指　标	全省	沈阳	大连	鞍山	抚顺	本溪	丹东	锦州
家庭总收入	**25915.72**	**30011.49**	**31776.93**	**26516.86**	**22826.66**	**25129.64**	**21675.94**	**25348.23**
可支配收入	23222.67	26430.83	27539.20	24194.09	20545.01	22466.46	19625.08	22994.67
(一)工资性收入	14846.05	17119.01	19619.77	14158.06	12262.36	14145.96	11515.58	14649.46
1. 工资及补贴收入	14589.80	17016.50	18998.97	13852.47	12152.06	13836.11	11512.32	14637.21
2. 其它劳动收入	256.25	102.51	620.80	305.59	110.30	309.86	3.26	12.25
(二)经营净收入	2710.30	3829.57	2066.58	1932.77	1547.02	2120.64	1828.43	4301.63
(三)财产性收入	493.01	542.54	638.13	767.37	523.05	885.17	377.05	168.99
1.利息收入	248.98	312.23	248.73	339.75	300.77	472.41	153.84	68.96
2.股息与红利收入	18.36	6.42	25.63	60.81	8.10	15.54		
3.保险收益	7.15	0.26	16.67	67.03		90.77		
4.其它投资收入	23.66	1.28	39.65	94.76	12.97	46.44	114.81	67.53
5.出租房屋收入	182.01	202.67	307.25	163.99	187.33	224.65	108.41	32.51
6.知识产权收入	3.96	15.64						
7.其它财产性收入	8.90	4.04	0.21	41.04	13.88	35.36		
(四)转移性收入	7866.35	8520.36	9452.45	9658.66	8494.23	7977.86	7954.87	6228.16
1.养老金或离退休金	7017.41	8026.00	8151.84	7978.72	7095.58	6810.27	7488.98	5698.74
2.社会救济收入	70.65	26.27	63.68	41.66	140.82	124.64	19.68	1.84
3.辞退金	1.78						14.50	
4.赔偿收入	4.28		7.98					
5.保险收入	14.67	12.19	36.47	14.65	43.42	8.56		
#失业保险金	10.80	4.15	33.40	11.97	40.96			
6.赡养收入	199.88	85.79	395.92	340.33	450.80	163.42	61.38	197.05
7.捐赠收入	237.13	121.91	360.89	846.11	275.49	359.37	163.55	86.71
8.亲友搭伙费	61.93		162.79	196.52	208.15	78.14		
9.提取住房公积金	221.93	212.19	253.49	183.94	232.56	355.43	195.30	208.87
10.记帐补贴	36.68	36.01	19.38	56.73	47.40	78.03	11.48	34.95
出售财物收入	**137.88**	**2.54**	**440.15**	**19.05**	**177.27**	**313.25**	**554.25**	**447.43**
1.出售住房收入	117.13		426.83	14.15	64.87	297.12	519.57	445.02
2.出售其它物品收入	20.75	2.54	13.32	4.91	112.41	16.13	34.68	2.42

10-5 续表 单位：元

指 标	营口	阜新	辽阳	盘锦	铁岭	朝阳	葫芦岛
家庭总收入	**26320.41**	**18611.64**	**24951.09**	**31317.54**	**19727.75**	**18125.02**	**24725.16**
可支配收入	23986.01	17123.38	22259.45	27532.77	18586.87	17111.74	22941.23
(一)工资性收入	14948.76	10381.11	14773.70	20742.97	10716.75	10651.98	11980.78
1.工资及补贴收入	14833.46	9975.74	14722.66	20612.70	10714.65	9921.90	11939.96
2.其它劳动收入	115.30	405.36	51.04	130.27	2.10	730.08	40.82
(二)经营净收入	3285.41	1175.37	2941.29	2442.15	1207.06	924.37	3990.38
(三)财产性收入	531.87	360.16	360.66	862.12	423.71	172.46	655.17
1.利息收入	246.32	171.42	249.55	615.65	329.07	47.63	113.70
2.股息与红利收入	8.33		0.22	0.09	0.82	0.04	426.57
3.保险收益			10.47		0.10		
4.其它投资收入		0.56	2.18			0.38	21.05
5.出租房屋收入	276.10	188.17	97.47	223.16	89.97	124.27	56.30
6.知识产权收入							
7.其它财产性收入	1.11		0.78	23.23	3.74	0.14	37.55
(四)转移性收入	7554.37	6695.01	6875.43	7270.29	7380.23	6376.21	8098.84
1.养老金或离退休金	7040.74	6041.00	6034.46	5953.31	6734.07	5503.73	6677.32
2.社会救济收入	9.58	198.19	108.88	231.99	123.97	192.45	19.38
3.辞退金						53.15	
4.赔偿收入		10.13	1.17		83.87		
5.保险收入	16.91	2.25	0.11	17.87		4.58	16.43
#失业保险金	16.91	0.38					16.43
6.赡养收入	37.70	17.07	247.79	148.51	61.37	257.07	240.61
7.捐赠收入	163.94	167.16	162.40	259.89	74.94	136.36	862.29
8.亲友搭伙费	47.83		102.38	349.03	41.94		33.59
9.提取住房公积金	237.68	222.32	216.04	309.61	251.41	211.32	230.45
10.记帐补贴		36.89	2.19	0.10	8.65	17.55	18.78
出售财物收入		**1.44**	**0.29**	**1.08**	**7.37**	**2.63**	**156.06**
1.出售住房收入							
2.出售其它物品收入		1.44	0.29	1.08	7.37	2.63	156.06

10-6 各地区城镇居民平均每人全年可支配收入

单位：元

地区	2006年	2008年	2009年	2010年	2011年	2012年
全省	**10369.61**	**14392.69**	**15761.38**	**17712.58**	**20466.84**	**23222.67**
沈阳	11651.43	17013.06	18474.61	20541.23	23326.20	26430.83
大连	13350.10	17500.48	19014.37	21292.56	24276.16	27539.20
鞍山	10760.94	15074.42	16530.15	18423.08	21297.11	24194.09
抚顺	9304.98	12434.22	13557.01	15302.92	18068.75	20545.01
本溪	9477.74	13310.59	14705.47	16774.92	19752.32	22466.46
丹东	7859.65	11640.78	12827.31	14535.99	17123.38	19625.08
锦州	9980.96	13962.50	15386.09	17375.10	20170.85	22994.67
营口	10135.11	14352.26	15858.03	18054.61	20893.72	23986.01
阜新	7598.21	10113.77	11116.52	12710.83	14993.73	17123.38
辽阳	9649.12	13262.40	14567.58	16570.34	19469.21	22259.45
盘锦	12205.45	17046.00	18563.20	21035.41	24265.87	27532.77
铁岭	7437.05	10907.22	12054.67	13730.03	16203.39	18586.87
朝阳	7440.18	10517.08	11553.65	12960.55	14957.79	17111.74
葫芦岛	9794.71	13941.53	15305.32	17371.22	20159.00	22941.23

10-7 城镇居民家庭平均每人总支出

(2012年，按相对收入不等距九组分)

单位：元

指　　标	合计	最低10%	#更低5%	低10%	较低20%	中间20%	较高20%	高10%	最高10%	#更高5%
家庭总支出	**23457.02**	**9674.23**	**8797.27**	**12324.19**	**16399.06**	**19837.06**	**25283.93**	**32307.77**	**58769.35**	**70406.02**
(一)消费性支出	16593.60	7309.09	6430.02	9356.21	11736.52	14494.91	18694.19	22963.11	37459.89	44948.30
#服务性消费支出	4118.69	1736.58	1495.09	2375.64	2836.10	3587.03	4752.38	5760.20	9217.43	11114.20
1.食品	5809.39	3264.64	2803.16	3949.53	4706.18	5694.37	6505.40	7450.37	9859.56	10919.27
2.衣着	2042.40	685.26	635.69	1067.70	1338.94	1702.91	2478.42	2925.86	4839.22	5949.81
3.居住	1433.28	805.01	769.99	859.22	1186.33	1313.10	1593.87	1914.83	2631.55	2958.09
4.家庭设备用品及服务	1069.65	337.74	325.30	476.81	694.58	862.31	1220.90	1663.18	2749.98	3590.97
5.医疗保健	1309.62	646.77	595.85	703.57	970.19	1349.69	1542.03	1651.46	2422.08	2586.82
6.交通和通信	2323.29	547.46	473.48	826.73	1220.85	1455.05	2388.25	3600.54	8367.02	10401.68
7.教育文化娱乐服务	1843.89	782.29	610.12	1139.24	1172.62	1637.70	2188.22	2634.06	4004.05	4762.94
8.其它商品和服务	762.07	239.91	216.43	333.40	446.83	479.78	777.10	1122.82	2586.43	3778.72
(二)财产性支出	125.86	3.32	2.21	42.54	29.99	101.60	147.53	246.52	426.01	661.96
1.非生产性贷款利息支出	108.13	3.31	2.21	18.50	29.74	87.27	139.75	184.59	373.22	598.20
2.其它财产性支出	17.74	0.01		24.04	0.25	14.33	7.78	61.93	52.79	63.76
(三)转移性支出	2969.53	914.31	841.47	1378.91	1838.04	2431.02	3232.78	4630.62	8028.55	9961.80
1.交纳所得税	76.28	1.44	1.33	1.10	7.75	23.65	57.75	120.01	474.00	594.42
2.捐赠支出	2227.91	782.92	751.08	1081.74	1501.41	1930.84	2607.54	3694.64	4824.31	5617.81
3.购买彩票	12.40	7.08	1.66	4.83	7.96	12.19	15.40	22.63	19.27	25.49
4.赡养支出	504.66	104.46	75.78	235.02	265.01	391.84	424.49	557.81	2030.42	2940.22
#在外就学子女费用	347.66	71.59	36.86	165.11	200.32	262.12	228.38	394.90	1498.85	2213.83
5.各种非储蓄性保险支出	117.51	6.97	8.04	43.39	32.53	51.05	96.87	183.25	597.67	698.01
#车辆保险支出	60.54			4.23	17.36	17.07	41.72	61.35	394.65	562.55
6. 其它转移性支出	30.77	11.43	3.58	12.85	23.38	21.45	30.75	52.28	82.90	85.85
(四)社会保障支出	2394.83	1386.84	1523.58	1354.14	1776.87	2253.52	2852.74	3187.44	4348.82	4700.10
1.个人交纳的养老基金	1105.51	960.96	1126.20	808.14	973.87	1010.95	1191.65	1218.51	1726.74	1855.49
2.个人交纳的住房公积金	853.69	149.82	112.46	244.42	438.17	830.69	1157.93	1426.75	1931.73	2099.31
3.个人交纳的医疗基金	365.24	259.43	274.15	270.40	315.60	344.21	409.86	424.58	566.87	620.14
4.个人交纳的失业基金	64.92	15.83	10.50	29.10	45.05	62.88	87.30	103.44	114.78	117.39
5.其它社会保障支出	5.48	0.80	0.26	2.08	4.17	4.79	5.99	14.18	8.70	7.76
(五)购房与建房支出	1373.20	60.66		192.38	1017.64	556.01	356.68	1280.08	8506.08	10133.86
1.购房	1372.18	60.66		192.38	1017.64	556.01	356.68	1280.08	8495.81	10112.94
2.建房	1.01								10.27	20.92

10-8 各地区城市居民平均每人全年家庭总支出

(2012年)

单位：元

指　　标	全省	沈阳	大连	鞍山	抚顺	本溪	丹东	锦州
家庭总支出	**23457.02**	**28964.46**	**28451.98**	**22772.33**	**19860.18**	**23453.74**	**20611.76**	**23781.91**
(一)消费性支出	16593.60	20002.92	20417.46	16388.93	13767.50	16064.51	14490.39	16967.55
#服务性消费支出	4118.69	5081.30	5514.96	4021.23	3393.62	4166.03	3547.21	4024.99
1.食品	5809.39	6326.51	7699.66	5520.88	4967.81	6221.94	6207.37	5776.90
2.衣着	2042.40	2413.34	2193.60	1949.14	1504.65	1985.60	1509.71	2280.29
3.居住	1433.28	1624.09	1649.57	1669.02	1402.28	1421.59	1213.59	1451.34
4.家庭设备用品及服务	1069.65	1288.84	1272.71	941.57	775.06	1011.51	921.94	1297.96
5.医疗保健	1309.62	1473.69	1715.70	1343.93	1343.47	1175.89	1274.88	851.28
6.交通和通信	2323.29	3608.83	2613.80	2073.21	1639.77	1574.89	1389.62	2578.78
7.教育文化娱乐服务	1843.89	2270.47	2401.58	1874.79	1502.20	1884.52	1426.51	2077.82
8.其它商品和服务	762.07	997.15	870.84	1016.40	632.25	788.57	546.76	653.18
(二)财产性支出	125.86	131.59	340.10	115.22	109.79	95.27	68.03	32.76
1.非生产性贷款利息支出	108.13	118.38	322.90	54.36	81.63	71.58	62.76	32.76
2.其它财产性支出	17.74	13.21	17.19	60.86	28.17	23.69	5.26	
(三)转移性支出	2969.53	2477.68	3079.42	2942.89	3487.41	4281.66	3241.08	3603.74
1.交纳所得税	76.28	94.55	230.86	59.02	17.09	22.48	2.67	38.61
2.捐赠支出	2227.91	1802.91	1639.54	2328.06	2747.16	3443.70	2681.80	2922.45
3.购买彩票	12.40	14.01	14.47	11.85	15.93	17.96	7.89	8.02
4.赡养支出	504.66	377.14	920.20	374.85	576.57	695.08	484.73	515.05
#在外就学子女费用	347.66	217.28	633.80	248.18	467.00	491.44	344.94	379.90
5.各种非储蓄性保险支出	117.51	165.37	251.29	104.47	80.99	34.97	34.02	88.42
#车辆保险支出	60.54	80.75	154.90	28.82	55.81	18.20	3.14	45.86
6. 其它转移性支出	30.77	23.71	23.05	64.64	49.67	67.47	29.98	31.19
(四)社会保障支出	2394.83	3273.92	3753.38	2079.80	2032.00	2285.27	1852.88	2106.08
1.个人交纳的养老基金	1105.51	1569.52	1786.98	872.99	830.50	1005.07	1011.72	683.78
2.个人交纳的住房公积金	853.69	997.13	1344.48	889.34	903.67	894.15	501.27	1110.32
3.个人交纳的医疗基金	365.24	618.23	511.69	244.24	227.52	309.25	309.99	242.66
4.个人交纳的失业基金	64.92	82.62	104.19	67.32	67.55	75.84	29.91	68.02
5.其它社会保障支出	5.48	6.43	6.04	5.90	2.76	0.96		1.32
(五)购房与建房支出	1373.20	3078.35	861.62	1245.48	463.47	727.03	959.39	1071.78
1.购房	1372.18	3078.35	861.62	1245.48	463.47	727.03	959.39	1071.78
2.建房	1.01							

10-8 续表 单位：元

指 标	营口	阜新	辽阳	盘锦	铁岭	朝阳	葫芦岛
家庭总支出	**22606.10**	**17469.84**	**21020.07**	**29197.19**	**19077.07**	**14746.85**	**19054.43**
(一)消费性支出	16453.15	12796.58	15090.31	18152.64	14385.68	11375.56	12990.57
#服务性消费支出	3773.76	3157.61	3296.77	4435.12	3623.64	2913.13	3195.16
1.食品	6640.33	4667.10	5366.48	5256.04	4543.75	4108.57	4599.56
2.衣着	2412.27	1825.61	1927.56	2464.26	1753.25	1476.74	1534.98
3.居住	1274.86	1017.55	1086.22	1178.05	1608.60	1081.54	1019.26
4.家庭设备用品及服务	1202.23	810.76	916.39	1250.89	991.43	769.57	931.80
5.医疗保健	919.55	1228.78	1017.43	1593.03	1570.35	1461.92	1113.98
6.交通和通信	1604.63	1240.33	2642.99	3269.70	1858.12	984.35	1988.10
7.教育文化娱乐服务	1665.67	1488.47	1620.33	2493.39	1543.70	1089.93	1334.46
8.其它商品和服务	733.61	517.99	512.92	647.29	516.48	402.94	468.43
(二)财产性支出	101.78	61.01	68.90	3.40	70.75	80.13	161.37
1.非生产性贷款利息支出	37.96	61.01	68.90	3.38	70.75	78.42	115.77
2.其它财产性支出	63.82			0.02		1.72	45.60
(三)转移性支出	3265.47	2148.56	3370.59	4660.42	3393.84	2496.30	2699.45
1.交纳所得税	67.72	8.22	59.71	107.53	12.43	7.10	58.77
2.捐赠支出	2851.20	1664.43	2858.93	3601.41	2844.88	1826.12	2055.31
3.购买彩票	29.89	4.45	3.96	25.02	4.70	4.24	5.01
4.赡养支出	251.47	411.50	337.15	754.51	455.18	553.56	433.00
#在外就学子女费用	169.95	242.06	218.77	454.38	383.63	375.52	301.75
5.各种非储蓄性保险支出	51.57	35.32	100.27	139.22	50.85	53.80	116.24
#车辆保险支出	24.19	11.07	52.36	59.61	46.75	0.50	70.74
6. 其它转移性支出	13.63	24.65	10.57	32.72	25.81	51.48	31.13
(四)社会保障支出	2029.01	1257.72	2415.90	3367.62	877.04	794.86	1494.72
1.个人交纳的养老基金	936.07	730.40	966.32	1645.85	454.29	330.48	635.98
2.个人交纳的住房公积金	736.55	308.60	1025.10	1196.49	290.23	339.63	594.87
3.个人交纳的医疗基金	290.14	193.83	342.08	376.37	104.68	108.31	203.58
4.个人交纳的失业基金	48.84	21.31	72.32	130.63	22.66	16.05	49.14
5.其它社会保障支出	17.41	3.58	10.07	18.27	5.17	0.39	11.15
(五)购房与建房支出	756.68	1205.97	74.37	3013.10	349.75		1708.32
1.购房	756.68	1205.97	74.37	3013.10	349.75		1685.29
2.建房							23.03

10-9 各地区城市居民平均每人全年消费支出

单位：元

地区	2005年	2006年	2008年	2009年	2010年	2011年	2012年
全省	**7369.27**	**7987.49**	**11231.48**	**12324.58**	**13280.04**	**14789.61**	**16593.60**
沈阳	7862.83	8670.32	14667.90	16110.85	16961.44	18146.92	20002.92
大连	9996.41	10533.92	14101.38	15329.83	16579.70	18846.40	20417.46
鞍山	7631.91	8286.84	11136.03	12065.20	13709.68	14909.06	16388.93
抚顺	6747.38	6852.56	8747.72	9265.29	10006.53	12440.24	13767.50
本溪	6730.90	7693.69	10166.97	11218.02	12119.39	13981.95	16064.51
丹东	5909.87	6087.77	9210.15	10380.10	11322.67	12725.15	14490.39
锦州	7203.15	8059.65	9904.18	10795.09	11801.50	13651.75	16967.55
营口	7254.28	7910.71	10448.16	11301.20	12223.26	12994.43	16453.15
阜新	5413.73	5999.48	7509.61	8384.05	9047.36	11126.98	12796.58
辽阳	6527.26	7253.89	9234.49	10459.60	11070.63	12651.18	15090.31
盘锦	8858.99	9155.55	12631.38	13486.39	13923.00	15213.02	18152.64
铁岭	5503.11	6211.93	8404.29	9366.00	10322.56	12039.06	14385.68
朝阳	5329.45	5899.66	8111.40	8634.90	9318.12	10334.12	11375.56
葫芦岛	6694.50	7549.15	9012.12	10051.28	10969.40	12132.26	12990.57

10-10 城镇居民家庭平均每人消费支出

(2012年，按相对收入不等距九组分) 单位：元

指　标	合计	最低10%	#更低5%	低10%	较低20%	中间20%	较高20%	高10%	最高10%	#更高5%
消费支出	**16593.60**	**7309.09**	**6430.02**	**9356.21**	**11736.52**	**14494.91**	**18694.19**	**22963.11**	**37459.89**	**44948.30**
#服务性消费支出	4118.69	1736.58	1495.09	2375.64	2836.10	3587.03	4752.38	5760.20	9217.43	11114.20
一、食　品	**5809.39**	**3264.64**	**2803.16**	**3949.53**	**4706.18**	**5694.37**	**6505.40**	**7450.37**	**9859.56**	**10919.27**
(一)粮油类	770.11	681.14	648.48	654.35	734.72	813.66	800.47	862.78	813.76	775.11
#粮　食	472.76	426.85	403.44	405.95	443.93	500.79	492.40	533.06	492.79	471.97
油脂类	152.21	128.75	129.52	124.41	147.92	154.30	162.93	161.08	178.51	169.57
(二)肉禽蛋水产品类	1585.20	891.02	732.51	1131.53	1370.49	1654.59	1786.38	1958.15	2303.54	2416.96
1.肉类	842.04	506.91	419.06	629.47	774.15	907.67	948.98	987.01	1056.69	1042.68
2.禽类	137.49	94.25	72.31	116.47	123.22	143.44	152.57	162.41	166.80	163.18
3.蛋类	131.32	97.93	88.37	113.77	123.00	138.16	142.55	146.58	149.75	141.31
4.水产品类	474.35	191.93	152.76	271.82	350.13	465.33	542.28	662.14	930.31	1069.80
(三)蔬菜类	581.19	422.49	381.18	461.37	548.56	636.89	616.81	672.75	663.00	642.98
#鲜菜	517.27	386.72	349.55	415.85	491.61	567.98	542.62	592.94	582.94	565.83
(四)调味品	90.33	61.65	55.72	67.18	81.06	96.53	100.49	107.69	112.74	109.71
(五)糖烟酒饮料类	582.32	296.44	283.72	351.76	445.08	530.23	652.49	734.29	1211.47	1437.48
#烟草类	250.70	155.47	154.88	160.90	199.36	225.53	276.96	298.56	496.81	599.19
酒　类	170.39	75.22	71.45	92.13	124.87	152.42	188.74	224.99	388.96	469.65
饮　料	117.08	44.30	38.83	69.27	84.32	110.44	135.75	150.35	252.15	283.51
(六)干鲜瓜果类	638.97	313.88	255.12	430.41	520.57	626.54	751.57	871.83	1006.44	1063.69
(七)糕点、奶及奶制品	352.29	164.33	122.92	207.82	293.09	346.86	396.97	491.31	604.11	659.87
#奶及奶制品	244.07	113.39	81.22	130.55	201.46	238.66	273.69	343.04	439.07	483.26
#鲜乳品	121.17	56.26	43.38	69.82	102.01	131.17	144.26	159.85	175.70	181.49
奶　粉	64.58	27.63	13.19	19.75	54.83	48.34	61.83	102.91	170.74	207.12
酸　奶	33.87	14.89	12.15	22.17	24.32	35.84	39.03	48.64	56.61	56.82
(八)其它食品	91.41	45.02	30.98	67.17	77.39	97.35	109.41	125.27	112.39	132.99
(九)饮食服务	1117.57	388.66	292.52	577.94	635.21	891.73	1290.81	1626.31	3032.10	3680.46
#在外饮食	1116.80	388.24	292.18	577.66	634.42	890.86	1289.85	1625.69	3031.01	3679.62
二、衣　着	**2042.40**	**685.26**	**635.69**	**1067.70**	**1338.94**	**1702.91**	**2478.42**	**2925.86**	**4839.22**	**5949.81**
#服　装	1435.01	438.49	398.91	711.29	908.78	1168.66	1726.55	2104.30	3591.21	4494.07
三、家庭设备用品及服务	**1069.65**	**337.74**	**325.30**	**476.81**	**694.58**	**862.31**	**1220.90**	**1663.18**	**2749.98**	**3590.97**
#耐用消费品	373.29	77.03	78.94	123.22	213.32	285.97	426.11	616.99	1101.12	1472.73
室内装饰品	32.85	2.99	2.78	10.94	13.65	14.29	31.77	59.40	140.47	214.08
四、医疗保健	**1309.62**	**646.77**	**595.85**	**703.57**	**970.19**	**1349.69**	**1542.03**	**1651.46**	**2422.08**	**2586.82**
#药品费	546.41	369.92	305.46	344.84	428.12	572.11	630.61	659.74	841.72	739.05
医疗费	521.46	254.33	273.79	311.16	417.98	561.58	639.25	667.52	762.13	681.30
五、交通和通信	**2323.29**	**547.46**	**473.48**	**826.73**	**1220.85**	**1455.05**	**2388.25**	**3600.54**	**8367.02**	**10401.68**
交　通	1507.46	161.66	143.13	313.98	604.03	704.89	1425.79	2574.23	6757.20	8716.75
通　信	815.83	385.80	330.35	512.75	616.82	750.16	962.46	1026.31	1609.82	1684.93
六、教育文化娱乐服务	**1843.89**	**782.29**	**610.12**	**1139.24**	**1172.62**	**1637.70**	**2188.22**	**2634.06**	**4004.05**	**4762.94**
#文化娱乐用品	436.00	108.79	73.00	189.02	250.06	389.60	506.32	701.11	1108.10	1190.69
教　育	**816.58**	**573.01**	**459.86**	**796.17**	**633.75**	**820.71**	**985.90**	**889.89**	**1041.04**	**1242.15**
七、居　住	**1433.28**	**805.01**	**769.99**	**859.22**	**1186.33**	**1313.10**	**1593.87**	**1914.83**	**2631.55**	**2958.09**
#住　房	293.64	90.14	82.50	78.94	245.47	205.33	315.18	459.97	798.36	933.60
水电燃料及其它	1054.28	689.86	664.81	747.43	894.31	1040.52	1179.63	1309.59	1600.36	1735.97
八、其它商品和服务	**762.07**	**239.91**	**216.43**	**333.40**	**446.83**	**479.78**	**777.10**	**1122.82**	**2586.43**	**3778.72**
#服　务	289.62	101.34	86.99	130.46	210.42	208.42	278.06	391.75	901.23	1285.66

10-11 城镇居民家庭平均每人消费支出构成

(2012年，按相对收入不等距九组分)

单位：%

指标	合计	最低10%	#更低5%	低10%	较低20%	中间20%	较高20%	高10%	最高10%	#更高5%
消费支出	**100.00**	**100.00**	**100.00**	**100.00**	**100.00**	**100.00**	**100.00**	**100.00**	**100.00**	**100.00**
一、食　　品	**35.01**	**44.67**	**43.59**	**42.21**	**40.10**	**39.29**	**34.80**	**32.44**	**26.32**	**24.29**
(一)粮油类	4.64	9.32	10.09	6.99	6.26	5.61	4.28	3.76	2.17	1.72
(二)肉禽蛋水产品类	9.55	12.19	11.39	12.09	11.68	11.41	9.56	8.53	6.15	5.38
(三)蔬菜类	3.50	5.78	5.93	4.93	4.67	4.39	3.30	2.93	1.77	1.43
(四)调味品	0.54	0.84	0.87	0.72	0.69	0.67	0.54	0.47	0.30	0.24
(五)糖烟酒饮料类	3.51	4.06	4.41	3.76	3.79	3.66	3.49	3.20	3.23	3.20
(六)干鲜瓜果类	3.85	4.29	3.97	4.60	4.44	4.32	4.02	3.80	2.69	2.37
(七)糕点、奶及奶制品	2.12	2.25	1.91	2.22	2.50	2.39	2.12	2.14	1.61	1.47
(八)其它食品	0.55	0.62	0.48	0.72	0.66	0.67	0.59	0.55	0.30	0.30
(九)饮食服务	6.73	5.32	4.55	6.18	5.41	6.15	6.90	7.08	8.09	8.19
二、衣　　着	**12.31**	**9.38**	**9.89**	**11.41**	**11.41**	**11.75**	**13.26**	**12.74**	**12.92**	**13.24**
#服　装	8.65	6.00	6.20	7.60	7.74	8.06	9.24	9.16	9.59	10.00
三、家庭设备用品及服务	**6.45**	**4.62**	**5.06**	**5.10**	**5.92**	**5.95**	**6.53**	**7.24**	**7.34**	**7.99**
#耐用消费品	2.25	1.05	1.23	1.32	1.82	1.97	2.28	2.69	2.94	3.28
室内装饰品	0.20	0.04	0.04	0.12	0.12	0.10	0.17	0.26	0.37	0.48
四、医疗保健	**7.89**	**8.85**	**9.27**	**7.52**	**8.27**	**9.31**	**8.25**	**7.19**	**6.47**	**5.76**
#药品费	3.29	5.06	4.75	3.69	3.65	3.95	3.37	2.87	2.25	1.64
医疗费	3.14	3.48	4.26	3.33	3.56	3.87	3.42	2.91	2.03	1.52
五、交通和通信	**14.00**	**7.49**	**7.36**	**8.84**	**10.40**	**10.04**	**12.78**	**15.68**	**22.34**	**23.14**
交　通	9.08	2.21	2.23	3.36	5.15	4.86	7.63	11.21	18.04	19.39
通　信	4.92	5.28	5.14	5.48	5.26	5.18	5.15	4.47	4.30	3.75
六、教育文化娱乐服务	**11.11**	**10.70**	**9.49**	**12.18**	**9.99**	**11.30**	**11.71**	**11.47**	**10.69**	**10.60**
#文化娱乐用品	2.63	1.49	1.14	2.02	2.13	2.69	2.71	3.05	2.96	2.65
教　育	4.92	7.84	7.15	8.51	5.40	5.66	5.27	3.88	2.78	2.76
七、居　　住	**8.64**	**11.01**	**11.97**	**9.18**	**10.11**	**9.06**	**8.53**	**8.34**	**7.02**	**6.58**
#住　房	1.77	1.23	1.28	0.84	2.09	1.42	1.69	2.00	2.13	2.08
水电燃料及其它	6.35	9.44	10.34	7.99	7.62	7.18	6.31	5.70	4.27	3.86
八、其它商品和服务	**4.59**	**3.28**	**3.37**	**3.56**	**3.81**	**3.31**	**4.16**	**4.89**	**6.90**	**8.41**
#服　务	1.75	1.39	1.35	1.39	1.79	1.44	1.49	1.71	2.41	2.86

10-12 城镇居民家庭平均每人购买的主要商品数量

(2012年)

品　名	单位	合计	最低10%		低10%	较低20%	中间20%	较高20%	高10%	最高10%	
				#更低5%							#更高5%
大米	千克	37.67	42.42	40.65	37.12	37.56	39.94	36.96	35.85	32.01	30.00
面粉	千克	19.58	20.84	19.41	17.27	19.35	21.62	19.36	19.93	17.02	14.42
猪肉	千克	18.58	13.49	11.20	15.50	17.88	20.59	19.67	20.99	19.85	19.17
牛肉	千克	3.64	1.88	1.58	2.18	3.23	3.92	4.39	4.44	4.88	4.83
羊肉	千克	1.60	0.71	0.60	1.11	1.41	1.71	1.99	1.95	2.05	1.92
鸡	千克	4.89	4.05	3.18	4.53	4.45	5.21	5.34	5.40	5.03	4.91
鲜蛋	千克	13.34	10.87	9.94	12.20	12.98	14.04	14.06	14.30	13.99	12.90
鱼	千克	10.38	7.15	5.77	7.90	9.88	11.46	11.47	12.16	11.18	11.43
虾	千克	2.16	0.92	0.68	1.20	1.62	2.34	2.61	3.05	3.41	3.65
鲜菜	千克	131.84	116.07	107.03	117.06	130.11	144.28	131.52	148.15	127.11	113.35
白酒	千克	2.60	2.14	2.01	2.62	2.91	2.77	2.32	3.20	2.10	1.76
果酒	千克	0.21	0.07	0.05	0.06	0.13	0.23	0.24	0.30	0.44	0.60
啤酒	千克	12.26	8.99	7.32	9.30	11.58	12.07	14.65	13.69	14.10	12.44
碳酸饮料	千克	2.46	1.51	1.03	2.08	2.15	2.53	2.66	3.13	3.28	3.43
瓶装饮用水	千克	8.09	5.29	3.69	5.48	6.08	7.58	8.94	11.82	13.57	13.85
茶叶	千克	0.19	0.10	0.11	0.11	0.15	0.20	0.24	0.24	0.30	0.29
鲜果	千克	51.27	33.65	27.35	40.47	45.46	53.61	56.78	64.61	63.95	63.13
鲜瓜	千克	13.43	9.03	6.81	11.12	11.70	13.69	14.73	16.87	17.50	17.20
糕点	千克	5.40	3.21	2.60	4.43	4.99	5.81	5.88	6.54	6.62	6.84
鲜乳品	千克	15.61	7.95	6.06	9.66	13.33	17.41	18.32	19.92	21.00	20.76
奶粉	千克	0.39	0.20	0.11	0.15	0.30	0.37	0.37	0.56	0.95	1.07
酸奶	千克	3.63	1.70	1.38	2.57	2.82	3.95	4.02	5.08	5.59	5.51
服装	件	8.45	4.86	4.44	6.49	6.99	8.16	9.91	10.88	12.44	13.67
鞋类	双	3.04	2.17	1.97	2.64	2.68	3.03	3.44	3.44	3.91	4.12

10-13 城镇居民家庭平均每百户年末耐用品拥有量

(2012年)

品 名	单位	合计	最低10%		低10%	较低20%	中间20%	较高20%	高10%	最高10%	
				#更低5%							#更高5%
摩托车	辆	5.29	11.56	10.92	7.29	6.77	4.07	3.58	3.69	2.77	1.47
助力车	辆	9.41	11.43	8.54	10.13	11.87	8.84	10.69	4.97	5.52	4.36
家用汽车	辆	15.51	1.88	1.79	3.79	6.74	9.27	18.42	23.43	50.39	62.15
洗衣机	台	94.30	86.88	85.58	88.23	93.90	92.65	96.48	98.44	101.21	103.08
电冰箱(柜)	台	98.55	87.39	89.79	89.81	96.08	98.58	102.17	103.41	107.82	113.88
彩色电视机	台	114.67	109.07	105.74	109.19	109.54	111.23	116.27	118.18	132.85	141.24
家用电脑	台	77.67	49.13	47.29	61.17	71.80	74.17	84.04	88.40	109.63	115.75
组合音响	套	17.97	7.94	5.11	11.04	13.40	15.14	24.46	19.94	30.99	33.22
摄像机	架	12.62	1.54	0.36	2.92	6.48	7.95	16.20	20.91	34.57	41.44
照相机	架	40.32	13.10	10.32	17.11	29.33	34.22	53.28	56.23	72.85	79.38
钢琴	架	2.95			1.00	0.70	1.99	4.32	4.56	8.60	11.07
其它中高档乐器	件	3.47	1.92	1.07	0.73	1.85	2.25	5.36	7.08	5.14	4.48
微波炉	台	60.18	33.14	29.24	41.22	50.83	59.13	71.37	71.71	84.48	90.17
空调器	台	29.10	7.92	6.76	9.85	16.14	25.52	35.97	39.95	68.59	82.20
淋浴热水器	台	75.81	48.54	48.05	56.37	68.10	76.88	84.70	88.83	97.00	98.88
消毒碗柜	台	6.98	1.48	2.94	2.29	2.26	5.38	7.37	13.70	19.65	24.70
洗碗机	台	0.87				0.46	0.42	0.88	1.58	3.15	3.30
健身器材	套	3.23	0.69	0.57	0.40	1.21	2.61	4.12	4.36	9.59	11.05
固定电话	部	69.24	59.40	59.53	63.02	68.53	69.76	70.76	75.96	73.70	71.76
移动电话	部	190.63	166.89	152.30	184.84	186.16	184.96	201.50	190.21	213.13	213.92

10-14 各地区城市居民家庭平均每百户耐用品拥有量

(2012年末)

品 名	单位	全省	沈阳	大连	鞍山	抚顺	本溪	丹东	锦州
摩托车	辆	5.29	0.98	0.95	6.89	3.17	1.98	7.10	2.99
助力车	辆	9.41	11.22	1.33	10.19	1.90	0.79	7.74	28.86
家用汽车	辆	15.51	23.23	24.81	14.60	7.62	5.53	4.19	21.89
洗衣机	台	94.30	96.85	93.94	90.08	87.30	94.07	91.61	96.02
电冰箱(柜)	台	98.55	100.00	103.41	98.90	90.79	101.19	99.03	99.50
彩色电视机	台	114.67	116.73	109.85	123.42	115.87	111.86	121.61	116.92
家用电脑	台	77.67	83.66	91.67	72.73	69.21	84.19	79.35	88.06
组合音响	套	17.97	21.85	25.19	21.49	15.24	19.76	20.32	13.93
摄像机	架	12.62	20.47	19.51	8.54	6.98	10.67	8.06	11.94
照相机	架	40.32	56.10	59.85	37.19	33.97	39.13	34.19	34.33
钢琴	架	2.95	3.35	4.36	3.03	2.22	2.77	2.26	1.99
其它中高档乐器	件	3.47	3.54	5.68	2.75	3.49	5.53	2.90	4.98
微波炉	台	60.18	70.67	71.78	54.82	53.97	61.26	64.52	60.70
空调器	台	29.10	37.01	40.15	32.78	19.68	6.72	9.68	36.32
淋浴热水器	台	75.81	87.40	88.45	69.15	70.48	67.98	82.58	73.63
消毒碗柜	台	6.98	10.04	11.55	5.23	6.35	5.53	1.94	8.96
洗碗机	台	0.87	0.79	2.46	0.55	0.63	2.37		
健身器材	套	3.23	4.53	5.68	1.65	2.22	2.37	1.61	1.99
固定电话	部	69.24	64.96	77.65	76.58	67.62	61.26	81.94	67.16
移动电话	部	190.63	201.97	202.46	177.41	194.60	207.51	202.58	187.56

10-14 续表

品 名	单位	营口	阜新	辽阳	盘锦	铁岭	朝阳	葫芦岛
摩托车	辆	7.32	9.90	5.94	4.83	4.50	11.76	6.34
助力车	辆	14.15	22.28	7.43	8.70	6.00	29.90	16.10
家用汽车	辆	14.63	9.90	15.35	20.77	8.50	6.37	10.24
洗衣机	台	95.12	95.05	90.10	94.69	97.50	93.14	96.59
电冰箱(柜)	台	98.54	98.02	99.01	97.58	97.50	94.12	97.07
彩色电视机	台	117.07	114.85	105.94	116.43	106.50	105.88	108.78
家用电脑	台	73.66	66.83	76.73	76.33	69.00	58.33	75.61
组合音响	套	19.51	7.43	21.29	16.43	8.00	10.78	6.83
摄像机	架	10.73	3.96	12.87	11.59	6.00	4.41	5.85
照相机	架	24.88	21.29	38.61	40.10	22.50	20.10	22.93
钢琴	架	4.88	1.98	3.96	3.38	0.50	0.98	0.98
其它中高档乐器	件	3.41	2.48	6.44	2.90	0.50	0.98	1.46
微波炉	台	62.93	53.96	49.01	48.79	44.50	40.69	41.46
空调器	台	27.80	13.86	33.66	28.50	15.00	28.43	29.27
淋浴热水器	台	70.73	74.75	66.34	83.09	70.50	51.47	57.56
消毒碗柜	台	7.32	2.48	8.42	5.31	3.50	1.47	4.39
洗碗机	台	1.46	0.50	1.49				
健身器材	套	2.44	2.97	3.47	1.93	2.50	1.47	3.41
固定电话	部	53.17	55.94	57.43	74.40	71.00	63.24	64.39
移动电话	部	181.46	209.90	182.67	177.78	160.50	174.02	175.12

10-15 城市居民家庭住房情况

指 标	单位	2009年	2010年	2011年	2012年
1.房屋产权(合计)	%	100	100	100	100
租赁公房	%	9.27	8.67	7.80	5.80
租赁私房	%	2.13	2.01	3.63	2.81
原有私房	%	1.26	1.30	1.24	1.01
房改私房	%	42.41	43.19	43.03	42.71
商品房	%	43.88	43.40	42.90	46.29
其 它	%	1.06	1.43	1.39	1.13
2.住宅建筑式样(合计)	%	100	100	100	100
单栋住宅	%	0.12	0.14	0.20	0.11
四居室	%	1.48	1.43	1.40	1.11
三居室	%	18.81	19.00	18.14	17.83
二居室	%	62.78	62.63	61.54	64.89
一居室	%	13.26	13.24	14.65	13.13
普通楼房	%	1.53	1.45	2.02	1.14
平房及其它	%	2.02	2.09	2.05	1.79
3.建筑年份	年	15.39	16.20	16.76	17.02
4.装修状况(合计)	%	100	100	100	100
有装修	%	67.00	66.83	64.40	68.58
未装修	%	33.00	33.17	35.60	31.42
5.现有住房按市场价估计值	元	230868.14	236906.48	396067.59	410237.48
6.租赁房房租	元	201.14	201.86	369.81	27.56
7.现住房房租折算	元	8279.75	8404.81	9372.93	882.02
8.购房时间	年	8.09	9.00	9.23	9.89
9.购房总金额	元	98277.70	100836.52	109410.25	125520.07
购房实际支出金额	元	94421.54	96794.46	105155.25	118805.32
10.饮水情况(合计)	%	100	100	100	100
自来水	%	89.08	89.68	93.29	95.4
矿泉水	%	6.89	6.63	4.69	2.92
纯净水	%	3.93	3.60	1.96	1.63
井、河水	%	0.10	0.10	0.04	0.04
其它	%			0.02	
11.用水情况(合计)	%	100	100	100	100
独用自来水	%	99.74	99.74	99.74	99.89
公用自来水	%	0.16	0.16	0.22	0.08
井、河水	%	0.10	0.10	0.04	0.03
其它	%				
12.卫生设备(合计)	%	100	100	100	100
无卫生设备	%	0.90	0.94	1.13	0.87
有厕所浴室	%	70.75	71.17	72.80	75.43
有厕所无浴室	%	27.48	26.99	25.17	22.81
公用	%	0.87	0.90	0.91	0.89
13.取暖设备(合计)	%	100	100	100	100
无取暖设备	%	0.29	0.31	0.36	0.25
空调设备	%	0.13	0.11	0.20	0.10
暖气	%	97.63	97.56	97.89	98.17
其它	%	1.96	2.01	1.55	1.48
14.炊用燃料使用情况(合计)	%	100	100	100	100
管道煤气	%	68.49	68.52	69.10	70.25
液化石油气	%	27.64	27.43	25.41	23.97
煤	%	1.11	1.16	1.60	1.49
其它	%	2.76	2.88	3.89	4.29
15.除了现住房，还有几处其它住房	套	0.10	0.11	0.10	0.12
(1)出租房	套	0.05	0.06	0.05	0.05
#建筑面积	平方米	3.59	3.75	3.02	3.30
(2)偶尔居住房	套	0.03	0.03	0.03	0.04
#建筑面积	平方米	2.16	1.98	2.26	3.07
(3)其它用途房	套	0.02	0.02	0.02	0.03
#建筑面积	平方米	1.61	1.66	1.80	2.28

10-16 农民家庭基本情况

指　标	单位	2005年	2006年	2008年	2009年	2010年	2011年	2012年
调查户数	**户**	**1890**	**1890**	**1890**	**1890**	**1890**	**2160**	**2160**
调查户人口								
1.常住人口	人	6368	6315	6168	6057	6010	6914	6813
2.平均每户常住人口	人	3.37	3.34	3.26	3.20	3.18	3.20	3.15
3.平均每户整、半劳动力	人	2.52	2.50	2.49	2.46	2.45	2.47	2.42
4.平均每个劳动力负担人口(含本人)	人	1.34	1.34	1.31	1.30	1.30	1.30	1.30
平均每人全年收入								
1.总收入	元	6028.30	6521.40	9346.41	9912.58	10902.52	13898.12	15274.61
2.纯收入	元	3690.20	4090.40	5576.48	5958.00	6907.93	8296.54	9383.72
3.现金收入	元	5491.40	5783.50	8449.53	9219.59	9907.70	12855.16	14171.21
按人均纯收入分组的户数占调查户数比重								
200元以下	%	1.69	1.32	1.69	1.75	2.01	2.87	3.80
200—500	%	1.06	0.85	0.63	0.69	0.63	0.69	0.42
500—800	%	1.43	1.75	0.79	0.90	0.85	0.83	0.51
800—1000	%	1.38	1.22	1.06	0.74	0.42	0.37	0.46
1000—1200	%	2.38	2.17	1.38	0.79	0.85	0.32	0.37
1200—1500	%	4.87	3.44	2.06	2.22	1.06	0.74	0.74
1500—1700	%	4.18	3.81	1.75	1.69	1.01	0.83	0.65
1700—2000	%	6.35	4.92	2.75	3.02	1.96	1.25	1.16
2000—2500	%	10.21	10.42	5.50	4.92	4.18	2.31	1.71
2500—3000	%	11.22	10.47	7.25	5.66	4.39	2.96	2.69
3000—3500	%	8.84	9.37	6.77	6.19	4.76	3.70	2.87
3500—4000	%	9.26	7.46	6.19	6.14	4.81	3.52	2.92
4000—4500	%	8.31	7.04	5.50	6.19	5.93	3.98	3.43
4500—5000	%	5.03	6.30	7.09	7.09	5.45	4.35	3.38
5000元以上	%	23.81	29.46	49.58	52.01	61.69	71.25	74.91
平均每人全年支出	**元**	**5566.30**	**5959.40**	**8289.70**	**9147.74**	**9604.74**	**12241.38**	**13326.99**
家庭经营费用支出	元	2061.20	2126.60	3386.63	3551.88	3618.78	4833.96	5175.80
购置生产性固定资产支出	元	238.50	146.90	240.50	316.35	403.47	609.30	571.16
税费支出	元	6.30	5.10	4.60	9.72	1.76	9.41	9.64
生活消费支出	元	2699.70	3066.90	3814.03	4255.61	4489.50	5406.41	5998.39
财产性支出	元	37.10	47.80	31.36	61.36	79.80	0.73	22.75
转移性支出	元	521.80	565.10	808.18	949.15	1003.41	1371.32	1537.96

10-17 农民家庭人均总收入与人均纯收入

单位：元

指　　标	2006年	2007年	2008年	2009年	2010年	2011年	2012年
一、人均总收入	**6521.4**	**7680.4**	**9346.4**	**9912.6**	**10902.5**	**13898.1**	**15274.6**
(一)工资性收入	1499.5	1719.7	2035.5	2239.8	2650.0	3179.7	3630.2
在非企业组织中得到收入	376.2	398.5	452.6	518.9	543.4	277.3	297.6
在本乡地域内劳动得到收入	720.8	831.3	977.3	1038.0	1195.1	1694.0	2001.4
外出从业得到收入	402.5	489.9	605.6	682.8	911.5	1208.4	1331.3
(二)家庭经营收入	4515.5	5394.8	6529.3	6830.1	7383.6	9632.2	10497.2
(三)财产性收入	141.8	179.4	201.3	205.5	234.2	244.6	246.2
(四)转移性收入	364.7	386.5	580.3	637.2	634.8	841.6	901.0
二、人均纯收入	**4090.4**	**4773.4**	**5576.5**	**5958.0**	**6907.9**	**8296.5**	**9383.7**
(一)工资性收入	1499.5	1719.7	2035.5	2239.8	2650.0	3179.7	3630.2
在非企业组织中得到收入	376.2	398.5	452.6	518.9	543.4	277.3	297.6
在本乡地域内劳动得到收入	720.8	831.3	977.3	1038.0	1195.1	1694.0	2001.4
外出从业得到收入	402.5	489.9	605.6	682.8	911.5	1208.4	1331.3
(二)家庭经营净收入	2210.8	2592.2	2931.3	3017.3	3486.1	4271.0	4783.4
1.农业	1432.9	1603.4	1802.5	1823.0	2188.9	2708.0	3219.4
2.林业	18.0	22.1	11.1	16.9	18.2	23.8	32.1
3.牧业	431.6	587.9	652.3	629.8	665.0	825.7	710.7
4.渔业	3.1	33.1	44.7	46.7	52.2	15.1	20.3
5.工业	44.0	55.6	61.7	68.9	77.6	109.2	133.6
6.建筑业	13.3	23.7	46.9	55.8	48.8	65.7	83.0
7.交通运输、邮电业	82.0	62.6	69.1	77.4	91.7	124.2	148.0
8.批零贸易、餐饮业	116.1	130.2	148.1	189.7	223.1	295.0	323.0
9.社会服务业	29.8	32.5	37.2	46.4	53.2	61.6	67.0
10.文教卫生业	23.2	17.0	22.3	20.9	24.0	31.7	37.1
11.其他家庭经营	16.9	24.3	35.4	42.0	43.5	10.9	9.0
(三)财产性净收入	141.8	179.4	201.3	205.5	234.2	244.6	246.2
(四)转移性净收入	238.3	282.1	408.4	495.4	537.7	601.2	724.0

10-17 续表

单位：元

指　　标	构成(%)						
	2006年	2007年	2008年	2009年	2010年	2011年	2012年
一、人均总收入	**100**	**100**	**100**	**100**	**100**	**100.0**	**100.0**
(一)工资性收入	23.0	22.4	21.8	22.6	24.4	22.9	23.8
在非企业组织中得到收入	5.8	5.2	4.8	5.2	5.0	2.0	1.9
在本乡地域内劳动得到收入	11.0	10.8	10.5	10.5	11.0	12.2	13.1
外出从业得到收入	6.2	6.4	6.5	6.9	8.4	8.7	8.7
(二)家庭经营收入	69.2	70.2	69.9	68.9	67.7	69.3	68.7
(三)财产性收入	2.2	2.3	2.2	2.1	2.1	1.8	1.6
(四)转移性收入	5.6	5.0	6.2	6.4	5.8	6.0	5.9
二、人均纯收入	**100**	**100**	**100**	**100**	**100**	**100.0**	**100.0**
(一)工资性收入	36.7	36.0	36.5	37.6	38.4	38.3	38.7
在非企业组织中得到收入	9.2	8.3	8.1	8.7	7.9	3.3	3.2
在本乡地域内劳动得到收入	17.6	17.4	17.5	17.4	17.3	20.4	21.3
外出从业得到收入	9.9	10.3	10.9	11.5	13.2	14.6	14.2
(二)家庭经营净收入	54.0	54.3	52.6	50.6	50.5	51.5	51.0
1.农业	35.0	33.6	32.3	30.6	31.7	32.6	34.3
2.林业	0.4	0.5	0.2	0.3	0.3	0.3	0.3
3.牧业	10.6	12.3	11.7	10.6	9.6	10.0	7.6
4.渔业	0.1	0.7	0.8	0.8	0.8	0.2	0.2
5.工业	1.1	1.2	1.1	1.2	1.1	1.3	1.4
6.建筑业	0.3	0.5	0.8	0.9	0.7	0.8	0.9
7.交通运输、邮电业	2.0	1.3	1.2	1.3	1.3	1.5	1.6
8.批零贸易、餐饮业	2.8	2.7	2.7	3.2	3.2	3.6	3.4
9.社会服务业	0.7	0.7	0.7	0.8	0.8	0.7	0.7
10.文教卫生业	0.6	0.4	0.4	0.4	0.4	0.4	0.4
11.其他家庭经营	0.4	0.5	0.6	0.7	0.6	0.1	0.1
(三)财产性净收入	3.5	3.8	3.6	3.4	3.3	3.0	2.6
(四)转移性净收入	5.8	5.9	7.3	8.3	7.8	7.2	7.7

10-18 各地区农民家庭人均纯收入

单位：元

地 区	2005年	2006年	2008年	2009年	2010年	2011年	2012年
全 省	**3690**	**4090**	**5576**	**5958**	**6908**	**8297**	**9384**
沈 阳	5050	5712	8029	8753	10022	11575	13045
大 连	5903	6984	9818	10725	12317	14213	15990
鞍 山	4750	5282	7291	8094	9250	11146	12617
抚 顺	3743	4160	5560	6146	7203	8780	10062
本 溪	4022	4455	6164	6750	7845	9524	10800
丹 东	4178	4650	6630	7295	8340	10033	11428
锦 州	3730	4165	6089	6627	7756	9447	10788
营 口	4503	5001	6944	7687	8863	10662	12080
阜 新	3090	2852	5030	5382	6372	7615	8772
辽 阳	4133	4600	6423	7076	8095	9844	11183
盘 锦	5067	5711	7701	8479	9750	11437	12935
铁 岭	3756	4222	6050	6585	7739	9271	10569
朝 阳	3002	3365	4900	5170	6142	7536	8689
葫芦岛	3428	3650	5152	5595	6597	7901	8983

10-19 各地区农民家庭纯收入来源

(2012年)

单位：元

地 区	人均纯收入				
		工资性收入	家庭经营纯收入	财产性收入	转移性收入
全 省	**9383.72**	**3630.24**	**4783.35**	**246.17**	**723.96**
沈 阳	13045.10	4749.37	7155.75	392.18	747.80
大 连	15990.22	6601.06	7572.71	398.09	1418.36
鞍 山	12617.07	5572.09	6076.40	128.65	839.93
抚 顺	10062.30	3763.54	5352.49	232.38	713.91
本 溪	10800.00	5494.24	4333.34	371.38	601.04
丹 东	11428.33	5244.71	4701.99	345.53	1136.10
锦 州	10788.29	3296.45	6603.47	304.97	583.41
营 口	12079.75	5157.00	5746.40	517.12	659.23
阜 新	8771.95	2841.69	5329.19	180.76	420.31
辽 阳	11183.00	5666.00	4890.00	119.00	508.00
盘 锦	12935.40	4039.14	7340.63	381.84	1173.79
铁 岭	10569.06	3947.76	5847.62	185.90	587.78
朝 阳	8689.37	3919.97	3945.95	167.38	656.07
葫芦岛	8983.00	4193.11	4151.45	263.62	374.82

10-20 农民家庭人均总支出

单位：元

指　　标	2006年	2007年	2008年	2009年	2010年	2011年	2012年
总 支 出	**5959.4**	**6922.2**	**8289.7**	**9147.7**	**9604.7**	**12241.4**	**13327.0**
(一)家庭经营费用支出	2126.6	2609.2	3386.6	3551.9	3618.8	4834.0	5175.8
(二)购置生产性固定资产支出	146.9	212.3	240.5	316.4	403.5	609.3	571.2
(三)税费支出	5.1	6.2	4.6	9.7	1.8	9.4	9.6
(四)生 活 消 费 支 出	3066.9	3368.2	3814.0	4255.6	4489.5	5406.4	5998.4
1.食　　品	1162.5	1334.2	1549.0	1563.3	1714.2	2116.3	2300.0
2.衣　　着	243.0	281.2	298.8	335.9	369.2	446.1	517.9
3.居　　住	509.7	513.1	601.7	795.5	745.0	860.2	979.8
4.家庭设备、用品及服务	112.2	142.1	158.9	185.5	185.2	225.4	250.5
5.医 疗 保 健	267.9	265.0	283.4	409.6	413.8	482.9	548.8
6.交 通 和 通 讯	337.1	361.8	426.5	416.4	449.0	577.7	668.7
7.文教娱乐用品及服务	354.6	362.8	388.0	437.8	500.3	550.0	556.6
8.其他商品和服务	79.9	108.1	107.8	111.5	112.9	147.8	176.2
(五)财产性支出	47.8	38.2	31.4	61.4	79.8	0.7	22.8
(六)转移性支出	565.1	673.5	808.2	949.2	1003.4	1371.3	1538.0

10-20 续表

单位：元

指　　标	构成(%)						
	2006年	2007年	2008年	2009年	2010年	2011年	2012年
总 支 出	**100**	**100**	**100**	**100**	**100**	**100**	**100.0**
(一)家庭经营费用支出	35.7	37.7	40.9	38.8	37.7	39.5	38.8
(二)购置生产性固定资产支出	2.5	3.1	2.9	3.5	4.2	5.0	4.3
(三)税费支出	0.1	0.1	0.1	0.1		0.1	0.1
(四)生 活 消 费 支 出	51.5	48.7	46.0	46.5	46.7	44.2	45.0
1.食　　品	19.5	19.3	18.7	17.1	17.8	17.3	17.3
2.衣　　着	4.1	4.1	3.6	3.7	3.8	3.7	3.9
3.居　　住	8.6	7.4	7.3	8.7	7.8	7.0	7.4
4.家庭设备、用品及服务	1.9	2.1	1.9	2.0	1.9	1.8	1.9
5.医 疗 保 健	4.5	3.8	3.4	4.5	4.3	4.0	4.1
6.交 通 和 通 讯	5.7	5.2	5.1	4.6	4.7	4.7	5.0
7.文教娱乐用品及服务	6.0	5.2	4.7	4.8	5.2	4.5	4.2
8.其他商品和服务	1.3	1.6	1.3	1.2	1.2	1.2	1.3
(五)财产性支出	0.8	0.6	0.4	0.7	0.8	0.0	0.2
(六)转移性支出	9.5	9.7	9.7	10.4	10.4	11.2	11.5

10-21 各地区农民家庭人均生活消费支出

(2012年) 单位：元

地 区	生活消费支出合计	1.食品	2.衣着	3.居住	4.家庭设备用品	5.交通和通讯	6.文教娱乐用品及服务	7.医疗保健	8.其他商品和服务
全 省	**5998.39**	**2299.99**	**517.86**	**979.77**	**250.52**	**668.71**	**556.56**	**548.77**	**176.23**
沈 阳	6630.65	2509.68	669.07	882.60	283.79	869.51	579.12	634.07	202.82
大 连	7638.50	3139.16	738.13	1169.01	302.26	781.36	485.75	699.36	323.48
鞍 山	6464.34	2507.60	699.18	910.96	294.12	770.21	535.59	543.39	203.29
抚 顺	6509.86	2741.84	517.22	807.47	271.67	603.27	642.91	706.81	218.66
本 溪	7967.15	3243.62	577.93	1887.95	322.12	690.77	552.59	549.94	142.24
丹 东	7418.22	3265.95	561.27	1299.05	316.00	742.28	420.62	602.55	210.50
锦 州	6273.96	2051.92	532.01	1509.99	225.04	770.15	509.42	526.89	148.53
营 口	8046.00	2865.99	765.40	1759.04	397.97	734.13	645.53	586.67	291.26
阜 新	5261.02	1915.03	493.30	384.91	242.05	713.75	500.14	755.32	256.52
辽 阳	6669.00	2337.00	611.00	1364.00	276.00	1012.00	443.00	465.00	161.00
盘 锦	6541.41	2575.83	632.65	829.40	237.59	856.82	541.24	643.63	224.25
铁 岭	6301.45	2230.56	533.78	1247.36	237.71	750.93	505.55	595.15	200.41
朝 阳	6155.32	2298.40	446.93	1204.28	282.07	801.59	486.09	540.42	95.54
葫芦岛	5212.11	1923.31	509.92	733.96	256.05	626.73	396.22	585.73	180.19

10-22 农村居民人均食品消费情况

单位：元

指　标	2006年	2007年	2008年	2009年	2010年	2011年	2012年
一、谷物和薯类	189.12	186.71	192.83	176.14	171.47	169.71	158.50
#小　麦	36.35	35.89	34.24	35.92	36.94	38.30	36.13
稻　谷	93.69	97.05	98.46	92.44	92.58	103.61	98.36
玉　米	39.69	36.51	42.45	31.30	26.72	15.79	16.15
薯　类	2.06	2.26	3.06	2.19	1.74	1.03	0.70
二、豆类及豆制品	8.32	8.24	9.04	7.66	11.07	6.97	6.20
大　豆	3.91	3.60	4.04	3.22	6.21	2.70	1.93
三、蔬菜及菜制品	171.78	168.25	162.79	167.92	150.33	111.75	103.09
四、油 脂 类	6.86	7.49	7.87	7.57	7.58	9.03	9.27
植 物 油	5.88	6.87	7.11	6.89	7.00	8.64	8.78
动 物 油	0.98	0.62	0.76	0.68	0.58	0.39	0.50
五、肉禽及其制品	22.54	20.14	21.22	22.61	20.46	18.63	19.58
#猪　肉	18.46	15.22	15.86	17.80	15.77	14.22	15.17
牛　肉	0.40	0.49	0.49	0.38	0.40	0.49	0.46
羊　肉	0.35	0.31	0.30	0.34	0.26	0.23	0.25
家　禽	1.77	2.58	2.68	2.36	2.01	1.50	1.48
肉禽制品	1.57	1.55	1.88	1.74	2.01	2.19	2.22
六、蛋类及蛋制品	9.35	8.87	10.96	10.23	8.72	8.31	8.48
七、奶及奶制品	3.08	3.11	3.05	3.19	2.82	3.68	3.54
八、水 产 品	6.18	5.80	5.50	5.20	4.85	5.19	5.21
鱼　类	3.80	4.24	4.08	3.82	3.52	3.91	3.81
虾、贝、蟹类	1.90	1.02	0.94	0.94	0.86	0.81	0.89
藻　类	0.18	0.17	0.15	0.16	0.16	0.15	0.18
其　他	0.30	0.36	0.32	0.27	0.30	0.32	0.33
九、食　糖	0.79	0.70	0.81	0.77	0.87	0.61	0.68
十、酒	13.60	14.21	13.29	13.96	12.78	15.14	15.35
#白　酒	4.18	4.32	3.93	3.83	3.57	4.24	4.03
啤　酒	9.30	9.79	9.28	10.07	9.15	10.83	11.24
果　酒	0.08	0.06	0.06	0.05	0.04	0.04	0.03
十一、糖　果							
十二、水果及水果制品	19.20	23.10	23.27	24.46	21.58	20.96	25.88
十三、坚果及果仁制品	0.59	0.64	0.56	0.58	0.54	0.64	0.88

10-23 农民家庭平均每百户年末耐用消费品拥有量

品名	单位	2005年	2006年	2007年	2008年	2009年	2010年	2011年	2012年
大型家具	台	141.69	149.31						
洗衣机	台	63.71	68.04	67.72	72.28	74.23	76.24	79.03	80.74
电风扇	台	58.73	60.95						
电冰箱	台	28.04	32.22	38.84	44.44	53.97	58.73	77.87	81.99
空调机	台	0.79	0.53	0.58	0.79	1.01	1.01	2.27	2.22
抽油烟机	台	7.35	7.62	7.83	8.36	9.79	10.74	10.14	11.25
吸尘器	台	1.48	1.64	1.11	1.27	1.38	1.59	0.97	0.97
微波炉	台	2.70	4.34	5.45	5.98	6.77	7.25	7.13	7.78
热水器	台	5.19	6.08	5.61	7.35	8.73	10.26	14.12	15.88
自行车	辆	104.29	105.66	103.12	102.54	103.12	101.61	79.68	81.81
摩托车	辆	45.40	50.05	54.60	56.46	57.83	59.21	63.19	64.03
汽车(生活用)	台	0.26	0.37	0.48	1.11	1.11	1.43	3.01	3.94
电话机	部	87.25	90.98	92.41	91.11	92.35	92.51	80.79	80.69
移动电话	部	53.49	66.61	77.94	91.06	107.35	117.72	150.60	158.06
彩色电视机	台	102.28	106.67	106.03	109.79	110.90	111.69	112.08	112.18
黑白电视机	台	9.05	5.29	4.50	2.65	2.28	2.01	0.42	0.28
录放像机	台	4.44	5.19						
摄像机	台	0.58	0.74	0.74	1.11	1.27	1.22	0.97	1.44
影碟机	台	43.54	45.71	41.53	41.96	42.28	41.22	29.17	29.58
组合音响	台	13.49	15.03						
收录机	台	8.94	10.21						
照相机	架	6.14	6.30	6.72	7.09	7.30	7.30	5.65	5.97
家用计算机	台	2.59	3.17	2.43	4.02	5.93	9.95	16.67	20.23
中高档乐器	件	0.69	0.53	0.69	0.48	0.74	0.74	0.09	0.14

10-24 各地区农村居民人均主要食品消费量

(2012年) 单位：公斤

地 区	粮食	油脂类	烟叶	豆制品	蔬菜及菜制品	瓜类	水果类	茶叶
全 省	**161.5**	**9.3**	**0.1**	**4.0**	**103.1**	**3.7**	**25.9**	**0.1**
沈 阳	148.7	11.7	0.2	3.9	78.7	3.8	18.0	0.2
大 连	121.8	6.9	0.1	2.0	72.2	3.6	40.0	0.1
鞍 山	162.4	10.0	0.1	2.7	138.9	4.1	23.6	0.0
抚 顺	155.8	8.0	0.1	2.8	139.4	3.8	18.8	0.1
本 溪	160.3	8.3	0.1	3.6	49.5	2.5	22.3	0.1
丹 东	179.3	7.4	0.1	3.8	163.3	3.6	33.4	0.0
锦 州	138.5	9.7	0.1	5.0	89.0	3.0	18.4	0.0
营 口	186.8	8.1	0.2	4.1	144.6	2.2	39.2	0.0
阜 新	145.8	8.3	0.2	3.0	87.0	2.6	15.4	2.5
辽 阳	159.8	10.3	0.2	2.2	82.0	1.4	15.4	0.2
盘 锦	166.3	8.9	0.1	4.2	166.6	4.9	23.7	0.0
铁 岭	155.6	12.9	0.1	2.5	68.5	1.8	15.6	0.2
朝 阳	184.0	7.1	0.2	6.2	97.4	4.2	24.3	0.2
葫芦岛	161.7	10.1	0.1	3.6	57.2	1.1	14.4	0.2

10-24 续表 单位：公斤

地 区	坚果	肉禽及制品	蛋类及其制品	奶及奶制品	水产品	食糖	酒
全 省	**0.9**	**19.6**	**8.5**	**3.5**	**5.2**	**0.7**	**15.3**
沈 阳	1.4	17.3	7.3	4.2	3.6	0.7	16.8
大 连	1.3	29.9	16.5	12.4	11.9	1.2	15.4
鞍 山	0.9	19.5	7.9	3.6	4.4	0.5	15.2
抚 顺	1.1	21.9	12.2	3.1	3.9	1.0	19.5
本 溪	2.0	22.1	7.7	3.5	6.0	0.8	16.1
丹 东	4.0	31.6	10.4	3.1	11.7	0.9	14.4
锦 州	0.4	12.7	4.8	2.6	3.6	0.4	14.0
营 口	1.3	19.7	8.8	3.2	7.3	0.6	10.4
阜 新	0.4	21.0	10.2	2.1	2.3	0.6	18.8
辽 阳	0.8	18.5	9.0	2.3	5.9	0.4	13.7
盘 锦	0.7	21.6	8.0	3.5	7.2	1.6	10.9
铁 岭	1.0	16.6	7.5	3.7	3.3	0.6	17.6
朝 阳	0.8	18.3	7.8	4.1	2.9	0.6	18.4
葫芦岛	0.8	17.2	4.9	2.7	4.1	0.6	9.9

10-25 各地区农村居民平均每百户主要耐用消费品拥有量

(2012年)

地　区	洗衣机(台)	电冰箱(台)	空调机(台)	抽油烟机(台)	吸尘器(台)	微波炉(台)	热水器(台)	自行车(辆)	摩托车(辆)
全　省	**80.74**	**81.99**	**2.22**	**11.25**	**0.97**	**7.78**	**15.88**	**81.81**	**64.03**
沈　阳	86.70	74.70	3.80	23.60	2.50	17.20	17.80	100.30	47.70
大　连	79.67	99.11	7.33	13.11	4.67	20.33	31.56	78.11	61.00
鞍　山	90.00	84.04	2.34	21.49	2.55	10.21	17.23	101.28	59.57
抚　顺	82.67	81.00	0.67	11.33	1.00	18.67	18.67	65.33	59.33
本　溪	85.71	87.50	2.14	21.79	1.43	6.43	12.14	42.50	50.36
丹　东	83.90	88.54	1.95	16.59	1.71	7.32	26.10	85.85	66.34
锦　州	85.68	82.50	2.50	16.82	2.50	7.73	24.09	92.73	56.36
营　口	76.57	78.00	3.43	13.71	2.57	12.57	9.14	89.71	52.00
阜　新	89.25	68.75	1.00	4.75	1.00	5.00	13.75	42.75	72.00
辽　阳	75.43	74.57	5.43	22.29	1.43	9.71	9.14	70.00	40.00
盘　锦	91.39	85.56	1.94	17.22	0.83	10.56	14.72	116.11	52.78
铁　岭	71.00	65.33	0.50	15.17	0.67	7.17	4.33	83.83	48.17
朝　阳	84.19	79.19	0.97	4.35		4.35	9.84	69.68	70.00
葫芦岛	85.50	72.07	2.20	21.00	2.00	8.00	21.00	60.19	54.83

10-25 续表

地　区	汽车(生活用)(辆)	电话机(部)	移动电话(部)	彩色电视机(台)	黑白电视机(台)	影碟机(台)	照相机(架)	家用计算机(台)
全　省	**3.94**	**80.69**	**158.06**	**112.18**	**0.28**	**29.58**	**5.97**	**20.23**
沈　阳	8.60	85.70	158.90	110.30		29.00	16.00	25.60
大　连	7.89	89.00	157.11	109.22	0.44	38.89	14.89	23.44
鞍　山	8.30	74.47	188.51	118.72	0.21	33.19	6.38	24.47
抚　顺	3.33	85.00	176.00	118.00		36.33	9.00	23.33
本　溪	3.57	75.71	190.00	111.07	0.71	35.36	9.29	27.14
丹　东	4.15	83.17	166.59	121.95	0.24	16.10	4.39	17.07
锦　州	6.14	94.09	148.18	112.27		28.41	5.00	24.77
营　口	6.29	82.00	184.29	111.71		29.43	9.71	18.86
阜　新	8.00	71.00	160.25	106.25		15.00	4.75	17.00
辽　阳	2.86	63.14	124.29	92.00		16.57	7.14	15.14
盘　锦	6.94	94.72	147.78	107.78	0.56	34.17	4.72	21.94
铁　岭	4.00	62.00	156.00	105.00		19.17	2.83	20.33
朝　阳	1.94	75.00	153.06	105.48	0.81	19.52	1.45	10.48
葫芦岛	3.00	69.00	114.00	99.00	0.20	18.00	2.30	15.00

10-26 农民家庭住房情况

指 标	单位	2005年	2006年	2008年	2009年	2010年	2011年	2012年
期末住房情况								
(一)住 房 面 积	平方米/人	25.1	25.2	26.4	27.0	27.3	29.0	29.5
#租用住房面积	平方米/人	0.1	0.1				0.1	0.1
(二)住 房 价 值	元/平方米	343.5	356.1	431.0	455.2	515.6	818.0	821.8
(三)住 房 类 型								
1.楼 房	平方米/人	1.3	0.9	1.1	1.4	1.8	1.4	1.5
2.砖 瓦 平 房	平方米/人	23.0	23.2	24.3	24.4	24.6	26.6	27.2
3.其 他	平方米/人	0.8	1.0	1.0	1.2	0.8	0.9	0.7
(四)住 房 结 构								
1.钢筋混凝土结构	平方米/人	4.3	4.4	4.6	4.9	4.4	6.6	5.9
2.砖 木 结 构	平方米/人	20.5	20.4	21.2	21.8	22.5	21.7	22.9
3.其 他	平方米/人	0.3	0.4	0.6	0.3	0.3	0.6	0.4
期内新建(购)住房情况								
(一)新建(购)住房面积	平方米/人	0.4	0.3	0.4	0.5	0.3	0.5	0.4
(二)新建(购)住房价值	元/平方米	522.1	620.7	684.8	875.5	980.0	1100.7	1166.8
(三)新建(购)住房类型								
1.楼 房	平方米/人		0.1		0.1	0.1	0.1	0.1
2.砖 瓦 平 房	平方米/人	0.4	0.3	0.4	0.3	0.2	0.4	0.3
3.其 他	平方米/人				0.1		0.0	0.0
(四)新建住(购)房结构								
1.钢筋混凝土结构	平方米/人	0.1	0.1	0.2	0.2	0.1	0.3	0.2
2.砖 木 结 构	平方米/人	0.3	0.2	0.3	0.3	0.1	0.2	0.2
3.其 他	平方米/人						0.0	0.0
期内新建(购)住房资金来源								
1.自 筹	元/人	158.1	178.3	277.8	299.2	268.7	426.7	439.2
2.银行、信用社贷款	元/人	8.6	3.9	7.8	9.2	9.8	31.8	11.0
3.其 他	元/人	21.2	10.2	15.1	16.6	16.6	68.0	11.7
居 住 条 件	**(百户均)**							
住房有卫生设备的户数	户	99.1	99.8	100.0	100.0	100.0	100.0	100.0
使用安全饮用水的户数	户	100.0	99.5	99.5	99.5	99.5	100.0	100.0
有取暖设备的户数	户	100.0	100.0	100.0	100.0	100.0	100.0	100.0
#1.空 调	户	0.1	0.1	0.1	0.1		0.3	0.2
2.暖 气	户	19.8	23.1	22.4	25.6	24.5	16.7	17.6
3.火 炕	户	80.1	76.8	77.2	74.0	75.4	82.4	81.6
燃 料 使 用 情 况	**(百户均)**							
#1.液 化 气	户	10.8	7.4					
2.煤 炭	户	4.3	5.3	4.1	4.2	4.0	2.2	2.3
3.柴 草	户	83.9	86.1	75.3	75.1	76.3	75.5	75.7

主要统计指标解释

城镇居民家庭就业人口 指城镇居民从事社会劳动并取得劳动报酬或经营收入的人口。就业人口包括通过国家统筹规划和指导由劳动部门介绍就业，自愿组织起来就业和自谋职业等方式，在国有制、集体所有制、中外合资、中外合作、外资在华独资的企事业单位和私营企业单位工作或从事个体劳动的有固定性职业或临时性职业的人口。被聘用和留用的离退休人员也计入就业人口。本指标可以反映城镇居民的就业情况，是计算就业面、负担系数的重要资料。

城镇居民家庭总收入 指调查户中生活在一起的所有家庭成员在调查期得到的工薪收入、经营净收入、财产性收入、转移性收入的总和，不包括出售财物和借贷收入。

城镇居民可支配收入 指调查户可用于最终消费支出和其它非义务性支出以及储蓄的总和，即居民家庭可以用来自由支配的收入。它是家庭总收入扣除交纳的所得税、个人交纳的社会保障费以及调查户的记账补贴后的收入。

城镇居民工薪收入 指就业人员通过各种途径得到的全部劳动报酬，包括所从事的主要职业的工资以及从事第二职业、其他兼职和零星劳动得到的其它劳动收入。

城镇居家家庭总支出 指家庭除借贷支出外的全部实际支出。包括消费性支出、购房建房支出、转移性支出、财产性支出、社会保障支出。

城镇居民消费支出 指调查户用于本家庭日常生活的全部支出，包括食品、衣着、家庭设备用品及服务、医疗保健、交通和通讯、娱乐教育文化服务、居住、杂项商品和服务八大类等。不包括用于赠送的商品或服务。消费支出按商品(服务)的用途分类。

城镇居民服务性消费支出 指调查户用于本家庭支付社会提供的各种文化和生活方面的非商品性服务费用。不包括为别人付款的服务。服务消费与商品消费不同，其特点在于其劳动过程和消费过程在时间与空间上的统一。

农村居民家庭纯收入 指农村常住居民家庭总收入中，扣除从事生产和非生产经营费用支出、缴纳税款和上交承包集体任务金额以后剩余的，可直接用于进行生产性、非生产性建设投资、生活消费和积蓄的那一部分收入。它是反映农民家庭实际收入水平的综合性的主要指标。农民家庭纯收入，既包括从事生产性和非生产性的经营收入，又包括取自在外人口寄回带回和国家财政救济、各种补贴等非经营性收入，既包括货币收入，又包括自产自用的实物收入。但不包括向银行、信用社和向亲友借款等属于借贷性的收入。

农村居民家庭整半劳动力 指农村常住居民家庭成员中有劳动能力并经常参加实际劳动的人员。是生产的基本要素指标之一，是发展生产增加农民家庭收入的重要源泉。按规定，农村男 18 周岁至 50 周岁、女 18 周岁至 45 周岁为整劳动力；男 16 周岁至 17 周岁、51 周岁至 60 周岁、女 16 周岁至 17 周岁、46 周岁至 55 周岁为半劳动力。农民家庭整半劳动力，既包括在上述规定劳动年龄内和在劳动年龄以外有劳动能力并经常参加实际劳动的男女整半劳动力；也包括农民家庭常住人员中属于职工的劳动力。但不包括在劳动年龄内已丧失劳动能力的人员。

农村居民家庭生活消费支出 指农村常住居民家庭年内用于日常生产的全部开支。它是用来反映和研究农民家庭实际生活消费水平高低的重要指标。农民家庭生活消费支出，包括用于吃、穿、住、烧、用等生活消费品开支和文化、生活服务费用开支两大部分。

农村居民家庭商品性生活消费支出 指农村常住居民家庭用其货币收入，在市场上购买食品、衣着、家庭用家具器皿、日用杂品、燃料、耐用消费品，以及文教卫生用品等生活消费总量。包括向国有商店、集体商店和集市贸易市场以及其他流通渠道购买的全部生活消费品。农民家庭商品性生活消费支出，是农民家庭生活消费支出的一个重要组成部分，是用来反映和分析农民家庭生活消费水平的商品化程度，及其由自给性经济向商品经济发展趋势的重要指标，也是研究和预测农民家庭对市场消费品需求，制定商品供应计划的重要依据。

城乡储蓄存款余额 城乡储蓄存款，包括城镇居民储蓄存款和农民个人储蓄存款两部分。不包括居民的手存现金和工矿企业、部队、机关团体等集团存款。储蓄存款余额，是指城乡居民存入银行及农村信用社储蓄的时点数(存入数扣除取出数的余额)，如月末、季末或年末数额。

十一、城市概况

Chapter 11 General Survey of Cities

11-1 城市公用事业基本情况

指　　标	单位	2005年	2006年	2008年	2009年	2010年	2011年	2012年
自来水全年供水总量	亿吨	28.3	28.1	18.4	28.9	26.2	26.6	27.5
#生 活 用 水 量	亿吨	10.4	9.3	7.1	9.2	9.1	9.9	10.4
人均日生活用水量	升	147.3	134.1	125.8	124.2	121.0	126.0	128.1
用 水 普 及 率	%	93.8	96.7	96.9	97.2	97.4	98.4	98.5
公共车辆(汽、电车)数	辆	17548	17907	19490	19457	20146	21025	
道 路 长 度	公里	10556	11096	12111	12866	14238	14468	15513
道 路 面 积	万平米	16337	17623	20546	21857	23658	24727	26200
排水管道长度	公里	10519	10860	12192	13350	14070	14906	15945
公用煤气、液化气								
人工煤气全年供气总量	亿立米	6.4	5.4	6.2	5.4	5.5	5.7	6.0
# #家庭用量	亿立米	4.3	3.6	3.7	3.7	3.8	3.8	4.0
煤气管道长度	公里	4897	4702	5033	5081	5476	5580	5465
天然气全年供气总量	亿立米	3.7	5.3	5.6	6.0	6.6	7.7	8.6
液化气家庭用量	亿立米	25.1	28.1	24.3	24.1	23.6	23.8	25.0
燃气普及率	%	88.1	92.3	92.4	93.7	94.2	95.5	96.0
城 市 绿 化								
园林绿地面积	公顷	74583	63535	78841	84145	92751	95968	118297
公园个数	个	259	260	283	294	316	322	338
公园面积	公顷	8300	9814	9959	10263	11005	11693	12222
清 洁 卫 生								
生活垃圾清运量	万吨	769.0	756.0	796.7	813.3	837.3	876.0	929.9
粪便清运量	万吨	148.0	132.0	176.3	129.2	124.3	118.5	113.4

注：人均指标按全部城镇人口计算，2000年以前是按城镇人口中的非农人口计算。

11-2 各地区城市设施水平

年份、城市	城市用水普及率 (%)	城市燃气普及率 (%)	人均城市道路面积 (平方米)	人均公园绿地面积 (平方米)
2000	98.20	89.30	6.47	5.72
2001	86.92	76.79	6.91	5.01
2002	87.08	81.96	7.08	5.68
2003	87.88	85.55	7.35	6.25
2004	92.99	87.16	7.67	7.12
2005	93.83	88.11	7.95	7.49
2006	96.74	92.34	8.93	8.32
2007	96.94	91.99	9.61	9.03
2008	96.90	92.40	10.00	9.40
2009	97.23	93.74	10.41	9.76
2010	97.44	94.19	11.19	10.21
2011	98.36	95.46	11.27	10.56
2012	98.45	96.02	11.55	10.89
沈　阳	100.00	100.00	11.63	12.45
大　连	100.00	99.98	13.91	12.24
鞍　山	98.56	98.53	8.51	10.98
抚　顺	96.51	97.60	9.96	9.69
本　溪	91.34	91.77	10.75	9.66
丹　东	97.50	97.50	16.51	10.84
锦　州	100.00	98.65	10.21	9.23
营　口	98.98	98.42	7.29	10.34
阜　新	99.68	73.62	6.36	11.79
辽　阳	100.00	95.08	15.81	9.13
盘　锦	100.00	100.00	13.22	10.59
铁　岭	97.74	97.28	18.45	9.92
朝　阳	98.82	94.53	6.58	8.12
葫芦岛	100.00	98.19	11.98	14.90

11-3 各地区城市建设情况

年份、城市	建成区面积(平方公里)	征用土地面积(平方公里)	城市人口密度(人/平方公里)
2000	1558.6	22.6	1174
2001	1612.4	11.2	1236
2002	1660.4	21.2	1246
2003	1694.6	36.6	1244
2004	1737.3	38.7	1256
2005	1779.9	71.9	1243
2006	1859.6	77.2	2163
2007	1917.6	72.0	1945
2008	1955.5	226.7	1916
2009	2030.7	83.8	1922
2010	2220.5	128.2	1814
2011	2276.5	185.7	1712
2012	2329.1	194.8	1624
沈　阳	455.0	66.2	1828
大　连	395.0	40.6	2518
鞍　山	166.6	8.4	2548
抚　顺	131.0	2.5	2137
本　溪	108.0	8.6	623
丹　东	53.4	13.4	2815
锦　州	71.6	0.2	2268
营　口	103.8		5359
阜　新	76.5	13.3	1743
辽　阳	103.4	11.2	1083
盘　锦	66.9	1.0	2624
铁　岭	45.1	0.5	2218
朝　阳	40.0		1026
葫芦岛	80.0	12.3	796

11-4 各地区城市市政设施情况

年份、城市	年末实有道路长度（公里）	年末实有道路面积（万平方米）	城市桥梁（座）	城市排水管道长度（公里）	城市污水日处理能力（万立方米）	道路照明灯（千盏）
2000	9249	10152	1253	8354	110.7	298
2001	9462	13793	1260	8394	122.9	372
2002	9875	14270	1247	8880	200.4	482
2003	10204	14885	1326	9120	249.0	635
2004	10407	15635	1300	9308	306.1	664
2005	10556	16337	1232	10519	347.1	786
2006	11096	17623	1314	10860	365.6	804
2007	11530	19452	1395	11655	385.6	947
2008	12111	20546	1406	12192	416.8	1270
2009	12866	21857	1462	13350	444.8	1337
2010	14238	23658	1514	14070	503.1	1380
2011	14468	24727	1549	14906	547.2	1446
2012	15513	26200	1612	15945	606.0	1487
沈　阳	3138	6647	325	3798	139.6	223
大　连	2942	4098	199	2587	94.0	238
鞍　山	589	1353	44	892	62.0	79
抚　顺	831	1337	125	917	41.0	38
本　溪	728	1016	183	357	52.0	24
丹　东	499	1051	124	780	10.0	28
锦　州	535	1010	20	482	20.0	25
营　口	546	718	36	549	20.0	315
阜　新	345	497	37	274	10.0	17
辽　阳	990	1247	119	868	33.5	82
盘　锦	468	923	60	613	20.0	93
铁　岭	330	833	27	464	10.0	49
朝　阳	257	385	13	613	10.0	18
葫芦岛	385	548	47	622	15.8	15

11-5 各地区城市供水情况

年份、城市	年末供水综合生产能力（万立方米/日）	年末供水管道长度（公里）	全年供水总量（万立方米）			用水人口（万人）	人均日生活用水量（升）
				#生活用水	#生产用水		
2000	1393	20627	308500	103812	163667	1751	162.4
2001	1351	21708	297247	101406	164091	1734	160.2
2002	1338	21602	279644	95501	136908	1755	149.1
2003	1347	21999	280510	94322	131973	1780	145.2
2004	1357	23636	281080	101877	126676	1896	147.2
2005	1339	23211	282618	103683	130232	1929	147.3
2006	889	22093	193825	73794	45301	1736	134.1
2007	1333	25422	283174	91560	121342	1963	127.9
2008	1384	26850	294792	91717	121806	2001	125.8
2009	1386	27735	288732	92470	120376	2042	124.2
2010	1391	29123	261879	90763	92543	2060	121.0
2011	1355	31487	266033	99151	87156	2158	126.0
2012	1339	32062	274953	104179	97403	2233	128.1
沈　阳	194	3156	56641	31375	8701	571	150.5
大　连	163	5249	40896	15440	9355	295	143.6
鞍　山	163	2776	30554	9213	16468	157	161.0
抚　顺	131	2217	20697	3319	9682	130	70.2
本　溪	118	949	24962	3590	18720	86	113.9
丹　东	47	1160	6005	2828	1633	62	124.8
锦　州	73	1376	14006	4490	6170	99	124.4
营　口	56	2187	6650	3124	1275	97	87.8
阜　新	38	1988	7997	3584	3245	78	126.1
辽　阳	87	1301	13530	4631	6468	79	160.9
盘　锦	31	952	7721	2854	3246	70	112.0
铁　岭	22	893	3583	1849	241	44	114.8
朝　阳	29	568	5035	1518	1944	58	72.0
葫芦岛	41	1110	7363	2374	3929	46	142.1

11-6 各地区城市燃气情况

年份、城市	人工煤气生产能力(万立米/日)	管道长度(公里)			全年供气总量			用气人口(万人)		
		人工煤气	液化石油气	天然气	人工煤气(万立米)	液化石油气(吨)	天然气(万立米)	人工煤气	液化石油气	天然气
2000	163.1	4470	195	2950	81957	379194	24923	422.1	568.8	409.9
2001	201.5	4595	217	3169	58642	387530	30764	458.5	645.8	427.6
2002	218.7	4718	254	3355	61430	377990	30701	511.6	698.5	441.5
2003	230.5	4871	290	4286	69121	432358	30338	541.6	734.4	456.5
2004	214.4	4535	198	5214	61112	456355	37698	474.7	726.8	575.9
2005	190.8	4897	437	4979	63614	402659	36817	531.5	713.1	566.6
2006	168.9	4702	478	5610	54347	487296	53495	474.1	718.5	629.5
2007	273.9	4828	550	5940	55785	456504	54085	486.6	718.7	657.3
2008	293.9	5033	589	6364	61958	396282	57736	503.3	693.7	710.5
2009	293.9	5081	626	6941	54441	398309	60035	523.7	693.6	751.1
2010	321.2	5476	644	7405	55177	395058	66173	542.4	652.1	797.0
2011	313.2	5580	656	9059	56625	504938	76601	573.6	665.9	852.4
2012	254.6	5465	690	10160	59736	516426	85701	556.7	665.7	955.9
沈 阳				3864		156000	43332		68.6	502.7
大 连	140.0	2041	419		24435	157816		207.0	87.6	
鞍 山		1443		192	15164	5100	598	125.7	16.0	15.0
抚 顺				788		33921	7899		64.6	66.5
本 溪	21.0	526	28	128	4647	9257	185	63.7	17.0	6.1
丹 东		474		210	4102	5280	495	52.0	8.9	1.2
锦 州	60.0	838	14	65	9140	4669	378	87.5	9.3	0.8
营 口			20	514		12006	1793		25.3	71.6
阜 新				309		5100	3342		16.5	41.0
辽 阳			3	612		10978	2266		40.3	34.7
盘 锦			10	460		14655	2013		30.6	39.2
铁 岭				642		3110	4138		9.5	34.4
朝 阳	3.6	132		179	2133	5980	137	19.0	12.3	24.0
葫芦岛				764		4161	6330		6.3	38.7

11-7 各地区城市集中供热情况

年份、城市	供热能力		供热总量		管道长度(公里)		供热面积(万平方米)
	蒸汽(吨/小时)	热水(兆瓦)	蒸汽(万吉焦)	热水(万吉焦)	蒸汽	热水	
2000	11569	19154	2201	11388	1303	7211	20030
2001	11435	20564	2747	12888	1659	8617	22048
2002	10911	29269	3437	19616	1722	9679	24963
2003	10975	30874	3999	19719	1707	10927	29669
2004	11844	30488	5269	18729	1711	12376	38150
2005	12583	36051	6435	22508	2312	14093	47621
2006	10967	43765	5936	26157	2143	14770	46773
2007	11718	39717	5886	28036	2023	15387	54118
2008	11612	46395	6253	31218	2228	17057	60990
2009	12013	51183	6479	35643	2294	18129	68464
2010	13186	55770	6521	39613	2302	20599	74526
2011	11544	59855	6599	41926	2283	22694	81581
2012	13038	62826	6320	42748	2259	24787	87108
沈阳	774	13042	200	10454	1099	4389	24200
大连	5591	11162	3258	5998	307	3268	18383
鞍山	180	4423	165	3570	12	2232	5336
抚顺	865	5847	254	2121	50	1199	3850
本溪		2581		1665		1164	2709
丹东	2910	1394	1000	677	166	410	2528
锦州	660	2501	141	2129	70	1289	3251
营口	316	2236	131	1233	8	1973	2557
阜新		1793		1572		1268	2738
辽阳		1702		1859	8	900	2656
盘锦		2245		1824		1119	3418
铁岭		1748		927		651	1833
朝阳	400	1857	434	2887	44	754	2210
葫芦岛		2540		1333		575	1905

11-8 各地区城市园林绿化情况

年份、城市	城市园林绿地面积（公顷）	#公园绿地	公园（个）	公园面积（公顷）
2000	61432	8977	197	4751
2001	65394	10002	206	5852
2002	61519	11451	212	6083
2003	65211	12654	225	6946
2004	71797	14513	247	7862
2005	74583	15387	259	8300
2006	63535	16426	260	9814
2007	76888	18291	270	10287
2008	78841	19351	283	9959
2009	84145	20501	294	10263
2010	92751	21593	316	11005
2011	95968	23174	322	11693
2012	118297	24710	338	12222
沈　阳	28435	7112	66	3138
大　连	18250	3607	71	1628
鞍　山	6210	1747	11	501
抚　顺	4951	1301	16	842
本　溪	23277	913	15	405
丹　东	2140	690	11	662
锦　州	2669	913	14	471
营　口	4061	1018	13	654
阜　新	2896	921	16	616
辽　阳	3913	720	11	144
盘　锦	2449	739	9	400
铁　岭	1589	448	8	76
朝　阳	1201	475	7	234
葫芦岛	2958	682	10	390

11-9 各地区城市环境卫生情况

年份、城市	清扫保洁面积（万平方米）	生活垃圾清运量（万吨）	粪便清运量（万吨）	市容环卫专用车辆总数（台）	公共厕所（座）	
						#三类以上
2000	16588	838	160	3009	10523	
2001	16574	768	148	2997	9211	
2002	17772	774	152	3017	10352	
2003	18590	791	144	2920	9529	
2004	18931	779	159	2883	10077	
2005	19588	769	148	3313	9661	
2006	21864	756	132	3381	8321	753
2007	24282	771	152	4058	7889	851
2008	25620	797	176	4134	7868	1041
2009	27546	813	129	4457	6948	1337
2010	28122	837	124	4998	6322	1493
2011	132135	876	119	5200	5863	1653
2012	33403	930	113	5323	5582	1713
沈　阳	11977	247	20	1724	960	614
大　连	4761	121	4	804	475	187
鞍　山	2986	55	7	167	190	153
抚　顺	1507	50	5	247	196	43
本　溪	844	48	1	199	285	43
丹　东	765	20	10	339	81	49
锦　州	971	29	1	157	151	57
营　口	750	33	4	199	161	15
阜　新	480	44	5	125	307	22
辽　阳	1110	24	10	179	309	23
盘　锦	730	22	1	131	95	18
铁　岭	822	13	1	75	137	32
朝　阳	750	32	9	148	199	81
葫芦岛	818	22	3	56	129	30

主要统计指标解释

年底自来水生产能力 指年底城建部门管理的自来水厂和自备水源的社会单位取水、净化、送水、出厂输水干管等环节的实际生产能力。

年底供水管道长度 指从送水泵到用户水表之间所有管道的长度。

全年供水总量 指公用自来水厂和自备水源的社会单位全年的供水总量，包括有效供水量及损失水量。

生活用水量 指居民日常生活与公共福利设施的用水量。包括居民、饮食店、旅馆、医院、理发店、浴池、洗衣店、游泳池、商店、学校、机关、部队等单位的用水量。

城市人口用水普及率 指城市用水的非农业人口数(不包括临时人口和流动人口)与城市非农业人口总数之比。计算公式:

用水普及率=（城市用水的非农业人口数／城市非农业人口数）×100%

人工煤气生产能力 指城市煤气厂制气、净化、输送等环节的综合实际生产能力。

全年供气总量 指全年售给各类用户的全部煤气量。包括工业用量、家庭用量和其他用量。

城市用气普及率 指使用煤气(包括人工煤气、液化石油气、天然气)的城市非农业人口数(不包括临时人口和流动人口)与城市非农业人口总数之比。计算公式:

城市煤气普及率=（城市用气的非农业人口数／城市非农业人口总数）×100%

城市供热能力 指热电厂、热力公司和达到标准的集中采暖锅炉房向城市输送的供热源的设计能力。每小时向城市输送的蒸汽、热水能力。

城市供热总量 指热电厂、热力公司和达到标准的集中采暖锅炉房全年向城市输送的全部蒸汽、热水量。

城市供热管道长度 指热电厂、热力公司 和达到标准的集中采暖锅炉房管理的集中供热热源到用户之间的全部供气、供热水的管道长度。

年底实有铺装道路长度 指除土路外，路面经过铺装宽度在3.5米以上的道路，包括高级、次高级道路和普通道路。

城市桥梁 指城市范围内，修建在河道上的桥梁和道路与道路立交、道路跨越铁路的立交桥，以及人行天桥，包括永久性桥和半永久性桥，不包括临时性桥、铁路桥、涵洞。

城市下水道总长度 指所有排水总管、干管、支管及暗渠、检查井、连接井进出口等长度之和。

城市污水日处理能力 指污水处理厂每昼夜处理污水量的设计能力。

年末实有公共汽(电)车 指年底可参加营运的全部车辆数，包括年底营运车辆数和库存查封未参加营运的车辆，不包括非营运车辆，如架线车、油罐车、工程车、货车及其他专用车辆和借人的客运车辆。

营运线路长度 指设置的固定营运线路长度，包括郊区营运线路长度。不包括临时行驶的线路长度。

城市园林绿地面积 指城市公共绿地、专用绿地、生产绿地、防护绿地、郊区风景名胜区的全部面积。

公共绿地 指供游览休息的各种公园、动物园、植物园、陵园以及花园、游园和供游览休息用的林荫道绿地、广场绿地。不包括一般栽植的行道树及林荫道的面积。

十二、环境保护

Chapter 12 Environment Protection

12-1 环境保护基本情况

指　　标	单位	2006年	2007年	2008年	2009年	2010年	2011年	2012年
废水排放总量	万吨	212952.93	220996.73	212021.33	217154.68	215868.50	232247.02	238786.35
#工业废水排放量	万吨	94724.21	95196.71	83072.94	75158.59	71284.39	90457.12	87167.54
生活污水排放量	万吨	118228.72	125800.02	128948.39	141996.09	144584.11	141698.99	151495.12
工业废气排放量	万标立方米	271950422	239459177	402189043	252111855	270887017	317007874	319169877
二氧化硫排放量	万吨	125.91	123.38	113.07	105.14	91.40	112.62	105.87
#工业	万吨	103.69	106.72	100.08	91.88	78.48	104.89	97.90
生活	万吨	22.21	16.67	12.99	13.26	12.92	7.72	7.96
烟粉尘排放量	万吨	71.45	71.64	69.20	61.27	61.90	69.32	72.63
#工业	万吨	45.64	48.72	46.90	40.15	39.79	59.12	62.63
生活	万吨	25.81	22.92	22.30	21.12	22.11	7.05	6.99
工业固体废物产生量	万吨	13012.62	14341.81	15841.42	17221.41	17419.57	28269.61	27279.74
#危险废物	万吨	44.50	61.96	91.24	90.98	105.98	78.49	73.21
工业固体废物综合利用量	万吨	4958.01	5710.82	7581.81	8240.68	8417.48	10747.78	11861.83
工业固体废物综合利用率	%	38.10	39.01	46.83	47.19	47.68	37.89	43.37
工业固体废物排放量	万吨	24.69	4.48	1.16	2.75	2.88	8.18	10.40

12-2 各地区废水排放及处理情况

(2012年)

地　　区	汇总工业企业数(个)	废水治理设施数(套)	工业废水排放总量(万吨)	生活污水排放量(万吨)
全　　省	**6316**	**2387**	**87167.54**	**151495.12**
沈　　阳	935	304	7704.65	34414.58
大　　连	909	523	30794.90	30874.62
鞍　　山	627	186	5516.86	12525.77
抚　　顺	255	153	2835.59	8848.33
本　　溪	379	195	4460.64	4279.40
丹　　东	455	156	5509.88	6160.80
锦　　州	214	96	6533.80	11130.68
营　　口	545	134	2937.19	8145.58
阜　　新	255	86	4182.07	4997.47
辽　　阳	381	179	7372.03	5424.63
盘　　锦	246	54	3935.96	5378.38
铁　　岭	271	105	1757.68	6483.60
朝　　阳	567	121	970.03	6648.80
葫 芦 岛	277	95	2656.26	6182.50

12-3 各地区工业废气排放及处理情况

(2012年)

地　区	废气治理设施数(套)	工业废气排放总量(万标立方米)	工业二氧化硫排放量(吨)	工业烟粉尘排放量(吨)
全　省	**11585**	**31916987.75**	**979025.49**	**626343.81**
沈　阳	2062	1948685.14	96756.01	53190.84
大　连	1960	2576158.59	114588.97	52148.61
鞍　山	1547	4651783.23	122876.47	85418.43
抚　顺	458	2159077.06	55891.94	49096.17
本　溪	744	5518011.11	75795.96	60809.29
丹　东	436	855556.18	33593.59	30670.93
锦　州	568	2149021.28	47340.28	34138.07
营　口	1228	3662740.46	50723.22	32350.43
阜　新	244	1224108.63	102154.17	27460.28
辽　阳	552	1628867.75	49893.13	90454.59
盘　锦	252	1069817.89	55277.67	13645.47
铁　岭	457	1202116.61	36283.19	25260.29
朝　阳	652	2003712.35	59261.98	51241.39
葫芦岛	425	1267331.47	78588.93	20459.03

12-4 各地区工业固体废物产生及处理利用情况

(2012年)

地　区	工业固体废物产生量(万吨)	#危险废物	工业固体废物综合利用量(万吨)	工业固体废物贮存量(万吨)	工业固体废物处置量(万吨)	工业固体废物排放量(吨)
全　省	**27279.74**	**73.21**	**11861.83**	**3948.11**	**11654.99**	**104019.21**
沈　阳	703.75	6.91	667.87	40.44	138.26	
大　连	706.69	15.58	675.28	0.04	31.51	
鞍　山	5108.74	2.10	1266.50	2512.83	1329.43	
抚　顺	2838.86	6.56	663.01	342.74	1833.11	10.00
本　溪	6488.13	10.39	979.01	289.33	5210.43	93535.75
丹　东	618.01	0.11	163.11	18.48	436.51	
锦　州	283.43	5.56	205.72	2.34	75.41	
营　口	622.73	0.23	525.16	96.60	0.97	
阜　新	1001.16	0.06	895.49		105.67	8.00
辽　阳	3616.59	11.21	2625.50	20.74	970.36	
盘　锦	158.19	10.25	146.09	0.00	12.11	
铁　岭	1091.34	0.00	784.21	350.52	0.02	36.50
朝　阳	3438.24	0.18	1909.31	33.34	1504.62	
葫芦岛	603.88	4.08	355.58	240.72	6.58	10428.96

主要统计指标解释

工业废水排放量 指经过企业厂区所有排放口排到企业外部的工业废水量。包括生产废水、外排的直接冷却水、超标排放的矿井地下水和与工业废水混排的厂区生活污水，不包括外排的间接冷却水(清污不分流的间接冷却水应计算在内)。

工业废水排放达标量 指报告期内废水中各项污染物指标都达到国家或地方排放标准的外排工业废水量，包括未经处理外排达标的，经废水处理设施处理后达标排放的，以及经污水处理厂处理后达标排放的。

工业废水排放达标率 指工业废水排放达标量占工业废水排放量的百分率，计算公式为:

工业废水排放达标率=工业废水排放达标量/工业废水排放量 × 100%

城镇生活污水排放量 指城镇居民每年排放的生活污水。用人均系数法测算。测算公式为:

城镇生活污水排放量=城镇生活污水排放系数 × 市镇非农业人口 × 365

城镇生活污水中化学需氧量（COD)产生量 指城镇居民每年排放的生活污水中的COD的产生量。用人均系数法测算。测算公式为:

城镇生活污水中COD产生量=城镇生活污水中COD产生系数 × 市镇非农业人口 × 365

化学需氧量(COD) 测量有机和无机物质化学所消耗氧的质量浓度的水污染指数。

工业废气排放量 指报告期内企业厂区内燃料燃烧和生产工艺过程中产生的各种排入大气的含有污染物的气体的总量，以标准状态(273K，101325Pa)计算。测算公式为:

工业废气排放量=燃料燃烧过程中废气排放量+生产工艺过程中废气排放量

生活及其他 SO_2 排放量 以生活及其他煤炭消费量和其含硫量为基础，根据以下公式计算:

生活及其他 SO_2 排放量=生活及其他煤炭消费量 × 含硫量 × 0.8 × 2

工业排放量 指报告期内企业在燃料燃烧和生产工艺过程中排入大气的 SO_2 总量，计算公式为:

工业 SO_2 排放量=燃料燃烧过程中 SO_2 排放量+生产工艺过程中 SO_2 排放量

工业烟尘排放量 指企业厂区内燃料燃烧过程中产生的烟气中夹带的颗粒物排放量。

生活及其他烟尘排放量 指除工业生产活动以外的所有社会、经济活动及公共设施的经营活动中燃烧所排放的烟尘纯重量。以生活及其他煤炭消费量为基础进行测算。

工业粉尘排放量 指企业在生产工艺过程中排放的能在空气中悬浮一定时间的固体颗粒物排放量。如钢铁企业的耐火材料粉尘、焦化企业的筛焦系统粉尘、烧结机的粉尘、石灰窑的粉尘、建材企业的水泥粉尘等。不包括电厂排入大气的烟尘。

工业固体废物产生量 指报告期内企业在生产过程中产生的固体状、半固体状和高浓度液体状废弃物的总量，包括危险废物、冶炼废渣、粉煤灰、炉渣、煤矸石、尾矿、放射性废物和其他废物等；不包括矿山开采的剥离废石和掘进废石(煤矸石和呈酸性或碱性的废石除外)。酸性或碱性废石指采掘的废石其流经水、雨淋水的pH值小于4或pH值大于10.5者。

危险废物 指列入国家危险废物名录或根据国家规定的危险废物鉴别标准和鉴别方法认定的，具有爆炸性、易燃性、易氧化性、毒性、腐蚀性、易传染疾病等危险特性之一的废物。

工业固体废物综合利用量 指报告期内企业通过回收、加工、循环、交换等方式，从固体废物中提取或者使其转化为可以利用的资源、能源和其他原材料的固体废物量(包括当年利用往年的工业固体废物贮存量)，如用作农业肥料、生产建筑材料、筑路等。综合利用量由原产生固体废物的单位统计。

工业固体废物综合利用率 指工业固体废物综合利用量占工业固体废物产生量(包括综合利用往年贮存量)的百分率。计算公式为:

工业固体废物综合利用率=工业固体废物综合利用量/（工业固体废物产生量+综合利用往年贮存量）× 100%

工业固体废物贮存量 指报告期内企业以综合利用或处置为目的，将固体废物暂时贮存或堆存在专设的贮存设施或专设的集中堆存场所内的数量。专设的固体废物贮存场所或贮存设施必须有防扩散、防流失、防渗漏、防止污染大气、水体的措施。

工业固体废物处置量 指报告期内企业将固体废物焚烧或者最终置于符合环境保护规定要求的场所，并不再回取的工业固体废物量(包括当年处置往年的工业固体废物贮存量)。处置方式有填埋(其中危险废物应安全填埋)、焚烧、专业贮存场(库)封场处理、深层灌注、回填矿井及海洋处置(经海洋管理部门同意投海处置)等。

工业固体废物排放量 指报告期内企业将所产生的固体废物排到固体废物污染防治设施、场所以外的数量，不包括矿山开采的剥离废石和掘进废石(煤矸石和呈酸性或碱性的废石除外)。

“三废”综合利用产品产值 指报告期内利用“三废”作为主要原料生产的产品价值(现行价)；已经销售或准备销售的应计算产品价值，留作生产自用的不应计算产品价值。

十三、农业

Chapter 13 Agriculture

13-1 农村基层组织和农业基本情况

指　　标	单位	2005年	2006年	2008年	2009年	2010年	2011年	2012年
乡　镇　数	个	993	976	944	940	924	903	889
#镇　数	个	611	598	574	576	590	598	605
村民委员会	个	11920	11902	11822	11770	11764	11707	11659
乡村户数	万户	695.6	689.2	703.8	710.7	722.9	722.5	720.1
乡村从业人员	万人	1113.5	1132.9	1164.7	1180.5	1208.5	1223.1	1217.8
按行业分的乡村从业人员								
农林牧渔业	万人	686.4	680.9	662.3	661.4	663.6	663.6	660.0
工　业	万人	106.1	112.9	124.0	129.7	138.6	142.9	143.3
建筑业	万人	77.1	81.9	91.6	94.9	101.7	110.0	110.7
交通运输业、仓储及邮电通信业	万人	44.5	43.7	47.2	48.8	51.0	52.8	53.0
批发零售贸易业、餐饮业	万人	70.0	71.3	78.8	83.4	87.1	90.1	88.4
其他非农行业	万人	129.4	142.2	160.7	162.4	166.5	163.6	162.4
年末常用耕地面积	千公顷	3655.2	4085.1	4085.3				
水　田	千公顷	581.7	646.9	643.1				
旱　田	千公顷	3073.5	3438.2	3442.1				
年内减少耕地面积	千公顷	33.1		5.0				
#国家基建占地	千公顷	4.0						
退耕还林还草占地	千公顷	8.7						
耕地改为园地	千公顷	2.8						
农业机械总动力	万千瓦	1922.7	1995.3	2192.9	2299.4	2408.3	2558.1	2678.0
农用大中型拖拉机	台	42777.0	45035.0	117651.0	135725.0	151708.0	174321.0	190581.0
农用大中型拖拉机	万千瓦	158.6	176.6	306.6	354.0	388.2	463.1	510.3
小型拖拉机	台	235585.0	244337.0	236861.0	244596.0	263303.0	282623.0	308368.0
小型拖拉机	万千瓦	267.8	275.1	253.0	258.0	276.9	287.5	304.8
大中型拖拉机配套农具	部	56923.0	60879.0	155061.0	170234.0	187426.0	223748.0	251948.0
小型拖拉机配套农具	部	281395.0	311894.0	323030.0	355201.0	410555.0	445088.0	472436.0
渔用机动船	艘	37590.0	43912.0	47264.0	44302.0	48238.0	47115.0	45770.0
渔用机动船	万千瓦	121.7	131.9	154.0	156.5	159.6	158.2	151.1
灌溉面积	千公顷	1715.4	1732.9	1693.3	1707.6	1722.8	1758.0	1860.1
化肥施用量(折纯)	万吨	119.9	121.1	128.8	133.6	140.1	144.6	146.9
乡村办水电站个数	个	146.0	152.0	162.0	165.0	169.0	174.0	177.0
装机容量	千瓦	384200.0	358000.0	379000.0	391333.0	395488.0	397348.0	476073.0
农村售电量	亿千瓦小时	153.3	219.0	270.8	283.9	359.5	366.3	373.4
农作物总播种面积	千公顷	3801.0	3627.2	3946.4	4064.7	4184.9	4356.2	4361.3
粮　食	千公顷	3179.7	3089.7	3035.9	3124.1	3179.3	3169.8	3217.3
谷　物	千公顷	2871.8	2836.4	2739.2	2848.6	2948.3	2943.3	2995.4
#稻　谷	千公顷	538.1	624.9	658.7	656.7	677.5	659.6	661.8
小　麦	千公顷	21.4	8.0	10.3	8.8	7.5	6.9	6.8
玉　米	千公顷	2076.7	1983.1	1884.9	1964.1	2093.0	2134.6	2206.7
豆　类	千公顷	214.8	149.9	203.9	183.6	151.0	143.4	139.9
薯　类	千公顷	93.2	103.5	92.8	91.9	80.0	83.1	82.0
油　料	千公顷	164.3	106.6	282.4	277.3	347.4	392.0	376.7
棉　花	千公顷	2.3	1.5	1.4	0.9	0.4	0.4	0.3
糖　料	千公顷	1.8	0.8	2.0	1.8	1.1	1.8	1.9
烟　叶	千公顷	16.1	8.3	11.5	12.5	10.9	10.8	11.8
蔬　菜	千公顷	353.1	354.0	388.7	402.7	430.2	465.4	487.1
果园面积	千公顷	317.0	313.6	323.6	349.7	354.2	359.9	368.5

13-2 主要农牧渔业生产情况

指　　标	单位	2005年	2006年	2008年	2009年	2010年	2011年	2012年
农产品产量								
粮　　食	万吨	1745.8	1797.0	1860.3	1591.0	1765.4	2035.5	2070.5
谷　　物	万吨	1877.0	1708.7	1760.0	1517.2	1677.1	1933.5	1986.5
#稻谷	万吨	414.5	426.6	505.6	506.0	457.6	501.3	507.8
小麦	万吨	8.9	3.1	4.9	4.5	3.7	3.7	3.2
玉米	万吨	1340.3	1211.5	1189.0	963.1	1150.5	1360.3	1423.5
豆　　类	万吨	49.3	40.1	52.9	32.1	37.0	37.0	34.2
薯　　类	万吨	50.0	48.2	47.5	41.7	51.3	65.0	49.8
油　　料	吨	368411	257100	835027	553499	995980	1197565	1208739
#花　生	吨	330103	245000	800740	534697	961477	1165363	1165335
油菜籽	吨	1071	1000	1188	798	546	758	937
芝　麻	吨	6036	2036	2997	815	2176	2330	2139
棉　　花	吨	2685	2000	2401	956	655	736	560
麻　　类	吨	114	12	21	9		15	
甜　　菜	吨	62379	30000	74952	61941	48728	77977	97317
烟　　叶	吨	34234	26900	32255	31531	28560	29846	33621
#烤　烟	吨	31742	24200	29655	29155	24505	26423	30537
柞蚕茧	吨	43200	44075	53516	50142	49847	54827	50856
水　　果	万吨	329.3	343.7	422.5	477.2	521.6	574.4	632.9
农产品单位面积产量								
谷　　物	公斤/公顷	6536.0	6024.2	6425.2	5326.1	6375.6	6569.2	6631.8
棉　　花	公斤/公顷	1167.0	1333.3	1696.0	1098.9	1523.3	1821.8	1842.1
花生	公斤/公顷	2347.0	2549.4	3041.0	2052.0	2892.9	3090.5	3240.4
油菜籽	公斤/公顷	1471.0	2000.0	1977.0	1995.0	1950.0	2071.0	1952.1
芝麻	公斤/公顷	1161.0	783.1	1281.0	465.7	1490.4	1906.7	2254.0
甜菜	公斤/公顷	41865.0	37500.0	37608.0	34033.5	45969.8	44482.0	52041.2
烤烟	公斤/公顷	2109.0	3226.7	2778.0	2559.7	2500.5	2733.3	2830.6
大牲畜年末头数	万头	495.9	427.1	524.1	515.6	525.9	530.8	524.4
#牛	万头	344.7	281.5	356.4	354.0	366.7	371.2	367.1
马	万头	28.2	26.7	27.7	26.5	26.9	24.8	22.9
驴	万头	98.9	95.9	116.2	113.9	112.1	116.3	117.4
骡	万头	24.1	23.0	23.7	21.2	20.1	18.5	17.0
肉猪出栏头数	万头	2063.2	2245.4	2435.5	2597.0	2682.7	2652.1	2728.5
猪年底头数	万头	1642.4	1416.1	1548.5	1606.2	1567.6	1585.4	1592.6
羊年底只数	万只	830.2	673.9	733.4	717.0	733.5	725.6	721.8
山羊	万只	426.3	410.9	428.0	447.8	414.1	401.8	392.3
绵羊	万只	404.0	263.0	305.4	269.2	319.4	323.8	329.5
肉类产量	万吨	346.1	329.7	376.0	389.2	406.7	408.2	418.7
#猪牛羊肉	万吨	238.8	231.0	252.4	266.8	277.9	275.8	281.3
猪肉	万吨	184.7	189.3	204.2	218.8	228.4	225.9	230.2
牛肉	万吨	42.2	35.3	40.5	40.2	41.6	42.0	43.2
羊肉	万吨	11.9	6.4	7.8	7.8	7.9	7.9	7.9
奶类	万吨	78.8	95.8	120.1	115.6	126.7	132.0	130.2
#牛奶	万吨	74.9	91.7	114.1	110.0	121.2	124.5	124.7
绵羊毛	吨	10412.0	8580.0	11468.0	10136.0	12154.0	13471.4	14660.0
山羊毛	吨	1680.0	1877.0	2401.0	2736.0	2565.0	2169.3	1827.0
羊绒	吨	1053.0	1182.0	1372.0	1216.0	1293.0	1115.9	1056.0
禽蛋	万吨	224.0	195.2	230.0	263.1	275.7	277.4	279.9
水产品总产量	万吨	425.3	351.3	494.9	534.7	429.1	453.9	480.8
海水产品	万吨	364.2	296.0	411.6	437.9	348.4	368.3	391.5
淡水产品	万吨	61.1	55.3	83.3	96.8	80.6	85.7	89.3

注：1.粮食作物产量为抽样调查定产数，其他品种产量为全面调查报表数。
2.2006年水产品产量为农业普查衔接数据，2010年、2011年为国家核定数据，下同。
3.全省畜牧业数据为国家核定数据，下同。

13-3 农村基层组织情况

年份、地区	乡镇数（个）	#镇数	村民委员会（个）	乡村户数（万户）	乡村人口数（万人）	乡村从业人员（万人）
1990	1216	436	16498	631.4	2337.5	869.4
1991	1208	453	16512	641.4	2345.5	888.1
1992	1221	466	16535	645.0	2342.9	891.3
1993	1265	483	16529	646.9	2320.0	892.9
1994	1225	505	16509	651.6	2311.7	894.2
1995	1235	538	16483	655.5	2311.1	903.0
1996	1217	580	16444	656.1	2302.9	907.5
1997	1198	592	16372	660.4	2298.8	921.4
1998	1217	634	16310	663.8	2289.9	933.2
1999	1156	652	16287	674.6	2315.5	938.8
2000	1134	639	16192	680.1	2311.5	966.0
2001	1143	658	16033	685.3	2318.6	977.5
2002	1033	622	15950	685.9	2314.5	993.5
2003	1011	617	13720	692.1	2325.6	1016.3
2004	1007	620	12024	696.2	2338.9	1083.8
2005	993	611	11920	695.6	2331.4	1113.5
2006	976	598	11902	689.2	2289.3	1132.9
2007	945	575	11896	701.1	2323.5	1153.6
2008	944	574	11822	703.8	2320.4	1164.7
2009	940	576	11770	710.7	2327.6	1180.5
2010	924	590	11764	722.9	2328.2	1208.5
2011	903	598	11707	722.5	2322.9	1223.1
2012	889	605	11659	720.1	2310.5	1217.8
沈　阳	77	59	1522	87.3	273.3	139.7
大　连	55	35	866	88.7	264.6	134.9
鞍　山	63	60	835	55.4	186.8	96.1
抚　顺	47	24	615	27.1	85.1	50.4
本　溪	22	17	291	15.5	53.0	28.9
丹　东	63	58	672	44.4	146.6	80.8
锦　州	79	49	1124	61.6	199.6	105.2
营　口	38	35	644	45.2	140.8	75.6
阜　新	66	48	623	34.5	116.3	66.3
辽　阳	37	30	535	36.2	109.5	56.7
盘　锦	29	28	318	23.6	70.6	40.5
铁　岭	90	68	1175	63.3	209.7	100.6
朝　阳	131	61	1363	77.7	259.1	144.1
葫芦岛	92	33	1076	59.6	195.3	98.0

13-4 乡村从业人员

(年末数) 单位：万人

年份、地区	农林牧渔业	工业	建筑业	交通运输业、仓储及邮电通信业	批发零售贸易业、餐饮业	其他非农行业
1990	631.2	99.1	34.6	20.0	23.1	61.4
1991	650.6	97.0	33.5	20.2	24.8	62.1
1992	637.0	100.0	36.0	22.3	29.2	67.1
1993	621.2	94.4	43.6	25.6	31.5	76.4
1994	611.3	91.8	47.6	30.3	37.6	75.5
1995	617.5	89.1	48.9	31.7	39.7	76.1
1996	629.4	89.7	51.9	32.3	40.7	63.5
1997	624.3	83.9	49.5	33.1	42.7	87.9
1998	633.3	78.1	49.2	33.4	43.8	95.3
1999	643.2	76.8	51.3	35.7	47.3	84.5
2000	651.2	77.6	56.3	37.5	49.8	93.7
2001	649.0	77.2	57.9	37.5	50.7	105.3
2002	659.2	80.5	60.2	38.2	51.5	103.9
2003	667.3	85.8	65.7	39.8	55.0	102.7
2004	685.8	94.9	71.1	43.2	68.9	119.9
2005	686.4	106.1	77.1	44.5	70.0	129.4
2006	680.9	112.9	81.9	43.6	71.3	142.2
2007	669.1	121.8	89.8	45.9	74.4	152.5
2008	662.3	124.0	91.6	47.2	78.8	160.7
2009	661.0	130.0	94.9	48.7	83.4	162.4
2010	663.6	138.6	101.7	51.0	87.1	166.5
2011	663.6	142.9	110.0	52.8	90.1	163.6
2012	660.0	143.3	110.7	53.0	88.4	162.4
沈阳	76.2	17.7	9.9	6.1	12.8	16.9
大连	58.6	22.7	14.8	6.4	8.4	24.0
鞍山	47.5	16.1	8.6	6.2	9.4	8.3
抚顺	30.1	4.6	3.3	2.2	3.3	6.9
本溪	14.1	3.7	2.4	1.5	2.4	4.8
丹东	44.3	10.9	6.1	3.1	6.1	10.2
锦州	66.2	7.9	9.3	4.8	7.1	10.0
营口	34.9	13.7	6.7	4.6	7.0	8.7
阜新	38.2	4.8	4.4	1.9	3.4	13.6
辽阳	31.3	10.0	3.8	2.9	4.2	4.4
盘锦	23.9	4.9	2.2	1.8	4.1	3.6
铁岭	58.9	7.7	10.8	3.0	5.9	14.2
朝阳	79.4	12.1	18.2	4.4	7.0	22.9
葫芦岛	56.4	6.5	10.2	3.9	7.2	13.8

注：1.本表分行业劳动力是按从事的主行业划分的，如以农业为主、兼营商业的，仍作为农林牧渔业劳动力。
2.工业劳动力中包括村及村以下办的工业劳动力。

13-5 农林牧渔业总产值

单位：亿元

年 份	农林牧渔业总产值	农业	林业	牧业	渔业	农林牧渔服务业
1978	49.2	38.9	1.1	7.1	2.1	
1979	59.9	45.8	1.4	10.6	2.1	
1980	73.5	55.6	2.5	13.2	2.2	
1985	118.1	74.6	4.2	31.3	8.0	
1986	142.0	95.0	4.2	32.3	10.5	
1987	169.2	108.3	4.9	39.6	16.4	
1988	227.4	131.8	5.0	67.7	22.9	
1989	222.8	125.4	4.8	69.8	22.8	
1990	273.8	163.5	6.6	75.5	28.2	
1991	295.9	175.3	6.9	80.6	33.1	
1992	330.1	193.8	7.5	88.6	40.2	
1993	425.7	245.7	9.4	117.4	53.3	
1994	546.8	294.2	11.0	171.9	69.7	
1995	691.8	382.7	12.9	206.0	90.2	
1996	804.7	449.5	13.9	224.7	116.6	
1997	834.7	433.8	15.1	247.1	138.6	
1998	969.8	534.7	17.4	269.6	148.1	
1999	977.1	510.9	18.5	282.4	165.2	
2000	967.4	463.5	19.7	304.2	180.0	
2001	1045.7	503.1	21.8	332.3	188.5	
2002	1132.5	540.1	27.9	361.3	203.2	
2003	1215.0	497.3	38.4	422.0	224.0	33.3
2004	1510.5	611.3	40.7	548.3	272.2	38.0
2005	1671.6	640.1	44.5	636.5	306.7	43.8
2006	1738.1	713.0	52.3	615.3	292.6	64.9
2007	2128.0	837.5	60.3	830.8	326.1	73.3
2008	2476.9	896.9	69.4	1052.4	374.5	83.7
2009	2704.6	913.5	70.0	1171.4	441.9	107.8
2010	3106.5	1140.3	82.5	1270.6	491.0	122.1
2011	3633.6	1307.2	107.4	1521.1	560.0	138.0
2012	4062.4	1539.6	128.7	1621.2	618.7	154.1

注：1.本表按当年价格计算。2003年以后数据按新的国民经济行业分类标准和新的产值计算方法计算。
2.2006—2007年农林牧渔业总产值为与农业普查衔接后国家核定数据。

13-6 农林牧渔业总产值指数

(1952年=100)

单位：%

年　份	农林牧渔业合计	农业	林业	牧业	渔业
1952	100	100	100	100	100
1978	200.0	197.4	489.6	189.7	298.3
1979	206.7	204.0	536.2	199.3	283.2
1980	222.2	206.9	564.9	209.1	279.9
1985	270.0	223.4	734.9	465.3	463.3
1986	288.6	250.0	659.1	444.2	524.0
1987	303.6	263.0	700.2	441.5	664.2
1988	337.0	274.8	627.6	591.3	748.9
1989	322.6	249.9	613.2	606.5	837.7
1990	371.9	309.4	738.0	603.3	885.4
1991	388.5	319.7	737.8	636.8	947.0
1992	419.7	340.3	795.3	699.0	1044.3
1993	474.4	386.3	866.4	827.1	1091.3
1994	473.8	335.1	939.8	1008.3	1126.1
1995	530.7	373.1	1001.3	1111.7	1327.5
1996	612.3	453.8	1065.4	1166.2	1595.9
1997	629.7	426.7	1137.1	1282.3	1802.0
1998	730.9	529.5	1263.6	1407.3	1979.1
1999	755.4	512.8	1319.5	1514.1	2212.7
2000	749.2	470.2	1349.4	1603.6	2302.3
2001	799.0	510.1	1474.7	1710.3	2373.3
2002	865.1	547.2	1856.1	1861.5	2547.0
2003	926.3	570.2	2120.4	2028.8	2726.9
2004	999.5	607.2	2250.0	2225.9	2933.0
2005	1074.5	630.3	2493.0	2473.0	3164.7
2006	1149.7	653.0	2744.8	2683.2	3436.9
2007	1195.7	682.4	2882.0	2777.1	3591.6
2008	1273.6	708.8	3041.1	2999.6	3931.8
2009	1315.6	691.1	3238.8	3167.6	4277.8
2010	1392.4	729.8	3452.6	3310.1	4662.3
2011	1475.9	810.1	3763.3	3349.8	4942.0
2012	1548.3	864.4	3970.3	3453.7	5159.5

注：本表按不变价格计算，2007年以后农林牧渔业产值指数为调整后的口径。

13-7 农林牧渔业总产值指数

(上年=100)

单位：%

年　份	农林牧渔业合计	农业	林业	牧业	渔业	农林牧渔服务业
1978	106.4	110.1	84.3	94.0	103.5	
1979	103.4	103.3	109.5	105.0	94.9	
1980	101.9	101.4	105.4	104.9	98.8	
1985	90.8	80.3	92.2	124.8	118.0	
1986	106.9	111.9	89.7	95.5	113.1	
1987	105.2	105.2	106.2	99.4	126.7	
1988	111.0	104.5	89.6	133.9	112.7	
1989	95.7	90.9	97.7	102.6	111.9	
1990	115.3	123.8	120.4	99.5	105.7	
1991	104.5	103.3	100.0	105.6	106.9	
1992	108.0	106.4	107.8	109.8	110.3	
1993	113.0	113.5	108.9	118.3	104.5	
1994	99.9	86.7	108.5	121.9	103.2	
1995	112.0	111.3	106.5	110.3	117.9	
1996	115.4	121.6	106.4	104.9	120.2	
1997	102.8	94.0	106.7	110.0	112.9	
1998	116.1	124.1	111.1	109.7	109.8	
1999	103.3	96.9	104.4	107.6	111.8	
2000	99.2	91.7	102.3	105.9	104.0	
2001	106.6	108.5	109.3	106.7	103.1	
2002	108.3	107.3	125.9	108.8	107.3	
2003	107.1	104.2	114.2	109.0	107.1	110.8
2004	107.9	106.5	106.1	109.7	107.6	110.3
2005	107.5	103.8	110.8	111.1	107.9	109.2
2006	107.0	103.6	110.1	108.5	108.6	119.7
2007	104.0	104.5	105.0	103.5	104.5	104.0
2008	106.5	103.9	105.5	108.0	109.5	107.6
2009	103.3	97.5	106.5	105.6	108.8	103.2
2010	105.8	105.6	106.6	104.5	109.0	109.0
2011	106.0	111.0	109.0	101.2	106.0	107.0
2012	104.9	106.7	105.5	103.1	104.4	109.2

13-8 各地区农林牧渔业总产值及指数

(2012年)

地 区	农林牧渔业总产值	农业	林业	牧业	渔业
一、绝对数(万元)					
全 省	**40624308**	**15396466**	**1286815**	**16212293**	**6187415**
沈 阳	6033186	2424269	104502	3044933	247103
大 连	8235942	2216147	77406	2155660	3189639
鞍 山	2304834	1039219	5463	1180090	55831
抚 顺	1665560	654870	248503	473613	252315
本 溪	1154518	375358	290852	398683	74869
丹 东	2379744	805982	93280	706811	704565
锦 州	3700778	1354846	20918	1978077	299115
营 口	1795285	640452	39388	578088	516642
阜 新	2438573	1120378	98611	1162834	8305
辽 阳	1271325	479874	24689	619873	126878
盘 锦	1864717	774144	7290	410956	640704
铁 岭	4318475	1542306	127646	2597481	34911
朝 阳	4092269	2106661	277938	1637716	4740
葫芦岛	1828520	678943	26723	765095	312030
二、指数(以上年为100)					
全 省	**104.9**	**106.7**	**105.5**	**103.1**	**104.4**
沈 阳	105.4	105.6	104.3	105.1	106.8
大 连	105.2	105.5	102.5	108.3	101.9
鞍 山	106.0	103.0	105.3	108.3	109.9
抚 顺	104.9	105.2	104.9	104.4	104.1
本 溪	104.6	103.5	106.9	104.6	102.4
丹 东	105.5	103.2	109.0	105.0	108.1
锦 州	105.9	105.6	112.5	105.8	104.6
营 口	105.6	106.4	106.8	104.5	105.5
阜 新	108.1	110.4	114.4	105.7	125.3
辽 阳	105.2	102.5	105.7	106.5	108.2
盘 锦	105.3	101.0	89.8	113.2	105.8
铁 岭	109.9	103.3	111.6	114.0	102.8
朝 阳	105.4	106.5	101.4	104.7	129.7
葫芦岛	105.5	104.1	134.9	105.3	106.4

注：绝对数按当年价格计算。指数按可比价计算。

13-9 农林牧渔业增加值

(2012年) 单位：万元

指标	农林牧渔业合计	农业	林业	牧业	渔业	农林牧渔服务业
一、当年现价产值	**40624308**	**15396466**	**1286815**	**16212293**	**6187415**	**1541318**
二、农林牧渔业中间消耗	**19066138**	**6095608**	**534329**	**9661187**	**2164170**	**610843**
1.物 质 消 耗	15855009	5059355	341970	8405233	1688053	360398
(1)用 种 量	1370668	758903	191503	420262		
(2)饲料、饲草	8090266	202374		6976343	911549	
(3)肥　料	1852145	1821368	30777			
(4)燃　料	890950	404748	30777	84052	371372	
(5)农药或兽药	828393	303561	20518	504314		
(6)用 电 量	876474	505935	17099	252157	101283	
(7)农用塑料薄膜	657716	657716				
(8)其它物质消耗	1288396	404748	51296	168105	303850	360398
2.生产服务支出	3211129	1036253	192358	1255954	476118	250446
三、农林牧渔业增加值	**21558170**	**9300858**	**752486**	**6551106**	**4023245**	**930475**
中间消耗占总产值(%)	46.9	39.6	41.5	59.6	35.0	39.6
增加值占总产值(%)	53.1	60.4	58.5	40.4	65.0	60.4

13-10 农业机械和农产品加工机械拥有量

机械名称	单位	2007年	2008年	2009年	2010年	2011年	2012年
农业机械总动力	万千瓦	2087.4	2192.9	2299.4	2408.3	2558.1	2678.02
农用大中型拖拉机	台	67556	117651	135725	151629	174321	190581
小 型 拖 拉 机	台	240121	236861	244596	263306	282623	308368
大中型拖拉机配套农具	万部	7.66	15.51	17.02	18.74	22.37	25.19
小型拖拉机机引农具	万部	33.43	32.3	35.52	41.06	44.51	47.24
机 引 犁	万部	7.25	8.75	9.12	11.37	8.91	10.44
机 引 耙	万部	2.92	3.31	3.22	3.70	2.85	2.95
机 引 播 种 机	万部	11.62	13.22	15.12	16.70	17.66	20.13
机动水稻插秧机	台	4274	7296	12098	16124	21566	26324
农用排灌动力机械	万台/万千瓦	103.56/328.87	98.81/345.00	103.96/350.59	103.83/353.26	107.51/359.20	106.06/361.02
#柴 油 机	万台/万千瓦	17.64/143.04	19.41/159.00	21.42/166.48	22.87/173.64	21.56/170.06	23.90/171.70
电 动 机	万台/万千瓦	85.46/181.32	78.85/180.00	82.05/179.27	79.49/175.77	83.18/180.37	81.71/181.04
农 用 水 泵	万台	118.6	121.81	128.99	127.67	129.71	127.33
节 水 灌 溉 机 械	套	53061	104370	105316	110531	116001	123306
联 合 收 割 机	台	1456	2374	3924	5432	7984	10922
机 动 脱 粒 机	万台	11.92	11.7	11.71	12.66	13.36	13.77
谷 物 烘 干 机	台	368	327	266	412	466	545
粮食加工机械	万台	12.12	14.4	14.61	14.57	14.33	14.715
棉花加工机械	万台	0.02	0.01	0.02	0.02	0.02	0.02
油料加工机械	万台	0.53	0.47	0.61	0.67	0.67	0.67
机动喷雾(粉)机	万部	5.59	7.04		9.66	9.46	9.55
饲草料加工机械	万台	8.93	15.91	16.42	17.17	16.44	16.97
渔 用 机 动 船	艘	47312	47264	44302	48238	47115	45770

13-11 机耕、灌溉面积、化肥施用量、农村小水电站和农村售电量

年 份	机耕面积(万公顷)	有效灌溉面积(万公顷)		机电提灌面积占有效灌溉面积比重(%)	化肥施用量(万吨)		农村小型水电站		农村售电量(亿千瓦小时)
			#机电提灌		实物量	折纯量	个数(个)	装机容量(千瓦)	
1978	204.5	85.3	68.5	80.2	205.8		111	33837	17.8
1980	208.4	76.0	59.6	78.4	298.4		57	10469	23.8
1985	187.7	72.4	59.7	82.5	273.4	70.9	75		29.3
1986	194.5	73.1	60.1	82.2	264.0	70.1	73		33.8
1987	207.8	76.9	62.8	81.7	265.2	67.3	66		38.7
1988	219.8	76.3	63.4	83.1	273.6	70.1	111	74617	50.6
1989	219.2	76.0	62.8	82.6	281.8	74.6	113	92522	46.0
1990	236.3	105.9	51.6	48.7	301.1	81.4	116	94123	51.3
1991	251.8	108.9	87.7	80.5	313.4	85.1	114	95638	54.8
1992	258.1	114.0	91.3	80.1	320.6	90.5	115	98363	63.5
1993	256.7	117.0	92.7	79.2	320.7	95.1	115	99218	73.7
1994	250.4	118.4	92.3	78.0	325.7	100.2	116	105440	72.7
1995	246.3	120.4	94.0	78.1	334.9	103.1	120	134721	81.6
1996	249.8	123.4	96.6	78.3	346.5	110.7	124	181531	91.3
1997	260.9	127.7	99.0	77.5	344.2	113.0	121	183000	96.0
1998	265.0	133.5	100.8	75.5	349.1	114.1			89.1
1999	278.8	138.9	105.0	75.6	353.8	116.7	97	100360	93.7
2000	290.9	144.1	106.9	74.0	334.6	109.4	119	148000	103.5
2001	277.2	148.2	106.3	71.7	329.2	109.8	133	208800	105.4
2002	275.4	150.0	109.9	73.3	330.8	111.4	134	218800	119.2
2003	272.1	151.3	105.6	69.8	329.3	112.6	134	208800	145.8
2004	277.8	152.0	105.7	69.5	341.2	117.9	140	346700	149.6
2005	297.9	152.7	104.1	68.2	354.2	119.9	146	384200	153.3
2006	301.0	150.0	97.4	64.9	358.5	121.2	152	358000	219.0
2007	301.2	149.1	115.8	77.7	370.1	127.5	153	385300	265.4
2008	321.0	149.3	110.2	73.8	385.5	128.8	162	379000	270.8
2009	328.9	151.0	108.2	71.7	392.8	133.6	165	391333	283.9
2010	342.0	153.8	108.7	70.7	403.4	140.1	169	395488	359.5
2011	373.3	158.8	109.7	69.1	418.3	144.6	174	397348	366.3
2012	384.5	169.9	120.9	71.2	428.3	146.9	177	476073	373.4

13-12 各地区化肥施用量

(2012年) 单位：万吨

地区	合计		氮肥		磷肥		钾肥		复合肥	
	实物量	折纯量	实物量	折纯量	实物量	折纯量	实物量	折纯量	实物量	折纯量
全　省	**428.3**	**146.9**	**197.5**	**68.3**	**53.6**	**12.2**	**32.6**	**12.9**	**144.5**	**53.6**
沈　阳	66.1	20.0	28.3	8.5	7.9	1.6	5.8	2.5	24.1	7.5
大　连	49.4	16.2	22.6	6.2	5.6	1.3	3.9	1.9	17.2	6.9
鞍　山	25.2	9.6	14.9	5.2	2.1	0.6	1.2	0.6	7.0	3.1
抚　顺	9.9	3.4	4.7	1.7	1.3	0.4	0.9	0.4	2.9	0.9
本　溪	4.5	1.3	2.5	0.9	0.6	0.1	0.4	0.1	1.0	0.2
丹　东	21.6	7.4	13.9	4.2	2.0	0.3	1.2	0.6	4.5	2.4
锦　州	40.6	16.8	18.2	7.9	3.5	0.8	3.3	1.4	15.6	6.7
营　口	17.0	6.0	7.8	3.1	2.5	0.6	1.9	0.7	4.7	1.5
阜　新	38.2	14.7	15.7	6.5	3.8	0.7	2.7	1.2	16.0	6.2
辽　阳	16.0	4.9	8.1	2.5	2.5	0.7	1.3	0.5	4.2	1.2
盘　锦	14.1	4.7	6.8	2.7	3.3	0.8	1.3	0.4	2.7	0.7
铁　岭	58.2	22.1	20.3	7.7	6.7	1.6	3.0	0.9	28.1	11.9
朝　阳	42.9	11.2	21.7	6.8	8.1	1.6	2.9	0.8	10.2	2.0
葫芦岛	24.7	8.5	11.9	4.4	3.7	1.0	2.7	0.9	6.4	2.1

13-13 灌溉、水库和除涝、治水、治碱情况

指标	单位	2005年	2006年	2008年	2009年	2010年	2011年	2012年
年底灌区数	处	79	73	73	72	70	74	73
#50万亩以上	处	4	4	4	4	4	4	4
30-50万亩	处	5	4	4	5	5	6	6
灌区有效灌溉面积	万公顷	52.6	48.5	48.4	48.4	48.2	50.5	50.1
#50万亩以上	万公顷	17.4	17.4	17.4	17.4	17.4	17.4	17.4
30-50万亩	万公顷	12.6	10.6	10.6	12.9	12.9	14.9	14.9
水库座数	座	963.0	918.0	952.0	952.0	951.0	922.0	905.0
大型水库	座	29.0	33.0	33.0	33.0	33.0	33.0	33.0
中型水库	座	71.0	74.0	74.0	74.0	74.0	74.0	74.0
小型水库	座	863.0	811.0	845.0	845.0	844.0	815.0	798.0
水库总容量	亿立方米	335.5	359.3	357.5	359.9	359.3	358.3	358.1
大型水库	亿立方米	303.1	325.5	325.6	328.0	327.7	326.8	326.8
中型水库	亿立方米	21.2	22.9	21.3	21.3	21.1	21.2	20.9
小型水库	亿立方米	11.2	10.9	10.6	10.6	10.5	10.3	10.3
除涝面积	千公顷	996.3	996.1	995.0	983.2	985.3	989.1	993.1
本年新增除涝面积	千公顷	0.3		0.2	1.4	6.2	4.9	15.8
治理水土流失面积	万平方公里	5.7	5.9	6.1	6.2	6.3	6.5	6.7
本年水土流失治理面积	千公顷	192.6	149.2	128.2	140.4	144.0	181.8	265.9
堤防长度	万公里	1.9	1.9	2.0	2.2	2.1	2.2	2.2
堤防保护面积	千公顷	1806.6	1897.7	1885.2	1934.7	1935.8	1997.6	2046.6

注：大型水库为库容1亿立方米以上；中型水库为库容1千万至1亿立方米；小型水库为库容10万至1千万立方米。

13-14 各地区农田水利情况

(2012年)

地 区	农田水利情况			
	有效灌溉面积(千公顷)	#机电提灌溉	机电提灌溉面积占灌溉面积(%)	机电井数(眼)
全 省	**1698.82**	**1209.12**	**65.0**	**152806**
沈 阳	260.87	211.82	80.0	44837
大 连	114.69	36.24	24.7	4524
鞍 山	91.59	77.88	81.9	5676
抚 顺	47.30	0.67	1.4	1283
本 溪	21.10	5.38	22.2	420
丹 东	83.29	20.06	23.8	455
锦 州	208.71	167.63	77.1	20712
营 口	87.02	76.79	81.1	2654
阜 新	114.66	110.25	84.3	19152
辽 阳	98.05	41.58	41.4	2936
盘 锦	110.82	108.95	78.6	400
铁 岭	184.64	153.87	76.2	18036
朝 阳	193.25	154.96	75.6	18972
葫芦岛	82.83	43.04	39.4	12749

13-15 各地区水利设施和除涝治碱面积

(2012年)

地 区	水库数(座)	水库总库容量(亿立方米)	除涝面积(千公顷)
全 省	**905**	**358.09**	**993.06**
省 直	16	284.84	
沈 阳	33	5.25	324.41
大 连	239	25.33	53.89
鞍 山	23	0.98	120.55
抚 顺	117	3.09	3.55
本 溪	30	2.61	2.77
丹 东	54	6.88	39.02
锦 州	27	2.20	108.89
营 口	37	2.67	47.10
阜 新	56	2.88	29.49
辽 阳	5	0.02	70.60
盘 锦	16	2.03	96.44
铁 岭	99	6.06	87.90
朝 阳	80	4.44	0.41
葫芦岛	73	8.81	8.04

13-16 农作物

年 份	农作物总播种面 积	粮食作物	经济作物	其他作物	占总播种面积比重(%)			粮食作物						
					粮食作物	经济作物	其他作物		水稻	小麦	玉米	高粱	谷子	薯类
1980	3914.8	3221.1	392.1	301.5	82.3	10.0	7.7	3221.1	385.7	40.9	1416.2	558.3	190.1	42.5
1985	3705.8	2889.5	532.3	283.9	78.0	14.4	7.6	2889.5	480.2	11.8	1198.0	416.7	210.1	72.3
1986	3663.7	3036.9	338.3	288.4	82.9	9.2	7.9	3036.9	510.1	20.5	1258.5	441.3	205.9	65.7
1987	3620.6	3130.8	199.3	290.5	86.5	5.5	8.0	3130.8	548.4	27.2	1341.1	448.4	188.7	64.0
1988	3603.2	3101.3	203.7	298.1	86.1	5.6	8.3	3101.3	553.7	34.4	1318.0	450.5	179.4	70.6
1989	3594.5	3083.5	211.8	299.2	85.8	5.9	8.3	3083.5	553.4	55.0	1313.2	420.3	177.3	73.6
1990	3618.9	3121.6	204.9	292.4	86.3	5.7	8.1	3121.6	543.3	112.8	1365.7	395.0	169.3	73.7
1991	3638.1	3089.9	257.5	290.7	84.9	7.1	8.0	3089.9	542.2	147.2	1372.4	367.5	147.2	78.8
1992	3633.1	3051.5	281.7	299.9	84.0	7.7	8.3	3051.5	556.6	165.7	1384.0	342.0	120.4	88.0
1993	3630.0	3049.2	224.6	356.2	84.0	6.1	9.9	3049.2	484.1	183.1	1416.2	326.0	120.1	99.9
1994	3623.5	3026.4	226.8	370.3	83.5	6.3	10.2	3026.4	458.7	162.4	1464.6	321.7	109.0	95.9
1995	3623.7	3030.9	210.4	382.4	83.6	5.8	10.6	3030.9	472.6	171.3	1517.5	308.3	102.8	102.5
1996	3627.8	3073.1	165.8	388.9	84.7	4.6	10.7	3073.1	478.1	177.9	1576.7	300.2	104.9	110.0
1997	3627.0	3037.1	181.1	408.8	83.7	5.0	11.3	3037.1	491.7	167.9	1573.4	257.6	106.1	105.6
1998	3630.2	3039.2	178.4	412.6	83.7	4.9	11.4	3039.2	496.0	150.2	1638.0	222.8	100.8	109.6
1999	3643.1	3055.3	163.3	424.5	83.9	4.5	11.7	3055.3	501.5	152.9	1677.8	202.5	89.6	130.5
2000	3622.0	2858.6	248.0	515.4	78.9	6.8	14.2	2858.6	489.7	117.5	1422.5	188.6	86.9	167.1
2001	3559.9	2758.1	279.9	522.0	77.5	7.9	14.7	2758.1	449.5	86.1	1366.3	163.0	130.5	151.1
2002	3577.0	2658.6	327.8	590.6	74.3	9.2	16.5	2658.6	457.1	47.2	1395.1	168.8	101.6	145.1
2003	3476.6	2563.6	344.6	568.4	73.7	9.9	16.3	2563.6	392.0	19.8	1401.4	125.3	111.2	138.8
2004	3666.5	2965.8	242.2	458.5	80.9	6.6	12.5	2965.8	492.1	19.9	1835.9	106.4	94.2	103.4
2005	3801.0	3179.7	199.4	421.9	83.7	5.2	11.1	3179.7	538.1	21.4	2076.7	107.8	86.6	93.2
2006	3627.2	3089.7	118.6	418.9	85.2	3.3	11.5	3089.7	624.9	8.0	1983.1	95.7	82.8	103.5
2007	3703.9	3127.2	118.1	458.6	84.4	3.2	12.4	3127.2	660.6	12.4	1998.6	85.1	82.2	96.3
2008	3946.4	3035.9	320.7	589.8	76.9	8.1	15.0	3035.9	658.7	10.3	1884.9	72.7	76.1	92.8
2009	4064.7	3124.1	313.6	627.0	76.9	7.7	15.4	3124.1	656.7	8.8	1964.1	95.2	87.4	91.9
2010	4184.9	3179.3	380.8	624.8	76.0	9.1	14.9	3179.3	677.5	7.5	2093.0	70.6	76.8	80.0
2011	4356.2	3169.8	428.3	758.1	72.8	9.8	17.4	3169.8	659.6	6.9	2134.6	58.9	63.5	83.1
2012	4361.3	3217.3	390.7	753.3	73.8	9.0	17.3	3217.3	661.8	6.8	2206.7	51.1	52.0	82.0

播种面积

单位：千公顷

大豆	其他杂粮	经济作物	棉花	油料	#花生	芝麻	向日葵	麻类	甜菜	烟叶	#烤烟	其他作物	#蔬菜	绿肥
472.9	114.7	392.1	38.5	303.2	97.5	12.3	169.6	25.5	11.1	9.6	8.7	301.5	202.1	67.6
393.0	107.5	532.3	39.1	447.5	251.7	92.7	77.7	2.7	13.7	18.6	10.1	283.9	217.3	23.0
410.3	124.6	338.3	17.9	280.6	161.6	22.9	81.5	2.7	12.9	15.7	7.2	288.4	230.6	19.9
395.2	117.8	199.3	4.6	151.3	86.6	7.1	50.1	2.5	16.1	14.3	8.4	290.5	234.2	17.6
381.5	113.3	203.7	10.3	135.4	83.8	3.3	42.9	2.5	25.9	18.6	12.4	298.1	241.5	13.3
370.3	120.5	211.8	16.2	132.0	83.2	5.1	37.4	1.7	17.0	31.7	24.1	299.2	248.3	11.6
349.0	112.8	204.9	19.1	125.1	78.0	4.7	37.7	1.8	22.5	26.0	20.3	292.4	253.3	11.9
326.2	81.6	257.5	55.4	142.6	92.6	15.0	31.8	1.6	25.1	23.0	18.0	290.7	255.0	6.6
302.3	74.8	281.7	74.9	142.7	90.4	24.5	25.5	1.5	20.8	24.3	19.6	299.9	267.8	6.7
325.1	94.5	224.6	24.6	141.3	91.6	24.4	21.5	0.9	23.2	24.1	17.5	356.2	294.6	43.4
318.6	95.4	226.8	25.7	144.4	102.9	18.1	22.2	0.7	28.8	18.7	13.5	370.3	318.3	
273.0	82.9	210.4	31.0	131.8	94.1	14.1	22.0	0.8	30.2	16.6	13.4	382.4	330.6	33.4
239.2	86.1	162.4	12.4	95.1	67.1	6.5	20.4	0.4	27.2	27.3	24.8	388.9	342.2	
249.2	85.5	181.1	19.5	98.2	69.1	6.1	22.5	0.3	23.8	33.2	29.0	408.8	354.2	
249.6	72.2	178.4	20.5	122.4	91.0	9.0	21.9	0.2	17.1	15.2	13.0	412.6	353.2	
235.1	65.2	163.4	6.9	122.1	89.0	6.7	25.0	0.4	13.7	17.0	15.3	424.5	369.9	
301.9	84.5	248.0	7.3	199.5	142.8	1.4	28.2	0.7	16.5	18.4	16.7	515.4	413.2	
290.4	121.2	279.9	7.3	235.4	184.1	13.1	32.1	0.2	18.0	11.5	10.1	522.0	412.9	
266.6	77.1	327.8	2.9	286.1	227.9	16.2	37.5	0.1	13.1	13.0	11.8	590.6	467.3	
285.2	89.9	344.6	3.9	312.0	253.3	12.3	40.7	0.5	1.1	12.8	11.0	568.4	450.1	
244.4	69.6	242.2	4.4	205.2	173.3	8.2	19.8	0.2	0.9	11.6	10.4	458.5	378.4	
184.9	71.0	199.4	2.3	164.3	140.6	5.2	15.8	0.1	1.5	16.1	15.1	421.9	353.1	
128.9	41.8	118.6	1.5	106.6	96.1	2.6	7.4		0.8	8.3	7.5	418.9	354.0	
130.4	40.4	118.1	1.1	106.8	98.7	2.0	5.8		0.7	8.0	7.3	458.6	376.0	
181.0	59.4	320.7	1.4	282.5	263.3	2.3	14.5	0.01	2.0	11.5	10.7	589.8	388.7	
164.1	55.9	313.6	0.9	277.3	260.6	1.8	12.3	0.01	1.8	12.5	11.4	627.0	402.7	
123.4	50.5	380.8	0.4	347.4	332.4	1.5	12.0		1.1	10.9	9.8	624.8	430.2	
120.2	43.0	428.3	0.4	392.0	377.1	1.2	12.0	0.01	1.8	10.8	9.7	758.1	465.4	
115.8	41.1	390.7	0.3	376.7	359.6	0.9	8.1	0.01	1.9	11.8	10.8	753.3	487.1	

13-17 各地区农作物播种面积

（2012年）

单位：千公顷

地　区	农作物总播种面积	粮食作物	水稻	小麦	玉米	高粱	谷子	薯类	大豆	其他杂粮
全　省	**4361.30**	**3217.30**	**661.80**	**6.80**	**2206.70**	**51.10**	**52.00**	**82.00**	**115.80**	**41.10**
沈　阳	667.42	503.29	121.05	2.52	348.34	1.51	0.61	13.55	14.65	1.07
大　连	328.00	277.81	27.69	0.11	189.59	0.57	1.78	20.65	35.29	2.13
鞍　山	253.66	212.16	37.00	0.22	166.90	0.81	0.27	1.45	5.24	0.27
抚　顺	117.76	98.61	20.72		70.81	0.05	0.05	2.32	4.21	0.45
本　溪	59.35	49.93	9.06		35.40	0.15	0.72	1.60	2.64	0.36
丹　东	207.01	165.44	51.42	0.19	101.21	0.35	0.14	4.61	6.56	0.96
锦　州	453.40	358.00	30.21	0.26	303.32	9.38	2.05	4.36	7.61	0.82
营　口	109.75	94.48	43.41		46.79	0.67	0.57	0.64	2.05	0.35
阜　新	530.57	311.91	4.74	0.15	269.83	7.84	6.78	1.26	12.92	8.41
辽　阳	164.68	141.25	50.79		86.29	0.13	0.03	2.19	1.65	0.17
盘　锦	144.41	127.42	107.34		14.83	0.12			5.14	
铁　岭	586.41	457.45	60.83	0.04	374.69	0.23	0.18	11.80	9.54	0.13
朝　阳	500.05	381.03	0.08	2.84	293.66	22.65	34.25	5.36	9.64	12.55
葫芦岛	238.86	189.26	8.56	0.04	155.24	1.89	3.12	12.03	7.34	1.04

13-17　续表

单位：千公顷

地　区	经济作物								其他作物
	棉花	油料				甜菜	烟叶		蔬菜
			花生	芝麻	向日葵			烤烟	
全　省	**0.30**	**376.68**	**359.62**	**0.95**	**8.12**	**1.87**	**11.80**	**10.79**	**487.14**
沈　阳	0.01	47.57	40.52	0.03	2.36				85.30
大　连	0.01	5.88	5.78		0.01				37.54
鞍　山		5.40	5.39	0.01			0.01		33.68
抚　顺		0.67	0.62	0.04	0.00		0.46	0.01	8.66
本　溪		0.45	0.44		0.01		0.00		4.52
丹　东		3.25	3.12				3.91	3.76	19.87
锦　州	0.00	39.42	38.70	0.08	0.28	0.07			48.88
营　口	0.01	0.19	0.19						12.22
阜　新		189.05	185.84	0.16	0.62		2.01	1.89	21.32
辽　阳		1.08	1.08		0.00		0.02		19.69
盘　锦		0.14	0.14			0.02			15.64
铁　岭		54.51	54.50		0.00		2.92	2.85	60.65
朝　阳	0.24	6.42	0.91	0.61	4.83	1.78	2.47	2.28	93.45
葫芦岛	0.03	22.66	22.39	0.02	0.01	0.00	0.00		25.71

13-18 主要农产品产量

年 份	粮食(万吨)									棉花(吨)
		水稻	小麦	玉米	高粱	谷子	薯类	大豆	其他杂粮	
1978	1117.2	206.8	9.4	560.0	225.2	30.0	18.5	53.5	13.8	23372
1980	1221.6	235.3	5.5	653.6	226.8	23.3	10.5	53.6	13.0	21348
1985	976.0	263.0	2.8	448.1	150.7	29.9	15.8	54.6	11.2	24166
1986	1222.2	323.8	4.0	607.3	168.4	27.9	15.3	63.5	12.0	11647
1987	1276.2	340.7	5.6	671.5	159.0	25.7	13.5	49.2	11.1	3337
1988	1307.2	340.2	8.2	680.6	161.6	20.0	18.8	44.4	13.6	6381
1989	1018.2	283.8	15.3	496.7	106.9	16.2	12.1	24.1	13.1	7808
1990	1494.7	375.7	44.3	812.3	180.8	30.5	19.4	43.5	14.5	13595
1991	1532.4	403.4	49.8	848.6	181.2	23.3	24.6	37.5	13.1	41987
1992	1568.4	417.7	65.5	864.5	152.7	18.5	26.2	32.4	11.1	27949
1993	1696.0	389.6	66.5	989.1	178.1	24.4	34.5	52.2	14.0	19439
1994	1337.1	297.7	49.5	613.9	181.5	25.5	28.3	48.3	14.4	16727
1995	1423.5	255.3	63.3	804.5	156.6	22.2	35.9	40.3	12.4	23666
1996	1660.1	366.1	59.4	1047.3	183.0	29.1	42.5	43.6	15.8	10813
1997	1313.5	389.4	56.5	674.7	100.3	18.7	39.5	35.1	11.3	15067
1998	1828.9	407.5	61.4	1205.3	141.6	28.6	47.8	52.8	15.0	17876
1999	1648.8	415.8	59.2	988.3	77.1	13.2	51.0	39.3	9.5	4574
2000	1140.0	375.5	35.4	547.9	51.6	9.3	61.5	47.9	8.7	5604
2001	1394.4	341.2	15.7	833.7	74.5	25.7	54.7	55.2	19.2	7508
2002	1510.4	359.2	11.5	889.4	83.1	23.3	60.3	52.6	31.0	2983
2003	1498.3	310.6	6.1	930.5	58.9	24.4	66.2	63.7	16.4	3481
2004	1720.0	382.4	6.9	1352.1	62.0	26.9	50.6	59.2	15.6	4742
2005	1745.8	414.5	8.9	1340.3	70.8	30.8	48.0	43.5	11.6	2685
2006	1797.0	426.6	3.1	1211.5	41.0	17.9	48.2	38.0	8.6	2000
2007	1835.0	505.0	5.3	1167.8	38.7	23.2	50.8	32.0	8.2	2100
2008	1860.3	505.6	4.9	1189.0	31.9	20.4	47.5	48.8	12.2	2401
2009	1591.0	506.0	4.5	963.1	22.9	15.1	41.7	30.0	7.7	956
2010	1765.4	457.6	3.7	1150.5	35.2	24.7	51.3	34.1	8.3	655
2011	2035.5	501.3	3.7	1360.3	36.3	22.1	65.0	34.1	12.7	736
2012	2070.5	507.8	3.2	1423.5	30.5	16.5	49.8	31.2	8.0	560

13-18 续表

年份	油料(吨)	#花生	芝麻	向日葵	麻类(吨)	甜菜(吨)	烟叶(吨)	#烤烟	蔬菜(万吨)
1978	105271	44811	1471	41080	14994	63376	31280	29483	652.0
1980	282529	137440	4059	13142	9487	127239	23617	22361	548.7
1985	540147	402737	43717	76731	2446	226775	34143	18424	589.5
1986	316211	221858	8899	76336	2054	218267	27137	10370	700.9
1987	192045	130062	3070	54351	1660	283685	28869	15692	756.1
1988	167916	133437	1362	29448	2875	481603	36383	22094	784.8
1989	70809	46084	1365	20354	2334	233945	45378	31376	790.0
1990	174537	133427	2879	33939	2586	497538	44005	31575	861.3
1991	202878	153230	8895	38066	2011	585929	39022	28525	893.5
1992	176256	129402	15415	29663	2494	523226	44297	32283	1003.2
1993	218478	168448	18427	27973	1234	538234	49878	31591	1162.7
1994	244305	200079	14022	29192	1050	392366	35721	23534	1130.6
1995	197717	162764	10040	22518	1039	504147	31959	21913	1268.1
1996	170003	134450	5618	28367	396	585516	56091	50344	1438.6
1997	160745	134136	3901	21826	294	400727	60890	51527	1492.2
1998	233611	198115	5798	28422	210	416120	31319	26182	1588.1
1999	197797	166326	4320	24736	355	263581	32487	29938	1650.8
2000	295527	256249	8298	12685	883	286894	31507	28589	1757.0
2001	462553	420504	10367	22994	245	355910	23548	19787	1826.6
2002	564529	507904	14139	34245	155	397226	28679	25987	2098.6
2003	614049	548406	10099	40844	611	33964	26487	22945	2148.2
2004	459299	419110	7293	24153	606	27427	26932	24243	2034.6
2005	368411	330103	6036	27337	114	62379	34234	31742	1954.8
2006	257100	245000	2036	9064	12	30000	26900	24200	2129.8
2007	263800	250000	2159	10541	9	50300	29100	23300	2232.0
2008	835027	800740	2997	25225	21	74952	32255	29655	2438.3
2009	553499	534697	815	11004	9	61941	31531	29155	2604.4
2010	995980	961477	2176	20507		48728	28560	24505	2668.2
2011	1197565	1165363	2330	25917	15	77977	29846	26423	2832.5
2012	1208739	1165335	2139	20284		97317	33621	30537	2977.6

13-19 各地区主要农产品产量

(2012年)

地　区	粮食(万吨)	水稻	小麦	玉米	高粱	谷子	薯类	大豆	其他杂粮	棉花(吨)
全　省	**2070.5**	**507.8**	**3.2**	**1423.5**	**30.5**	**16.5**	**49.8**	**31.2**	**8.0**	**560**
沈　阳	400.7	105.5	1.1	276.8	0.2	0.2	10.6	4.8	1.5	11
大　连	157.5	17.1	0.1	118.8	0.1	0.6	10.9	8.9	1.1	17
鞍　山	130.4	28.5	0.1	99.4	0.1	0.1	0.7	1.2	0.4	
抚　顺	67.3	12.9		50.8	0.0	0.0	2.0	1.5	0.2	
本　溪	27.0	5.6		19.4	0.0	0.3	0.9	0.6	0.1	
丹　东	95.2	38.2	0.1	52.8	0.0	0.0	2.5	1.4	0.2	
锦　州	272.4	25.4	0.1	234.7	0.9	0.6	3.3	2.1	5.1	3
营　口	70.2	43.2		25.7	0.1	0.1	0.4	0.5	0.3	5
阜　新	268.1	3.7	0.1	248.7	0.8	2.7	1.4	3.3	7.5	
辽　阳	91.9	40.9		49.0	0.0	0.0	1.5	0.5	0.1	
盘　锦	108.4	95.6		11.0	0.0			1.6	0.1	
铁　岭	386.7	42.7	0.0	328.4	0.0	0.1	12.6	2.8	0.1	
朝　阳	300.7	0.1	1.7	254.4	2.3	15.1	3.8	2.9	20.3	477
葫芦岛	125.6	5.2	0.0	107.8	0.2	1.0	8.5	1.7	1.1	47

13-19 续表

地　区	油料(吨)	#花生	#芝麻	#向日葵	麻类(吨)	甜菜(吨)	烟叶(吨)	#烤烟	蔬菜(万吨)
全　省	**1208739**	**1165335**	**2139**	**20284**		**97317**	**33621**	**30537**	**2978**
沈　阳	162582	140013	53	5160					502
大　连	17593	17347		9					257
鞍　山	15427	15427					12		247
抚　顺	2191	2073	100	18			1512	23	47
本　溪	1434	1411		23			10		21
丹　东	11483	11231					8710	8449	103
锦　州	114034	112191	184	591		2535			375
营　口	446	445							82
阜　新	611046	608009	197	1456			5976	5503	118
辽　阳	3194	3191		3					91
盘　锦	356	356				450			129
铁　岭	201125	201121		4			9007	8737	368
朝　阳	19273	4511	1575	12981		94176	8391	7825	424
葫芦岛	48555	48009	30	39		156	3		213

13-20 主要农产品单位面积产量

(按播种面积计算)

单位：公斤/亩

年 份	粮食	水稻	小麦	玉米	高粱	谷子	薯类	大豆	其他杂粮	棉花
1978	224	367	93	279	238	95	161	69	86	16
1980	253	407	89	308	271	82	165	76	76	37
1985	225	365	158	249	241	95	146	93	69	41
1986	268	427	129	322	254	90	155	103	64	43
1987	272	421	136	334	236	91	141	83	63	48
1988	281	419	159	344	239	74	178	78	80	41
1989	220	348	185	252	170	61	110	44	59	32
1990	319(325)	461	262	397	305	120	176	83	86	48
1991	331(341)	491	226	412	329	105	208	77	85	51
1992	343(347)	500	264	416	298	103	199	71	80	25
1993	371(382)	536	242	466	364	135	231	107	99	53
1994	295(277)	433	204	279	376	156	197	101	100	43
1995	313(306)	360	246	353	339	144	233	98	100	51
1996	360(388)	511	222	443	406	185	257	122	122	58
1997	288(291)	528	224	286	259	118	249	94	88	52
1998	401(430)	548	273	491	424	189	291	141	139	58
1999	360(361)	553	258	393	254	98	261	111	97	44
2000	266(265)	511	201	257	182	71	245	106	69	51
2001	337(343)	506	122	407	305	131	241	127	106	69
2002	379(375)	524	163	425	328	153	277	132	268	69
2003	390(384)	528	206	443	313	146	318	149	122	59
2004	395(440)	518	232	491	389	190	326	162	149	72
2005	381(414)	514	278	430	438	237	343	157	187	78
2006	357(397)	455	258	407	286	144	310	197	137	89
2007	391	510	285	390	303	188	352	164	135	127
2008	409	512	319	421	293	179	341	180	149	113
2009	340	514	341	327	160	115	303	122	92	73
2010	370	450	329	366	332	214	428	184	110	103
2011	428	507	357	425	411	232	521	189		121
2012	429	512	314	430	398	212	405	180	92	123

13-20 续表

单位：公斤/亩

年 份	油料	#花生	#芝麻	#向日葵	麻类	甜菜	烟叶	#烤烟	蔬菜
1978	33	69	20	37	28	428	147	160	1956
1980	62	94	22	52	25	767	164	171	1811
1985	81	107	31	61	59	1101	122	122	1808
1986	75	92	26	62	51	1131	122	96	2026
1987	85	100	28	72	44	1178	135	125	2152
1988	83	106	28	46	76	1240	130	119	2167
1989	36	37	18	36	88	917	96	87	2121
1990	93	114	40	60	97	1473	113	104	2267
1991	95	110	39	80	83	1554	113	106	2336
1992	82	95	42	78	113	1674	122	109	2498
1993	103	123	50	87	93	1547	138	120	2631
1994	113	130	52	88	80	908	128	116	2368
1995	100	115	47	68	91	1115	128	109	2557
1996	119	134	58	92	71	1437	137	135	2803
1997	109	129	43	65	77	1121	122	119	2809
1998	127	145	43	87	88	1618	137	134	2998
1999	108	125	43	66	60	1278	127	130	2975
2000	99	120	40	30	88	1157	114	114	2835
2001	131	152	53	48	74	1319	137	130	2949
2002	132	149	58	61	110	2015	147	147	2994
2003	131	144	55	67	75	2132	138	139	3088
2004	149	161	60	81	210	2078	155	155	3585
2005	149	156	77	115	158	2791	141	141	3691
2006	161	170	52	82	73	2500	216	215	4011
2007	165	169	72	121	100	2630	243	213	3957
2008	197	203	85	116	117	2507	187	185	4182
2009	133	137	31	60	60	2269	168	171	4311
2010	191	193	99	114		3053	175	167	4135
2011	204	206	127	144	100	2965	185	182	4057
2012	214	216	150	167		3469	190	189	4074

13-21 各地区主要农产品单位面积产量

(按播种面积计算，2012年)

单位：公斤/公顷

地区	粮食	水稻	小麦	玉米	高粱	谷子	薯类	大豆	棉花
全省	**429**	**512**	**314**	**430**	**398**	**212**	**405**	**180**	**123**
沈阳	531	581	283	530	67	256	521	219	92
大连	378	411	418	418	67	232	351	168	87
鞍山	410	513	243	397	67	203	321	158	
抚顺	455	415		478	67	199	575	234	
本溪	361	416		366	67	266	394	142	
丹东	384	495	188	348	67	114	358	143	
锦州	507	561	316	516	67	200	504	187	50
营口	496	663		366	67	159	397	155	67
阜新	573	516	237	615	67	266	761	169	
辽阳	434	536		378	67	215	459	202	
盘锦	567	594		496	67			210	
铁岭	564	468	360	584	67	366	714	193	
朝阳	526	561	400	578	67	295	471	204	132
葫芦岛	443	406	341	463	67	217	474	156	95

13-21 续表

单位：公斤/公顷

地区	油料	#花生	#芝麻	#向日葵	麻类	甜菜	烟叶	#烤烟	蔬菜
全省	**214**	**216**	**150**	**167**		**3469**	**190**	**189**	**4074**
沈阳	228	230	122	146					3922
大连	199	200		120					4565
鞍山	190	191					67		4899
抚顺	218	221	163	300			221	192	3596
本溪	214	215		256			222		3129
丹东	235	240					149	150	3458
锦州	193	193	146	140		2561			5112
营口	158	159							4498
阜新	215	218	83	157			198	194	3683
辽阳	196	197		100					3075
盘锦	168	168				1500			5504
铁岭	246	246		267			205	204	4050
朝阳	200	330	172	179		3527	227	229	3022
葫芦岛	143	143	111	325		2600	100		5530

13-22 水果、蚕茧、人参、芦苇生产情况

指标	单位	2005年	2006年	2008年	2009年	2010年	2011年	2012年
一、水果								
果园面积	千公顷	317.0	313.6	323.6	349.7	354.1	359.86	368.5
#苹果园	千公顷	110.3	109.1	114.0	121.9	125.9	133.96	139.0
梨园	千公顷	91.6	87.7	83.2	97.9	98.6	98.84	98.8
葡萄园	千公顷	28.1	26.8	26.6	26.8	26.6	27.38	35.3
山楂园	千公顷	14.0	12.0	10.6	12.8	12.7	12.44	11.5
果树株数	万株	32435.0	33236.7	37020.1	47340.6	46704.8	42561.3	46785.4
#苹果	万株	5838.5	6172.4	6961.3	8036.5	8799.7	10015.4	12174.0
梨	万株	5600.2	5386.7	5308.9	6469.2	6580.2	6527.1	6921.0
葡萄	万株	11679.0	11238.1	11928.3	17060.5	16722.8	12207.6	
山楂	万株	1337.5	1270.5	1035.9	1166.9	1286.4	1292.0	
结果株数	万株	22553.0	22640.6	26275.9	30634.2	31517.8	32039.7	34673.0
#苹果	万株	3562.3	3813.6	4803.7	5340.5	5830.2	6572.8	7727.0
梨	万株	3196.4	3225.4	3563.9	4443.6	4691.4	4719.9	5119.0
葡萄	万株	9785.8	9086.7	9685.6	10856.5	10735.0	10427.1	
山楂	万株	1123.2	1082.7	808.7	932.2	960.1	969.8	
水果产量	吨	3292674	3437027	4225182	4772144	5215623	5743860	6329172
#苹果	吨	1299595	1301399	1709138	1948100	2094719	2396805	2634128
梨	吨	690345	705232	937944	1103509	1261402	1401586	1547193
葡萄	吨	581711	587191	614422	642124	634296	672695	769027
山楂	吨	64756	62783	64934	86032	84087	92281	82659
二、蚕业								
柞蚕茧产量	吨	43200	44075	53516	50142	49847	54827	50856
桑蚕茧产量	吨	159	191	194	224	102	103.0	107
三、人参								
人参产量	吨	2461.5	2390.5	1817.3	2928.7	3788.0	4392.9	5676.0
四、芦苇								
芦苇产量	万吨	50.9	54.3	56.7	53.8	46.9	51.9	46.2

13-23 水果、蚕茧、人参产量

单位：吨

年 份	水果总产量	#苹果	#梨	#葡萄	#山楂	蚕茧总产量	柞蚕茧	桑蚕茧	人参总产量
1978	937915	656750	227700	7130		40587	40521	66	
1980	782677	610133	109907	6244		56757	56634	123	775
1985	806799	547791	173077	20902	14342	26996	26945	51	985
1986	803832	546862	171840	23521	14717	24790	24760	30	1302
1987	933062	637092	177808	35017	21571	39137	39086	51	1813
1988	958557	621544	195066	53092	24643	34825	34768	57	2639
1989	1003137	655737	174370	72170	33395	39415	39348	67	2437
1990	1112886	759244	166806	73567	36562	40772	40641	131	2766
1991	1011230	570542	204839	89895	50659	23982	23812	170	2704
1992	1527272	979434	222916	121829	73918	26124	25926	198	2719
1993	1888380	1196127	300099	146162	97312	36486	36349	137	3720
1994	1845580	1069137	323985	158210	99411	27808	27720	178	2073
1995	2199889	1277295	402963	153317	98566	32988	32805	183	1431
1996	2480339	1505993	477330	185421	80719	29411	29158	253	1226
1997	2641058	1611487	471870	193380	79456	39685	39532	153	2141
1998	2985505	1674628	610898	275557	85093	44563	44455	108	1304
1999	2566685	1469839	424605	307453	71638	28760	28720	40	1297
2000	2499660	1231479	455404	430282	67148	39051	38959	92	1218
2001	2416697	1134657	509942	396991	61151	43870	43790	80	1492
2002	2344015	1005142	412724	522061	59314	41998	41652	34	2132
2003	2678104	1089937	515892	586124	54253	44402	44362	40	3001
2004	3076521	1222119	605679	613683	61482	39152	38867	285	2316
2005	3292674	1299595	690345	581711	64756	43359	43200	159	2462
2006	3437027	1301399	705232	587191	62783	44266	44075	191	2390
2007	3961160	1551508	874282	625421	66256	48285	48025	260	1892
2008	4225182	1709138	937944	614422	64934	53710	53516	194	1817
2009	4772144	1948100	1103509	642124	86032	50366	50142	224	2929
2010	5215623	2094719	1261402	634296	84087	49949	49847	102	3788
2011	5743860	2396805	1401586	672695	92281	54930	54827	103	4393
2012	6329172	2634128	1547193	769027	82659	50963	50856	107	5676

13-24 林业生产情况

指　　标	单位	2005年	2006年	2008年	2009年	2010年	2011年	2012年
造　林　面　积	千公顷	126.49	70.77	81.53	129.97	190.67	246.77	246.67
按造林用途分:								
用　材　林	千公顷	20.93	2.93	6.15	2.85	26.33	11.95	13.36
经　济　林	千公顷	6.18	4.19	3.64	4.26	7.50	16.67	17.85
防　护　林	千公顷	98.21	63.65	71.74	122.62	156.80	218.03	215.42
薪　炭　林	千公顷	1.17			0.24		0.06	
特种用材林	千公顷					0.03	0.05	0.03
封山育林面积	千公顷			866.98	989.55	1562.33	1213.83	1101.40
#本年新封面积	千公顷	68.48	4.54	26.66				
零　星　植　树	万株		7097.00	9982.00		14169.00	9777.38	7330.27
育　苗　面　积	千公顷	17.11	18.19	19.34	16.92	17.94	19.48	21.26
#当年新育	千公顷	6.16	6.42	7.33	6.31	7.93	7.35	5.96
当年苗木产量	万株	175414.00	303478.00	233273.00	261320.00	489432.00	789389.62	415997.72
幼林抚育作业面积	千公顷			186.82	366.12	202.00	175.45	
成林抚育面积	千公顷			76.04	95.46	60.38	74.05	103.20
木材采运量	万立方米	147.07	229.00	181.00	187.00	194.00	198.00	191.00

13-25 各地区造林面积

单位：千公顷

地　区	合计					#用材林				
	2008年	2009年	2010年	2011年	2012年	2008年	2009年	2010年	2011年	2012年
全　省	**81.5**	**130**	**190.1**	**246.8**	**246.7**	**6.1**	**2.9**	**26.4**	**11.9**	**13.4**
沈　阳	5.7	12.4	8.3	29	10.3	0.3			1.0	1
大　连	7.7	15.1	10	8.8	10.0	0.1		0.3		
鞍　山	1	3.3	7.3	6.3	6.3	0.6			0.3	0.3
抚　顺	2	3.7	9.5	4.8	6.1	1		6.1	2.9	1.2
本　溪	0.7	6.6	19.4	2.5	2.0	0.3	0.7	10.1	0.8	0.2
丹　东	0.8	2.7	8.8	8.3	1.5			3.8	2.5	0.4
锦　州	5.5	6.6	12.1	15.8	31.4	0.8		0.4		
营　口	1.3	1	8.2	4	11.1			0.2		
阜　新	14.4	16.7	20.4	27.7	45.4	0.2		0.1	2.2	3.7
辽　阳	0.7	3	7.5	4.5	5.4		0.2	2.8	0.3	1.8
盘　锦	0.5	0.3	0.4	0.7	0.7					
铁　岭	4.7	13.3	11.2	14.5	37.0	1.1	1.6	2.6	2.1	4.8
朝　阳	29.3	41	54.7	104	39.2		0.3			
葫芦岛	7.2	4.4	12.3	15.2	40.3	1.7				

13-25 续表 单位：千公顷

地 区	#经济林					#防护林				
	2008年	2009年	2010年	2011年	2012年	2008年	2009年	2010年	2011年	2012年
全 省	**3.7**	**4.3**	**7.5**	**16.7**	**17.9**	**71.7**	**122.6**	**156.3**	**218.0**	**215.4**
沈 阳		0.6		8.0	3.8	5.4	11.8	8.3	20.0	5.5
大 连	1.1	1.4	0.3	0.5	0.8	6.5	13.6	9.4	8.3	9.2
鞍 山				0.9		0.4	3.3	7.3	5.1	6.0
抚 顺					0.7	1.0	3.7	3.4	1.9	4.2
本 溪	0.1					0.3	5.9	9.3	1.7	1.8
丹 东				0.9		0.8	2.7	5.2	4.9	1.1
锦 州	0.4				0.4	4.3	6.6	11.7	15.8	31.0
营 口			3.5	0.9		1.3	1.0	4.5	3.1	11.1
阜 新	0.6		0.1	0.8	3.6	13.6	16.7	20.1	24.7	38.1
辽 阳			0.6	0.4	0.5	0.7	2.5	4.0	3.8	3.1
盘 锦						0.5	0.3	0.4	0.7	0.7
铁 岭	0.3	0.9		1.0	4.3	3.3	10.8	8.5	11.4	27.9
朝 阳	1.1	1.3	2.5	3.0	2.1	28.2	39.4	52.4	101.0	37.1
葫芦岛	0.1		0.5		1.7	5.4	4.4	11.8	15.2	38.6

13-26 大牲畜头数

单位：万头

年 份	大牲畜年末头数	#役畜	牛	马	驴	骡
1978	287.3	193.7	136.0	61.4	52.7	37.2
1980	279.1	177.3	130.6	61.9	46.9	39.7
1985	303.3	216.4	134.9	56.9	70.3	41.2
1986	313.9	219.5	140.2	56.1	75.3	42.3
1987	315.2	254.6	140.7	53.7	77.9	42.9
1988	319.1	217.4	142.8	51.9	80.8	43.6
1989	323.8	217.3	147.7	49.4	83.1	43.6
1990	326.1	217.2	150.9	47.0	84.4	43.8
1991	326.0	220.1	149.4	46.1	86.6	43.9
1992	331.6	214.2	155.4	45.1	87.5	43.6
1993	368.3	219.3	192.0	44.7	89.0	42.6
1994	438.9	228.6	261.2	44.3	91.2	42.2
1995	476.4	232.3	301.6	42.2	92.6	40.0
1996	505.4	244.4	330.9	42.2	93.5	38.9
1997	366.7	182.2	193.5	39.5	96.2	37.5
1998	382.1	187.9	209.3	40.6	95.2	37.0
1999	399.8	198.9	228.1	39.9	95.8	35.9
2000	420.7	212.8	254.0	37.0	95.3	34.4
2001	411.7	208.0	251.1	35.7	93.5	31.5
2002	421.5	198.7	264.8	34.4	92.9	29.4
2003	455.0	196.6	301.9	33.3	91.9	28.0
2004	476.9	192.6	329.1	31.3	91.8	24.8
2005	495.9	193.8	344.7	28.2	98.9	24.1
2006	427.1	165.7	281.5	26.7	95.9	23.0
2007	475.9	165.5	332.2	25.9	96.2	21.6
2008	524.1	188.1	356.4	27.7	116.2	23.7
2009	515.6	223.5	354.0	26.5	113.9	21.2
2010	525.9	127.0	366.7	26.9	112.1	20.1
2011	530.8	118.3	371.2	24.8	116.3	18.5
2012	524.4	89.3	367.1	22.9	117.4	17.0

13-27 肉类产量和猪羊头数

年 份	猪牛羊肉产量（万吨）	肉猪出栏头数（万头）	猪年末存栏头数（万头）	羊年末只数（万只）		
					山羊	绵羊
1978		554.3	1184.6	138.2	28.1	110.1
1980	42.9	656.3	1057.5	194.7	36.6	158.1
1985	57.0	647.4	1035.6	193.6	35.5	158.1
1986	58.1	650.9	1031.7	215.5	39.5	176.0
1987	57.3	626.4	930.4	233.7	47.0	186.7
1988	68.9	691.4	1065.4	274.2	60.9	213.3
1989	71.9	733.4	1089.6	294.9	74.3	220.6
1990	78.8	797.2	1093.5	267.2	73.4	193.8
1991	88.8	865.0	1137.7	239.5	75.7	163.8
1992	99.7	945.4	1222.0	247.9	73.7	174.2
1993	115.4	1020.9	1228.6	264.4	88.8	175.6
1994	144.5	1254.4	1340.1	302.0	115.8	186.2
1995	173.9	1461.6	1468.4	373.2	146.5	226.7
1996	190.4	1640.6	1426.5	403.1	164.1	238.9
1997	126.9	1131.0	953.3	292.6	133.7	158.9
1998	138.8	1223.9	1039.9	318.1	146.3	171.7
1999	148.4	1320.3	1123.4	347.8	159.3	188.5
2000	156.5	1413.8	1270.7	386.1	187.3	198.8
2001	169.0	1525.2	1291.8	449.4	212.6	236.8
2002	182.8	1648.7	1304.3	548.4	251.9	296.5
2003	198.6	1754.3	1365.8	730.8	319.7	411.1
2004	216.8	1894.6	1498.0	819.2	387.4	431.8
2005	238.8	2063.2	1642.4	830.2	426.3	404.0
2006	231.0	2245.4	1416.1	673.9	410.9	263.0
2007	236.2	2265.8	1429.4	675.9	412.6	263.3
2008	252.4	2435.5	1548.5	733.4	428.0	305.4
2009	266.8	2597.0	1606.2	717.0	447.8	269.2
2010	277.9	2682.7	1567.6	733.5	414.1	319.4
2011	275.8	2652.1	1585.4	725.6	401.8	323.8
2012	281.3	2728.5	1592.6	721.8	392.3	329.5

13-28 畜牧业生产情况

指 标	单位	2005年	2006年	2008年	2009年	2010年	2011年	2012年
一、畜产品产量								
1.猪牛羊出栏头数								
肉猪出栏头数	万头	2063.2	2245.4	2435.5	2597.0	2682.7	2652.1	2728.5
出售和自宰的牛	万头	278.8	236.5	277.8	270.0	278.9	281.8	286.9
出售和自宰的羊	万只	774.8	597.2	695.9	721.0	729.7	725.8	719.7
2.肉类总产量	万吨	346.1	329.7	376.0	389.2	406.7	408.2	418.7
#猪 肉	万吨	184.7	189.3	204.2	218.8	228.4	225.9	230.2
牛 肉	万吨	42.2	35.3	40.5	40.2	41.6	42.0	43.2
羊 肉	万吨	11.9	6.4	7.8	7.8	7.9	7.9	7.9
禽 肉	万吨	102.1	93.1	116.3	115.1	121.9	125.2	130.3
兔 肉	万吨	0.4	0.4	0.4	0.4	0.4	0.3	0.3
3.其他畜产品产量								
奶 类	万吨	78.8	95.8	120.1	115.6	126.7	132.0	130.2
#牛 奶	万吨	74.9	91.7	114.1	110.0	121.2	124.5	124.7
山 羊 毛	吨	1680.0	1876.5	2401.1	2735.6	2565.1	2169.3	1827.0
绵 羊 毛	吨	10412.0	8580.3	11468.5	10136.0	12153.7	13471.4	14660.0
羊 绒	吨	1053.0	1182.0	1371.8	1215.5	1292.6	1115.9	1056.0
蜂 蜜	吨	1942.0	2661.6	2006.7	1683.9	1728.1	1659.4	1484.0
禽 蛋	万吨	224.0	195.2	230.0	263.1	275.7	277.4	279.9
二、牲畜年末头数								
1.大 牲 畜	万头	495.9	427.1	524.1	515.6	525.9	530.8	524.4
#役 畜	万头	193.8	165.7	188.1	223.5	127.0	118.3	89.3
牛	万头	344.7	281.5	356.4	354.0	366.7	371.2	367.1
马	万头	28.2	26.7	27.7	26.5	26.9	24.8	22.9
驴	万头	98.9	95.9	116.2	113.9	112.1	116.3	117.4
骡	万头	24.1	23.0	23.7	21.2	20.1	18.5	17.0
2.猪	万头	1642.4	1416.1	1548.5	1606.2	1567.6	1585.4	1592.6
3.羊	万只	830.2	673.9	733.4	717.0	733.5	725.6	721.8
山 羊	万只	426.3	410.9	428.0	447.8	414.1	401.8	392.3
绵 羊	万只	404.0	263.0	305.4	269.2	319.4	323.8	329.5

13-29 各地区牲畜饲养情况

(2012年)

地区	大牲畜年末头数(万头)	#役畜	#牛	#乳牛	马	驴	骡	肉猪出栏头数(万头)	猪年末头数(万头)	羊年末只数(万只)	山羊	绵羊
全省	**524.4**	**89.3**	**367.1**	**32.2**	**22.9**	**117.4**	**17.0**	**2728.5**	**1592.6**	**721.8**	**392.3**	**329.5**
沈阳	115.1	5.1	107.3	13.3	2.7	3.9	1.2	556.3	344.8	84.6	31.4	53.2
大连	35.7	18.5	31.7	2.0	1.0	1.3	1.7	422.9	267.8	64.7	62.6	2.1
鞍山	28.1	5.6	23.2	0.9	1.9	1.9	1.0	234.8	126.7	57.5	53.5	4.0
抚顺	14.2	4.5	12.5	1.8	0.7	0.3	0.8	78.1	37.4	24.1	23.4	0.8
本溪	12.4	7.0	11.9	0.5	0.2	0.1	0.2	64.1	36.4	39.0	38.2	0.8
丹东	15.8	10.4	11.9	0.7	1.4	1.3	1.2	127.7	80.9	43.8	43.5	0.3
锦州	74.2	12.1	57.9	7.2	3.0	10.8	2.4	533.3	340.7	88.6	4.9	83.8
营口	6.4	1.0	5.1	0.4	0.2	0.8	0.2	84.7	47.1	46.5	44.5	2.0
阜新	72.5	9.1	38.5	11.4	3.9	29.1	0.9	310.8	183.9	145.5	5.6	139.9
辽阳	8.1	1.2	6.9	0.6	0.4	0.4	0.4	104.7	58.4	20.0	18.0	2.0
盘锦	3.5	0.1	3.4	0.6	0.1	0.0	0.01	97.2	71.3	2.4	2.0	0.5
铁岭	133.0	14.5	126.7	6.3	2.1	2.8	1.3	446.4	263.0	73.7	47.6	26.1
朝阳	136.0	35.5	70.5	6.7	4.0	57.3	4.2	286.0	187.2	193.4	53.8	139.6
葫芦岛	23.7	6.7	13.5	1.4	1.3	7.3	1.6	345.3	173.8	77.1	38.0	39.1

13-30 各地区畜产品产量

(2012年)

地区	肉类总产量(万吨)	猪肉	牛肉	羊肉	奶类(万吨)	#牛奶	绵羊毛(吨)	山羊毛(吨)	羊绒(吨)	禽蛋(万吨)	蜂蜜(吨)
全省	**418.7**	**230.2**	**43.2**	**7.9**	**130.2**	**124.7**	**14660.0**	**1827.0**	**1056.0**	**279.9**	**1484.0**
沈阳	99.9	43.4	20.0	1.4	48.4	48.1	1278.9	97.4	6.5	74.9	15.0
大连	79.7	33.8	4.6	1.0	8.4	7.9	20.6	181.4	178.0	28.7	10.3
鞍山	66.1	19.5	3.4	0.8	2.2	2.2	57.8	255.0	198.1	44.0	6.1
抚顺	17.8	6.4	1.9	0.5	6.4	6.4	24.0	15.0	72.2	11.3	92.4
本溪	12.1	5.0	1.5	0.5	1.3	1.3	20.1	213.4	137.9	6.0	18.2
丹东	32.4	10.6	1.5	0.6	3.0	3.0	4.5	266.4	150.9	15.1	154.9
锦州	71.6	46.5	6.0	1.2	20.2	19.0	2560.1	0.5	1.0	65.4	145.5
营口	22.1	7.2	1.0	0.8	1.2	1.2	31.4	196.6	139.1	16.6	13.5
阜新	49.9	26.1	4.3	4.1	38.2	36.5	5467.7	0.6		20.1	116.4
辽阳	16.3	8.4	1.5	0.2	2.3	2.2	30.3	83.8	28.4	10.7	17.4
盘锦	20.8	8.0	0.5	0.04	2.6	2.6	4.0	0.8		9.3	
铁岭	111.9	44.4	21.3	1.6	22.2	20.6	507.3	289.7	39.5	31.2	0.1
朝阳	57.4	24.4	8.5	2.6	21.1	21.0	3846.1	6.1	0.9	60.5	789.8
葫芦岛	46.6	28.9	2.4	1.5	4.9	4.8	807.6	220.4	103.7	23.6	104.0

13-31 水产品生产情况

指　　标	2005年	2006年	2008年	2009年	2010年	2011年	2012年
水产品养殖面积(千公顷)	616.5	387.9	735.0	832.9	961.2	953.0	1015.6
海水养殖面积	449.3	271.3	534.5	630.7	763.1	751.4	813.0
海上 养 殖	301.0	186.6	340.4	412.2	547.2	553.9	611.7
滩 涂 养 殖	95.8	55.5	136.5	141.3	139.0	128.2	130.1
陆基 养 殖	52.5	29.2	57.7	77.2	76.9	69.4	71.3
内陆水域养殖面积	167.2	116.6	200.5	202.7	198.1	201.6	202.6
#池　　塘	46.7	36.7	53.2	59.6	52.4	48.2	47.2
水　　库	98.5	68.0	114.5	111.7	103.4	105.0	103.9
河　　沟	2.0	0.6	1.8	1.8	2.7	2.7	1.9
水产品产量(万吨)	425.3	351.3	494.9	534.7	429.1	453.9	480.8
海水产品产量	364.1	296.0	411.6	437.9	348.4	368.3	391.5
#海洋捕捞	152.0	118.4	147.8	148.3	117.0	124.7	128.0
人工养殖	212.1	177.6	263.8	289.6	231.5	243.5	263.6
#鱼　类	91.3	69.4	76.1	80.3	59.6	70.6	71.5
甲壳类	35.0	28.0	30.2	29.7	22.4	23.1	23.4
贝　类	173.5	152.6	220.2	241.0	190.5	201.9	219.1
藻　类	39.5	27.4	33.3	33.6	26.5	31.2	32.6
其　他	24.8	18.6	18.9	39.5	33.2	22.8	24.9
淡水产品产量	61.2	55.3	83.3	96.8	80.6	85.7	89.3
#天然生产	4.3	2.8	4.9	5.6	5.7	4.6	5.2
人工养殖	56.9	52.5	78.4	91.1	75.0	81.1	84.1
#鱼　类	54.4	50.3	75.5	87.9	72.6	77.1	79.8
甲壳类	5.6	4.1	6.1	7.4	6.4	7.4	8.4

13-32 水产品产量

单位：万吨

年 份	水产品合计	海水产品	#人工养殖	淡水产品	#人工养殖	比重(%)	
						海水	淡水
1978	46.9	46.2	10.7	0.7	0.7	98.5	1.5
1980	42.1	41.2	11.3	0.9	0.7	97.9	2.1
1985	58.3	55.2	16.7	3.1	2.5	94.7	5.3
1986	67.0	63.2	24.5	3.8	3.4	94.3	5.7
1987	80.6	75.9	32.1	4.7	4.5	94.2	5.8
1988	94.7	88.8	43.2	5.9	5.7	93.8	6.2
1989	101.2	94.8	48.1	6.4	6.0	93.7	6.3
1990	107.3	100.7	51.4	6.6	6.0	93.8	6.2
1991	114.1	106.4	54.9	7.7	6.9	93.3	6.7
1992	132.2	122.6	65.5	9.6	8.8	92.7	7.3
1993	151.7	139.7	73.8	12.0	11.3	92.1	7.9
1994	167.8	151.3	76.5	16.5	15.8	90.2	9.8
1995	197.9	178.4	87.3	19.5	15.8	90.1	9.9
1996	258.0	235.3	111.2	22.7	21.6	91.2	8.8
1997	285.1	258.0	112.3	27.1	24.6	90.5	9.5
1998	312.7	281.4	120.8	31.3	28.5	90.0	10.0
1999	333.8	296.8	139.2	37.0	31.3	88.9	11.1
2000	338.5	302.3	152.1	36.1	29.1	89.3	10.7
2001	350.8	310.5	160.9	40.3	36.8	88.5	11.5
2002	374.8	327.0	178.2	47.8	44.6	87.2	12.8
2003	382.0	330.8	182.8	51.1	48.0	86.6	13.4
2004	402.5	346.1	197.0	56.4	52.2	86.0	14.0
2005	425.3	364.1	212.1	61.2	56.9	85.6	14.4
2006	351.3	296.0	177.6	55.3	52.5	84.3	15.7
2007	361.3	302.1	185.5	59.2	55.1	83.6	16.4
2008	494.9	411.6	263.8	83.3	78.4	83.2	16.8
2009	534.7	437.9	289.6	96.8	91.1	81.9	18.1
2010	429.1	348.4	231.5	80.6	75.0	81.2	18.8
2011	453.9	368.3	243.5	85.7	81.1	81.1	18.9
2012	480.8	391.5	263.6	89.3	84.1	81.4	18.6

13-33 农业事业机构和人员数

单位：个、人

年 份	农业技术推广站		家畜繁育改良站		乡镇畜牧兽医站		种畜禽场总数		种子站、种子公司	
	机构	人数	机构	人数	机构	人数	机构	人数	机构	人数
1979	1289	8514					70	2629		
1980					1210	9204	69	2946	48	3751
1985	1268	8390	309	764	1224	8479	70	3959	46	3346
1986			89	290	1321	8738	71	4025	46	3300
1987	1268	8514	72	226	1280	8709	74	4660	46	3258
1988	1276	8602	63	218	1323	8902	76	4567	46	3150
1989	1329	8552	72	212	1232	8327	77	5072	46	3070
1990	1332	8323	122	418	1246	8480	77	4734	49	3041
1991	1337	8323	122	381	1234	8988	78	5160	49	2976
1992	1337	8268	99	377	1240	9975	78	5370	49	2898
1993	1105	6074	64	207	1230	10244	49	2917	77	4848
1994	1122	6779	58	419	1233	10374	49	2876	82	5499
1995	1209	13065	7	25	1254	10597	49	2897	82	5499
1996	1292	7738	3	18	1234	10422	49	2342	83	5560
1997	1337	8018	3	18	1240	10674	49	2658	88	5930
1998	1337	8018	93	1301	1242	9838				
1999	1337	8400	55	1196	1217	9800				
2000					1190	9681	49			
2001					1200	9551	49			
2002			70	1325	1038	9399	336			
2003			61		1141	8862	379			
2004			65	1212	1116	8491	441			
2005			67	1195	1081	7529	423			
2006			110	1067	660	4781	639			
2007			33	420	473	2746	796			
2008			32	318	105	1440	944			
2009			32	475	26	186	1268			
2010			37	500	3	39	1333			
2011			33	473	3	21	1279			
2012			35	411	2	22	1091			

注：2002年以后种畜场总数为全社会口径。

13-34 农作物受灾及成灾面积

单位：千公顷

年 份	粮豆成灾面积	减产三至五成的	减产五至八成的	减产八成以上的
1981	893.9	348.6	276.7	268.6
1982	1599.7	781.8	544.9	272.9
1983	672.3	432.0	177.2	63.1
1984	1343.3	776.7	391.1	175.5
1985	1983.9	918.8	675.8	389.2
1986	1068.1	502.9	293.1	272.2
1987	1353.1	867.4	371.3	114.4
1988	1676.1	952.6	538.8	184.8
1989	2448.1	1050.0	868.4	529.7
1990	1156.3	776.3	279.5	100.5
1991	1207.2	773.7	272.8	160.8
1992	1431.8	609.0	399.9	203.0
1993	914.9	632.8	161.8	64.0
1994	1995.8	907.6	605.4	442.7
1995	1500.9	799.5	363.5	337.9
1996	996.1	702.8	191.0	102.3
1997	2249.9	1148.0	844.5	257.4
1998	590.4	345.3	141.5	102.9
1999	1321.0	598.4	399.0	323.2
2000	2101.0	690.0	678.0	731.0
2001	1454.6	654.1	480.7	315.7
2002	1437.4	874.5	423.8	139.1
2003	1143.3	665.1	352.7	125.0
2004	500.7	370.4	93.2	37.0
2005	1316.5	888.5	254.2	129.9
2006	1299.2	685.3	412.3	198.5
2007	885.0	637.9	189.9	53.1
2008	1013.7	327.8	386.6	64.2
2009	2042.0	573.1	511.6	465.8
2010	1204.9	683.5	317.0	190.4
2011	418.5	142.5	43.7	12.4
2012	475.3	288.1	86.5	75.6

13-35 国营农场基本情况

指　标	单位	2005年	2006年	2008年	2009年	2010年	2011年	2012年
一、农　场　数	个	120	115	109	109	108	108	109
职　工　人　数	万人	26.7	26.7	28.3	29.3	29.6	29.7	30.5
二、耕　地　面　积	万公顷	13.4	13.8	14.5	14.7	14.7	15.6	15.5
三、农业机械总动力	万千瓦	67.9	68.2	84.5	97.1	98.8	106.8	113.6
四、农业机械拥有量								
大中型农用拖拉机	台	1653	1465	1789	2843	3815	4023	4097
小型及手扶拖拉机	台	8538	8986	10825	10757	10383	11274	11815
农用排灌动力机械	台	16131	13847	19230	23020	18488	18394	19514
联 合 收 割 机	台	20	20	39	35	120	262	738
农 用 载 重 汽 车	辆	756	789	935	958	961	1238	1362
五、农用化肥施用量(折纯)	吨	53294	68025	81110	95435	97923	89164	81233
六、农 业 总 产 值	亿元	63.64	69.45	92.09	103.55	125.03	143.28	159.35
七、盈 亏 总 额	亿元	1.18	1.78		2.98	3.30		3.6
八、农作物总播种面积	万公顷	14.61	18.56	15.66	15.88	15.96	17.41	16.86
#粮食作物	万公顷	13.08	16.87	13.74	13.98	14.05	15.51	14.91
棉　花	公顷			2				
油　料	公顷	1470	2038	5104	4540	4575	4976	4268
糖　料	公顷	51	121	139	27	4	31	35
年末实有果园面积	公顷	11521	12165	12797	13062	13091	12395	13044
九、主要农产品产量								
#粮食作物	万吨	99.47	108.41	117.45	116.83	120.08	131.27	133.80
棉　花	吨			2				
油　料	吨	3236	3079	11121	10027	19078	24504	13995
糖　料	万吨	0.20	0.33	0.57	0.13	0.02	0.13	0.16
水　果	万吨	7.21	8.05	9.24	11.26	11.88	13.46	16.00
十、畜牧业、渔业生产								
1.大牲畜年末头数	万头	9.91	9.43	11.10	12.59	11.55	13.33	12.26
2.猪年末头数	万头	50.68	49.50	65.85	84.75	80.94	79.27	81.41
3.羊年末只数	万只	9.19	9.10	13.52	15.06	9.68	15.78	14.23
#绵　羊	万只	4.24	4.20	6.43	8.90	4.93	10.17	7.44
4.畜产品产量								
猪牛羊肉产量	万吨	10.22	11.63	15.60	18.50	22.39	24.94	27.10
#猪肉产量	万吨	5.97	6.76	8.50	9.15	10.74	11.76	13.80
牛 奶 产 量	万吨	8.79	8.98	11.00	12.10	13.41	13.02	13.93
禽 蛋 产 量	万吨	3.18	3.29	4.56	5.63	5.95	7.78	8.28
羊 毛 产 量	吨	111	94	109	193	195	210	191
5.水产品总产量	万吨	18.16	20.10	23.82	28.23	33.41	40.18	44.37

主要统计指标解释

农业总产值 是以货币表现的农、林、牧、渔业全部产品的总量，它反映一定时期内农业生产的总规模和总成果。

农、林、牧、渔业的统计范围是:

(1)农业 包括农作物种植业和其他农业。

农作物种植业 包括谷物、豆类、薯类、棉、油料、糖料、麻类、烟叶、蔬菜、药材、瓜类和其他农作物的种植，以及茶园、桑园、果园的生产经营。

其他农业 包括采集野生植物的果实、纤维、树胶、树脂、油料以及柴草、野生药材、菌类等及农民家庭兼营的商品性工业。

(2)林业 包括林木的栽培(不包括茶园、桑园和果园的栽培、管理和收获等活动)、林产品的采集和村及村以下合作经济组织和农户的竹木采伐。

(3)牧业 包括除渔业养殖以外的一切动物饲养和放牧以及野生动物的捕猎和饲养。

(4)渔业 包括水生动物和海藻类植物的养殖和捕捞。

从所有制看，包括国有经济的各种专业农(农、林、牧、渔)场以及国家各级机关团体学校、科研机构、部队经营的农业；集体所有制的乡镇村各级办农场；农村各种经济组织经营的农、林、牧、渔业以及工矿企业家属集体经营的农业；农民家庭自营的农林牧渔业及兼营商品性工业等。

农业总产值的计算方法通常是按农林牧渔业产品及其副产品的产量分别乘以各自单位产品价格求得，少数生产周期较长，当年没有产品或产品产量不易统计的，则采用间接方法匡算其产值，然后将四业产品产值相加即为农业总产值。

1957 年以前的农业总产值中包括了厩肥和农民自给性手工业(如农民自制衣服、鞋、袜，自己从事粮食初步加工等)。1958 年及以后的农业总产值，林业中增加了村及村以下竹木采伐产值；牧业中取消费厩肥产值；副业中取消了农民自给性手工业产值，增加了村及村以下办的工业产值；渔业中增加了海洋捕捞水产品产值。1980 年及以后的农业总产值，在副业中增加了农民家庭兼营业商品部分的产值。从 1984 年起村及村以下办工业产值划归工业。从 1993 年起，取消副业。将野生动物的捕猎划入牧业，野生植物采集和农民家庭兼营商品性工业划归农业。

粮食产量 指全社会的产量。包括国有经济经营的、集体统一经营的和农民家庭经营的粮食产量，还包括工矿企业家属办的农场和其他生产单位的产量。粮食除包括稻谷、小麦、玉米、高粱、谷子及其他杂粮外，还包括薯类和大豆。其产量计算方法，豆类按去豆荚后的干豆计算；薯类(包括甘薯和马铃薯，不包括芋头和木薯)1963 年以前按每 4 公斤鲜薯折 1 公斤粮食计算，从 1964 年开始及以后改为按 5 公斤鲜薯折 1 公斤粮食计算。城市郊区作为蔬菜的薯类(如: 马铃薯等)按鲜品计算，并且不做为粮食统计。其他粮食一律按脱粒后的原粮计算。

油料产量 指全部油料作物的生产量。包括花生、油菜籽、芝麻、向日葵籽、胡麻籽(亚麻籽)和其他油料。不包括大豆，也不包括木本油料和野生油料。花生以带壳干花生计算。

水产品产量 指人工养殖的水产品和天然生长的水产品的捕捞量。包括海水的鱼类、虾蟹类、贝类和藻类以及内陆水域的鱼类、虾蟹类和贝类，不包括淡水生植物。

猪、牛、羊肉产量 指当年出栏并已屠宰后除去头蹄下水后带骨肉(即胴体重)的重量。

耕地面积 指年初可以用来种植农作物、经常进行耕锄的田地，除包括熟地、当年新开荒地、连续撂荒未满三年的耕地和当年的休闲地(轮歇地)外，还包括以种植农作物为主并附带种植桑树、茶树、果树和其他林木的土地，以及沿海、沿湖地区已围垦利用的“海涂”、“湖田”等面积。但不包括属于专业性的桑园、茶园、果园、果木苗圃、林地、芦苇地、天然或人工草地面积。

农作物播种面积 指实际播种或移植有农作物的面积。凡是实际种植有农作物的面积，不论种植在耕地上还是种植在非耕地上，均包括在农作物播种面积中，同时还包括因遭灾而重新改种和补种的农作物面积，种一公顷算一公顷。

有效灌溉面积 指具有一定水源，地块比较平整，灌溉工程或设备已经配套，在一般年景下当年能够进行正常灌溉的耕地面积。

农用化肥施用量 指本年内实际用于农业生产的化肥数量。包括氮肥、磷肥、钾肥和复合肥。化肥施用量要求按折纯量计算数量。折纯法化肥施用量是把氮肥、磷肥和钾肥分别按含氮、含五氧化二磷、含氧化钾含量的百分比折算。复合肥按其所含主要成分折算。

农业机械总动力 指主要用于农、林、牧、渔业的各种动力机械的动力总和。包括耕作机械、排灌机械、收获机械、农产品加工机械、运输机械、植物保护机械、牧业机械、林业机械、渔业机械和其他农业机械〔内燃机按引擎马力折成瓦(特)计算，电动机按功率折成瓦(特)计算〕。不包括专门用于乡、镇、村、组办工业、基本建设、非农业运输、科学试验和教学等非农业生产方面用的动力机械与作业机械。

农林牧渔业劳动力 指直接参加农林牧渔业生产劳动的劳动力。

谷物 指籽实主要供作粮食的作物。这类作物包括稻谷、小麦、玉米、谷子、高粱和其他谷物，不包括豆类和薯类作物。

十四、工业

Chapter 14 Industry

14-1 规模以上工业企业单位数和总产值

分　类	企业单位数(个)						工业总产值(亿元)					
	2007年	2008年	2009年	2010年	2011年	2012年	2007年	2008年	2009年	2010年	2011年	2012年
总　计	**16556**	**17269**	**23364**	**23832**	**16914**	**17347**	**18249.53**	**22720.54**	**28152.73**	**36219.42**	**41776.73**	**49031.54**
在总计中:												
国有经济	476	472	424	387	250	241	2092.66	3372.05	2705.00	3082.92	2589.31	2719.81
中央企业	91	92	81	75	67	65	1191.21	2669.90	2073.36	2362.33	1957.32	1979.64
地方企业	385	380	343	312	183	176	901.45	702.15	631.63	720.59	631.99	740.16
集体企业	1166	1195	1254	1166	689	632	505.28	540.98	729.60	893.45	931.40	1057.68
股份合作企业	253	302	288	261	160	134	134.42	160.25	183.05	204.42	244.76	253.86
联营经济	25	25	34	33	24	22	21.99	33.53	43.05	56.74	40.72	35.51
有限责任公司	2090	2217	2565	2601	2022	2158	4370.48	4226.60	5576.92	7040.69	7647.18	8333.06
股份有限公司	372	375	429	432	332	337	2658.42	2977.91	2916.58	3775.10	5451.33	5771.74
私营企业	9352	9818	15157	15898	11172	11653	4354.76	6518.94	10184.97	14166.35	16897.11	22277.31
港澳台投资企业	594	592	619	601	482	470	752.24	863.65	1281.08	1571.38	1766.57	1836.89
合资经营企业(港或澳台)	360	364	369	356	290	280	431.85	510.84	728.36	938.82	993.45	1055.11
合作经营企业(港或澳台)	33	33	29	28	22	17	35.22	27.63	39.52	45.17	52.56	57.20
港澳台商独资经营企业	191	184	210	204	163	164	274.36	310.16	496.91	571.66	705.90	702.52
港澳台商投资股份有限公司	10	11	11	13	7	8	10.81	15.02	16.28	15.73	14.65	19.66
外商投资经济	2228	2221	2470	2310	1551	1499	3359.29	3895.62	4391.55	5336.91	5859.86	6452.58
中外合资经营企业	1130	1142	1231	1142	779	734	2164.49	2469.27	2867.13	3385.01	3462.76	4068.26
中外合作经营企业	115	121	129	128	93	92	71.70	104.07	122.65	146.98	170.58	191.44
外资企业	953	924	1082	1010	655	646	1053.28	1247.38	1331.49	1707.53	2117.34	2090.46
外商投资股份有限公司	30	34	28	30	19	20	69.82	74.90	70.28	97.38	102.49	96.88
其他工业		52	124	143	232	201		131.04	140.94	91.48	348.51	293.11
在总计中:												
国有及国有控股企业	839	851	883	852	630	635	8058.78	9262.58	9289.74	11219.96	12420.83	12889.82
在总计中:												
轻工业	4945	5122	6420	6523	4612	4690	3277.80	4098.01	5440.96	7053.13	8153.53	10225.94
重工业	11611	12147	16944	17309	12302	12657	14971.73	18622.54	22711.77	29166.29	33623.21	38805.60
在总计中:												
大型企业	123	127	134	147	247	296	7675.48	8643.24	8841.97	11181.88	13798.21	15003.22
中型企业	1041	1008	1249	1358	1578	1914	3994.13	5223.97	6136.48	7155.00	6999.79	9895.08
小型企业	15392	16134	21981	22327	14250	14555	6579.92	8853.33	13174.29	17882.54	19689.87	23717.31

注：规模以上2010年以前是指年主营业务收入500万元及以上工业企业，企业规模为大、中、小型，2011年是年主营业务收入2000万元及以上工业企业，2011年企业规模分为大、中、小、微型。

14-2 规模以上工业职工人数

单位：万人

分 类	2005年	2006年	2008年	2009年	2010年	2011年	2012年
总 计	**276.55**	**302.02**	**319.88**	**386.62**	**401.74**	**368.92**	**405.81**
在总计中:							
国有经济	52.06	49.12	55.33	53.80	49.58	38.92	47.23
中央企业	26.42	25.15	35.31	35.38	32.39	26.50	30.27
地方企业	25.64	23.97	20.02	18.42	17.19	12.42	16.97
集体企业	18.92	17.33	15.03	17.03	16.79	13.79	13.09
股份合作企业	2.93	2.97	2.23	2.48	2.06	2.02	1.96
联营经济	0.34	0.36	1.11	1.24	1.37	0.73	0.73
有限责任公司	74.20	78.53	61.64	80.68	81.91	77.57	78.90
股份有限公司	15.88	16.07	18.91	17.53	19.50	25.53	28.66
私营企业	59.28	78.15	100.57	140.70	153.86	142.31	165.75
港澳台投资企业	10.97	12.73	12.85	15.05	16.27	13.90	14.21
合资经营企业(港或澳台)	6.77	7.31	7.87	9.27	9.83	7.12	7.47
合作经营企业(港或澳台)	0.72	0.84	0.73	0.73	0.95	0.67	0.63
港澳台商独资经营企业	3.36	4.47	4.07	4.88	5.30	5.95	5.89
港澳台商投资股份有限公司	0.11	0.11	0.19	0.16	0.19	0.15	0.16
外商投资经济	41.96	46.72	50.88	56.33	59.37	51.36	53.24
中外合资经营企业	17.37	20.32	22.05	25.79	26.88	21.70	23.83
中外合作经营企业	2.06	2.35	2.35	2.44	2.58	2.55	2.80
外资企业	21.95	23.62	25.43	26.75	28.59	26.12	25.26
外商投资股份有限公司	0.58	0.44	1.05	1.34	1.32	0.92	1.24
其他工业		0.03	1.32	1.79	1.02	2.81	2.04
在总计中:							
国有及国有控股企业	116.99	112.96	109.48	116.84	111.85	103.28	113.84
在总计中:							
轻工业	68.94	77.31	78.71	96.62	100.47	86.47	95.17
重工业	207.61	224.71	241.16	290.00	301.27	282.45	310.64
在总计中:							
大型企业	100.69	105.90	104.40	115.91	119.70	120.15	141.76
中型企业	70.07	71.99	78.95	87.11	91.83	88.70	105.66
小型企业	105.79	124.13	136.53	183.61	190.21	150.85	157.52

14-3 工业总产值

(按经济类型分) 单位: 亿元

年 份	工业总产值	#国有企业	#集体企业	#其他经济类型工业	总计中:国有及国有控股工业
1978	370.40	313.80	63.00		313.80
1980	443.99	362.00	74.80	7.19	362.00
1985	715.07	530.95	163.00	21.12	530.95
1986	786.79	578.69	183.15	24.95	578.69
1987	913.72	668.19	213.22	32.25	668.19
1988	1112.44	798.37	267.13	46.94	798.37
1989	1316.09	951.87	305.04	59.18	951.87
1990	1348.17	983.92	305.42	58.83	983.92
1991	1544.39	1121.03	341.09	82.26	1121.03
1992	1876.95	1326.63	426.56	123.76	1326.63
1993	2609.99	1813.61	551.94	244.44	1813.61
1994	3117.82	1966.44	692.66	458.72	1966.44
1995	3055.54	1876.53	716.28	462.73	1876.53
1996	3354.61	1947.05	804.87	602.69	2106.14
1997	3644.88	2040.10	783.34	821.45	2292.03
1998	3147.86	1687.23	364.46	1096.17	2109.37
1999	3390.27	1600.68	337.14	1452.45	2208.77
2000	4249.46	1326.14	315.12	2608.20	2827.94
2001	4480.32	999.33	265.07	3215.92	2928.95
2002	4888.02	971.82	258.34	3657.86	3051.61
2003	6112.96	973.99	285.24	4853.73	3552.30
2004	8603.90	1303.10	292.76	7008.04	4881.66
2005	10814.51	1375.59	368.45	9070.47	5771.15
2006	14167.95	1641.23	419.10	12107.62	6449.76
2007	18249.53	2092.66	505.28	15651.59	8058.78
2008	22720.54	3372.05	540.98	18807.51	9262.58
2009	28152.73	2705.00	729.60	24718.13	9289.74
2010	36219.42	3082.92	893.45	32243.05	11219.96
2011	41776.73	2589.31	931.40	38256.02	12420.83
2012	49031.54	2719.81	1057.68	45254.05	12889.82

注:本表1997年以前为乡及乡以上工业，1998年以后为规模以上工业产值。

14-4 各地区全部规模以上工业企业主要指标

单位：亿元

年份、地区	企业单位数(个)	实收资本	流动资产合计	固定资产小计	固定资产原价合计	流动负债合计	长期负债合计	所有者权益合计
1998	6249	1484.05	2668.69	3497.46	4537.00	2912.85	1399.70	2283.44
1999	5816	1746.30	2983.00	3859.10	5141.10	3165.20	1300.90	2947.60
2000	6017	2056.60	3155.90	3912.00	5372.80	3220.90	1454.40	3066.30
2001	5847	2288.31	3354.48	4354.16	6112.04	3475.59	1414.73	3460.95
2002	6017	2419.70	3540.88	4514.29	6543.85	3695.87	1508.87	3598.88
2003	6842	2417.98	3843.47	4367.12	6814.11	4003.90	1369.75	3776.27
2004	10635	3316.46	4770.35	5026.97	7543.08	5036.77	1372.94	4519.86
2005	11510	3225.57	5330.42	5493.10	8202.52	5323.14	1549.11	4852.41
2006	14754	3546.87	6476.86	6453.31	9191.33	6237.06	1707.39	5845.19
2007	16556	3911.88	7895.35	7141.43	10922.97	7817.31	1950.54	7001.69
2008	17269	4790.97	8851.42	8857.95	12731.65	8957.66	2292.33	8314.19
2009	23364	5778.87	11357.33	11022.98	15419.80	10906.67	3114.68	10478.28
2010	23832	6072.07	13283.41	12230.66	18742.09	12600.82	3631.24	12082.43
2011	16914	6664.29	14645.77	12456.53	19977.69	13164.38		13298.77
2012	17347	6982.16	15899.64	13152.82	21748.37	14388.74		14448.05
沈　阳	4034	1493.99	3544.08	2868.42	6150.67	3218.33		3383.12
大　连	3142	1840.35	4666.24	2822.32	3862.1	3900.17		3306.34
鞍　山	1186	481.17	1432.17	951.33	1673.44	1251.23		1511.22
抚　顺	922	179.97	587.06	613.67	920.22	574.6		589.49
本　溪	564	256.85	755.97	636.04	1502.27	982.67		513.16
丹　东	821	139.42	345.08	218.42	335.2	277.17		257.53
锦　州	815	232.73	420.06	500.87	806.46	319.98		511.66
营　口	1447	531.64	822.33	755.67	1013.49	839.38		770.02
阜　新	574	160.6	331.36	366.54	461.5	341.79		285.99
辽　阳	701	361.89	806.87	539.29	790.2	565.92		717.29
盘　锦	498	349.55	744.42	978.54	1804.05	652.04		669.43
铁　岭	1596	508.82	558.36	1119.42	1344.94	359.54		1115.95
朝　阳	720	140.55	369.05	435.24	495.89	467.38		323.82
葫芦岛	326	204.61	469.37	347.06	587.94	638.53		188.5

14-4 续表

年份、地区	主营业务收入	主营业务成本	主营业务税金及附加	销售费用	利润总额	本年应交增值税	利税总额
1998	3090.51	2608.76	54.75	78.92	-16.50	145.47	183.72
1999	3429.70	2875.10	55.10	92.26	58.20	154.90	268.20
2000	4311.90	3623.50	65.40	109.24	176.20	190.40	432.10
2001	4580.34	3892.85	62.88	114.44	144.46	194.59	401.93
2002	5013.91	4221.40	71.17	135.99	156.16	210.46	437.79
2003	6340.92	5321.37	84.67	163.18	235.95	245.58	566.20
2004	8540.71	7264.61	99.44	199.85	430.78	294.39	824.61
2005	10747.31	9409.07	120.57	236.69	355.98	336.47	813.02
2006	13997.96	12223.93	160.37	282.29	449.75	418.24	1028.36
2007	17965.81	15213.19	234.95	380.86	852.67	565.52	1653.14
2008	22355.49	19640.09	249.38	428.73	658.19	611.30	1518.86
2009	27870.09	23760.52	578.11	539.37	1381.95	765.19	2725.25
2010	36049.59	30578.87	702.10	703.63	2371.35	968.69	4042.14
2011	42845.44	36381.14	734.54	835.36	2511.21	1047.26	4310.54
2012	48199.85	41146.95	872.31	973.43	2435.69	1295.54	4612.30
沈　阳	12609.05	10514.73	163.6	363.49	730.46	245.58	1144.45
大　连	9924.26	8507.5	251.81	214.82	514.06	349.82	1116.87
鞍　山	3093.83	2574.14	20.79	46.2	80.8	97.63	199.45
抚　顺	2392.02	2156.59	65.24	25.58	15.02	33.13	114.44
本　溪	2055.05	1821.56	23.02	21.78	69.32	41.88	134.30
丹　东	1267.27	1117.29	8.96	17.07	72.33	37.11	118.69
锦　州	2392.22	2026.22	67.98	31.92	169.35	60.99	298.44
营　口	2610.15	2198.46	35.26	52.92	207.15	115.43	358.01
阜　新	727.78	630.11	5.26	15.14	34.58	19.84	59.74
辽　阳	2111.35	1799.79	68.77	24.96	136.18	44.7	249.82
盘　锦	2442.96	2090.58	72.05	20.5	151.59	64.89	288.6
铁　岭	3463.84	2896.53	20.92	112.1	210.46	101.56	333.05
朝　阳	1228.34	1059.35	11.45	15.31	88.32	26.56	126.51
葫芦岛	992.52	884.52	53.89	11.48	-49.97	25.78	29.91

14-5 全部规模以上工业企业主要指标

(2012年)

单位：亿元

甲栏分组	企业单位数(个)	工业总产值(当年价格)	资产总计	流动资产合计	固定资产合计	固定资产原价	负债合计	流动负债合计
总　计	**17347**	**49031.54**	**34779.77**	**15899.64**	**13152.82**	**21748.37**	**20147.42**	**14388.74**
按登记注册类型分组:								
内资企业	15378	40742.08	27925.78	12133.93	10847.48	18061.93	16243.68	11371.96
国有企业	241	2719.81	4723.95	1551.99	1359.40	2305.45	3028.68	1738.48
中央企业	65	1979.64	3382.47	998.12	778.72	1591.34	2172.24	1135.43
地方企业	176	740.16	1341.48	553.86	580.68	714.11	856.45	603.04
集体企业	632	1057.68	367.95	189.75	131.64	241.89	203.43	156.58
股份合作企业	134	253.86	139.04	53.41	73.90	242.61	59.22	36.79
联营企业	22	35.51	17.77	9.27	7.79	26.78	10.98	9.83
国有联营企业	3	1.35	2.54	1.58	0.70	0.91	2.07	1.55
集体联营企业	11	19.80	10.36	7.39	2.91	3.48	6.05	5.55
国有与集体联营企业	1	1.06	0.09	0.03			0.03	
其他联营企业	7	13.30	4.79	0.27	4.19	22.40	2.84	2.73
有限责任公司	2158	8333.06	9483.62	4770.27	3274.57	4591.93	6619.80	4857.01
国有独资公司	56	594.01	1297.34	569.69	558.71	716.78	950.85	747.05
其他有限责任公司	2102	7739.04	8186.28	4200.59	2715.85	3875.15	5668.94	4109.96
股份有限公司	337	5771.74	4403.77	1919.86	2026.74	4043.11	2408.88	1816.35
私营企业	11653	22277.31	8650.36	3581.69	3915.53	6535.40	3849.31	2714.32
私营独资企业	3944	6571.83	1825.53	684.12	905.28	1627.69	687.19	418.81
私营合伙企业	189	350.34	121.97	52.15	54.71	99.52	54.02	27.04
私营有限责任公司	7097	14258.31	6170.68	2596.72	2774.21	4356.81	2823.30	2029.32
私营股份有限公司	423	1096.84	532.18	248.69	181.33	451.37	284.79	239.15
其他企业	201	293.11	139.32	57.69	57.90	74.75	63.39	42.59
港、澳、台商投资企业	470	1836.89	1775.90	1026.98	574.46	881.49	985.70	738.07
合资经营企业(港或澳、台资)	280	1055.11	824.91	479.84	273.38	426.04	534.15	437.71
合作经营企业(港或澳、台资)	17	57.20	30.21	12.37	14.32	32.57	16.44	13.90
港澳台商独资经营企业	164	702.52	894.26	521.25	280.71	415.92	421.32	273.43
港澳台商投资股份有限公司	8	19.66	22.55	11.35	5.57	6.02	12.83	12.66
其他港澳台商投资企业	1	2.40	3.96	2.16	0.48	0.94	0.96	0.36
外商投资企业	1499	6452.58	5078.09	2738.73	1730.88	2804.96	2918.04	2278.72
中外合资经营企业	734	4068.26	2902.99	1700.10	823.32	1392.05	1781.27	1429.24
中外合作经营企业	92	191.44	90.03	50.13	29.94	46.35	45.82	35.15
外资企业	646	2090.46	1920.13	937.25	808.67	1227.24	1017.00	770.28
外商投资股份有限公司	20	96.88	156.13	47.16	65.19	135.46	68.01	38.44
其他外商投资企业	7	5.54	8.82	4.08	3.76	3.86	5.94	5.61
在总计中：轻工业	4690	10225.94	4776.88	2187.47	1973.50	3602.15	2162.61	1622.47
重工业	12657	38805.60	30002.89	13712.17	11179.32	18146.23	17984.81	12766.27
在总计中：大型企业	296	15003.22	17372.41	8071.31	5699.06	9670.28	11091.32	7867.98
中型企业	1914	9895.08	7292.32	3459.64	2977.05	4587.43	4300.09	3245.26
小型企业	14555	23717.31	9791.48	4229.83	4351.90	7320.11	4577.98	3173.57
微型企业	582	415.93	323.56	138.86	124.81	170.56	178.03	101.93

14-5 续表

单位：亿元

甲栏分组	所有者权益合计	实收资本	主营业务收入	主营业务成本	主营业务税金及附加	利润总额	利税总额	本年应交增值税
总　计	**14448.05**	**6982.16**	**48199.85**	**41146.95**	**872.31**	**2435.69**	**4612.30**	**1295.54**
按登记注册类型分组:								
内资企业	11523.13	5160.68	40093.44	34386.64	725.30	1903.75	3664.56	1030.95
国有企业	1693.74	777.38	2849.83	2580.63	22.22	-112.48	13.90	103.76
中央企业	1210.26	470.55	2101.89	1937.71	16.37	-143.58	-56.58	70.47
地方企业	483.48	306.83	747.94	642.92	5.85	31.10	70.48	33.29
集体企业	159.05	69.55	1066.47	918.31	8.06	70.12	106.08	27.81
股份合作企业	79.01	51.99	246.69	205.76	1.23	10.19	15.28	3.85
联营企业	6.68	1.48	32.04	23.47	0.29	2.17	3.25	0.79
国有联营企业	0.47	0.60	1.46	1.22	0.01	0.08	0.14	0.05
集体联营企业	4.27	0.58	19.00	12.28	0.24	1.33	2.18	0.62
国有与集体联营企业			1.06	0.94		0.01	0.01	
其他联营企业	1.95	0.29	10.52	9.03	0.04	0.76	0.91	0.12
有限责任公司	2845.70	1446.08	8249.00	7089.11	113.53	352.44	695.49	227.73
国有独资公司	346.48	137.15	630.01	556.47	7.19	19.01	42.91	15.72
其他有限责任公司	2499.21	1308.93	7618.99	6532.64	106.33	333.43	652.58	212.00
股份有限公司	1961.90	986.70	5691.34	4840.90	437.85	41.17	646.05	166.65
私营企业	4701.62	1794.91	21673.76	18481.36	140.27	1522.49	2160.68	496.05
私营独资企业	1118.09	479.61	6396.42	5465.68	41.21	425.20	593.50	126.67
私营合伙企业	67.44	22.15	338.10	293.14	2.08	22.15	31.37	7.13
私营有限责任公司	3291.56	1216.28	13866.61	11798.65	90.80	992.08	1424.46	340.37
私营股份有限公司	224.53	76.87	1072.63	923.89	6.19	83.07	111.35	21.88
其他企业	75.43	32.59	284.31	247.09	1.86	17.65	23.84	4.32
港、澳、台商投资企业	781.87	443.25	1753.65	1489.75	13.99	117.93	180.57	48.49
合资经营企业(港或澳、台资)	288.01	196.79	996.18	867.23	9.36	55.13	89.50	24.89
合作经营企业(港或澳、台资)	13.48	9.73	54.14	47.20	0.31	2.43	5.37	2.62
港澳台商独资经营企业	467.66	232.06	682.14	560.23	4.20	58.38	82.60	19.98
港澳台商投资股份有限公司	9.72	4.07	19.09	14.84	0.08	1.48	2.26	0.69
其他港澳台商投资企业	3.00	0.60	2.10	0.25	0.04	0.50	0.84	0.30
外商投资企业	2143.05	1378.23	6352.76	5270.56	133.02	414.02	767.17	216.10
中外合资经营企业	1111.60	579.28	4011.87	3260.76	119.74	283.33	578.85	171.90
中外合作经营企业	43.82	23.22	184.44	160.82	1.07	16.25	22.79	5.44
外资企业	896.88	723.83	2055.09	1772.43	10.87	106.70	153.32	35.62
外商投资股份有限公司	87.88	49.12	96.70	72.88	1.33	7.37	11.77	3.06
其他外商投资企业	2.88	2.77	4.66	3.67	0.02	0.36	0.44	0.07
在总计中：轻工业	2571.89	1112.03	10007.06	8424.28	92.77	729.08	1049.47	227.18
重工业	11876.16	5870.12	38192.79	32722.68	779.55	1706.62	3562.83	1068.36
在总计中：大型企业	6249.09	3014.41	15147.88	12973.92	573.86	320.30	1345.78	445.57
中型企业	2930.94	1584.89	9571.35	8048.88	150.39	654.54	1182.66	377.04
小型企业	5143.15	2318.96	23070.37	19756.11	145.80	1450.78	2058.63	460.04
微型企业	124.87	63.90	410.24	368.04	2.26	10.08	25.24	12.89

14-6 按行业分的全部规模以上工业企业主要指标

(2012年)

单位：亿元

甲栏分组	企业单位数(个)	工业总产值(当年价格)	资产总计	流动资产合计	固定资产合计	固定资产原价	负债合计	流动负债合计
总计	**17347**	**49031.54**	**34779.77**	**15899.64**	**13152.82**	**21748.37**	**20147.42**	**14388.74**
煤炭开采和洗选业	173	468.98	1058.62	427.77	330.07	560.37	678.93	485.14
石油和天然气开采业	1	389.02	643.68	144.42	499.26	1166.04	321.65	84.24
黑色金属矿采选业	796	1668.58	719.20	314.01	244.52	381.35	334.77	261.31
有色金属矿采选业	174	268.12	143.14	62.44	61.38	86.17	64.13	51.21
非金属矿采选业	375	448.86	177.82	63.00	99.89	143.73	54.96	38.65
开采辅助活动	22	96.02	87.43	49.20	30.88	57.70	61.73	59.56
其他采矿业	1	0.77	0.10	0.04	0.05	0.19	0.07	0.07
农副食品加工业	1553	4394.98	1685.04	755.97	723.61	1503.09	752.97	567.23
食品制造业	313	671.63	330.09	138.78	142.16	229.70	136.43	80.36
酒、饮料和精制茶制造业	227	524.90	276.00	110.95	126.92	266.93	125.49	94.86
烟草制品业	4	68.20	44.97	25.29	10.98	20.50	42.44	42.44
纺织业	333	438.81	220.13	105.65	86.67	136.69	112.16	81.55
纺织服装、服饰业	542	770.71	263.54	128.39	108.67	164.72	111.60	81.23
皮革、毛皮、羽毛及其制品和制鞋业	102	244.82	71.65	32.92	34.52	85.84	30.68	23.23
木材加工和木、竹、藤、棕、草制品业	407	770.78	201.85	77.45	100.58	180.06	81.03	57.18
家具制造业	171	380.51	137.46	63.62	58.51	97.73	49.57	40.51
造纸和纸制品业	250	437.86	160.25	62.67	76.83	116.67	72.44	50.96
印刷和记录媒介复制业	107	141.58	75.47	29.49	38.85	58.70	33.13	23.27
文教、工美、体育和娱乐用品制造业	140	173.93	54.00	24.32	24.95	50.26	20.90	15.07
石油加工、炼焦和核燃料加工业	265	4357.88	1922.63	922.91	928.22	1379.84	1186.99	887.38
化学原料和化学制品制造业	990	2821.58	1976.32	892.75	863.86	1073.74	1203.89	864.50
医药制造业	269	645.31	449.17	239.06	133.30	210.90	205.93	158.21
化学纤维制造业	16	51.95	33.38	13.81	10.97	14.45	18.25	12.97
橡胶和塑料制品业	860	1593.92	939.93	392.81	435.06	635.61	436.86	259.79
非金属矿物制品业	1691	3491.41	1762.40	802.28	696.78	1077.05	936.22	682.15
黑色金属冶炼和压延加工业	947	5314.88	5436.99	2115.85	1867.47	3851.54	3397.79	2674.12
有色金属冶炼和压延加工业	326	1187.67	820.22	480.17	270.67	403.16	561.53	428.86
金属制品业	938	1802.13	992.59	500.70	381.96	569.94	487.89	381.98
通用设备制造业	2047	4092.35	2445.65	1328.07	921.74	1501.05	1250.85	981.24
专用设备制造业	969	2249.65	1914.88	1122.48	593.81	909.72	1164.37	930.03
汽车制造业	426	2371.17	1875.48	1030.35	463.56	650.08	1233.43	986.62
铁路、船舶、航空航天和其他运输设备制造业	210	1222.13	2327.17	1541.15	501.98	632.49	1792.92	1320.47
电气机械和器材制造业	837	2117.87	1283.23	726.93	394.83	775.35	670.03	494.87
计算机、通信和其他电子设备制造业	213	969.13	702.45	364.73	214.07	389.12	305.89	251.09
仪器仪表制造业	175	250.66	178.04	99.66	48.01	62.46	73.15	53.63
其他制造业	40	64.55	41.55	19.87	19.63	32.90	18.58	13.58
废弃资源综合利用业	47	78.66	44.12	19.52	13.04	15.90	22.42	16.53
金属制品、机械和设备修理业	63	171.17	94.09	39.43	36.15	62.14	35.75	24.48
电力、热力生产和供应业	249	1700.20	2807.89	516.96	1353.15	1902.27	1893.87	717.68
燃气生产和供应业	33	50.93	120.90	44.09	51.16	68.16	59.65	46.24
水的生产和供应业	45	67.30	260.23	69.69	154.10	224.08	106.10	64.25

14-6 续表

单位：亿元

甲栏分组	所有者权益合计	实收资本	主营业务收入	主营业务成本	主营业务税金及附加	利润总额	利税总额	本年应交增值税
总　计	**14448.05**	**6982.16**	**48199.85**	**41146.95**	**872.31**	**2435.69**	**4612.30**	**1295.54**
煤炭开采和洗选业	379.26	96.67	498.99	381.24	8.76	35.81	83.72	38.00
石油和天然气开采业	322.04	120.00	359.11	209.60	17.68	67.52	119.44	34.24
黑色金属矿采选业	382.13	104.60	1658.71	1388.76	24.94	162.61	244.35	56.52
有色金属矿采选业	78.10	32.10	259.76	210.51	2.58	25.90	41.14	12.62
非金属矿采选业	121.65	33.03	439.09	368.62	4.14	29.75	47.49	13.57
开采辅助活动	25.69	55.21	107.42	103.97	2.76	-7.12	-0.84	3.51
其他采矿业	0.02	0.01	0.72	0.61	0.04	0.04	0.09	
农副食品加工业	906.57	353.95	4298.20	3733.93	17.72	311.56	412.10	82.65
食品制造业	191.62	77.63	661.74	548.10	3.75	51.85	71.23	15.60
酒、饮料和精制茶制造业	149.64	74.78	500.48	397.75	11.55	46.13	70.71	13.02
烟草制品业	2.54	1.66	67.74	21.93	33.39	4.51	45.56	7.65
纺织业	105.97	55.48	430.10	372.01	2.40	27.32	40.63	10.87
纺织服装、服饰业	150.06	49.23	712.51	604.98	3.86	47.86	67.36	15.64
皮革、毛皮、羽毛及其制品和制鞋业	40.54	24.14	241.15	201.36	1.36	31.71	35.62	2.55
木材加工和木、竹、藤、棕、草制品业	119.39	54.12	740.22	630.07	3.80	43.87	60.77	13.08
家具制造业	87.45	22.03	361.76	309.97	2.07	19.49	29.79	8.22
造纸和纸制品业	86.43	35.63	425.54	356.36	2.18	32.09	44.92	10.58
印刷和记录媒介复制业	41.88	15.69	139.87	112.34	0.70	12.34	15.91	2.86
文教、工美、体育和娱乐用品制造业	32.70	15.60	174.24	150.63	1.15	10.68	15.38	3.54
石油加工、炼焦和核燃料加工业	714.00	323.94	4301.68	3830.15	391.16	-97.64	428.12	134.32
化学原料和化学制品制造业	766.12	522.52	2709.73	2324.50	94.96	117.91	305.57	92.52
医药制造业	240.73	92.92	668.23	485.84	4.55	59.31	90.50	26.64
化学纤维制造业	15.11	7.98	49.31	43.07	0.07	3.44	7.28	3.77
橡胶和塑料制品业	495.37	246.39	1555.01	1310.89	9.17	88.54	130.88	33.15
非金属矿物制品业	814.42	424.57	3415.88	2814.93	21.60	281.32	423.26	119.89
黑色金属冶炼和压延加工业	2033.17	934.26	5276.20	4718.56	35.42	35.84	183.05	111.28
有色金属冶炼和压延加工业	257.16	165.78	1148.72	990.68	5.25	37.67	65.72	22.66
金属制品业	496.29	229.33	1748.83	1478.96	10.96	105.77	150.31	33.44
通用设备制造业	1181.47	533.97	4005.04	3383.85	25.42	242.59	359.93	91.43
专用设备制造业	744.33	341.27	2180.31	1853.46	12.12	124.20	185.86	49.48
汽车制造业	635.78	303.92	2404.39	1926.61	84.38	181.19	348.53	79.14
铁路、船舶、航空航天和其他运输设备制造业	533.12	341.28	1217.17	1100.21	3.97	64.90	93.16	23.90
电气机械和器材制造业	606.65	277.94	2117.26	1798.80	10.84	118.86	164.34	34.49
计算机、通信和其他电子设备制造业	393.53	192.70	957.65	825.83	5.64	63.60	80.55	11.30
仪器仪表制造业	104.16	30.46	246.82	206.21	1.25	18.45	28.53	8.82
其他制造业	22.87	14.54	63.02	54.71	0.33	2.60	4.29	1.35
废弃资源综合利用业	21.65	6.64	78.09	66.85	0.40	5.75	8.30	2.14
金属制品、机械和设备修理业	58.27	21.94	165.92	132.01	1.60	11.08	17.15	4.47
电力、热力生产和供应业	875.60	609.91	1697.04	1599.52	7.39	14.01	84.09	62.58
燃气生产和供应业	60.55	40.28	50.43	45.33	0.39	3.06	4.80	1.32
水的生产和供应业	154.03	98.08	65.79	53.27	0.60	-0.68	2.71	2.75

14-7 按行业分的全部规模以上工业企业主要经济效益指标

(2012年)

行 业	总资产贡献率 (%)	资产负债率 (%)	工业成本费用利润率 (%)	产品销售率 (%)
总 计	**14.45**	**57.93**	**5.37**	**97.79**
煤炭开采和洗选业	9.11	64.13	4.25	99.82
石油和天然气开采业	19.53	49.97	26.74	100.09
黑色金属矿采选业	35.01	46.55	11.11	97.73
有色金属矿采选业	29.64	44.80	11.18	97.36
非金属矿采选业	27.28	30.91	7.53	97.88
开采辅助活动	-0.27	70.60	-6.46	99.16
其他采矿业	90.21	75.00	6.58	100.00
农副食品加工业	25.45	44.69	7.88	97.73
食品制造业	22.15	41.33	8.64	97.82
酒、饮料和精制茶制造业	26.16	45.47	10.39	98.28
烟草制品业	100.78	94.36	14.90	99.80
纺织业	19.39	50.95	6.88	96.62
纺织服装、服饰业	26.47	42.35	7.30	95.55
皮革、毛皮、羽毛及其制品和制鞋业	50.40	42.82	15.12	96.90
木材加工和木、竹、藤、棕、草制品业	31.46	40.14	6.38	98.34
家具制造业	22.34	36.06	5.77	98.00
造纸和纸制品业	28.98	45.20	8.32	97.18
印刷和记录媒介复制业	21.52	43.90	9.76	98.63
文教、工美、体育和娱乐用品制造业	29.59	38.70	6.70	96.42
石油加工、炼焦和核燃料加工业	23.81	61.74	-2.40	99.94
化学原料和化学制品制造业	16.77	60.92	4.57	96.49
医药制造业	20.96	45.85	9.87	94.40
化学纤维制造业	23.81	54.68	7.43	94.72
橡胶和塑料制品业	14.95	46.48	6.11	98.38
非金属矿物制品业	25.25	53.12	9.27	97.57
黑色金属冶炼和压延加工业	5.09	62.49	0.69	98.90
有色金属冶炼和压延加工业	10.35	68.46	3.53	98.50
金属制品业	16.10	49.15	6.54	97.86
通用设备制造业	15.90	51.15	6.52	94.44
专用设备制造业	10.68	60.81	6.02	96.44
汽车制造业	19.36	65.77	8.24	99.05
铁路、船舶、航空航天和其他运输设备制造业	3.98	77.04	5.43	98.57
电气机械和器材制造业	13.70	52.21	6.09	97.41
计算机、通信和其他电子设备制造业	11.81	43.55	7.06	98.05
仪器仪表制造业	16.65	41.08	8.08	95.69
其他制造业	11.15	44.70	4.16	96.73
废弃资源综合利用业	19.54	50.80	7.92	97.63
金属制品、机械和设备修理业	18.75	38.00	7.43	97.20
电力、热力生产和供应业	5.02	67.45	0.82	100.05
燃气生产和供应业	5.18	49.34	5.00	99.05
水的生产和供应业	1.78	40.77	-0.97	97.35

14-8 国有及国有控股工业企业主要指标

(2012年) 单位：亿元

行 业	企业单位数(个)	实收资本	资产总计	流动资产合计	固定资产合计	固定资产原价	负债合计	流动负债合计
总 计	**635**	**2843.75**	**16160.87**	**6958.82**	**5862.48**	**9812.00**	**10873.92**	**7597.35**
在总计中：亏损企业	202	1334.11	5507.99	1967.64	2528.57	4194.72	3562.67	2629.37
在总计中：中央企业	159	1759.62	9216.70	3663.48	3537.73	5991.13	6039.43	3697.74
地方企业	476	1084.12	6944.17	3295.34	2324.74	3820.88	4834.49	3899.61
在总计中:轻工业	122	166.86	786.65	405.29	250.82	415.62	422.38	349.36
重工业	513	2676.88	15374.22	6553.53	5611.66	9396.39	10451.54	7247.99
在总计中:大型企业	101	2120.90	13377.68	5919.05	4384.87	7681.66	8973.30	6302.22
中型企业	219	532.73	1838.41	726.01	971.50	1484.42	1301.04	949.59
小型企业	303	174.66	827.11	257.63	457.87	570.83	530.25	303.75
微型企业	12	15.46	117.66	56.12	48.24	75.08	69.32	41.79
煤炭开采和洗选业	9	77.73	914.31	361.47	291.51	508.84	586.53	406.39
石油和天然气开采业	1	120.00	643.68	144.42	499.26	1166.04	321.65	84.24
黑色金属矿采选业	8	26.31	200.82	55.48	65.80	91.94	118.90	104.14
有色金属矿采选业	6	2.67	14.92	8.46	5.33	9.23	8.92	8.20
非金属矿采选业	6	2.11	46.96	9.88	35.91	36.77	9.72	4.31
开采辅助活动	1	52.83	73.36	40.34	27.76	53.10	53.07	51.97
其他采矿业								
农副食品加工业	19	4.41	95.34	78.44	14.38	21.86	80.26	77.87
食品制造业	7	1.82	43.14	10.52	17.95	34.15	5.77	4.15
酒、饮料和精制茶制造业	5	3.89	20.74	12.38	7.35	24.43	10.87	9.37
烟草制品业	3	1.62	44.73	25.05	10.98	20.47	42.42	42.42
纺织业	4	1.45	1.88	0.99	0.89	1.32	0.78	0.65
纺织服装、服饰业	8	0.59	3.96	0.97	0.69	1.10	0.70	0.37
皮革、毛皮、羽毛及其制品和制鞋业	1	0.10	0.26	0.09	0.17	0.27	0.17	
木材加工和木、竹、藤、棕、草制品业	3	0.40	1.79	1.30	0.40	0.95	1.77	1.56
家具制造业	2	0.72	2.08	1.47	0.52	1.14	0.81	0.81
造纸和纸制品业	3	0.57	1.96	0.93	0.22	0.36	0.53	0.15
印刷和记录媒介复制业	12	4.58	17.83	9.52	4.86	13.35	10.70	9.84
文教、工美、体育和娱乐用品制造业	1	1.02	1.02	0.56	0.38	0.92	0.93	0.93
石油加工、炼焦和核燃料加工业	19	259.79	1413.28	615.14	767.18	1186.43	871.35	609.60
化学原料和化学制品制造业	37	230.55	531.59	206.74	310.56	423.24	341.36	254.80
医药制造业	9	25.01	114.89	56.44	24.83	44.17	60.05	47.12
化学纤维制造业	3	1.92	10.71	5.85	0.13	0.20	8.34	5.35
橡胶和塑料制品业	13	2.98	17.90	10.30	5.75	10.26	8.06	6.15
非金属矿物制品业	33	27.93	109.72	46.09	50.66	70.61	82.55	66.52
黑色金属冶炼和压延加工业	37	666.78	4298.93	1642.27	1365.02	2774.87	2819.56	2236.49
有色金属冶炼和压延加工业	15	38.91	126.22	37.63	59.04	93.64	186.87	173.82
金属制品业	20	20.20	91.45	58.69	26.83	47.18	52.34	47.74
通用设备制造业	38	79.07	523.81	366.05	132.77	217.99	376.81	320.70
专用设备制造业	34	116.44	1045.39	715.32	253.76	356.43	791.73	648.25
汽车制造业	42	113.24	896.32	512.39	162.06	230.44	703.35	589.46
铁路、船舶、航空航天和其他运输设备制造业	36	254.83	1892.87	1322.54	341.12	418.63	1459.08	1061.41
电气机械和器材制造业	20	11.86	38.40	24.61	10.93	18.42	19.92	18.96
计算机、通信和其他电子设备制造业	12	25.90	183.02	140.66	19.77	40.13	98.60	90.68
仪器仪表制造业	8	7.07	33.28	19.40	5.00	5.18	12.13	8.91
其他制造业	2	2.32	16.50	7.84	7.66	7.55	8.32	4.69
废弃资源综合利用业	2	0.76	8.72	3.55	5.16	6.29	4.70	2.32
金属制品、机械和设备修理业	5	11.19	18.22	3.22	3.49	4.27	6.75	2.86
电力、热力生产和供应业	116	541.30	2381.82	321.51	1167.12	1634.71	1596.34	523.99
燃气生产和供应业	8	14.22	47.78	18.99	21.84	30.65	22.69	17.20
水的生产和供应业	27	88.69	231.27	61.31	137.41	204.41	88.50	52.97

14-8 续表 单位：亿元

行　　业	所有者权益	主营业务收入	主营业务成本	主营业务税金及附加	利润总额	本年应交增值税	利税总额
总　计	**5248.96**	**12942.73**	**11210.38**	**603.72**	**10.75**	**429.71**	**1046.40**
在总计中：亏损企业	1918.08	5494.64	4964.74	429.48	-421.95	184.78	192.76
在总计中：中央企业	3146.44	7988.93	7066.92	493.22	-204.25	275.53	565.31
地方企业	2102.52	4953.80	4143.46	110.50	215.00	154.18	481.09
在总计中:轻工业	363.18	593.21	462.79	35.87	42.19	18.69	96.79
重工业	4885.78	12349.52	10747.59	567.85	-31.44	411.02	949.61
在总计中:大型企业	4400.45	10638.76	9202.51	526.37	-40.50	320.85	808.81
中型企业	504.34	1714.08	1500.37	70.65	23.14	90.79	184.68
小型企业	296.13	509.93	434.70	6.39	26.49	16.08	48.99
微型企业	48.04	79.96	72.81	0.32	1.62	1.99	3.92
煤炭开采和洗选业	327.73	355.93	260.27	6.83	23.41	30.76	62.14
石油和天然气开采业	322.04	359.11	209.60	17.68	67.52	34.24	119.44
黑色金属矿采选业	81.79	98.00	73.68	2.63	10.21	6.08	18.92
有色金属矿采选业	6.00	13.64	9.51	0.10	0.93	0.62	1.65
非金属矿采选业	37.23	5.17	3.36	0.26	0.30	0.38	0.94
开采辅助活动	20.29	83.69	86.17	2.64	-9.92	3.17	-4.11
其他采矿业							
农副食品加工业	15.07	133.88	117.54	0.32	20.42	3.28	24.02
食品制造业	37.47	47.74	36.43	0.51	1.97	0.53	3.00
酒、饮料和精制茶制造业	9.86	25.59	20.93	0.20	3.17	0.95	4.32
烟草制品业	2.31	67.50	21.91	33.39	4.51	7.61	45.51
纺织业	1.09	5.98	4.46		0.44	0.03	0.47
纺织服装、服饰业	3.26	3.74	2.73	0.03	0.09	0.20	0.32
皮革、毛皮、羽毛及其制品和制鞋业	0.08	0.51	0.49		0.03	0.03	0.06
木材加工和木、竹、藤、棕、草制品业	-0.02	2.00	2.00	0.02	-0.14	0.01	-0.10
家具制造业	1.27	1.88	1.61		0.09		0.09
造纸和纸制品业	1.43	1.50	1.35		0.01	0.03	0.05
印刷和记录媒介复制业	7.12	10.19	9.08	0.06	0.13	0.33	0.52
文教、工美、体育和娱乐用品制造业	0.09	0.32	0.26		-0.08		-0.07
石油加工、炼焦和核燃料加工业	541.93	3441.91	3065.48	386.89	-150.85	122.00	358.29
化学原料和化学制品制造业	189.87	652.10	555.38	56.82	0.46	10.04	67.35
医药制造业	54.78	116.56	89.45	0.39	7.06	2.85	10.30
化学纤维制造业	2.37	10.13	9.52	0.02	-0.37	0.16	-0.19
橡胶和塑料制品业	9.69	26.27	22.13	0.11	1.36	0.25	1.72
非金属矿物制品业	27.17	73.74	58.56	0.40	6.15	3.43	9.98
黑色金属冶炼和压延加工业	1480.80	2549.90	2316.73	21.30	-110.37	53.44	-35.46
有色金属冶炼和压延加工业	-60.65	122.55	120.07	0.12	-50.99	1.00	-49.78
金属制品业	38.93	82.21	67.71	0.35	8.11	2.48	10.97
通用设备制造业	146.89	415.86	354.69	2.56	10.51	12.58	25.64
专用设备制造业	253.64	585.68	498.74	2.90	19.42	15.80	38.12
汽车制造业	189.09	973.25	710.05	57.85	79.48	44.09	181.43
铁路、船舶、航空航天和其他运输设备制造业	433.78	799.02	725.69	1.15	45.47	8.35	55.31
电气机械和器材制造业	18.47	35.93	28.37	0.32	1.70	1.21	3.22
计算机、通信和其他电子设备制造业	83.49	179.48	158.00	0.81	8.59	0.67	10.07
仪器仪表制造业	21.15	17.98	14.57	0.09	2.01	0.45	2.55
其他制造业	8.18	8.94	8.41	0.01	0.55	0.10	0.66
废弃资源综合利用业	4.03	5.74	5.05	0.01	0.08	0.02	0.10
金属制品、机械和设备修理业	11.48	3.62	2.68	0.02	0.51	0.11	0.64
电力、热力生产和供应业	752.52	1562.86	1480.48	6.50	10.75	59.80	77.13
燃气生产和供应业	24.45	14.64	16.51	0.08	-0.29	0.37	0.19
水的生产和供应业	142.77	47.97	40.70	0.34	-1.68	2.27	0.98

14-9 各地区国有及国有控股工业企业主要指标

(2012年)　　单位：亿元

指　　标	沈阳	大连	鞍山	抚顺	本溪	丹东	锦州
企业单位数(个)	202	129	30	40	42	21	24
实收资本	485.74	619.06	205.03	78.03	192.13	34.89	36.03
资产总计	3092.04	3736.98	1926.26	811.63	1234.43	187.03	248.85
流动资产合计	1633.89	2227.07	726.77	326.54	562.34	81.17	95.04
固定资产合计	932.80	984.57	439.34	435.83	478.29	76.59	137.43
固定资产原价合计	1306.97	1440.65	1048.44	632.73	1159.55	129.79	211.61
流动负债合计	1781.45	1974.37	772.18	356.63	789.38	63.55	95.77
主营业务收入	2475.70	2890.62	844.22	707.58	1226.12	126.07	462.39
主营业务成本	1978.04	2575.94	707.68	630.39	1128.71	113.38	389.54
主营业务税金及附加	78.24	181.05	8.32	59.91	14.62	1.20	52.19
利润总额	142.35	21.41	-81.62	-59.34	9.17	1.22	-6.57
本年应交增值税	87.67	106.52	31.70	13.79	13.65	2.67	14.17
利税总额	308.66	309.13	-41.59	15.41	37.50	5.09	59.84

14-9 续表　　单位：亿元

指　　标	营口	阜新	辽阳	盘锦	铁岭	朝阳	葫芦岛
企业单位数(个)	20	20	22	17	21	25	21
实收资本	331.54	78.88	164.63	237.75	80.15	56.07	143.81
资产总计	663.83	310.00	334.53	1183.71	537.07	433.12	612.00
流动资产合计	134.33	78.90	126.56	373.72	146.62	114.65	284.02
固定资产合计	450.83	226.83	165.18	799.33	237.16	253.90	244.40
固定资产原价合计	582.23	295.78	327.28	1526.38	424.97	277.21	448.39
流动负债合计	278.62	108.23	164.23	330.75	206.53	230.13	445.52
主营业务收入	365.52	139.33	570.73	1219.92	219.44	238.66	567.23
主营业务成本	325.32	118.38	493.76	973.06	176.39	224.33	505.87
主营业务税金及附加	24.10	1.84	57.29	66.52	3.27	0.41	51.48
利润总额	-17.03	0.56	-8.73	74.16	4.95	-10.66	-65.14
本年应交增值税	22.85	8.49	10.78	50.85	14.34	3.88	17.71
利税总额	29.93	10.88	59.35	191.55	22.65	-6.25	4.22

14-10 各地区全部规模以上工业企业主要经济效益指标

年份、地区	总资产贡献率 (%)	资产负债率 (%)	工业成本费用利润率 (%)	产品销售率 (%)
1998	4.90	65.55	-0.53	98.18
1999	5.20	60.35	1.73	97.88
2000	7.08	60.46	4.27	97.79
2001	6.13	58.69	3.26	97.33
2002	6.25	59.18	3.24	98.24
2003	7.31	58.76	3.92	98.09
2004	8.48	58.30	5.34	98.13
2005	7.84	58.22	3.46	98.47
2006	8.22	57.50	3.38	98.31
2007	10.67	58.64	5.13	98.06
2008	8.65	58.56	7.15	97.37
2009	11.66	58.36	5.37	97.84
2010	14.84	58.11	7.15	97.85
2011	14.78	57.23	6.26	98.38
2012	14.45	57.93	5.37	97.79
沈　阳	16.47	53.93	6.21	98.70
大　连	13.67	61.25	5.55	95.73
鞍　山	7.39	54.64	2.86	96.66
抚　顺	9.64	55.48	0.64	98.42
本　溪	9.60	68.89	3.43	98.70
丹　东	17.78	62.55	6.04	96.59
锦　州	30.83	48.14	7.78	97.78
营　口	21.22	57.14	8.73	98.57
阜　新	9.47	63.78	4.14	95.78
辽　阳	18.04	52.14	6.98	98.92
盘　锦	17.15	62.51	6.63	99.14
铁　岭	18.56	39.96	6.38	98.72
朝　阳	15.37	65.45	7.59	97.37
葫芦岛	5.14	80.56	-5.10	97.83

14-11 各地区国有及国有控股工业企业主要经济效益指标

年份、地区	总资产贡献率 (%)	资产负债率 (%)	工业成本费用利润率 (%)	产品销售率 (%)
1998	4.60	65.99	-1.41	97.90
1999	4.64	59.96	0.76	98.47
2000	6.64	60.85	3.98	98.95
2001	5.59	59.63	2.60	98.38
2002	5.57	61.00	2.16	98.93
2003	6.76	59.51	3.14	98.76
2004	8.42	58.06	5.84	98.69
2005	7.45	59.33	2.78	99.86
2006	7.28	57.75	2.62	99.31
2007	8.86	60.88	4.14	99.21
2008	4.16	63.05	3.66	98.63
2009	7.63	65.38	1.96	98.80
2010	9.77	66.00	3.31	98.78
2011	8.96	66.25	1.95	98.94
2012	7.86	67.29	0.08	99.33
沈　阳	11.58	70.68	5.74	98.31
大　连	8.72	71.16	0.77	99.30
鞍　山	-0.31	57.13	-9.55	100.23
抚　顺	2.99	58.62	-7.96	98.31
本　溪	4.73	72.36	0.72	100.31
丹　东	3.70	80.12	0.99	98.22
锦　州	25.64	61.31	-1.53	99.85
营　口	6.28	52.19	-4.72	97.98
阜　新	6.33	66.30	0.20	99.76
辽　阳	19.56	58.72	-1.62	99.55
盘　锦	17.85	61.77	6.87	99.30
铁　岭	5.89	65.27	1.61	100.98
朝　阳	1.12	77.47	-3.83	101.06
葫芦岛	3.00	89.36	-11.47	99.87

14-12 按行业分的规模以上外商投资工业企业主要指标

(2012年)　　单位：亿元

行　业	企业单位数(个)	资产总计	负债合计	所有者权益	主营业务收入	利税总额	本年应交增值税
总　计	**1499**	**5078.09**	**2918.04**	**2143.05**	**6352.76**	**767.17**	**216.10**
在总计中:轻工业	617	870.09	427.61	433.54	1589.42	164.97	42.16
重工业	882	4208.00	2490.43	1709.52	4763.34	602.20	173.94
在总计中:大型企业	72	2409.90	1461.60	943.88	2568.70	359.31	76.21
中型企业	326	1477.62	830.59	643.54	1974.13	250.03	102.37
小型企业	1062	1178.95	620.74	551.05	1791.98	156.53	37.04
微型企业	39	11.62	5.10	4.58	17.96	1.29	0.48
煤炭开采和洗选业							
石油和天然气开采业							
黑色金属矿采选业	2	0.71	0.32	0.39	5.40	0.54	0.03
有色金属矿采选业	8	14.52	6.35	8.14	10.99	1.53	0.53
非金属矿采选业	6	6.55	1.19	5.33	8.75	1.30	0.46
开采辅助活动	2	1.63	0.58	1.05	4.24	1.02	0.01
其他采矿业							
农副食品加工业	138	235.30	126.31	103.07	535.02	52.63	13.42
食品制造业	45	68.51	38.09	30.27	97.92	13.99	2.59
酒、饮料和精制茶制造业	33	110.94	60.48	50.01	127.26	23.57	5.37
烟草制品业							
纺织业	31	16.74	8.69	8.02	39.22	2.03	0.54
纺织服装、服饰业	140	64.23	27.64	36.25	176.29	17.35	4.09
皮革、毛皮、羽毛及其制品和制鞋业	19	21.98	12.92	8.98	46.53	5.25	1.44
木材加工和木、竹、藤、棕、草制品业	23	32.40	15.35	16.90	44.60	1.93	0.51
家具制造业	43	63.76	24.16	39.59	109.56	8.63	2.07
造纸和纸制品业	20	23.05	11.69	11.22	51.49	3.26	0.83
印刷和记录媒介复制业	4	3.57	0.52	3.03	1.60	0.22	0.05
文教、工美、体育和娱乐用品制造业	28	8.96	3.82	5.07	29.13	1.57	0.22
石油加工、炼焦和核燃料加工业	10	118.50	140.80	-22.43	430.66	72.84	49.94
化学原料和化学制品制造业	76	182.38	115.93	65.64	151.87	17.50	4.88
医药制造业	17	85.01	35.79	48.23	133.08	25.30	8.42
化学纤维制造业	1	0.35	0.04	0.30	0.38	0.06	0.01
橡胶和塑料制品业	79	389.11	194.95	193.09	296.58	11.34	3.19
非金属矿物制品业	85	180.44	103.58	76.11	232.40	33.96	9.48
黑色金属冶炼和压延加工业	59	262.88	145.92	115.85	278.95	19.76	5.55
有色金属冶炼和压延加工业	22	28.63	11.27	17.36	76.18	5.52	1.08
金属制品业	85	187.42	91.15	94.77	201.10	25.70	5.82
通用设备制造业	154	487.18	247.77	238.40	463.16	41.68	10.63
专用设备制造业	64	467.96	332.97	134.54	320.60	25.28	6.48
汽车制造业	91	937.91	610.25	327.35	1486.17	269.02	60.67
铁路、船舶、航空航天和其他运输设备制造业	26	316.28	234.12	82.12	195.10	12.52	2.97
电气机械和器材制造业	70	209.64	93.53	115.70	280.14	19.57	3.51
计算机、通信和其他电子设备制造业	58	283.69	105.94	176.97	356.61	33.89	3.88
仪器仪表制造业	22	33.55	11.76	21.58	59.65	5.33	2.39
其他制造业	11	15.54	5.44	10.10	13.50	0.65	0.42
废弃资源综合利用业	1	0.26	0.17	0.09	0.33		
金属制品、机械和设备修理业	6	16.55	5.89	10.67	8.24	0.08	0.01
电力、热力生产和供应业	14	179.74	82.64	97.09	70.52	10.38	4.18
燃气生产和供应业	2	15.29	7.36	7.93	4.79	1.15	0.28
水的生产和供应业	4	6.93	2.65	4.28	4.77	0.82	0.19

14-13 按行业分的大中型工业企业主要指标

(2012年) 单位：亿元

行业	企业单位数(个)	实收资本	资产总计	流动资产合计	固定资产合计	固定资产原价	负债合计
总计	**2210**	**4599.30**	**24664.73**	**11530.95**	**8676.11**	**14257.71**	**15391.41**
煤炭开采和洗选业	27	83.16	1014.88	403.50	314.52	536.24	650.75
石油和天然气开采业	1	120.00	643.68	144.42	499.26	1166.04	321.65
黑色金属矿采选业	52	43.00	376.68	178.54	118.37	172.40	190.89
有色金属矿采选业	27	14.74	69.99	33.04	31.01	42.74	31.63
非金属矿采选业	16	3.95	59.77	15.03	42.97	64.86	18.03
开采辅助活动	1	52.83	73.36	40.34	27.76	53.10	53.07
其他采矿业	1	0.01	0.10	0.04	0.05	0.19	0.07
农副食品加工业	244	164.04	858.36	404.02	340.24	684.55	408.72
食品制造业	47	37.58	187.57	82.82	73.51	101.25	76.82
酒、饮料和精制茶制造业	33	35.36	137.17	56.97	60.90	132.58	67.48
烟草制品业	3	1.62	44.73	25.05	10.98	20.47	42.42
纺织业	45	15.75	90.61	54.09	25.43	50.94	58.25
纺织服装、服饰业	128	20.19	109.73	59.71	38.16	58.51	49.05
皮革、毛皮、羽毛及其制品和制鞋业	12	11.60	32.31	12.78	19.29	22.63	14.11
木材加工和木、竹、藤、棕、草制品业	33	10.89	58.06	20.67	28.09	38.38	23.29
家具制造业	29	8.96	79.92	45.27	25.71	42.45	30.41
造纸和纸制品业	30	13.80	58.36	16.67	31.71	41.55	33.45
印刷和记录媒介复制业	13	4.53	25.12	8.41	13.28	23.25	10.09
文教、工美、体育和娱乐用品制造业	10	3.04	11.14	6.99	2.47	3.76	4.98
石油加工、炼焦和核燃料加工业	33	281.70	1684.82	796.00	841.21	1269.70	1067.01
化学原料和化学制品制造业	90	349.17	1266.59	552.13	584.52	649.94	825.84
医药制造业	32	46.35	261.83	161.83	48.86	79.53	128.01
化学纤维制造业	4	4.83	21.02	9.07	8.78	11.20	11.12
橡胶和塑料制品业	73	111.57	450.53	192.26	202.83	271.78	231.67
非金属矿物制品业	158	200.76	811.13	373.55	297.64	451.07	448.25
黑色金属冶炼和压延加工业	130	808.55	4835.91	1855.95	1628.89	3324.89	3097.49
有色金属冶炼和压延加工业	37	116.59	590.60	354.59	195.80	301.47	429.90
金属制品业	91	92.79	487.79	283.27	148.89	203.80	272.87
通用设备制造业	232	247.63	1363.61	844.53	432.39	631.74	809.88
专用设备制造业	98	199.30	1402.25	902.19	366.48	546.75	958.03
汽车制造业	108	243.74	1578.16	893.24	324.17	472.26	1103.06
铁路、船舶、航空航天和其他运输设备制造业	59	315.77	2194.37	1470.43	461.17	555.69	1698.18
电气机械和器材制造业	98	145.03	694.57	439.50	173.65	275.97	391.06
计算机、通信和其他电子设备制造业	48	150.88	539.70	292.07	164.42	272.24	238.13
仪器仪表制造业	18	12.55	81.38	45.25	14.53	18.84	30.17
其他制造业	11	11.83	34.44	16.65	15.97	23.32	16.90
废弃资源综合利用业	7	2.58	17.23	6.62	5.84	7.73	7.34
金属制品、机械和设备修理业	22	5.70	55.08	29.88	21.50	30.53	21.99
电力、热力生产和供应业	77	497.41	2056.15	316.14	867.81	1361.99	1388.89
燃气生产和供应业	14	28.16	92.98	32.21	38.84	52.48	48.41
水的生产和供应业	18	81.35	213.07	55.23	128.20	188.90	82.04

14-13 续表

单位：亿元

行　业	流动负债合计	所有者权益	主营业务收入	主营业务成本	主营业务税金及附加	利润总额	本年应交增值税	利税总额
总　计	**11113.24**	**9180.03**	**24719.23**	**21022.81**	**724.25**	**974.84**	**822.60**	**2528.44**
煤炭开采和洗选业	464.61	364.13	403.88	295.70	7.73	31.96	34.90	75.73
石油和天然气开采业	84.24	322.04	359.11	209.60	17.68	67.52	34.24	119.44
黑色金属矿采选业	161.83	185.35	364.02	274.59	8.26	58.64	21.46	88.39
有色金属矿采选业	26.58	37.86	66.47	46.73	0.92	9.22	4.76	14.90
非金属矿采选业	11.66	41.64	54.91	44.36	0.53	5.15	1.58	7.26
开采辅助活动	51.97	20.29	83.69	86.17	2.64	-9.92	3.17	-4.11
其他采矿业	0.07	0.02	0.72	0.61	0.04	0.04		0.09
农副食品加工业	299.49	438.43	1835.02	1584.48	6.53	147.20	50.69	204.44
食品制造业	43.60	110.13	256.12	204.69	1.24	21.87	8.79	31.91
酒、饮料和精制茶制造业	59.35	69.41	169.12	123.35	8.14	14.19	6.82	29.15
烟草制品业	42.42	2.31	67.50	21.91	33.39	4.51	7.61	45.51
纺织业	43.89	31.83	109.99	95.79	0.50	5.41	3.17	9.08
纺织服装、服饰业	34.88	60.28	269.05	228.53	1.31	20.34	7.35	29.01
皮革、毛皮、羽毛及其制品和制鞋业	13.04	18.21	107.76	88.96	0.86	17.97	0.76	19.59
木材加工和木、竹、藤、棕、草制品业	16.30	34.28	166.13	137.99	1.15	13.25	5.77	20.16
家具制造业	26.38	49.50	137.53	118.15	0.44	8.21	4.94	13.59
造纸和纸制品业	23.53	24.83	119.07	90.75	0.41	14.01	4.44	18.90
印刷和记录媒介复制业	7.82	15.02	34.53	25.34	0.12	4.26	0.59	4.97
文教、工美、体育和娱乐用品制造业	4.90	6.17	32.73	29.70	0.26	1.50	1.04	2.80
石油加工、炼焦和核燃料加工业	791.97	597.68	3676.73	3276.44	384.59	-130.23	118.00	372.64
化学原料和化学制品制造业	612.35	440.74	1315.14	1127.11	88.70	30.70	63.86	183.37
医药制造业	105.04	133.75	263.83	159.39	1.62	30.95	12.86	45.43
化学纤维制造业	8.93	9.89	38.00	33.71	0.05	2.16	3.35	5.56
橡胶和塑料制品业	127.58	218.74	437.12	365.29	2.52	18.18	8.16	28.89
非金属矿物制品业	328.65	357.87	1171.62	928.23	8.38	134.89	58.72	202.19
黑色金属冶炼和压延加工业	2440.65	1735.96	3570.47	3206.87	28.32	-45.50	81.41	64.46
有色金属冶炼和压延加工业	329.97	161.19	555.26	473.06	2.16	4.88	12.48	19.63
金属制品业	229.94	212.26	580.77	472.25	3.89	43.47	13.35	60.74
通用设备制造业	651.89	550.99	1505.36	1269.61	7.82	82.20	48.13	138.26
专用设备制造业	789.99	442.94	989.82	832.52	4.75	55.30	28.15	88.21
汽车制造业	902.41	470.53	1867.47	1461.57	81.72	151.70	68.58	305.81
铁路、船舶、航空航天和其他运输设备制造业	1260.60	496.20	1024.76	929.45	2.38	57.65	13.75	74.12
电气机械和器材制造业	301.73	302.04	688.14	585.60	2.76	40.05	12.97	55.86
计算机、通信和其他电子设备制造业	192.32	300.20	545.79	462.10	3.58	44.00	5.09	52.68
仪器仪表制造业	21.56	51.08	93.81	78.80	0.38	8.77	4.91	14.08
其他制造业	12.07	17.54	32.25	27.64	0.21	1.03	0.94	2.19
废弃资源综合利用业	5.38	9.89	41.87	34.94	0.20	4.03	1.69	5.93
金属制品、机械和设备修理业	16.70	33.05	93.84	71.06	1.03	6.95	2.23	10.21
电力、热力生产和供应业	478.90	630.81	1534.47	1468.23	6.62	1.44	59.24	67.38
燃气生产和供应业	36.79	43.92	24.29	23.79	0.20	0.60	0.83	1.66
水的生产和供应业	51.29	131.02	31.05	27.75	0.24	-3.72	1.81	-1.65

14-14 按行业分的大中型工业企业主要经济效益指标

(2012年)

行 业	总资产贡献率(%)	资产负债率(%)	工业成本费用利润率(%)	产品销售率(%)
总 计	**11.53**	**62.40**	**4.09**	**97.69**
煤炭开采和洗选业	8.69	64.12	4.26	100.31
石油和天然气开采业	19.53	49.97	26.74	100.09
黑色金属矿采选业	24.89	50.68	18.87	100.06
有色金属矿采选业	22.12	45.19	15.81	94.32
非金属矿采选业	12.06	30.17	10.76	99.64
开采辅助活动	-4.88	72.34	-10.93	100.00
其他采矿业	90.21	75.00	6.58	100.00
农副食品加工业	24.83	47.62	8.74	97.57
食品制造业	17.32	40.95	9.37	99.47
酒、饮料和精制茶制造业	21.64	49.20	9.25	99.16
烟草制品业	101.22	94.85	15.00	99.80
纺织业	11.37	64.28	5.08	94.94
纺织服装、服饰业	27.61	44.70	8.23	94.46
皮革、毛皮、羽毛及其制品和制鞋业	61.49	43.66	19.66	96.39
木材加工和木、竹、藤、棕、草制品业	36.00	40.12	8.62	97.94
家具制造业	17.70	38.05	6.27	98.35
造纸和纸制品业	33.62	57.32	13.75	95.28
印刷和记录媒介复制业	20.02	40.17	13.80	99.36
文教、工美、体育和娱乐用品制造业	26.93	44.65	4.84	90.87
石油加工、炼焦和核燃料加工业	23.76	63.33	-3.73	100.27
化学原料和化学制品制造业	15.98	65.20	2.43	95.49
医药制造业	18.20	48.89	12.92	88.76
化学纤维制造业	29.01	52.93	6.01	93.36
橡胶和塑料制品业	7.76	51.42	4.27	98.30
非金属矿物制品业	26.39	55.26	13.26	96.42
黑色金属冶炼和压延加工业	3.13	64.05	-1.26	99.26
有色金属冶炼和压延加工业	6.05	72.79	0.93	98.34
金属制品业	13.26	55.94	8.02	96.92
通用设备制造业	11.69	59.39	5.69	88.43
专用设备制造业	7.42	68.32	5.70	94.73
汽车制造业	20.20	69.90	8.93	99.43
铁路、船舶、航空航天和其他运输设备制造业	3.28	77.39	5.69	98.69
电气机械和器材制造业	8.91	56.30	6.08	96.66
计算机、通信和其他电子设备制造业	9.91	44.12	8.62	98.98
仪器仪表制造业	17.76	37.07	10.08	91.99
其他制造业	7.00	49.08	3.08	95.00
废弃资源综合利用业	35.38	42.61	10.71	96.65
金属制品、机械和设备修理业	18.70	39.93	8.15	96.14
电力、热力生产和供应业	5.48	67.55	0.09	99.97
燃气生产和供应业	3.05	52.07	1.61	99.82
水的生产和供应业	-0.49	38.51	-9.26	97.91

14-15 各地区大中型工业企业主要指标

单位：亿元

年份、地区	企业单位数(个)	实收资本	资产总计	流动资产合计	固定资产合计	固定资产原价	固定资产净值年平均余额	负债合计
1998	1331	1210.42	5699.55	2189.07	3118.29	4065.90	2641.39	3705.71
1999	847	1334.40	5933.87	2259.48	3238.46	4362.61	2626.00	3409.07
2000	857	1458.65	5908.55	2312.97	3088.51	4351.57	2733.46	3515.17
2001	869	1635.55	6398.33	2471.46	3463.49	4947.97	3032.42	3645.86
2002	883	1703.09	6718.00	2605.10	3573.53	5269.20	3242.04	3879.93
2003	810	1763.21	6879.72	2771.05	3309.07	5432.53	3279.89	3870.74
2004	964	2451.48	8343.69	3372.61	4090.47	6285.24	3671.47	4668.19
2005	1013	2408.23	9209.77	3981.22	4486.60	6910.54	3915.82	5374.15
2006	1085	2551.74	10721.56	4726.19	5175.40	7592.23	4365.99	6162.70
2007	1164	2735.46	12761.68	5744.25	5537.97	8709.02	4755.01	7591.30
2008	1135	3536.14	14960.78	6547.99	6725.85	9983.83	5403.41	9206.41
2009	1383	3987.07	17995.86	8089.60	7874.67	11128.84	6447.18	11147.83
2010	1505	4001.97	20118.92	9398.47	8481.96	12939.61	7390.59	12554.80
2011	1825	4276.04	21237.69	10030.88	8169.94	13295.54		13100.38
2012	2210	4599.30	24664.73	11530.95	8676.11	14257.71		15391.41
沈　阳	438	868.71	4796.43	2591.98	1429.54	2496.31		2984.91
大　连	799	1301.91	6730.21	3678.38	2193.46	3028.03		4306.73
鞍　山	107	332.69	2511.26	1044.18	618.53	1305.56		1384.56
抚　顺	67	117.70	1028.86	440.94	510.40	748.04		587.87
本　溪	67	209.27	1354.48	615.69	512.25	1228.49		970.75
丹　东	110	70.56	417.67	215.07	106.75	192.95		285.97
锦　州	99	131.03	630.15	281.04	295.21	554.88		337.20
营　口	88	402.37	1177.80	465.49	565.19	752.71		690.73
阜　新	53	86.66	419.24	180.30	182.73	253.21		271.05
辽　阳	53	277.04	1018.34	608.50	356.92	555.93		538.31
盘　锦	59	276.61	1455.08	516.78	870.61	1629.29		925.60
铁　岭	115	175.78	831.56	248.56	417.13	625.06		439.33
朝　阳	95	84.48	671.33	244.29	328.13	371.60		476.60
葫芦岛	59	164.49	772.95	352.55	289.26	515.65		646.95

14-15 续表 单位：亿元

年份、地区	流动负债合计	长期负债合计	所有者权益	主营业务收入	主营业务成本	主营业务税金及附加	利润总额	本年应交增值税	利税总额
1998	2378.86	1303.62	1993.84	2378.74	2005.48	49.13	-25.30	122.79	146.61
1999	2296.96	1106.82	2524.79	2568.69	2146.07	47.74	50.13	126.41	224.28
2000	2338.83	1171.62	2386.85	3196.35	2681.87	56.32	142.54	150.46	349.32
2001	2527.98	1106.09	1635.55	3398.32	2874.07	55.32	118.89	150.07	324.27
2002	2706.67	1168.43	2837.12	3671.30	3072.43	61.50	121.10	160.23	342.80
2003	2924.72	937.82	2999.36	4751.49	3937.53	76.37	194.97	189.26	460.60
2004	3528.31	1133.17	3587.59	6349.30	5352.85	88.45	367.20	230.66	686.31
2005	4002.55	1349.24	3715.13	8000.32	6990.98	105.92	268.27	262.38	636.57
2006	4610.99	1480.57	4394.64	9733.03	8502.61	134.49	307.39	317.32	759.19
2007	5842.09	1674.76	5126.57	11597.55	9788.64	194.05	547.28	398.19	1139.52
2008	6971.63	1988.99	5754.37	13787.29	12304.22	173.37	217.70	399.19	790.26
2009	8221.30	2649.68	6815.16	15120.81	12831.03	477.81	655.13	447.61	1580.55
2010	9331.80	2955.76	7529.34	18663.03	15734.42	588.10	1113.86	574.62	2276.57
2011	9766.00		8063.52	21459.08	18213.55	602.50	1058.85	645.83	2313.16
2012	11113.24		9180.03	24719.23	21022.81	724.25	974.84	822.60	2528.44
沈　阳	2494.61		1798.37	5296.63	4331.16	117.75	316.57	154.74	593.50
大　连	3166.27		2385.50	7004.72	6015.32	231.81	335.96	286.21	854.29
鞍　山	988.50		1124.86	1553.06	1276.71	12.73	-5.45	63.48	70.90
抚　顺	452.77		440.99	949.61	838.04	61.45	-41.33	19.97	41.13
本　溪	841.47		380.04	1366.56	1238.69	16.74	25.45	19.19	61.43
丹　东	173.87		127.46	527.22	455.29	2.83	39.70	13.14	55.72
锦　州	228.23		284.17	1200.34	1005.82	59.60	60.58	33.85	154.10
营　口	546.03		485.32	881.85	739.90	23.48	47.33	44.71	115.54
阜　新	217.35		148.11	352.51	304.61	2.80	16.75	13.71	33.32
辽　阳	387.16		479.11	1029.76	862.97	59.93	50.49	21.35	131.82
盘　锦	483.77		509.38	1567.17	1284.45	68.51	104.58	53.96	227.10
铁　岭	245.04		391.78	799.61	653.97	7.01	36.31	34.01	77.42
朝　阳	355.69		194.21	584.61	508.97	4.35	43.41	13.32	61.21
葫芦岛	532.49		126.21	716.37	637.32	51.98	-61.54	20.34	10.97

14-16 历年主要工业产品产量

年份、地区	化学纤维（万吨）	纱（万吨）	布（亿米）	毛线（吨）	呢绒（万米）	丝（吨）	机制纸及纸板（万吨）	缝纫机（万架）	自行车（万辆）
1990	15.6	109.8	6.5	5087.0	1840.0	2905.0	77.5	0.5	97.2
1991	15.8	110.1	6.4	4099.0	1781.1	2667.0	75.1	0.4	85.5
1992	17.1	112.0	6.0	4981.0	1672.7	1917.0	79.1	0.3	125.9
1993	15.7	99.3	5.6	3524.0	1431.4	2280.0	75.4	0.4	195.4
1994	17.9	18.2	5.4	2785.0	1548.6	3292.0	82.3	0.3	190.7
1995	19.8	18.0	5.8	2725.0	1185.0	3484.0	97.5	0.2	112.1
1996	20.7	16.9	4.7	4449.0	745.4	4550.0	95.7	0.2	87.9
1997	28.1	17.2	5.4	1902.0	648.5	3588.0	84.2	0.2	55.1
1998	30.5	14.3	4.7	1970.0	373.2	1996.0	72.0	0.1	53.1
1999	29.2	15.2	5.3	1655.0	606.1	1328.0	58.8	0.1	16.3
2000	34.2	18.3	5.0	1633.0	479.0	2414.0	55.2	0.2	46.2
2001	36.0	16.0	4.3	1179.0	230.3	1675.0	62.9	0.3	15.2
2002	33.5	16.4	5.0	1491.0	168.1	2110.0	52.0	0.3	2.2
2003	26.3	15.6	3.4	1447.0	109.2	1640.0	59.1	0.3	
2004	30.7	17.2	4.3	1840.0	379.8	3297.0	72.6	0.7	1.4
2005	24.1	18.7	5.7	1541.0	106.0	2191.0	83.4	0.6	0.4
2006	22.5	18.2	5.4	1811.0	118.4	2592.0	67.5	0.6	
2007	21.1	18.0	7.7	1015.0	60.3	2955.0	87.5	0.5	
2008	17.0	16.8	4.7		54.1	3045.0	56.9	0.1	
2009	21.4	16.0	5.0	1736.6	88.6	4812.0	77.2		
2010	19.9	15.4	7.2	2191.0	74.0	7182.0	88.5	0.1	1.2
2011	16.4	13.8	7.2	2402.7		4184.3	76.2		
2012	18.4	12.9	4.6	1526.1		2462.5	73.3		5.0
沈　阳		3.2	0.1	1436.6			0.8		
大　连	2.2	1.6					18.6		
鞍　山	4.2	1.0	1.2			1686.0	1.8		
抚　顺	1.8	0.4	0.1				1.6		
本　溪		0.5	0.2						
丹　东	7.2	0.7	0.3			146.0	15.5		
锦　州		1.3	0.2				15.5		
营　口	1.5	1.2	1.6			459.5			
阜　新		1.0	0.3	89.5			2.0		
辽　阳	1.5	0.1	0.2				1.0		
盘　锦							5.4		
铁　岭						171.0	9.7		
朝　阳		1.2	0.4				1.4		5.0
葫芦岛		0.7	0.1						

注：1993年以前纱产量的计量单位为万件。2007年及以前卷烟产量的计量单位为万箱、啤酒产量的计量单位为万吨；从2009年起自行车产量中不仅包括两轮自行车，还包括电动自行车。

14-16 续表 1

年份、地区	手表(万只)	灯泡(亿只)	合成洗涤剂(万吨)	原盐(万吨)	糖(万吨)	卷烟(亿支)	罐头(万吨)	啤酒(亿升)	家用电冰箱(万台)
1990	430.4	1.2	5.3	129.9	3.2	50.6	5.8	55.0	16.4
1991	467.7	1.5	4.2	240.4	3.6	42.8	7.6	64.3	11.8
1992	359.9	1.5	4.3	293.2	5.4	45.3	8.8	78.5	10.3
1993	554.5	1.1	2.9	282.9	5.2	40.3	4.0	62.8	12.0
1994	397.7	3.3	3.5	275.9	3.8	40.3	7.6	108.0	12.2
1995	409.9	3.7	2.9	230.9	3.8	43.2	8.2	113.4	14.2
1996	316.4	4.3	6.9	232.5	4.0	40.3	8.1	118.8	9.4
1997	212.4	1.4	5.7	286.1	5.3	40.5	6.0	128.7	6.9
1998	98.0	1.3	6.8	190.9	5.1	41.8	4.1	129.1	8.5
1999	97.0	1.1	6.3	282.2	4.5	33.2	2.7	144.3	13.2
2000	69.0	0.5	7.0	275.9	2.1	23.0	2.9	149.7	23.1
2001	69.2	1.3	9.1	284.6	4.0	31.0	2.8	144.2	14.7
2002	86.0	1.5	10.4	280.6	4.2	38.0	3.4	137.1	51.6
2003		1.4	9.7	166.6	5.1	41.3	5.2	149.4	106.8
2004	152.8	1.8	9.8	200.6	3.8	45.9	10.7	155.4	116.3
2005	169.6	1.8	8.9	180.6	4.2	45.9	5.6	184.6	120.4
2006	145.1	5.1	14.0	191.3	1.3	47.8	7.3	200.4	133.5
2007	133.4	6.2	14.7	216.2	1.4	51.1	7.6	231.0	134.3
2008	139.3	8.1	12.4	184.2	2.0	260.4	7.5	23.5	139.3
2009	9.1	1.1	10.5	152.5	5.6	260.3	16.4	24.7	96.2
2010	5.7	1.4	12.2	161.6	6.1	265.3	20.0	24.8	87.8
2011	6.2	1.5	13.8	114.5	2.3	274.5	25.2	26.2	102.2
2012		2.1	14.7	141.9	5.4	276.4	40.8	26.4	101.5
沈　阳		2.1	6.6			115.0		11.1	
大　连			2.5	65.2			34.4	4.9	87.7
鞍　山			0.0				4.4	2.1	
抚　顺			1.9				0.0	1.1	
本　溪			1.8					0.9	
丹　东							1.0	1.0	
锦　州								1.2	
营　口			1.8	31.1		161.4	0.4	0.0	13.8
阜　新					3.7			0.4	
辽　阳							0.0	0.3	
盘　锦				45.5				0.9	
铁　岭			0.1					0.6	
朝　阳					1.7			1.4	
葫芦岛				0.1			0.5	0.5	

14-16 续表 2

年份、地区	电视机（万台）	原煤（万吨）	原油（万吨）	天然气（亿立方米）	发电量（亿千瓦小时）	#水电	生铁（万吨）	钢（万吨）	成品钢材（万吨）
1990	115.1	5101.0	1368.7	20.4	435.8	35.5	1145.5	1216.3	939.9
1991	59.6	5234.7	1374.2	20.6	448.3	40.3	1227.8	1262.5	978.8
1992	73.2	5394.6	1387.8	21.1	489.1	32.4	1262.7	1349.9	1082.9
1993	49.9	5566.8	1420.1	23.8	505.3	27.4	1314.0	1413.3	1270.3
1994	54.3	5509.3	1502.5	21.2	504.0	18.5	1274.1	1340.6	1186.9
1995	47.7	5626.4	1552.7	21.1	540.1	41.7	1337.1	1335.9	1074.2
1996	56.7	6040.6	1504.3	19.6	583.9	45.2	1358.5	1369.3	1210.3
1997	73.2	5883.8	1504.1	19.1	615.2	28.8	1358.1	1354.9	1223.5
1998	173.2	5785.7	1452.1	15.6	608.1	21.6	1419.0	1406.5	1149.2
1999	229.3	4779.3	1430.3	14.3	610.5	25.5	1448.9	1492.2	1235.6
2000	374.7	4454.9	1401.1	14.7	645.6	14.9	1555.4	1553.8	1443.2
2001	378.0	4468.2	1385.0	14.7	662.1	22.7	1593.7	1660.7	1655.2
2002	404.9	5180.8	1351.2	13.3	725.3	14.5	1886.4	1942.5	2086.7
2003	446.0	5871.0	1332.0	13.3	837.0	22.9	2061.0	2169.0	2334.0
2004	346.2	6641.9	1283.2	10.3	874.9	38.6	2547.8	2612.8	2657.9
2005	550.2	6395.0	1261.0	11.7	904.2	56.7	3113.9	3059.0	3235.9
2006	333.9	7367.3	1226.5	11.9	1013.4	47.0	3759.5	3702.3	3848.9
2007	423.2	6349.1	1207.2	8.7	1115.0	43.8	4057.6	4140.3	4364.3
2008	500.2	6415.5	1199.3	8.7	1139.0	41.8	4101.5	4068.6	4285.3
2009	441.4	6624.2	1000.0	8.1	1162.5	28.8	5062.2	4783.2	4943.4
2010	576.9	6641.6	950.0	8.0	1295.1	44.0	5508.1	5389.8	5669.4
2011	557.5	7005.1	1000.0	7.2	1369.9	31.7	5450.2	5424.8	5761.1
2012	500.4	6431.3	1000.0	7.2	1453.1	38.2	5338.2	5178.4	5924.2
沈　阳	426.4	916.0			182.3			4.2	43.8
大　连	74.0				193.4			163.0	238.0
鞍　山					52.0	0.1	1762.1	1622.6	1604.6
抚　顺		637.7			102.5	0.5	391.1	374.4	351.3
本　溪		89.1			47.3	15.6	1722.7	1508.3	1753.3
丹　东		183.3			60.6	20.6	15.2	81.1	23.7
锦　州		301.2			67.0		23.6		22.5
营　口					134.2	0.0	777.1	762.6	738.8
阜　新		1972.6			110.8		144.0		
辽　阳		42.4			20.7	1.4	16.9	150.8	604.7
盘　锦			1000.0	7.2	9.8				
铁　岭		1857.0			207.8			3.4	25.8
朝　阳		235.7			64.2	0.1	483.6	508.1	477.1
葫芦岛		196.4			200.4		1.9		40.6

14-16 续表 3

年份、地区	铁合金(万吨)	水泥(万吨)	平板玻璃(万重量箱)	硫酸(万吨)	纯碱(万吨)	烧碱(万吨)	农用氮、磷、钾化肥(万吨)		
								#氮肥	#磷肥
1990	16.0	1092.0	995.3	74.1	76.2	28.3	63.4	55.0	8.3
1991	15.9	1312.2	1022.4	81.2	71.2	29.4	60.3	51.4	8.9
1992	20.3	1644.4	1188.5	86.2	72.4	29.7	62.8	50.9	11.9
1993	21.4	1947.9	1350.2	78.6	74.8	27.8	54.8	49.6	5.2
1994	24.1	1891.2	1299.0	95.8	73.9	30.5	79.1	67.0	10.3
1995	30.4	1911.0	1233.3	106.9	69.1	26.3	78.2	70.1	7.8
1996	30.2	1743.1	1591.6	108.7	71.9	37.5	82.0	73.9	6.9
1997	23.9	1829.0	1494.2	108.7	71.2	33.4	84.7	74.3	8.9
1998	19.5	1663.7	1546.9	100.0	69.2	32.5	76.8	70.7	4.2
1999	14.3	1711.1	1536.8	105.5	72.1	30.9	87.2	78.5	5.2
2000	13.3	1954.9	1475.3	119.9	74.1	33.4	97.6	82.4	8.4
2001	13.6	2090.5	1537.7	118.8	76.5	37.2	97.9	86.6	8.7
2002	12.9	2145.8	1470.9	113.1	82.5	45.0	88.8	80.9	6.1
2003	17.2	2332.0	1362.0	110.6	80.0	48.3	91.7	82.6	6.9
2004	48.6	2495.7	1785.2	121.7	80.7	48.1	88.1	85.4	2.8
2005	36.4	2680.7	1854.0	120.7	74.9	53.6	89.6	84.9	4.7
2006	52.3	3341.4	1650.9	107.6	47.4	62.6	87.7	79.7	7.9
2007	61.6	3893.2	1941.2	105.6	32.8	63.4	89.4	84.7	4.7
2008	60.2	4074.4	2275.2	90.5	24.7	55.1	89.1	85.1	3.9
2009	77.0	4704.8	1674.2	81.1		45.8	85.8	70.4	5.4
2010	83.2	4790.9	1635.3	84.4	13.2	56.4	75.1	67.1	5.1
2011	89.7	5791.1	2258.0	78.9	33.8	56.2	67.5	65.8	1.6
2012	92.9	5809.0	2523.4	74.6	45.4	56.7	83.2	82.1	0.8
沈　阳		318.9	586.3		0.0	16.9	0.2	0.1	0.1
大　连		1295.4	640.2	5.4	45.4		10.4	10.4	
鞍　山	1.6	265.1					6.9	6.9	
抚　顺	4.2	238.2		4.0					
本　溪	0.3	334.4	342.5	0.1			6.6	6.6	
丹　东		266.5		4.9			0.5	0.5	
锦　州	60.7	242.9		9.9					
营　口	6.2	344.3				5.8	1.3	0.7	0.6
阜　新		159.6	478.6						
辽　阳	8.9	1344.5		3.1					
盘　锦		151.1					30.9	30.9	
铁　岭	0.5	185.4							
朝　阳	0.7	438.8	475.9	2.4					
葫芦岛	9.8	223.7		44.8		34.0	26.4	26.1	

14-16 续表 4

年份、地区	化学农药（万吨）	乙烯（万吨）	电石（万吨）	塑料（万吨）	轮胎外胎（万条）	金属切削机床（万台）	汽车（万辆）	铁路机车（台）
1990	1.5	8.4	6.4	14.0	191.8	1.6	2.4	
1991	1.5	14.9	6.8	24.3	223.5	1.8	4.2	
1992	1.5	20.4	5.2	30.0	311.1	2.1	6.1	
1993	1.2	25.1	6.1	39.1	426.7	2.4	5.1	
1994	1.2	28.8	6.8	42.0	292.4	1.7	3.0	238.0
1995	2.3	32.1	8.9	51.3	303.7	1.4	2.5	257.0
1996	1.7	35.3		58.5	309.5	1.3	2.8	300.0
1997	2.1	35.7	3.2	65.7	361.2	1.1	3.9	274.0
1998	1.9	38.7	2.6	71.5	472.9	0.9	4.3	
1999	2.3	39.7	1.4	80.9	499.6	0.9	5.8	
2000	2.2	41.7	2.6	94.1	576.0	1.6	8.2	63.0
2001	2.2	40.2	2.2	99.7	621.2	2.1	7.9	58.0
2002	2.6	44.2	4.3	104.6	643.5	3.1	9.0	71.0
2003	2.1	47.9	5.3	117.4	787.1	5.6	13.0	
2004	1.8	48.2	11.6	129.5	935.7	9.4	14.3	242.0
2005	2.7	47.1	1.9	121.6	1095.6	11.3	15.0	202.0
2006	3.6	49.3	6.9	122.6	1141.8	13.1	29.0	256.0
2007	4.0	42.3	18.4	126.9	1263.3	15.0	37.7	310.0
2008	4.0	46.2	11.8	117.3	1275.8	14.6	34.1	406.0
2009	4.5	48.0	8.9	108.6	1281.9	14.1	50.9	435.0
2010	3.0	91.8	8.7	150.7	1507.9	13.6	70.8	589.0
2011	2.1	106.8	14.0	177.9	1669.9	16.9	75.5	701.0
2012	2.1	103.1	13.7	175.2	1767.2	12.0	87.3	486.0
沈　阳	0.4	6.4		19.1	503.4	5.8	83.3	
大　连	0.8			38.8	721.4	5.6		486.0
鞍　山	0.0			0.1	118.2			
抚　顺		13.7		25.0		0.0		
本　溪			10.5					
丹　东			3.2		0.5	0.3	4.0	
锦　州				1.1	16.3	0.0		
营　口	0.2					0.1		
阜　新								
辽　阳	0.3	20.7		9.5				
盘　锦	0.4	62.2		75.8				
铁　岭				2.0		0.0		
朝　阳				0.0	407.5	0.0		
葫芦岛				3.9				

14-17 工业产品产量

产品名称	单位	2005年	2006年	2008年	2009年	2010年	2011年	2012年
化学纤维	万吨	24.1	22.5	17.0	21.4	19.9	16.4	18.4
#合成纤维	万吨	18.1	16.6	11.6	14.0	11.5	9.4	11.5
纱	万吨	18.7	18.3	16.8	16.0	15.4	13.8	12.9
布	亿米	5.7	5.4	4.7	5.0	7.2	7.2	4.6
#纯棉布	亿米	1.5	2.8	1.8	1.8	4.7	4.7	2.5
混纺交织布	亿米	1.4	1.3	1.1	1.7	1.1	0.8	0.7
毛　　线	吨	1541.0	1811.0		1736.0	2191.0	2402.7	1526.1
呢　　绒	万米	106.0	118.4	54.1	88.6	74.0		
丝	吨	2190.9	2592.0	3045.0	4812.0	7182.0	4184.3	2462.5
丝 织 品	万米	465.2	1186.1	2560.8				
机制纸及纸板	万吨	83.4	67.5	56.9	77.2	88.5	76.2	73.3
缝 纫 机	万架	0.6	0.6	0.1		0.1		
自 行 车	万辆	0.4				1.2		5.0
表	万只	169.6	145.1	139.3	9.1	5.7	6.2	
日用玻璃制品	万吨	8.4	10.4	33.3	31.9	24.7	3.7	2.0
灯　　泡	万只	18491.7	51401.7	81217.6	10797.0	14101.0	15319.0	20915.0
合成洗涤剂	吨	89198.5	140546.0	123528.0	104685.4	122031.4	137701.8	146668.4
牙　　膏	万支	3379.1	11158.3	10342.0	11496.8	14413.0		
原　　盐	万吨	180.6	191.3	184.2	152.5	161.6	114.5	141.9
糖	万吨	1.1	1.3	2.0	5.6	6.1	2.3	5.4
卷　　烟	亿支	45.9	47.8	260.4	260.3	265.3	274.5	276.4
白　　酒	亿升	27.3	28.9	4.3	4.7	6.4	6.8	8.1
啤　　酒	亿升	184.6	200.4	23.5	24.7	24.8	26.2	26.4
味　　精	万吨	4.7	5.2	3.8	4.0	3.5		
食用植物油	万吨	89.6	136.9	171.7	177.8	193.7	171.8	236.4
化学原料药	万吨	3.8	4.0	3.8	14.4	13.2	11.9	14.4
家用电冰箱	万台	120.4	133.5	139.3	96.2	87.8	102.2	101.5
电 视 机	万部	550.2	333.9	500.2	441.4	576.9	557.5	500.4
#彩　　电	万部	550.2	333.9	500.2	441.4	576.9	557.5	500.4
农 用 化 肥	万吨	89.6	87.7	89.1	85.8	75.1	67.5	83.2
#氮　　肥	万吨	84.9	79.7	85.1	70.4	67.1	65.8	82.1
磷　　肥	万吨	4.8	7.9	3.9	5.4	5.1	1.6	0.8
化 学 农 药	万吨	2.7	3.6	4.0	4.5	3.0	2.1	2.1
乙　　烯	万吨	47.1	49.3	46.2	48.0	91.8	106.8	103.1
合 成 橡 胶	吨	11119.0	26826.0	22190.6	28270.7	36628.7	40170.1	25026.6
轮 胎 外 胎	万条	1095.7	1141.8	1275.8	1281.9	1507.9	1669.9	1767.2
交流电动机	万千瓦	773.4	720.8	585.7	671.6	830.5	758.4	612.8
金属切削机床	台	112727.0	130967.0	145771.0	140988.0	135872.0	168760.0	119672.0
数 控 机 床	台	14887.0	22213.0	34332.0	37212.0	39426.0	48984.0	46356.0
汽　　车	辆	150488.0	290085.0	340778.0	508452.0	707690.0	755421.0	872692.0
#载货汽车	辆	43438.0	67925.0	96262.0	95480.0	100015.0	114606.0	120490.0
摩 托 车	辆	1952.0	26837.0	22125.0	30195.0	33045.0	34900.0	27900.0
轴　　承	万套	10312.0	10265.0	10249.0	7492.0	19798.0	16811.0	19938.0
拖 拉 机	台	10.0	10.0		16.0	11.0		
# 小型拖拉机	台	6.0	13.0		16.0	11.0		
原　　煤	万吨	6395.0	7367.3	6415.5	6624.2	6641.6	7005.1	6431.3
原　　油	万吨	1261.0	1226.5	1199.3	1000.0	950.0	1000.0	1000.0
汽　　油	万吨	965.6	1032.3	1017.1	1043.6	1057.7	1017.5	1088.1
柴　　油	万吨	1899.6	1911.2	2045.9	2101.4	2379.9	2284.8	2358.0
天 然 气	亿立方米	11.7	11.9	8.7	8.1	8.0	7.2	7.2
发 电 量	亿千瓦小时	904.2	1014.5	1139.0	1162.5	1295.1	1369.9	1453.1
#水　　电	亿千瓦小时	56.7	47.0	41.8	28.8	44.0	31.7	38.2
生　　铁	万吨	3114.0	3759.5	4101.5	5062.2	5508.1	5450.2	5338.2
钢	万吨	3059.1	3702.3	4068.6	4783.2	5389.8	5424.8	5178.4
成 品 钢 材	万吨	3235.9	3848.9	4285.3	4943.4	5669.4	5761.1	5924.2
#铁道用钢材	万吨	75.1	75.2	88.1	112.5	91.2	76.0	77.5
线　　材	万吨	261.8	307.5	394.9	506.9	572.1	688.6	664.8
铁 合 金	万吨	36.4	52.3	60.2	77.0	83.2	89.7	92.9
焦　　炭	万吨	1237.9	1503.4	1738.1	1876.5	1875.8	2027.0	2127.8
水　　泥	万吨	2680.7	3341.4	4074.4	4704.8	4790.9	5791.1	5809.0
平 板 玻 璃	万重量箱	1854.0	1650.9	2275.2	1674.2	1635.3	2258.0	2523.4
硫　　酸	万吨	120.7	107.6	90.5	81.2	84.4	78.9	74.6
纯　　碱	万吨	74.9	47.4	24.7		13.2	33.8	45.4
烧　　碱	万吨	53.6	62.6	55.1	45.8	56.4	56.2	56.7
合 成 氨	万吨	99.1	78.4	77.0	80.0	79.1	82.9	103.4

注：2007年及以前卷烟产量的计量单位为万箱、啤酒及白酒产量的计量单位为万吨；从2009年起自行车产量中不仅包括两轮自行车，还包括电动自行车。

14-18 规模以上农产品加工业主要经济指标

(2012年) 单位：亿元

甲栏分组	企业单位数(个)	资产总计	流动资产合计	负债合计	主营业务收入	主营业务成本
农产品加工业合计	3928	3492.41	1559.79	1571.83	8458.67	7175.63
农副食品加工业	1553	1685.04	755.97	752.97	4298.20	3733.93
焙烤食品制造	46	33.14	10.63	6.77	107.52	88.69
糖果、巧克力及蜜饯制造	16	12.37	5.10	7.47	26.43	22.69
方便食品制造	31	33.52	15.56	14.04	68.98	56.41
乳制品制造	21	105.08	41.31	40.78	115.80	93.48
罐头食品制造	61	44.69	18.75	20.48	106.53	91.48
调味品、发酵制品制造	52	44.76	24.38	18.00	96.06	80.79
营养食品制造	14	11.75	2.13	7.79	39.14	29.69
保健食品制造	10	11.07	5.70	4.11	16.22	11.80
冷冻饮品及食用冰制造	22	15.96	7.16	7.61	46.66	39.67
食品及饲料添加剂制造	24	11.65	4.69	5.89	26.19	22.86
其他未列明的食品制造	9	2.16	1.06	1.15	5.04	4.34
酒、饮料和精制茶制造	227	276.00	110.95	125.49	500.48	397.75
烟草制品业	4	44.97	25.29	42.44	67.74	21.93
纺织业	333	220.13	105.65	112.16	430.10	372.01
纺织服装、服饰业	542	263.54	128.39	111.60	712.51	604.98
皮革、毛皮、羽毛及其制品和制鞋业	102	71.65	32.92	30.68	241.15	201.36
木制品制造	182	109.02	47.74	44.11	359.42	298.69
竹、藤、棕、草等制品制造	8	3.09	1.41	2.02	5.45	4.66
木质家具制造	148	119.55	60.32	44.98	312.56	267.98
竹、藤家具制造	1	0.28	0.01		1.45	1.11
其他家具制造	11	7.50	1.02	1.09	23.01	20.09
造纸和纸制品业	250	160.25	62.67	72.44	425.54	356.36
印刷	100	71.92	28.59	32.35	135.30	108.87
装订及印刷相关服务	7	3.55	0.91	0.78	4.57	3.47
天然植物纤维编织工艺品制造	23	6.30	1.46	1.18	38.65	34.26
地毯、挂毯制造	2	3.42	1.41	2.47	1.17	0.92
动物胶制造	2	1.02	0.36	0.01	4.47	3.93
肥皂及合成洗涤剂制造	21	37.77	20.18	29.96	44.41	39.14
中药饮片加工	60	30.53	13.87	9.73	104.91	87.74
中成药生产	42	43.83	17.95	16.96	75.92	59.58
纤维素纤维原料及纤维制造	2	5.92	5.64	4.13	14.48	12.79
鬃毛加工、制刷及清扫工具的制造	2	0.95	0.64	0.19	2.60	2.17

14-18 续表 单位：亿元

甲栏分组	主营业务税金及附加	利润总额	利税总额	本年应交增值税	全部从业人员年平均人数(万人)
农产品加工业合计	81.20	619.60	885.69	184.53	77.04
农副食品加工业	17.72	311.56	412.10	82.65	30.40
焙烤食品制造	0.64	10.91	13.19	1.63	0.98
糖果、巧克力及蜜饯制造	0.16	1.77	2.46	0.53	0.17
方便食品制造	0.36	5.29	7.84	2.19	0.80
乳制品制造	0.76	7.87	10.66	2.03	0.75
罐头食品制造	0.52	8.70	12.07	2.85	1.10
调味品、发酵制品制造	0.49	7.08	9.36	1.79	0.75
营养食品制造	0.19	3.35	6.58	3.05	0.44
保健食品制造	0.07	1.74	1.93	0.12	0.09
冷冻饮品及食用冰制造	0.19	3.13	4.03	0.70	0.46
食品及饲料添加剂制造	0.23	1.15	1.89	0.51	0.25
其他未列明的食品制造	0.10	0.32	0.50	0.08	0.07
酒、饮料和精制茶制造	11.55	46.13	70.71	13.02	4.17
烟草制品业	33.39	4.51	45.56	7.65	0.20
纺织业	2.40	27.32	40.63	10.87	6.47
纺织服装、服饰业	3.86	47.86	67.36	15.64	14.00
皮革、毛皮、羽毛及其制品和制鞋业	1.36	31.71	35.62	2.55	1.84
木制品制造	1.31	21.33	28.74	6.09	2.63
竹、藤、棕、草等制品制造	0.02	0.41	0.48	0.05	0.07
木质家具制造	1.20	17.06	26.05	7.77	3.64
竹、藤家具制造		0.22	0.23	0.01	0.01
其他家具制造	0.25	0.89	1.42	0.29	0.19
造纸和纸制品业	2.18	32.09	44.92	10.58	3.83
印刷	0.66	11.87	15.24	2.70	1.30
装订及印刷相关服务	0.04	0.47	0.68	0.16	0.11
天然植物纤维编织工艺品制造	0.15	2.47	3.45	0.83	0.28
地毯、挂毯制造		-0.05	-0.03	0.01	0.04
动物胶制造	0.01	0.16	0.17		0.01
肥皂及合成洗涤剂制造	0.14	-0.06	1.21	1.13	0.41
中药饮片加工	0.81	5.85	10.66	3.99	0.56
中成药生产	0.42	5.32	8.30	2.56	0.75
纤维素纤维原料及纤维制造	0.02	0.87	1.32	0.42	0.18
鬃毛加工、制刷及清扫工具的制造	0.01	0.28	0.35	0.06	0.08

14-19 规模以上原材料工业主要经济指标

(2012年) 单位：亿元

甲栏分组	企业单位数(个)	资产总计	流动资产合计	负债合计	主营业务收入	主营业务成本
原材料工业合计	6441	14575.71	6204.46	8517.02	21173.20	18210.25
石化工业	2132	5515.94	2366.70	3167.63	8974.84	7718.20
石油和天然气开采业	1	643.68	144.42	321.65	359.11	209.60
石油加工、炼焦和核燃料加工业	265	1922.63	922.91	1186.99	4301.68	3830.15
化学原料和化学制品制造业	990	1976.32	892.75	1203.89	2709.73	2324.50
化学纤维制造业	16	33.38	13.81	18.25	49.31	43.07
橡胶和塑料制品业	860	939.93	392.81	436.86	1555.01	1310.89
冶金工业	2243	7119.56	2972.48	4358.21	8343.39	7308.50
黑色金属矿采选业	796	719.20	314.01	334.77	1658.71	1388.76
有色金属矿采选业	174	143.14	62.44	64.13	259.76	210.51
黑色金属冶炼和压延加工业	947	5436.99	2115.85	3397.79	5276.20	4718.56
有色金属冶炼和压延加工业	326	820.22	480.17	561.53	1148.72	990.68
建材工业	2066	1940.21	865.28	991.18	3854.97	3183.55
非金属矿采选业	375	177.82	63.00	54.96	439.09	368.62
非金属矿物制品业	1691	1762.40	802.28	936.22	3415.88	2814.93

14-19 续表 单位：亿元

甲栏分组	主营业务税金及附加	利润总额	利税总额	本年应交增值税	全部从业人员年平均人数(万人)
原材料工业合计	606.98	752.86	1996.30	634.53	142.15
石化工业	513.04	179.78	991.30	297.99	47.26
石油和天然气开采业	17.68	67.52	119.44	34.24	4.57
石油加工、炼焦和核燃料加工业	391.16	-97.64	428.12	134.32	10.38
化学原料和化学制品制造业	94.96	117.91	305.57	92.52	16.38
化学纤维制造业	0.07	3.44	7.28	3.77	0.52
橡胶和塑料制品业	9.17	88.54	130.88	33.15	15.41
冶金工业	68.19	262.01	534.25	203.08	64.33
黑色金属矿采选业	24.94	162.61	244.35	56.52	10.15
有色金属矿采选业	2.58	25.90	41.14	12.62	4.40
黑色金属冶炼和压延加工业	35.42	35.84	183.05	111.28	42.77
有色金属冶炼和压延加工业	5.25	37.67	65.72	22.66	7.02
建材工业	25.75	311.07	470.75	133.46	30.56
非金属矿采选业	4.14	29.75	47.49	13.57	4.06
非金属矿物制品业	21.60	281.32	423.26	119.89	26.51

14-20 规模以上装备制造业主要经济指标

(2012年) 单位：亿元

甲栏分组	企业单位数(个)	资产总计	流动资产合计	负债合计	主营业务收入	主营业务成本
装备制造业合计	5878	11813.59	6753.50	7014.29	15043.38	12705.94
金属制品业	938	992.59	500.70	487.89	1748.83	1478.96
通用设备制造业	2047	2445.65	1328.07	1250.85	4005.04	3383.85
专用设备制造业	969	1914.88	1122.48	1164.37	2180.31	1853.46
汽车制造业	426	1875.48	1030.35	1233.43	2404.39	1926.61
铁路、船舶、航空航天和其他运输设备制造业	210	2327.17	1541.15	1792.92	1217.17	1100.21
电气机械和器材制造业	837	1283.23	726.93	670.03	2117.26	1798.80
计算机、通信和其他电子设备制造业	213	702.45	364.73	305.89	957.65	825.83
仪器仪表制造业	175	178.04	99.66	73.15	246.82	206.21
金属制品、机械和设备修理业	63	94.09	39.43	35.75	165.92	132.01

14-20 续表 单位：亿元

甲栏分组	主营业务税金及附加	利润总额	利税总额	本年应交增值税	全部从业人员年平均人数(万人)
装备制造业合计	156.17	930.62	1428.36	336.47	134.05
金属制品业	10.96	105.77	150.31	33.44	18.02
通用设备制造业	25.42	242.59	359.93	91.43	38.35
专用设备制造业	12.12	124.20	185.86	49.48	19.48
汽车制造业	84.38	181.19	348.53	79.14	14.59
铁路、船舶、航空航天和其他运输设备制造业	3.97	64.90	93.16	23.90	13.18
电气机械和器材制造业	10.84	118.86	164.34	34.49	16.55
计算机、通信和其他电子设备制造业	5.64	63.60	80.55	11.30	8.76
仪器仪表制造业	1.25	18.45	28.53	8.82	2.51
金属制品、机械和设备修理业	1.60	11.08	17.15	4.47	2.61

主要统计指标解释

工业 指从事自然资源的开采，对采掘品和农产品进行加工和再加工的物质生产部门。具体包括：(1)对自然资源的开采，如采矿、晒盐、森林采伐等(但不包括禽兽捕猎和水产捕捞)；(2)对农副产品的加工、再加工，如粮油加工、食品加工、轧花、缫丝、纺织、制革等；(3)对采掘品的加工、再加工，如炼铁、炼钢、化工生产、石油加工、机器制造、木材加工等，以及电力、自来水、煤气的生产和供应等；(4)对工业品的修理、翻新，如机器设备的修理、交通运输工具(包括小卧车)的修理等。

1984年以前农村的村及村以下办工业归属农业，1984年以后的划归工业。

工业统计调查单位 工业统计调查单位分为两类：独立核算法人工业企业和工业活动单位。

(1)独立核算法人工业企业是指从事工业生产经营活动的单位。独立核算法人工业企业应同时具备以下条件：①依法成立，有自己的名称、组织机构和场所，能够承担民事责任；②独立拥有和使用资产，承担负债，有权与其他单位签订合同；③独立核算盈亏，并能够编制资产负债表。

(2)工业活动单位是指在一个场所从事一种或主要从事一种工业生产活动的经济单位。它包括独立核算工业企业按主营业务活动(即工业生产活动)划分的主营业务活动单位和非工业企业所属的工业生产活动单位(即原非独立核算工业生产单位)。工业活动单位，一般应同时具备以下三个条件：①具有一个场所，从事一种或主要从事一种工业活动；②单独组织工业生产、经营或业务活动；③单独核算收入和支出。

国有经济工业(即过去的全民所有制工业或国营工业) 指生产资料归国家所有的一种经济类型。包括中央和地方各级国家机关、部队、科研机构、学校、人民团体和国有经济企事业单位等举办的国有经济工业。1957年以前的公私合营和私营工业，后均改造为国营工业，1992年改为国有工业，这部分工业的资料不单独分列时，均包括在国有工业内。

集体经济工业 指生产资料归公民集体所有的一种经济类型，是社会主义公有制经济的组成部分。包括城乡所有使用集体投资举办的企业，以及部分个人通过集资自愿放弃所有权并依法经工商行政管理机关认定为集体所有制的企业。

其他经济类型工业 指除国有经济工业、集体经济工业以外的其他经济类型工业企业(单位)。包括私营经济、个体经济、联营经济、股份制经济(股份有限公司，有限责任公司)；外商投资经济(中外合资经营、中外合作经营、外资企业)；港、澳、台投资经济(与大陆合资经营、与大陆合作经营、港、澳、台独资企业)及其他经济类型的工业。

轻工业 指主要提供生活消费品和制作手工工具的工业。按其所使用的原料不同，可分为两大类：(1)以农产品为原料的轻工业，是指直接或间接以农产品为基本原料的轻工业。主要包括食品制造、饮料制造、烟草加工、纺织、缝纫、皮革和毛皮制作、造纸以及印刷等工业；(2)以非农产品为原料的轻工业，是指以工业品为原料的轻工业。主要包括文教体育用品、化学药品制造、合成纤维制造、日用化学制品、日用玻璃制品、日用金属制品、手工工具制造、医疗器械制造、文化和办公用机械制造等工业。

重工业 是指为国民经济各部门提供物质技术基础的主要生产资料的工业。按其生产性质和产品用途，可以分为下列三类：(1)采掘(伐)工业，是指对自然资源的开采，包括石油开采、煤炭开采、金属矿开采、非金属矿开采和木材采伐等工业；(2)原材料工业，指向国民经济各部门提供基本材料、动力和燃料的工业。包括金属冶炼及加工、炼焦及焦炭化学、化工原料、水泥、人造板以及电力、石油和煤炭加工等工业；(3)加工工业，是指对工业原材料进行再加工制造的工业。包括装备国民经济各部门的机械设备制造工业、金属结构、水泥制品等工业，以及为农业提供的生产资料如化肥、农药等工业。根据上述划分原则，修理业中以重工业产品为修理作业对象的划为重工业，反之划为轻工业。

工业总产值 是以货币表现的工业企业在一定时期内生产的已出售或可供出售工业产品总量，它反映一定时间内工业生产的总规模和总水平。它包括：在本企业内不再进行加工，经检验、包装入库(规定了需包装的产品除外)的成品价值，工业性作业价值，自制半成品、在产品期末初差额价值(生产周期较长的企业计算)。工业总产值采用“工厂法”计算，即以工业企业作为一个整体，按企业工业生产活动的最终成果来计算，企业内部不允许重复计算，不能把企业内部各个车间(分厂)生产的成果相加。但在企业之间、行业之间、地区之间存在着重复计算。

轻重工业总产值的划分也是按“工厂法”计算的，即一个工业企业在正常情况下生产的主要产品的性质属于轻工业，则该企业的全部总产值作为轻工业总产值；一个工业企业生产的主要产品的性质属于重工业，则该企业的全部总产值作为重工业总产值。

工业销售产值 是以货币表现的工业企业在一定时期内销售的本企业生产的工业产品产量。包括已销售的成品、半成品价值，对外提供的工业性作业价值和对本单位基本建设部门、生活福利部门等提供的产品和工业性作业及自制设备的价值。已销售的成品、半成品不论是本期生产的、还是上期生产的，只要是本期销售出去的均包括在内。对外提供的工业性作业是指企业按合同对外提供的工业性劳务。企业为本单位基本建设部门、生活福利部门等提供的产品和工业性作业及自制设备也应视同销售，这部分也作为销售统计。

工业销售产值的计算范围、计算价格和计算方法与工业总产值一致，但两者计算的基础不同：工业销售产值计算的基础是产品销售总量，工业总产值计算的基础是工业产品生产总量。

工业增加值 是指工业企业在报告期内以货币表现的工业生产活动的最终成果。是企业生产产品或提供劳务过程中新增加的价值，是总产出与中间投入之间的差额。

固定资产原值 指企业在建造、购置、安装、改建、扩建、技术改造某项固定资产时所支出的全部货币总额。它一般包括买价、包装费、运杂费和安装费等。

固定资产净值 是指固定资产原价减去历年已提折旧额后的净额。

流动资产 流动资产是指可以在一年或者超过一年的一个营业周期内变现或者耗用的资产，包括现金及各种存款、短期投资、应收及预付货款、存货等。

总资产贡献率 反映企业全部资产的获利能力，是企业经营业绩和管理水平的集中体现，是评价和考核企业盈利能力的核心指标。计算公式为:

总资产贡献率(%)=（(利润总额+税金总额+利息支出)／平均资产总额）×100%

资产负债率 该指标既反映企业经营风险的大小，也反映企业利用债权人提供的资金从事经营活动的能力。计算公式为:

资产负债率(%)=（负债总额／资产总额）×100%

利税总额 指企业产品销售税金及附加加本年应交增值税加利润总额之和。

资金利税率 指在一定时期内已实现的利润、税金总额与同期的资产(固定资产净值和流动资产)之比。计算公式:

资金利税率(%)=（报告期累计实现利税总额／（固定资产净值平均余额+流动资产平均余额））×100%

资金利税率反映每单位(通常是每万元)资金所提供的利税金额。它是考察和评价部门或企业资金运用的经济效益，分析资金投入效果的主要分析指标。

工业成本利润率 指在一定时期的利润与成本费用之比，是反映工业生产成本及费用投入的经济效益指标，同时也是反映降低成本的经济效益的指标。计算公式:

工业成本费用利润率(%)=（利润总额／成本费用总额）×100%

工业增加值率 指在一定时期内工业增加值占同期工业总产值的比重，反映降低中间消耗的经济效益。计算公式:

工业增加值率(%)=（工业增加值(现价)／（工业总产值(现价)+本年应交销项税额）)×100%

流动资产周转次数 指在一定时期内流动资产完成的周转次数，反映流动资产的周转速度。计算公式:

流动资金周转次数=（产品销售收入／全部流动资产平均余额）

产品销售率 指一定时期内销售产值与同期全部工业总产值之比，反映工业产品生产已实现销售的程度。计算公式:

工业产品销售率(%)=（报告期现价工业销售产值／报告期现价工业总产值)×100%

产品销售收入 指企业销售产品的销售收入和提供劳务等主要经营业务取得的业务收入总额。

产品销售工厂成本 指企业销售产品和提供劳务等主要经营业务的实际成本。

产品销售税金及附加 指企业销售产品和提供工业性劳务等主要经营业务应负担的城市维护建设税、消费税、资源税和教育费附加。

产品销售利润 指企业销售产品和提供工业性劳务等主要经营业务收入扣除其成本、费用、税金后的利润。

利润总额 指企业实现的利润。

应交增值税 指企业在报告期内应交纳的增值税额。

全员劳动生产率 指根据产品的价值量指标计算的平均每一个职工在单位时间内的产品生产量。是考核企业经济活动的重要指标，是企业生产技术水平、经营管理水平、职工技术熟练程度和劳动积极性的综合表现。目前我国的全员劳动生产率是将工业企业的工业增加值除以同一时期全部职工的平均人数来计算的。计算公式:

全员劳动生产率=（工业增加值／全部职工平均人数）

为了使各年度的全员劳动生产率数字可以比较,各年的全员劳动生产率均按指数换算成1990年不变价格。

实物劳动生产率 指根据某种产品实物量计算的平均每个职工(或工人)在单位时间内生产的产品数量。这是通过产品实物来反映劳动者在生产中的劳动效率指标。我国目前有全员实物劳动生产率(通常简称全员效率)和工人实物劳动生产率两个指标。计算公式:

全员实物劳动生产率(全员效率)=（产品产量／全部职工平均人数）

工人实物劳动生产率=（产品产量／生产工人(包括学徒)平均人数）

计算实物劳动生产率的产品产量，是指报告期生产的，并经检验符合质量标准或合同规定的技术要求的合格产品产量。不包括不合格品和废品的数量。

资本金 指企业在工商行政管理部门登记的注册资金合计。企业资本金按投资主体可分为国家资本金、法人资本金、个人资本金和外商资本金等。资本金合计包括企业各种投资主体注册的全部资本金。

总资产 指企业拥有或控制的全部资产。包括流动资产、长期投资、固定资产、无形及递延资产、其他长期资产等，即为企业资产负债表的资产总计项。

(1)流动资产指企业可以在一年内或者超过一年的一个生产周期内变现或耗用的资产合计。包括现金及各种存款、短期投资、应收及预付款项、存货等。

(2)固定资产指企业固定资产净值、固定资产清理、在建工程、待处理固定资产损失所占用的资金合计。

(3)无形资产指企业长期使用而没有实物形态的资产。包括专利权、非专利技术、商标权、著作权、土地使用权、商誉等。

总负债 指企业承担并需要偿还的全部债务。包括流动负债和长期负债等，即为企业资产负债表的负债合计项。

(1)流动负债指企业在一年内或者超过一年的一个营业周期内需要偿还的债务合计，其中包括短期借款、应付及预收款项、应付工资、应交税金和应交利润等。

(2)长期负债指企业在一年以上或者超过一年的一个生活周期内需要偿还的债务合计，其中包括长期借款、应付债务、长期应付款项等。

所有者权益 指企业投资人对企业净资产的所有权。企业净资产等于企业全部资产减去全部负债后的余额，其中包括投资者对企业的最初投入，以及资本公积金、盈余公积金和未分配利润，对股份制企业即为股东权益。

十五、建筑业

Chapter 15 Construction

15-1 建筑业企业概况

年 份	施工企业	内资企业			港澳台商投资企业	外商投资企业
			国有企业	集体企业		
企业单位数(个)						
1985	892	892	192	700		
1990	1537	1537	294	1243		
1991	1509	1509	302	1207		
1992	1652	1652	340	1312		
1993	2425	2396	464	1908	8	21
1994	2757	2715	554	2130	9	33
1995	2648	2607	568	1999	13	28
1996	2410	2368	562	1747	23	19
1997	2387	2329	554	1712	26	32
1998	2366	2299	557	1447	38	29
1999	2626	2547	580	1465	39	40
2000	2738	2667	556	1463	38	33
2001	2662	2585	555	1027	47	30
2002	2505	2426	448	657	42	37
2003	2716	2633	397	526	35	48
2004	3124	3044	373	409	30	50
2005	3299	3215	348	370	33	51
2006	3435	3357	319	350	28	50
2007	3493	3417	298	324	28	48
2008	4265	4189	293	318	24	52
2009	4785	4704	282	299	24	57
2010	5417	5345	277	335	21	51
2011	5534	5460	253	253	24	50
2012	6428	6359	274	323	24	44
年末从业人员(万人)						
1985	69.26	69.26	36.63	32.63		
1990	97.07	97.07	44.81	52.26		
1991	97.34	97.34	45.27	52.07		
1992	108.55	108.55	47.86	60.69		
1993	159.70	159.70	46.80	63.90		
1994	135.20	135.20	40.08	45.07		
1995	89.66	89.66	37.48	49.49		
1996	102.69	102.69	48.63	52.43		
1997	107.35	107.35	50.39	54.87		
1998	98.51	97.66	43.88	44.89	0.44	0.41
1999	103.22	102.26	43.08	43.78	0.39	0.57
2000	95.99	95.06	35.96	40.55	0.42	0.51
2001	98.62	97.40	31.26	31.48	0.83	0.39
2002	95.14	94.07	25.97	23.72	0.58	0.49

15-1 续表

年 份	施工企业	内资企业			港澳台商投资企业	外商投资企业
			国有企业	集体企业		
2003	96.68	95.04	22.41	19.80	0.34	1.30
2004	100.35	98.79	19.85	15.58	0.32	1.24
2005	91.72	89.92	19.27	13.07	0.36	1.44
2006	99.65	97.65	16.79	12.37	0.80	1.20
2007	99.35	97.08	15.67	10.90	0.42	1.85
2008	109.31	107.61	16.26	11.24	0.42	1.28
2009	132.61	130.66	16.21	12.82	0.46	1.49
2010	165.80	163.80	16.71	14.00	0.33	1.72
2011	171.70	168.24	18.10	11.67	1.63	1.83
2012	203.19	201.83	15.85	13.15	0.48	0.87
建筑业总产值(亿元)						
1980	18.4	18.4	14.5	3.9		
1985	49.6	49.6	30.4	19.2		
1990	126.6	126.6	74.5	52.1		
1991	144.1	144.1	82.6	61.5		
1992	217.3	217.3	120.5	96.8		
1993	318.7	317.3	162.5	144.7	0.4	1.0
1994	385.2	383.0	209.0	168.5	0.4	1.8
1995	407.3	405.0	222.3	176.8	0.4	1.9
1996	400.5	396.9	174.3	130.9	1.7	1.9
1997	429.1	425.1	245.7	169.5	1.7	2.3
1998	419.0	412.7	216.9	143.8	4.1	2.2
1999	489.3	476.7	224.9	160.0	7.2	5.4
2000	598.1	584.9	252.1	176.3	7.7	5.5
2001	761.2	581.5	262.8	162.9	114.8	64.9
2002	839.3	819.9	265.3	140.7	10.1	9.3
2003	1017.1	981.7	285.5	131.6	6.6	28.8
2004	1245.1	1209.8	323.7	104.3	4.6	30.7
2005	1481.7	1447.0	386.6	114.0	6.2	28.5
2006	1775.0	1716.7	387.9	130.2	16.8	41.5
2007	2100.0	2038.7	413.7	133.2	10.7	50.6
2008	2505.2	2467.4	492.0	139.4	9.8	37.8
2009	3384.6	3333.2	565.0	172.0	8.8	42.6
2010	4690.3	4637.5	601.9	219.4	7.1	45.7
2011	6218.3	6086.1	682.4	308.7	71.2	61.0
2012	7543.3	7490.1	750.2	344.8	17.2	35.7

注：1.施工企业总产值即是施工产值。
2.1996年建筑业统计范围为资质等级四级以上。
3.从1996年以后，农村建筑队改为建筑业企业资质等级四级以下即非等级企业。
4.2004年以后数据，建筑业部分的所有指标口径均为总承包与专业承包企业。

15-2 建筑施工企业个数

(2012年) 单位：个

地　区	企业个数	按登记注册类型分组						
		国有企业	集体企业	股份合作企业	联营企业	有限责任公司	股份有限公司	私营企业
全　省	**6428**	**274**	**323**	**58**	**7**	**1806**	**158**	**3625**
沈　阳	1885	78	51	13	2	421	50	1212
大　连	1669	47	41	18	1	366	19	1127
鞍　山	419	25	53	3	1	151	22	151
抚　顺	228	15	33	1		95	4	72
本　溪	235	17	40	1	1	100	3	66
丹　东	224	13	17	6		68	11	107
锦　州	241	13	19	2		99	6	93
营　口	218	9	6	1		48	2	147
阜　新	218	12	4			63	1	134
辽　阳	274	9	23	3	1	58	5	172
盘　锦	200	12	4	8	1	100	18	51
铁　岭	111	13	8			31	9	47
朝　阳	213	2	9			82	5	114
葫芦岛	293	9	15	2		124	3	132

15-2 续表 单位：个

地　区	按登记注册类型分组			按经济组织类型分组			
	其他企业	港澳台商投资企业	外商投资企业	独资企业	合作伙伴企业	股份有限公司	有限责任公司
全　省	**108**	**24**	**44**	**752**	**204**	**316**	**5155**
沈　阳	37	7	14	157	57	84	1587
大　连	18	12	20	119	46	73	1431
鞍　山	9	2	1	91	14	43	270
抚　顺	5	1	2	72	8	7	141
本　溪	7			61	11	9	154
丹　东	2			38	11	22	153
锦　州	5		4	36	8	12	185
营　口	4	1		19	6	9	184
阜　新	3		1	19	4	1	194
辽　阳	2		1	39	8	10	217
盘　锦	6			19	17	22	142
铁　岭	2	1		25	3	10	73
朝　阳	1			19	1	7	186
葫芦岛	7		1	38	10	7	238

15-3 建筑施工企业主要经济指标

(2012年)

指　　标	单位	合计	按登记注册类型分组						
			国有企业	集体企业	股份合作企业	联营企业	有限责任公司	股份有限公司	私营企业
施工企业单位个数	个	6428	274	323	58	7	1806	158	3625
全部从业人员年平均人数	万人	250.1	18.0	15.8	2.4	0.5	91.1	15.0	104.2
固定资产原价	亿元	879.8	135.3	34.5	5.7	0.9	370.7	30.4	286.5
固定资产合计	亿元	625.4	92.6	22.5	4.2	0.6	249.7	22.2	220.3
年末自有施工机械设备台数	万台	43.7	5.5	2.8	0.5	0.0	14.9	1.4	17.6
年末自有施工机械设备净值	亿元	461.1	27.9	7.8	1.5	0.1	89.1	11.8	92.1
年末自有施工机械设备总功率	万千瓦	24017.2	215.6	51.2	6.6	0.6	23126.0	53.9	543.0
建筑业总产值	亿元	7543.3	750.2	344.8	45.7	11.7	3183.3	425.0	2676.7
#固定资产本年折旧	亿元	59.8	8.8	1.7	0.2	0.1	26.9	2.4	18.6
#营业收入	亿元	6929.3	707.9	305.6	41.7	11.5	2944.8	365.5	2444.3
#营业成本	亿元	6083.6	637.7	269.6	36.4	10.8	2623.4	324.6	2092.8
#应付职工薪酬	亿元	777.1	71.8	51.4	5.2	1.6	290.1	53.0	294.6
#营业税金及附加	亿元	245.0	24.0	10.6	1.7	0.4	101.1	12.4	91.4
#管理费用中的税金	亿元	16.9	1.8	0.6	0.2	0.02	5.4	0.6	7.8
#管理费用中的差旅费	亿元	13.7	0.9	0.3	0.1	0.0002	4.7	0.6	6.9
#管理费用中的工会经费	亿元	3.5	0.4	0.1	0.01	0.0045	1.2	0.3	1.5
#营业利润	亿元	254.0	13.5	4.5	1.1	0.04	92.8	13.9	122.7
房屋建筑施工面积	万平方米	40040.9	2320.9	1492.9	219.0	2.6	16553.7	3010.1	16156.3
房屋建筑竣工面积	万平方米	17466.1	699.3	1026.8	134.7	2.0	6176.3	1154.8	8121.0
利润总额	亿元	252.7	16.6	4.1	1.1	0.0	93.9	13.8	117.5
利税总额	亿元	501.4	41.4	14.9	3.0	0.4	195.4	26.5	210.6
直接从事生产经营活动的平均人数	人	2398886	247443	139829	22385	4451	896409	120411	938672
全员劳动生产率	-								
按总产值计算	元/人	314450	303192	246577	204185	262708	355118	352978	285155
技术装备率	元/人	19223	11265	5602	6596	2026	9943	9783	9813
动力装备率	千瓦/人	100.1	8.7	3.7	2.9	1.4	258.0	4.5	5.8
房屋建筑面积竣工率	%	0.4	0.3	0.7	0.6	0.8	0.4	0.4	0.5
产值利润率	%	3.3	2.2	1.2	2.5	0.3	3.0	3.3	4.4
产值利税率	%	6.6	5.5	4.3	6.6	3.7	6.1	6.2	7.9
亏损企业个数	个	756	25	60	10	1	236	15	378

15-3 续表

指　　标	单位	按登记注册类型分组			按经济组织类型分组			
		其他企业	港澳台商投资企业	外商投资企　业	独资企业	合作伙伴企　业	股份有限公　司	有限责任公　司
施工企业单位个数	个	108	24	44	752	204	316	5155
全部从业人员年平均人数	万人	1.9	0.4	0.8	39.5	5.1	20.0	185.5
固定资产原价	亿元	4.8	2.0	8.9	186.8	14.6	46.1	632.2
固定资产合计	亿元	3.9	1.1	8.2	128.8	10.9	33.4	452.2
年末自有施工机械设备台数	万台	0.4	0.3	0.2	8.8	1.1	2.6	31.2
年末自有施工机械设备净值	亿元	229.8	0.3	0.7	39.2	232.5	17.7	171.8
年末自有施工机械设备总功率	万千瓦	10.2	6.5	3.6	280.5	21.9	82.1	23632.6
建筑业总产值	亿元	52.7	17.2	35.7	1244.9	130.4	539.5	5628.2
#固定资产本年折旧	亿元	0.3	0.3	0.6	11.7	0.8	3.3	43.9
#营业收入	亿元	47.3	18.4	42.0	1145.2	121.7	470.3	5192.0
#营业成本	亿元	37.5	15.0	35.7	1025.0	102.6	416.2	4539.6
#应付职工薪酬	亿元	4.7	1.3	3.2	139.1	12.2	67.3	558.4
#营业税金及附加	亿元	1.9	0.6	0.8	39.1	4.6	16.4	184.9
#管理费用中的税金	亿元	0.2	0.1	0.1	2.7	0.5	1.0	12.8
#管理费用中的差旅费	亿元	0.1	0.02	0.1	1.5	0.2	0.9	11.2
#管理费用中的工会经费	亿元	0.0	0.01	0.0	0.6	0.0	0.3	2.6
#营业利润	亿元	3.7	0.2	1.7	21.3	6.0	18.5	208.3
房屋建筑施工面积	万平方米	260.2		25.3	4735.4	1524.2	3632.5	30148.7
房屋建筑竣工面积	万平方米	131.4		19.7	2332.5	327.2	1423.0	13383.4
利润总额	亿元	3.7	0.2	1.7	24.0	6.0	18.4	204.3
利税总额	亿元	5.6	0.9	2.6	64.0	10.9	35.3	391.2
直接从事生产经营活动的平均人数	人	16412	3777	9057	434209	46303	162656	1755678
全员劳动生产率	-							
按总产值计算	元/人	321237	454711	393697	286712	281584	331651	320572
技术装备率	元/人	1400299	7554	8203	9028	502069	10855	9786
动力装备率	千瓦/人	6.2	17.2	4.0	6.5	4.7	5.0	134.6
房屋建筑面积竣工率	%	0.5		0.8	0.5	0.2	0.4	0.4
产值利润率	%	7.0	1.1	4.7	1.9	4.6	3.4	3.6
产值利税率	%	10.6	5.3	7.4	5.1	8.4	6.5	7.0
亏损企业个数	个	16	5	10	106	30	30	590

15-4 建筑业总产值

(2012年)　　单位：千元

地　区	建筑业总产值	按登记注册类型分组						
		国有企业	集体企业	股份合作企业	联营企业	有限责任公司	股份有限公司	私营企业
全　省	**754328984**	**75022659**	**34478602**	**4570675**	**1169315**	**318330661**	**42502469**	**267667300**
沈　阳	171546318	19092745	6567285	1196177	932865	75651652	21284064	44039569
大　连	203038525	14753875	3468220	699264		71315273	6058398	104135654
鞍　山	55125018	2986742	5499347	111500	150450	26739427	2226944	16484857
抚　顺	37092795	1834230	2586472	190000		24715098	867000	6538789
本　溪	28634315	1747289	848663		68000	21176891	122179	4583802
丹　东	30320673	5637475	1770874	823533		14505781	1415871	5991639
锦　州	27713765	4604579	1798659	73573		11118194	2601370	7243107
营　口	30788112	2211848	200151	16500		7145954	685722	20228349
阜　新	21729128	1599679	487258			9613720	309620	9276781
辽　阳	26092017	1920548	2468078	261864	10000	12132819	318331	8633516
盘　锦	29971115	9194828	180942	900804	8000	11479639	1894900	5673924
铁　岭	28604693	6154734	2462136			9122997	2689250	6799063
朝　阳	32420975	349257	2447173			13773157	407020	15444368
葫芦岛	31251535	2934830	3693344	297460		9840059	1621800	12593882

15-4 续表　　单位：千元

地　区	按登记注册类型分组			按经济组织类型分组			
	其他企业	港澳台商投资企业	外商投资企业	独资企业	合作伙伴企业	股份有限公司	有限责任公司
全　省	**5272145**	**1717443**	**3565715**	**124492812**	**13038202**	**53945003**	**562820967**
沈　阳	844670	727394	1209897	26041610	3002711	22162422	120339575
大　连	541815	479063	1586963	22761572	1510766	10327841	168438346
鞍　山	488854	94550	310347	10226869	1112614	4766385	38987150
抚　顺	269566		91640	7796502	527636	1063450	27705207
本　溪	87491			2840493	239491	410739	25143592
丹　东	175500			7693517	2000139	1999769	18627248
锦　州	87302		186981	7934511	197350	2716681	16865223
营　口	284128	15460		2545882	303718	2056082	25882430
阜　新	359220		82850	2138088	442070	309620	18839350
辽　阳	314761		32100	4629561	588755	674146	20199555
盘　锦	638078			10222439	1598582	1979105	16170989
铁　岭	975537	400976		8939500	1002537	2706393	15956263
朝　阳				3284932		496720	28639323
葫芦岛	205223		64937	7437336	511833	2275650	21026716

15-5 建筑业企业资产

(2012年)　　单位：千元

地　区	资产合计	按登记注册类型分组						
		国有企业	集体企业	股份合作企业	联营企业	有限责任公司	股份有限公司	私营企业
全　省	**531546377**	**64941520**	**16840255**	**1731482**	**656147**	**222971435**	**29378304**	**183932995**
沈　阳	130348280	15240287	4660107	368008	556549	45059765	20691508	40118969
大　连	151489763	13300835	1817806	359654		56873580	2493852	72715466
鞍　山	36036449	2061904	2936987	515990	23772	22748520	542470	6367785
抚　顺	34487448	1101444	838011	8067		13166693	98696	18837149
本　溪	16833895	4022955	734161		57031	9942489	92362	1938389
丹　东	26042069	5751131	614849	237696		14820024	356136	4211648
锦　州	18429904	2810128	997259	82135		6534638	2068114	5532561
营　口	16536045	1138283	132540	13166		5783519	423479	8906601
阜　新	10712805	731157	123421			4702489	474608	4519453
辽　阳	17571581	1516573	1208899	41739	16382	8016357	573165	5912568
盘　锦	30346992	9586978	120968	93888	2413	15889116	845626	3120171
铁　岭	16417924	4788328	401656			9106546	380568	1558365
朝　阳	9480897	337125	1173594			4039485	90939	3834733
葫芦岛	16812325	2554392	1079997	11139		6288214	246781	6359137

15-5　续表　　单位：千元

地　区	按登记注册类型分组			按经济组织类型分组			
	其他企业	港澳台商投资企业	外商投资企业	独资企业	合作伙伴企业	股份有限公司	有限责任公司
全　省	**3706570**	**1439130**	**5933997**	**102121247**	**6872319**	**36701098**	**385837171**
沈　阳	753213	541137	2358737	21873995	1713427	21478520	85282338
大　连	487023	770579	2670968	18014910	979935	6669151	125825767
鞍　山	520750	18357	285372	6331052	1109396	892068	27689391
抚　顺	213670	863	222855	11263582	464422	146722	22612722
本　溪	46508			4869943	117549	353337	11493066
丹　东	50585			6505756	463877	894142	18178294
锦　州	272535		132534	7003400	365664	2113984	8946856
营　口	110719	27738		1457368	124863	1103233	13850581
阜　新	141777		19900	869503	161677	474608	9207017
辽　阳	264267		21631	3042751	326598	698572	13503660
盘　锦	687832			9909317	860534	1077064	18500077
铁　岭	102005	80456		5273270	110202	401729	10632723
朝　阳	5021			1588287	5021	102377	7785212
葫芦岛	50665		222000	4118113	69154	295591	12329467

15-6 各地区建筑业企业负债

(2012年)

单位：千元

地区	负债合计	按登记注册类型分组						
		国有企业	集体企业	股份合作企业	联营企业	有限责任公司	股份有限公司	私营企业
全省	**339326628**	**48572744**	**11951388**	**852700**	**523183**	**156712806**	**21531657**	**91303877**
沈阳	89720652	10631536	3532290	258237	448575	32698397	16157540	23223389
大连	86828377	10874060	760006	134261		36018685	1240976	35084831
鞍山	23624216	1033718	2130576	211978	14622	15119906	302871	4156623
抚顺	13439797	962667	705356			9537387	67590	1909100
本溪	11861687	3618240	416200		44057	6596904	60521	1095919
丹东	18408711	4358734	325801	118540		11627951	161536	1801693
锦州	14408875	2125703	781244	61280		4791923	1851850	4509449
营口	9973105	610451	66194	6131		4411666	152378	4675518
阜新	6813168	520061	83456			3358471	29667	2711462
辽阳	12949545	1308654	828658	21760	14557	6240524	506820	3801135
盘锦	22897097	7312390	78765	40112	1372	11916195	646621	2354020
铁岭	13072073	3999476	316891			7776985	198611	720152
朝阳	5184549	202516	1081969			1806877	40401	2052765
葫芦岛	10144776	1014538	843982	401		4810935	114275	3207821

15-6 续表

单位：千元

地区	按登记注册类型分组			按经济组织类型分组			
	其他企业	港澳台商投资企业	外商投资企业	独资企业	合作伙伴企业	股份有限公司	有限责任公司
全省	**2331450**	**1059269**	**4478899**	**70402249**	**4077165**	**25448610**	**239389949**
沈阳	321813	376119	2072756	15962820	1040000	16601460	56116372
大连	229205	624783	1861570	13406621	394931	3358744	69668081
鞍山	441551	1455	202261	4280511	692729	411843	18230478
抚顺	102715	327	154655	2738993	276254	90334	10334216
本溪	29846			4093894	87913	255040	7424840
丹东	14456			4764331	213104	516606	12914670
锦州	235351		52075	6090750	300446	1865565	6152114
营口	36898	13869		763551	43029	468553	8697972
阜新	105351		4700	608883	110051	29667	6064567
辽阳	213733		13704	2402514	251910	568018	9727103
盘锦	547622			7499799	606541	903978	13886779
铁岭	17242	42716		4366584	18909	209087	8477493
朝阳	21			1316371	21	43093	3825064
葫芦岛	35646		117178	2106627	41327	126622	7870200

15-7 各地区建筑业企业实收资本

(2012年)

单位：千元

地区	实收资本合计	按登记注册类型分组						
		国有企业	集体企业	股份合作企业	联营企业	有限责任公司	股份有限公司	私营企业
全省	**128724716**	**9658956**	**2951628**	**730616**	**108130**	**45669823**	**3586351**	**64114845**
沈阳	22931018	2096767	636302	125817	83181	7875902	1731636	9690378
大连	39285914	1647154	318280	128160		11175073	523290	24980522
鞍山	8195960	798697	577992	303500	9150	4814945	186250	1359537
抚顺	20046846	165147	174504	8067		3034902	27196	16515730
本溪	3028409	320750	151709		12974	1926395	51000	547654
丹东	4556547	1099774	175279	77220		1054610	120620	2002710
锦州	3057933	434036	220720	16000		1464123	154152	708693
营口	3280919	328618	35890	5100		709329	177790	1985004
阜新	2666291	159560	29536			1035271	180000	1223814
辽阳	3374259	244901	290958	15404	1825	1328345	41000	1397535
盘锦	10309195	1347373	32696	50300	1000	8155798	88271	534120
铁岭	2318578	580031	51846			852092	142196	620483
朝阳	2483520	61194	88969			1315201	35500	977656
葫芦岛	3189327	374954	166947	1048		927837	127450	1571009

15-7 续表

单位：千元

地区	按登记注册类型分组			按经济组织类型分组			
	其他企业	港澳台商投资企业	外商投资企业	独资企业	合作伙伴企业	股份有限公司	有限责任公司
全省	**911904**	**328087**	**660376**	**22065420**	**1996519**	**5230567**	**99428210**
沈阳	323317	118484	249234	2880685	553815	1986350	17510168
大连	146500	132044	234891	2447384	319944	1261134	35257452
鞍山	76000	13940	51949	1562722	412155	358218	5858865
抚顺	60800	500	60000	8523357	118867	43396	11361226
本溪	17927			513018	40901	67120	2407370
丹东	26334			1327153	153554	225020	2850820
锦州	25140		35069	666966	47140	183972	2159855
营口	26069	13119		429608	31669	323443	2496199
阜新	28100		10010	198594	38110	180000	2249587
辽阳	45000		9291	590574	64499	95671	2623515
盘锦	99637			1399669	170937	152401	8586188
铁岭	21930	50000		657526	28230	152396	1480426
朝阳	5000			175163	5000	41996	2261361
葫芦岛	10150		9932	693001	11698	159450	2325178

15-8 各地区建筑业企业工程结算税金及附加与管理费用中的税金

(2012年)

单位：千元

地　　区	税金合计	按登记注册类型分组						
		国有企业	集体企业	股份合作企业	联营企业	有限责任公司	股份有限公司	私营企业
全　省	**24867147**	**2474240**	**1076294**	**187027**	**39982**	**10149215**	**1264481**	**9316346**
沈　阳	5249439	662360	207669	53443	32837	2171797	570505	1454542
大　连	6877154	431737	121235	20980		2127132	204261	3891865
鞍　山	1614211	66976	179205	16045	4875	790284	59213	435458
抚　顺	1458855	55823	62454	6731		1060251	28483	232888
本　溪	1039252	59310	26495		1958	741460	1718	207471
丹　东	948633	138715	66396	42413		451549	41147	201638
锦　州	953022	120676	35432	1077		514467	76284	196079
营　口	1047801	126058	12687	1174		184423	24201	685250
阜　新	579746	74021	7124			274764	11530	202662
辽　阳	943826	60030	92290	14542	22	463671	9265	292326
盘　锦	767591	179400	5557	20654	290	295347	38641	216662
铁　岭	843291	125589	86506			247353	121877	226145
朝　阳	1198542	3515	76246			487846	20517	610406
葫芦岛	1345784	370030	96998	9968		338871	56839	462954

15-8 续表

单位：千元

地　区	按登记注册类型分组			按经济组织类型分组			
	其他企业	港澳台商投资企业	外商投资企业	独资企业	合作伙伴企业	股份有限公司	有限责任公司
全　省	**191133**	**72249**	**95476**	**3998105**	**491114**	**1687230**	**18689994**
沈　阳	28392	40593	27301	881349	115853	615847	3636390
大　连	16536	15626	47782	710238	44923	355461	5766532
鞍　山	55028	1081	5342	286241	88497	119185	1119584
抚　顺	8130	20	4075	233843	16797	65466	1142749
本　溪	840			94740	8594	14311	921607
丹　东	6775			208891	82964	64967	591811
锦　州	3084		5923	163102	5401	77196	707323
营　口	13737	271		143586	15159	73204	815852
阜　新	7847		1798	83055	9645	11530	475516
辽　阳	11592		88	161237	27118	20775	734696
盘　锦	11040			234706	37057	42736	453092
铁　岭	21163	14658		215276	22062	122291	483662
朝　阳	12			90544	12	23916	1084070
葫芦岛	6957		3167	491297	17032	80345	757110

15-9 各地区建筑业企业利润总额

(2012年)

单位：千元

地区	利税总额	按登记注册类型分组						
		国有企业	集体企业	股份合作企业	联营企业	有限责任公司	股份有限公司	私营企业
全省	**25268411**	**1663931**	**410140**	**112764**	**3574**	**9393658**	**1382459**	**11747009**
沈阳	4616001	289191	104704	50789	3192	1613461	532185	1902494
大连	9732762	411943	130291	29224		3110637	516924	5444379
鞍山	1137333	137282	50618	6593	-910	495390	35107	395556
抚顺	1010109	-1298	34397	12311		690137	12415	216908
本溪	1039972	71841	-5460		494	793939	-1808	184140
丹东	1345921	47485	18604	4830		896061	38881	318071
锦州	321383	3259	3428	-154		131454	25976	118521
营口	2224275	100351	37853	61		487369	36890	1480572
阜新	297389	15667	-8456			106499	11571	167880
辽阳	517666	8845	11240	129	48	139244	16307	320866
盘锦	638543	222862	328	8015	750	172918	32814	134218
铁岭	535676	159649	18286			126101	106511	115003
朝阳	954305	15146	6341			426224	17482	489235
葫芦岛	897076	181708	7966	966		204224	1204	459166

15-9 续表

单位：千元

地区	按登记注册类型分组			按经济组织类型分组			
	其他企业	港澳台商投资企业	外商投资企业	独资企业	合作伙伴企业	股份有限公司	有限责任公司
全省	**368987**	**18598**	**167136**	**2398525**	**598676**	**1839239**	**20431816**
沈阳	66144	55084	-1243	399573	121814	579580	3515034
大连	19488	-5622	75498	624924	70370	744073	8293395
鞍山	-801	2892	15451	209833	9482	140884	776979
抚顺	40428	32	4779	109031	54785	13360	832933
本溪	-3174			81944	30122	5887	922019
丹东	21989			77930	75387	67664	1124940
锦州	7547		31352	6554	8439	34032	272358
营口	80951	228		151319	81068	135930	1855958
阜新	4228			7320	4228	11571	274270
辽阳	21245		-258	26469	21521	25353	444323
盘锦	66638			238391	75413	-52792	377531
铁岭	44142	-34016		176979	44379	106857	207461
朝阳	-123			37825	-123	25066	891537
葫芦岛	285		41557	250433	1791	1774	643078

15-10 各地区建筑业企业利税总额

(2012年)　　单位：千元

地区	利税总额	按登记注册类型分组						
		国有企业	集体企业	股份合作企业	联营企业	有限责任公司	股份有限公司	私营企业
全省	**50135558**	**4138171**	**1486434**	**299791**	**43556**	**19542873**	**2646940**	**21063355**
沈阳	9865440	951551	312373	104232	36029	3785258	1102690	3357036
大连	16609916	843680	251526	50204		5237769	721185	9336244
鞍山	2751544	204258	229823	22638	3965	1285674	94320	831014
抚顺	2468964	54525	96851	19042		1750388	40898	449796
本溪	2079224	131151	21035		2452	1535399	-90	391611
丹东	2294554	186200	85000	47243		1347610	80028	519709
锦州	1274405	123935	38860	923		645921	102260	314600
营口	3272076	226409	50540	1235		671792	61091	2165822
阜新	877135	89688	-1332			381263	23101	370542
辽阳	1461492	68875	103530	14671	70	602915	25572	613192
盘锦	1406134	402262	5885	28669	1040	468265	71455	350880
铁岭	1378967	285238	104792			373454	228388	341148
朝阳	2152847	18661	82587			914070	37999	1099641
葫芦岛	2242860	551738	104964	10934		543095	58043	922120

15-10 续表　　单位：千元

地区	按登记注册类型分组			按经济组织类型分组			
	其他企业	港澳台商投资企业	外商投资企业	独资企业	合作伙伴企业	股份有限公司	有限责任公司
全省	**560120**	**90847**	**262612**	**6396630**	**1089790**	**3526469**	**39121810**
沈阳	94536	95677	26058	1280922	237667	1195427	7151424
大连	36024	10004	123280	1335162	115293	1099534	14059927
鞍山	54227	3973	20793	496074	97979	260069	1896563
抚顺	48558	52	8854	342874	71582	78826	1975682
本溪	-2334			176684	38716	20198	1843626
丹东	28764			286821	158351	132631	1716751
锦州	10631		37275	169656	13840	111228	979681
营口	94688	499		294905	96227	209134	2671810
阜新	12075		1798	90375	13873	23101	749786
辽阳	32837		-170	187706	48639	46128	1179019
盘锦	77678			473097	112470	-10056	830623
铁岭	65305	-19358		392255	66441	229148	691123
朝阳	-111			128369	-111	48982	1975607
葫芦岛	7242		44724	741730	18823	82119	1400188

15-11 各地区总承包与专业承包建筑企业个数、设备及人数

(2012年)

地 区	建筑业企业个数(个)	年末自有机械设备总功率(万千瓦)	年末自有机械设备净值(万元)	计算建筑业劳动生产率的平均人数(万人)	劳动生产率(元/人)
全 省	**6076**	**24017.2**	**4611399.1**	**241.1**	**312823**
沈 阳	1763	218.8	430972.2	74.3	230836
大 连	1611	455.8	764128.5	46.7	434764
鞍 山	396	79.3	120869.9	13.3	413538
抚 顺	197	39.4	82555.0	10.4	356953
本 溪	199	67.1	126070.0	7.5	381633
丹 东	222	62.6	120805.3	8.7	347989
锦 州	232	45.2	83450.4	10.6	261273
营 口	205	104.9	138025.4	7.9	388116
阜 新	207	23.1	2348448.3	5.4	402548
辽 阳	259	51.5	94652.8	9.8	266283
盘 锦	193	50.8	97114.9	8.9	336493
铁 岭	109	53.5	60588.3	8.9	320914
朝 阳	208	38.2	74887.0	18.4	176209
葫芦岛	275	22727.0	68831.1	10.2	305597

15-12 各地区国有总承包与专业承包建筑企业个数、设备及人数

(2012年)

地 区	建筑业企业个数(个)	年末自有机械设备总功率(万千瓦)	年末自有机械设备净值(万元)	计算建筑业劳动生产率的平均人数(万人)	劳动生产率(元/人)
全 省	**307**	**260.5**	**385652**	**28.6**	**363547**
沈 阳	85	32.2	45293.5	14.4	167464
大 连	53	23.1	70506.8	2.0	1161807
鞍 山	29	5.0	11213.6	1.5	559213
抚 顺	16	4.9	4107.4	0.6	292082
本 溪	19	17.4	31723.4	1.0	648308
丹 东	13	28.0	41127.2	1.1	533044
锦 州	14	10.8	18367.7	2.0	317244
营 口	9	66.1	19686.4	0.8	266007
阜 新	16	6.0	23182.4	0.6	331925
辽 阳	9	6.6	15333.4	0.7	257826
盘 锦	13	22.0	45947.1	1.3	829136
铁 岭	13	23.2	26572.1	1.2	532278
朝 阳	8	10.6	22456.7	0.8	329931
葫芦岛	10	4.6	10134.3	0.7	431276

15-13 各地区集体总承包与专业承包建筑企业个数、设备及人数

(2012年)

地　区	建筑业企业个数(个)	年末自有机械设备总功率(万千瓦)	年末自有机械设备净值(万元)	计算建筑业劳动生产率的平均人数(万人)	劳动生产率(元/人)
全　省	**383**	**58.0**	**93255.6**	**16.6**	**235400**
沈　阳	65	8.7	14545.2	4.0	196017
大　连	59	8.1	10245.2	1.5	270880
鞍　山	56	10.8	14995.5	2.0	277875
抚　顺	34	3.8	7645.6	1.1	250403
本　溪	42	3.8	1112.2	0.7	140808
丹　东	23	2.4	9824	1.2	209819
锦　州	21	3.7	10532.2	0.8	238046
营　口	7	0.6	2112.6	0.2	128576
阜　新	4	0.6	686.6	0.1	680528
辽　阳	26	5.2	6614.7	1.4	192874
盘　锦	12	1.4	2484.9	0.7	157988
铁　岭	8	3.7	1323.9	0.6	399762
朝　阳	9	1.0	2832.2	0.7	335827
葫芦岛	17	4.2	8300.8	1.6	245512

15-14 各地区总承包与专业承包建筑企业施工及竣工产值

(2012年)

单位：千元

地　区	建筑业总产值	建筑工程产值	安装工程产值	其他产值	竣工产值
全　省	**754328984**	**631903380**	**93715116**	**28710488**	**456702761**
沈　阳	171546318	146123212	24218154	1204952	78348553
大　连	203038525	174033917	20726246	8278362	129693672
鞍　山	55125018	42795506	7505075	4824437	31247224
抚　顺	37092795	29322707	5051684	2718404	23841957
本　溪	28634315	23668804	3727733	1237778	19153022
丹　东	30320673	26543702	2379141	1397830	16104711
锦　州	27713765	24844812	2721455	147498	20691348
营　口	30788112	28793942	1946517	47653	20472799
阜　新	21729128	18101282	2228754	1399092	15242021
辽　阳	26092017	21579575	3717251	795191	14022484
盘　锦	29971115	19389592	9185555	1395968	21342227
铁　岭	28604693	22832233	3479043	2293417	23256884
朝　阳	32420975	29205984	2919326	295665	22104822
葫芦岛	31251535	24668112	3909182	2674241	21181037

15-15 各地区国有总承包与专业承包建筑企业施工及竣工产值

(2012年) 单位：千元

地区	建筑业总产值				竣工产值
		建筑工程产值	安装工程产值	其他产值	
全省	**103944234**	**84642735**	**15554445**	**3747054**	**58657126**
沈阳	24060195	22954693	1039903	65599	9423373
大连	22741211	19861263	2859316	20632	16927892
鞍山	8165062	6527475	1314648	322939	1803145
抚顺	1834273	1535094	253613	45566	1361124
本溪	6346284	5606353	700031	39900	4091916
丹东	5637475	4826327	97958	713190	649236
锦州	6304899	5436653	833716	34530	3862823
营口	2211848	1959549	252299		2026595
阜新	2101752	1553872	316610	231270	1721836
辽阳	1920548	1028729	802199	89620	873831
盘锦	10919716	4791295	5667156	461265	6151024
铁岭	6154734	4084437	896849	1173448	5542464
朝阳	2611407	2602407	9000		1467037
葫芦岛	2934830	1874588	511147	549095	2754830

15-16 各地区集体总承包与专业承包建筑企业施工及竣工产值

(2012年) 单位：千元

地区	建筑业总产值				竣工产值
		建筑工程产值	安装工程产值	其他产值	
全省	**39187432**	**27620982**	**9109681**	**2456769**	**28973031**
沈阳	7833617	3237133	4497776	98708	6078736
大连	4167484	3089679	497307	580498	2715560
鞍山	5610847	4021839	719804	869204	4661317
抚顺	2776472	1831060	490530	454882	1568073
本溪	916663	690684	183279	42700	765643
丹东	2594407	2067930	204295	322182	1516832
锦州	1872232	1633340	218939	19953	1744567
营口	216651	199450	17201		195701
阜新	487258	386398	100860		396258
辽阳	2729942	2575759	153871	312	2138404
盘锦	1081746	870220	211526		440594
铁岭	2462136	2365356	86950	9830	2396250
朝阳	2447173	2108960	338213		1689072
葫芦岛	3990804	2543174	1389130	58500	2666024

15-17 各地区总承包与专业承包建筑企业施工及竣工房屋面积

(2012年)

单位：万平方米、千元

地 区	房屋建筑施工面积	#本年新开工面积	#投标承包面积	房屋建筑竣工面积	房屋建筑竣工价值
全 省	**40040.9**	**23108.5**	**28780.4**	**17466.1**	**23854610.6**
沈 阳	10485.0	4397.6	8155.7	2349.2	3134722.2
大 连	12246.5	6945.9	8276.7	5287.9	7313043.1
鞍 山	3414.2	1443.3	2009.6	1243.7	1770874.4
抚 顺	1372.0	1161.2	1304.8	911.4	1301393.9
本 溪	982.0	699.2	720.4	634.0	1075528.7
丹 东	956.2	522.8	621.4	626.2	829656.8
锦 州	1679.4	1199.8	1437.9	1005.3	1191635.1
营 口	1720.4	1220.3	1024.7	841.5	1102550.7
阜 新	1039.7	772.4	802.3	552.3	671735.8
辽 阳	865.1	602.7	610.5	535.5	688984.0
盘 锦	903.0	796.5	474.7	535.5	842010.9
铁 岭	1382.1	1094.3	1061.4	1087.5	1488411.5
朝 阳	1852.8	1397.3	1498.2	1089.7	1320746.2
葫 芦 岛	1142.5	855.3	782.3	766.6	1123317.3

15-18 各地区国有总承包与专业承包建筑企业施工及竣工房屋面积

(2012年)

单位：万平方米、千元

地 区	房屋建筑施工面积	#本年新开工面积	#投标承包面积	房屋建筑竣工面积	房屋建筑竣工价值
全 省	**3219.7**	**1552.5**	**1796.0**	**803.1**	**1287912.9**
沈 阳	1668.1	576.6	817.5	256.3	366151.6
大 连	427.5	261.0	191.8	237.3	177213
鞍 山	376.5	117.1	341.2	28.9	36106
抚 顺	60.3	21.7	60.3	37.9	56762
本 溪	97.4	66.2	47.7	33.1	262357
丹 东	18.8	5.3	5.3	13.8	23505
锦 州	231.7	185.1	231.7	120.5	188202.7
营 口	1.2	1.2		1.2	12010
阜 新					
辽 阳	79.6	59.8	78.7	20.4	29368.8
盘 锦	225.2	225.2	3.5	20.5	74150.9
铁 岭	2.9	2.9	2.8	2.9	3985.9
朝 阳					
葫 芦 岛	30.4	30.4	15.4	30.4	58100

15-19 各地区集体总承包与专业承包建筑企业施工及竣工房屋面积

(2012年) 单位：万平方米、千元

地 区	房屋建筑施工面积	#本年新开工面积	#投标承包面积	房屋建筑竣工面积	房屋建筑竣工价值
全 省	**1711.9**	**1396.0**	**1363.3**	**1161.6**	**1546138.8**
沈 阳	248.1	207.9	219.9	149.4	194173.6
大 连	162.7	137.3	104.5	94.5	120877.4
鞍 山	247.4	218.1	133.8	190.6	245338
抚 顺	56.5	55.9	54.4	49.2	83648.2
本 溪	29.7	26.3	10.1	18.6	25503
丹 东	188.7	104.3	178.7	84.6	104100
锦 州	67.8	67.8	66.0	60.1	62859
营 口	11.9	10.9	11.5	10.1	16200
阜 新	30.4	30.4	30.4	22.5	29539.8
辽 阳	175.5	135.1	163.8	133.0	151608.5
盘 锦	63.4	54.4	63.4	27.0	29000
铁 岭	156.3	156.3	143.3	136.9	219623
朝 阳	126.0	108.3	125.9	71.8	89574
葫芦岛	147.5	83.0	57.6	113.5	174094.3

15-20 各地区总承包与专业承包建筑企业年末资产负债

(2012年) 单位：千元

地 区	流动资产合计	固定资产合计	固定资产原价	固定资产累计折旧	资产总计	流动负债合计	长期负债合计	负债合计	所有者权益合计
全 省	**404976345**	**62539926**	**87979119**	**34877119**	**531546377**	**291410997**	**16120409**	**339326628**	**192188268**
沈 阳	107837378	13695535	18216491	6579891	130348280	76753471	4197288	89720652	40617230
大 连	112824933	18306175	26415573	10680238	151489763	74643797	4842737	86828377	64661386
鞍 山	27154907	5221584	7571369	3099644	36036449	21812708	437163	23624216	12408737
抚 顺	14253703	2391719	4577464	2424369	34487448	10872946	145594	13439797	21046823
本 溪	13202171	2457720	3498482	1415608	16833895	8898458	246529	11861687	4969059
丹 东	20685009	3176293	4754045	1885005	26042069	15354861	1832621	18408711	7633358
锦 州	12288647	2306234	3136621	1084096	18429904	9503818	651607	14408875	4021029
营 口	13350122	2594745	3477076	1155991	16536045	9544617	133580	9973105	6562440
阜 新	8383600	1435432	1723856	652011	10712805	5624971	480644	6813168	3886527
辽 阳	14649248	2544988	3967995	1764421	17571581	12140626	314042	12949545	4622036
盘 锦	26444116	2096244	3186642	1449959	30346992	19982413	2424655	22897097	7449895
铁 岭	14451416	1450892	2039129	893443	16417924	12441512	145981	13072073	3345851
朝 阳	7050307	2090097	2192529	711770	9480897	4653178	167070	5184549	4296348
葫芦岛	12400788	2772268	3221847	1080673	16812325	9183621	100898	10144776	6667549

15-21 各地区国有总承包与专业承包建筑企业年末资产负债

(2012年)

单位：千元

地　区	流动资产合　计	固定资产合　计	固定资产原　价	固定资产累计折旧	资产总计	流动负债合　计	长期负债合　计	负债合计	所有者权益合计
全　省	**74661181**	**11450106**	**16591041**	**7294466**	**93404184**	**62955701**	**3623926**	**71460165**	**21944019**
沈　阳	13214323	3135362	3686880	894800	16722885	10127615	37995	11915255	4807630
大　连	13588947	1733630	3044843	1422693	17419777	13802930	555972	14375504	3044273
鞍　山	8426093	559109	788876	420952	10557537	8229273	210619	8604917	1952620
抚　顺	899638	91233	227917	136804	1101964	824871	5963	962685	139279
本　溪	5312665	633859	827637	443928	6835411	3457042	91901	5670381	1165030
丹　东	4491292	659611	1341997	779853	5751131	4288386	63101	4358734	1392397
锦　州	4164084	297483	635343	383432	4875913	3570399	62100	4007366	868547
营　口	791279	310131	490531	181600	1138283	609857	594	610451	527832
阜　新	1268658	300754	503692	215366	1688528	1174691	147176	1324493	364035
辽　阳	1176537	331495	603512	286731	1516573	1308644	9	1308654	207919
盘　锦	14939414	768441	1602981	890198	16659584	9804450	2409166	12493376	4166208
铁　岭	4065036	642080	825625	423911	4788328	3998076		3999476	788852
朝　阳	803644	956691	853269	383296	1783885	744755	39330	814161	969724
葫芦岛	1519571	1030227	1157938	430902	2564385	1014712		1014712	1549673

15-22 各地区集体总承包与专业承包建筑企业年末资产负债

(2012年)

单位：千元

地　区	流动资产合　计	固定资产合　计	固定资产原　价	固定资产累计折旧	资产总计	流动负债合　计	长期负债合　计	负债合计	所有者权益合计
全　省	**14897516**	**2672480**	**4030197**	**1724233**	**18700283**	**11106440**	**76138**	**12876610**	**5823673**
沈　阳	4325034	543044	921960	401889	5099630	2884216	9401	3818992	1280638
大　连	1759034	334197	584666	300346	2177460	820978	41727	894267	1283193
鞍　山	2478495	545904	692136	220443	3452977	1997633	8940	2342554	1110423
抚　顺	701425	137775	273705	143760	846078	695043	6675	705356	140722
本　溪	684233	57793	97472	50315	791192	431613	2	460257	330935
丹　东	596736	216070	270448	60556	852545	433985	1320	444341	408204
锦　州	865069	180744	231040	75745	1079394	796513	8052	842524	236870
营　口	113967	30338	40039	10150	145706	72325		72325	73381
阜　新	92076	31345	23732	11277	123421	83456		83456	39965
辽　阳	1030936	189670	432868	264036	1250638	675624		850418	400220
盘　锦	161166	52714	68915	21673	214856	115365		118877	95979
铁　岭	318325	63827	114467	55621	401656	296866	21	316891	84765
朝　阳	1012390	117704	65911	19300	1173594	1081969		1081969	91625
葫芦岛	758630	171355	212838	89122	1091136	720854		844383	246753

15-23 各地区总承包与专业承包建筑企业损益及分配

(2012年)

单位：千元

地 区	主营业务收入	主营业务成本	主营业务税金及附加	其他业务利润	管理费用	营业利润	利润总额	应收工程款	亏损企业个数(个)
全 省	**686883151**	**593757908**	**23173490**	**808819**	**28767573**	**25404471**	**25268411**	**113146488**	**756**
沈 阳	156691710	136644031	4902814	298809	7540098	4444377	4616001	30571115	258
大 连	191085185	161498797	6476680	202665	7455041	10218492	9732762	33050783	166
鞍 山	46287686	40401367	1503526	33078	2229741	1171097	1137333	8500691	59
抚 顺	34795227	30190116	1374832	26262	1205456	1062063	1010109	3702806	27
本 溪	26697158	23019400	896666	29203	1316532	1002152	1039972	2988765	31
丹 东	26238864	22823796	897404	3007	780420	1435975	1345921	3643450	29
锦 州	24541007	22431161	909261	1035	664943	302629	321383	4381920	39
营 口	28003562	23623827	916761	2268	974769	2215255	2224275	4345272	7
阜 新	17646659	15383849	545665	318	770924	287030	297389	2234609	20
辽 阳	26197880	23328284	876367	7291	1103577	449882	517666	4250989	29
盘 锦	23434338	20754537	710180	22005	1031667	604118	638543	5287945	24
铁 岭	26090471	21707255	802538	179783	1217408	517149	535676	4671066	9
朝 阳	30908704	26983432	1098882	4501	1500186	949674	954305	2051444	16
葫芦岛	28264700	24968056	1261914	-1406	976811	744578	897076	3465633	42

15-24 各地区国有总承包与专业承包建筑企业损益及分配

(2012年)

单位：千元

地 区	主营业务收入	主营业务成本	主营业务税金及附加	其他业务利润	管理费用	营业利润	利润总额	应收工程款	亏损企业个数(个)
全 省	**95181672**	**84847861**	**3092496**	**235323**	**4141117**	**2028109**	**2381007**	**19320276**	**29**
沈 阳	21565200	19314979	698601	28739	758392	315973	317211	3680264	10
大 连	21938506	19787244	663525	949	779651	450913	458956	3626419	4
鞍 山	8309668	7425352	242319	14558	338843	190457	197109	2834932	4
抚 顺	1672050	1556990	51891	-3860	59896	-2448	-1298	458263	1
本 溪	6115725	5066272	180323	1559	281535	496072	530080	1385823	
丹 东	5645791	5143067	136897	8179	291961	48672	47485	1140185	3
锦 州	5887180	5529284	168149	67	173292	-15157	-1385	1599887	2
营 口	2248695	1914866	88940		121198	100180	100351	254879	
阜 新	1929314	1655841	90237	-45	113350	38053	38151	181251	1
辽 阳	2095350	1973631	55548	1110	114824	-59318	8845	505920	1
盘 锦	6414496	5631168	155245	6970	402072	179176	223632	865758	
铁 岭	6170900	5566556	119671	177603	473621	145505	159649	1557590	1
朝 阳	2573967	2165553	78243	-506	126299	120703	120693	184105	
葫芦岛	2614830	2117058	362907		106183	19328	181528	1045000	2

15-25 各地区集体总承包与专业承包建筑企业损益及分配

(2012年)

单位：千元

地　　区	主营业务收　入	主营业务成　本	主营业务税金及附加	其他业务利　润	管理费用	营业利润	利润总额	应收工程款	亏损企业个　数(个)
全　省	**34197118**	**29456301**	**1181497**	**37469**	**1866393**	**566521**	**524141**	**4136032**	**70**
沈　阳	6938378	5745832	236800	5309	765865	111017	156236	542743	12
大　连	4021962	3400436	120087	9065	183373	220601	159515	765793	7
鞍　山	4794087	4193350	190979	5	169776	32559	57211	790701	9
抚　顺	2824145	2151059	67681	4779	134681	99501	46708	191789	10
本　溪	741086	678920	25753	17947	53162	-525	-4966	127800	10
丹　东	2494462	2291982	98681	450	72952	23132	23434	263591	4
锦　州	1163387	1066495	33762		55202	3671	3274	198483	5
营　口	211201	163288	12707		4920	30018	37914	1209	
阜　新	207358	148608	7000		60200	-8456	-8456	50099	1
辽　阳	2381460	2155657	104939	1087	107723	11346	11369	302556	3
盘　锦	797367	733124	25876		12138	8386	8343	33760	3
铁　岭	2463736	1958238	76913		58592	18634	18286	70012	1
朝　阳	2111067	1924192	74759		103615	6214	6341	503263	1
葫芦岛	3047422	2845120	105560	-1173	84194	10423	8932	294233	4

主要统计指标解释

建筑业统计单位 指从事房屋、构筑物建造和设备安装活动的生产单位，根据不同的组织方式，建筑业统计的调查单位分为法人建筑业企业和附营建筑施工单位。法人建筑业企业是指专门组织的独立核算的法人建筑业企业，它应同时具备的条件是：①依法成立，有自己的名称、组织机构和场所，能够承担民事责任；②独立拥有和使用资产，承担负债，有权与其他单位签订合同；③独立核算盈亏，能够编制资产负债表。另一种调查单位是其他行业的企业、事业单位为完成本单位固定资产建造任务而自行组织的附营建筑施工单位，它应同时具备的条件是：①具有一个场所，从事或主要从事建筑安装活动；②单独组织生产经营活动；③在企业内部单独核算收支。

建筑业总产值(即自行完成施工产值) 指建筑业企业或附属施工单位自行完成的按工程进度计算的建筑安装生产总值。施工产值包括:

①建筑工程产值：指列入建筑工程预算内的各种工程价值。

②设备安装工程产值：指设备安装工程价值。

③房屋、构筑物修理产值：指房屋、构筑物修理所完成的价值，但不包括被修理房屋、构筑物本身的价值和生产设备的修理价值。

④非标准设备制造产值：指加工制造没有定型的、非标准的生产设备的加工费和原材料价值，不论是现场还是附属加工厂为本单位承建工程制造的非标准设备的价值，都应计算产值。

竣工产值 指在报告期内，按照设计所规定的工程内容全部完成，达到了设计规定的交工条件，经有关部门检查验收鉴定合格的单位工程价值之和。

房屋建筑施工面积 指在报告期内施工的全部房屋建筑面积。包括本期内新开工的、上期施工跨入本期继续施工、上期停建本期复工的房屋建筑面积；不包括上期开工后又停工，本期末施工的房屋建筑面积。

房屋建筑竣工面积 指在报告期内，按照设计所规定的工程内容全部完成，达到了设计规定的交工条件，经有关部门检查验收鉴定合格的房屋建筑面积。

住宅竣工面积 指房屋建筑竣工面积中供居住用的房屋建筑竣工面积。

自有机械设备年末总台数 指归本企业(或单位)所有，属于本企业固定资产的生产性机械设备年末总台数。包括施工机械、生产设备、运输设备以及其他设备。

自有机械设备年末总功率 指本企业(或单位)自有施工机械、生产设备、运输设备以及其他设备等列为在册固定资产的生产性机械设备年末总功率，按设定能力或查定能力计算。包括机械本身的动力和为该机械服务的单独动力设备，如电动机等。计量单位用千瓦，动力换算可按 1 马力=0.735 千瓦折合成千瓦数。电焊机、变压器、锅炉不计算动力。

工程结算收入 指企业(或单位)按工程的分部分项自行完成的建筑产品价值并已与甲方在报告期内办理结算手续的工程价款收入，以及向甲方收取的除工程价款以外的按规定列作营业收入的各种款项，如临时设施费、劳动保险费、施工机械调迁费等以及向甲方收取的各种索赔款。

工程结算利润 指已结算工程实现的利润。如为亏损以“-”号表示。其计算公式为:

工程结算利润=工程结算收入-工程结算成本-工程结算税金及附加

企业总收入 指与企业生产经营直接有关的各项收入，包括工程结算收入和其他业务收入，即:

企业总收入=工程结算收入+其他业务收入

十六、运输和邮电

Chapter 16 Transport, Post and Telecommunication Services

16-1 交通运输业基本情况

指　标	2005年	2006年	2008年	2009年	2010年	2011年	2012年
运输线路长度(公里)							
铁路营业里程	3922	3927	3928	3962	3988	4035	4757
公路	53521	97191	101144	101117	101545	104026	104679
内河	813	813	813	813	813	813	813
民航	329166	376435	200359	243991	242959	255196	244980
#国际航线	69703	63516	32901	43718	45094	51294	34188
管道	1195	1195	1195	1195	1195	1195	1195
客运量总计(万人)	60599	64543	90729	96172	102241	99328	104113
铁路	9503	9883	11958	13336	13298	12016	12018
公路	49917	53317	77510	81585	87699	86013	90650
水运	650	714	597	543	490	549	588
民用航空	529	629	664	708	754	750	857
货运量总计(万吨)	97748	109140	126939	139541	163303	190329	212957
铁路	14271	15750	17400	18262	18622	18716	17388
公路	74799	82142	92938	105088	127361	151773	174355
水运	5730	7518	9267	9651	10434	11632	12631
民用航空	9	11	10	10	10	9	10
管道	2939	3719	7323	6531	6876	8199	8573
民用汽车拥有量(万辆)	153.8	187.1	242.0	300.1	347.9	402.2	449.6
载客汽车辆数(万辆)	89.6	107.3	144.9	182.4	225.7	276.2	328.6
载货汽车辆数(万辆)	42.4	47.3	44.0	56.8	67.4	76.9	82.2
私人汽车拥有量(万辆)	71.8	98.2	155.8	200.7	242.3	288.9	334
民用运输船舶拥有量(艘)							
#机 动 船	735	771	862	736	553	546	557
驳船	25	27	23	20	11	10	17
私人运输船舶拥有量(艘)							
#机 动 船	293	282	304	292			
沿海主要港口货物吞吐量(万吨)	30208	35666	48768	55513	67952	78374	88502

16-2 运输线路长度

单位：公里

年 份	铁路营业里程	#辽宁省	公路通车里程	#有铺装路面简易铺装路面	#高速公路	内河航道里程	民航通航里程	#国内航线	输油里程	#辽宁省
1990	8798	3702	40109	10172	375	508	99545	89199	2238	1419
1991	8993	3758	40195	11471	375	508	136027	129195	2238	1419
1992	8993	3758	41548	13644	391	508	204870	200822	2238	1419
1993	8993	3758	41638	15382	406	508	271841	258947	2238	1419
1994	8807	3758	42763	17155	420	508	305884	242445	2238	1419
1995	8811	3568	43434	18590	509	508	277945	259264	2238	1419
1996	8811	3568	43753	19365	509	508	321207	246776	2235	1415
1997	8813	3569	44041	20171	509	508	179369	166238	2235	1415
1998	8796	3558	44483	21419	707	508	124089	110587	2235	1415
1999	8798	3558	45020	23023	877	813	192148	170339	2237	1195
2000	8800	3556	45547	24264	1068	813	219198	201702	2237	1195
2001	8792	3548	46603	25664	1068	813	192148	170339	2237	1195
2002	8809	3565	48051	27557	1637	813	239243	211331	2237	1195
2003	8887	3939	50095	30600	1637	813	238429	191061	2237	1195
2004	9299	3939	52415	34838	1637	813	335729	276409	2237	1195
2005	9282	3922	53521	37930	1773	813	329166	255545	2237	1195
2006	9309	3927	97191	43333	1849	813	376435	312239	2237	1195
2007	9321	3934	98101	46738	1975	813	248179	204584	2237	1195
2008	9431	3928	101144	52762	2747	813	200359	167458	2237	1195
2009	9437	3962	101117	62497	2833	813	243991	200273	2237	1195
2010	9460	3988	101545	63324	3056	813	242959	197865	2237	1195
2011	9843	4035	104026	65636	3300	813	255196	199802	2237	1195
2012	10948	4757	104679	68762	3912	813	244980	210792	2337	1195

16-3 旅客运输量

单位：万人

年 份	总计	铁路	公路	水运	民航
1990	44547	15823	28367	302	55
1991	46643	14733	31480	355	75
1992	50908	15083	35263	465	97
1993	49756	15072	34050	521	113
1994	50223	15366	34223	502	132
1995	52228	13928	37591	533	176
1996	55828	11884	43193	553	198
1997	53430	10403	42276	540	211
1998	51140	9960	40468	474	238
1999	49239	9937	38382	595	325
2000	51555	10174	40385	616	380
2001	52259	10038	41207	602	412
2002	54339	9701	43554	626	458
2003	50813	8706	41076	542	489
2004	58099	9591	47370	637	501
2005	60599	9503	49917	650	529
2006	64543	9883	53317	714	629
2007	71322	10417	59562	651	692
2008	90729	11958	77510	597	664
2009	96172	13336	81585	543	708
2010	102241	13298	87699	490	754
2011	99328	12016	86013	549	750
2012	104113	12018	90650	588	857

16-4 旅客周转量

单位：亿人公里

年 份	总计	铁路	公路	水运	民航
1990	369.3	254.9	97.4	5.9	11.1
1991	392.8	259.1	111.5	6.9	15.3
1992	503.7	285.2	125.9	8.7	19.6
1993	465.9	306.0	121.3	8.7	29.9
1994	471.4	312.8	120.4	7.7	30.5
1995	451.5	292.5	109.9	8.6	40.5
1996	457.0	261.2	149.5	9.4	36.9
1997	460.9	271.5	145.5	9.2	34.7
1998	476.3	276.7	159.1	7.3	33.2
1999	496.4	291.9	149.6	11.9	43.0
2000	534.4	314.1	159.9	10.7	49.7
2001	562.4	326.5	167.1	8.4	60.4
2002	585.5	340.1	173.8	8.6	63.0
2003	545.3	306.9	164.1	7.2	67.0
2004	662.2	370.4	194.9	8.4	88.5
2005	673.1	381.4	210.1	8.4	73.2
2006	747.2	412.6	236.6	9.2	88.8
2007	806.1	436.6	263.5	8.4	97.6
2008	892.6	465.9	323.0	7.8	95.9
2009	940.0	483.5	350.1	7.0	99.4
2010	1014.0	510.1	388.8	6.4	108.7
2011	1065.4	549.0	399.7	7.0	109.7
2012	1099.4	542.2	427.2	7.5	122.5

注：1.铁路1978以前为沈阳、锦州两路局合计数，1979年以后扣除长春分局数，1983年以后为辽宁境内数，1988年以后还包括地方铁路
2.公路、水运口径同客运量。

16-5 货物运输量

单位：万吨

年 份	总计	铁路	公路	水运	民航	管道
1990	76326.3	14306	56105	1521	1.3	4393
1991	79057.3	14624	58197	1861	2.3	4373
1992	81084.0	14852	59739	2145	2.0	4346
1993	91578.0	14953	69964	2325	2.0	4334
1994	89876.0	14096	68953	2396	3.0	4428
1995	88464.9	13073	68524	2649	3.2	4216
1996	84823.0	13053	65174	2472	4.0	4120
1997	99588.0	12972	80471	2145	5.0	3995
1998	83478.0	12100	65481	1977	5.4	3915
1999	84625.0	12162	66253	2542	7.4	3660
2000	83603.9	12523	64515	3091	8.9	3466
2001	82295.0	12990	63281	2726	6.8	3292
2002	83573.1	13126	64101	3071	8.1	3264
2003	85825.6	13135	65981	3649	9.0	3052
2004	91401.6	13844	70164	4447	8.6	2938
2005	97748.4	14271	74799	5730	9.4	2939
2006	109140.0	15750	82142	7518	11.0	3719
2007	120615.2	16552	90387	8778	11.2	4887
2008	126938.7	17400	92938	9267	10.4	7323
2009	139541.3	18262	105088	9651	9.5	6531
2010	163303.2	18622	127361	10434	10.2	6876
2011	190329.0	18716	151773	11632	8.9	8199
2012	212956.6	17388	174355	12631	9.6	8573

16-6 货物周转量

单位：亿吨公里

年份	总计	铁路	公路	水运	民航	管道
1990	1062.5	943.3	150.8	289.3	0.2	218.9
1991	1791.1	980.1	174.2	419.6	0.3	216.9
1992	1947.6	1023.2	207.6	501.3	0.4	215.1
1993	2078.8	1044.1	227.8	593.7	0.6	212.7
1994	2085.8	1038.2	221.3	605.8	0.6	219.9
1995	2090.2	1011.4	198.5	671.1	0.7	208.5
1996	1929.0	1003.6	245.1	479.4	0.9	200.0
1997	1846.7	1047.8	297.6	316.1	0.7	191.5
1998	1568.3	900.7	206.5	314.7	0.9	145.5
1999	1794.3	926.2	207.7	531.2	1.2	127.9
2000	1809.2	962.4	209.4	572.4	1.1	63.9
2001	1861.8	976.7	215.8	607.9	1.1	60.3
2002	1914.3	970.6	221.8	661.0	1.4	59.6
2003	2426.5	1012.8	226.5	1130.6	1.6	55.0
2004	2995.6	1154.2	327.0	1461.1	1.7	51.6
2005	3400.6	1194.8	415.6	1738.2	1.6	50.5
2006	4090.9	1206.0	474.7	2361.6	1.8	46.7
2007	5865.1	1293.3	568.1	3956.6	1.8	45.2
2008	7076.8	1342.5	1354.2	4333.0	1.8	45.3
2009	7793.8	1302.1	1550.5	4896.8	1.6	42.8
2010	9071.2	1398.3	1930.3	5695.7	1.7	45.2
2011	10464.3	1540.7	2328.5	6529.4	1.5	64.2
2012	11616.2	1399.6	2675.4	7483.3	1.6	56.3

16-7 铁路机车车辆年末实有数

指标	单位	2005年	2006年	2008年	2009年	2010年	2011年	2012年
中央铁路								
机车台数总计	台	1600	1543	1560	1232	1705	2111	2041
内燃机车	台	1372	1321	1282	891	1282	1444	1453
客车辆数总计	辆	3969	4017	4286	4579	4608	4751	5094
软座车	辆	75	85	277	331	333	407	646
硬座车	辆	1969	1965	1464	1562	1887	1854	1849
软卧车	辆	258	263	237	275	348	354	374
硬卧车	辆	1334	1369	1907	1998	1714	1793	1872
餐车	辆	205	205	209	214	212	221	220
辽宁省境内各分局								
机车台数总计	台	889	964	967	883	990	1205	1146
内燃机车	台	661	742	689	542	567	538	558
客车辆数总计	辆	2058	2208	2269	2897	3006	3013	3226
软座车	辆	54	61	127	198	303	65	615
硬座车	辆	1002	1042	776	978	1208	1180	1158
软卧车	辆	112	127	210	242	209	531	238
硬卧车	辆	708	783	946	1233	1090	1036	1016
餐车	辆	121	115	101	121	128	125	119

16-8 辽宁省辖区铁路主要站旅客发送量

单位：万人

车站名称	2005年	2006年	2008年	2009年	2010年	2011年	2012年
总　计	**9503.4**	**9883.0**	**111958.0**	**13336.0**	**13298.0**	**12016.4**	**12017.5**
开原	100.6	113.5	153.6	173.7	157.3	143.3	140.1
铁岭	178.8	189.2	230.4	288.2	297.3	233.2	200.0
沈阳	1121.4	1272.0	1472.9	1509.3	1433.3	1500.5	1618.8
苏家屯	138.0	130.8	144.8	147.4	142.5	92.2	94.8
辽阳	217.4	217.9	257.3	280.1	284.0	199.4	218.7
黑山	2.2	2.3	0.4	0.7	0.3	0.2	——
鞍山	306.9	291.5	418.6	477.3	484.5	462.0	441.1
海城	145.6	151.7	200.8	220.6	236.9	229.1	216.4
大石桥	114.0	122.7	159.4	160.6	168.9	179.1	175.0
瓦房店	156.9	177.0	223.0	230.1	233.5	279.6	272.6
金州	137.3	144.8	179.2	200.7	247.9	209.0	224.5
南关岭	2.6	1.7	2.7	1.8	1.9	1.7	1.7
周水子	29.5	24.3	33.1	28.6	58.8	64.6	127.7
大连	897.5	948.5	1207.6	1261.9	1247.9	1350.9	1219.7
皇姑屯	9.9	8.5	10.1	54.1	103.0	68.7	2.8
大成	5.5	3.7	5.7	3.7	12.2	4.8	0.8
抚顺北	96.3	102.1	59.1	86.2	84.0	87.1	107.7
大官屯	5.1	3.8	2.2	6.8	0.9	1.5	2.0
沈阳东	1.5	0.7	1.6	1.7	0.9	1.4	1.0
沈阳北	1217.6	1377.8	1680.7	1882.7	1894.3	1709.8	1541.1
营口	35.1	37.3	52.6	66.2	65.5	64.8	66.6
旅顺	3.2	2.6	5.3	7.7	3.8	3.2	3.3
丹东	168.0	189.0	216.6	248.3	262.0	254.3	239.2
凤凰城	93.6	106.7	115.4	105.4	104.2	111.9	116.1
本溪	706.7	775.0	1050.0	1232.4	1179.4	850.4	920.3
本溪湖	34.8	32.5	20.7	13.9	6.8	——	——
安平	10.0	11.8	9.8	13.3	157.0	17.0	17.2
沈阳西	3.6	3.2	1.8	1.3	1.0	0.6	0.2
锦州	406.4	406.6	465.3	482.2	464.6	475.6	466.4
葫芦岛	109.6	118.8	169.0	184.4	176.8	173.1	175.1
大虎山	53.4	58.5	79.4	85.7	85.8	90.9	87.8
渤海	1.8	0.4	0.8	1.7	0.5	0.4	0.3
盘锦	40.6	49.9	80.9	87.9	84.4	84.8	90.9
朝阳	75.3	79.9	89.9	91.9	86.9	84.3	83.7
阜新	114.7	127.5	133.3	142.9	140.6	139.2	145.3

16-9 辽宁省辖区铁路主要站货物发送量

单位：万吨

车站名称	2005年	2006年	2008年	2009年	2010年	2011年	2012年
总　计	**14270.9**	**15750.0**	**17400.0**	**18262.0**	**18622.0**	**18716.2**	**17387.5**
开原	69.3	53.0	66.9	54.3	33.1	73.0	23.4
铁岭	49.2	37.0	37.0	88.4	132.2	16.9	11.5
沈阳	53.1	42.8	31.7	1.5	0.1		
苏家屯	46.4	37.4	44.9	62.2	135.2	52.6	36.3
辽阳	30.6	17.6	27.8	48.5	28.5	68.6	37.2
黑山	8.9	9.0	6.8	5.5	4.0	0.2	——
鞍山	9.2	7.3	7.0	1.5	——	——	——
海城	72.4	79.5	80.7	89.7	62.2	62.9	61.6
大石桥	136.0	121.0	151.7	121.2	409.4	112.8	106.5
瓦房店	3.1	2.3	1.8	2.4	1.2	2.5	0.8
金州	35.7	50.7	63.2	63.8	47.6	34.3	22.0
南关岭	24.2	18.8	25.3	22.8	14.4	21.8	16.2
周水子	17.2	18.5	3.1	2.5	2.1	2.1	1.3
大成	105.7	103.2	202.8	113.3	101.4	68.5	44.2
抚顺北	6.7	11.2	23.2	2.4	10.3	6.7	3.1
大官屯	754.9	629.0	588.0	629.9	571.4	512.8	470.1
沈阳东	59.6	73.4	62.7	73.4	81.6	82.2	67.9
营口	78.5	67.2	118.2	125.1	101.3	90.1	67.1
甘井子	332.6	316.1	269.5	272.2	403.9	380.5	292.7
旅顺	4.8	3.7	2.9	2.9	2.3	2.1	2.0
丹东	194.2	250.2	241.5	379.1	303.9	275.4	317.8
凤凰城	15.5	9.3	7.9	4.5	5.2	7.2	5.8
本溪	589.4	736.1	1188.1	984.6	1075.7	1078.0	1030.3
本溪湖	168.9	173.0	142.9	167.0	143.6	114.0	138.1
安平	269.2	346.8	370.7	455.1	342.4	394.1	463.5
沈阳西	15.5	9.7	——	——	——	——	——
锦州	300.9	323.9	336.7	294.2	303.3	334.8	338.4
葫芦岛	290.7	271.3	247.4	214.2	252.5	273.8	242.9
大虎山	11.9	8.7	11.4	5.6	1.8	0.0	0.2
渤海	174.3	153.1	160.3	124.5	110.3	118.9	152.4
盘锦	46.3	52.5	53.3	53.4	150.5	177.7	175.7
朝阳	45.3	43.9	30.9	32.1	32.3	36.9	30.7
阜新	577.8	673.6	741.1	772.1	818.7	782.2	638.7

16-10 民用车辆拥有量

(2012年末) 单位：辆

指　标	总计	总计中:		总计中:			报废
		营运	非营运	进口	个人	新注册	
合　计	**6619507**	**1010630**	**5557870**	**255099**	**5231303**	**625420**	**21245**
一、汽车	4496445	895736	3600709	254275	3340432	454240	16439
1.载客汽车	3286283	152954	3133329	250405	2669977	373918	9783
#大型	66669	40453	26216	1204	6865	6234	2469
中型	96101	8551	87550	2942	42055	2167	1055
小型	3036804	103735	2933069	245472	2544462	362665	6129
微型	86709	215	86494	787	76595	2852	130
#轿车	1991141	88620	1902521	105220	1694440	201971	3530
2.载货汽车	822223	572156	250067	1604	370014	71359	6420
#重 型	236824	206993	29831	566	48741	19945	2156
中 型	70416	57676	12740	34	28741	4463	3557
轻 型	512145	305890	206255	1001	290497	46926	658
微 型	2838	1597	1241	3	2035	25	49
#普通载货	399235	245454	153781	842	220611	35471	1120
3.其它汽车	387939	170626	217313	2266	300441	8963	236
二、电车	146	133	13				
无轨	61	61					
有轨	85	72	13				
三、摩 托 车	1577927	37729	1540198	565	1573863	145025	1251
普通	1562260	37658	1524602	526	1558587	144606	1249
轻便	15667	71	15596	39	15276	419	2
四、拖拉机	459469		408462	12	307071	19349	2930
大中型	182027		165249	12	154027	9051	220
小型方向盘式	233250		199021		135077	10099	2690
五、挂车	78789	75812	2977	92	7376	6513	606
六、其它类型车	6731	1220	5511	155	2561	293	19

16-11 公路线路年底到达数

(2012年) 单位：公里

指 标	公里里程总计	等级公路						
		合计	专用公路		一般公路			
			高速	一级	二级	三级	四级	
本年年底到达数	**104678.7**	**89148.8**	**3911.8**	**2765.1**	**17083.4**	**32201.0**	**33187.6**	
1.干 线 公 路	15571.6	15571.6	3911.8	1932.8	9264.0	463.0		
国 道	6681.9	6681.9	3263.0	768.3	2597.5	53.1		
省 道	8889.6	8889.6	648.8	1164.4	6666.5	409.9		
2.县 道	12591.2	12591.2		787.7	6932.0	4735.3	136.3	
3.乡 道	31284.7	31284.7		21.2	690.4	23534.7	7038.4	
4.专 用 公 路	921.0	900.9		10.8	72.8	375.8	441.5	

16-12 船舶拥有量

指 标	单位	2005年	2006年	2008年	2009年	2010年	2011年	2012年
民用船舶拥有量								
水 运 船 舶	艘	735	798	862	736	553	564	574
净 载 重 吨	吨	2981843	4027037	5096348	6222736	7202719	7655909	8113429
#拖 轮	艘	18	17	12	11	4	5	11
驳 船	艘	25	27	23	20	11	10	17
净 载 重 吨	吨	12710	21139	38651	48214	40011	32719	31006

16-13 全社会水运客货运输量

年份	货运量(万吨)	#交通部门	货运周转量(万吨公里)	#交通部门	客运量(万人)	#交通部门	旅客周转量(万人公里)	#交通部门
1990	1521	1433	2892885	2891254	302	290	59396	58990
1991	1861	1787	4196000	4194000	355	342	59296	58990
1992	2145	1894	5013673	4829714	465	418	86880	83157
1993	2325	1843	5936798	5072678	521	396	86605	78167
1994	2426	1969	6152164	5314440	501	379	78201	70172
1995	2649	2262	6711204	5823222	533	400	86146	75792
1996	2472	2136	4794110	3721911	553	415	94208	80454
1997	2145	1916	3161179	2360667	540	404	91795	76555
1998	1977	1679	3147000	2231000	474	340	73000	59000
1999	2542	2270	4528000	3465000	595	425	119000	98000
2000	3091	2733	5724000	4723000	616	421	107000	87469
2001	2726	2019	6079116	4576611	602	381	84299	59082
2002	3071	2567	6609993	4908246	626	356	86095	59785
2003	3649	2942	11305708	9875729	542	307	71790	51295
2004	4447		14611161		637		84187	
2005	5730		17381637		650		83902	
2006	7518		23616152		714		91583	
2007	8778		39565875		651		84116	
2008	9267		43330070		597		77776	
2009	9651		48968411		543		70385	
2010	10434		56957104		490		63899	
2011	11632		65293536		549		70435	
2012	12631		74833231		588		75042	

16-14 沿海港口码头长度和泊位数

港名	2005年	2006年	2008年	2009年	2010年	2011年	2012年
港口码头长度(米)	**38699**	**49037**	**58715**	**55427**	**63654**	**67353**	**73168**
#大连港	26119	31112	37045	33318	37563	37855	40749
营口港	5994	8896	11307	11520	13533	15465	16898
丹东港	2605	3610	3352	3677	4814	5326	6407
锦州港	2058	3542	4853	4698	5530	5530	5530
港口码头泊位(个)	**288**	**310**	**351**	**320**	**371**	**384**	**399**
#大连港	192	191	223	196	225	223	231
营口港	47	57	59	55	68	76	82
丹东港	26	31	26	27	33	40	38
锦州港	9	15	19	18	21	21	21

注：1.码头泊位包括浮筒泊位。
2.05年均为生产用码头长度和泊位。

16-15 沿海港口吞吐量

指　　标	2005年	2006年	2008年	2009年	2010年	2011年	2012年
货物吞吐量(万吨)	**30208**	**35666**	**48768**	**55513**	**67952**	**78374**	**88502**
#大连港	17085	20046	24588	27207	31399	33691	37426
营口港	7537	9477	15085	17603	22579	26085	30107
进　港	13106	16106	22434	26842	32998	37140	44631
#外 贸	5447	5445	7470	10391	16845	17369	12168
内 贸	7659	10661	14964	16451	16153	19771	32463
出 港	17102	19560	26334	28671	34954	41235	43871
#外 贸	4195	4540	4588	3806	4748	5324	5433
内 贸	12907	15020	21746	24865	30205	35911	38438
旅客进出港量(万人)	**659**	**664**	**648.8**	**669.5**	**630.7**	**703.5**	**662.2**
进 港	329	329	328.5	338.8	320.4	354.0	332.5
出 港	330	335	320.3	330.7	310.3	349.5	329.7

16-16 民用航空运输量

指　　标	单位	2005年	2006年	2008年	2009年	2010年	2011年	2012年
(一)客运量	**万人**	**531.9**	**628.9**	**664.1**	**707.9**	**753.7**	**750.5**	**857.3**
国际航线	万人	71.9	76.0	87.1	79.9	98.5	90.6	96.1
地区航线	万人	2.9	3.4	3.8	4.7	7.3	8.7	9.6
国内航线	万人	457.1	552.9	573.3	628.0	655.3	658.4	761.2
(二)旅客周转量	**万人公里**	**732629.0**	**866387.2**	**959480.2**	**993579.6**	**1086836.0**	**1096744.2**	**1222682.4**
国际航线	万人公里	96213.4	99478.9	128426.9	110980.8	132347.0	125136.7	126835.0
地区航线	万人公里	7991.0	9468.0	10649.0	12022.3	17751.0	19819.7	21176.2
国内航线	万人公里	635654.9	766908.3	820718.3	882598.8	954490.0	968947.7	1095847.4
(三)货(邮)运量	**吨**	**94355.0**	**106806.0**	**104328.1**	**94938.2**	**102411.0**	**88692.6**	**95692.6**
国际航线	吨	17888.3	17635.0	14101.7	9412.5	8976.0	8914.6	8935.5
地区航线	吨	365.1	400.0	317.5	312.0	438.0	485.3	337.6
国内航线	吨	76406.1	89191.0	89909.4	85525.7	93436.0	79745.7	86757.1
(四)货邮周转量	**万吨公里**	**15769.2**	**17990.2**	**17622.5**	**16081.9**	**17059.0**	**15223.6**	**15998.3**
国际航线	万吨公里	2117.6	2148.3	2014.9	1288.3	1355.0	1114.8	1138.0
地区航线	万吨公里	98.7	108.7	87.6	86.0	118.0	128.5	87.7
国内航线	万吨公里	13651.6	15841.9	15520.1	14793.6	15704.0	14103.3	14860.3
(五)总周转量	**万吨公里**	**81122.0**	**95289.9**	**103181.2**	**104626.0**	**108442.0**	**112727.9**	**124473.0**
国际航线	万吨公里	10693.6	11009.7	13460.4	11347.3	12723.0	12221.9	12918.8
地区航线	万吨公里	811.7	949.6	1035.5	990.6	1249.0	1885.7	1955.0
国内航线	万吨公里	80028.4	84280.2	88712.8	93278.7	95719.0	100264.3	111554.2

注:此表数为北方航空公司提供。

16-17 邮电业务基本情况

指标	单位	2005年	2006年	2008年	2009年	2010年	2011年	2012年
邮电业务总量	亿元	450.7	564.9	819.7	948.5	1159.9	472.2	514.1
电信业务总量	亿元	427.1	537.2	786.5	908.9	1122.7	434.0	471.2
邮政业务总量	亿元	23.6	27.7	33.2	39.6	37.2	38.2	42.9
函　　件	亿件	1.3	1.0	0.8	0.8	0.8	0.9	0.7
包　　件	万件	309.2	297.1	243.6	223.6	223.6	219.1	243.3
特快专递	万件	804.4	911.6	1146.6	1319.6	1400.1	6211.5	7757.4
报刊期发数	万份	338.9	379.7	375.1	356.1	383.7	554.6	404.0
固定电话年末用户	万户	1407.8	1418.7	1604.3	1529.1	1428.0	1353.3	1285.1
城市电话用户	万户	979.6	970.0	1142.1	1075.7	985.8	922.7	861.3
农村电话用户	万户	428.3	448.8	462.2	453.4	442.2	430.6	423.8
年末移动电话用户	万户	1394.9	1677.8	2421.5	2882.1	3341.8	3844.5	4291.3
年末国际互联网用户	万户	331.8	327.1	455.6	535.4	595.6	665.1	707.9
邮电局、所	处	1685.0	1645.0	1572.0	1560.0	1564.0	1554.0	1552.0
邮路总长度	万公里	29.0	27.2	30.6	32.6	8.6	9.8	6.7
汽车邮路	公里	34187.0	33136.0	52072.8	55638.4	35709.0	81415.0	83458.0
铁路邮路	公里	4158.0	4158.0	4021.0	7296.0	7016.0	15548.0	15548.0

注：1.邮电业务总量2010年前数据按2000年不变价计算，2011年后按2010年不变价计算。
2.特快专递数据2010年前取至省邮政公司，2011年后取至省邮政管理局。2010年前的汽车邮路和铁路邮路为单程。

16-18 邮电业务量

年　份	邮电业务总量(万元)	邮政业务总　　量	电信业务总　　量	函件(万件)	报　刊期发数(万份)	特快专递(万件)	集邮业务(万枚)	移动电话用　户(万户)	互联网用　户(万户)	固定电话年末用户(万户)	城市电话用　　户	农村电话用　　户
1980	10576			14908	953					15.4	10.3	5.1
1985	17303			21002	1791					22.4	16.5	5.9
1986	18962			22048	1610	3				24.6	18.5	6.1
1987	21733			24175	1752	5				27.7	21.2	6.5
1988	26878			24464	1325	9	786			32.8	25.8	7
1989	34519			23146	705	20	1337			38	30.5	7.5
1990	83986			21964	1176	20	3586			43.1	35.2	7.9
1991	108122			19454	1123	28	5651	0.2		50.3	41.6	8.7
1992	154881			21281	903	46	7817	0.5		66.6	56.5	10.1
1993	242108			23791	1163	92	9812	1.8		98.8	85.3	13.5
1994	322406			25001	816	166	10940	7.9		155.6	135.9	19.7
1995	500819			24288	698	215	13977	19.8		229.1	194.8	34.3
1996	625297			22317	630	259	17290	36.2	0.1	319	261.7	57.3
1997	883518			21642	701	254.2	22681	67.2	0.5	394.3	309.7	84.6
1998	1322580			23450	745	261.9	24367	128.8	2.3	476.8	366.4	110.4
1999	1578635			18140	594	315.8	24179	207.7	12.2	579.2	439.3	139.9
2000	2426099	87084	2339015	17309	415	389.7	19834	429.3	61.8	699.5	519.7	179.8
2001	2130799	160002	1970796	14867	440	466.6	12014	703.8	163.4	860.7	621.5	239.2
2002	2492992	172483	2320509	13094	379	509.1	7822	846.6	335.9	1016.5	712.4	304.1
2003	2909994	190453	2719542	15985	352	619.8	4413	962.9	382.6	1278.6	907.3	371.2
2004	3651650	204598	3447052	13858	352	744.3	3714	1180.9	448.9	1492.7	1074.4	411.8
2005	4507393	235650	4271743	12466	339	804.4	4371	1394.9	331.8	1661.2	1203.4	449.9
2006	5649857	277553	5372304	9938	380	911.6	3800	1677.8	327.1	1701.8	1229.7	472.1
2007	7061352	293973	6767379	8270	330	1019.8	4465	2097.2	395.5	1728.8	1257.1	471.6
2008	8197008	331618	7865390	8330	375	1146.6	4639	2421.5	458.9	1604.3	1142.1	462.2
2009	9485359	396315	9089044	7486	356	1319.6	4160	2882.1	535.4	1529.1	1075.7	453.4
2010	11599440	372194	11227246	8463	384	1400.1	4399	3341.8	595.6	1428.0	985.8	442.2
2011	4721766	382248	4339518	8776	554.6	6211.5	6202.5	3844.5	665.1	1353.3	922.7	430.6
2012	5141147	428941	4712206	7433	404.0	7757.4	——	4291.3	707.9	1285.1	861.3	423.8

注：1.邮电业务总量2010年前数据按2000年不变价计算，2011年后按2010年不变价计算。
2.特快专递数据2010年前取至省邮政公司，2011年后取至省邮政管理局。

16-19 各地区邮电业务量

(2012年)

地 区	邮电业务总 量(万元)			函件(万件)	报刊期发数(万份)	移动电话用 户(万户)	互联网用户(万户)	固定电话年末用户(万户)		
		邮政业务总 量	电信业务总 量						城市电话用 户	农村电话用 户
全 省	5141147.2	428941.3	4712206	7432.8	404.0	4291.3	707.9	1285.1	861.3	423.8
沈 阳	1263944.7	119273.8	1144671	2620.1	97.6	945.5	139.6	276.5	216.5	59.9
大 连	1061077.5	100848.4	960229	1179.0	76.6	840.3	141.6	256.4	187.9	68.5
鞍 山	393512.4	29419.9	364093	445.0	50.5	342.6	62.5	101.9	69.5	32.4
抚 顺	217930.7	15426.1	202505	1023.1	17.3	192.1	35.5	63.7	50.3	13.4
本 溪	167735.7	12572.8	155163	334.6	13.6	141.7	30.0	41.8	30.4	11.4
丹 东	235919.7	20626.7	215293	463.1	14.3	198.9	35.9	83.5	55.8	27.6
锦 州	323310.1	17552.7	305757	153.3	24.9	270.6	50.0	87.7	48.8	38.8
营 口	249357.9	14250.1	235108	220.6	15.9	225.1	37.1	60.0	36.0	24.1
阜 新	182754.0	7370.3	175384	165.9	8.0	167.0	29.6	49.0	30.5	18.5
辽 阳	192031.1	16922.3	175109	131.6	16.4	167.5	29.3	49.1	29.0	19.9
盘 锦	184636.3	21000.4	163636	131.1	18.7	205.3	29.2	53.7	26.1	27.6
铁 岭	213169.5	16390.1	196779	279.4	17.4	232.9	34.1	70.7	30.7	40.0
朝 阳	221428.1	18654.1	202774	162.3	15.8	148.4	21.2	33.6	22.9	10.6
葫芦岛	222923.6	18633.5	204290	123.8	17.2	213.6	32.4	57.6	26.5	31.1

注:邮电业务总量按各个时期的不变价格计算。

16-20 邮电通信水平

指 标	单位	2005年	2006年	2008年	2009年	2010年	2011年	2012年
平均每一邮电局所服务面积	平方公里	87.5	89.7	93.8	94.6	95.0	95.2	96.9
平均每一邮电局所服务人口	万人	2.5	2.6	2.6	2.7	2.7	2.7	2.8
设有邮政局所的乡(镇)比重	%	91.3	90.9	91.0	87.0	87.0	85.0	86.0
已通邮的行政村比重	%	100.0	100.0	100.0	100.0	100.0	100.0	100.0
平均每人每年发函件数	件	3.0	2.3	2.0	1.8	2.0	2.1	1.8
平均每百人每年订报刊数	份	8.0	8.9	9.0	8.4	9.0	13.0	9.5
固定电话普及率	部/百人	39.4	39.9	37.7	35.4	33.6	30.9	30.2
移动电话普及率	部/百人	33.1	39.3	57.0	66.8	78.5	87.8	100.9
进入长话自动网的县(市)比重	%	100	100	100	100	100	100	100
已通固定电话的乡(镇)比重	%	100	100	100	100	100	100	100
已通固定电话的行政村比重	%	100	100	100	100	100	100	100

主要统计指标解释

铁路营业里程 又称营业长度，指办理客货运输业务的铁路正线总长度。凡是全线或部分建成双线及以上的线路，以第一线的实际长度计算；复线、站线、段管线、岔线和特殊用途线以及不计算运费的联络线都不计算营业里程。铁路营业里程是反映铁路运输业基础设施发展水平的重要指标，也是计算客货周转量、运输密度和机车车辆运用效率等指标的基础资料。

铁路正线延展里程 是正线第一线、第二线、第三线和其他正线建筑里程之和，不包括站线、段管线、岔线及特殊用途线的延展里程。它是作为计算铁路线上钢轨、枕木及路基砂石需要量的主要依据。

铁路电气化里程 指在全部铁路营业里程中已安装了供电线路及设备，可以供电力机车牵引列车运行的区段的总里程。电气化里程占铁路营业里程的比重。

铁路自动闭塞里程 为保证列车安全运行，在一个区间，同一时间内，一般只允许一列列车运行，这种保证列车在这个区间安全间隔运行的技术方法称为“闭塞”，自动闭塞里程是指装有列车自动完成闭塞作用设备的铁路里程。自动闭塞里程占铁路营业里程的比重也是反映铁路现代化的重要标志之一。

公路里程 指在一定时期内实际达到《公路工程技术标准 JTJ01-88》规定的等级公路，并经公路主管部门正式验收交付使用的公路里程数。其计算单位为：Km。它包括大中城市的郊区公路以及通过小城镇街道部分的公路里程，也包括桥梁、渡口的长度，但不包括大中城市的街道、厂矿、林区生产用道和农业生产用道的里程。两条或多条公路共同经由同一路段，只计算一次，不得重复计算里程长度。公路里程是反映公路建设发展规模的重要指标，也是计算运输网密度等指标的基础资料。

内河航道里程 也称“内河通航里程”，是反映内河水运网规模、水平和发展情况的主要指标；是指在一定时期内，能通航运输船舶及排筏的天然河流、湖泊水库、运河及通航渠道的长度。包括全年季节性通航累计三个月以上的航道，但不包括仅供零散流放竹、木排的河道。

民用航空航线里程 指民航运输定期班机飞行的航线长度的总和。航线长度按机场之间的距离计算，通常有两种计算方法：将每条航线长度相加称为重复计算航线里程；如将两线或两条以上航线经过同一区段里程，只计算一次航线长度称为不重复计算航线里程。一般常用的是后者，它能确切反映民航运输网的规模，表明民航事业为国民经济服务和方便人民生活程度的主要指标。

输油(气)管道长度 也称“输油(气)里程”，是反映管道运输发展规模和水平的主要指标；是指油品(或天然气)的实际输送距离，一般按输油(气)管道的单线长度计算。若包括复线和备用线长度则称为输油(气)管道延展长度，是指管道辅设的实际长度。我们通常使用的是不包括复线的“输油(气)管道里程”。

货(客)运量 指在一定时期内，各运输部门实际运送的货物(旅客)数量。是反映运输业为国民经济和人民生活服务的数量指标，也是制定和检查运输生产计划，研究运输发展规模和速度的重要指标。货运按吨计算，客运按人计算。货物不论运输距离长短，货物类别，均按实际重要统计；旅客不论行程远近或票价多少，均按一人一次作为客运量统计。半价票、小孩票也按一人统计。

货(客)运密度 指在一定时期内某种运输方式运输线路的某一区段平均每公司线路通过的货物(旅客)运输周转量。计算单位是吨(人)公里/公里。计算公式为：

货(客)运密度=（货物(旅客)周转量／营业线路长度）

货(客)运密度是反映交通运输线路上货物(旅客)运输量运输繁忙程度的主要指标。是平衡运输线路运输能力和通过能力，规划线路建设及改造、配备技术设备，研究运输网布局的重要依据。

货物(旅客)周转量 指在一定时期内，由各种运输工具运送的货物(旅客)数量与其相应运输距离的乘积之总和，是反映运输生产总成果的重要指标，也是编制和检查运输生产计划，计算运输效率、劳动生产率以及核算运输单位成本的主要基础资料。通常以吨公里和人公里为计算单位。计算货物周转量通常按发出站与到达站之间的最短距离，也就是计费距离计算。

铁路货车平均静载重　指铁路货车在始发站静止状态下平均每车装载的货物重量，用以分析货车完成装车时车辆载重力的利用情况。计算单位为“吨”，计算公式为:

货车平均静载重(吨)=（货物发送吨数／装车数）

静载重的多少取决于运送货物的性质、种类、车辆的类型和装载技术的高低。根据货车的平均标记载重与静载重进行对比，可以反映货车载重能力的利用程度。计算公式为:

货车载重力利用率(%)=（货车平均静载重／货车平均标记载重）×100%

铁路货运机车日产量　指平均每台货运机车在一昼夜内所完成的总重吨公里数。它既包括载运货物的重量，也包括车辆本身的自重，它从时间和牵引能力两方面反映了机车运用效率。计算单位为“吨公里”，计算公式为:

货运机车平均日产量(吨公里)=（货运总重吨公里数／货运机车台日数)

沿海主要港口货物吞吐量　指由水运进出沿海主要港区范围，并经过装卸的货物数量，包括邮件及办理托运手续的行李、包裹以及补给运输船舶的燃、物料和淡水。其计量单位为吨。货物吞吐量的货种分类及其主要流向流量，反映了港口在国内外物资交流和对外贸易运输中的地位和作用。吞吐量可以分为进口、出口，又可以分为国内贸易和对外贸易。

邮电业务总量　指以货币表现的邮电部门用于传递信息和提供其他邮电服务的总数量。它综合反映了一定时期邮电工作的总成果，是研究邮电业务量构成和发展趋势的重要指标。根据邮电管理体制不同，分为中央国营业务总量和地方国营业务总量。它用各种邮电分类业务量，如函件件数、电报份数、长话张数、市内电话和农村电话的年均户数、订销报刊累计份数等，分别乘以相应的平均单价(不变价)，加总后再加上出租电路和设备的收入、代用户维护电话交换机和线路等设备的收入、其他业务收入求得。

市内电话　指接入县城(包括个别城镇)及县以上城市的市内电话网上，并按市内电话进行经营管理的电话。按计费办法分为包月制和计次制两种。

(1)住宅电话指话机装在居民住宅里的电话。它包括私人付费、公费和免费三个部分。

(2)私人付费电话指住宅居民自费安装并自己缴纳通话费的电话。

十七、国内贸易

Chapter 17 Domestic Trade

17-1 限额以上批发零售贸易业基本情况

登记注册类型	2010年		2011年		2012年	
	法人企业(个)	从业人数(人)	法人企业(个)	从业人数(人)	法人企业(个)	从业人数(人)
总　　计	**4785**	**300555**	**5522**	**305791**	**6276**	**333843**
一、批发业	**2352**	**92162**	**2897**	**93292**	**3321**	**101057**
1.按登记注册类型分组						
内资	2264	88248	2795	88857	3223	95487
国有	139	18287	158	18996	153	19515
集体	34	1397	44	1536	40	1044
股份合作	13	299	13	308	14	217
联营企业	1	15	2	41	3	285
国有联营	1	15	1	13	1	12
集体联营						
国有与集体联营					1	243
其他联营			1	28	1	30
有限责任公司	519	17259	599	18509	678	20531
国有独资公司	14	1499	17	986	14	349
其他有限责任公司	505	15760	582	17523	664	20182
股份有限公司	60	19220	73	12240	72	10986
私营企业	1495	31732	1855	36049	2162	41117
私营独资	146	3579	180	3579	192	3826
私营合伙	19	292	13	196	11	261
私营有限责任公司	1280	26392	1591	30617	1879	35379
私营股份有限公司	50	1469	71	1657	80	1651
其他	3	39	51	1178	101	1792
港澳台商投资企业	18	1757	22	2019	24	2551
与港澳台商合资经营	5	507	6	592	6	1066
与港澳台商合作经营			1	24	1	9
港澳台商独资	13	1250	14	1400	17	1476
港澳台商独资股份有限公司			1	3		
外商投资企业	70	2157	80	2416	74	3019
中外合资经营	15	892	18	980	16	915
中外合作经营						
外资企业	54	1240	58	1325	54	1993
外商投资股份有限公司	1	25	3	96	4	111
2.按国民经济行业分组						
农畜产品批发业	123	3867	145	3961	169	4247
食品、饮料及烟草制品批发业	189	18109	225	16788	263	19300
米、面制品及食用油批发业	65	5079	76	3261	74	3058
烟草制品批发业	15	8484	15	8212	14	7794
纺织、服装及日用品批发业	124	4644	147	5245	210	7457
服装批发业	59	2214	73	2705	86	2880
文化、体育用品及器材批发业	34	1065	41	1202	49	1544
医药及医疗器材批发业	149	8096	172	8847	180	8776
矿产品、建材及化工产品批发业	1158	39404	1475	37813	1757	40116
煤炭及制品批发业	115	3106	155	3617	240	4048
石油及制品批发业	209	20716	312	16557	344	15848
金属及金属矿批发业	546	9083	606	9109	711	10534
建材批发业	71	1424	152	2652	170	3400
化肥批发业	31	1219	34	1678	42	1584
机械设备、五金交电及电子产品批发	518	14392	614	16110	624	16119
汽车、摩托车及零配件批发业	115	3545	117	4126	133	4604
家用电器批发业	29	1689	40	1690	36	1403
计算机、软件及辅助设备批发业	40	1003	60	1651	70	1930
贸易经纪与代理	4	1023	10	1198	8	1165
其他批发业	53	1562	68	2128	61	2333

17-1 续表

	2010年		2011年		2012年	
	法人企业（个）	从业人数（人）	法人企业（个）	从业人数（人）	法人企业（个）	从业人数（人）
二、零售业	**2433**	**208393**	**2625**	**212499**	**2955**	**232786**
1.按登记注册类型分组						
内资	2365	187570	2548	190849	2873	208600
国有	121	13319	113	10802	117	11994
集体	105	4482	95	3223	102	3862
股份合作	15	270	19	243	20	570
联营企业	6	535	5	210	6	579
国有联营	3	78	3	73	3	71
集体联营	2	450	2	137	3	508
国有与集体联营						
其他联营	1	7				
有限责任公司	566	63350	612	64972	705	74468
国有独资公司	5	1118	2	189	4	1600
其他有限责任公司	561	62232	610	64783	701	72868
股份有限公司	66	25111	64	28257	76	31268
私营企业	1483	80478	1598	82068	1793	82072
私营独资	428	14667	421	11292	466	13233
私营合伙	17	306	21	298	16	178
私营有限责任公司	991	61729	1089	66986	1245	66032
私营股份有限公司	47	3776	67	3492	66	2629
其他	3	25	42	1074	54	3787
港澳台商投资企业	32	6094	38	10062	44	10539
与港澳台商合资经营	12	2974	15	4285	17	3896
与港澳台商合作经营	2	43				
港澳台商独资	16	3044	20	5611	23	5907
港澳台商独资股份有限公司	2	33	3	166	4	736
外商投资企业	36	14729	39	11588	38	13647
中外合资经营	14	7105	15	4285	17	7161
中外合作经营	1	65				
外资企业	19	3909	20	5611	19	5986
外商投资股份有限公司	2	3650	3	166	1	410
2.按国民经济行业分组						
综合零售业	314	112605	326	110664	349	112812
百货零售业	182	83675	184	77628	203	77209
超级市场零售业	98	25899	108	29669	109	32467
食品、饮料及烟草制品专门零售业	87	3509	120	4756	131	4254
纺织、服装及日用品专门零售业	161	9334	166	9019	194	11185
服装零售业	84	5678	88	6156	108	8188
文化、体育用品及器材专门零售业	139	8456	141	7067	151	7306
体育用品零售业	7	418	8	442	10	444
图书零售业	59	5311	58	4440	63	4597
医药及医疗器材专门零售业	160	19888	171	18925	188	21591
药品零售业	146	19213	156	18739	169	21331
汽车、摩托车、燃料及零配件专门	945	34327	1019	39035	1150	48454
汽车零售业	521	21367	582	24841	684	29809
机动车燃料零售业	323	11418	328	12760	351	16681
家用电器及电子产品专门零售业	320	12217	351	16775	396	16806
家用电器零售业	130	7740	140	8827	166	7867
计算机、软件及辅助设备零售业	139	2996	167	6661	175	6993
通讯设备零售业	35	1258	31	1133	42	1799
五金、家具及室内装修材料专门零	187	5063	196	3726	215	5911
无店铺及其他零售业	120	2994	135	2532	181	4467
邮购及电子销售业	4	646	4	511	1	1200

注：除社会消费品零售总额以外，其他表2009年和2010年数据均为法人企业数据。

17-2 限额以上住宿餐饮业基本情况

登记注册类型	2010年		2011年		2012年	
	法人企业(个)	从业人数(人)	法人企业(个)	从业人数(人)	法人企业(个)	从业人数(人)
总　计	**1189**	**113081**	**1242**	**106562**	**1274**	**112109**
一、住宿业	**523**	**58637**	**558**	**58972**	**557**	**60584**
1.按登记注册类型分组						
内资	451	44393	492	48052	491	49615
国有	118	13837	127	14453	117	13955
集体	41	2115	42	2084	38	2135
股份合作	2	73	1	20	2	75
联营企业	2	77	2	109	1	48
国有联营	1	45	1	45	1	48
集体联营	1	32	1	64		
国有与集体联营						
其他联营						
有限责任公司	94	11603	108	14402	106	15140
国有独资公司	1	122	3	1956	4	2126
其他有限责任公司	93	11481	105	12446	102	13014
股份有限公司	7	1148	6	597	10	622
私营企业	187	15540	195	15168	204	15960
私营独资	58	3348	54	2856	53	3663
私营合伙	1	60	3	205	6	180
私营有限责任公司	119	10338	125	9451	135	11175
私营股份有限公司	9	1794	13	2656	10	942
其他			11	1219	13	1680
港澳台商投资企业	38	9037	38	7984	33	6973
与港澳台商合资经营	22	5191	23	4550	19	3843
与港澳台商合作经营	4	2118	3	1116	3	1098
港澳台商独资	8	1428	9	1983	10	1936
港澳台商独资股份有限公司	4	300	2	142	1	96
外商投资企业	34	5207	28	2936	33	3996
中外合资经营	26	3382	21	2292	23	3317
中外合作经营	1	235	1	241	2	264
外资企业	6	1170	5	368	7	382
外商投资股份有限公司	1	420	1	35		
2.按国民经济行业分组						
旅游饭店	404	52278	429	53187	411	54107
一般旅馆	107	5525	109	4843	129	5792
其他住宿服务	12	834	20	942	17	685

17-2 续表

登记注册类型	2010年		2011年		2012年	
	法人企业(个)	从业人数(人)	法人企业(个)	从业人数(人)	法人企业(个)	从业人数(人)
二、餐饮业	**666**	**54444**	**684**	**47590**	**717**	**51525**
1.按登记注册类型分组						
内资	573	33692	588	30825	639	35889
国有	19	1234	22	1579	27	1687
集体	21	531	21	499	22	566
股份合作	5	128	5	234	5	152
联营企业						
国有联营						
集体联营						
国有与集体联营						
其他联营						
有限责任公司	69	5451	74	5052	93	6006
国有独资公司						
其他有限责任公司	69	5451	74	5052	93	6006
股份有限公司	6	649	7	290	10	1006
私营企业	449	25411	443	21695	460	25076
私营独资	243	10104	217	7591	208	8501
私营合伙	9	235	11	244	8	210
私营有限责任公司	185	14331	201	13372	230	15952
私营股份有限公司	12	741	14	488	14	413
其他	4	288	16	1476	22	1396
港澳台商投资企业	34	3443	34	2936	22	2305
与港澳台商合资经营	19	1995	18	1244	9	801
与港澳台商合作经营	2	165	2			
港澳台商独资	13	1283	13	1632	13	1504
港澳台商独资股份有限公司			1	60		
外商投资企业	59	17309	62	13829	56	13331
中外合资经营	26	2146	27	1542	24	1353
中外合作经营	4	1450	4	415	2	861
外资企业	28	13683	30	11736	29	10982
外商投资股份有限公司	1	30	1	136	1	135
2.按国民经济行业分组						
正餐服务业	622	36567	635	32914	663	36749
快餐服务业	24	16126	26	12946	29	12928
饮料及冷饮服务业	10	468	11	444	12	474
其他餐饮服务业	10	1283	12	1286	13	1374

17-3 社会消费品零售总额

(按城乡分) 单位：亿元

年份、城市	社会消费品零售总额	按城乡分	
		城镇	乡村
1978	71.2	52.8	18.4
1985	195.5	137.5	58.0
1986	244.3	175.0	69.3
1987	285.9	205.7	80.2
1988	368.0	269.6	98.4
1989	411.7	307.7	104.0
1990	421.1	322.3	98.8
1991	467.3	363.6	103.7
1992	540.6	415.6	125.0
1993	682.1	589.3	92.8
1994	870.5	756.8	113.7
1995	1122.0	984.4	137.6
1996	1289.4	1130.3	159.1
1997	1450.6	1270.2	180.4
1998	1568.7	1373.0	195.7
1999	1696.1	1493.8	202.3
2000	1847.6	1632.2	215.4
2001	2034.9	1797.8	237.1
2002	2258.4	2005.0	253.4
2003	2330.8	2075.6	255.2
2004	2642.8	2351.2	291.6
2005	2999.0	2669.3	329.7
2006	3434.6	3036.4	398.2
2007	4030.1	3566.5	463.6
2008	4917.5	4350.1	567.5
2009	5812.6	5124.1	688.5
2010	6809.6	6003.0	806.6
2011	8003.6	7446.0	557.7
2012	9256.6	8475.3	781.3
沈阳	2802.2	2712.3	89.9
大连	2224.0	2127.9	96.1
鞍山	703.7	601.5	102.2
抚顺	455.2	430.5	24.7
本溪	261.2	251.4	9.7
丹东	375.9	321.3	54.6
锦州	434.5	379.2	55.3
营口	341.4	300.7	40.7
阜新	202.6	152.1	50.5
辽阳	283.8	266.0	17.8
盘锦	252.0	216.6	35.4
铁岭	307.9	198.3	109.7
朝阳	294.4	266.2	28.2
葫芦岛	317.6	251.3	66.3

注：1.1993年以后是将市和县视为城镇，县以下为乡村。2010年按地区和城乡分组数据为了与历史数据可比按2009年的比重推算。
2.2010年社会消费品零售总额中，不含其他行业零售额。

17-4 各地区社会消费品零售总额

(2012年)

单位：万元

项　目	沈阳市	大连市	鞍山市	抚顺市	本溪市	丹东市	锦州市
社会消费品零售总额	28022019.8	22240482.6	7036806.1	4552380.1	2611582.2	3758958.9	4344554.4
按销售单位所在地分							
1.城镇	27123319.7	21279397.7	6014688.4	4305416.4	2514206.5	3212618.1	3791545.8
其中：城区	25843201.2	19648793.4	4711360.5	3804204.5	2366628.7	2437872.9	2964169.9
2.乡村	898700.1	961084.9	1022117.7	246963.7	97375.7	546340.8	553008.6

17-4 续表

单位：万元

项　目	营口市	阜新市	辽阳市	盘锦市	铁岭市	朝阳市	葫芦岛市
社会消费品零售总额	3414104.0	2026359.2	2838233.0	2520309.6	3079446.0	2944007.4	3176455.3
按销售单位所在地分							
1.城镇	3006931.1	1521134.9	2660123.4	2165902.6	1982939.1	2661526.5	2513334.4
其中：城区	2385223.5	1268671.6	1638816.1	1865480.8	1408496.2	1846075.4	1480086.8
2.乡村	407172.9	505224.3	178109.6	354407.0	1096506.9	282480.9	663120.9

17-5 限额以上批发零售贸易业商品销售总额

(2012年) 单位：万元

登记注册类型、行业	销售总额	#批发	#零售
总 计	**157342087**	**120756895**	**36585192.7**
一、批发业	**121433664**	**116830419**	**4603245.8**
1.按登记注册类型分组			
内资企业	118590912	114184181	4406730.8
国有企业	23339305	22887574	451731.3
集体企业	387301	366124	21177.1
股份合作企业	99744	89501	10243.9
联营企业	175168	164426	10741.1
国有联营企业	2208	2208	
集体联营企业			
国有与集体联营企业	166776	156035	10741.1
其他联营企业	6184	6184	
有限责任公司	21670399	20541964	1128435.7
国有独资企业	1495310	1490498	4811.4
其他有限责任公司	20175090	19051466	1123624.3
股份有限公司	44014823	42603380	1411442.7
私营企业	27890010	26547986	1342023.6
私营独资企业	1300881	1143782	157099.1
私营合伙企业	119877	119472	405
私营有限责任公司	25131059	23971662	1159397.3
私营股份有限公司	1338193	1313070	25122.2
其他企业	1014163	983227	30935.4
港、澳、台商投资企业	628539	609439	19100.4
合资经营企业	79256	79256	
合作经营企业	254	254	
独资经营企业	543683	524583	19100.4
投资股份有限公司	5346	5346	
外商投资企业	1590137	1472185	117952.1
中外合资经营企业	276137	236172	39965.5
中外合作经营企业			
外资企业	1267489	1191844	75645.7
外商投资股份有限公司	46511	44170	2340.9
2.按国民经济行业分组			
农畜产品批发业	3795369	3715822	79546.8
食品、饮料及烟草制品批发业	6452008	6283356	168652
米、面制品及食用油批发业	1054028	1012216	41812.5
烟草制品批发业	4169979	4075541	94438
纺织、服装及日用品批发业	2403632	2276697	126934.5
服装批发业	804762	755022	49739.6
文化、体育用品及器材批发业	368126	347304	20822
医药及医疗器材批发业	4761105	3845582	915522.8
矿产品、建材及化工产品批发	95220378	92740715	2479663.6
煤炭及制品批发业	6700285	6615136	85149
石油及制品批发业	57117392	55085417	2031974.4
金属及金属矿批发业	22371571	22140932	230638.2
建材批发业	3929865	3810315	119550.1
化肥批发业	1179753	1175895	3858
机械设备、五金交电及电子产	7351120	6685240	665879.8
汽车、摩托车及零配件批发	2728866	2292479	436387.1
家用电器批发业	684430	661600	22830.8
计算机、软件及辅助设备批	612674	507432	105241.7
贸易经纪与代理	220340	219283	1057.7
其他批发业	599000	553750	45250.1

17-5 续表 单位：万元

登记注册类型、行业	销售总额	#批发	#零售
二、零售业			
1.按登记注册类型分组			
内资企业	30000159	3652492	26347667
国有企业	2245959	1033956	1212002.7
集体企业	270019	25355	244663.6
股份合作企业	158957	8726	150231.7
联营企业	73175		73174.6
国有联营企业	18834		18834.1
集体联营企业	54341		54340.5
国有与集体联营企业			
其他联营企业			
有限责任公司	8888178	271840	8616338
国有独资企业	73588		73587.5
其他有限责任公司	8814590	271840	8542750.5
股份有限公司	6855759	1560341	5295418.1
私营企业	11200961	737530	10463430.1
私营独资企业	1751901	177610	1574290.5
私营合伙企业	54768	2865	51903.2
私营有限责任公司	9074879	537031	8537848
私营股份有限公司	319413	20025	299388.4
其他企业	307152	14744	292408.2
港、澳、台商投资企业	1631154	66613	1564541.4
合资经营企业	847882	9328	838553.4
合作经营企业	5158		5157.8
独资经营企业	702212	41066	661146.1
投资股份有限公司	75903	16219	59684.1
外商投资企业	1466199	6985	1459213.8
中外合资经营企业	647889	4391	643498.7
中外合作经营企业	66365	2	66362.9
外资企业	719144	2593	716551.2
外商投资股份有限公司	26858		26858
2.按国民经济行业分组			
综合零售业	10300268	145047	10155220.9
百货零售业	7679985	100433	7579552.2
超级市场零售业	2420075	22787	2397287.3
食品、饮料及烟草制品专门零	609716	52654	557061.8
纺织、服装及日用品专门零售	2097503	148943	1948559.8
服装零售业	1460517	110121	1350396
文化、体育用品及器材专门零	1006240	39401	966838.9
体育用品零售业	97010	6697	90313.3
图书零售业	167022	8249	158773.3
医药及医疗器材专门零售业	1566978	172872	1394106.2
药品零售业	1496933	160468	1336465.2
汽车、摩托车、燃料及零配件	15946976	3040157	12906818.4
汽车零售业	8711574	355566	8356007.8
机动车燃料零售业	6889761	2657219	4232541.3
家用电器及电子产品专门零售	2551277	144405	2406872.8
家用电器零售业	1663987	63468	1600519.3
计算机、软件及辅助设备零	560360	58455	501904.8
通讯设备零售业	295882	20597	275285.1
五金、家具及室内装修材料专	1281171	122859	1158312.3
无店铺及其他零售业	548294	60139	488155.8
邮购及电子销售业	88254		88254.1

17-6 各地区限额以上批发零售贸易业商品销售总额

(2012年) 单位：万元

登记注册类型、行业	沈阳	大连	鞍山	抚顺	本溪	丹东	锦州
总　计	**81509462.1**	**36460803.5**	**10975303**	**3682830.5**	**1501603.9**	**2038729.5**	**3318381.8**
一、批发业	**66255113.5**	**28140079.8**	**8143284.6**	**2413096.4**	**853477.8**	**1046377.7**	**1594390.1**
1.按登记注册类型分组							
内资	65249199.6	26575954.9	8048613.2	2357484.4	827527.9	1029531	1569412.2
国有	7649679.8	5198475.3	4667737.9	357388.9	177484	179166.3	370362.5
集体	63703.9	181831.5	30698	6809.5	7757	14713.7	11133.5
股份合作	58313.8	26475				11153.8	
联营企业	2208.1	172959.4					
国有联营	2208.1						
集体联营							
国有与集体联营		166775.9					
其他联营		6183.5					
有限责任公司	8821367.9	8419945.3	901338.8	878312.4	124270.6	316652.7	480378.8
国有独资公司	317010.1	298275.2	56099.2	467512.6			
其他有限责任公司	8504357.8	8121670.1	845239.6	410799.8	124270.6	316652.7	480378.8
股份有限公司	38567946.7	1116648.8	600830.9	563183.1	329646.8	2007.8	13302.8
私营企业	9847489.3	11130719.9	1829675.1	551790.5	186497.6	502987.5	677957.2
私营独资	671884.3	111053.5	178225.5	48046.6	12997.9	2640.6	45044.4
私营合伙	37328.4	7498.2	41882.1				
私营有限责任公司	8850048.3	10403671.6	1469320.4	486909	90477.1	443953.5	528353.1
私营股份有限公司	288228.3	608496.6	140247.1	16834.9	83022.6	56393.4	104559.7
其他	238490.1	328899.7	18332.5		1871.9	2849.2	16277.4
港澳台商投资企业	376475.5	235340.2			11812.7		
与港澳台商合资经营		74345.6					
与港澳台商合作经营		253.8					
港澳台商独资	376475.5	155395.2			11812.7		
港澳台商独资股份有限公司		5345.6					
外商投资企业	334917	1184702.1	8986.1	32463.7			24977.9
中外合资经营	22023.6	219337.2		32463.7			
中外合作经营							
外资企业	302587.1	954138	8986.1				
外商投资股份有限公司	10306.3	11226.9					24977.9
2.按国民经济行业分组							
农畜产品批发业	271743.1	2715887.4	52623.3	30742.9	684.1	21392.4	257610.4
食品、饮料及烟草制品批发业	1723811.3	1783244.9	399845.3	239119.4	194798.1	203322.3	463263.8
米、面制品及食用油批发业	267184.1	341624.9	78238.9	7834.1	42107.8	9275.2	133624.7
烟草制品批发业	861190.2	806794.1	272316.1	170234.5	123353.4		221273.7
纺织、服装及日用品批发业	1130124.8	1404994.2	23289.5	41310.6	11345.9	203851.4	101921.1
服装批发业	138520.9	566494.7		4929.5	10847.7	59938.2	
文化、体育用品及器材批发业	269512.3	105307.9	30519				3582
医药及医疗器材批发业	3042829.2	537970	125515.1	2257.8	34814.5	13374.6	96178.5
矿产品、建材及化工产品批发业	56592116.6	17985747.4	7217330.6	1984730.2	556578.5	110490.6	583860.9
煤炭及制品批发业	1554938.6	2170639.3	67367	478348.2	20059.3	55652	34485.8
石油及制品批发业	39295880	10085067.1	712163.7	937172.7	308343.7		442589.2
金属及金属矿批发业	10570155.8	4204626.7	5887085	417191.4	176264.8	26225.3	67995.8
建材批发业	3229670.8	424180.3	51165.5	50307.9	23867.4	9757.6	
化肥批发业	615474.3	90327.1	178408.4	5971	6569.6		12123.7
机械设备、五金交电及电子产品批发	3107962.1	3354452.6	205328.9	90319.6	34334.6	436922.7	87973.4
汽车、摩托车及零配件批发业	979513	692573.4	81695.4	35795.8	20777.2	406736.9	57129.8
家用电器批发业	596806.1	382907.1					95210.9
计算机、软件及辅助设备批发业	466039.3	144316.4		2466	1027.6		4440.9

17-6 续表 1

单位：万元

登记注册类型、行业	沈阳	大连	鞍山	抚顺	本溪	丹东	锦州
贸易经纪与代理	45357.4	51253.7					
其他批发业	71656.7	201221.7	88832.9	24615.9	20922.1	57023.7	
二、零售业	**15254348.6**	**8320723.7**	**2832018.4**	**1269734.1**	**648126.1**	**992351.8**	**1723991.7**
1.按登记注册类型分组							
内资	13629616.3	6441018.9	1625081.9	1203694.2	524567.3	821897.8	1559967.9
国有	1887431.7	81045.1	54257.3	58146.4	18980.1	9955.6	34684.5
集体	101603.9	41217.7	43429.7	6251.5	4577.1	19091.8	31260
股份合作	134576.4	4268.2		4715.8	958.5	940.8	
联营企业	40094.8	7357.8		11101.3		9258.3	2218
有限责任公司	4083991.3	1474778.9	670149.1	459769.4	303146.4	105501.7	397412.8
国有独资公司	25579.3			20478			
其他有限责任公司	4058412	1474778.9	670149.1	439291.4	303146.4	105501.7	397412.8
股份有限公司	2278005.6	2866189.3	44143.9	481421.9	7578.5	447547.8	503849.6
私营企业	5039027.5	1942148.1	793001.6	177910.7	186002.1	223880.1	566506
私营独资	547516.5	162756.8	404125.5	16194.6	6044.2	67955.8	99114.3
私营合伙	38440.1	494.7	3481.8			2480.2	
私营有限责任公司	4412000.2	1692734.6	371577.1	125308.8	177523.3	147687.9	454545.4
私营股份有限公司	41070.7	86162	13817.2	36407.3	2434.6	5756.2	12846.3
其他	64885.1	24013.8	20100.3	4377.2	3324.6	5721.7	24037
港澳台商投资企业	415206.5	970710	145216.4			10050.5	
与港澳台商合资经营	44794	648057.7	104051.1			10050.5	
与港澳台商合作经营	5157.8						
港澳台商独资	342824.4	300328.3	15512.5				
港澳台商独资股份有限公司	22430.3	22324	25652.8				
外商投资企业	694348.2	707677.6		4089.8		9856.7	34685.7
中外合资经营	479424.9	152923.3					
中外合作经营	32968.5	33396.2					
外资企业	149153.8	521358.1		4089.8		9856.7	34685.7
外商投资股份有限公司	26858						
2.按国民经济行业分组							
综合零售业	3600633.6	2405198.2	687517.6	850598.2	304898.7	164662.1	453851.8
百货零售业	2582425.6	1780945.1	469990.4	738377.4	277695.3	84485.7	327791.5
超级市场零售业	935295.7	545021	210662	102995.8	24393	67129	125560.2
食品、饮料及烟草制品专门零售业	348691.5	73439.4	55944.5	6265.5	11901.3	28118.7	32362.8
纺织、服装及日用品专门零售业	463089.1	383356.2	596646.3	22404	26053.9	100150.4	85546.6
服装零售业	326292.3	246267.1	363569.2	20976.1	10120.4	75808.7	70975.8
文化、体育用品及器材专门零售业	475167.7	137313.2	256562.6		8555	31726.1	47456.6
体育用品零售业	15788.7	75439.1	5196.9				
图书零售业	95677.2	21078.2	9053		4705.9	3818.6	2521.8
医药及医疗器材专门零售业	974947.6	332219.6	52535.1	33323.6	16865.3	25475.6	31377.9
药品零售业	916613.8	326343.1	52535.1	31076.4	16865.3	24702.3	30392.8
汽车、摩托车、燃料及零配件专门	7540424.8	4273325	761827.2	126804.6	94449.5	492963	842340.2
汽车零售业	4114337.9	2108856	500599.1	116577.2	77281.1	113085.9	251792.2
机动车燃料零售业	3347377.3	2112462	178861.8	9492.1	11775.8	371200.2	548344.1
家用电器及电子产品专门零售业	1278176.7	427192.9	191850.5	39953.1	79977.4	106097.2	101236.3
家用电器零售业	745716.8	310861.5	176099.3	36107.6	21717.7	65225.9	86434.4
计算机、软件及辅助设备零售业	281450.5	93972.3	9771.3	2932.2	50186.3	35320.5	14037.1
通讯设备零售业	229651.6	19343.8	5979.9		3250.4	4658.4	764.8
五金、家具及室内装修材料专门零	354056.6	210811.8	170840	177116.4	91804.6	34371.5	106930.2
无店铺及其他零售业	219161	77867.4	58294.6	13268.7	13620.4	8787.2	22889.3
邮购及电子销售业	88254.1						

17-6 续表 2

单位：万元

登记注册类型、行业	营口	阜新	辽阳	盘锦	铁岭	朝阳	葫芦岛
总 计	**2807043.4**	**2673631.8**	**2131806.3**	**3706643.8**	**2528062.6**	**2303893.5**	**1703891.7**
一、批发业	**1956253.7**	**2003580.3**	**1412580.6**	**2873146.8**	**1913105.8**	**1684186.3**	**1144990.9**
1.按登记注册类型分组							
内资	1948111.3	1996510.7	1410470.6	2873146.8	1913105.8	1646852.4	1144990.9
国有	292049.4	879878.1	515642.5	1332360.2	1106055.5	311361.8	301662.7
集体	21126.5	36792.3	204		1105.3	11425.7	
股份合作							3801.8
联营企业							
国有联营							
集体联营							
国有与集体联营							
其他联营							
有限责任公司	167342.3	342708.9	84331.3	194576.6	329253.7	462908.5	147011.6
国有独资公司		313282.6				43129.8	
其他有限责任公司	167342.3	29426.3	84331.3	194576.6	329253.7	419778.7	147011.6
股份有限公司	564813	314280.4	599425.4	371844.5	316586.1	291624.7	362681.5
私营企业	667127.3	401150.6	184599.5	974365.5	123630.1	549238.7	262780.7
私营独资	61766.5	53604	8780.2	9338.1	39744.2	45470.4	12284.8
私营合伙			33167.9				
私营有限责任公司	592012.7	346922.4	141380.9	948384	83885.9	495244.5	250495.9
私营股份有限公司	13348.1	624.2	1270.5	16643.4		8523.8	
其他	235652.8	21700.4	26267.9		36475.1	20293	67052.6
港澳台商投资企业		4910.7					
与港澳台商合资经营		4910.7					
与港澳台商合作经营							
港澳台商独资							
港澳台商独资股份有限公司							
外商投资企业	4090.6						
中外合资经营	2312.6						
中外合作经营							
外资企业	1778						
外商投资股份有限公司							
2.按国民经济行业分组							
农畜产品批发业	1878.7	67969.9	16858	14244.6	54296.5	68439.4	220997.8
食品、饮料及烟草制品批发业	284254.9	185261.8	188792.1	109468.7	228230.9	262983.4	185610.8
米、面制品及食用油批发业	62524.3	29586.2	19836		25720.9	53032.9	
烟草制品批发业	209880.3	128491.6	150334.2	109468.7	202510	177080.7	178137.4
纺织、服装及日用品批发业	3666.6						4253.1
服装批发业							
文化、体育用品及器材批发业	1778			4148.7			
医药及医疗器材批发业	3341.4	2451.9		73089	9583.2	37735.8	4138
矿产品、建材及化工产品批发业	1534998.7	1736706.1	1146406.1	2607702.6	1565360.7	1228724.4	711214.2
煤炭及制品批发业	92363.5	1387818.3	26912.6	45386.4	920226.7	132142.5	7151.5
石油及制品批发业	793082.1	309958.8	348916	2231613.9	627158.5	510705	552659.3
金属及金属矿批发业	456848.6	12537.8	69536.4		2317	544017.4	34108.7
建材批发业	103221.7	13546.5	3811.2	978		1691	7479.5
化肥批发业	14067.9	10614.8		61132	9605.4	13749.6	53205.2
机械设备、五金交电及电子产品批发	21919.8	11190.6	11646.1	44618.7	26249.7	33908.9	15267.9
汽车、摩托车及零配件批发业	4176.3		5609.2	26015	6087.7	22976.7	
家用电器批发业							4253.1
计算机、软件及辅助设备批发业							

17-6 续表 3

单位：万元

登记注册类型、行业	营口	阜新	辽阳	盘锦	铁岭	朝阳	葫芦岛
贸易经纪与代理	103854.8			19874.5			
其他批发业	560.8		48878.3		29384.8	52394.4	3509.1
二、零售业	**850789.7**	**670051.5**	**719225.7**	**833497**	**614956.8**	**619707.2**	**558900.8**
1.按登记注册类型分组							
内资	799379.6	660527.6	355117.5	801440.9	503707.3	541032.1	533109.6
国有	2889.4	3873.6	41126.8	1338.6	28687.4	12671.8	10870.4
集体	2290.7	7674.7	2679.7	1080.2	1661.5	4888.8	2311.3
股份合作				13497.6			
联营企业		3144.4					
有限责任公司	68243.3	375289.1	99223.4	404644.6	34559.4	176413.3	235054.9
国有独资公司	836.5					26693.7	
其他有限责任公司	67406.8	375289.1	99223.4	404644.6	34559.4	149719.6	235054.9
股份有限公司	39738.6	1417.6	4556	95768.6	81610.3		3931.6
私营企业	671578.8	259369.9	206923.8	282855.3	244080.7	341050.6	266625.3
私营独资	64771.3	15904	49033	14683.5	92991.5	43328.8	167480.8
私营合伙	5483.4	1045.5		837		2505.1	
私营有限责任公司	582911.7	240465.5	150363.4	209479.2	116951.2	295216.7	98113.8
私营股份有限公司	18412.4	1954.9	7527.4	57855.6	34138		1030.7
其他	14638.8	9758.3	607.8	2256	113108	6007.6	14316.1
港澳台商投资企业	46424.4		1755.1			17474.9	24316.6
与港澳台商合资经营	40928.4						
与港澳台商合作经营							
港澳台商独资			1755.1			17474.9	24316.6
港澳台商独资股份有限公司	5496						
外商投资企业	1334		14207.2				
中外合资经营	1334		14207.2				
中外合作经营							
外资企业							
外商投资股份有限公司							
2.按国民经济行业分组							
综合零售业	304832.5	386983.2	45211	381388.1	234172.3	235876.7	244444
百货零售业	179830.9	362927.5	1729.2	285569.3	205055.8	163851.6	219309.6
超级市场零售业	124057.7	24055.7	40891.8	94813.8	29116.5	70948.1	25134.4
食品、饮料及烟草制品专门零售业	18033.8	8521.8	3971.4	6617.8	4474.6	7707.2	3665.4
纺织、服装及日用品专门零售业	21870.5	3101.4	304614	11283.1	49965	20070.3	9351.7
服装零售业	12259.1	550.4	300902.2	9845.1	6989.8	11356.9	4603.7
文化、体育用品及器材专门零售业	6671	5381.1	10244.9	4402.2	5452.7	13640.1	3667.1
体育用品零售业			585.3				
图书零售业	1859.3	3873.6	3515.6	2667	5220.2	10015.7	3016.3
医药及医疗器材专门零售业	10322.3	663.8	5375.6	26305	11255.4	32491.6	13819.5
药品零售业	10322.3	663.8	5375.6	24476.3	11255.4	32491.6	13819.5
汽车、摩托车、燃料及零配件专门	328604.7	215721.5	200612.4	341619.7	229298.6	249057.7	249926.8
汽车零售业	292255.6	201037.5	150922.1	239114.2	141996.8	191444.5	212273.9
机动车燃料零售业	31785	14684	46830.6	57572.7	85057.8	40646.4	33670.9
家用电器及电子产品专门零售业	90210	21559.9	51061.6	39500.6	56709.4	39753.8	27998
家用电器零售业	73168.4	9966.7	21986.6	18218.8	56109.4	33862.7	8511.3
计算机、软件及辅助设备零售业	7619.8	4977.1	29075	20362.8	600	5891.1	4163.8
通讯设备零售业	9375.3	6616.1		919			15322.9
五金、家具及室内装修材料专门零	28759.6	10585.3	37357.7	17937	18547.5	19616	2437.1
无店铺及其他零售业	41485.3	17533.5	60777.1	4443.5	5081.3	1493.8	3591.2
邮购及电子销售业							

17-7 限额以上批发、零售贸易业商品销售类值

(2012年) 单位：万元

	销售合计	批发	零售
总　计	**146839089.6**	**111464439.0**	**35374650.6**
1.食品、饮料、烟酒类	11669249.0	8168201.8	3501047.2
(1)食品类	6771807.0	4126929.5	2644877.5
# 粮油类	3833576.0	3127712.5	705863.5
肉禽蛋类	561145.6	136992.7	424152.9
(2)饮料类	594190.2	258026.2	336164.0
(3)烟酒类	4303251.8	3783246.1	520005.7
2.服装、鞋帽、针纺织品类	6477728.0	984360.9	5493367.1
(1)服装类	4775268.2	729802.4	4045465.8
(2)鞋帽类	1030860.2	71048.6	959811.6
(3)针、纺织品类	671599.6	183509.9	488089.7
3.化妆品类	637681.7	61681.2	576000.5
4.金银珠宝类	1245424.9	30212.5	1215212.4
5.日用品类	1682770.5	343770.6	1338999.9
# 洗涤用品类	291387.8	36871.6	254516.2
儿童玩具类	126604.4	182.5	126421.9
6.五金、电料类	849751.9	449481.7	400270.2
7.体育、娱乐用品类	200676.2	63318.5	137357.7
8.书报杂志类	226695.7	69621.5	157074.2
9.电子出版物及音像制品类	36060.7	13166.3	22894.4
10.家用电器和音像器材类	3173811.8	837871.7	2335940.1
11.中西药品类	5247890.6	2862144.8	2385745.8
# 西药	3374652.8	1891821.1	1482831.7
中草药及中成药	691052.8	331018.0	360034.8
12.文化办公用品类	1357924.8	525581.7	832343.1
13.家俱类	419969.2	39515.8	380453.4
14.通讯器材类	1079055.3	409534.0	669521.3
15.煤炭及制品类	5676193.7	5495233.2	180960.5
16.木材及制品类	49029.7	49029.7	
17.石油及制品类	60868480.1	55008117.1	5860363.0
18.化工材料及制品类	7447668.5	7447668.5	
# 化肥类	1095005.0	1095005.0	
19.金属材料类	18011286.2	18011286.2	
20.建筑及装潢材料类	1900281.9	1175960.8	724321.1
21.机电产品及设备类	3803356.8	3649374.6	153982.2
# 农机类	255692.4	255692.4	
22.汽车类	10472001.0	1884672.7	8587328.3
23.种子饲料类	399977.1	399977.1	
24.棉麻类	24162.7	24018.2	144.5
25.其他类	3881961.6	3460637.9	421323.7

注：此表为快报数，统计范围为限上法人、产业单位和个体。

17-8 限额以上批发零售贸易业主要财务指标

(2012年) 单位：万元

登记注册类型、行业	流动资产合计	固定资产原价	累计折旧	资产总计	负债合计	实收资本	主营业务收入
总计	**37800121**	**6658132**	**2162679**	**50713197**	**37637172**	**9679009**	**134547246**
一、批发业	**27533891**	**2756875**	**997609**	**34709806**	**25811446**	**5654245**	**106198570**
1.按登记注册类型分组							
内资	26166163	2656960	967450	32716270	24380337	5179027	104614450
国有	4629893	658466	264272	5584449	3481970	623767	19558275
集体	83456	15305	4451	104965	75801	21215	353238
股份合作	15157	6873	2191	20116	13018	2384	87647
联营企业	24562	24619	1938	57152	42749	15129	173524
国有联营	5279	851	101	6038	5320	1789	2104
集体联营							
国有与集体联营	11444	21538	894	36092	26461	9630	166776
其他联营	7839	2230	942	15022	10968	3710	4644
有限责任公司	9263816	425265	126257	10640869	9355019	1031742	18762131
国有独资公司	590440	14333	3833	609553	487661	93826	918958
其他有限责任公司	8673376	410932	122424	10031315	8867358	937916	17843173
股份有限公司	2694883	472532	233474	4333438	1904198	1449410	38409293
私营企业	9095927	1008934	327144	11546135	9163856	1993062	25772157
私营独资	420838	221978	54812	656749	377737	252323	1208100
私营合伙	18100	824	252	32135	20006	10285	110021
私营有限责任公司	8219400	756374	259970	10332653	8308739	1668518	23262589
私营股份有限公司	437589	29759	12109	524598	457374	61935	1191446
其他	358469	44966	7724	429148	343726	42318	1498186
港澳台商投资企业	914719	25577	15325	1250391	1070376	164349	519073
与港澳台商合资经营	605130	19696	12639	890109	786362	80533	81371
与港澳台商合作经营	5925	840	103	8617	8991	1200	402
港澳台商独资	303664	5040	2584	351665	275022	82616	437300
港澳台商独资股份有限公司							
外商投资企业	453008	74338	14834	743145	360734	310869	1065047
中外合资经营	94743	5544	2889	98978	76129	19107	181136
中外合作经营							
外资企业	352799	68033	11656	638227	279854	291234	868548
外商投资股份有限公司	5466	761	289	5940	4750	528	15364
2.按国民经济行业分组							
农畜产品批发业	1758477	152271	42822	2112894	1895482	196732	3518386
食品、饮料及烟草制品批发业	2243127	436439	176792	2672763	1032708	304193	5557778
米、面制品及食用油批发业	442659	102770	33163	592876	516078	51481	1004362
烟草制品批发业	1237732	192375	96571	1370177	79290	89987	3099286
纺织、服装及日用品批发业	1165527	83572	28158	2165852	1004969	355758	2268991
服装批发业	238967	28801	11214	338238	223953	159598	742708
文化、体育用品及器材批发业	180159	24954	10015	218315	138638	31359	313263
医药及医疗器材批发业	1483677	109688	30538	1765387	1422200	259579	3460100
矿产品、建材及化工产品批发业	16092176	1633165	597492	19875563	15535290	3521207	83901292
煤炭及制品批发业	1881546	99777	30458	2117023	1761773	255927	4737221
石油及制品批发业	3313589	781469	366325	4644990	2864101	1503462	51313861
金属及金属矿批发业	7647203	384441	120568	9132661	7635961	1117431	19713478
建材批发业	1266105	196262	35191	1698389	1296663	345055	3402702
化肥批发业	848954	61383	6713	961439	828794	84847	1091787
机械设备、五金交电及电子产品批发	4193908	232914	97138	5376476	4351989	853274	6419463
汽车、摩托车及零配件批发业	1137613	1137613	1137613	1137613	1137613	1137613	1137613
家用电器批发业	234563	4728	1972	244587	228931	12552	648288
计算机、软件及辅助设备批发业	329614	6723	2924	357015	282010	58873	564120

17-8 续表 1

单位：万元

登记注册类型、行业	流动资产合计	固定资产原价	累计折旧	资产总计	负债合计	实收资本	主营业务收入
贸易经纪与代理	214537	5699	2100	219945	174765	39754	211545
其他批发业	202302	78176	12554	302612	255405	92389	547753
二、零售业	**10266230**	**3901257**	**1165071**	**16003390**	**11825726**	**4024764**	**28348676**
1.按登记注册类型分组							
内资	9197763	3321001	945225	14013683	10486096	3342955	25837403
国有	259600	374822	76074	779554	415859	348087	1954392
集体	73133	44901	11951	128406	84361	40683	243677
股份合作	52498	10101	4341	61865	47941	6247	161147
联营企业	15499	1859	696	16755	14977	692	69438
有限责任公司	3520061	1006580	307691	5035687	4257589	656467	7376842
国有独资公司	4465	71460	8103	68352	80549	3518	48161
其他有限责任公司	3515597	935121	299588	4967336	4177039	652949	7328680
股份有限公司	1009252	779246	261782	2306050	1363674	229098	5678735
私营企业	4041591	1055349	270883	5402867	4114385	1991271	10046920
私营独资	414330	225152	46652	728600	389156	209217	1627072
私营合伙	4568	5796	1353	9676	3723	5123	48638
私营有限责任公司	3458877	792571	210791	4464975	3567955	1746933	8081754
私营股份有限公司	163817	31830	12087	199616	153551	29998	289455
其他	226129	48143	11807	282498	187309	70411	306252
港澳台商投资企业	665207	310013	109680	1326935	813891	487150	1417016
与港澳台商合资经营	410716	144674	66543	549435	355572	101725	787944
与港澳台商合作经营							
港澳台商独资	240982	158862	40986	753328	434026	378886	587032
港澳台商独资股份有限公司	13509	6476	2151	24172	24293	6539	42041
外商投资企业	403260	270244	110166	662773	525739	194659	1094257
中外合资经营	163744	133555	72114	258986	183203	71775	530571
中外合作经营							
外资企业	220901	128422	36894	372804	316965	117614	537776
外商投资股份有限公司	18125	7933	1103	30212	25142	5070	20977
2.按国民经济行业分组							
综合零售业	3793583	1921319	598663	6649708	5109342	1067683	7911665
百货零售业	2869005	1496248	446739	5227378	3787506	846807	5920133
超级市场零售业	892944	406983	143413	1376108	1284326	209574	1850940
食品、饮料及烟草制品专门零售业	100706	43012	8822	153813	78876	144261	343074
纺织、服装及日用品专门零售业	514044	164987	50975	723102	572293	146118	878836
服装零售业	387715	137164	40983	562712	459560	120719	611264
文化、体育用品及器材专门零售业	201473	141367	38192	361795	236356	88964	581446
体育用品零售业	9559	6052	2075	19243	12907	7992	38076
图书零售业	60687	50514	19767	112601	74708	21570	133477
医药及医疗器材专门零售业	535016	70888	21479	632602	510463	120057	1267716
药品零售业	500895	67542	20668	593992	482505	113272	1209243
汽车、摩托车、燃料及零配件专门	3665655	1231632	357976	5539946	3855621	2037211	14272447
汽车零售业	3136189	553423	160474	4035381	3107876	1548377	8065475
机动车燃料零售业	410086	648293	185912	1354059	627234	460219	5933948
家用电器及电子产品专门零售业	865986	103501	26398	1029719	747045	203704	2046509
家用电器零售业	574026	60066	13121	671807	538691	84854	1294596
计算机、软件及辅助设备零售业	202757	32812	9953	251395	124625	102842	475626
通讯设备零售业	83741	7022	1079	99022	78322	14033	254415
五金、家具及室内装修材料专门零	155136	146020	40031	302264	236359	99846	579833
无店铺及其他零售业	434632	78531	22536	610441	479372	116920	467151
邮购及电子销售业	24040	257	7	24318	22081	5000	83249

17-8 续表 2

单位：万元

登记注册类型、行业	主营业务成本	主营业务税金及附加	管理费用	营业利润	利润总额	应付职工薪酬	应交增值税
总计	**126410256**	**628538**	**2317015**	**1875925**	**1934398**	**1755896**	**1486875**
一、批发业	**101316648**	**417956**	**1154597**	**1335944**	**1382382**	**812095**	**907859**
1.按登记注册类型分组							
内资	99918654	414552	1100173	1310009	1352812	771576	888663
国有	18367108	206286	252909	535396	561810	210835	195341
集体	326287	3838	6734	7494	6790	3092	4803
股份合作	76935	473	1399	5779	6276	597	492
联营企业	166136	86	782	-692	-693	2137	679
国有联营	1887	19	129	105	105	56	57
集体联营							
国有与集体联营	159992	61		-464	-464	1887	508
其他联营	4257	6	653	-333	-334	194	115
有限责任公司	17846643	64246	180862	185606	180830	113384	285296
国有独资公司	872267	278	4753	31950	32891	3095	5526
其他有限责任公司	16974376	63968	176110	153657	147939	110289	279770
股份有限公司	37782890	14664	85528	89731	87481	173196	94327
私营企业	23894021	118270	550296	468414	491452	259634	262287
私营独资	1020576	11216	25267	108644	108706	10610	16416
私营合伙	99573	1300	1766	4824	4838	883	2973
私营有限责任公司	21632060	99108	510453	354066	373575	238649	228968
私营股份有限公司	1141811	6647	12811	881	4333	9492	13930
其他	1458635	6689	21663	18281	18866	8702	45438
港澳台商投资企业	470554	678	15387	1315	10928	14159	3809
与港澳台商合资经营	66134	178	7345	-3165	6731	5277	1022
与港澳台商合作经营	345		482	-464	-2417	106	-213
港澳台商独资	404076	500	7560	4944	6614	8777	3000
港澳台商独资股份有限公司							
外商投资企业	927440	2727	39037	24621	18643	26360	15386
中外合资经营	165100	380	3908	-653	-372	2334	1042
中外合作经营							
外资企业	749034	2319	34403	25045	18782	23358	14213
外商投资股份有限公司	13306	29	726	229	232	669	131
2.按国民经济行业分组							
农畜产品批发业	3369853	4713	38604	9083	9781	15300	8626
食品、饮料及烟草制品批发业	4522760	212569	194886	485036	507784	164417	150892
米、面制品及食用油批发业	942992	11622	16116	8619	25547	14202	5123
烟草制品批发业	2316848	184656	139074	420673	425368	117565	124578
纺织、服装及日用品批发业	2096057	4576	64923	77147	79877	51667	21211
服装批发业	679761	617	31090	12073	11246	15774	5481
文化、体育用品及器材批发业	281294	1871	11691	5937	6731	11080	3262
医药及医疗器材批发业	3139786	26026	78353	66178	65339	38238	148182
矿产品、建材及化工产品批发业	81187938	140631	597811	616452	619903	357899	495938
煤炭及制品批发业	4324220	10500	45838	145989	124535	23167	71870
石油及制品批发业	50242284	27252	138485	103420	115916	132747	151541
金属及金属矿批发业	19085207	66956	142535	180770	187596	119766	215301
建材批发业	3024817	8269	213521	118583	118094	27685	31515
化肥批发业	1020712	9124	10979	22533	25663	3488	5448
机械设备、五金交电及电子产品批发	6021731	22859	153050	73022	85516	161755	55274
汽车、摩托车及零配件批发业	1137613	1137613	1137613	1137613	1137613	1137613	1137613
家用电器批发业	605771	1133	8316	5126	5010	24300	7650
计算机、软件及辅助设备批发业	529247	2074	10443	10156	10291	88604	3287

17-8 续表 3

单位：万元

登记注册类型、行业	主营业务成本	主营业务税金及附加	管理费用	营业利润	利润总额	应付职工薪酬	应交增值税
贸易经纪与代理	194049	231	5690	4216	5544	4014	265
其他批发业	503182	4481	9588	-1127	1907	7726	24209
二、零售业	**25093608**	**210582**	**1162418**	**539981**	**552015**	**943801**	**579017**
1.按登记注册类型分组							
内资	22936632	194526	1011437	586000	588263	852515	398216
国有	1770838	5143	63396	5863	6851	37779	17400
集体	202326	2405	10773	16246	15720	9554	5318
股份合作	149671	362	2874	1926	2106	2086	1077
联营企业	59976	428	1651	2458	2457	1901	625
有限责任公司	6343519	74421	336291	122507	131134	203973	158469
国有独资公司	52816	1027	5988	-1240	-1556	2397	-11
其他有限责任公司	6290703	73394	330302	123747	132690	201576	158479
股份有限公司	5213967	16314	182818	163299	164498	241118	28310
私营企业	8929622	91369	395151	273066	266332	345469	183007
私营独资	1386530	26762	47793	101146	95581	26885	33216
私营合伙	44060	518	1127	1770	1770	405	517
私营有限责任公司	7251172	61023	330415	161948	160678	309590	145201
私营股份有限公司	247861	3067	15816	8202	8302	8589	4073
其他	266714	4084	18484	634	-835	10634	4011
港澳台商投资企业	1231584	12307	95018	-30542	-28968	51501	157384
与港澳台商合资经营	685259	5562	52213	2056	1800	31171	24271
与港澳台商合作经营							
港澳台商独资	515634	5656	40931	-41149	-39334	17196	132563
港澳台商独资股份有限公司	30692	1090	1874	8551	8566	3134	551
外商投资企业	925392	3749	55964	-15477	-7280	39786	23417
中外合资经营	463450	930	20215	6883	13927	12702	5827
中外合作经营							
外资企业	435913	2792	29575	-16724	-16478	25492	17495
外商投资股份有限公司	21541	16	6156	-5718	-4812	1376	
2.按国民经济行业分组							
综合零售业	6637381	85895	586014	188201	199492	351977	201116
百货零售业	4931529	58830	485523	196549	194443	265552	164199
超级市场零售业	1585073	25924	96362	-9105	4739	81139	34949
食品、饮料及烟草制品专门零售业	295951	4096	19500	12739	14204	12159	13772
纺织、服装及日用品专门零售业	702268	8455	79071	6127	3897	35194	22209
服装零售业	484828	5964	60457	-3853	-5908	25178	12711
文化、体育用品及器材专门零售业	488665	9394	40649	4101	4628	22391	11795
体育用品零售业	32903	269	2862	-290	-240	1146	949
图书零售业	105069	734	19249	-3118	-369	13223	3730
医药及医疗器材专门零售业	1079114	6857	50530	23192	23984	43974	17170
药品零售业	1028728	6632	47343	21499	22346	43175	15752
汽车、摩托车、燃料及零配件专门	13165685	64078	274928	236028	237579	377495	275436
汽车零售业	7422549	49166	193673	104745	109922	261758	244729
机动车燃料零售业	5503311	11858	72054	119099	115482	100953	27368
家用电器及电子产品专门零售业	1838506	20038	59633	39416	39689	78815	25590
家用电器零售业	1146307	15219	37667	31927	33454	27072	16113
计算机、软件及辅助设备零售业	440937	2733	15178	1773	1107	46556	5433
通讯设备零售业	231264	1897	6266	4922	4386	4843	3844
五金、家具及室内装修材料专门零	491042	7031	33877	11672	11159	12163	5882
无店铺及其他零售业	394998	4737	18216	18506	17383	9634	6047
邮购及电子销售业	80825	87	286	-2881	-2763	1025	543

17-9 限额以上住宿业和餐饮业经营情况

(2012年) 单位：万元

登记注册类型、行业	法人单位(个)	年末从业人数(人)	营业额				
				客房收入	餐费收入	商品销售收入	其他收入
总　计	**1271**	**112096**	**2549896**	**534725**	**1864667**	**44018**	**106486**
一、住宿业	**555**	**60571**	**1080196**	**485622**	**482090**	**23016**	**89467**
1.按登记注册类型分组							
内资	489	49602	835360	371214	381150	17463	65533
国有	116	13944	229584	94572	116096	3629	15288
集体	38	2135	33684	15949	15791	389	1556
股份合作	2	75	1081	531	546		3
联营企业	1	48	477	285		53	138
国有联营	1	48	477	285		53	138
集体联营							
国有与集体联营							
其他联营							
有限责任公司	106	15140	227815	98590	103281	4507	21437
国有独资公司	4	2126	29188	10475	13742	173	4797
其他有限责任公司	102	13014	198627	88115	89539	4334	16640
股份有限公司	10	622	8042	5175	2414	90	363
私营企业	203	15958	298911	141056	128782	6285	22789
私营独资	53	3663	60321	28806	26419	1450	3646
私营合伙	6	180	2647	1925	587	82	53
私营有限责任公司	135	11175	222911	103550	96785	4753	17823
私营股份有限公司	9	940	13032	6775	4992		1266
港澳台商投资企业	33	6973	171455	82520	70757	4206	13973
与港澳台商合资经营	19	3843	81640	36378	37496	2311	5455
与港澳台商合作经营	3	1098	32916	19559	11174		2183
港澳台商独资	10	1936	55393	25672	21493	1894	6335
港澳台商独资股份有限公司	1	96	1505	911	594	1	
外商投资企业	33	3996	73380	31889	30183	1347	9961
中外合资经营	23	3317	58269	23281	25618	1230	8140
中外合作经营	2	264	6193	3203	2847		143
外资企业	7	382	8821	5307	1718	118	1678
外商投资股份有限公司							
2.按国民经济行业分组							
旅游饭店	410	54105	953141	410731	443731	18609	80071
一般旅馆	128	5781	105583	59322	33872	4387	8002
其他住宿服务	17	685	21471	15569	4487	21	1394

17-9 续表

单位：万元

登记注册类型、行业	法人单位(个)	年末从业人数(人)	营业额				
				客房收入	餐费收入	商品销售收入	其他收入
二、餐饮业	**716**	**51525**	**1469700**	**49103**	**1382577**	**21002**	**17019**
1.按登记注册类型分组							
内资	638	35889	791818	46809	714108	15828	15073
国有	27	1687	26749	6470	18613	504	1162
集体	22	566	21990	1709	19510	726	46
股份合作	5	152	2574	106	2468		
联营企业							
国有联营							
集体联营							
国有与集体联营							
其他联营							
有限责任公司	93	6006	112070	8996	96938	756	5381
国有独资公司							
其他有限责任公司	93	6006	112070	8996	96938	756	5381
股份有限公司	10	1006	27112	767	26345		
私营企业	459	25076	575209	26601	529086	13088	6434
私营独资	208	8501	236099	6029	223517	4461	2092
私营合伙	8	210	4418	181	4212	25	
私营有限责任公司	229	15952	322477	20201	289976	7958	4342
私营股份有限公司	14	413	12215	190	11381	645	
其他	22	1396	26115	2161	21149	754	2050
港澳台商投资企业	22	2305	72114	606	69578	1151	778
与港澳台商合资经营	9	801	16455	69	15653	178	556
与港澳台商合作经营							
港澳台商独资	13	1504	55658	537	53926	973	223
港澳台商独资股份有限公司							
外商投资企业	56	13331	605768	1687	598890	4023	1168
中外合资经营	24	1353	54267	1487	48122	4023	636
中外合作经营	2	861	30280		30280		
外资企业	29	10982	517727	200	516995		532
外商投资股份有限公司	1	135	3495		3495		
2.按国民经济行业分组							
正餐服务业	662	36749	831369	48994	748551	18439	15385
快餐服务业	29	12928	610179		609738	143	298
饮料及冷饮服务业	12	474	12556		10933	1591	32
其他餐饮服务业	13	1374	15596	109	13356	829	1303

17-10 限额以上住宿业和

(2012年)

登记注册类型、行业	流动资产合计	固定资产原价	累计折旧	资产总计	负债合计	实收资本	主营业务收入
总计	**1510991**	**2915713**	**1163961**	**4133948**	**2926803**	**1326999**	**2477505**
一、住宿业	**1035524**	**2255261**	**938498**	**2839802**	**2021486**	**996350**	**1043848**
1.按登记注册类型分组							
内资	676298	1450542	493813	1984864	1369550	648516	815113
国有	124594	402543	148158	439834	247194	171471	221056
集体	9710	27078	15622	26718	21026	8588	32175
股份合作	278	336	129	702	1365	76	1081
联营企业	215	305	237	282	1033	300	477
国有联营	215	305	237	282	1033	300	477
集体联营							
国有与集体联营							
其他联营							
有限责任公司	168747	610442	206993	688458	436766	299036	228895
国有独资公司	16294	110792	29547	102809	38621	73456	29158
其他有限责任公司	152452	499651	177446	585649	398145	225580	199737
股份有限公司	12871	20351	5270	31489	16103	2503	8015
私营企业	293578	372364	114046	686816	553037	152115	287677
私营独资	45337	61537	12263	117234	72779	32917	51398
私营合伙	1080	146	60	1886	997	900	2574
私营有限责任公司	201197	273851	92585	489108	410630	99915	220553
私营股份有限公司	45964	36831	9138	78588	68631	18383	13153
其他	66307	17124	3359	110565	93025	14427	35738
港澳台商投资企业	242895	557703	282418	611499	324747	229124	161255
与港澳台商合资经营	133020	277530	145087	304732	225857	95700	80485
与港澳台商合作经营	80755	24532	12833	98721	10746	15336	24074
港澳台商独资	28257	250416	122955	203500	83521	116023	55135
港澳台商独资股份有限公司	862	5226	1542	4546	4623	2065	1561
外商投资企业	116332	247016	162268	243439	327189	118710	67481
中外合资经营	81683	195050	126809	177699	210736	92629	52897
中外合作经营	852	34275	26029	9138	61484	20563	6193
外资企业	33369	17583	9399	56099	54291	5488	8391
外商投资股份有限公司							
2.按国民经济行业分组							
旅游饭店	966649	2110324	894736	2628263	1887299	930610	918753
一般旅馆	61063	108804	35583	171051	124786	40463	103225
其他住宿服务	7813	36133	8180	40488	9400	25277	21871

餐饮业主要财务指标

单位：万元

主营业务成本	主营业务税金及附加	管理费用	营业利润	利润总额	应付职工薪酬	应交增值税
1161101	**134187**	**468612**	**85153**	**86007**	**293959**	**35149**
411928	**53882**	**319503**	**-33717**	**-24725**	**177020**	**7782**
357027	40780	213518	-33395	-23015	138294	6067
113755	9159	57501	-14430	-8404	36534	1014
19182	1684	5747	-1274	-1583	5165	100
435	61	282	-34	-34	189	1
44	26	227	-34	-34	62	
44	26	227	-34	-34	62	
83219	12183	72802	-16577	-12113	49229	898
9335	1794	6907	-1935	-1823	13521	
73884	10390	65895	-14642	-10290	35708	898
2455	425	2043	-1269	-1265	1054	18
120162	15409	63530	1754	722	42002	3693
23364	3424	10798	4837	3554	6804	1438
970	128	1278	88	44	337	4
92159	11391	45244	-566	-91	32838	2187
3668	466	6210	-2605	-2786	2023	63
17775	1833	11386	-1531	-304	4060	344
29374	9367	77749	7334	5175	26964	1293
14457	4924	34024	-1523	-2040	11697	541
6471	1422	10532	7209	7336	5054	23
8188	2934	32485	1623	1257	10037	729
258	87	708	25	-1378	177	
25528	3735	28237	-7656	-6886	11762	422
22022	2921	22658	-6375	-6303	9774	409
2335	348	2250	-828	-799	759	8
1172	465	3071	-286	384	1177	4
352141	48156	285782	-32109	-23158	157702	6474
46781	5168	28064	-796	-138	16765	1233
13007	558	5658	-812	-1430	2554	76

17-10 续表

登记注册类型、行业	流动资产合计	固定资产原价	累计折旧	资产总计	负债合计	实收资本	主营业务收入
二、餐饮业	**475466**	**660453**	**225463**	**1294146**	**905317**	**330649**	**1433657**
1.按登记注册类型分组							
内资	349713	499187	144721	955391	665566	273830	764518
国有	17625	33158	16384	44152	21877	19009	26290
集体	2519	3160	1284	5669	2494	2046	21787
股份合作	1784	988	759	2092	1748	277	2574
联营企业							
国有联营							
集体联营							
国有与集体联营							
其他联营							
有限责任公司	54914	82021	20292	223005	173063	61884	107748
国有独资公司							
其他有限责任公司	54914	82021	20292	223005	173063	61884	107748
股份有限公司	2815	28407	3915	28199	21214	1574	26920
私营企业	264522	330054	99812	624394	422577	186975	556006
私营独资	41983	108362	33438	152528	53106	75168	235436
私营合伙	584	835	110	1612	843	279	4418
私营有限责任公司	218964	217701	64448	464073	360687	110358	304892
私营股份有限公司	2992	3156	1816	6181	7940	1170	11260
其他	5534	21400	2276	27883	22594	2065	23194
港澳台商投资企业	26511	64027	34976	65579	47640	16942	72733
与港澳台商合资经营	10147	12261	8035	17672	9964	6481	16282
与港澳台商合作经营							
港澳台商独资	16364	51765	26941	47908	37676	10461	56451
港澳台商独资股份有限公司							
外商投资企业	99243	97239	45766	273175	192111	39877	596405
中外合资经营	29903	14746	5753	50204	38949	6959	53902
中外合作经营	3085	12605	4830	20689	19482	4239	29437
外资企业	64752	69744	35074	200648	132963	28479	509573
外商投资股份有限公司	1503	144	109	1635	717	200	3495
2.按国民经济行业分组							
正餐服务业	371019	552234	175694	1005992	724143	288815	802094
快餐服务业	88288	89071	43087	254296	172057	25447	602975
饮料及冷饮服务业	5203	2177	1201	8424	2400	6013	12320
其他餐饮服务业	10957	16971	5481	25434	6717	10375	16268

单位：万元

主营业务成　本	主营业务税金及附加	管理费用	营业利润	利润总额	应付职工薪　酬	应　交增值税
749173	**80306**	**149109**	**118870**	**110732**	**116939**	**27368**
438678	43015	88618	57367	50574	87476	10255
14865	1264	5701	10	185	4130	223
14022	1300	1996	2820	2093	1149	174
1622	183	279	52	56	217	23
56381	5673	14234	4633	2331	14076	896
56381	5673	14234	4633	2331	14076	896
14701	1091	1073	7591	7555	2446	146
321704	31551	62563	40799	37435	61855	8626
144976	14607	15899	36400	35483	21401	4049
2750	184	370	643	631	708	25
166625	16196	44800	2813	424	38515	4198
7353	564	1493	942	898	1230	354
15381	1954	2773	1464	918	3603	168
33038	3773	7567	4209	3115	7439	1557
10739	662	1637	336	-866	2466	205
22299	3111	5931	3873	3981	4973	1352
277456	33517	52924	57295	57043	22024	15556
25516	2802	7097	2204	1528	4603	359
11464	1619	1628	-1848	60	1788	839
239086	28902	44094	56633	55150	14999	14281
1390	194	105	305	305	634	76
459830	45048	98277	52900	45296	91095	10614
275235	34020	47520	61982	62952	21004	16067
4076	739	941	1437	1354	1491	364
10032	499	2370	2551	1129	3349	323

17-11 各地区限额以上批发零售贸易业企业资产、负债及所有者权益

(2012年)

单位：万元

地　区	资产合计	#流动资产	负债合计	所有者权益合计
全　省	**50713197**	**37800121**	**37637172**	**13054782**
沈　阳	19127713	14658751	14375224	4752489
大　连	18763237	14196323	13858846	4904392
鞍　山	3372440	2146528	2220006	1152434
抚　顺	771531	586194	548032	223499
本　溪	664721	474914	469959	194762
丹　东	762699	358957	555862	206838
锦　州	840185	602602	595698	244487
营　口	1323778	988532	967643	356135
阜　新	952563	746215	804920	147644
辽　阳	675559	480197	546822	128737
盘　锦	1147695	907507	942565	205130
铁　岭	587016	422433	347456	239561
朝　阳	1412496	1141575	1264791	147705
葫芦岛	311562	89393	139349	150971

17-12 各地区限额以上批发零售贸易业企业主要财务指标

(2012年)

单位：万元

地　区	主营业务收入	主营业务成本	主营业务税金及附加	管理费用	管理费用中的税金
全　省	**134547246**	**126410256**	**628538**	**2317015**	**137034**
沈　阳	69792505	67077843	152526	967869	41115
大　连	33383993	30892711	90098	667194	27742
鞍　山	8530015	7618611	158606	135746	35502
抚　顺	2572472	2360114	19763	62451	3145
本　溪	1082570	976815	9138	39007	1525
丹　东	1682544	1518436	19698	38654	3488
锦　州	2679281	2415035	38919	70721	3958
营　口	2592158	2195741	61020	69333	6914
阜　新	2123140	1964859	9853	38631	1565
辽　阳	1742096	1623340	10683	29599	1765
盘　锦	3474162	3307512	12171	56236	3499
铁　岭	1457311	1299957	13767	47166	2273
朝　阳	1968692	1816260	20678	49943	2001
葫芦岛	1466309	1343023	11619	44465	2542

17-13 各地区限额以上批发零售贸易业企业增加值

(2012年) 单位：万元

地　区	增加值合计	本年提取的固定资产折旧	本年应付职工薪酬	主营业务税金及附加	利润总额	管理费用中税金额
全　省	**4839338.3**	**383473.3**	**1755895.6**	**628538.1**	**1934397.5**	**137033.8**
沈　阳	1330996	125313.2	630692.4	152526.2	381349.4	41114.8
大　连	1160853.9	95408.1	498532.3	90097.8	449074.1	27741.6
鞍　山	849224.8	33558.7	70436.7	158606	551121.1	35502.3
抚　顺	141943.5	8881.5	42861.5	19762.5	67293.1	3144.9
本　溪	91076.2	18908.3	28338.4	9137.8	33166.9	1524.8
丹　东	101763.8	7607.1	29864.4	19697.5	41106.8	3488.0
锦　州	289755.9	22327.8	149205.7	38919.4	75344.9	3958.1
营　口	319354.4	25353.5	61444.3	61019.6	164623.2	6913.8
阜　新	103237.7	6850.1	35184.6	9853.4	49784.4	1565.2
辽　阳	65309.2	5029.9	28236.9	10683	19594.6	1764.8
盘　锦	100479.9	7231.6	46298.9	12170.9	31279.2	3499.3
铁　岭	80526.3	10200.9	31343.2	13766.7	22942.4	2273.1
朝　阳	101404.5	10594.2	35257.7	20678.4	32873.3	2000.9
葫芦岛	103412.2	6208.4	68198.6	11618.9	14844.1	2542.2

17-14 各地区限额以上住宿餐饮业增加值

(2012年) 单位：万元

地　区	增加值合计	本年提取的固定资产折旧	本年应付职工薪酬	主营业务税金及附加	利润总额	管理费用中税金额
全　省	**669964.7**	**133439.8**	**293959**	**134187.2**	**86006.6**	**22372.1**
沈　阳	214990.2	26844.2	85101.9	51638	47685.8	3720.3
大　连	198471.5	44870.3	111706.3	37613	-3589.5	7871.4
鞍　山	82332.8	10037.8	19486.7	14119.3	33998.8	4690.2
抚　顺	10370.2	1501.9	6780.1	1851.8	-241.7	478.1
本　溪	5021.9	2377.4	3698.2	1831.2	-3305.9	421
丹　东	25589.8	1925	11131.5	5921.6	5907.2	704.5
锦　州	15949.3	3739.7	8029.7	2157.6	1253.9	768.4
营　口	74724.2	32194.1	21110.1	8501.9	10942.7	1975.4
阜　新	3020.5	329.2	3282.4	741.6	-1451.8	119.1
辽　阳	10589.2	2430.4	5367.2	2226.2	-161.7	727.1
盘　锦	6489.2	2016.7	5554	3247.3	-4620.9	292.1
铁　岭	5047.8	1561.7	3749.8	1238.7	-1651.5	149.1
朝　阳	7367.2	1125.3	3989.7	1072.6	979.1	200.5
葫芦岛	10000.9	2486.1	4971.4	2026.4	262.1	254.9

主要统计指标解释

社会消费品零售额 指各种经济类型的批发零售贸易业、餐饮业、和其他行业对城乡居民和社会集团的消费品零售额的总和。这个指标反映通过各种商品流通渠道向居民和社会集团供应的生活消费品来满足他们生活需要，是研究人民生活、社会消费品购买力、货币流通等问题的重要指标。社会消费品零售额包括：(1)售给城乡居民作为生活用的商品及修建房屋用的建筑材料；(2)售给机关、团体、学校、部队、企业、事业单位的职工食堂和旅店(招待所)附设专门供本店旅客食用，不对外营业的食堂的各种食品、燃料；企业、单位和国营农场直接售给本单位职工和职工食堂的自己生产的产品；(3)售给部队干部、战士生活用的粮食、副食品、衣着品、日用品、燃料；(4)售给来华的外国人、华侨、港澳台同胞的消费品(包括友谊商店、在海关前后设立的免税商店、外轮供应公司等)；(5)居民自费购买的中、西药品、中药材及医疗用品；(6)报社、出版社直接售给居民和社会集团的报纸、图书、杂志，集邮公司(包括邮局集邮专柜)出售的新旧纪念邮票、特种邮票、首日封、集邮册、集邮工具等；(7)旧货寄售商店自购、自销部分的商品零售额；(8)煤气公司、液化石油气站售给居民和社会集团的煤气灶具和罐装液化石油气；

批发零售贸易业商品购、销、存总额 指以各种经济类型的批发、零售贸易业为总体的商品购、销、存。

商品购进总额 指从本企业(单位)以外的单位和个人购进(包括从国外直接进口)作为转卖或加工后转卖的商品。这个指标反映批发零售贸易业从国内、国外市场上购进商品的总量。商品购进总额包括：(1)从工农业生产者购进的商品；(2)从出版社、报社的出版发行部门购进的图书、杂志和报纸；(3)从各种经济类型的批发零售贸易企业(单位)购进的商品；(4)从其他单位购进的商品，如从机关、团体、企业、单位购进的剩余物资，从餐饮业、服务业购进的商品，从海关、市场管理部门购进的缉私和没收的商品，从居民收购的废旧商品等；(5)从国(境)外直接进口的商品。

商品销售总额 指对本企业(单位)以外的单位和个人出售(包括对国(境)外直接出口)的商品。这个指标反映批发零售贸易业在国内市场上销售商品以及出口商品的总量。商品销售总额包括：(1)售给城乡居民和社会集团消费用的商品；(2)售给工业、农业、建筑业、运输邮电业、批发零售贸易业、餐饮业、服务业、公用事业等作为生产、经营使用的商品；(3)售给批发零售贸易业作为转卖或加工后转卖的商品；(4)对国(境)外直接出口的商品。

批发零售贸易业年末库存 指年末各种经济类型的批发零售贸易企业(单位)已取得所有权的商品。它反映各地区、各批发零售贸易企业(单位)的商品库存情况和对市场商品供应的保证程度。期末库存包括：(1)存放在批发零售贸易业经营单位(如门市部、批发站、经营处)仓库、货场、货柜和货架中的商品；(2)挑选、整理、包装中的商品；(3)已记入购进而尚未运到本单位的商品，即发货单或银行承兑凭证已到而货未到部分；(4)寄放他处的商品，如因购货方拒绝承付而暂时存放在购货方的商品和已办完加工成品收回手续而未提回的商品；(5)委托其他单位代销(未作销售或调出)尚未售出的商品；(6)代其他单位购进尚未交付的商品。

城乡集市贸易成交额 指在农村集市和城市集市上买卖双方(包括农民、非农业居民、机关、团体、工商企业、个体商贩)成交的全部商品金额，是反映集市贸易规模的综合性指标。

十八、对外经济贸易

Chapter 18 Foreign Trade and Economy Cooperation

18-1 对外经济贸易基本情况

单位：户、个、亿美元

指 标	2005年	2006年	2008年	2009年	2010年	2011年	2012年
进出口总额	**410.1**	**483.9**	**724.4**	**629.2**	**806.7**	**959.6**	**1039.9**
出口总额	234.4	283.2	420.5	334.4	431.2	510.4	579.5
进口总额	175.7	200.7	303.8	294.8	375.5	449.2	460.4
进出口差额	58.7	82.5	116.7	39.6	55.7	61.2	119.1
外商直接投资合同项目	**2686**	**2336**	**1319**	**1629**	**1480**	**1050**	**745**
外商直接投资合同金额	**110.2**	**152.4**	**203.0**	**281.8**	**256.4**	**196.4**	**247.7**
实际外商直接投资额	**35.9**	**59.9**	**120.2**	**154.4**	**207.5**	**242.7**	**267.9**
外商投资企业基本情况							
年底登记户数	16542	16402	14564	12928	18377	11787	17960
投资总额	815.1	944.9	1247.6	1317.8	1476.2	1659.7	1855.6
注册资本	495.3	596.7	801.3	849.4	975.4	1057.7	1171.3
# 外方	361.7	432.2	642.1	692.9	801.5	864.9	962.6
对外经济合作							
合同金额	7.1	8.5	26.2	29.1	19.7	20.0	22.9
#对外承包工程	5.5	6.6	23.2	25.6	17.2	17.5	19.3
对外劳务合作	1.7	1.9	3.0	2.6	2.4	2.4	3.6
完成营业额	6.5	7.2	11.1	18.2	15.1	16.1	19.5
#对外承包工程	4.3	4.9	8.5	15.8	13.2	14.0	16.3
对外劳务合作	2.3	2.2	2.6	2.4	2.2	2.0	3.2

18-2 外贸进出口总额

单位：亿美元、%

年份	进出口总额				指数(上年=100)		出口额指数(1953年=100)
		出口额	进口额	差额(+、-)	出口额	进口额	
1978	15.9	15.2	0.7	14.5	130.1	190.6	1614.9
1980	40.5	39.8	0.7	39.1	152.9	104.2	4234.0
1985	53.9	50.4	3.5	46.9	101.0	280.6	5363.8
1986	34.3	30.8	3.5	27.0	61.1	100.3	3276.6
1987	42.2	37.9	4.3	33.6	123.0	132.1	4029.8
1988	44.5	38.7	5.8	32.9	102.3	124.9	4121.3
1989	53.4	44.5	8.9	35.6	114.8	154.2	4729.8
1990	63.2	56.1	7.1	49.0	126.0	78.3	5957.4
1991	67.3	57.7	9.6	48.1	103.0	138.3	6138.3
1992	76.6	61.8	14.8	37.0	106.9	153.2	6569.3
1993	84.6	62.1	22.5	39.6	100.7	151.7	6901.1
1994	97.0	68.7	28.3	40.4	110.5	125.5	7627.8
1995	109.9	82.6	27.3	55.2	120.3	96.7	9175.6
1996	112.5	83.4	29.1	54.3	100.9	106.4	9264.4
1997	129.6	88.9	40.7	48.2	106.6	139.9	9877.8
1998	127.4	80.5	46.9	37.1	87.8	75.4	8942.3
1999	137.3	82.0	55.3	26.7	101.9	117.9	9111.1
2000	190.2	108.5	81.7	26.8	132.3	147.7	12055.5
2001	199.1	111.1	88.0	23.1	102.4	107.7	12344.4
2002	217.4	123.7	93.7	30.0	111.3	106.5	13744.4
2003	265.6	146.3	119.3	27.0	118.3	127.3	16255.5
2004	344.4	189.2	155.2	34.0	129.3	130.1	21022.2
2005	410.1	234.4	175.7	58.7	123.9	113.2	26044.4
2006	483.9	283.2	200.7	82.5	120.8	114.2	31466.7
2007	594.7	353.3	241.5	111.8	124.7	120.3	39239.0
2008	724.4	420.5	303.8	116.7	119.0	125.8	46722.2
2009	629.2	334.4	294.8	39.6	79.5	97.0	37155.6
2010	806.7	431.2	375.5	55.7	128.9	127.4	47911.2
2011	959.6	510.4	449.2	61.2	118.4	119.6	56711.1
2012	1039.9	579.5	460.4	119.1	113.5	102.5	64388.9

注:1998年以后为海关统计数。

18-3 按贸易性质分进出口总额

单位：万美元

分 类	2010年	2011年	2012年	2012年比上年增长%	比重(%)		
					2010年	2011年	2012年
进出口总额	**8067121**	**9595724**	**10399104.9**				
出口总额	**4311970**	**5104050**	**5795017.9**	**13.5**	**100**	**100**	**100.0**
一般贸易	1800131.5	2228121	2956298.2	**32.7**	41.7	43.7	51.0
国家间、国际组织无偿援助和赠送的物资	689.3	545	2100.4	**285.4**			
来料加工装配贸易	551159.4	579241	478659.3	**-17.4**	12.8	11.3	8.3
进料加工贸易	1510317.1	1824227	1828754.5	**0.2**	35	35.7	31.6
边境小额贸易	40559	49456	63124.4	**27.6**	0.9	0.9	1.1
对外承包工程货物	5094.9	26721	29430.8	**10.1**	0.1	0.5	0.5
租赁贸易	441.3	15	104.6	**597.6**			
出料加工贸易	286.7	54					
易货贸易	45.7	68					
海关特殊监管区域		348909	323885.2	**-7.2**		6.8	5.6
保税监管场所进出境货物		224035	205978.8	**-8.1**		4.4	3.6
海关特殊监管区域物流货物		124874	117906.4	**-5.6**		2.4	2.0
其他贸易	68896.5	46678	112660.5	**141.4**	1.6	0.9	1.9
进口总额	**3755151**	**4491674**	**4604087**	**2.3**	**100**	**100**	**100**
一般贸易	1931520.4	2477696	2603561	4.8	51.4	55.2	56.5
华侨、港澳同胞、外籍华人捐赠物资	42.9	7	33	385.4			
来料加工装配贸易	520143.7	507725	487389	-4.0	13.9	11.3	10.6
进料加工贸易	712366.4	905437	788930	-12.9	19	20.2	17.1
边境小额贸易	13954.8	31727	37091	16.9		0.7	0.8
来料加工装配进口的设备	1244.3	1180	600	-49.1			
租赁贸易	116.1	63	40	-36.7			
外商投资企业作为投资进口的设备、物品	23340.2	53962	45479	-16.7	0.6	1.2	1.0
出料加工贸易	33.4	27					
易货贸易	48.4	119	15	-87.1			
海关特殊监管区域		500357	628434	25.7		11.1	13.6
保税监管场所进出境货物		287279	430512	50.2		6.4	9.4
海关特殊监管区域物流货物		201901	190083	-5.9		4.5	4.1
其他贸易	22362.4	13374	12515	-6.5	0.6	0.3	0.3

18-4 各地区进出口总额

单位：万美元

地　区	2006年	2007年	2008年	2009年	2010年	2011年	2012年
进口总额							
总　计	**2006871**	**2414687**	**3038290**	**2948357**	**3755151**	**4491674**	**4604087**
沈　阳	263091	275007	300527	304679	377887	579513	678313
大　连	1453765	1729200	2168111	2006491	2472262	2881629	2943100
鞍　山	66186	100699	150181	152582	246151	273417	173491
抚　顺	14749	23236	34001	42957	50144	38189	26909
本　溪	40254	54510	126198	150165	189236	218424	168557
丹　东	33428	41600	49888	56234	105408	151813	172230
锦　州	26783	33646	46990	94046	113938	111589	127653
营　口	48110	53482	69951	47262	71567	107763	161021
阜　新	508	992	628	793	2510	4662	9539
辽　阳	17475	48971	46423	22616	28788	25587	31363
盘　锦	5420	6535	10671	8288	11322	26219	40568
铁　岭	1438	2103	1485	1078	8408	1875	8504
朝　阳	7124	4058	3573	8318	8349	22538	22667
葫芦岛	28540	40648	29663	52848	69181	48456	40172
出口总额							
总　计	**2832250**	**3532507**	**4205447**	**3344142**	**4311970**	**5104050**	**5795032**
沈　阳	265822	331933	412336	352349	407717	482512	596514
大　连	1725809	2145260	2530561	2177367	2725909	3169350	3468242
鞍　山	213853	240689	317427	103906	144221	200499	237445
抚　顺	52457	66265	88227	45881	52355	61464	70706
本　溪	85989	123570	242452	64629	158375	193931	240515
丹　东	140501	161847	138491	144908	187443	235980	287511
锦　州	65553	95748	74063	80647	117852	149552	175144
营　口	117326	135281	168578	120037	220593	325860	388176
阜　新	4038	9063	10534	10608	12036	15323	18861
辽　阳	39410	68135	79115	87013	96151	51192	59855
盘　锦	10182	20597	25908	29230	36662	53823	70551
铁　岭	10028	13273	15201	42017	46129	53190	46429
朝　阳	26074	30965	35026	37028	41277	31274	39809
葫芦岛	75208	89881	67528	48522	65250	80100	95273

18-5 海关同主要国家(地区)进出口总额

单位：万美元

国家、地区	进出口总额			进口总额			出口总额		
	2010年	2011年	2012年	2010年	2011年	2012年	2010年	2011年	2012年
香　港	292175	380050	352473	10939	10257	15244	281236	369793	337229
澳　门	120	169	1635	9		1144	111	169	492
日　本	1533814	1721208	1558982	560624	623327	546351	973190	1097881	1012631
菲律宾	45906	70292	61640	13752	22399	22299	32154	47893	39340
韩　国	707507	865247	901567	309059	377018	344214	398448	488229	557353
泰　国	97126	117233	143627	55724	55642	55132	41402	61591	88496
马来西亚	73788	79270	145786	38385	42346	55941	35403	36924	89845
新加坡	302379	240257	297949	17513	30464	35708	284866	209793	262241
印度尼西亚	218267	273427	267348	58981	56688	60422	159286	216739	206926
土耳其	39725	32187	32100	21360	6717	9025	18364	25470	23075
孟加拉	8865	9900	8265	155	187	178	8710	9713	8087
巴基斯坦	18609	14432	22558	3120	2631	3235	15488	11801	19323
匈牙利	23742	22286	19569	14950	12399	7679	8792	9888	11890
德　国	413691	570366	715864	309108	452353	576246	104583	118013	139618
法　国	71127	90251	88275	48471	62051	49443	22656	28200	38832
意大利	87712	96902	92840	22877	31998	35356	64835	64904	57485
比利时	41052	60793	57097	8123	11391	13984	32929	49402	43113
英　国	100721	110662	116647	34386	31924	22378	66335	78738	94269
丹　麦	18563	28050	33364	8853	16154	18077	9710	11896	15286
瑞　典	49399	35819	31538	37773	21452	17135	11626	14367	14403
瑞　士	13932	24502	18210	10625	20104	12772	3307	4398	5437
奥地利	12254	17661	19549	8239	12578	16277	4015	5084	3272
西班牙	45907	56262	67262	5905	11125	13553	40002	45137	53708
荷　兰	140521	145779	179185	7810	8761	24333	132712	137018	154852
俄罗斯	160125	216756	245462	85243	115152	135627	74882	101603	109835
波　兰	16434	22563	53376	3656	4911	4132	12779	17652	49244
捷　克	7880	10268	13318	5042	6371	6366	2838	3897	6951
罗马尼亚	4245	6205	8655	1378	2909	3346	2867	3296	5308
保加利亚	1450	2155	3142	237	652	546	1214	1503	2595
埃　及	8858	34651	17593	105	157	30	8753	34494	17563
利比亚	3568	755	33532	35		29392	3533	755	4139
加拿大	109095	113710	153295	57931	51544	69066	51164	62166	84229
美　国	703666	784037	1023228	229767	285603	336354	473899	498434	686874
巴　西	284012	328223	323068	222931	255454	228292	61081	72769	94776
澳大利亚	412986	469487	401624	321368	393486	286956	91618	76001	114668
新西兰	15304	28002	33634	9094	20886	24386	6209	7116	9248

18-6 海关主要商品出口数量

品　　名	单位	2005年	2006年	2008年	2009年	2010年	2011年	2012年
冻鸡	吨	14923.0	13253.0	23513.0	17925.0	32393.8	30840.9	19416
水海产品	吨	312342.0	405784.0	423595.0	395516.0	441945.7	572674.5	627047
玉米	万吨	83.5	53.3	2.0	1.6	2.3	2.3	14
鲜苹果	吨	26571.0	25220.0	57371.0	59390.0	61846.9	60582.1	56032
大豆	吨	123968.0	127976.0	172235.0	176835.0	82412.2	85979.0	171388
食用植物油	吨	54876.0	68184.0	55430.0	46443.0	25521.0	23742.6	34615
天然蜂蜜	吨	3053.0	2914.0	3896.0	4323.0	5831.5	3571.8	4326
蘑菇罐头	吨	8250.0	9987.0	16913.0	9956.0	17171.6	16376.3	15467
烤烟	吨	1935.0	541.0	3327.0	3784.0	1818.1	2986.8	1678
滑石	吨	185522.0	214999.0	228772.0	144826.0	208655.3	246540.2	260084
粗苯	吨	7970.0	59360.0	83346.0	14987.0			
原油	万吨	52.3	5.1	23.7	28.9	7.6	8.9	11
成品油	万吨	314.9	386.4	343.9	534.6	487.1	426.3	315
石蜡	吨	344942.0	342066.0	290621.0	306405.0	284712.2	279939.0	293996
合成有机染料	吨	14725.0	19935.0	11529.0	9304.0	8853.2	6367.9	6408
纸及纸板	吨	4937.0	2635.0	2930.0	4249.0	5916.0	6963.8	15481
棉坯布	万米	623.8	486.5					
合成短纤与棉混纺机织物	万米	3790.7	4158.8	4926.3	3066.2	4131.5	4359.5	3962
水泥	万吨	63.2	49.2	25.8	4.4	11.8	14.5	14
钢材	万吨	300.1	580.0	745.2	291.5	567.1	593.0	739
金属加工机床	台	9914.0	21576.0	31597.0	22267.0	29339.0	28206.0	28332
轴承	万套	4707.7	4061.8	4546.0	2713.0	4284.9	5092.4	5224
电动机及发电机	万个	36095.7	34949.6	30528.9	21684.8	32271.6	29258.2	26232
变压器	万个	2321.0	3963.0	7794.3	8215.2	11468.0	8802.8	5788
电视机	万个	258.3	300.2	481.6	450.4	561.9	470.0	421
汽车和汽车底盘	个	5212.0	9148.0	23305.0	13828.0	16523.0	19026.0	24924
船舶	个	6247.0	7822.0	8425.0	8487.0	10194.0	11433.0	18846
皮革服装	万个	202.3	176.4	105.5	85.4	61.6	60.5	85
鞋	万双	4029.2	5224.8	3210.4	2665.7	3503.9	3695.4	6559

18-7 海关主要商品进口数量

品　　名	单位	2005年	2006年	2008年	2009年	2010年	2011年	2012年
大豆	万吨	161.5	95.0	75.1	113.0	214.5	195.0	225
食用植物油	吨	50531.0	16037.0	33270.0	1437.0	3487.5	1514.7	2858
食糖	吨	8695.0	9831.0	7175.0	22507.0	28143.1	35910.7	115558
天然橡胶	吨	49816.0	61869.0	54594.0	33988.0	40253.3	41909.0	34158
纸浆	吨	27097.0	20028.0	12859.0	23902.0	19226.7	35945.4	66929
棉花	吨	15381.0	19449.0	23211.0	15424.0	24078.9	23700.6	29169
铁矿砂及其精矿	万吨	1381.9	1458.4	2169.0	2915.0	2920.7	3105.6	2592
煤	万吨	90.2	66.6	143.6	610.5	643.7	794.0	952
原油	万吨	773.1	951.8	1157.9	1728.8	1552.1	1166.6	1348
成品油	万吨	10.8	33.8	36.8	47.2	87.1	121.6	159
纸及纸板	吨	32174.0	28412.0	36777.0	28784.0	34344.5	36916.5	30932
棉机织物	万米	2809.4	2883.2	1698.1	1075.8	1180.4	1147.7	
合成纤维长丝机织物	万米	7116.8	7927.1	8331.5	5934.4	6929.5	7895.4	5912
钢坯及粗锻件	吨	20357.0	8932.0	7666.0	227156.0	37134.1	16981.5	6401
钢材	吨	590661.0	488538.0	703322.0	649117.0	756953.4	932075.6	728949
金属加工机床	个	3419.0	19515.0	4232.0	14876.0	16677.0	3825.0	2579
电动机及发电机	万个	3997.5	5169.8	7277.9	5099.1	4778.9	4514.8	4733
印刷电路	万个	34216.6	38662.6	39206.8	34084.8	60204.5	90389.5	65988
汽车和汽车底盘	个	22531.0	26570.0	7134.0	7734.0	10788.0	6847.0	19071

18-8 利用外资概况

单位：个、万美元

年份	总计		对外借款		外商直接投资		外商其他投资	
	项目	金额	项目	金额	项目	金额	项目	金额
签订利用外资合同								
1990	550	85298	70	34403	365	46703	115	4192
1991	720	92238	40	33733	575	54006	105	4499
1992	2264	269694	39	68353	2148	197922	77	3419
1993	4147	431588	27	49074	4054	379615	66	2899
1994	2810	499888	63	50495	2677	448846	70	547
1995	2484	466820	54	60702	2406	397449	24	8669
1996	1901	502673	27	24728	1853	445601	21	32344
1997	1734	550991	17	57080	1698	438835	19	55076
1998	1740	506974	26	46747	1708	438957	6	21270
1999	1785	505987	44	51200	1736	444517	5	10270
2000	1908	555807	17	26983	1883	517775	8	11049
2001	1893	592312	14	31611	1876	546649	3	14052
2002	2132	742914	5	11194	2125	718520	2	13200
2003	2328	982243	1	12000	2327	970243		
2004	2491	866200			2491	866200		
2005	2686	1101596			2686	1101596		
2006	2336	1524039			2336	1524039		
2007	1844	2078104			1844	2078104		
2008	1319	2029661			1319	2029661		
2009	1629	2818381			1629	2818381		
2010	1480	2563510			1480	2563510		
2011	1050	1963942			1050	1963942		
2012	745	2476813			745	2476813		
实际利用外资额								
1990		78725		51749		24831		2145
1991		97157		61429		31360		4368
1992		85931		39512		43916		2503
1993		169055		43402		122731		2922
1994		198135		55230		142388		517
1995		190691		49377		140405		909
1996		237915		44637		167142		26136
1997		305876		29775		221446		54655
1998		314104		71742		220471		21891
1999		303820		85470		206366		11984
2000		301620		35472		255219		10929
2001		358627		33282		311293		14052
2002		425538		20777		391561		13200
2003		571074		12812		558262		
2004		540679				540679		
2005		359042				359042		
2006		598554				598554		
2007		909673				909673		
2008		1201925				1201925		
2009		1544390				1544390		
2010		2075010				2075010		
2011		2426739				2426739		
2012		2679315				2679315		

18-9 各地区实际外商直接投资额

单位：万美元

地区	2005年	2006年	2008年	2009年	2010年	2011年	2012年
总计	**359042**	**598554**	**1201925**	**1544390**	**2075010**	**2426739**	**2679315**
沈阳	212312	303444	528842	531038	505361	550247	580435
大连	100153	224475	441180	600199	1003025	1101208	1235033
鞍山	6936	13534	58161	74177	90496	110256	127520
抚顺	4207	5279	12866	31284	44182	20826	12635
本溪	3856	5035	11305	20108	30100	35214	46140
丹东	6432	11449	30606	50003	70454	101688	120100
锦州	6647	9557	31090	36805	50045	53780	100409
营口	7840	10078	32035	50491	86036	110283	121330
阜新	1328	1844	5166	6413	11013	14958	18295
辽阳	3299	5121	20038	81718	33352	39118	45093
盘锦	1464	2052	8390	30178	91335	200108	161004
铁岭	1564	3172	12021	17197	26288	30345	40217
朝阳	584	2494	5020	7332	11039	14269	18103
葫芦岛	2420	1020	5205	7447	22284	44439	53001

18-10 按国别、地区分实际外商直接投资额

单位：万美元

国别、地区	2005年	2006年	2008年	2009年	2010年	2011年	2012年
香港	139993	167937	532055	674180	1147685	1610711	1465255
澳门	1436	1332	7835	32817	30242	12464	13720
台湾	5793	16668	31574	79920	90200	69762	43008
印度尼西亚	395	12		3			50
日本	41003	73991	98480	115592	126158	144210	214451
马来西亚	4675	3440	6821	13910	8064	1422	1663
菲律宾	373	450	924	987	660	8918	2589
新加坡	13158	27636	26259	26408	50185	13050	37755
韩国	51435	93564	162223	156053	135474	139784	146673
泰国	2780	2472	5066	2732	40	2825	4540
比利时	495	1050	1000	7		1	1299
丹麦	215	596		8976	2	6	239
英国	4861	3508	12907	17235	18597	14813	7016
德国	3693	7238	2048	14030	7198	23975	52073
法国	31	1520	438	1317	1463	1906	2320
意大利	2426	4986	2397	473	219	1780	6663
荷兰	2921	4255	2875	3539	5799	1222	2415
西班牙	84	1036	492	1242	5324	443	6038
芬兰		25	280		42	28	17
瑞士	503	101	2856	1194	234	35898	11496
加拿大	4499	13849	6390	23996	19657	10580	13413.4
美国	28262	55693	67548	82296	67450	55484	120614
澳大利亚	3949	9726	7863	11457	7177	2225	15287.4
新西兰	1005	903	1466	1152	9057	2070	8590.4

18-11 外商直接投资

(按国别、地区分)

单位：个、万美元

国别、地区	2007年		2008年		2009年		2010年		2011年		2012年	
	项目	合同外资额	项目	合同外资额	项目	合同外资额	项目	合同外资额	项目	合同外资额	项目	合同外资额
香港	455	913623	337	747395	509	1224091	521	1444286	392	1254359	244	1267282
澳门	11	8839	8	19819	20	65623	22	38708	23	13745	12	4645
台湾	77	67182	90	169541	137	264515	145	260442	48	67519	21	63380
印度尼西亚	2	-34		-130						-77		
日本	305	85584	233	198502	231	204429	221	112441	196	85834	176	232852
马来西亚	14	10022	6	6534	6	11277	8	10005	3	-1814	13	-494
菲律宾	3	13325	1	-969	2	1235	1	315	3	10115	1	12726
新加坡	42	44165	34	62084	23	43892	25	34943	27	25182	16	99631
韩国	507	266657	343	272915	352	418856	256	172781	126	82325	99	77653
泰国	1	-229	1	5179	1	2600		-876	1	-152	1	5560
比利时	1	-3628		990	2	-136	1	117	2	-197	1	1589
丹麦	1	366	1	8237	1	-189		-5		-358	2	196
英国	25	46789	18	29353	16	6448	5	18198	14	6946	1	8287
德国	20	17137	17	8173	14	30050	18	7611	15	11022	12	35913
法国	3	-647	5	-38	6	8653	4	1168	8	4181	3	4522
意大利	10	8124	5	3045	3	-3156	2	632	7	4031	4	4958
荷兰	6	602	11	7437	2	-1014	1	1596	4	2087	5	7348
西班牙	6	3946	3	2663	3	3025	5	4421	2	5069	5	4524
芬兰				338	1	314						
瑞士	4	4490	1	58	3	206	2	2686	4	41510	1	3288
加拿大	60	31488	24	24300	38	64563	28	37098	20	11552	9	16162
美国	132	101580	89	133151	113	153389	62	44853	37	13561	28	99654
澳大利亚	18	8550	14	3915	6	9391	18	8931	11	17009	5	7175
新西兰	4	6984	3	4130	5	724	4	9924	2	18471	2	415

18-12 按行业分对外签订外商直接投资合同情况

行　业	2005年	2006年	2008年	2009年	2010年	2011年	2012年
一、合同项目(个)							
总　　计	**2686**	**2336**	**1319**	**1629**	**1480**	**1050**	**745**
农、林、牧、渔业	69	55	37	38	26	32	13
采 矿 业	25	16	7	6	4	6	9
制 造 业	1717	1366	682	538	463	372	257
电力、燃气及水的生产和供应业	15	29	19	24	26	29	18
建 筑 业	42	38	14	30	28	29	28
交通运输、仓储及邮政业	12	24	18	15	17	18	11
信息传输、计算机服务和软件业	129	90	79	139	86	57	34
批发和零售业	151	158	127	137	185	177	158
住宿和餐饮业	125	101	49	24	40	28	26
金 融 业	4	2	3	2	3	3	
房地产业	178	242	43	120	182	75	64
租赁和商务服务业	139	122	164	190	148	112	81
科学研究、技术服务和地质勘查业	31	46	48	291	211	84	33
水利、环境和公共设施管理业	3	9	7	12	14	11	5
居民服务和其他服务业	28	17	12	44	36	11	6
教育	2	1			1		
卫生、社会保障和社会福利业	1	2		2			
文化、体育和娱乐业	15	18	10	17	10	6	2
公共管理和社会组织							
国际组织							
二、合同外资额(万美元)							
总　　计	**1101596**	**1524039**	**2029661**	**2818381**	**2563510**	**1963942**	**2476813**
农、林、牧、渔业	21048	25350	28955	50217	24257	58736	54900
采 矿 业	6938	8470	13548	17037	5373	1897	13639
制 造 业	716719	898064	1193627	1006115	690925	590282	1206273
电力、燃气及水的生产和供应业	10534	20512	48938	34665	34899	96486	67258
建 筑 业	6333	6743	5142	41671	68918	82021	140841
交通运输、仓储及邮政业	11875	32056	40903	30601	51753	18496	77602
信息转输、计算机服务和软件业	41606	21198	117275	198482	109805	24811	83029
批发和零售业	32004	29688	49065	14828	50439	79976	82493
住宿和餐饮业	15442	15115	20524	8370	1694	13349	34719
金 融 业	3767	837	12779	-6778	9500	16368	4366
房地产业	180554	365030	351803	409007	701894	586127	400008
租赁和商务服务业	29677	27549	57172	145132	116944	115743	120101
科学研究、技术服务和地质勘查业	11235	46610	72689	593208	441232	114210	116458
水利、环境和公共设施管理业	2006	3995	8452	27588	61070	24796	11695
居民服务和其他服务业	4658	8213	2384	224129	172766	113634	42448
教育	12	18	37		4		
卫生、社会保障和社会福利业	2084	3008	30	4000		79	
文化、体育和娱乐业	5104	11583	6338	20109	22037	26931	20983
公共管理和社会组织							
国际组织							

18-13 按行业分实际外商直接投资额

单位：万美元

行　业	2005年	2006年	2008年	2009年	2010年	2011年	2012年
总　计	**359042**	**598554**	**1201925**	**1544390**	**2075010**	**2426739**	**2679315**
农、林、牧、渔业	2353	5367	15759	14150	18622	33769	42030
采 矿 业	1660	2252	7830	11015	4137	235	8363
制 造 业	176122	342981	525614	695686	761130	1132689	1245637
电力、燃气及水的生产和供应业	3915	11202	31389	28020	38321	55448	281335
建 筑 业	5575	1698	2636	5826	33075	41593	73382
交通运输、仓储及邮政业	9059	9211	31017	22499	31424	8658	67133
信息传输、计算机服务和软件业	8315	15871	35468	70799	48026	27845	88680
批发和零售业	4647	19912	19339	28767	35741	103071	75823
住宿和餐饮业	3789	5750	10426	2701	8011	9683	51047
金 融 业	559	334	6149	869	40344	26916	25070
房地产业	98312	152248	448306	353215	702800	697546	458258
租赁和商务服务业	5928	10159	45072	50407	46954	67868	50286
科学研究、技术服务和地质勘查业	1639	7734	13051	132051	115323	54851	106336
水利、环境和公共设施管理业	1132	871	2995	4504	39741	43274	5509
居民服务和其他服务业	3965	8157	1377	113335	131414	100536	74633
教育	98				1	1	2
卫生、社会保障和社会福利业	17	58		23	1010	7	35
文化、体育和娱乐业	1835	4749	5497	10523	18936	22119	22756
其 他						630	

18-14 年末登记外商投资企业行业分布情况

行　业	企业数(户)				投资总额(百万美元)			
	2009年	2010年	2011年	2012年	2009年	2010年	2011年	2012年
总　计	**18377**	**11787**	**11787**	**17960**	**147615**	**165969**	**165969**	**185564**
农、林、牧、渔业	276	255	255	252	1195	1589	1589	1822
采 矿 业	50	41	41	48	415	521	521	910
制 造 业	7387	6715	6715	6835	65912	74760	74760	78797
电力、燃气及水的生产和供应业	146	133	133	170	5780	6880	6880	7568
建 筑 业	378	302	302	416	4894	6188	6188	7301
交通运输、仓储及邮政业	356	151	151	380	4437	4683	4683	5119
信息转输、计算机服务和软件业	2936	516	516	2387	4941	3006	3006	3062
批发和零售业	2015	1059	1059	2548	2714	4048	4048	4401
住宿和餐饮业	858	385	385	995	1968	1973	1973	1851
金 融 业	166	24	24	231	1186	1140	1140	1091
房地产业	1107	910	910	1006	35158	42824	42824	54029
租赁和商务服务业	1767	633	633	1838	7327	8783	8783	9428
科学研究、技术服务和地质勘查业	597	385	385	486	8386	4768	4768	5483
水利、环境和公共设施管理业	63	66	66	72	1421	2511	2511	2531
居民服务和其他服务业	162	116	116	181	527	589	589	271
教育	5	3	3	4	2	1	1	1
卫生、社会保障和社会福利业	6	5	5	4	99	69	69	53
文化、体育和娱乐业	102	88	88	107	1256	1636	1636	1845

18-14 续表

行业	注册资本(百万美元)							
	2009年	2010年	2011年	2012年	#外方			
					2009年	2010年	2011年	2012年
总计	**97535**	**105770**	**105770**	**117131**	**80151**	**86489**	**86489**	**96255**
农、林、牧、渔业	727	930	930	1205	549	744	744	1009
采矿业	303	348	348	520	213	248	248	407
制造业	38599	41692	41692	42954	29837	32575	32575	33333
电力、燃气及水的生产和供应业	2515	3097	3097	3161	1734	2210	2210	2258
建筑业	3044	3989	3989	5322	2629	3540	3540	4797
交通运输、仓储及邮政业	2306	2490	2490	2782	1291	1449	1449	1518
信息转输、计算机服务和软件业	3294	2009	2009	2030	2930	1646	1646	1658
批发和零售业	1570	2129	2129	2392	1304	1880	1880	2121
住宿和餐饮业	985	983	983	889	685	723	723	660
金融业	843	916	916	876	671	739	739	687
房地产业	27316	33058	33058	40375	23039	27527	27527	34084
租赁和商务服务业	6260	7466	7466	7987	6165	7286	7286	7769
科学研究、技术服务和地质勘查业	7522	3522	3522	3795	7251	3195	3195	3386
水利、环境和公共设施管理业	1042	1616	1616	1579	942	1509	1509	1462
居民服务和其他服务业	369	399	399	176	204	235	235	150
教育	2	1	1	0	2	1	1	0
卫生、社会保障和社会福利业	59	29	29	23	44	25	25	23
文化、体育和娱乐业	778	1096	1096	1065	660	957	957	931

18-15 外商投资企业分国别、地区注册登记情况

(2012年)

国别、地区	企业个数(个)		投资总额(万美元)		注册资本(万美元)		#外方(万美元)	
	年末实有	本年新增	绝对数	比重	绝对数	比重	绝对数	比重
合计	**11714**	**707**	**18556379**	**100.0**	**11713070**	**100.0**	**9625520**	**100.0**
香港	2865	237	10295270	55.5	6760827	57.7	5673320	58.9
澳门	78	11	88926	0.5	70193	0.6	60427	0.6
台湾	475	17	300350	1.6	230053	2.0	192967	2.0
日本	2962	182	2018887	10.9	1070619	9.1	829696	8.6
马来西亚	60	3	39611	0.2	24434	0.2	18665	0.2
菲律宾	7		7208	0.0	3429	0.0	2757	0.0
新加坡	267	20	565178	3.0	339542	2.9	254917	2.6
韩国	2134	82	1034842	5.6	613700	5.2	549123	5.7
泰国	23	1	15170	0.1	8191	0.1	7288	0.1
比利时	12	1	7953	0.0	6772	0.1	5123	0.1
英国	144	6	125619	0.7	76410	0.7	61799	0.6
德国	172	10	342306	1.8	152418	1.3	115618	1.2
法国	52	4	214183	1.2	86802	0.7	82426	0.9
奥地利	23	3	40484	0.2	18017	0.2	15156	0.2
意大利	66	3	26145	0.1	13288	0.1	10545	0.1
卢森堡	8		112684	0.6	49723	0.4	44306	0.5
荷兰	58	3	169502	0.9	89514	0.8	64318	0.7
西班牙	27	3	39563	0.2	17982	0.2	11519	0.1
瑞士	20	1	21751	0.1	13248	0.1	12697	0.1
加拿大	273	10	140227	0.8	102832	0.9	79511	0.8
美国	894	29	615866	3.3	420566	3.6	307779	3.2
澳大利亚	153	6	84473	0.5	51669	0.4	42864	0.4
新西兰	33	2	70264	0.4	66621	0.6	62101	0.6

18-16 对外承包工程和劳务合作

年　份	合同份数 (份)	合同金额 (万美元)	完成营业额 (万美元)	营业利润 (万美元)	外汇净收入 (万美元)	派出人员 (人)	年末在外人数 (人)
总　计							
1985	77	8045	3547	231	347	1236	2415
1990	223	23984	8445	478	830	10354	8459
1991	253	13942	9037	392	741	12074	9945
1992	354	27501	14170	985	948	18197	13167
1993	396	39143	20609			18983	16821
1994	609	55763	31484				24569
1995	795	62925	32117			20946	26868
1996	832	48704	29599			21159	23573
1997	1002	63469	37784			23866	29095
1998	1173	56681	44406			25925	31717
1999	1362	44661	35574			31052	36724
2000	1381	62229	41334			38781	45936
2001	1284	50554	46512			42240	47744
2002	1017	54504	50326			51585	57292
2003	981	49749	48368			58376	64126
2004	917	60022	55715			64263	66575
2005	900	71200	65200			69364	71100
2006	1200	85000	71500			76490	78500
2007	1402	97500	78200			81771	82100
2008	1745	261657	110727			90202	85456
2009	1381	291257	181998			74462	84576
2010	1422	196538	150634			67095	81362
2011		199510	160635			70300	
2012	103	229637	195368			70580	71592
承包工程							
1985	32	6523	2392	59	38	207	297
1990	46	14052	6767	332	280	1999	2280
1991	54	6433	4505	132	302	3842	2555
1992	79	18867	9231	428	380	6441	3009
1993	136	26818	10877			4883	3556
1994	180	44900	19600				
1995	191	39414	17626			4509	4966
1996	209	28875	15850			5616	3027
1997	216	39754	20980			3399	4263
1998	247	35901	28258			4467	4305
1999	215	21137	17503			2722	2860
2000		32811	20309				

18-16 续表

年　份	合同份数(份)	合同金额(万美元)	完成营业额(万美元)	营业利润(万美元)	外汇净收入(万美元)	派出人员(人)	年末在外人数(人)
2001	72	9327	15962			2751	2265
2002	156	23330	18474			1749	2741
2003	228	20644	17151			1801	2000
2004	200	31043	25920			5539	5800
2005	281	54600	42662			3176	4045
2006	171	66131	49429			6340	7416
2007	243	65500	54500			9810	10657
2008	366	231848	84588			26970	17262
2009	157	255818	157858				
2010	137	172372	132250				
2011	154	175336	140447				
2012	103	193467	163255			4110	7879
劳务合作							
1985	45	1522	1155	172	309	1029	2118
1990	177	9932	1678	146	550	8355	6179
1991	199	7509	4532	260	439	8232	7390
1992	275	8634	4939	557	568	11756	10158
1993	260	12325	9732			14100	13265
1994	429	10863	11884				24569
1995	596	22804	14451			16408	21848
1996	618	19634	13616			15504	20545
1997	763	22776	16313			20459	24823
1998	922	20397	15660			21428	27401
1999	1129	23478	18006			28316	33851
2000		29310	20926				
2001	926	27486	20326			26766	33599
2002	850	30175	31700			49748	54551
2003	750	29001	31005			56508	62059
2004	712	28410	29662			58661	60770
2005	619	16600	22538			66188	67055
2006	1029	18869	22071			70150	71084
2007	1159	32000	23700			71961	71443
2008	1379	29809	26139			63232	68194
2009	1218	26063	24140				
2010	1285	24178	21651				
2011		24174	20188				
2012		36170	32113			66470	63713

主要统计指标解释

利用外资 指我国各级政府、部门、企业和其他经济组织通过对外借款、吸收外商直接投资以及用其他方式筹措的境外现汇、设备、技术等。

外商直接投资 是指外国企业和经济组织或个人(包括华侨、港澳台胞以及我国在境外注册的企业)按我国有关政策、法规，用现汇、实物、技术等在我国境内开办外商独资企业、与我国境内的企业或经济组织共同举办中外合资经营企业、合作经营企业或合作开发资源的投资(包括外商投资收益的再投资)以及经政府有关部门批准的项目投资总额内，企业从境外借入的资金。

对外承包工程 包括各对外承包公司以招标议标承包方式承揽的下列业务(1)承包国外工程建设项目；(2)承包我国对外经援项目；(3)承包我国驻外机构的工程建设项目；(4)承包我国境内利用外资进行建设的工程项目；(5)与外国承包公司合营或联合承包工程项目时我国公司分包部分；(6)以服务成果向业主收费的技术服务项目(包括承担地形地貌测绘；地质资源勘探与普查；建设区域规划；提供设计文件、图纸、生产工艺技术资料和工程技术经济咨询；工程项目的可行性考察、研究和评估；进行技术指导和培训人员等)；(7)对外承包兼营的房屋开发业务。对外承包工程的营业额是以货币表现的本期内完成的对外承包工程的工作量，包括以前年度签订的合同和本年度新签订的合同在报告期完成的工作量。

对外劳务合作 指以收取工资的形式向业主或承包商提供技术和劳动服务的活动。我国对外承包公司在境外开办的合营企业，中国公司同时又提供劳务的，其劳务部分也纳入劳务合作统计。劳务合作营业额按报告期内向雇主提交的结算数(包括工资、加班费和奖金等)统计。

十九、旅游

Chapter 19 Tourism

19-1 旅游事业发展情况

指 标	单位	2005年	2006年	2008年	2009年	2010年	2011年	2012年
入境旅游人数	**人次**	**1301955**	**1612987**	**2418707**	**2931954**	**3617999**	**4103329**	**4731340**
外 国 人	人次	1111091	1372550	2072737	2507403	3070097	3444122	3885864
港澳台同胞	人次	190864	240437	345970	424551	547902	659207	845476
平均逗留天数	天	3.2	3.1	3.0	3.1	3.1	3.2	3.2
国内居民出境人数	**人次**	**212996**	**438156**	**969000**	**1623038**	**1469022**	**1324000**	**1416000**
国内旅游人数	**万人次**	**9860**	**13166**	**19836**	**24195**	**28277.5**	**32563.5**	**36281.5**
旅游收入								
国际旅游收入	万美元	73777	93430	152618	185621	225932.9	271314	318345
国内旅游收入	亿元	674.7	896.1	1635.5	2098.8	2533.4	3159.3	3742
星级饭店总数	**个**	**499**	**497**	**540**	**515**	**543**	**551**	**512**
旅行社数	**个**	**1003**	**1073**	**1116**	**1110**	**1170**	**1162**	**1165**

19-2 按国别分外国入境旅游人数

单位：人次

国 别	2005年	2006年	2008年	2009年	2010年	2011年	2012年
总 计	**1111091**	**1372550**	**2072737**	**2507403**	**3070097**	**3444122**	**4731340**
#日 本	429841	503850	708085	869432	1018917	1072999	1035389
菲 律 宾	5932	9118	14701	21446	21327	25659	28556
新 加 坡	17977	20676	36907	40618	51797	75938	95820
泰 国	5002	6784	10285	9483	10725	16563	15390
印度尼西亚	4632	8821	11346	13219	14486	16275	18005
美 国	31497	38973	63346	77118	118961	119775	117337
加 拿 大	8671	11163	18297	21283	27374	29143	33629
英 国	9659	14338	34614	41504	55666	59156	47153
法 国	6542	9466	17671	16678	22617	25970	32384
德 国	17234	22356	34106	34398	37634	41400	49736
意 大 利	4149	6031	10162	10475	10811	13879	20378
俄 罗 斯	63459	88553	132801	159078	216104	224800	276869
澳 大 利 亚	7325	9332	14980	18303	21471	26869	35315
新 西 兰	1846	2588	4691	6262	6771	9213	14669

19-3 按地区分接待入境旅游人数

单位：人次

地　区	2005年	2006年	2008年	2009年	2010年	2011年	2012年
接待旅游人数	**1301955**	**1612987**	**2418707**	**2931954**	**3617999**	**4103329**	**4731340**
沈　阳	326513	400036	476357	495325	550313	634895	750011
大　连	600030	700032	950045	1050043	1166020	1170035	1284176
鞍　山	68409	86246	155055	202293	264607	291745	383265
抚　顺	19669	33097	77201	87069	111529	138539	169685
本　溪	52201	82199	217816	367384	562000	594217	578611
丹　东	103494	128000	190762	267860	326796	400540	491701
锦　州	54952	68117	114820	150381	200134	253092	308580
营　口	17011	21109	49670	59787	85708	155538	198032
阜　新	2313	3033	10953	19190	23000	25531	27225
辽　阳	9803	12660	18080	21058	27864	33470	38506
盘　锦	14464	33626	82110	115000	180936	243895	314184
铁　岭	7051	13006	33054	39827	48061	57203	66057
朝　阳	1544	3180	7563	11010	13847	16626	19073
葫芦岛	24501	28646	35221	45727	57184	88003	102234

19-4 按地区分旅游外汇收入

单位：万美元

地　区	2005年	2006年	2008年	2009年	2010年	2011年	2012年
旅游外汇收入	**73777**	**93430**	**152618**	**185621**	**225933**	**271314**	**318345**
沈　阳	17272	23156	33009	36999	40024	49980	63195
大　连	40000	46500	65835	72748	80386	80519	87349
鞍　山	4945	6080	12052	15607	22435	21614	27400
抚　顺	504	915	3439	3965	5882	10828	12982
本　溪	1702	3891	10985	19715	27095	43209	48878
丹　东	3680	4493	9040	12535	16151	21310	26642
锦　州	1841	3095	6512	8317	11820	14754	18506
营　口	718	943	2159	2641	3728	6186	7187
阜　新	90	136	488	835	1005	1133	1153
辽　阳	468	649	1007	1212	1699	2080	1896
盘　锦	747	1359	3828	5486	8916	11095	13327
铁　岭	330	634	1776	2275	2698	3321	4014
朝　阳	77	167	464	664	853	1026	1181
葫芦岛	676	938	2024	2622	3241	4259	4634

19-5 按地区分国内旅游人数及收入

(2012年)

单位：万人次、百万元

地　区	国内旅游接待人数	过夜旅游者	一日游游客	国内旅游收　入	过夜旅游者	一日游游客
全　省	**36281.5**	**12568.5**	**23713.0**	**374200**	**130970**	**243230**
沈　阳	6872.0	2405.2	4466.8	68821	24087	44734
大　连	4686.7	1440.3	3046.3	71136	24898	46238
鞍　山	2922.7	1023.0	1899.8	27900	9765	18135
抚　顺	2638.2	923.4	1714.8	26927	9424	17503
本　溪	2878.6	1007.5	1871.1	23706	8297	15409
丹　东	2990.1	1046.5	1943.6	32020	11207	20813
锦　州	1925.6	674.0	1251.7	16160	5656	10504
营　口	1445.7	506.0	939.7	16770	5870	10901
阜　新	857.0	299.9	557.0	5590	1957	3634
辽　阳	2157.4	755.1	1402.3	19040	6664	12376
盘　锦	2214.1	774.9	1439.2	20040	7014	13026
铁　岭	1336.0	502.6	933.4	11250	3938	7313
朝　阳	1395.2	523.3	971.9	14430	5051	9380
葫芦岛	1962.1	686.7	1275.4	20410	7144	13267

主要统计指标解释

旅游者人数 (1)入境国际旅游者人数：指来中国参观、访问、旅行、探亲、访友、休养、考察、参加会议和从事经济、科技、文化、教育、宗教等活动的外国人、港澳同胞和台湾同胞的人数。包括入境旅游者和入境一日游游客。不包括外国在我国的常驻机构，如使领馆、通讯社、企业办事处的工作人员；来我国常住的外国专家、留学生以及在岸逗留不过夜人员。

(2)出境居民人数：指大陆居民因公务活动或私人事务短期出境的人数。公务活动出境居民人数包括在国际交通工具上的中国服务员工，因私出境居民人数不包括在国际交通工具上的中国服务员工。

(3)国内旅游者人数：指我国大陆居民和在我国常住 1 年以上的外国人、港澳台同胞离开常住地在境内其他地方的旅游设施内至少停留一夜，最长不超过 12 个月的人数；和国内居民离开惯常住地 10 公里以上，出游时间超过 6 小时不足 24 小时，并未在境内其他地方的旅游住宿设施过夜的国内一日游游客。

国际旅游(外汇)收入 指入境旅游的外国人、港澳同胞和台湾同胞在中国大陆旅游过程中发生的一切旅游支出，对于国家来说就是国际旅游(外汇)收入。

国际旅行社 指经营对外招徕并接待外国人、港澳同胞和台湾同胞来中国、回内地旅游业务的旅行社。

国内旅行社 指负责经营招徕、组团、接待国内游客的旅游业务，以及不对外招徕，负责经营接待国际旅行社或其它涉外部门组织的外国人、港澳同胞和台湾同胞来中国、回内地的旅游业务的旅行社。

星级饭店 指设备、设施、服务符合《旅游饭店星级的划分与评定》(中华人民共和国国家标准)，通过相关旅游管理部门评定，并取得星级饭店称号的饭店(含预备星级饭店)。

二十、金融业

Chapter 20 Financial Intermediation

20-1 金融机构存款、贷款余额

单位：亿元

指 标	2005年	2006年	2008年	2009年	2010年	2011年	2012年
年末存款余额	**11967.0**	**13596.8**	**18223.2**	**22758.6**	**27372.5**	**30832.4**	**35303.5**
#财政存款	116.6	144.3	306.7	515.6	593.2	655.6	776.6
储蓄存款	6950.2	7701.2	10127.3	12030.9	13690.3	15529.6	17967.4
委托存款	34.6	36.5	129.0	189.0	313.9	137.6	143.2
其他存款	1105.7	1261.5	1464.9	1585.2	2107.3	451.4	554.9
年末贷款余额	**7958.1**	**9117.2**	**11794.6**	**15549.6**	**18689.8**	**22831.7**	**26306.5**

20-2 金融机构贷款余额

单位：亿元

指 标	2010年	2011年	2012年
年末贷款余额	**18689.8**	**22831.7**	**26306.5**
一、境内贷款	**18688.4**	**22683.4**	**26092.5**
其中：(一)短期贷款	6143.8	8122.4	9819.4
1.个人贷款及透支	875.2	1052.8	1247.4
其中：个人消费贷款	68.1	89.8	121.7
2.单位普通贷款及透支	4888.1	6023.0	7203.7
其中：经营性贷款	4511.5	5857.8	7091.1
固定资产贷款	305.6	163.4	112.6
3.普通并购贷款			0.2
4.银团贷款	60.5	71.9	33.5
5.贸易融资	320.1	974.7	1334.5
(二)中长期贷款	11481.2	13757.0	15418.8
1.个人贷款	2572.3	3216.0	3699.4
其中：个人消费贷款	2135.0	2608.6	2979.8
2.单位普通贷款	8250.1	9603.1	10582.5
其中：经营性贷款	2127.4	2054.4	2109.3
固定资产贷款	6062.0	7548.6	8473.2
3.普通并购贷款	2.5	10.3	23.8
4.银团贷款	533.5	764.8	901.1
5.贸易融资	122.9	156.2	206.3
(三)票据融资	957.6	779.2	820.3
(四)各项垫款	2.4	5.0	19.8
二、境外贷款	**1.3**	**148.3**	**213.9**

20-3 各地区金融机构存款余额

单位：万元

地 区	2010年		2011年		2012年	
	金融机构存款余额	#储蓄存款余额	金融机构存款余额	#储蓄存款余额	金融机构存款余额	#储蓄存款余额
全 省	**273725498**	**136902654**	**308324441**	**155295877**	**353034740**	**179673816**
沈 阳	80919886	33382310	90406779	37782809	104415503	43707886
大 连	85035192	33748155	93950797	37387777	107677779	42372326
鞍 山	19026424	11211010	20639697	12457395	22694349	14451960
抚 顺	9276919	6205005	10419733	6966516	11617016	8197299
本 溪	7275114	4708767	8596851	5294505	9444047	5973127
丹 东	9194074	6544583	10617870	7706864	12448375	8996650
锦 州	10114016	6892809	11375584	7811064	12955839	9080531
营 口	9461850	5957239	11120831	6839406	12942493	8095744
阜 新	5052726	3231482	6070627	3794163	6861254	4443717
辽 阳	8294317	5284981	9756015	5890931	11550523	6822162
盘 锦	8398341	5151827	9526352	5842839	11079089	6802846
铁 岭	6249288	4327388	7355191	5263886	8364831	6237771
朝 阳	7055481	5003437	8832094	6147210	10241619	7349783
葫芦岛	8111707	5249017	9361708	6101069	10741971	7142014

20-4 各地区金融机构贷款余额

(2012年)

单位：万元

地 区	金融机构贷款余额	境内贷款			境外贷款
			短期	中长期	
全 省	**263064663**	**260892563**	**98193776**	**154155588**	**2172100**
沈 阳	80706520	79901899	21484545	55900290	804620
大 连	91117244	90238403	32317013	55841314	878841
鞍 山	13898724	13411807	6404540	6486209	486917
抚 顺	5079498	5079474	2473763	2265706	24
本 溪	7166373	7166371	4707385	2188748	2
丹 东	6819942	6818339	3284447	3174921	1603
锦 州	8431005	8431005	2866183	5303190	
营 口	11494621	11494557	5386153	5497642	63
阜 新	5299040	5299040	2310399	2894247	
辽 阳	7643411	7643411	4700541	2531855	
盘 锦	6757619	6757607	3751347	2848978	12
铁 岭	6135575	6135575	3039475	2945285	
朝 阳	6151378	6151375	2477800	3393381	3
葫芦岛	6363714	6363699	2990188	2883822	15

主要统计指标解释

信贷资金 国家银行用于发放贷款的资金叫信贷资金。中国人民银行信贷资金的来源有各项存款、对国际金融机构负债、流通中货币、银行自有资金及当年结益等。信贷资金的运用有各项贷款、黄金占款、外汇占款、财政借款及在国际金融机构中的资产等。

存款 企业、机关、团体或居民根据可以收回的原则，把货币资金存入银行或其他信用机构保管并取得一定利息的一种信用活动形式。根据存款对象的不同可划分为企业存款、财政存款、机关团体存款、基本建设存款、城镇储蓄存款、农村存款等科目。它是银行信贷资金的主要来源。

贷款 银行或其他信用机构根据必须归还的原则，按一定利率，为企业、个人等提供资金的一种信用活动形式。我国银行贷款，分流动资金贷款、固定资产贷款、城乡个体工商户贷款以及农户贷款等科目。

二十一、服务业

Chapter 21 Service

21-1 分地区重点服务业企业主要财务指标

(2012年) 单位：万元

年份、地区	企业单位数(个)	固定资产原价	本年折旧	资产总计	负债合计	所有者权益合计	营业收入	营业成本
全省	**7860**	**45137897**	**3237620**	**97381679**	**57771857**	**39609822**	**32106641**	**23011914**
沈阳	2221	8123299	695491	16566484	11985376	4581108	6902973	4528126
大连	2162	16172318	741269	37593640	21435976	16157664	13675761	10218783
鞍山	720	2094517	215358	5320376	3556204	1764172	1763287	1077449
抚顺	312	1633032	88736	1739916	485438	1254478	820213	612876
本溪	159	2448090	300807	6257504	3732601	2524903	1569133	1270158
丹东	313	1212826	278763	4239570	2638126	1601444	855861	498925
锦州	454	2325479	294903	3259317	1829344	1429973	1182391	876561
营口	403	6455361	286254	12450036	7350392	5099644	2662700	1982036
阜新	120	588591	44825	580486	236091	344394	289837	203614
辽阳	280	995031	59290	2230649	1295260	935389	462018	293221
盘锦	241	774274	71801	4749953	2233662	2516291	785581	620790
铁岭	108	791812	44980	800101	221569	578532	322121	222835
朝阳	217	689049	49754	624514	236511	388003	412284	280519
葫芦岛	150	834218	65390	969134	535307	433827	402481	326022

21-1 续表 单位：万元

年份、地区	营业税金及附加	销售费用、管理费用、财务费用合计	营业利润	利润总额	应付职工薪酬	应交增值税	从业人员平均人数(人)
全省	**787241**	**6286462**	**2360945**	**2897002**	**4878982**	**100655**	**848137**
沈阳	215570	1765174	433131	557519	1214519	16547	202345
大连	290693	2392008	1038072	1262312	2041638	45369	279955
鞍山	58001	315460	285993	314448	211299	5256	52162
抚顺	21919	186013	963	25945	180072	1472	36961
本溪	16799	281012	18345	46424	154591	8692	32745
丹东	26035	196004	153134	157147	87023	4739	25864
锦州	30309	222183	64461	71695	159952	2647	41275
营口	64776	377123	258175	253234	397581	8923	59044
阜新	7378	78169	2909	10105	64896	162	15372
辽阳	15194	109925	37334	40805	76145	1464	22296
盘锦	16572	129418	14196	91006	104900	4490	32149
铁岭	7395	80554	17507	19646	63447	77	13282
朝阳	9443	86834	37716	43080	54002	146	14518
葫芦岛	7156	66585	-989	3637	68917	671	20169

21-2 按企业性质分重点服务业企业主要财务指标

(2012年) 单位：万元

项　目	企业单位数(个)	固定资产原　价	本年折旧	资产总计	负债合计	所有者权益合计	营业收入	营业成本
总　计	**7860**	**45137897**	**3237620**	**97381679**	**57771857**	**39609822**	**32106641**	**23011914**
内资企业	7460	35510775	2452710	86241159	51252105	34989054	26011417	18873399
国有企业	1032	14373296	1055029	30520012	18780750	11739262	9183998	7180001
集体企业	301	261279	21324	970647	522036	448610	435576	245736
股份合作企业	87	143966	14927	1211272	1037347	173925	345955	243006
联营企业	21	64571	3581	125699	61703	63996	32066	22839
有限责任公司	1873	9549814	470499	33223619	20005886	13217734	6199355	4437969
国有独资公司	87	4669392	150657	14641371	9006583	5634789	1590782	1245158
其他有限责任公司	1786	4880422	319843	18582248	10999303	7582945	4608573	3192811
股份有限公司	270	6217938	465268	9271953	4192606	5079347	2906693	2121409
私营企业	3130	3339612	303127	8544903	5242524	3302380	4745628	3286412
私营独资企业	613	546404	52658	793671	415016	378656	694018	445416
私营合伙企业	100	28261	3469	45627	23115	22512	50697	23434
私营有限责任公司	2253	2589083	224603	7190037	4556614	2633423	3738114	2640793
私营股份有限公司	164	175864	22397	515568	247779	267789	262799	176769
其他企业	746	1560301	118954	2373055	1409253	963802	2162147	1336027
港、澳、台商投资企业	107	5560246	523128	3603848	2551697	1052151	1590603	993044
其中：与港澳台商合资经营企业	46	599441	45541	689934	303901	386033	294504	222811
港澳台商独资经营企业	48	2949185	167992	1867583	282595	1584988	813633	457222
外商投资企业	293	4066875	261783	7536672	3968055	3568617	4504621	3145471
其中：中外合资经营企业	83	1552358	82846	4458786	2555127	1903658	835599	506373
外资企业	174	1447177	112055	2022809	1048938	973871	2320965	1616591

21-2 续表 单位：万元

项　目	营业税金及附加	销售费用、管理费用、财务费用合计	营业利润	利润总额	应付职工薪　酬	应　交增值税	从业人员平均人数(人)
总　计	**787241**	**6286462**	**2360945**	**2897002**	**4878982**	**100655**	**848137**
内资企业	646753	5119265	1851598	2212947	3940974	79413	750381
国有企业	179764	1715980	288516	501011	1555339	31001	246346
集体企业	17784	111742	61461	61038	132935	1551	38419
股份合作企业	4809	50777	46463	50920	26057	493	7946
联营企业	821	7052	1096	1915	5984	298	1197
有限责任公司	175938	1292272	423753	560259	926824	11809	173871
国有独资公司	40818	321426	54856	135305	271476	3773	38061
其他有限责任公司	135121	970846	369748	424954	655347	8036	135810
股份有限公司	63243	500119	246090	294626	327270	11415	39947
私营企业	151418	1016358	455776	413636	824418	19490	205678
私营独资企业	22288	139972	90265	82956	107800	3805	34015
私营合伙企业	2308	18408	6523	6358	11920	186	3241
私营有限责任公司	116830	813015	318803	287781	676206	14090	159273
私营股份有限公司	9992	44963	36045	36541	28493	1408	9149
其他企业	52976	424966	328444	329543	142147	3357	36977
港、澳、台商投资企业	50947	364435	169235	195958	186441	1587	24679
其中：与港澳台商合资经营企业	6346	66267	-1040	2769	35476	332	6452
港澳台商独资经营企业	28725	162052	159325	169023	95536	876	11085
外商投资企业	89541	802763	350746	488098	751567	19655	73077
其中：中外合资经营企业	25022	173444	142935	146338	79933	4118	12914
外资企业	32491	429072	122025	244724	443042	14980	43672

21-3 分行业重点服务业企业主要财务指标

(2012年) 单位:万元

行业	企业单位数(个)	固定资产原价	本年折旧	资产总计	负债合计	所有者权益合计	营业收入	营业成本
总计	**7860**	**45137897**	**3237620**	**97381679**	**57771857**	**39609822**	**32106641**	**23011914**
铁路运输业	10	355924	20742	576690	139736	436954	549650	468719
道路运输业	1224	3476489	246067	4365689	2235440	2130249	2843807	2231173
水上运输业	97	12690453	418191	26201288	15849729	10351559	4125399	3267038
航空运输业	19	894603	119025	1414011	727900	686110	1225215	1021661
管道运输业	3	531617	155847	396054	78414	317640	90132	84387
装卸搬运和运输代理业	331	1590218	117636	3356703	1630059	1726645	2142687	1885770
仓储业	241	1186333	84041	4046567	3090741	955826	3048467	2749698
邮政业	45	323993	20819	295013	138598	156415	403733	334340
电信、广播电视和卫星传输服务	130	12156955	1142817	6282289	3160630	3121659	4360631	2148642
互联网和相关服务	52	34979	4454	137614	88541	49073	125961	86146
软件和信息技术服务业	469	382558	40273	2076820	1073136	1003684	3044727	2286481
房地产业	853	1346092	84477	4180648	2847814	1332834	1006382	593285
其中：物业管理	662	641651	33216	2422169	1974586	447583	758478	493402
房地产中介服务	111	269019	21682	449474	357049	92425	119159	41964
自有房地产经营活动	66	389638	26995	1223765	439418	784347	120744	53979
其他房地产业	14	45784	2584	85239	76761	8478	8001	3940
租赁业	56	46054	9281	66081	42211	23870	32489	18930
商务服务业	1634	4876556	451898	28635966	18150155	10485811	3445367	2098792
研究和试验发展	71	343987	19602	1110261	479056	631205	315141	232409
专业技术服务业	937	755805	69193	2765812	1497789	1268023	2485566	1672597
科技推广和应用服务业	140	171658	7176	955022	610069	344953	174617	109215
水利管理业	17	1423846	33022	1214006	97761	1116245	40731	48426
生态保护和环境治理业	19	114558	4191	137503	73553	63950	42622	26648
公共设施管理业	149	214672	13577	989472	706704	282768	229956	158445
居民服务业	207	223347	17589	485617	339571	146047	209398	82805
机动车、电子产品和日用产品修理业	157	77530	6084	147982	81676	66306	168155	138854
其他服务业	22	7335	1114	15492	9238	6254	20286	12716
教育	178	255266	21641	374843	201282	173561	160705	95864
卫生	277	821015	81361	1122556	720967	401589	926162	763856
社会工作	6	2992	49	4649	419	4230	1752	1023
新闻和出版业	55	181018	9933	866786	362538	504248	273004	176231
广播、电视、电影和影视录音制作业	54	63814	6154	171445	116241	55204	126439	78205
文化艺术业	18	19195	1576	73207	30882	42326	27423	10002
体育	31	102486	4640	173499	146345	27154	24557	12317
娱乐业	99	295103	16613	410845	236408	174438	141013	65455
其他	259	171450	8537	4331253	2808259	1522994	294467	51786

注：铁路运输业中不含沈阳铁路局数据。

21-3 续表

单位:万元

行业	营业税金及附加	销售费用、管理费用、财务费用合计	营业利润	利润总额	应付职工薪酬	应交增值税	从业人员平均人数
总计	**787241**	**6286462**	**2360945**	**2897002**	**4878982**	**100655**	**848137**
铁路运输业	8807	24961	54130	58782	55547	219	7298
道路运输业	97986	478058	29567	132982	456667	4635	135947
水上运输业	97048	653499	200642	275288	454810	8869	38578
航空运输业	32255	154186	14094	24047	233069	709	15269
管道运输业	2574	7318	-4260	-4119	28362		1945
装卸搬运和运输代理业	30332	202320	41032	45354	298313	16620	43598
仓储业	24747	215888	61251	109987	81599	3976	13725
邮政业	5374	59049	6788	6968	190638	109	26955
电信、广播电视和卫星传输服务	135071	1140607	914280	921167	389687	1338	51019
互联网和相关服务	3329	32917	4528	5961	12292	394	2383
软件和信息技术服务业	29967	491887	129678	270586	652972	20647	70082
房地产业	51328	381876	-15466	15740	269773	477	79837
其中：物业管理	37676	257412	-24613	-12109	221428	209	70838
房地产中介服务	6874	72076	-2817	-3613	37304	52	7029
自有房地产经营活动	6383	46152	14605	33959	9755	39	1717
其他房地产业	395	6236	-2641	-2496	1287	176	253
租赁业	1724	9144	2639	2791	3359	84	1194
商务服务业	94158	1105882	459308	506488	680908	12510	182762
研究和试验发展	8405	90530	-11038	11652	62549	2565	6026
专业技术服务业	90261	523645	212100	221485	469889	10529	55654
科技推广和应用服务业	4160	40420	16062	14800	24551	2489	4672
水利管理业	1787	15374	-22650	-22511	9592	169	1685
生态保护和环境治理业	806	11946	3429	2781	6404	30	2269
公共设施管理业	11153	54515	3825	4602	41131	412	10999
居民服务业	10448	87264	25272	24191	34625	581	11278
机动车、电子产品和日用产品修理业	2660	22914	1556	1284	22197	4703	6063
其他服务业	989	6601	379	432	6744	226	2569
教育	3697	64818	-1572	814	48199	220	10819
卫生	2665	153515	17143	33951	238937	750	45476
社会工作	24	420	294	110	431		179
新闻和出版业	7201	91205	21084	33018	47104	6277	6740
广播、电视、电影和影视录音制作业	4289	31261	11952	13299	10553	436	2105
文化艺术业	939	9269	8995	8545	4059	133	893
体育	1673	18237	-5658	-5722	5502	49	1573
娱乐业	7277	40638	25900	27103	18009	364	5005
其他	14110	66296	155663	155148	20512	139	3540

注：铁路运输业中不含沈阳铁路局数据。

主要统计指标解释

重点服务业企业 指一定规模以上的服务业法人单位，包括：交通运输、仓储和邮政业，信息传输、软件和信息技术服务业，租赁和商务服务业，科学研究和技术服务业，水利、环境和公共设施管理业，居民服务、修理和其他服务业，教育，卫生和社会工作，文化、体育和娱乐业；以及物业管理、房地产中介服务、自有房地产经营活动、其他房地产业等行业。

二十二、教育和科技

Chapter 22 Education, Science and Technology

22-1 教育事业基本情况

指　标	2005年	2006年	2008年	2009年	2010年	2011年	2012年
学校数（所）	**12222**	**11305**	**9630**	**8747**	**8195**	**7848**	**7377**
普通高等学校	75	77	83	107	112	112	112
中等学校	2836	2794	2650	2603	2560	2618	2486
# 专业学校	101	103	98	97	95	121	124
普通中学	2274	2237	2142	2112	2076	2059	2024
小学	9311	8434	6987	6037	5523	5118	4779
专任教师(人)	**382111**	**376847**	**379662**	**382092**	**381394**	**381448**	**380715**
普通高等学校	43960	46816	53495	55835	57404	58742	60502
中等学校	174562	174183	175128	176546	177068	177249	175580
# 专业学校	7361	7889	7898	8549	8657	10390	10864
普通中学	144647	143219	143922	145118	145358	147448	148359
小学	163589	155848	151039	149711	146922	145457	144633
招生数（人）	**1554585**	**1588265**	**155963**	**1449068**	**1419122**	**1414724**	**1364711**
普通高等学校	210495	220608	252385	245312	252234	263843	275676
中等学校	964149	978997	910381	866573	818423	780743	735978
# 专业学校	76976	64705	61537	59245	60917	61592	62561
普通中学	761646	763321	702791	676153	637545	613089	597895
小学	379941	388660	393197	337183	348465	370138	353057
在校学生(人)	**6161325**	**6103089**	**5921657**	**5739346**	**5581973**	**5416473**	**5331863**
普通高等学校	659351	720548	820374	852354	880247	902231	934078
中等学校	2835819	2835730	2733933	2631015	2519204	2346168	2268090
# 专业学校	201740	191758	182035	175255	173779	193828	194753
普通中学	2314498	2268575	2161725	2077827	1987738	1908629	1830518
小学	2666155	2546811	2367350	2255977	2182522	2168074	2129695
毕业生数(人)	**1547257**	**1586579**	**1544103**	**1542591**	**1476849**	**1457477**	**1405303**
普通高等学校	144984	154970	202312	206211	219564	236341	235984
中等学校	903204	924820	882423	907838	859769	843909	797933
# 专业学校	53096	55231	56394	63664	60857	66918	65725
普通中学	757448	766410	720992	724286	681478	669700	648670
小学	499069	506789	459368	428542	397516	377227	371386
每一教师负担学生数(人)							
普通高等学校	15.0	15.4	15.3	15.3	17.2	17.7	17.2
中等学校	16.2	16.3	15.6	15.2	15.3	15.3	15.1
小学	16.3	16.3	15.7	15.1	14.9	14.9	14.7

22-2 各级各类学校情况

年　份	普通高等学校	中等专业学校	#中等师范学校	普通中学	农业中学职业中学	小学	幼儿园	盲、聋哑学校
一、学校数(所)								
1985	62	149	28	2511	775	15904	7424	36
1986	64	160	31	2507	750	15762	7177	35
1987	64	163	31	2517	734	15729	6672	38
1988	63	169	32	2509	681	15732	11416	46
1989	63	167	31	2499	653	15679	8633	48
1990	63	166	31	2489	618	15630	9714	51
1991	62	167	31	2478	613	15540	9300	53
1992	61	165	30	2457	598	15230	9372	52
1993	61	166	30	2433	608	14805	12536	53
1994	61	165	30	2448	606	14655	10923	52
1995	61	171	30	2459	594	14594	11220	50
1996	61	173	29	2447	561	14464	9945	51
1997	62	174	30	2434	537	14386	10176	53
1998	61	170	26	2444	523	14084	9899	52
1999	64	151	12	2429	450	13748	9935	52
2000	58	133	9	2401	383	13356	9990	50
2001	61	119	5	2376	333	12739	6913	73
2002	66	137	5	2362	340	12161	6639	75
2003	69	130	5	2341	298	11339	7033	75
2004	70	127	4	2317	309	10281	6891	75
2005	75	125	4	2274	285	9311	7069	74
2006	77	127	4	2237	274	8434	7071	74
2007	78	133	4	2181	252	7670	7229	75
2008	83	128	4	2142	237	6987	7492	75
2009	107	125	4	2112	224	6037	7374	75
2010	112	125	4	2076	214	5523	8613	74
2011	112	121	4	2059	217	5118	8661	74
2012	112	124	4	2024	192	4779	8667	74
二、教职工数(人)								
1985	51718	20282	3622	168036	16390	230139	59594	1102
1986	52404	22437	4052	170815	18218	233434	64637	1169
1987	54572	23448	4577	176662	20075	235433	69138	1208
1988	56047	24981	4656	181151	20998	241978	88908	1364
1989	58438	24885	4926	182481	20918	246153	81554	1431
1990	57825	25143	5049	184851	20920	249322	77645	1551
1991	58277	24832	4869	187373	21253	248415	78709	1686
1992	59008	25295	4904	189663	20774	248454	82566	1775
1993	59138	25492	4973	186545	21518	239700	83082	1876
1994	58687	25429	5029	184758	21266	237673	71633	2056
1995	58455	25757	5044	189553	22979	237981	69346	1847
1996	57727	25935	4785	189329	21597	235189	64877	1907
1997	57359	25368	4424	188057	22068	233770	62089	1882
1998	58078	24387	3681	175632	20291	224535	56463	2012

22-2 续表 1

年 份	普通高等学校	中等专业学校	#中等师范学校	普通中学	农业中学职业中学	小学	幼儿园	盲、聋哑学校
1999	59590	22602	1984	175820	19443	222460	54582	1891
2000	61707	18651	1457	175455	17858	216677	52422	1911
2001	65237	16211	719	178162	16974	211684	39271	2375
2002	69667	16560	622	177547	17104	205229	39592	2457
2003	75632	15615	627	179521	20123	199829	42852	2474
2004	79093	15062	423	180225	20480	194973	45983	2563
2005	82816	15052	422	180016	20833	190548	48558	2565
2006	84535	15658	639	177916	20683	180474	50258	2589
2007	87215	16789	536	177652	18464	176929	52539	2598
2008	89848	16437	541	178899	17746	173159	56110	2646
2009	91974	16935	535	180483	16740	170584	59595	2658
2010	93183	16096	560	180343	16080	167199	78647	2682
2011	94834	15664	525	182269	15896	164991	64742	2642
2012	96584	15840	501	182553	14903	163205	71829	2648
三、教师数(人)								
1985	19046	8658	1834	114708	10218	191669	32490	717
1986	21196	9586	2060	117852	11417	195086	33925	742
1987	21963	10114	2264	123376	12645	197593	34294	790
1988	22640	11466	2495	129309	13195	206399	37070	884
1989	23933	11587	2545	130884	13091	209873	44427	964
1990	23292	11633	2665	132769	13067	212196	42776	1061
1991	23384	11703	2642	135487	13464	211353	43835	1152
1992	23503	11856	2686	137044	13045	210141	49473	1257
1993	23575	12003	2661	135397	13336	201664	48909	1254
1994	23530	12129	2735	135499	13429	202349	43828	1378
1995	23400	12378	2730	137185	13765	198815	44598	1326
1996	23079	12502	2592	139660	13561	198408	43103	1369
1997	23109	12435	2367	140643	13915	197347	42274	1334
1998	23394	12282	2059	138546	13983	192539	38981	1398
1999	25179	11286	1103	139497	13691	191011	37881	1357
2000	27508	9285	795	139731	12517	185884	36383	1399
2001	30364	8441	391	142503	11875	181444	22801	1743
2002	33819	8742	337	142232	11798	175549	23521	1829
2003	38086	8521	349	144016	13453	170947	24946	1854
2004	40697	8472	257	144608	13718	167203	26937	1927
2005	43960	8728	259	144647	14031	163589	28594	1903
2006	46816	9230	401	143219	13932	155848	29818	1948
2007	50344	10492	354	143532	12432	153693	31217	2012
2008	53495	10407	360	143922	12057	151039	33604	2064
2009	55835	10916	359	145118	11279	149711	35901	2095
2010	57404	10546	381	145358	10983	146922	45437	2147
2011	58742	10390	362	147448	11021	145457	40447	1965
2012	60502	10864	391	148359	10387	144633	45493	1967

22-2 续表 2

年 份	普通高等学校	中等专业学校	#中等师范学校	普通中学	农业中学职业中学	小学	幼儿园	盲、聋哑学校
四、在校学生数(人)								
1985	95161	70371	20350	1868360	147212	4223416	929591	3365
1986	107434	81860	26526	2014999	149910	4189324	928257	3446
1987	112652	89384	30526	2048761	137783	4107393	937057	3617
1988	120510	97540	31018	1962214	146140	4082650	1270266	3958
1989	122543	102879	28894	1830394	147422	4126831	976651	4065
1990	123314	103902	28442	1810876	149780	4073374	936852	4468
1991	124777	104269	28888	1887654	151572	3915360	1037576	4769
1992	134671	110011	29447	1969532	155112	3736363	1134184	5089
1993	155554	124707	32019	1911632	155231	3686796	1257278	5100
1994	171284	133067	33162	1922132	167876	3750611	1090474	5186
1995	179412	140870	32182	2008338	182984	3751941	1021123	5050
1996	182684	143911	27537	2029776	185244	3790718	936111	4815
1997	188159	149730	24426	1950241	195742	3886760	879987	4870
1998	199223	155459	23723	1884915	207315	3829655	853886	4882
1999	235819	156847	18872	1961673	194860	3666131	838133	4837
2000	297710	148905	16845	2167017	170517	3444172	835542	4933
2001	372336	143044	7949	2323395	154398	3230517	726634	8590
2002	450536	151810	2857	2398928	164241	3061398	667930	8926
2003	514191	173347	4006	2410745	186817	2891925	675118	8429
2004	583465	208597	4233	2360549	197555	2794330	673088	8539
2005	659351	220233	4438	2314498	201774	2666155	685587	8296
2006	720548	209940	4596	2268575	218446	2546811	715301	8300
2007	777758	202506	3921	2220860	227583	2452598	725300	8742
2008	820374	206802	3464	2161725	230088	2367350	740804	8972
2009	852354	204307	3178	2077827	216180	2255977	779370	8776
2010	880247	203438	3105	1987738	197993	2182522	834469	8921
2011	902231	193828	2727	1908629	184869	2168074	861961	8935
2012	934078	194753	2415	1830518	157402	2129695	859492	8593
五、招生数(人)								
1985	34076	29545	7929	715460	80307	717494		772
1986	32827	33191	11544	715455	69237	748948		690
1987	34756	34311	10929	683593	57539	669707		757
1988	38398	36156	10388	657379	59625	674101		1012
1989	35149	31655	8539	610627	59407	710199		635
1990	35102	30047	8911	629468	55550	596030		975
1991	36094	33803	9101	696406	58782	523096	498215	836
1992	45129	39517	10232	721178	60251	559753	596844	768
1993	55071	44226	10398	653170	60781	652210	689042	705
1994	52183	43849	9637	690513	68753	750424		750
1995	53310	43821	7957	756666	67881	703538	607336	715
1996	55048	41930	6385	660620	61469	643884	564749	766
1997	56373	47282	7732	600728	74485	611404	527969	721
1998	60302	45681	7290	668295	75897	512002	502367	693

22-2 续表 3

年 份	普通高等学校	中等专业学校	#中等师范学校	普通中学	农业中学职业中学	小学	幼儿园	盲、聋哑学校
1999	87851	42839	3523	755550	56341	503795	481840	609
2000	110211	30399	3743	830026	50470	508907	483092	576
2001	127577	37222	2303	817663	52691	484661	440299	913
2002	151116	56814	1376	812406	63208	463091	394029	1082
2003	163802	73948	1708	820180	72508	432650	376388	803
2004	184473	78223	1582	766071	66032	416143	358325	738
2005	210495	83121	1446	761646	73151	379941	344990	698
2006	220608	70802	1341	763321	94223	388660	344455	753
2007	234466	67808	1152	711588	88520	395108	339963	986
2008	252385	74434	1049	702791	78835	393197	333416	746
2009	245312	72651	1073	676153	72557	337183	340807	846
2010	252234	68279	1069	637545	64558	348465	352199	688
2011	263843	61592	848	613089	62942	370138	354701	1069
2012	275676	62561	726	597895	48218	353057	322689	905
六、毕业生数(人)								
1985	17495	20226	6318	502101	27994	689598		517
1986	20583	22752	6138	494658	43709	704016		459
1987	29394	26932	7019	522777	54614	680861		405
1988	31552	28004	9724	587835	42195	637753		471
1989	32708	26326	10882	572508	47204	593257		429
1990	33768	29716	9400	550359	45627	591654		377
1991	33530	33223	8484	538346	49550	660343	415665	419
1992	35208	33377	9564	540132	50882	685996	516460	439
1993	33615	30449	7821	542163	50122	630759	650232	330
1994	35923	30362	8588	575786	49965	636786		478
1995	44072	33966	9304	601421	51246	672482		522
1996	51068	37503	11093	573876	57709	576164		543
1997	49591	40340	10497	626046	63502	500252		513
1998	47557	37850	7721	686541	66788	555892		527
1999	49964	40100	7158	618065	60060	644042		551
2000	49834	35843	5921	551157	70175	722325		467
2001	60271	42499	4825	581476	66852	679852	379010	883
2002	72791	42856	559	666377	53324	622536	366891	871
2003	98908	47479	1964	740994	48605	595278	350428	790
2004	115889	39344	715	752884	50831	511757	324423	878
2005	144984	58457	1045	757448	61219	499069	299493	971
2006	154970	60828	1451	766410	62835	506789	307386	853
2007	169576	67809	1739	717773	60167	480567	308819	799
2008	202312	61674	1175	720992	63311	459368	306091	770
2009	206211	68063	995	724286	72545	428542	270357	889
2010	219564	61075	971	681478	76029	397516	250929	906
2011	236341	66918	918	669700	69010	377227	267333	926
2012	235984	65725	909	648670	57464	371386	289174	804

22-3 研究生数

单位：人

年 份	招生数	在校学生数			毕业生数		
		小计	攻读硕士学位	攻读博士学位	小计	攻读硕士学位	攻读博士学位
1980	143	709					
1985	2091	3687	3170	155	584	578	6
1986	1989	5009	4146	208	670	639	13
1987	1771	5570	4857	317	1193	838	17
1988	1575	5160	4668	379	1929	1604	24
1989	1322	4637	4180	417	1763	1599	86
1990	1404	4343	3858	462	1677	1558	84
1991	1320	4144	3581	563	1500	1401	75
1992	1415	4290	3671	619	1245	1159	85
1993	2016	4955	4185	770	1307	1222	85
1994	2602	6274	5298	976	1273	1138	135
1995	2367	7236	5972	1264	1425	1272	153
1996	2647	7787	6313	1474	1962	1753	209
1997	2978	8304	6621	1683	2316	2106	210
1998	3197	9164	7292	1872	2126	1852	274
1999	4005	10574	8203	2371	2426	2101	325
2000	5804	13655	10726	2929	2910	2532	378
2001	7898	18446	14637	3809	2971	2589	382
2002	9569	23949	19131	4818	3674	3135	539
2003	13242	31796	25694	6102	5027	4395	632
2004	16254	40678	33392	7286	6726	5914	812
2005	18901	49772	41340	8432	9342	8315	1027
2006	20998	58424	49283	9141	11516	10249	1267
2007	22407	65025	55403	9622	15177	13530	1647
2008	24490	67806	57622	10184	21010	19446	1564
2009	27104	73997	63345	10652	20160	18432	1728
2010	29031	82019	69613	12406	21676	19700	1976
2011	30615	87078	74161	12917	24178	22188	1990
2012	31917	90061	76808	13253	27110	25035	2075

22-4 分学科研究生情况

(2012年)

单位：人

项 目	招生数	博士	硕士	在校学生数	博士	硕士	毕业生数	博士	硕士
总 计	**31917**	**2930**	**28987**	**90061**	**13253**	**76808**	**27110**	**2075**	**25035**
哲 学	227	40	187	748	170	578	256	21	235
经济学	1656	201	1455	4478	724	3754	1252	157	1095
法 学	1710	99	1611	4797	408	4389	1876	64	1812
教育学	1341	21	1320	3445	64	3381	1034	14	1020
文 学	1492	16	1476	4223	43	4180	1382	10	1372
历史学	153	3	150	506	3	503	177		177
理 学	2231	294	1937	6763	1353	5410	2086	210	1876
工 学	12181	1392	10789	33839	6874	26965	10367	909	9458
农 学	576	88	488	1879	380	1499	486	61	425
医 学	5314	522	4792	14673	1807	12866	4151	429	3722
军事学	3		3	10		10	1		1
管理学	4059	254	3805	12150	1426	10724	3368	199	3169
艺术学	974		974	2550	1	2549	674	1	673
普通高校	**31145**	**2606**	**28539**	**87638**	**12000**	**75638**	**26590**	**1790**	**24800**
哲 学	227	40	187	748	170	578	256	21	235
经济学	1656	201	1455	4478	724	3754	1252	157	1095
法 学	1700	99	1601	4768	408	4360	1866	64	1802
教育学	1341	21	1320	3445	64	3381	1034	14	1020
文 学	1492	16	1476	4223	43	4180	1382	10	1372
历史学	153	3	150	506	3	503	177		177
理 学	2006	182	1824	6067	918	5149	1951	105	1846
工 学	11659	1189	10470	32185	6081	26104	10004	733	9271
农 学	561	79	482	1835	355	1480	474	57	417
医 学	5314	522	4792	14673	1807	12866	4151	429	3722
军事学	3		3	10		10	1		1
管理学	4059	254	3805	12150	1426	10724	3368	199	3169
艺术学	974		974	2550	1	2549	674	1	673
科研院所	**772**	**324**	**448**	**2423**	**1253**	**1170**	**520**	**285**	**235**
哲 学									
经济学									
法 学	10		10	29		29	10		10
教育学									
文 学									
历史学									
理 学	225	112	113	696	435	261	135	105	30
工 学	522	203	319	1654	793	861	363	176	187
农 学	15	9	6	44	25	19	12	4	8
医 学									
军事学									
管理学									
艺术学									

22-5 普通高等学校基本情况

单位：人

项　目	2011年					
	学校数(所)	招生数	在校学生数	毕业生数	教职工数	
						#专任教师
总　计	**112**	**263843**	**902231**	**236341**	**94834**	**58742**
综合大学	15	43566	147030	43271	15038	9182
理工院校	46	115995	404870	102120	41547	25468
农林院校	6	15192	47257	13259	4378	2684
医药院校	13	19277	69253	15734	9294	5773
师范院校	8	22253	71038	20388	8374	5435
语文院校	2	3945	15132	3865	1347	961
财经院校	11	21881	72048	18372	7447	4403
政法院校	2	5063	15021	5420	1287	692
体育院校	2	2244	8026	1875	880	542
艺术院校	6	10526	37809	9089	3937	2785
民族院校	1	3901	14747	2948	1305	817

22-5　续表

项　目	2012年					
	学校数(所)	招生数	在校学生数	毕业生数	教职工数	
						#专任教师
总　计	**112**	**275676**	**934078**	**235984**	**96584**	**60502**
综合大学	14	45462	156465	44936	16155	9711
理工院校	47	124658	425757	103720	42407	26432
农林院校	6	17343	50936	13177	4630	2871
医药院校	13	21675	75685	14968	9414	6018
师范院校	8	21762	73410	19108	8338	5442
语文院校	2	3679	14670	3823	1332	934
财经院校	11	19773	65158	16433	6509	4018
政法院校	3	5148	11732	4093	1656	875
体育院校	2	2020	8013	1949	874	548
艺术院校	5	10159	37408	9979	3934	2815
民族院校	1	3997	14844	3798	1335	838

22-6 高等教育学校(机构)学生数

单位：人

项目	2011年				2012年			
	招生数	在校学生数	毕(结)业生数	授予学位数	招生数	在校学生数	毕(结)业生数	授予学位数
研究生数	30615	87078	24178	23924	31917	90061	27110	26759
博士	2863	12917	1990	1873	2930	13253	2075	1917
硕士	27752	74161	22188	22051	28987	76808	25035	24842
普通本科、专科生	263843	902231	236341	137482	275676	934078	235984	145610
本科	165587	624546	140017	137482	174209	645816	147471	145610
专科	98256	277685	96324		101467	288262	88513	
成人本科、专科生	88292	196973	76725	4099	88243	207804	71885	4905
本科	33395	77196	30912	4099	32839	80737	26711	4905
专科	54897	119777	45813		55404	127067	45174	
网络本科、专科生	88408	183338	37419	1661	95246	225026	48731	2194
本科	41736	92568	19072	1661	45957	111567	23779	2194
专科	46672	90770	18347		49289	113459	24952	
在职人员攻读博士、硕士学位	5921	18667		5074	5966	19235		4603
自考助学班		3455	1620			1609	903	
研究生课程进修班		615	455			2218	494	
普通预科生		1240				1264		
进修及培训		21020	141982			59889	200703	
留学生	3886	6524	2386	886	5298	8797	3715	969

22-7 普通本科分学科学生数

单位：人

项目	2011年			2012年		
	招生数	在校学生数	毕业生数	招生数	在校学生数	毕业生数
总　计	**165587**	**624546**	**140017**	**174209**	**645816**	**147471**
#师范	5353	21666	6379	5607	21636	6529
哲　学	77	253	74	68	305	39
经济学	7716	29764	7184	8188	30556	7097
法　学	3943	15482	4694	3944	14719	4488
教育学	3996	14850	3634	4439	15488	3673
文　学	32631	121021	26298	30836	121728	29086
历史学	339	1276	263	314	1272	294
理　学	10209	38373	8762	11268	40738	9519
工　学	65396	245707	56570	69945	253315	58423
农　学	1750	6346	1499	2161	6894	1613
医　学	11842	48912	8980	13999	53340	9296
军事学						
管理学	27688	102562	22059	29047	107461	23943

22-8 普通专科(高职)分学科学生数

单位：人

项　目	2011年			2012年		
	招生数	在校学生数	毕业生数	招生数	在校学生数	毕业生数
总　计	**98256**	**277685**	**96324**	**101467**	**288262**	**88513**
#师范生	6210	13950	5954	6007	15280	4237
农林牧渔大类	2673	8053	2860	3007	7975	2965
交通运输大类	6182	16170	4359	8591	20623	5122
生化与药品大类	3465	9851	3304	3489	10331	3008
资源开发与测绘大类	1877	5540	1772	2737	6505	1753
材料与能源大类	2079	5948	2084	2166	6482	1603
土建大类	8085	19355	5762	8526	22554	4998
水利大类	318	1044	226	319	1075	276
制造大类	17275	49096	16330	18198	51742	15273
电子信息大类	9327	30365	12012	8700	26760	11029
环保、气象与安全大类	235	635	329	309	761	175
轻纺食品大类	1177	3874	1483	1139	3368	1395
财经大类	17020	50235	15849	15464	49590	15656
医药卫生大类	4861	12583	4616	5069	14009	3706
旅游大类	3877	12015	3710	4054	11834	4010
公共事业大类	1039	2831	995	1211	2946	803
文化教育大类	13643	35934	14978	12914	36261	12225
艺术设计传媒大类	3842	11077	4155	4211	11952	3515
公安大类	52	245	617	149	299	111
法律大类	1229	2834	883	1214	3195	890

22-9 成人本科分学科学生数

单位：人

项　目	2011年			2012年		
	招生数	在校学生数	毕业生数	招生数	在校学生数	毕业生数
总　计	**33395**	**77196**	**30912**	**32839**	**80737**	**26711**
#师范生	2064	4974	2328	700	2480	1042
哲　学	7	7		26	33	
经济学	447	1368	602	444	1236	590
法　学	2678	4880	2008	2632	5429	1844
教育学	2065	4828	2809	1971	4972	1703
文　学	2971	7755	5103	2755	6453	3784
历史学	14	41	81	23	46	15
理　学	318	734	519	384	838	340
工　学	11700	25701	9508	10797	27530	7762
农　学	570	1051	374	495	1066	378
医　学	6111	16510	4273	6635	18152	4761
管理学	6514	14321	5635	6677	14982	5534

22-10 成人专科分学科学生数

单位：人

项 目	2011年			2012年		
	招生数	在校学生数	毕业生数	招生数	在校学生数	毕业生数
总 计	**54897**	**119777**	**45813**	**55404**	**127067**	**45174**
总计中：师范生	1439	2210	616	1203	2144	450
农林牧渔大类	1259	2975	447	842	3027	744
交通运输大类	5003	12164	4354	4346	11706	4174
生化与药品大类	893	1524	756	923	1990	592
资源开发与测绘大类类	1515	2987	1341	1695	3219	1378
材料与能源大类	475	1213	911	416	1033	583
土建大类	2041	3528	840	2524	5025	941
水利大类	30	104	69	33	63	25
制造大类	10824	24129	10767	12214	25546	10134
电子信息大类	3742	8358	4743	3851	8335	3945
环保、气象与安全大类		31	4		2	31
轻纺食品大类	123	239	143	117	243	75
财经大类	9959	20705	9924	9504	20706	8910
医药卫生大类	7557	19860	3003	6118	20893	4565
旅游大类	1787	3225	1181	1727	3688	1164
公共事业大类	679	1180	428	876	1581	501
文化教育大类	5688	10624	4215	7128	13194	4447
艺术设计传媒大类	3057	6396	2543	2796	6239	2711
公安大类						
法律大类	265	535	144	294	577	254

22-11 网络本科分学科学生数

单位：人

项 目	2011年			2012年		
	招生数	在校学生数	毕业生数	招生数	在校学生数	毕业生数
总 计	**41736**	**92568**	**19072**	**45957**	**111567**	**23779**
#师范生						
哲 学						
经济学	1795	4200	1007	1902	4777	1215
法 学	1259	4491	1620	998	3744	1555
教育学						
文 学		70	25		51	5
历史学						
理 学		89	15		49	39
工 学	16191	28569	4219	18927	39920	6468
农 学						
医 学	7418	20974	3786	7688	22862	4986
管理学	15073	34175	8400	16442	40164	9511

22-12 网络专科分学科学生数

单位：人

项目	2011年			2012年		
	招生数	在校学生数	毕业生数	招生数	在校学生数	毕业生数
总计	**46672**	**90770**	**18347**	**49289**	**113459**	**24952**
#师范生						
农林牧渔大类						
交通运输大类	1558	2859	448	1362	3556	669
生化与药品大类						
资源开发与测绘大类	2075	3430	140	3335	5708	809
材料与能源大类	632	956	55	367	1018	256
土建大类	10444	19232	3963	11250	25149	5138
水利大类	820	1599	346	998	2128	443
制造大类	7837	14401	2096	8019	18899	3314
电子信息大类	1306	3196	663	1298	3527	850
环保、气象与安全大类	339	549		792	1213	96
轻纺食品大类						
财经大类	9423	18527	4761	13375	32255	8697
医药卫生大类	4514	9836	1801	4550	10858	3058
旅游大类	147	434	158	179	469	133
公共事业大类	6903	13872	3123	3149	6832	879
文化教育大类		10	21		7	3
艺术设计传媒大类						
公安大类						
法律大类	674	1869	772	615	1840	607

22-13 各类中等职业学校(机构)基本情况

(2012年)

单位：人

项目	学校数(所)	毕业生数	招生数	在校学生数	教职工数	
						#专任教师
1、调整后中职	31	14697	12461	38104	4027	2846
2、普通中等专业学校	93	51028	50100	156649	11813	8018
# 中等师范学校	4	909	726	2415	501	391
3、成人中专	1	8119	10576	28446	539	406
4、职业高中	192	57464	48218	157402	14903	10387

22-14 中等职业学校(机构)学生分科类情况

(2012年)

单位：人

项目	招生数	#应届毕业生	#初中毕业生	在校学生数	毕业生数	#获得职业资格证书
总计	**121355**	**100994**	**94951**	**380601**	**131308**	**65801**
其中：女	56305	49276	45737	188900	63152	29920
农林牧渔类	18163	11153	9767	49945	12724	3981
资源环境类	974	935	862	2769	1358	1077
能源与新能源类	147	124	124	571	96	
土木水利类	3517	2528	2224	10191	4239	2825
加工制造类	20133	18381	17790	66538	25024	15224
石油化工类	1648	1238	1198	6034	2596	1441
轻纺食品类	169	164	162	1123	503	264
交通运输类	13032	9344	8921	31939	10172	5278
信息技术类	13412	11610	11032	44842	19514	10000
医药卫生类	9628	8739	8343	44245	12971	5522
休闲保健类	1935	1757	1566	5239	1668	1012
财经商贸类	9431	8632	8179	28555	11267	5930
旅游服务类	5986	5056	4588	16335	6651	3429
文化艺术类	6526	5529	4853	23374	8445	3259
体育与健身	1790	1721	1721	5197	1263	598
教育类	13523	12975	12546	40017	11292	5374
司法服务类	437	393	389	1456	175	20
公共管理与服务类	433	312	283	1152	935	550
其他	471	403	403	1079	415	17

22-15 普通高中学校和学生情况

(2012年)

单位：人

项目	学校数(所)	高级中学	完全中学	十二年一贯制学校	招生数	在校学生数	毕业生数
总计	**417**	**334**	**74**	**9**	**228358**	**695933**	**237962**
教育部门	330	281	47	2	201281	617371	211620
其他部门办	1	1			438	1397	386
地方企业							
社会力量办	86	52	27	7	26639	77165	25956
城区	314	245	65	4	158737	480776	167068
教育部门	237	197	40		135049	412928	143847
其他部门办	1	1			438	1397	386
地方企业							
社会力量办	76	47	25	4	23250	66451	22835
镇区	96	84	8	4	66370	205313	67620
教育部门	89	80	7	2	63594	196453	65247
其他部门办							
地方企业							
社会力量办	7	4	1	2	2776	8860	2373
乡村	7	5	1	1	3251	9844	3274
教育部门	4	4			2638	7990	2526
其他部门办							
地方企业							
社会力量办	3	1	1	1	613	1854	748

22-16 普通初中学校和学生情况

(2012年) 单位：人

项　目	学校数(所)	初级中学	九年一贯制	招生数	在校学生数	毕业生数
总　计	**1607**	**998**	**609**	**369537**	**1134585**	**410708**
教育部门	1563	980	583	349653	1076026	392914
其他部门办	9	4	5	668	2057	714
地方企业						
社会力量办	35	14	21	19216	56502	17080
城区	643	498	145	187292	569036	195843
教育部门	610	483	127	172210	524248	182119
其他部门办	8	4	4	641	1976	651
地方企业						
社会力量办	25	11	14	14441	42812	13073
镇区	610	322	288	137833	427089	160902
教育部门	600	320	280	133362	414270	157167
其他部门办	1		1	27	81	63
地方企业						
社会力量办	9	2	7	4444	12738	3672
乡村	354	178	176	44412	138460	53963
教育部门	353	177	176	44081	137508	53628
其他部门办						
地方企业						
社会力量办	1	1		331	952	335

22-17 普通小学学校和学生情况

(2012年) 单位：人

项　目	学校数(所)	招生数	在校学生数	毕业生数
总　计	**4779**	**353057**	**2129695**	**371386**
教育部门	4755	346179	2090456	363017
其他部门办	1	230	1893	404
地方企业	1	15	72	16
社会力量办	22	6633	37274	7949
城区	1223	173117	1024758	177993
教育部门	1206	169638	1000835	173261
其他部门办	1	217	1684	380
地方企业				
社会力量办	16	3262	22239	4352
镇区	706	98013	598209	104992
教育部门	701	94979	584533	101404
其他部门办		13	209	24
地方企业				
社会力量办	5	3021	13467	3564
乡村	2850	81927	506728	88401
教育部门	2848	81562	505088	88352
其他部门办				
地方企业	1	15	72	16
社会力量办	1	350	1568	33

22-18 各级普通学校毕业生升学率和学龄儿童入学率

单位：%

年 份	学龄儿童入学率	小学升初中	初中升高级中学
1990	99.4	92.0	34.7
1991	99.0	92.5	37.1
1992	99.0	92.6	38.7
1993	99.0	90.3	39.1
1994	99.1	93.4	40.9
1995	99.4	93.0	41.7
1996	99.3	96.0	41.9
1997	99.4	96.1	44.7
1998	99.4	95.7	48.2
1999	99.3	95.2	50.0
2000	99.3	93.9	57.4
2001	99.7	95.6	57.4
2002	99.4	98.1	66.3
2003	99.7	98.7	68.1
2004	99.7	99.2	74.7
2005	99.7	99.3	82.7
2006	99.8	99.6	85.4
2007	99.9	99.4	94.4
2008	99.9	99.8	97.7
2009	99.9	99.8	97.7
2010	99.9	99.9	97.3
2011	99.9	99.9	93.4
2012	99.9	99.5	92.9

注：初中升高级中学包含升入技工学校(2011年数据)。

22-19 教育发展水平

年 份	各类学校在校生占全省人口(%)	平均每万人口中有(人)			大中小学生各占学生总数(%)		
		大学生	中学生	小学生	大学生	中学生	小学生
1980	20.7	18.0	778.5	1276.8	0.9	37.3	61.2
1985	17.4	25.9	549.1	1150.6	1.5	31.5	65.9
1986	17.6	29.0	584.1	1130.4	1.6	33.1	64.0
1987	17.2	30.0	582.8	1094.8	1.7	33.7	63.2
1988	16.8	31.7	554.6	1074.0	1.9	32.9	63.7
1989	16.3	31.8	513.6	1071.7	1.9	31.2	65.2
1990	15.6	31.6	464.7	1045.3	2.0	29.6	66.7
1991	15.7	31.8	519.2	996.8	2.0	33.0	63.3
1992	15.1	34.1	598.8	946.3	2.3	33.1	62.8
1993	17.9	38.7	470.6	918.0	2.2	26.6	51.2
1994	18.2	44.7	524.7	941.7	2.5	28.8	51.7
1995	18.0	46.0	538.8	922.5	2.6	30.0	51.4
1996	15.8	46.8	604.6	927.7	3.0	38.3	58.7
1997	15.9	48.4	584.6	953.3	3.0	36.9	60.1
1998	15.1	50.3	540.7	921.3	3.3	35.8	60.9
1999	17.2	60.2	563.8	893.5	3.9	38.2	58.9
2000	21.5	71.4	596.2	825.7	4.8	39.9	55.3
2001	22.3	87.9	618.4	762.3	6.0	42.1	51.9
2002	22.5	107.4	647.3	730.0	7.2	43.6	49.2
2003	19.3	123.7	666.8	695.9	8.3	44.9	46.8
2004	18.0	140.2	664.8	671.5	9.5	45.0	45.5
2005	17.5	158.0	655.8	638.9	10.9	45.1	44.0
2006	18.7	172.0	643.8	607.9	12.1	45.2	42.7
2007	16.5	184.7	629.6	582.5	13.2	45.1	41.7
2008	16.4	193.9	614.1	559.4	14.2	44.9	40.9
2009	15.8	200.8	588.4	531.3	15.2	44.6	40.2
2010	15.5	206.8	561.4	512.8	16.1	43.8	40.0
2011	15.6	279.0	569.2	509.9	20.5	41.9	37.5
2012	15.1	289.5	544.0	500.5	21.7	40.8	37.5

22-20　各地区普通高等学校基本情况

(2012年)　　单位：人

地　区	学校数(所)	招生数	在校学生数	毕业生数	教职工数	
						#专任教师
总　计	**112**	**275676**	**934078**	**235984**	**96584**	**60502**
沈　阳	43	108585	369285	93951	40591	24888
大　连	29	74204	263692	63490	27978	17515
鞍　山	3	9597	37593	9323	3198	1975
抚　顺	6	11859	43083	10836	3552	2268
本　溪	2	4118	12329	2990	1485	781
丹　东	3	8784	25575	7299	2551	1512
锦　州	9	24063	79121	20697	6499	4624
营　口	2	4601	11694	3331	1126	691
阜　新	2	9537	32530	8900	3012	2089
辽　阳	4	5843	19394	6032	1559	1215
盘　锦	2	2317	5687	1598	1189	587
铁　岭	4	5401	13921	2735	1674	1039
朝　阳	1	1804	4480	1069	742	478
葫芦岛	2	4963	15694	3733	1428	840

22-21　各地区中等职业学校基本情况

(2012年)　　单位：人

地　区	学校数(所)	招生数	在校学生数	毕业生数	教职工数	
						#专任教师
总　计	**317**	**121355**	**380601**	**131308**	**31282**	**21657**
沈　阳	85	28478	90246	30547	8818	5925
大　连	58	18062	50467	17216	4599	3078
鞍　山	15	5624	18650	7433	1544	1115
抚　顺	16	6280	16548	4511	1658	1138
本　溪	9	5053	17422	6582	1611	1233
丹　东	19	6572	20979	8321	1413	985
锦　州	13	8625	25338	9578	1589	1173
营　口	16	6798	20561	7077	1492	1102
阜　新	18	7206	22131	6464	1943	1214
辽　阳	11	4442	12949	3628	877	649
盘　锦	6	4184	11668	5222	840	639
铁　岭	25	7373	22351	7030	1903	1342
朝　阳	12	8706	36984	12089	1910	1255
葫芦岛	14	3952	14307	5610	1085	809

22-22 各地区普通高中基本情况

(2012年) 单位：人

地区	学校数(所)	招生数	在校学生数	毕业生数	教职工数	#专任教师
总计	**417**	**228358**	**695933**	**237962**	**57740**	**47276**
沈阳	88	36592	110324	39147	11002	9133
大连	79	32793	100680	36073	9266	7648
鞍山	35	16814	52933	17893	3960	3190
抚顺	26	10425	31566	11718	2912	2279
本溪	16	7241	22890	9046	2179	1733
丹东	22	15030	44004	14524	2927	2422
锦州	27	15925	49636	16905	3620	2814
营口	15	11048	34463	11920	2955	2536
阜新	18	11020	33117	11246	2240	1779
辽阳	13	10192	27695	8049	2140	1791
盘锦	12	9726	29301	9635	2258	1826
铁岭	20	14419	43280	14395	3192	2592
朝阳	26	22312	71201	22867	5732	4775
葫芦岛	20	14821	44843	14544	3357	2758

22-23 各地区普通初中基本情况

(2012年) 单位：人

地区	学校数(所)	招生数	在校学生数	毕业生数	教职工数	#专任教师
总计	**1607**	**369537**	**1134585**	**410708**	**124813**	**101083**
沈阳	234	57785	171289	59374	19136	14882
大连	205	50806	154274	52384	16186	14115
鞍山	128	30523	91371	34985	10771	8580
抚顺	93	14398	45321	18265	6268	5213
本溪	50	11359	35596	13922	4894	3675
丹东	105	21225	68428	26554	6883	5616
锦州	113	27150	83643	29814	8296	6640
营口	83	21503	64523	21828	6640	5597
阜新	94	16176	52677	19801	6947	5084
辽阳	69	18023	54238	19676	4898	4037
盘锦	64	13048	43915	13618	5531	3747
铁岭	111	25423	79080	30765	8859	7509
朝阳	143	34234	106259	40119	11123	9124
葫芦岛	115	27884	83971	29603	8381	7264

22-24 各地区普通小学基本情况

(2012年) 单位：人

地区	学校数(所)	招生数	在校学生数	毕业生数	教职工数	#专任教师
总计	**4779**	**353057**	**2129695**	**371386**	**163205**	**144633**
沈阳	325	60051	343698	57293	25133	21963
大连	629	46648	282825	50728	20138	17745
鞍山	586	29256	178034	30748	14168	11829
抚顺	147	13179	81787	14300	8056	7123
本溪	65	10096	60758	11362	6013	5159
丹东	456	17786	121486	21229	9127	8300
锦州	390	23797	156030	27151	11548	10469
营口	174	21444	124434	22919	8219	7550
阜新	100	15681	94058	16330	8303	7681
辽阳	225	14577	92271	18053	6275	5480
盘锦	47	12185	70084	13059	5479	5051
铁岭	361	24203	149302	25516	12228	10828
朝阳	699	35570	206076	34517	16494	14630
葫芦岛	575	28584	168852	28181	12024	10825

22-25 各地区特殊教育基本情况

(2012年) 单位：人

地区	学校数(所)	招生数	在校学生数	毕业生数	教职工数	#专任教师
总计	**74**	**905**	**8593**	**804**	**2648**	**1967**
沈阳	14	166	1538	168	531	388
大连	11	171	1613	162	451	323
鞍山	7	55	611	75	272	192
抚顺	3	23	381	25	108	75
本溪	2	18	271	24	57	42
丹东	6	80	667	80	218	176
锦州	7	42	487	59	202	149
营口	4	66	845	45	220	179
阜新	5	34	352	—	131	95
辽阳	3	37	275	36	82	69
盘锦	2	9	114	17	27	22
铁岭	4	133	715	68	138	110
朝阳	3	42	489	35	139	97
葫芦岛	3	29	235	10	72	50

22-26 各地区每十万人口各级学校平均在校生数

(2012年)

单位：人

地 区	幼儿园	小学	初中阶段	高中阶段	高等学校
总 计	**2020.0**	**5005.2**	**2666.5**	**2773.3**	**2895.3**
沈 阳	1979.5	4755.7	2370.1	2195.2	6922.3
大 连	2252.3	4805.9	2621.5	2316.2	6124.1
鞍 山	2068.1	5063.5	2598.7	2252.7	1383.8
抚 顺	1494.1	3715.9	2059.1	2321.9	2142.3
本 溪	1669.9	3937.7	2306.9	2531.6	1045.2
丹 东	1676.4	5038.8	2838.2	2647.0	1180.2
锦 州	2072.0	5061.0	2713.0	2463.8	3472.0
营 口	1952.4	5283.8	2739.8	2312.7	524.2
阜 新	1884.2	4896.3	2742.2	3044.0	2581.7
辽 阳	1992.0	5058.7	2973.6	2381.3	1103.9
盘 锦	2103.4	5341.8	3347.2	3052.1	433.8
铁 岭	2111.4	4896.8	2593.6	2256.2	466.7
朝 阳	2322.8	6043.3	3116.1	3284.5	151.7
葫芦岛	2080.8	6002.6	2985.1	2423.0	592.1

注：高中阶段为生源数据且各市不含技工学校数据。

22-27 科技活动基本情况

指 标	单位	2005年	2006年	2008年	2009年	2010年	2011年	2012年
科技活动人员	**万人**	**18.6**	**18.8**	**20.4**	**23.5**	**21.9**	**23.8**	**25.5**
# 科学家和工程师	万人	12.3	12.9	14.8				
研究与试验发展折合全时人员	**万人年**	**6.7**	**7.0**	**7.9**	**9.2**	**8.5**	**8.1**	**8.7**
# 科学家和工程师	万人年	5.6	5.9	6.8				
科技经费筹集额	**亿元**	**217.0**	**231.1**	**363.4**				
# 政府资金	亿元	42.7	48.9	78.4				
企业资金	亿元	153.3	158.0	263.3				
金融机构贷款	亿元	7.4	11.6	9.2				
科技经费内部支出	**亿元**	**204.2**	**224.2**	**346.1**				
# 劳务费	亿元	36.2	39.5	57.0				
固定资产购建费	亿元	43.0	62.8	96.7				
研究与试验发展经费支出	**亿元**	**125.3**	**136.4**	**194.2**	**241.1**	**287.5**	**363.8**	**390.9**
# 基础研究	亿元	3.0	6.2	5.1	6.2	7.3	11.6	14.8
应用研究	亿元	23.2	20.4	29.6	25.8	36.2	52.7	60.9
试验发展	亿元	93.1	103.4	153.0	209.1	244.0	299.5	315.2
研究与试验发展经费支出占生产总值比重	**%**	**1.6**	**1.5**		**1.6**	**1.6**	**1.6**	**1.6**
技术市场成交额	**亿元**	**86.5**	**80.6**		**119.8**	**130.7**	**159.7**	**230.7**
专利申请受理数	**件**	**15672**	**17052**	**20899**	**25803**	**34218**	**37123**	**39490**
发明	件	3267	4368	6499	7125	9884	14715	19740
实用新型	件	8192	8594	10348	12634	14996	17684	15691
外观设计	件	4213	4090	4052	6045	9338	4724	4059
专利申请授权数	**件**	**6195**	**7399**	**10665**	**12198**	**17093**	**19176**	**21216**
发明	件	942	1063	1516	1994	2357	3164	3995
实用新型	件	4235	5277	8256	8585	12067	13584	14824
外观设计	件	1018	1059	893	1620	2669	2428	2397

22-28 科学研究和开发机构基本情况

指 标	单位	2005年	2006年	2008年	2009年	2010年	2011年	2012年
科技活动人员	**万人**	**2.00**	**1.90**	**2.00**	**1.90**	**1.81**	**1.88**	**1.93**
# 科学家和工程师	万人	1.60	1.30	1.60				
研究与试验发展折合全时人员	**万人年**	**0.55**	**0.55**	**0.59**	**1.09**	**1.13**	**1.22**	**1.29**
# 科学家和工程师	万人年	0.49	0.49	0.55				
# 基础研究	万人年	0.05	0.06	0.06	0.10	0.13	0.12	0.16
应用研究	万人年	0.16	0.15	0.20	0.36	0.37	0.40	0.52
试验发展	万人年	0.34	0.20	0.32	0.63	0.63	0.70	0.61
科技经费筹集额	**亿元**	**26.00**	**29.00**	**41.60**				
# 政府资金	亿元	14.90	16.50	25.70				
企业资金	亿元	6.40	8.90	8.50				
金融机构贷款	亿元		0.50					
科技经费内部支出	**亿元**	**25.90**	**28.40**	**38.10**				
# 劳务费	亿元	6.50	6.90	9.70				
固定资产购建费	亿元	5.30	6.10	8.20				
研究与试验发展经费支出	亿元	11.20	12.00	16.90	31.10	44.15	45.74	53.31
# 基础研究	**亿元**	**1.00**	**1.30**	**1.80**	**2.60**	**3.26**	**3.69**	**5.55**
应用研究	亿元	3.20	4.00	5.90	12.30	14.66	16.05	22.09
试验发展	亿元	5.00	3.00	6.10	16.20	26.22	26.01	25.67

22-29 大中型工业企业科技活动基本情况

指 标	单位	2006年	2008年	2009年	2010年	2011年	2012年
有科技活动的企业	个	294	303			253	276
占全部企业的比重	%	27.1	22.0			13.8	12.5
科技机构数	个	303.0	332.0	399.0	358.0	280.0	309
科技活动人员	万人	9.8	10.5		10.5	11.4	
# 科学家和工程师	万人	5.9	7.1				
研究与试验发展折合全时人员	万人年	3.4	4.0	5.2	4.5	4.0	4.2
# 科学家和工程师	万人年	2.7	3.3				
科技机构科技活动人员	万人	3.3	3.8	4.1		3.1	4.2
# 科学家和工程师	万人	2.1					
科技经费筹集额	亿元	137.9	242.3				
# 政府资金	亿元	9.8	20.9				
企业资金	亿元	116.5	213.9				
金融机构贷款	亿元	7.3	6.1				
科技经费内部支出	亿元	136.7	233.2				
# 开发新产品经费支出	亿元	82.9	122.6	199.2	196.7	241.8	254.4
科技经费支出占主营业务收入比重	%	1.41	1.62	1.35	0.96	1.13	1.07
研究与试验发展经费支出	亿元	85.9	129.0	166.4	191.3	238.2	259.8
技术引进经费支出	亿元	19.4	22.7	27.4	6.4	3.5	5.2
消化吸收经费支出	亿元	2.1	3.2	4.7	4.6	3.0	6.1
购买国内技术支出	亿元	2.8	20.3	18.9	15.8	17.4	14.4

22-30 高等学校科技活动情况

指 标	单位	2005年	2006年	2008年	2009年	2010年	2011年	2012年
科技活动人员	万人	2.6	2.9	3.3	5.7	5.8	5.9	5.7
# 科学家和工程师	万人	2.2	2.5	2.8				
研究与试验发展机构	个	277	320	396				
研究与试验发展折合全时人员	万人年	1.3	1.5	1.6	1.5	1.6	1.5	1.6
# 科学家和工程师	万人年	1.3	1.5	1.6				
# 基础研究	万人年	0.4	0.6	0.6	0.6	0.6	0.6	0.6
应用研究	万人年	0.6	0.7	0.9	0.8	0.8	0.9	0.9
试验发展	万人年	0.3	0.2	0.1	0.1	0.1	0.1	0.1
科技经费筹集额	亿元	21.4	24.0	31.6				
# 政府资金	亿元	8.0	8.7	12.8				
企业资金	亿元	11.6	13.7	17.3				
金融机构贷款	亿元							
科技经费内部支出	亿元	19.1	22.0	28.0				
# 劳务费	亿元	3.9	4.1	4.3				
固定资产购建费	亿元	2.7	3.3	5.2				
研究与试验发展经费支出	亿元	12.3	15.6	21.1	23.6	24.5	32.6	37.3
# 基础研究	亿元	1.4	2.4	3.1	3.6	4.0	7.9	8.6
应用研究	亿元	7.1	8.9	9.9	11.8	15.8	20.5	18.9
试验发展	亿元	3.7	4.2	8.1	8.3	4.7	4.2	9.8

主要统计指标解释

普通高等学校 指按照国家规定的设置标准和审批程序批准举办的，通过全国普通高等学校统一招生考试，招收高中毕业生为主要培养对象，实施高等教育的全日制大学、独立设置的学院和高等专科学校、高等职业学校和其他机构。

大学、独立设置的学院主要实施本科层次以上教育，高等专科学校、高等职业学校实施专科层次教育，其他机构是承担国家普通招生计划任务不计校数的机构。包括普通高等学校分校和批准筹建的普通高等学校等。

成人高等学校 指按照国家规定的设置标准和审批程序批准举办的，通过全国成人高等学校统一招生考试，招收具有高中毕业或同等学历的在职从业人员为主要培养对象，利用函授、业余、脱产等多种形式对其实施高等学历教育的学校。包括职工高等学校、农民高等学校、管理干部学院、教育学院、独立函授学院、广播电视大学、其他机构等。其他机构是承担国家成人招生计划任务不计校数的机构。

小学学龄儿童净入学率 指调查范围内已入小学学习的学龄儿童占校内外学龄儿童总数(包括弱智儿童，不包括盲聋哑儿童)的比重。计算公式为:

小学学龄儿童净入学率=已入学的小学学龄儿童数/校内外小学学龄儿童总数 × 100%

国家财政性教育经费 包括国家财政预算内教育经费，各级政府征收用于教育的税费，企业办学校教育经费，校办产业、勤工俭学和社会服务收入用于教育的经费。

财政预算内教育经费 指中央、地方各级财政或上级主管部门在年度内安排，并计划拨到教育部门和其他部门主办的各级各类学校、教育事业单位，列入国家预算支出科目的教育经费，包括教育事业拨款、科研经费拨款、基建拨款和其他经费拨款。

科技活动 指在自然科学、农业科学、医药科学、工程与技术科学、人文与社会科学领域(简称科学技术领域)中，与科技知识的产生、发展、传播和应用密切相关的有组织的活动。可分为研究与试验发展(R&D)、研究与试验发展成果应用及相关的科技服务三类活动。该定义是联合国教科文组织考虑成员国特别是发展中国家开展科技统计工作的需要，而对科技活动所作的统计界定。

科技活动人员 指直接从事科技活动、以及专门从事科技活动管理和为科技活动提供直接服务，累计的实际工作时间占全年制度工作时间 10%及以上的人员。(1)直接从事科技活动的人员包括：在独立核算的科学研究与技术开发机构、高等学校、各类企业及其他事业单位内设的研究室、实验室、技术开发中心及中试车间(基地)等机构中从事科技活动的研究人员、工程技术人员、技术工人及其它人员；虽不在上述机构工作，但编入科技活动项目(课题)组的人员；科技信息与文献机构中的专业技术人员；从事论文设计的研究生等。(2)专门从事科技活动管理和为科技活动提供直接服务的人员，包括：独立核算的科学研究与技术开发机构、科技信息与文献机构、高等学校、各类企业及其他事业单位主管科技工作的负责人，专门从事科技活动的计划、行政、人事、财务、物资供应、设备维护、图书资料管理等工作的各类人员，但不包括保卫、医疗保健人员、司机、食堂人员、茶炉工、水暖工、清洁工等为科技活动提供间接服务的人员。该指标用来反映投入科技活动人力的规模。

科学家与工程师 指科技活动人员中具有高、中级技术职称(职务)的人员和不具有高、中级技术职称(职务)的大学本科及以上学历人员。该指标用来反映投入科技活动人力的素质。

研究与试验发展（R&D） 指在科学技术领域，为增加知识总量，以及运用这些知识去创造新的应用进行的系统的创造性的活动，包括基础研究、应用研究、试验发展三类活动。国际上通常采用 R&D 活动的规模和强度指标反映一国的科技实力和核心竞争力。

基础研究 指为了获得关于现象和可观察事实的基本原理的新知识(揭示客观事物的本质、运动规律，获得新发现、新学说)而进行的实验性或理论性研究，它不以任何专门或特定的应用或使用为目的。其成果以科学论文和科学著作为主要形式。用来反映知识的原始创新能力。

应用研究 指为获得新知识而进行的创造性研究，主要针对某一特定的目的或目标。应用研究是为了确定基础研究成果可能的用途，或是为达到预定的目标探索应采取的新方法(原理性)或新途径。其成果形式以科学论文、专著、原理性模型或发明专利为主。用来反映对基础研究成果应用途径的探索。

试验发展 指利用从基础研究、应用研究和实际经验所获得的现有知识，为产生新的产品、材料和装置，建立新的工艺、系统和服务，以及对已产生和建立的上述各项作实质性的改进而进行的系统性工作。其成果形式主要是专利、专有技术、具有新产品基本特征的产品原型或具有新装置基本特征的原始样机等。在社会科学领域，试验发展是指把通过基础研究、应用研究获得的知识转变成可以实施的计划(包括为进行检验和评估实施示范项目)的过程。人文科学领域没有对应的试验发展活动。主要反映将科研成果转化为技术和产品的能力，是科技推动经济社会发展的物化成果。

研究与试验发展人员 指参与研究与试验发展项目研究、管理和辅助工作的人员， 包括项目(课题)组人员，企业科技行政管理人员和直接为项目(课题)活动提供服务的辅助人员。反映投入从事拥有自主知识产权的研究开发活动的人力规模。

研究与试验发展人员全时当量 指全时人员数加非全时人员按工作量折算为全时人员数的总和。例如:有两个全时人员和三个非全时人员(工作时间分别为 20%、30%和 70%)，则全时当量为 2+0.2+0.3+0.7=3.2人年。为国际上比较科技人力投入而制定的可比指标。

专业技术人员 指从事专业技术工作和专业技术管理工作的人员，即企事业单位中已经聘任专业技术职务从事专业技术工作和专业技术管理工作的人员，以及未聘任专业技术职务，现在专业技术岗位上工作的人员。包括工程技术人员，农业技术人员，科学研究人员，卫生技术人员，教学人员，经济人员，会计人员，统计人员，翻译人员，图书资料、档案、文博人员，新闻出版人员，律师、公证人员，广播电视播音人员，工艺美术人员，体育人员，艺术人员及企业政治思想工作人员，共十七个专业技术职务类别。用来反映科技人力资源情况。

科技活动经费筹集 指从各种渠道筹集到的计划用于科技活动的经费，包括政府资金、企业资金、事业单位资金、金融机构贷款、国外资金和其他资金等。反映各社会经济主体对促进科技进步所做的努力。

政府资金 指从各级政府部门获得的计划用于科技活动的经费，包括科学事业费、科技三项费、科研基建费、科学基金、教育等部门事业费中计划用于科技活动的经费以及政府部门预算外资金中计划用于科技活动的经费等。

企业资金 指从自有资金中提取或接受其他企业委托的，科研院所和高校等事业单位接受企业委托获得的，计划用于科研和技术开发的经费。不包括来自政府、金融机构及国外的计划用于科技活动的资金。

金融机构贷款 指从各类金融机构获得的用于科技活动的贷款。

科技活动经费内部支出 指报告年内用于科技活动的实际支出，包括劳务费、科研业务费、科研管理费，非基建投资购建的固定资产、科研基建支出以及其他用于科技活动的支出。不包括生产性活动支出、归还贷款支出及转拨外单位支出。反映科技投入实际完成情况。

劳务费 指以货币或实物形式直接或间接支付给从事科技活动人员的劳动报酬及各种费用。包括各种形式的工资、津贴、奖金、福利、离退休人员费用、人民助学金等。反映改善科技人员待遇情况。

固定资产购建费 指报告年内使用非基建投资购建的固定资产和用于科研基建投资的实际支出额，即固定资产实际支出和科研基建投资实际完成额之和。固定资产是指长期使用而不改变原有实物形态的主要物资设备、图书资料、实验材料和标本以及其他设备和家具、房屋、建筑物。反映用于改善科研条件和科研手段方面的投入情况。

新产品 指采用新技术原理、新设计构思研制、生产的全新产品，或在结构、材质、工艺等某一方面比原有产品有明显改进，从而显著提高了产品性能或扩大了使用功能的产品。既包括政府有关部门认定并在有效期内的新产品，也包括企业自行研制开发，未经政府有关部门认定，从投产之日起一年之内的新产品。用来反映科技产出及对经济增长的直接贡献。

二十三、文化、体育和卫生

Chapter 23 Culture, Sports and Public Health

23-1 文化事业基本情况

项目	2005年	2006年	2008年	2009年	2010年	2011年	2012年
一、文化事业机构数(个)	**20871**	**19085**	**17479**	**15255**	**14690**	**13563**	**13054**
文化部门	12315	10338	6475	2279	2130	2106	2093
其他部门	8556	8747	11004	12976	12560	11457	10961
二、文化事业人员数(人)	**76970**	**92380**	**68767**	**78359**	**75215**	**70313**	**67659**
文化部门	53698	61946	33248	19677	19044	19307	19731
其他部门	23272	30434	35519	58682	56171	51006	47928
三、各类文化艺术事业单位数(个)							
文化馆、艺术馆	124	133	123	122	122	122	123
公 共 图 书 馆	126	126	128	128	128	128	129
博物馆	37	37	54	61	61	61	62
电影院							
艺术表演场所	59	50	40	40	38	38	30
艺术表演团体	70	66	65	63	52	38	23
电影放映单位							

23-2 广播电视事业

项目	单位	2010年	2011年	2012年
一、职 工 人 数	**人**	**26392**	**27332**	**28531**
二、广播事业情况				
广 播 电 台	座	15	4	4
发射台及转播台	座	34	35	34
发射机功率	千瓦	1151	1200	1225
平均每天播音时间	小时：分	82	83	80
广播人口综合覆盖率	%	98.48	98.51	98.59
年广播节目制作时间	小时	457602	442709	432646
新闻	小时	53662	59338	60348
综艺	小时	153476	136956	133584
专题	小时	145270	148479	135010
广播剧	小时	4404	2176	7652
广告	小时	62729	58229	56210
其他	小时	38064	37529	39839
三、电视事业情况				
电 视 台	座	13	5	5
电视发射及转播台	座	367	368	368
发射机功率	千瓦	578	583	581
平均每周播出时间	小时：分	13547:42	14017:11	14065:15
电视人口综合覆盖率	%	98.59	98.64	98.68
电视节目制作时间	小时	188895	184320	176710
新闻	小时	30945	30247	28514
综艺	小时	56107	53809	50333
专题	小时	33836	30122	37961
影视剧	小时	1189	1080	1335
广告	小时	39673	42997	35758
其他	小时	27148	26064	22806

23-3 图书、杂志和报纸出版情况

年 份	图书				杂志			报纸		
	种数(种)	#新出版	总印数(万册)	总印张数(万印张)	种数(种)	总印数(万册)	总印张数(万印张)	种数(种)	总印数(万份)	总印张数(万印张)
1990	2776	2087	20000	79000	236	14000	30000	65	83000	63000
1991	3603	2799	22000	94000	242	15000	33000	67	99000	71000
1992	3203	2336	21000	90000	255	16000	30000	70	94000	70000
1993	3602		23000	120000	289	16000	38000	84	87000	88000
1994	4419	2986	24000	108000						
1995	3585	1975	18000	79000	295	15000	34000	88	90000	88000
1996	4419	2228	23000	107000	288	14000	31000	97	88000	117000
1997	4979	2678	22000	104000	286	14000	31000	89	99000	124000
1998	5251	2838	24000	114000	274	13000	31000	85	105000	175000
1999	5256	2711	23000	106000	277	13000	32000	85	110000	206000
2000	5008	2752	17082	108047	289	8634	22369	87	125845	319018
2001	5117	2719	18176	123953	306	14043	33907	97	124584	1097498
2002	6632	3026	16374	106225	321	12896	31246	17	52989	110635
2003	6519	2826	15428	92405	322	10881	30241	17	50631	150874
2004	5511	2899	11666	83959	234	6891	25647	81	145408	510101
2005	6598		12394	88222	325	10890	30251	81	145800	510235
2006	7370		12355	91425	324	8025	30537	123	159117	720835
2007	5533	3043	6686	51332	326	10793	39720	122	268855	743621
2008	7216	3592	13588	85791	322	10033	39777	81	179132	830147
2009					317	8424	37759	113	144362	702087
2010	9060	4925	14705	115552	317	4507	40073	75	156800	820203
2011	9883	5208	15148	120937	316	10003	41657	73	161277	998342
2012	9994	5596	11680	959769	312	9840	41715	69	165968	989664

注：2002年报纸为省级报纸统计数。

23-4 图书出版分类构成情况

(2012年)

类　别	种数(种)	印数(万册)	印张(千印张)
总　计	**9996**	**11683**	**959808**
使用“中国标准书号”合计	9994	11681	959771
马列主义、毛泽东思想	16	5	526
哲学	96	51	7873
社会科学总论	132	56	8352
政治、法律	233	121	18993
军事	20	8	1422
经济	890	435	74262
文化、科学、教育、体育	4040	8392	545192
语言、文字	823	446	56401
文学	1006	981	105525
艺术	652	228	20072
历史、地理	292	168	21989
自然科学总论	11	7	788
数理科学、化学	128	41	6274
天文学、地球科学	24	19	1667
生物科学	32	24	1642
医学、卫生	225	99	12385
农业科学	101	52	3346
工业技术	919	349	47099
交通运输	244	82	15344
航空、航天			
环境科学	36	10	867
综合性图书	74	107	9752
不使用“中国标准书号”图书	4	2	37

23-5 体委系统职工人数

(2012年) 单位：人

人员分类	合计	#优秀运动队	#体育运动学校	#少儿业余体校	#公共体育场馆	#体育服务公司
全　省	**5273**	**1944**	**1608**	**1166**	**555**	
运动员	**1827**	1379	417		31	
专职教练员	**1119**	209	339	501	70	
专职文化教师	**521**	34	305	182		
科技人员	**22**	13	7	1	1	
宣传出版人员						
医务人员	**27**	9	9	8	1	
管理人员	**1217**	219	291	386	321	
其它人员	**540**	81	240	88	131	

23-6 运动员历年创世界纪录情况

年　份	项数(项)	#女子	人数(人)	#女子	次数(次)	#女子
1985	1	1	2	2	2	2
1986	1	-	1	-	1	-
1987	3	2	7	5	12	9
1988	2	2	4	4	9	9
1989	10	10	4	4	10	10
1990	2	1	4	3	2	1
1991	8	8	6	6	10	10
1992	3	3	8	8	20	20
1993	20	18	14	12	30	27
1994	3	3	4	4	4	4
1995	1	1	1	1	1	1
1996	2	2	1	1	3	3
1997	9	9	5	5	11	11
1998	17	15	14	12	20	18
1999	13	12	9	8	22	21
2000	4	3	2	1	7	6
2001	4	4	6	6	4	4
2002	11	11	7	7	13	13
2003	13	-	7	-	34	-
2004	4	4	3	3	4	4
2005	3	3	3	3	4	4
2006	3	3	1	1	3	3
2007						
2008						
2009	3	3	2	2	4	4
2010						
2011	1	1	1	4	4	4
2012						

注:总计的项数和人数中剔除了历年重复数(以下同)。

23-7 运动员分项获得世界冠军情况

(2012年)

项目	项数(项)	#女子	人数(人)	#女子	次数(次)	#女子
乒乓球	1	1	1	1	2	2
自由式滑雪空中技巧	1	1	1	1	1	1
羽毛球	1	1	2	2	1	1
体操	1		1		1	
蹦床	1		1		1	
击剑	1	1	2	2	1	1
蹼泳	1	1	1	1	1	1

23-8 运动员近年获得世界冠军情况

年份	项数(项)	#女子	人数(人)	#女子	次数(次)	#女子
1985	3	1	3	1	4	1
1986	6	4	8	4	8	4
1987	4	3	6	4	8	6
1988	2	1	4	3	10	8
1989	11	10	5	4	11	10
1990	11	7	7	4	12	8
1991	15	13	7	5	16	14
1992	6	5	8	7	13	12
1993	24	24	18	18	24	24
1994	4	4	7	5	12	8
1995	7	3	9	5	8	4
1996	6	6	5	5	8	8
1997	7	7	4	4	7	7
1998	14	8	11	9	15	8
1999	14	12	9	8	15	13
2000	9	7	6	5	9	7
2001	9	9	4	4	9	9
2002	12	10	10	8	12	10
2003	18	-	12	-	19	-
2004	11	10	11	10	12	11
2005	6	6	6	6	6	6
2006	11	10	11	10	11	10
2007	14	14	12	12	20	20
2008	13	13	10	10	15	15
2009	7	7	4	4	7	7
2010	6	6	12	12	13	13
2011	7	9	11	23	26	23
2012	7	5	9	7	8	6

23-9 运动员分项创获亚洲冠军情况

(2012年)

项 目	项数(项)	#女子	人数(人)	#女子	次数(次)	#女子
总 计	**10**	**7**	**8**	**4**	**10**	**7**
排 球	1		3		1	
乒乓球	1	1	1	1	1	1
游 泳	3	1	2	1	3	1
花样游泳	5	5	2	2	5	5

23-10 与外国体育活动交往情况

项 目	单位	2005年	2006年	2008年	2009年	2010年	2011年	2012年
来我省的体育团体								
次 数	次	17	6	29	15	10	5	5
人 数	人	148	97	214	188	98	74	92
我省派出的体育团体								
次 数	次	86	104	42	15	20	13	10
人 数	人	326	336	176	108	140	164	101

23-11 卫生机构、床数、人员数

(2012年)

卫生机构名称	机构数(个)	床位数(张)	人员数(人)				
			合计	卫生技术人员			
				小计	执业(助理)医师	#执业医师	注册护士
总　计	**35777**	**234371**	**329035**	**246138**	**100757**	**89690**	**97636**
一、医院	857	184787	203297	164006	60025	56602	75150
综合医院	535	127878	149868	122209	44277	42070	57332
中医医院	100	18965	21750	17820	7301	6639	6659
中西医结合医院	5	660	621	494	237	193	177
民族医院	1	300	141	98	46	38	14
专科医院	215	36934	30893	23366	8157	7657	10960
口腔医院	19	359	1815	1503	800	743	497
眼科医院	12	802	1241	866	255	243	425
肿瘤医院	5	2830	2122	1734	662	658	762
心血管病医院	3	210	148	95	41	29	36
胸科医院	2	1416	1035	777	286	279	370
血液病医院							
妇产(科)医院	28	4391	6232	4896	1737	1650	2293
儿童医院	4	1064	1570	1267	456	455	564
精神病医院	35	11820	5409	3972	1128	1024	2345
传染病医院	16	5086	4315	3206	943	896	1482
皮肤病医院	4	198	370	267	99	98	117
结核病医院	6	1809	1174	781	214	199	400
职业病医院							
骨科医院	16	2252	1526	1180	509	457	452
康复医院	18	2173	1328	895	292	258	372
整形外科医院	4	70	84	54	20	18	29
美容医院	5	95	210	185	81	73	65
其他专科医院	38	2359	2314	1688	634	577	751
二、疗养院	16	6006	1778	1052	404	341	426
三、社区卫生服务中心(站)	1117	7153	15072	12609	5473	4749	5019
社区卫生服务中心	325	5248	10614	8653	3562	3013	3360
社区卫生服务站	792	1905	4458	3956	1911	1736	1659
四、卫生院	1025	31691	25559	19374	9062	5919	4922
街道卫生院	23	496	441	350	155	111	113
乡镇卫生院	1002	31195	25118	19024	8907	5808	4809
中心卫生院	250	10278	9916	7639	3568	2411	2039
乡卫生院	752	20971	15202	11385	5339	3397	2770
五、门诊部	470	1915	5561	4753	24851	2201	1474
综合门诊部	260	1517	3597	3097	1552	1379	943
中医门诊部	59	66	543	442	269	243	77
中西医结合门诊部	13	1	73	71	36	30	20
专科门诊部	138	331	1348	1143	628	549	434
六、诊所.卫生所.医务室	10386		21871	21400	12076	10862	6825
诊所	8985		18678	18322	10511	9616	5972
卫生所、医务室	1401		3193	3078	1565	1243	853
七、急救中心(站)	12		972	572	260	256	267

23-11 续表 1

卫生机构名称	机构数(个)	床位数(张)	人员数(人)				
			合计	卫生技术人员			
				小计	执业(助理)医师	#执业医师	注册护士
八、采供血机构	23		1204	807	180	156	371
九、妇幼保健院(所、站)	110	1223	4856	3796	2041	1804	948
省属	1	53	176	125	47	47	46
省辖市(地区)属	12	40	614	467	279	274	80
地辖市属	62	621	2464	1946	1052	922	528
县属	29	519	1453	1136	596	506	269
其他	6		149	122	67	55	25
妇幼保健院	35	1120	2658	2082	1042	914	625
妇幼保健所	44	80	1464	1145	654	596	227
妇幼保健站	31	33	734	569	345	294	96
十、专科疾病防治院(所、站)	88	1586	3009	2168	1030	834	549
专科疾病防治院	8	645	600	453	212	162	130
结核病防治院							
职业病防治院	6	444	526	385	156	137	121
其他	2	201	74	68	56	25	9
专科疾病防治所(站、中心)	80	941	2409	1715	818	672	419
口腔病防治所(站、中心)	12	5	390	325	172	153	95
精神病防治所(站、中心)	1	135	34	20	7	7	11
结核病防治所(站、中心)	50	583	1495	1024	450	351	269
职业病防治所(站、中心)	3	100	196	138	77	65	29
地方病防治所(站、中心)	12		254	195	106	90	12
药物戒毒所(中心)	1	100	38	11	4	4	3
其他	1	18	2	2	2	2	
十一、疾病预防控制中心	130		8043	5977	3307	2777	431
省属	1		413	264	119	117	2
省辖市(地区)属	17		2218	1709	958	916	119
地辖市属	76		3357	2494	1402	1084	225
县属	29		1655	1209	622	472	46
其他	7		400	301	206	188	39
十二、卫生监督所(中心)	119		4169	3736			
省属	1		151	122			
省辖市(地区)属	14		829	729			
地辖市属	70		2251	2071			
县属	26		938	814			
其他	8						
十三、医学科学研究机构	5		91	61	29	29	5
十四、医学在职培训机构	3		56	20	3	1	3
十五、健康教育所(站、中心)	10		171	80	61	51	7
十六、其他卫生机构	186	6006	2906	1844	850	675	570
卫生监督检验(监测)机构	27		121	111	92	56	4
临床检验中心(所、站)	2		17	10			
其他	131		816	590	322	248	132
十七.村卫生室	21220		30420	3883		2433	669

23-11 续表 2

卫生机构名称	人员数(人)						
	卫生技术人员				其他技术人员	管理人员	工勤技能人员
	药师(士)	技师(士)	#检验师	其他			
总　计	**13224**	**14031**	**9757**	**20491**	**11982**	**16397**	**27180**
一、医院	9458	9634	6430	9739	8473	11240	19578
综合医院	6507	7113	4702	6980	5681	7902	14076
中医医院	1604	1005	1251	410	1023	1075	1832
中西医结合医院	39	26	20	15	21	39	67
民族医院	29	6	5	3		39	4
专科医院	1275	1464	1066	1490	1748	2183	3596
口腔医院	21	30	13	155	99	100	113
眼科医院	31	19	18	136	59	187	129
肿瘤医院	90	123	87	97	69	141	178
心血管病医院	5	5	4	8	5	5	43
胸科医院	52	67	31	2	67	58	133
血液病医院							
妇产(科)医院	232	383	280	251	379	375	582
儿童医院	28	78	65	111	51	94	158
精神病医院	161	119	102	219	232	431	774
传染病医院	276	308	236	197	248	265	596
皮肤病医院	34	17	15		14	19	70
结核病医院	55	66	46	46	29	62	272
职业病医院							
骨科医院	86	86	43	47	118	93	135
康复医院	48	48	31	135	78	134	221
整形外科医院	4	1	1		11	8	11
美容医院	11	10	10	2	6	12	7
其他专科医院	111	124	84	68	253	199	174
二、疗养院	55	36	26	131	126	203	397
三、社区卫生服务中心(站)	945	689	490	483	639	969	855
社区卫生服务中心	762	574	393	395	512	721	728
社区卫生服务站	183	115	97	88	127	248	127
四、卫生院	1459	1197	676	2734	1332	1603	3205
街道卫生院	23	21	13	38	27	31	33
乡镇卫生院	1436	1176	663	2696	1305	1572	3217
中心卫生院	568	464	265	1000	441	486	1350
乡卫生院	868	712	398	1696	864	1086	1867
五、门诊部	315	287	177	192			790
综合门诊部	217	238	141	147			489
中医门诊部	62	13	8	21			99
中西医结合门诊部	9	4	3	2			2
专科门诊部	27	32	25	22			200
六、诊所.卫生所.医务室	536	77	57	1886			463
诊所	488	52	36	1299			352
卫生所、医务室	48	25	21	587			111
七、急救中心(站)	14	20	9	11	75	68	257

23-11 续表 3

卫生机构名称	人员数(人)						
	卫生技术人员				其他技术人员	管理人员	工勤技能人员
	药师(士)	技师(士)	#检验师	其他			
八、采供血机构	16	202	199	38	167	115	115
九、妇幼保健院(所、站)	160	368	305	279	223	511	326
省属	8	13	11	11	2	35	14
省辖市(地区)属	17	65	60	26	37	73	37
地辖市属	74	172	148	120	113	262	143
县属	56	98	70	117	63	130	124
其他	5	20	16	5	8	11	8
妇幼保健院	94	166	135	155	102	267	207
妇幼保健所	45	141	123	78	72	168	79
妇幼保健站	21	61	47	46	49	76	40
十、专科疾病防治院(所、站)	134	230	155	225	220	320	301
专科疾病防治院	23	52	42	36	44	36	67
结核病防治院							
职业病防治院	22	50	40	36	44	35	62
其他	1	2	2			1	5
专科疾病防治所(站、中心)	111	178	113	189	176	284	234
口腔病防治所(站、中心)	4	1		53	25	26	14
精神病防治所(站、中心)	1	1	1			2	12
结核病防治所(站、中心)	95	135	80	75	101	193	177
职业病防治所(站、中心)	3	18	14	11	33	18	7
地方病防治所(站、中心)	8	23	18	46	16	19	24
药物戒毒所(中心)				4	1	26	
其他							
十一、疾病预防控制中心	68	1251	1197	920	488	959	619
省属		129	129	14	19	97	33
省辖市(地区)属	19	474	455	139	145	202	162
地辖市属	29	414	395	424	208	469	186
县属	13	193	186	335	85	154	207
其他	7	41	32	8	31	37	31
十二、卫生监督所(中心)				3736	86	239	108
省属				122	7	15	7
省辖市(地区)属				729	2	71	27
地辖市属				2071	37	108	35
县属				814	40	45	39
其他							
十三、医学科学研究机构	3	2	2	22	6	23	1
十四、医学在职培训机构	6			8	12	14	10
十五、健康教育所(站、中心)	2			10	52	22	17
十六、其他卫生机构	115	73	59	237	223	346	493
卫生监督检验(监测)机构	5			10	1	5	4
临床检验中心(所、站)		10	10		3	3	1
其他	46	25	21	66	60	88	78
十七.村卫生室							

23-12 各地区卫生机构、床位数

(2012年)

地　区	卫生机构数(个)	#医院	#卫生院	#门诊部	#疾病预防控制中心(防疫站)	#妇幼保健院(所站)	医疗机构床位数(张)	每千人口医疗机构床位数(张)
总　计	**35778**	**859**	**1023**	**470**	**130**	**110**	**224371**	**5.11**
沈　阳	4567	191	113	154	17	15	50913	6.28
大　连	3839	112	105	182	17	13	36177	5.41
鞍　山	3484	78	74	28	8	8	21526	5.90
抚　顺	1489	49	48	18	9	8	12703	5.94
本　溪	626	27	34	9	8	7	10033	5.87
丹　东	1444	43	75	9	8	4	14490	5.93
锦　州	2522	33	73	2	8	8	12176	3.90
营　口	2661	61	50	16	9	6	14034	5.78
阜　新	1335	42	62		8	8	8764	4.83
辽　阳	1991	52	39	7	8	8	11373	6.12
盘　锦	1128	36	31	9	6	3	6864	4.93
铁　岭	3109	25	95	13	9	7	9668	4.47
朝　阳	4500	55	128	14	8	8	13280	4.36
葫芦岛	3083	55	96	9	7	7	12370	5.63

23-13 各地区卫生机构人员数

(2012年)　　单位：人

地　区	卫生机构人员合计	#卫生技术人员	#执业(助理)医师	#注册护士	每千人口执业(助理)医师数	每千人口注册护士数
总　计	**329035**	**246138**	**100757**	**97636**	**2.30**	**2.23**
沈　阳	73250	57958	22690	24418	2.80	3.01
大　连	54460	42703	17223	18576	2.57	2.78
鞍　山	27524	20103	8070	7913	2.21	2.17
抚　顺	16062	12533	5144	5208	2.41	2.44
本　溪	13452	10376	3766	4582	2.20	2.68
丹　东	17859	12797	5511	4947	2.25	2.02
锦　州	16849	11911	5112	3803	1.64	1.22
营　口	16104	11429	4782	4444	1.97	1.83
阜　新	14649	10558	3980	4359	2.19	2.40
辽　阳	12826	9450	3972	3590	2.14	1.93
盘　锦	10289	7777	3325	2911	2.39	2.09
铁　岭	18355	12644	5778	4249	2.72	2.12
朝　阳	21204	14825	6794	4642	2.23	1.52
葫芦岛	16152	11074	4610	3994	2.04	1.86

主要统计指标解释

文化事业机构 指从事专业文化工作和为专业文化工作服务的独立建制的单位。不包括这些单位另外举办独立核算的其他机构和各部门的业余文化组织。该指标主要反映文化事业机构发展规模水平。

艺术表演团体 指从事戏曲、音乐、舞蹈、杂技等专业艺术表演，有独立帐户的单位，不包括半工半艺、半农半艺和民间职业剧团。该指标主要反映全国专业艺术表演团体发展规模水平。

艺术表演观众人数(人次) 指售票、包场演出或民族地区免费演出的艺术表演观众人次数，不包括彩排审查和内部观摩演出的观看人次数。该指标主要反映全国观看专业艺术表演团体演出的效益规模。

卫生机构 包括医疗机构、疾病预防控制中心(防疫站)、采供血机构、卫生监督及监测(检验)机构、医学科研和在职培训机构、健康教育所等。

医疗机构 包括医院、社区卫生服务中心(站)、疗养院、卫生院、门诊部、诊所(卫生所、医务室)、妇幼保健院(所、站)、专科疾病防治院(所、站)、急救中心(站)和临床检验中心。医疗机构分为非赢利性医疗机构和赢利性医疗机构。

医院 包括综合医院、中医医院、中西医结合医院、民族医院、各类专科医院和护理院。

卫生技术人员 指卫生机构中医生、护理人员、药剂人员、检验人员等卫生技术人员。

医生 指在医疗、预防保健机构工作且取得《执业医师证书》的执业医师和执业助理医师。

卫生服务总费用 反映全国当年用于医疗卫生保健服务所消耗的资金总额，用筹资来源法测算。政府预算卫生支出指各级政府用于卫生事业的财政预算拨款。社会卫生支出指政府预算外的卫生资金投入，主要表现为社会医疗保险。其中包括如企事业单位和乡村集体经济单位举办的医疗卫生机构的设施建设费，企业职工医疗卫生费，行政事业单位负担的职工公费医疗超支部分等。居民个人卫生支出指城乡居民用自己可支配的经济收入支付的各项医疗卫生费用和医疗保险费用。

二十四、其他社会活动

Chapter 24 Others Social Activities

24-1 历届省人民代表大会的代表人数

届 别	年份	代表总数			占代表总数比重(%)	
			#女代表	#少数民族代表	#女代表	#少数民族代表
一 届	1954	588		100		17.00
二 届	1959	566	107	39	18.90	6.89
三 届	1964	795				
四 届	1975					
五 届	1978	1200	292	160	24.33	13.33
六 届	1983	900	219	146	24.33	16.22
七 届	1988	725	142	118	19.59	16.28
八 届	1993	745	159	115	21.34	15.44
九 届	1998	622	123	97	19.77	15.59
十 届	2003	619	108	102	17.45	16.48
十一届	2008	616	115	87	18.67	14.12

24-2 历届省政治协商会议的委员人数

届 别	年份	委员总数			占委员总数比重(%)	
			#中国共产党委员	#少数民族委员	#中国共产党委员	#少数民族委员
一 届	1954	122	28	16	22.95	13.11
二 届	1959	376	123	32	32.71	8.51
三 届	1963	403	125	31	31.02	7.69
四 届	1977	586	245	57	41.81	9.73
五 届	1983	595	220	65	36.97	10.92
六 届	1988	696	245	83	35.20	11.93
七 届	1993	695	242	81	34.82	11.65
八 届	1998	723	283	97	39.14	13.42
九 届	2003	750	284	98	37.87	13.07
十 届	2008	796	285	119	35.80	14.95

24-3 工会组织情况

年 份	工会基层组织数(个)	全省已建工会组织的基层单位的职工与会员人数(人)				工会专职工作人员数(人)
		职工人数	#女职工	会员人数	#女会员	
1980	19004	6149000	2340000	5182000		26000
1985	22763	8267000	3388000	7421000	3078000	43709
1986	23190	8341973	3462049	7605645	3202109	47842
1987	24742	8536873	3532603	7880001	3257621	47301
1988	25753	8712119	3611855	8034410	3370064	41910
1989	27217	8840457	3665482	8181168	3394077	44150
1990	27836	8968227	3750636	8340951	3497883	46875
1991	28642	8979281	3768625	8387414	3541636	48521
1992	29222	9164759	3828618	8567567	3584922	45584
1993	30083	9177011	3781547	8537051	3540817	41276
1994	27629	9133500	3843987	8420047	3501514	31215
1995	28448	9290683	3987323	9234588	3796173	36167
1996	27517	9095895	3796520	8577752	3564856	39693
1997	24310	8395588	3276594	7180188	2956720	33321
1998	23317	7198855	2994485	6694517	2784204	23766
1999	21647	6199418	2529928	5659855	2315330	21406
2000	41167	8018747	3360629	7515909	3100980	27396
2001	64659			8155000		
2002	41715	8877337	2566828	8606854	2454640	18372
2003	35717	7933711	2540304	7698113	2388475	18683
2004	39963	8402783	2947246	8223150	2820343	20346
2005	43614	8830676	3351654	8621046	3121658	19626
2006	48691	9685316	2927952	9371941	2756933	19931
2007	54264	10882834	2709465	10459638	2578179	21363
2008	67933	11757290	3002389	11338255	2879836	60436
2009	70531	17864409	2998480	11338291	2941172	41272
2010	70055	10617046	3082698	10383383	3025012	32154
2011	91353	9427994	3342545	9114672	3250838	44785
2012	103187	10093887	3551648	9813753	3484323	43643

注:1998年以后工会专职工作人员数为工会专职干部人数。

24-4 妇联组织情况

项 目	单位	2006年	2008年	2009年	2010年	2011年	2012年
妇联组织总计							
一、地方妇联	个	**1703**	**1709**	**1634**	**1871**	**1633**	**1612**
省级和市级	个	15	15	15	15	15	15
县(市)、区、乡(镇)级	个	1130	1144	1103	1063	1034	1023
街道妇联	个	558	550	516	793	584	574
二、农林场妇联	个						
建立基层妇代会组织数	个	15711	15313	17427	11216	11133	10937
# 一类妇代会	人						
二类妇代会	人						
各类妇女工作委员会	个	10023	10489	31010	22491	20324	18075
各类妇女联谊组织数	个	76	79		47		
民主党派中的妇女组织	个	56	59	68	53	77	76

24-5 律师、公证、调解工作基本情况

项　目	单位	2005年	2006年	2008年	2009年	2010年	2011年	2012年
一、律师工作								
律师事务所	个	484	506	569	586	644	685	719
律师	人	5134	5301	5943	6298	6648	7430	7925
专职律师	人	4890	5067	5443	5649	5985	6771	7204
兼特邀职律师	人	244	234	500	313	339	349	337
聘请担任常年法律顾问的单位	处	7978	8015	7722	9319	8243	7963	8745
民事诉讼代理	件	31768	31602	35373	40558	43807	41708	48999
经济诉讼代理	件	12902	12337					
行政诉讼代理	件	2022	2074	2747	1757	1535	1486	1769
刑事 辩 护	件	13332	13608	17631	22447	19336	21584	20660
非诉讼法律事务	件	37468	34974	13211	16783	14339	17649	13095
解答法律咨询	万人次	20.56	24.69	16.16	15.90	15.77	19.16	17.89
代写法律事务文书	万件	5.44	5.75	3.80	3.46	3.80	2.98	3.08
涉外及港澳台	件	1119	678	9	85	284	234	199
二、公证工作								
公证处	个	107	106	107	106	106	106	108
公证人员	人	1021	1110	1141	1118	1118	1219	1260
#公证员	人	576	562	546	510	510	523	516
公证员助理	人	138	218	245	252	252	342	342
办理公证文书	万件	63.42	69.09	66.40	74.00	74.80	74.67	71.62
三、人民调解工作								
专职司法助理员	人	1682	1734	3892	2642	3449	3824	4744
人民调解委员会	个	21513	22371	20682	19929	20267	20008	20118
调 解 人 员	万人	16.59	15.51	15.50	17.40	17.20	15.17	15.09
调解民间纠纷	万件	14.13	14.41	13.31	16.10	15.30	17.71	16.13

24-6 国内公证文书分类

(2012年)

分　类	办证件数(件)	比重(%)
合　计	**452787**	**100.00**
合同(协议)	182153	40.23
继承	57958	12.80
单方法律行为	142379	31.45
现场监督	12316	2.72
保全证据	4384	0.97
公司章程	172	0.04
组织资格	504	0.11
财产权	489	0.11
身份	504	0.11
收养关系	21	0.00
婚姻状况		
亲属关系	2849	0.63
有无违法犯罪记录		
其他有法律意义事实	715	0.16
证书(执照)		
签名(印鉴)	4610	1.02
文本相符	22303	4.93
赋予执行效力		
执行证书	503	0.11
抵押登记	888	0.20
提存	1825	0.40
保管		
其他	18214	4.02

24-7 涉外公证文书分类

(2012年)

分　类	办证件数(件)	比重(%)
合　计	**258870**	**100.00**
合同(协议)	779	0.30
继承	43	0.02
委托	1816	0.70
声明	3605	1.39
遗嘱	1	0.00
其他单方法律行为	7	0.00
公司章程	40	0.02
组织资格	4415	1.71
收养关系	39	0.02
婚姻状况	18036	6.97
亲属关系	47757	18.45
出生	32278	12.47
死亡	871	0.34
生存、居住	1292	0.50
学历(学位)	16798	6.49
经历	690	0.27
职务(职称)	807	0.31
身份	3263	1.26
有无违法犯罪记录	24019	9.28
其他有法律意义事实		
证书(执照)	7901	3.05
签名(印鉴)	8112	3.13
文本相符	58352	22.54
其他	27949	10.80

24-8 调解民间纠纷分类

项　目	调节纠纷(件)					
	2007年	2008年	2009年	2010年	2011年	2012年
合　计	**133895**	**133078**	**161055**	**152950**	**177117**	**161251**
婚姻	35295	33958	42316	34582	41944	35019
继承						
赡、抚、扶养						
家庭						
房屋宅基地	9102	9825	10741	10701	13488	8916
债务						
生产经 营						
邻里	28656	29629	42316	48363	59923	58896
损害赔 偿	6704	7130	8067	6973	5866	5748
其他	54138	52536	57615	86913	55896	52672

24-8 续表

项　目	各类纠纷所占比重(%)					
	2007年	2008年	2009年	2010年	2011年	2012年
合　计	**100**	**100**	**100**	**100**	**100**	**100**
婚姻	26.36	25.52	26.27	22.61	23.68	21.60
继承						
赡、抚、扶养						
家庭						
房屋宅基地	6.80	7.38	6.67	7.00	7.62	5.50
债务						
生产经 营						
邻里	21.40	22.26	26.27	31.62	33.83	36.32
损害赔 偿	5.01	5.36	5.01	4.56	3.31	3.54
其他	40.43	39.48	64.23	56.82	31.56	32.48

24-9 交通事故发生情况

(2012年)

类　别	发生起数(起)	死亡人数(人)	受伤人数(人)	损失折款(万元)
总　计	**5979**	**2018**	**5603**	**2917.8**
机动车	4758	1554	4509	2586.2
# 摩托车	866	340	804	249.1
拖拉机	17	13	5	3.4
非机动车	137	23	138	19.5
# 自行车				
行人乘车				
其他	31	88	142	51.7

24-10 火灾事故发生情况

(2012年)

指　标	单位	合计	按事故发生程度分		
			特大	重大	一般
发生起数	起	8012	5	22	7985
死亡	人	31		3	28
受伤	人	5			5
损失折款	万元	5542.5	997	983	3610
平均每起事故损失	元	6917.8			

24-11 各地区交通事故发生情况

(2012年)

地　区	发生起数(起)	死亡人数(人)	受伤人数(人)	损失折款(万元)
全　省	**5979**	**2018**	**5603**	**2917.8**
沈　阳	1291	502	1301	654.4
大　连	1029	239	951	766.4
鞍　山	692	153	645	166
抚　顺	199	110	197	104.1
本　溪	217	84	167	147.7
丹　东	324	135	235	273.2
锦　州	584	102	552	115.7
营　口	254	113	190	104.1
阜　新	239	78	251	89.7
辽　阳	252	93	232	109.5
盘　锦	334	135	351	151.1
铁　岭	216	52	206	57.5
朝　阳	161	93	155	46.3
葫芦岛	174	127	157	126.7

24-12 结婚登记和离婚情况

年　份	准予登记结婚(对)			准予登记离婚(对)	离婚率(‰)
		初婚(人)	再婚(人)		
1983	331960	640749	23171	8649	0.24
1984	387829	748957	26701	8810	0.24
1985	419729	811197	28261	8963	0.24
1986	440722	845008	36436	14416	0.39
1987	472011	900299	43723	19006	0.51
1988	415219	785176	45262	22379	0.59
1989	395049	739189	43448	22530	0.59
1990	383976	710383	57569	24459	0.63
1991	340245	628962	51528	23541	0.60
1992	411425	772983	49867	24565	0.62
1993	330506	612579	48433	26825	0.68
1994	294877	539149	50605	29890	0.75
1995	304103	553927	54279	29554	0.74
1996	308500	560821	56179	30279	0.75
1997	275310	496601	54019	32828	0.81
1998	264684	473115	56253	34772	0.85
1999	257598	462363	52833	34657	0.85
2000	272644	482897	62391	35300	0.86
2001	253586	448154	59018	40376	0.97
2002	235007	402638	67376	40731	0.98
2003	250933	427360	74506	49299	1.18
2004	290391	496718	84064	74093	1.78
2005	257021	426672	92552	79680	1.90
2006	308815	516992	106182	77273	1.84
2007	288947	481636	101872	86000	2.03
2008	321107	519911	128017	92354	2.18
2009	381661	624029	139293	101452	2.37
2010	321965	504961	138969	99762	2.39
2011	372640	610054	135226	111152	2.45
2012	372862	669605	76119	113198	2.46

24-13 各地区结婚登记和离婚情况

(2012年)

地区	准予登记结婚(对)	初婚(人)	再婚(人)	准予登记离婚(对)
全省	**372862**	**669605**	**76119**	**113198**
沈阳	68073	125243	10903	26934
大连	67494	111486	23502	15940
鞍山	30963	56316	5610	8791
抚顺	17115	30594	3636	7336
本溪	10898	19486	2310	4411
丹东	17491	33497	1485	5257
锦州	22468	42617	2319	6618
营口	28647	53241	4053	5962
阜新	9079	16977	1181	3337
辽阳	15656	26353	4959	5539
盘锦	13689	25891	1487	3704
铁岭	23186	40761	5611	9053
朝阳	22710	40605	4815	4975
葫芦岛	23460	44431	2489	5166

24-14 社会福利事业、企业单位数和人员数

指标	机构数(个)					
	2007年	2008年	2009年	2010年	2011年	2012年
总计	**3712**	**3561**	**3532**	**3600**	**3434**	**3722**
一、社会福利事业单位	1269	1229	1222	1281	1265	1502
民政部门办	76	80	115	109	78	
社会集体办	1193	1149	1107	1172	1187	
二、社会福利企业单位	2318	2202	2179	2189	2021	2075
民政部门办	1981	1840	1879	1898	1888	1792
社会集体办	337	362	300	291	133	283
三、烈士纪念建筑物管理单位	24	25	24	24	30	37
四、救助类社会服务机构	51	52	55	55	56	61
五、殡葬管理单位	50	53	52	51	62	47

24-14 续表

指　标	工作人员数(人)					
	2007年	2008年	2009年	2010年	2011年	2012年
总　计	**109236**	**11420**	**118283**	**124400**	**118988**	**124340**
一、社会福利事业单位	13561	13441	13342	14060	14220	16510
民政部门办	3602	3598	4064	3992	3448	
社会集体办	9959	9843	9278	10068	10772	
二、社会福利企业单位	94180	96460	103417	108795	103166	106289
民政部门办	84150	85636	93238	96095	97154	87132
社会集体办	10030	10824	10179	12700	6012	19157
三、烈士纪念建筑物管理单位	354	346	347	342	366	292
四、救助类社会服务机构	761	770	780	813	802	845
五、殡葬管理单位	380	403	397	390	434	404

24-15　收养性社会福利事业单位基本情况

(2012年)

指　标	单位数(个)	工作人员数(人)	床位数(张)	年末收养人数(人)
收养性福利事业单位	**1502**	**16510**	**157779**	**96535**
#光荣院	22	431	2442	1395
社会福利院	46	1824	10966	7849
城镇老年性福利机构	603	6525	66232	37165
农村老年性福利机构	765	6079	68930	43472

24-16 各地区城乡居民最低生活保障制度情况

(2012年)

地　区	城乡居民最低生活保障情况			
	城镇低保人数(人)	保障资金(万元)	农村低保人数(人)	保障资金(万元)
全　省	**1069574**	**288306**	**918877**	**105388**
沈　阳	103698	39188	82592	10569
大　连	85472	22426	73754	7984
鞍　山	51204	14855	49479	8055
抚　顺	123147	45730	43819	7123
本　溪	56896	25639	19227	4745
丹　东	54179	8549	45155	2921
锦　州	69946	79	92990	70
营　口	76556	19386	68167	8495
阜　新	106851	18639	59108	315
辽　阳	46680	15974	51761	10029
盘　锦	40508	3808		
铁　岭	69508	23152	109022	16777
朝　阳	63922	10556	98020	7981
葫芦岛	121007	40324	125783	20325

24-17 各地区优抚事业基本情况

(2012年)　　单位：人

地　区	优抚对象总人数	革命伤残人员	烈军属人数	在乡复员军人	其他人员
全　省	**222909**	**32256**	**8582**	**15648**	**166423**
沈　阳	22759	4867	583	1657	15652
大　连	32051	5429	1040	3835	21747
鞍　山	19320	2829	596	1073	14822
抚　顺	7997	1859	687	539	4912
本　溪	9482	1624	421	650	6787
丹　东	15273	2513	628	1184	10948
锦　州	25433	2994	926	810	20703
营　口	15021	2065	569	1580	10807
阜　新	4845	1212	575	316	2742
辽　阳	9297	913	230	735	7419
盘　锦	5670	882	261	200	4327
铁　岭	19099	1615	413	711	16360
朝　阳	16951	1587	982	1328	13054
葫芦岛	19711	1867	671	1030	16143

24-18 社会福利企业基本情况

年份	民政部门办			社会办		
	单位(个)	职工(人)	#残疾职工	单位(个)	职工(人)	#残疾职工
1985	148	33016	10373	628	24656	10181
1986	140	31301	9784	1890	74710	21738
1987	187	36741	11903	2409	77225	30056
1988	218	40198	13638	3296	86756	31168
1989	246	42287	14596	3390	93962	38010
1990	289	39853	13553	3535	105385	42729
1991	368	43379	15688	3539	103478	45088
1992	361	42179	15220	3867	111643	48951
1993	430	40424	14899	4223	115500	49712
1994	470	40752	15552	4084	119815	51702
1995	436	35778	14049	4378	132557	58644
1996	416	33252	12814	4140	116753	54131
1997	804	44072	15972	3460	102985	46956
1998	437	29493	11327	3574	98703	45725
1999	298	21366	7815	3263	99320	45176
2000	1908	72554	31978	861	26873	11837
2001	2122	77860	35426	611	17778	8002
2002	2093	79778	35594	697	18390	8837
2003	2073	76530	33664	625	23057	10915
2004	2106	78389	36122	602	22044	10402
2005	2093	80027	37354	567	22009	10437
2006	2038	70866	28045	508	17443	9686
2007	1981	84150	34911	337	10030	4251
2008	1840	85636	41586	362	10824	5588
2009	1879	93238	41671	300	10179	3588
2010	1898	108795	49308	291	12700	6824
2011	1888	97154	45166	133	6012	3412
2012	1792	87132	40499	283	19157	6238

24-19 各地区基本养老保险情况

年份、地区	年末参加基本养老保险人数(万人)				基金收支情况(亿元)	
		在职职工	#企业	离退休人数	基金征缴收入	基金支出
2000	1029.9	748.9	679.7	281.0	134.6	469.5
2001	1022.8	733.9	666.7	288.9	135.4	178.6
2002	1039.2	737.0	669.6	302.2	162.2	202.9
2003	1070.4	754.9	688.6	315.5	178.2	216.4
2004	1101.0	767.2	695.1	333.8	215.0	243.9
2005	1193.6	832.8	760.5	360.8	252.0	287.7
2006	1248.8	865.8	790.2	383.0	294.3	356.8
2007	1299.7	891.6	825.8	408.1	352.0	425.9
2008	1406.2	976.4	910.6	429.9	464.2	525.5
2009	1457.4	1008.0	943.8	449.4	524.6	644.6
2010	1496.9	1024.2	961.5	472.7	583.1	754.8
2011	1556.6	1070.1	1008.2	486.5	727.2	883.6
2012	1609.2	1098.8	1036.9	510.4	850.3	1037.5
沈　阳	320.7	220.3	212.2	100.4	171.0	194.9
大　连	250.0	176.3	164.6	73.7	180.2	177.3
鞍　山	97.6	69.5	64.7	28.1	38.4	57.8
抚　顺	94.1	61.1	60.3	33.0	33.7	61.7
本　溪	86.9	62.2	56.9	24.7	30.8	44.4
丹　东	80.5	55.2	52.5	25.3	32.2	46.9
锦　州	80.5	53.3	46.4	27.2	27.8	49.4
营　口	71.3	50.3	48.7	21.0	31.8	40.2
阜　新	49.1	33.7	31.4	15.5	16.0	25.8
辽　阳	60.0	43.7	41.7	16.3	26.6	31.5
盘　锦	57.1	37.1	33.1	20.0	18.5	28.8
铁　岭	55.1	38.5	36.0	16.6	22.8	33.7
朝　阳	52.5	39.9	37.5	12.6	20.0	24.8
葫芦岛	50.2	35.7	33.6	14.5	21.2	27.6

24-20 各地区失业保险情况

单位：万人

年份、地区	参保人数	企业				事业单位	领取失业保险金人数
			国有企业	集体企业	其他企业		
2000	694.0	638.4	415.6	164.2	24.8	54.5	18.2
2001	648.0	590.0	364.6	158.4	34.2	66.5	20.3
2002	591.1	517.2	315.7	128.4	37.7	73.9	82.0
2003	622.2	486.3	248.4	124.6	77.4	102.5	67.0
2004	616.2	467.3	214.0	120.7	94.2	108.8	81.7
2005	607.7	454.6	204.4	119.2	93.9	108.9	46.5
2006	614.1	456.3	209.2	116.1	92.8	109.0	25.9
2007	622.1	458.9	209.3	115.9	93.9	106.2	19.6
2008	622.7	472.1	199.9	117.1	111.0	99.4	15.7
2009	625.3	473.8	207.3	112.5	125.5	97.0	13.4
2010	626.9	489.8	202.3	85.9	134.6	95.9	11.4
2011	632.3	495.7	194.6	94.8	143.5	97.4	9.7
2012	660.7	517.6	209.7	83.9	158.0	97.0	7.4
沈　阳	133.3	110.1	33.0	19.9	34.6	17.5	1.8
大　连	129.1	89.0	26.6	9.5	26.2	16.8	1.8
鞍　山	61.0	54.4	26.6	14.2	11.5	6.6	0.2
抚　顺	51.6	48.8	28.6	1.1	18.3	1.6	0.4
本　溪	39.2	30.0	14.5	9.8	5.5	4.2	0.3
丹　东	27.2	20.2	4.4	3.3	11.3	6.4	0.6
锦　州	35.8	28.8	17.0	6.2	4.5	7.1	0.4
营　口	22.6	18.5	4.4	1.6	7.7	3.4	0.7
阜　新	22.3	15.9	6.7	4.4	4.5	4.6	0.2
辽　阳	21.9	18.2	6.2	2.8	8.1	3.5	0.3
盘　锦	24.1	24.2	14.8	0.7	8.6	3.6	0.2
铁　岭	32.1	16.5	8.2	3.1	1.6	4.5	0.2
朝　阳	23.1	15.4	3.9	1.9	9.4	7.5	0.2
葫芦岛	26.4	17.0	7.4	5.2	3.6	4.3	0.2

注：表中数据来自人社厅(2012年铁岭不含昌图、葫芦岛不含绥中)。

24-21 各地区基本医疗保险情况

年份、地区	年末参保人数(万人)				基金收支情况(亿元)	
	合计	在职职工	退休人员	居民医疗	基金征缴收入	基金支出
2000	108.1	71.5	36.6		6.9	
2001	304.3	216.9	87.4		10.7	
2002	619.0	430.3	188.7		27.1	15.5
2003	697.6	480.4	217.2		37.5	26.3
2004	783.7	536.4	247.3		53.3	39.8
2005	864.2	584.2	280.0		68.2	55.2
2006	959.3	651.9	307.4		89.4	66.6
2007	1200.2	741.3	346.5	112.4	112.7	84.2
2008	1507.4	822.8	386.5	298.1	148.9	108.5
2009	1895.7	902.6	444.5	548.6	191.3	144.3
2010	2056.2	944.6	464.1	647.5	196.5	173.9
2011	2120.1	1005.3	494.1	620.7	233.6	219.4
2012	2251.9	1062.1	524.8	664.9	279.3	258.8
沈阳	462.0	231.5	119.7	110.8	85.4	72.4
大连	453.1	271.9	83.3	97.8	71.9	66.6
鞍山	173.0	65.1	50.5	57.5	14.1	16.4
抚顺	145.0	60.7	53.2	31.1	12.9	13.1
本溪	106.1	50.4	26.5	29.2	10.5	11.0
丹东	103.1	49.2	28.2	25.7	9.7	9.2
锦州	124.9	59.8	35.2	29.9	10.0	9.4
营口	112.2	45.0	22.0	45.1	9.7	8.3
阜新	84.5	34.1	20.5	29.8	5.4	6.6
辽阳	81.7	37.1	20.3	24.4	10.0	9.8
盘锦	108.0	35.8	12.3	59.9	12.6	10.6
铁岭	98.4	44.3	19.2	34.9	9.3	7.6
朝阳	99.0	30.3	14.3	54.4	5.8	6.3
葫芦岛	90.6	40.2	16.1	34.3	8.0	8.0

注:支出为医院(药店)实际发生额。

主要统计指标解释

社会福利事业单位 指集中收养社会孤老、残、幼的机构，包括由民政部门管理的社会福利院、儿童福利院、精神病人福利院和城镇集体举办的福利院及农村集体举办的敬老院以及优抚医院和具有收养能力的社区服务中心等。该指标主要反映我国在社会福利性单位投入的水平。

社会福利事业单位收养人数 包括民政部门管理和城镇、农村集体举办的社会福利事业单位中收养的老人、少年儿童、缺乏生活自理能力的残疾人员和精神病人。该指标主要反映收养性社会福利单位的收养能力。

社会福利企业单位 指以安置城镇有一定劳动能力的盲、聋、哑和肢体残疾人员就业为目的，享受国家减免税待遇的国有或集体企业。包括福利工厂、福利商业和服务业、假肢厂和安置农场等单位。该指标主要反映我国对残疾人照顾的特殊政策。

农村五保户 指农村中既无劳动能力，又无经济来源的老、弱、孤、残的农民，其生活由集体供养，实行保吃、保穿、保住、保医、保葬(孤儿保教)，简称“五保”，享受五保待遇的家庭叫五保户。该指标主要反映农村弱势群体的人员数量。

离婚率 指当年离婚人数占年平均人口的比重，计算公式为:

离婚率=当年离婚对数×2/年平均人口数×1000‰

聋儿入普幼普小率 指本年度内进入普通幼儿园、普通小学的聋儿数与在训聋儿数(不含当年新收训聋儿数)之比。该指标主要反映经过康复训练的聋儿进入普通幼儿园和普通小学的情况。

综合防治康复精神病人数 指在开展精神病防治康复工作地区，采取不同形式，接受综合性防治康复措施、开放式管理的精神病人数。该指标主要反映精神病患者接受治疗康复情况。

监护率 指通过监护小组、家庭病床、工疗站、社会就业以及精神卫生机构，接受社会化、综合性、开放式治疗与康复的精神病人占经调查摸底、登记在册的精神病人数的百分比。该指标主要反映对精神病患者落实治疗康复措施的情况。

精神病人社会参与率 指生活能自理，并参加生产劳动和社会生活的精神病人数占监护精神病人数的百分比。该指标主要反映精神病人康复状况和参与社会的情况。

未入学适龄残疾儿童少年 指根据义务教育法规定应接受义务教育，但因各种原因未能入学的适龄视力残疾、听力与言语残疾、智力残疾、肢体残疾、精神残疾、多重残疾儿童少年。适龄残疾儿童少年的年龄段参照各省级人民政府依照义务教育法规定的入学年龄。该指标主要反映因各种原因未能入学的适龄残疾儿童的年度变化,为制定残疾儿童义务教育发展规划及其应采取的方针、政策和措施提供依据,同时为各地开展资助残疾儿童就学工作提供依据。

律师 指依法取得律师执业证书，担任法律顾问，民事(刑事、行政)案件代理人、刑事案件辩护人、办理非诉讼业务，解答法律询问，代写法律事务文书等，为社会提供法律服务的人员。

公证人员 指在公证处工作的人员总称，包括公证处主任、副主任、公证员、公证员助理(助理公证员)和其他从事辅助性工作的人员。

公证文书 指公证处根据当事人申请，依照事实和法律，按照法定程序制作的，具有法律效力的司法证明文书。根据公证书用途和使用地，公证书分为国内公证书、国内经济公证书、涉外民事公证书、涉外经济公证书四类。

调解员 指在人民调解委员会担负调解民间纠纷工作的人员，包括调解委员会的委员和调解小组的调解员。该指标主要反映从事人民调解工作的人员数量。

调解民间纠纷 指调解委员会按照法律规定，根据自愿原则，用说服教育的方法调解民间发生的有关民事权利和义务争执的件数，包括调解成功数和调解未成功数。该指标主要反映人民调解委员会的工作量。

立案 指人民检察院对受理的报案、控告、举报或自首及自行发现的犯罪线索、犯罪嫌疑人进行初步调查后，认为存在职务犯罪事实和应追究刑事责任，并决定作为刑事案件进行侦查的诉讼活动，是追究犯罪的开始。该指标主要反映人民检察院依法将职务犯罪线索作为刑事案件进行侦查的诉讼活动。

大案 指贪污、贿赂案数额在 5 万元以上，挪用公款案数额在 10 万元以上，集体私分、巨额财产来源不明、隐瞒境外存款案数额在 50 万元以上以及按照《人民检察院直接受理的渎职、侵权重、特大案件标准(试行)》认定的案件。该指标主要反映人民检察院立案查办的职务犯罪案件中经济损失大、社会危害严重的案件。

要案 指县、处级以上干部的犯罪案件。该指标主要反映国家工作人员中县、处级以上干部因职务犯罪被人民检察院依法立案侦查的情况。

决定逮捕 指人民检察院对直接受理、自行侦查的案件，认为需要逮捕犯罪嫌疑人时，依据法律做出的逮捕决定。该指标主要反映人民检察院对直接受理的案件行使决定逮捕权的情况。

批准逮捕 指人民检察院对公安机关、国家安全机关、监狱管理机关提出逮捕的犯罪嫌疑人进行审查，根据事实，依法做出逮捕决定。该指标主要反映人民检察院对提请逮捕机关提请逮捕犯罪嫌疑人进行审查后依法做出批准逮捕决定的情况。

决定起诉 指人民检察院对公安机关、国家安全机关、监狱管理机关和检察机关内设机构反贪污贿赂部门等移送起诉的案件进行审查，根据事实，做出提起公诉的案件。该指标主要反映人民检察院对各种刑事案件向人民法院提起公诉的情况。

申诉 指经检察机关信访部门审查处理后，移送到检察机关申诉部门的申诉案件，包括不服检察机关处理决定和不服法院刑事判决和裁定的申诉的案件。

受理劳动争议案件数 指劳动争议仲裁委员会根据国家有关规定，对劳动争议当事人的申请予以审查，符合受理条件而正式立案、准备处理的劳动争议案件数。

基本养老保险

1.（参保）职工人数：指报告期末按照国家法律、法规和有关政策规定参加基本养老保险并在社保经办机构已建立缴费记录档案的职工人数，包括中断缴费但未终止养老保险关系的职工人数，不包括只登记未建立缴费记录档案的人数。

2.（参保）离退休人员人数：指报告期末参加基本养老保险的离休、退休和退职人员的人数。

3.基本养老保险基金收入：指根据国家有关规定，由纳入基本养老保险范围的缴费单位和个人按国家规定的缴费基数和缴费比例缴纳的养老保险基金，以及通过其他方式取得的形成基金来源的收入。包括单位和职工个人缴纳的基本养老保险费、基本养老保险基金利息收入、上级补助收入、下级上解收入、转移收入、财政补贴和其他收入。

4.基本养老保险基金支出：指按照国家政策规定的开支范围和开支标准从养老保险基金中支付给参加基本养老保险的离休、通休、退职人员个人的养老金、丧葬抚恤补助，以及由于保险关系转移、上下级之间调剂资金等原因而发生的支出。包括离休金、退休金、退职金、各种补贴、医疗费、死亡丧葬补助费、抚恤救济费、社会保险经办机构管理费、补助下级支出、上解上级支出、转移支出、其他支出等。

5.基本养老保险基金累计结余：指截止报告期末基本养老保险基金收支相抵后的累计余额。

离休、退休、退职人员 指正式办理了离休、退休、退职手续，并享受相应的离休、退休、退职待遇的人员。

基本医疗保险

1.参保人数：指报告期末按国家有关规定参加基本医疗保险的人数。包括参加保险的职工人数和退休人员人数。

2.基金收入：指根据国家有关规定，由纳入基本医疗保险范围的缴费单位和个人，按国家规定的缴费基数和缴费比例缴纳的基金，以及通过其他方式取得的形成基金来源的款项，包括：单位缴纳的社会统筹基金收入、个人缴纳的个人账户基金收入、财政补贴收入、利息收入、其他收入。

3.基金支出：指按照国家政策规定的开支范围和开支标准从社会统筹基金中支付给参加基本医疗保险的职工和退休人员的医疗保险待遇支出，和从个人帐户基金中支付给参加基本医疗保险的职工和退休人员的医疗费用支出，以及其他支出。包括：住院医疗费用支出、门急诊医疗费用支出、个人账户基金支出、其他支出。

4.基金累计结余：指截止报告期末基本医疗保险的社会统筹和个人帐户基金累计结余金额。包括银行存款、财政专户、债券投资和其他。

失业保险

1.参保人数：指报告期末按照国家法律、法规和有关政策规定参加了失业保险的城镇企业事业单位的职工及地方政府规定参加失业保险的其他人员的人数。

2.失业保险基金收入：指按照规定从企业、事业及其他单位筹集的失业保险费及其他并入失业保险基金收入的总额。包括单位和个人缴纳的失业保险费、失业保险基金利息收入、上级补助收入、下级上解收入、转移收入、财政补贴和其他收入。

3.失业保险基金支出：指报告期内为保障失业人员和下岗职工基本生活、促进其再就业等支出的基金总额。包括失业救济金、医疗费、死亡丧葬补助费、抚恤救济费、转业训练费支出、失业保险经办机构管理费、补助下级支出、上解上级支出、转移支出和其他支出。

4.基金累计结余：指截止报告期末失业保险基金收支相抵后的累计余额。

工伤保险

1.参加保险人数:指报告期末依据国家有关规定参加工伤保险的职工人数。

2.享受保险待遇人数:指劳动者因工负伤致残、死亡或因患职业病致残，根据有关规定享受工伤保险待遇职工或供养直系亲属人数。包括伤残人数、职业病人数、因工死亡人数、供养直系亲属人数。

3.基金收入:指根据国家有关规定，由参加工伤保险的单位按国家规定的缴费基数和缴费比例缴纳的工伤保险基金，以及通过其他形式取得的形成基金来源的款项。包括：单位缴纳的社会统筹基金收入、财政补贴收入、利息收入、其他收入。

4.基金支出:指按照国家政策规定的开支范围和开支标准从工伤保险基金中支付给参加工伤保险的人员及供养直系亲属工伤保险待遇支出及其他支出。包括工伤医疗费、伤残补助金、工亡补助金、护理费、丧葬补助费、工伤预防费用、职业康复费用和其他支出。

5.基金累计结余:指截止报告期末工伤保险基金累计结余金额。包括银行存款、财政专户、债券投资和其他。

生育保险

1.参保人数:指报告期末依据有关规定参加生育保险的职工人数。

2.基金收入:指根据国家有关规定，由参加生育保险的单位按照国家规定的缴费基数和缴费比例缴纳的生育保险基金，以及通过其他方式取得的形成基金来源的款项，包括：单位缴纳的基金收入、利息收入和其他收入。

3.基金支出:指按照国家政策规定的开支范围和开支标准，从生育保险基金中支付给参加生育保险的职工，因妊娠、分娩和计划生育手术而享受的待遇及其他支出。包括：生育津贴、医疗费用支出及其他支出。

4.基金累计结余:指截止报告期末生育保险基金累计结余金额。包括银行存款、财政专户、债券投资和其他。

离休、退休、退职人员保险福利费用　指离休、退休、退职人员实际得到的生活费用总额，包括从社会保险经办机构和单位得到的费用。

1.离休金：指按规定支付给离休人员的生活费用。

2.退休金：指按规定支付给退休人员的生活费用。

3.退职生活费：指按规定支付给退职人员的生活费用。

4.医疗卫生费：指单位直接支付给离休、退休、退职人员的医疗费、住院费以及住院伙食补助等费用。

5.其他：指离休金、退休金、退职生活费和医疗卫生费以外的其他保险福利费用，如丧葬抚恤救济费、生活补贴、物价补贴、冬季取暖补贴等。

附　录

Appendix

附录1 2012年各省(市、区)

地 区	地区生产总值				第一产业增加值		第二产业增加值	
	绝对值(亿元)	位次	比上年增长(%)	位次	绝对值(亿元)	位次	绝对值(亿元)	位次
全 国	**519322.1**		**7.8**		**52377.0**		**235318.6**	
北 京	17801.0	13	7.7	30	150.3	29	4058.3	24
天 津	12885.2	20	13.8	1	171.5	28	6663.7	18
河 北	26575.0	6	9.6	25	3186.7	5	14001.0	6
山 西	12112.8	21	10.1	20	697.9	25	7009.1	16
内蒙古	15988.3	15	11.7	13	1447.4	17	9032.5	13
辽 宁	**24801.3**	**7**	**9.5**	**26**	**2155.8**	**11**	**13338.7**	**7**
吉 林	11937.8	22	12.0	10	1412.1	18	6374.5	20
黑龙江	13691.6	17	10.0	23	2113.7	12	6456.4	19
上 海	20101.3	11	7.5	31	127.8	30	7912.8	15
江 苏	54058.2	2	10.1	20	3418.3	3	27121.9	2
浙 江	34606.3	4	8.0	29	1669.5	14	17312.4	4
安 徽	17212.1	14	12.1	9	2178.7	9	9404.0	12
福 建	19701.8	12	11.4	15	1776.5	13	10288.6	11
江 西	12948.5	19	11.0	19	1520.2	16	6967.5	17
山 东	50013.2	3	9.8	24	4281.7	1	25735.7	3
河 南	29810.1	5	10.1	20	3772.3	2	17020.2	5
湖 北	22250.2	9	11.3	16	2848.8	8	11190.5	9
湖 南	22154.2	10	11.3	16	3004.2	6	10506.4	10
广 东	57067.9	1	8.2	28	2848.9	7	27825.3	1
广 西	13031.0	18	11.3	16	2172.4	10	6333.1	21
海 南	2855.3	28	9.1	27	711.5	24	803.7	30
重 庆	11459.0	23	13.6	2	940.0	21	6172.3	22
四 川	23849.8	8	12.6	6	3297.2	4	12587.8	8
贵 州	6802.2	26	13.6	2	890.0	22	2655.4	26
云 南	10309.8	24	13.0	4	1654.6	15	4419.1	23
西 藏	695.6	31	11.8	12	80.4	31	241.7	31
陕 西	14451.2	16	12.9	5	1370.2	19	8075.4	14
甘 肃	5650.2	27	12.6	6	780.4	23	2600.6	27
青 海	1884.5	30	12.3	8	176.8	27	1092.0	29
宁 夏	2326.6	29	11.5	14	200.2	26	1158.6	28
新 疆	7466.3	25	12.0	10	1320.6	20	3560.8	25

注：1.地区生产总值绝对值按现价计算，速度按不变价计算。
2.工业增加值统计范围是全部国有及规模以上非国有工业企业。
3.本部分数据为各地(含我省)快报数，与年报略有出入。

主要经济指标

第三产业增加值		人均地区生产总值				全社会固定资产投资	
绝对值(亿元)	位次	绝对值(元)	位次	比上年增长(%)	位次	绝对值(亿元)	位次
231626.5		**38448.5**		**7.2**		**374675.7**	
13592.5	5	87091.0	2	4.8	31	6111.7	24
6050.0	14	93110.0	1	9.1	25	7934.8	21
9387.3	7	36584.0	15	8.8	26	19661.3	5
4405.9	21	33628.0	18	9.6	22	8863.3	19
5508.4	16	64319.0	5	11.3	9	11858.2	14
9306.8	**8**	**56547.0**	**7**	**9.3**	**23**	**21836.3**	**3**
4151.3	24	43412.0	11	11.9	7	9711.4	17
5121.4	17	35711.0	17	9.9	20	9695.4	18
12060.8	6	85033.0	3	5.7	30	5117.6	27
23518.0	2	68347.0	4	9.7	21	30807.7	2
15624.4	4	63266.0	6	7.7	28	17554.4	7
5629.3	15	28792.0	26	11.8	8	15384.3	10
7636.7	13	52763.0	9	10.5	14	12423.1	12
4460.8	20	28799.0	25	10.5	14	11784.7	15
19995.8	3	51767.8	10	9.2	24	31256.0	1
9017.6	9	31723.0	23	10.1	19	21761.5	4
8210.9	11	38572.0	13	10.7	12	15591.8	9
8643.6	10	33480.0	20	10.7	12	14523.2	11
26393.7	1	54095.0	8	7.4	29	18749.4	6
4525.6	19	27943.0	27	10.4	16	9808.6	16
1340.1	28	32374.0	22	7.9	27	2126.3	28
4346.7	22	39083.0	12	12.4	3	8732.3	20
7964.8	12	29579.0	24	12.3	4	17036.5	8
3256.8	25	19566.0	31	13.5	1	5517.8	25
4236.1	23	22195.0	29	12.3	4	7831.1	22
373.5	31	22757.0	28	10.4	16	670.5	31
5005.6	18	38557.0	14	12.6	2	12044.5	13
2269.2	27	21978.0	30	12.2	6	5145.5	26
615.8	30	33023.0	21	11.3	9	1848.4	30
967.9	29	36166.0	16	10.3	18	2096.9	29
2585.0	26	33621.0	19	10.8	11	6158.4	23

附录1 续表 1

地区	固定资产投资额				房地产开发投资额			
	绝对值(亿元)	位次	比上年增长(%)	位次	绝对值(亿元)	位次	比上年增长(%)	位次
全国	**364835.1**		**20.6**		**71803.8**		**16.2**	
北京	6064.1	23	9.9	30	3153.4	7	3.9	28
天津	7913.3	21	18.5	28	1260.0	23	16.6	18
河北	19104.6	5	21.1	22	3086.5	9	1.0	30
山西	8584.9	20	25.6	15	1010.5	24	27.9	8
内蒙古	11732.2	13	19.2	27	1291.4	22	-18.8	31
辽宁	**21535.4**	**3**	**23.5**	**19**	**5455.8**	**2**	**21.6**	**14**
吉林	9462.1	16	30.9	3	1310.0	21	9.6	26
黑龙江	9376.1	17	30.3	4	1535.8	19	25.1	11
上海	5114.6	26	3.1	31	2381.4	14	5.7	27
江苏	30427.2	1	20.5	25	6206.1	1	11.5	24
浙江	17001.0	7	21.6	21	5226.3	4	26.3	10
安徽	14902.3	10	24.2	17	3151.6	8	20.7	15
福建	12165.6	12	25.7	14	2824.1	11	17.4	17
江西	11388.9	15	30.1	6	969.6	25	11.8	23
山东	30319.8	2	20.5	25	4708.3	5	14.6	21
河南	20870.2	4	23.2	20	3035.3	10	15.6	20
湖北	15162.2	9	27.9	10	2539.5	12	22.9	13
湖南	13966.3	11	25.0	16	2210.5	15	13.7	22
广东	18248.0	6	11.0	29	5352.8	3	11.3	25
广西	9345.2	18	23.8	18	1554.9	18	2.5	29
海南	2045.4	28	27.9	10	886.6	26	36.2	4
重庆	8606.5	19	20.6	24	2508.4	13	24.5	12
四川	16526.9	8	20.7	23	3266.4	6	15.9	19
贵州	5304.9	25	31.8	1	1467.6	20	68.0	1
云南	7553.5	22	27.3	13	1782.1	17	39.2	3
西藏	670.5	31	29.9	7	6.9	31	33.8	5
陕西	11705.8	14	28.5	9	1835.9	16	30.1	7
甘肃	5040.5	27	30.2	5	561.0	28	52.9	2
青海	1773.7	30	29.9	7	189.7	30	31.1	6
宁夏	2033.0	29	27.9	10	429.2	29	27.6	9
新疆	5857.6	24	31.8	1	606.1	27	17.4	16

商品房销售面积				商品房销售额			
绝对值（万平方米）	位次	比上年增长（%）	位次	绝对值（亿元）	位次	比上年增长（%）	位次
111303.6		**1.8**		**64455.8**		**10.0**	
1943.7	22	35.1	1	3308.6	7	36.4	1
1661.7	24	4.2	16	1365.5	18	-2.1	24
5144.9	8	-12.6	28	2303.9	11	-1.8	23
1497.9	25	16.6	6	579.9	26	31.5	3
2523.5	18	-28.1	31	1022.8	22	-23.0	31
8827.9	**2**	**17.1**	**4**	**4362.8**	**3**	**22.2**	**7**
2452.4	19	0.8	17	1016.9	23	-4.2	26
3806.8	13	10.9	10	1548.3	16	13.7	11
1898.5	23	6.0	13	2669.5	9	2.1	21
9019.2	1	13.2	9	6067.0	2	16.1	9
4005.3	12	13.4	8	4262.7	4	22.7	6
4828.8	9	4.8	15	2329.9	10	5.9	18
3258.9	14	20.4	3	2817.7	8	34.1	2
2397.1	20	-0.8	20	1137.3	21	13.5	12
8632.8	3	-9.9	27	4111.8	5	-3.5	25
5968.5	6	-4.9	23	2286.7	13	4.1	19
4037.8	11	-3.6	22	2036.2	15	8.4	16
5150.5	7	5.1	14	2085.2	14	12.3	13
7899.0	4	6.3	12	6407.8	1	9.5	14
2759.3	16	-6.9	25	1159.8	20	3.7	20
931.8	28	7.6	11	735.6	25	-5.0	27
4522.4	10	-0.2	19	2297.3	12	7.0	17
6455.9	5	-1.3	21	3517.7	6	9.3	15
2186.9	21	16.2	7	900.1	24	23.0	5
3237.7	15	0.5	18	1362.8	19	16.3	8
22.5	31	23.3	2	7.4	31	16.0	10
2755.6	17	-9.7	26	1420.7	17	-5.9	28
978.4	27	16.6	5	349.3	28	25.5	4
263.0	30	-26.9	30	106.5	30	-8.8	30
804.4	29	-5.0	24	317.6	29	0.5	22
1430.3	26	-17.2	29	560.5	27	-8.6	29

附录1 续表 2

地 区	居民消费价格指数(上年=100)				农林牧渔业总产值			
	绝对值(%)	位次	比上年增长(%)	位次	绝对值(亿元)	位次	比上年增长(%)	位次
全 国	**102.6**		**2.6**		**89453.0**		**4.9**	
北 京	103.3	3	3.3	3	395.7	26	2.9	29
天 津	102.7	16	2.7	16	375.6	28	3.2	27
河 北	102.6	19	2.6	19	5340.1	5	4.0	24
山 西	102.5	24	2.5	24	1304.3	24	5.6	13
内蒙古	103.1	7	3.1	7	2449.3	17	5.7	11
辽 宁	**102.8**	**10**	**2.8**	**10**	**4062.4**	**9**	**4.9**	**17**
吉 林	102.5	25	2.5	25	2502.0	16	5.9	9
黑龙江	103.2	6	3.2	6	3952.3	10	6.7	4
上 海	102.8	11	2.8	11	321.7	29	0.5	31
江 苏	102.6	21	2.6	21	5808.8	3	4.8	18
浙 江	102.2	28	2.2	28	2658.7	15	1.8	30
安 徽	102.3	27	2.3	27	3728.3	11	5.6	12
福 建	102.4	26	2.4	26	3007.4	13	4.3	23
江 西	102.7	14	2.7	14	2399.3	18	4.6	19
山 东	102.1	29	2.1	29	7945.8	1	4.5	21
河 南	102.5	22	2.5	22	6679.0	2	4.5	22
湖 北	102.9	9	2.9	9	4732.1	7	5.6	14
湖 南	102.0	31	2.0	31	4904.1	6	3.0	28
广 东	102.8	12	2.8	12	4656.8	8	3.7	25
广 西	103.2	4	3.2	4	3490.7	12	5.7	10
海 南	103.2	5	3.2	5	1082.1	25	6.3	6
重 庆	102.6	20	2.6	20	1402.0	22	5.1	16
四 川	102.5	23	2.5	23	5433.1	4	4.5	20
贵 州	102.7	17	2.7	17	1436.6	21	9.3	1
云 南	102.7	15	2.7	15	2680.2	14	7.0	3
西 藏	103.5	2	3.5	2	118.3	31	3.6	26
陕 西	102.8	13	2.8	13	2303.2	19	6.0	7
甘 肃	102.7	18	2.7	18	1358.2	23	6.4	5
青 海	103.1	8	3.1	8	263.9	30	5.4	15
宁 夏	102.0	30	2.0	30	385.1	27	6.0	8
新 疆	103.8	1	3.8	1	2275.7	20	7.4	2

粮食		油料		蔬菜		水果	
绝对量（万吨）	位次	绝对量（万吨）	位次	绝对量（万吨）	位次	绝对量（万吨）	位次
58958.0		**3436.8**		**70883.1**		**24056.8**	
113.8	29	1.3	30	279.9	29	113.6	27
161.8	27	0.6	31	447.7	27	58.2	29
3246.6	8	142.8	9	7695.1	2	1814.9	3
1274.1	17	19.6	25	1073.3	22	677.3	16
2528.5	10	145.1	8	1476.3	17	283.5	22
2070.5	**13**	**120.9**	**10**	**2977.6**	**9**	**894.3**	**9**
3343.0	5	80.7	14	957.5	23	217.5	25
5761.5	1	22.5	24	866.4	24	268.6	23
122.4	28	1.7	29	406.9	28	87.2	28
3372.5	4	146.9	7	4984.6	4	796.0	13
769.8	23	38.3	21	1819.8	12	703.8	15
3289.1	7	227.7	5	2327.5	11	885.4	11
659.3	24	28.1	23	1673.9	13	708.8	14
2084.8	12	117.1	11	1213.1	21	571.3	18
4511.4	3	351.0	2	9386.0	1	2924.5	1
5638.6	2	569.5	1	7011.7	3	2535.0	2
2441.8	11	319.7	3	3506.4	6	885.7	10
3006.5	9	207.8	6	3480.9	7	909.2	8
1396.3	16	96.6	12	2982.7	8	1390.1	5
1484.9	15	54.5	19	2356.7	10	1325.0	6
199.5	26	10.4	27	499.0	25	428.7	20
1138.5	20	50.1	20	1509.3	16	291.2	21
3315.0	6	287.8	4	3764.7	5	821.6	12
1079.5	22	87.4	13	1375.6	20	147.7	26
1749.1	14	62.8	16	1472.7	18	581.1	17
94.9	31	6.3	28	65.6	31	1.4	31
1245.1	19	60.3	17	1525.6	15	1693.8	4
1109.7	21	67.0	15	1460.4	19	565.0	19
101.5	30	35.2	22	158.7	30	3.7	30
375.0	25	18.0	26	471.1	26	250.5	24
1273.0	18	59.0	18	1656.0	14	1222.1	7

附录1 续表 3

地 区	糖料		肉类合计		猪肉		牛肉	
	绝对量(万吨)	位次	绝对量(万吨)	位次	绝对量(万吨)	位次	绝对量(万吨)	位次
全 国	**13485.4**		**8387.2**		**5342.7**		**662.3**	
北 京		26	43.2	27	23.9	27	2.2	29
天 津		26	45.8	26	29.2	26	3.3	26
河 北	59.4	13	442.9	6	259.0	8	55.3	3
山 西	40.8	15	77.4	25	56.3	22	4.9	24
内蒙古	167.9	7	245.8	15	73.9	21	51.2	4
辽 宁	**9.7**	**23**	**418.7**	**7**	**230.2**	**12**	**43.2**	**6**
吉 林	20.9	19	260.0	14	132.7	18	45.0	5
黑龙江	273.1	6	216.2	16	128.4	19	39.7	7
上 海	1.0	24	25.8	30	18.7	28	0.0	31
江 苏	9.8	22	396.5	11	228.8	13	3.5	25
浙 江	70.1	10	180.8	20	139.7	17	1.2	30
安 徽	20.6	20	397.7	10	249.7	10	18.1	12
福 建	56.5	14	200.8	18	155.6	15	2.5	28
江 西	61.6	11	311.1	13	237.3	11	12.1	18
山 东		26	764.2	1	376.7	4	67.0	2
河 南	26.9	17	677.4	2	432.5	2	80.4	1
湖 北	31.1	16	412.3	8	317.3	5	18.9	11
湖 南	73.8	9	515.3	4	427.6	3	16.8	13
广 东	1469.2	3	443.2	5	276.4	6	6.7	23
广 西	7829.7	1	411.0	9	252.5	9	13.9	16
海 南	415.9	5	79.5	24	48.1	24	2.5	27
重 庆	11.9	21	201.2	17	150.7	16	7.1	22
四 川	61.5	12	670.2	3	496.4	1	29.3	10
贵 州	128.1	8	190.3	19	156.1	14	13.0	17
云 南	2043.8	2	348.7	12	264.1	7	31.9	9
西 藏		26	25.2	31	1.5	31	15.1	15
陕 西	0.2	25	107.1	22	83.5	20	7.5	21
甘 肃	24.7	18	87.8	23	48.6	23	16.7	14
青 海		26	30.5	28	9.4	29	9.6	19
宁 夏		26	26.5	29	7.7	30	7.9	20
新 疆	577.2	4	134.2	21	30.2	25	36.2	8

羊肉		奶类		原油		发电量	
绝对量(万吨)	位次	绝对量(万吨)	位次	绝对量(万吨)	位次	绝对量(亿千瓦小时)	位次
401.0		**3868.6**		**20747.8**		**49377.7**	
1.2	27	65.1	13			290.9	29
1.5	26	68.2	12	3098.3	3	589.7	27
28.7	4	479.0	3	584.0	9	2372.9	8
5.9	19	81.0	10			2534.9	7
88.6	1	930.7	1			3116.9	4
7.9	**16**	**130.2**	**8**	**1000.0**	**7**	**1420.0**	**15**
4.1	20	49.1	16	810.4	8	691.6	25
12.1	10	565.0	2	4001.5	1	846.8	23
0.6	31	30.2	18	5.3	17	886.2	22
7.6	17	61.3	14	194.5	12	3928.5	1
1.7	25	19.3	22			2773.9	5
14.6	8	24.1	21			1767.5	11
2.0	24	15.4	24			1622.6	13
1.1	28	12.6	26			728.2	24
33.1	3	294.1	5	2774.7	4	3195.2	3
24.8	5	330.4	4	476.6	10	2643.0	6
8.2	15	15.7	23	78.9	13	2204.1	9
10.3	12	8.5	28			1318.7	17
0.9	30	13.9	25	1209.3	6	3753.7	2
3.2	22	9.4	27	2.3	18	1187.8	18
1.0	29	0.2	31	19.0	15	198.5	30
2.8	23	7.7	29			597.7	26
24.0	6	72.2	11	17.5	16	2152.4	10
3.5	21	5.1	30			1607.8	14
13.6	9	58.0	15			1745.5	12
8.5	13	25.6	20			26.2	31
6.9	18	189.1	6	3527.6	2	1341.3	16
15.9	7	38.6	17	69.9	14	1103.0	20
10.4	11	29.4	19	205.0	11	589.2	28
8.5	14	103.5	9	2.3	18	1007.6	21
48.0	2	136.3	7	2670.7	5	1135.5	19

附录1 续表 4

地 区	生铁		粗钢		钢材	
	绝对量(万吨)	位次	绝对量(万吨)	位次	绝对量(万吨)	位次
全 国	**65790.5**		**71716.0**		**95317.6**	
北 京			2.6	29	253.8	27
天 津	1974.6	9	2124.2	10	5708.6	5
河 北	16350.2	1	18048.4	1	20995.2	1
山 西	3996.5	5	3950.1	5	3797.6	6
内蒙古	1326.4	15	1734.1	12	1661.8	18
辽 宁	**5311.2**	**4**	**5177.0**	**4**	**5916.1**	**4**
吉 林	1000.8	19	1174.2	20	1229.5	22
黑龙江	674.7	24	697.6	24	610.2	25
上 海	1800.4	11	1970.9	11	2340.8	13
江 苏	5871.9	3	7419.7	2	10989.2	2
浙 江	1006.1	18	1305.2	18	3361.3	9
安 徽	1926.6	10	2147.0	8	2765.4	11
福 建	725.3	23	1318.6	17	2034.4	16
江 西	2027.0	8	2140.9	9	2368.9	12
山 东	6013.1	2	5957.0	3	7817.9	3
河 南	2116.0	7	2215.8	7	3481.4	8
湖 北	2407.1	6	2806.7	6	3558.4	7
湖 南	1706.4	12	1679.7	13	1847.5	17
广 东	842.0	20	1228.5	19	2993.0	10
广 西	1298.1	17	1338.1	16	2142.4	15
海 南					20.9	30
重 庆	517.3	26	545.6	25	1150.2	23
四 川	1670.2	13	1674.3	14	2281.6	14
贵 州	552.9	25	531.3	26	560.2	26
云 南	1582.8	14	1526.7	15	1600.0	19
西 藏						
陕 西	803.1	21	828.7	22	1283.6	21
甘 肃	746.6	22	810.2	23	883.0	24
青 海	150.8	27	141.2	27	139.5	28
宁 夏	80.7	28	21.7	28	109.1	29
新 疆	1311.7	16	1138.2	21	1284.6	20

水泥		农用化肥		汽车		主营业务收入		税金总额	
绝对量(万吨)	位次	绝对量(万吨)	位次	绝对量(万辆)	位次	绝对值(亿元)	位次	绝对值(亿元)	位次
221000.0		**7296.0**		**1927.7**		**915914.8**		**40939.0**	
874.5	28			166.2	4	16851.2	19	725.4	22
784.3	30	11.8	28	63.8	13	23570.4	14	1022.3	17
12809.8	5	184.3	14	82.5	12	43466.9	7	1498.2	10
4720.4	20	389.1	6	0.7	26	17788.4	18	964.2	19
5872.1	17	123.0	15	2.1	25	17898.7	17	903.3	20
5557.7	**18**	**82.2**	**20**	**83.6**	**11**	**47965.1**	**6**	**1965.1**	**6**
3242.0	24	49.5	24	156.5	5	19727.3	16	983.0	18
3872.9	22	71.6	22	9.8	23	12295.6	23	1296.0	13
794.7	29	2.6	29	202.4	1	33738.3	8	1637.3	9
16775.5	1	270.6	11	88.7	10	117774.3	1	4332.4	2
11539.6	6	27.8	27	32.7	18	56729.9	4	2089.0	4
10869.8	8	309.8	9	104.2	8	27911.2	12	1072.8	16
7197.6	15	45.9	25	18.3	19	28892.9	11	1110.4	15
7420.9	14	93.7	18	34.4	17	22267.6	15	844.7	21
15386.0	2	1265.9	1	90.3	9	116222.0	2	4647.4	1
14805.1	3	403.8	5	37.6	16	51558.3	5	1966.8	5
10255.5	10	1142.9	2	118.9	7	31372.8	9	1402.2	11
10445.4	9	209.7	12	17.3	20	27575.5	13	1726.6	8
11384.3	7	41.6	26	138.5	6	92089.6	3	3134.6	3
9864.1	11	116.4	16	167.3	3	14324.4	21	713.3	23
1672.4	25	60.0	23	12.9	21	1686.1	30	164.2	28
5499.6	19	206.4	13	191.0	2	12715.7	22	579.5	25
13342.1	4	425.3	4	39.7	15	31065.7	10	1749.4	7
6100.5	16	499.5	3	0.5	27	5686.2	27	531.7	26
7793.7	12	345.4	8	10.9	22	8662.8	24	1131.5	14
286.7	31					89.6	31	8.5	31
7552.7	13	97.9	17	54.5	14	16101.3	20	1341.8	12
3615.1	23	78.9	21	2.4	24	7587.8	25	471.4	27
1371.0	27	357.0	7			1951.4	29	131.6	30
1605.3	26	88.0	19			2972.6	28	153.3	29
4025.8	21	295.6	10	0.2	28	7375.3	26	641.2	24

附录1 续表 5

地区	利润总额		资产总计		负债合计		总资产贡献率	
	绝对值(亿元)	位次	绝对值(亿元)	位次	绝对值(亿元)	位次	绝对值(%)	位次
全国	**55577.7**		**744919.7**		**430830.7**		**15.3**	
北京	1216.6	18	28541.7	10	14795.5	12	8.0	30
天津	1940.0	10	19390.1	17	12375.5	14	17.1	8
河北	2296.9	6	32201.8	7	19187.6	6	14.3	17
山西	806.5	22	24723.1	12	16838.2	9	9.3	28
内蒙古	1754.2	13	20791.1	14	12371.9	15	15.4	16
辽宁	**1906.3**	**11**	**33620.8**	**6**	**19497.7**	**5**	**13.6**	**21**
吉林	1161.7	20	13589.6	19	7254.3	21	18.1	7
黑龙江	1201.0	19	12906.5	20	7320.7	20	21.3	3
上海	2131.3	8	30729.5	8	15430.6	10	13.2	23
江苏	6881.8	2	81868.0	1	46951.6	1	15.9	11
浙江	2899.8	5	54853.5	4	33013.9	4	11.6	25
安徽	1470.2	15	21929.1	13	13161.2	13	14.2	19
福建	1779.2	12	20700.6	15	10992.1	17	16.7	10
江西	1285.1	17	11474.1	22	6403.2	24	21.4	2
山东	7443.3	1	68201.1	3	37903.5	3	21.0	5
河南	3889.1	4	34182.8	5	17696.3	8	21.0	4
湖北	1602.9	14	25720.5	11	14957.8	11	14.0	20
湖南	1322.7	16	16700.7	18	9301.3	18	21.5	1
广东	4635.9	3	68928.9	2	39790.3	2	12.7	24
广西	749.0	23	11326.3	23	7113.2	22	15.7	13
海南	123.7	29	1934.3	30	981.4	30	16.8	9
重庆	608.3	24	10880.8	25	6854.8	23	13.4	22
四川	2142.7	7	29935.3	9	18387.1	7	14.3	18
贵州	466.0	26	8032.1	27	5191.7	27	15.5	15
云南	507.7	25	12440.0	21	7950.4	19	15.8	12
西藏	13.1	31	495.6	31	154.1	31	5.6	31
陕西	1982.6	9	19841.8	16	11109.8	16	19.5	6
甘肃	259.2	27	8859.3	26	5591.5	26	10.4	26
青海	152.4	28	3999.8	29	2638.2	29	10.1	27
宁夏	107.0	30	4913.2	28	3244.1	28	8.2	29
新疆	841.7	21	11207.6	24	6371.3	25	15.7	14

资本保值增值率		资产负债率		成本费用利润率		产品销售率	
绝对值(%)	位次	绝对值(%)	位次	绝对值(%)	位次	绝对值(%)	位次
113.0		**57.8**		**6.6**		**98.0**	
107.6	30	51.8	27	7.6	11	99.1	5
111.3	20	63.8	6	9.1	7	98.9	6
115.0	14	59.6	13	5.7	20	97.8	15
112.5	19	68.1	1	4.8	28	95.2	27
116.2	12	59.5	14	11.3	5	97.2	24
109.0	**27**	**58.0**	**16**	**4.3**	**29**	**97.9**	**14**
118.3	7	53.4	25	6.5	17	98.4	10
108.9	28	56.7	20	11.5	4	97.7	18
110.6	22	50.2	30	6.8	14	99.3	2
110.8	21	57.4	18	6.3	19	98.3	11
110.3	25	60.2	11	5.4	25	97.4	22
116.7	9	60.0	12	5.7	21	97.8	16
114.4	15	53.1	26	6.7	16	97.8	16
113.3	18	55.8	22	6.3	18	99.3	3
113.5	17	55.6	24	7.0	13	98.8	7
125.9	2	51.8	28	8.3	10	98.4	9
116.5	10	58.2	15	5.5	24	97.3	23
120.6	5	55.7	23	5.5	23	98.7	8
107.1	31	57.7	17	5.4	26	98.2	13
109.1	26	62.8	9	5.6	22	95.4	26
115.1	13	50.7	29	8.3	9	99.2	4
114.1	16	63.0	8	5.1	27	97.5	20
118.3	8	61.4	10	7.6	12	98.2	12
122.3	3	64.6	4	9.4	6	95.0	29
107.7	29	63.9	5	6.8	15	95.0	28
137.1	1	31.1	31	15.0	1	102.2	1
120.4	6	56.0	21	14.6	2	95.9	25
116.3	11	63.1	7	3.7	31	93.4	30
110.4	24	66.0	3	8.8	8	93.1	31
121.6	4	66.0	2	3.8	30	97.5	21
110.5	23	56.9	19	13.6	3	97.5	19

附录1 续表 6

地区	客运量		货运量		社会消费品零售总额			
	绝对量(万人)	位次	绝对量(万吨)	位次	绝对值(亿元)	位次	比上年增长(%)	位次
全国	**3804034.9**		**4099400.3**		**210307.0**		**14.3**	
北京	142731.0	10	26161.9	29	7702.8	11	11.6	30
天津	27529.2	27	46015.2	25	3921.4	23	15.5	15
河北	105064.0	13	219130.3	6	9254.0	9	15.2	20
山西	39987.1	24	144607.9	13	4506.8	19	15.5	17
内蒙古	27630.3	26	189942.2	10	4572.5	17	14.6	27
辽宁	**103283.4**	**14**	**206788.7**	**7**	**9346.6**	**7**	**15.5**	**18**
吉林	72679.5	19	54808.1	23	4772.9	16	15.9	4
黑龙江	52404.2	21	65230.7	21	5491.0	15	15.6	11
上海	10859.1	30	94038.3	17	7412.3	12	8.8	31
江苏	267710.3	3	220007.5	5	18331.3	3	14.7	24
浙江	233115.2	5	191817.3	8	13588.3	4	13.0	28
安徽	213432.3	6	312436.8	2	5736.6	14	15.8	5
福建	82040.9	18	84345.1	19	7256.5	13	15.6	10
江西	84239.5	16	127195.5	15	4027.2	22	15.6	13
山东	265631.8	4	333602.6	1	19651.9	2	14.6	26
河南	207246.5	7	272114.9	3	10915.6	5	15.5	16
湖北	127078.7	11	122945.3	16	9562.5	6	15.6	14
湖南	184336.1	8	191051.7	9	7921.9	10	15.1	21
广东	574265.9	1	256076.7	4	22677.1	1	11.7	29
广西	90228.7	15	161356.0	12	4516.6	18	15.6	12
海南	47116.9	23	26880.4	28	870.8	28	14.7	25
重庆	156545.4	9	86474.1	18	4033.7	21	15.7	9
四川	277611.3	2	174349.3	11	9268.6	8	15.2	19
贵州	83526.9	17	52654.9	24	2027.6	25	15.8	6
云南	48456.3	22	68734.9	20	3511.6	24	17.1	1
西藏	3848.8	31	1126.6	31	254.6	31	16.3	2
陕西	111773.3	12	136726.8	14	4383.8	20	15.7	8
甘肃	64361.2	20	45831.7	26	1906.5	26	15.7	7
青海	12692.1	29	13483.9	30	476.0	30	16.0	3
宁夏	16343.5	28	41113.3	27	548.8	29	14.9	23
新疆	38331.4	25	58793.5	22	1858.6	27	15.0	22

进出口总额				出口总额			
绝对值(亿美元)	位次	比上年增长(%)	位次	绝对值(亿美元)	位次	比上年增长(%)	位次
38667.6		**6.2**		**20489.3**		**7.9**	
4079.2	4	4.7	19	596.5	7	1.1	27
1156.2	8	11.8	12	483.1	9	8.6	18
505.5	13	-5.7	31	296.0	13	3.6	24
150.4	23	2.0	21	70.2	23	29.3	8
112.6	26	-5.6	30	39.7	26	-15.3	30
1039.9	**9**	**8.3**	**16**	**579.5**	**8**	**13.5**	**16**
245.7	20	11.4	13	59.8	24	19.7	13
378.2	15	-1.8	27	144.4	19	-18.3	31
4365.4	3	-0.2	26	2067.4	4	-1.4	29
5480.9	2	1.6	23	3285.4	2	5.1	22
3122.3	5	0.9	25	2245.7	3	3.8	23
393.3	14	25.6	7	267.5	14	56.6	5
1559.3	7	8.6	15	978.4	6	5.4	21
334.1	16	6.2	18	251.1	15	14.8	15
2455.4	6	4.1	20	1287.3	5	2.3	26
517.5	12	58.6	3	296.8	12	54.2	6
319.6	17	-4.8	29	194.0	16	-0.7	28
219.4	21	15.8	10	126.0	20	27.3	9
9838.2	1	7.7	17	5741.4	1	7.9	19
294.7	18	26.2	6	154.7	18	24.2	10
143.3	25	12.3	11	31.4	29	23.7	11
532.0	11	82.2	2	385.7	10	94.4	2
591.3	10	23.9	9	384.6	11	32.4	7
66.3	28	35.7	4	49.5	25	65.9	3
210.0	22	31.0	5	100.2	21	5.8	20
34.2	29	152.1	1	33.6	28	183.6	1
148.0	24	1.0	24	86.5	22	23.4	12
89.0	27	2.0	22	35.7	27	65.6	4
11.6	31	25.6	8	7.3	31	10.3	17
22.2	30	-3.0	28	16.4	30	2.6	25
251.7	19	10.3	14	193.5	17	15.0	14

附录1 续表 7

地 区	旅游外汇收入		城镇居民人均可支配收入			
	绝对值（亿美元）	位次	绝对值（元）	位次	比上年增长（%）	位次
全 国	**500.3**		**24564.7**		**12.6**	
北 京	51.5	5	36468.8	2	10.8	30
天 津	22.3	9	29626.4	6	10.1	31
河 北	5.4	23	20543.4	19	12.3	26
山 西	7.2	20	20411.7	21	12.6	22
内蒙古	7.7	19	23150.3	10	13.4	10
辽 宁	**32.6**	**7**	**23222.7**	**9**	**13.5**	**7**
吉 林	4.9	24	20208.0	23	13.6	5
黑龙江	8.4	17	17759.8	29	13.1	14
上 海	54.9	3	40188.3	1	10.9	29
江 苏	63.0	2	29677.0	5	12.7	20
浙 江	51.5	4	34550.3	3	11.6	27
安 徽	15.6	12	21024.2	15	13.0	17
福 建	42.3	6	28055.2	7	12.6	21
江 西	4.8	25	19860.4	24	13.5	6
山 东	29.2	8	25755.2	8	13.0	16
河 南	6.1	21	20442.6	20	12.4	25
湖 北	12.0	14	20839.6	17	13.4	12
湖 南	9.3	16	21318.8	12	13.1	15
广 东	156.1	1	30226.7	4	12.4	24
广 西	12.8	13	21242.8	13	12.7	19
海 南	3.5	26	20917.7	16	13.9	3
重 庆	11.7	15	22968.1	11	13.4	11
四 川	8.0	18	20307.0	22	13.5	9
贵 州	1.7	27	18700.5	26	13.4	13
云 南	19.5	10	21074.5	14	13.5	8
西 藏	1.1	28	18028.3	27	11.3	28
陕 西	16.0	11	20733.9	18	13.6	4
甘 肃	0.2	30	17156.9	31	14.5	2
青 海	0.2	29	17566.3	30	12.6	23
宁 夏	0.1	31	19831.4	25	12.8	18
新 疆	5.5	22	17920.7	28	15.5	1

农民人均纯收入				城镇居民家庭恩格尔系数		农村居民家庭恩格尔系数	
绝对值(元)	位次	比上年增长(%)	位次	绝对值(%)	位次	绝对值(%)	位次
7916.6		**13.5**		**36.2**		**39.3**	
16475.7	2	11.8	29	31.3	30	33.2	30
14025.5	4	13.8	17	36.7	17	36.2	21
8081.4	12	13.5	21	33.6	25	33.9	26
6356.6	23	13.5	22	31.6	29	33.4	28
7611.3	15	14.6	11	30.8	31	37.3	18
9383.7	**9**	**13.1**	**26**	**35.0**	**23**	**38.3**	**15**
8598.2	11	14.5	12	31.7	28	36.7	20
8603.8	10	13.3	23	36.1	19	37.9	16
17803.7	1	10.9	31	36.8	16	40.5	12
12202.0	5	12.9	27	35.4	21	33.4	29
14551.9	3	11.3	30	35.1	22	37.1	19
7160.5	20	14.9	6	38.7	11	39.3	14
9967.2	7	13.5	20	39.4	9	46.0	5
7829.4	14	13.6	19	39.7	6	43.5	10
9446.5	8	13.2	25	33.0	27	34.3	25
7524.9	16	13.9	15	33.6	26	33.8	27
7851.7	13	13.8	18	40.3	5	37.6	17
7440.2	17	13.3	24	37.2	14	43.9	9
10542.8	6	12.5	28	36.9	15	49.1	3
6007.5	25	14.8	7	39.0	10	42.3	11
7408.0	18	14.9	5	45.4	2	50.5	2
7383.3	19	13.9	16	41.5	3	44.2	8
7001.4	21	14.2	13	40.4	4	46.8	4
4753.0	30	14.7	9	39.7	7	44.6	7
5416.5	28	14.7	8	39.4	8	45.6	6
5719.4	27	16.6	2	49.3	1	53.6	1
5762.5	26	14.6	10	36.2	18	29.7	31
4506.7	31	15.3	4	35.8	20	39.8	13
5364.4	29	16.4	3	37.8	12	34.8	24
6180.3	24	14.2	14	33.9	24	35.3	23
6393.7	22	17.5	1	37.7	13	35.7	22

附录2 2012年省辖市

指标名称	单位	沈阳		大连	
		全市	市辖区	全市	市辖区
一、行政区划、人口、劳动力及土地资源	—				
(一)行政区划	—				
所辖行政区数	个	9		6	
所辖行政县(旗)数	个	3		1	
所辖行政县级市数	个	1		3	
(二)人口	—				
年末总人口	万人	724.79	522.12	590.31	299.17
年平均人口	万人	723.74	520.59	589.42	298.15
常住人口	万人	822.80	623.40	689.20	
年出生人口	人	62597	47284	53880	30223
年死亡人口	人	63231	41837	47378	21002
年末总户数	万户	257.57	188.00	210.40	111.18
(三)从业人员	—				
从业人员期末人数(城镇)	万人	121.95	114.94	111.49	93.83
第一产业(农、林、牧、渔业)	万人	0.66	0.52	0.63	0.33
第二产业	万人	45.77	44.79	57.62	47.71
(1)采矿业	万人	1.96	1.96	0.21	
(2)制造业	万人	32.55	32.15	46.05	37.30
(3)电力、燃气及水的生产和供应业	万人	3.10	2.71	1.75	1.48
(4)建筑业	万人	8.16	7.97	9.61	8.93
第三产业	万人	75.52	69.63	53.24	45.79
(1)农、林、牧、渔服务业	万人	0.07	0.04	0.06	0.03
(2)开采辅助活动	万人				
(3)金属制品、机械和设备修理业	万人	1.63	1.63	0.02	
(4)批发和零售业	万人	5.17	4.98	5.75	5.54
(5)交通运输、仓储及邮政业	万人	10.02	9.66	6.43	6.03
(6)住宿、餐饮业	万人	2.21	2.19	2.81	2.80
(7)信息传输、计算机服务和软件业	万人	1.92	1.90	3.31	3.31
(8)金融业	万人	4.69	4.69	5.47	4.76
(9)房地产业	万人	2.87	2.79	3.90	3.58
(10)租赁和商业服务业	万人	4.05	3.83	1.32	1.26
(11)科学研究、技术服务	万人	5.95	5.83	2.19	2.02
(12)水利、环境和公共设施管理业	万人	4.06	3.67	1.55	1.41
(13)居民服务和其他服务业	万人	0.98	0.92	0.38	0.35
(14)教育	万人	13.49	11.59	8.35	6.02
(15)卫生和社会工作	万人	7.33	6.61	4.30	3.19
(16)文化、体育和娱乐业	万人	1.64	1.55	1.00	0.91
(17)公共管理和社会组织	万人	9.44	7.75	6.40	4.58
(18)国际组织	万人				
城镇私营和个体从业人员	人	1080491	941763	1955346	
年末城镇登记失业人员数	人	76958	69869	84780	65462
(四)土地面积及水资源	—				
行政区域土地面积	平方公里	12980	3471	12574	2567
其中：建成区面积	平方公里		455		395
城市建设用地面积	平方公里		455		382
其中：居住用地面积	平方公里		152		128
公共设施用地面积	平方公里		43		29
工业用地面积	平方公里		99		93
水资源总量	万立方米	378900		716700	
二、综合经济	—				
(一)地区生产总值(当年价格)	万元	66025865	52668758	70028306	44975387
第一产业增加值	万元	3152016	900530	4513693	951284

基本情况(地区数)

鞍山		抚顺		本溪		丹东		锦州	
全市	市辖区	全市	市辖区	全市	市辖区	全市	市辖区	全市	市辖区
4		4		4		3		3	
3		3		2		1		2	
1						2		2	
350.36	151.88	219.26	144.11	153.19	94.19	240.48	78.62	307.85	93.78
350.96	151.98	219.69	144.32	153.77	94.56	240.78	78.71	308.08	93.72
350.35	151.87	210.20		170.95	109.43	244.46	84.24	316.42	103.66
30268	11009	14685	9012	9953	5600	15793	5389	21672	6872
34762	13153	18756	13890	19294	11655	18486	7054	24060	7224
122.45	58.40	85.11	58.77	56.93	36.24	83.96	29.83	107.05	34.26
55.17	41.40	30.94	25.96	27.97	23.67	26.86	16.88	29.21	20.00
0.34	0.08	0.40	0.12	0.15	0.05	0.27	0.01	1.36	0.28
31.28	25.52	18.16	16.03	15.32	13.71	10.11	6.81	11.88	9.55
0.54	0.35	3.77	3.00	1.85	1.57	0.34	0.02	0.79	0.08
21.00	16.75	8.93	8.37	8.94	8.07	6.15	4.70	6.11	4.95
1.33	1.04	1.33	1.27	1.01	0.76	0.69	0.42	1.46	1.31
8.41	7.38	4.13	3.39	3.52	3.31	2.93	1.67	3.52	3.21
23.55	15.80	12.38	9.81	12.50	9.91	16.48	10.06	15.97	10.17
0.09		0.06	0.03	0.04		0.02	0.01	0.05	
				0.04	0.04				
0.03						0.03	0.01	0.11	0.11
1.76	1.32	1.09	1.01	0.67	0.59	0.80	0.68	1.17	0.94
1.27	0.95	0.78	0.51	0.90	0.82	1.29	1.02	1.32	0.64
0.54	0.47	0.12	0.09	0.14	0.12	0.23	0.21	0.17	0.15
0.38	0.37	0.27	0.27	0.27	0.27	0.50	0.43	0.39	0.33
1.74	1.50	1.01	0.89	1.02	0.97	0.76	0.56	1.38	1.31
1.03	0.78	0.38	0.31	0.77	0.65	1.12	0.91	0.42	0.33
0.87	0.73	0.28	0.26	0.19	0.08	0.24	0.19	0.38	0.22
2.00	1.33	0.56	0.50	0.34	0.26	1.17	0.54	0.84	0.61
1.66	1.21	0.90	0.78	0.77	0.56	1.17	0.77	0.56	0.27
0.33	0.29	0.11	0.10	0.05	0.04	0.10	0.07	0.15	0.07
4.74	2.65	2.52	1.73	2.44	1.66	3.77	1.76	3.59	1.80
2.69	1.83	1.43	1.14	2.46	2.07	2.29	1.27	1.82	1.19
0.32	0.21	0.20	0.18	0.17	0.12	0.23	0.16	0.30	0.22
4.10	2.16	2.67	2.01	2.23	1.66	2.76	1.47	3.32	1.98
206445	179438	310734		153695	119974	172733	98786	304615	
20467	13021	36113	29359	27159	21462	22848	9459	11035	5830
9255	792	11272	1416	8411	1518	15290	941	9891	436
	167		131		108		77		72
	151		131		92		77		72
	43		33		28		29		34
	13		5		7		5		8
	55		44		21		19		13
612938		453000		461100		1078600		207700	
24293160	11601729	12363686	9296256	11123567	7898708	10153733	3137192	12427098	5881933
1244258	94928	851061	221852	601897	154917	1400110	96601	1902904	247344

附录2 续表 1

指标名称	单位	沈阳		大连	
		全市	市辖区	全市	市辖区
第二产业增加值	万元	33831544	25813299	36348039	21209056
第三产业增加值	万元	29042305	25954929	29166574	22815047
地区生产总值(2010年价格)	万元	61952556	49387493	64538695	41356950
人均地区生产总值	元	80480	82878	102922	
地区生产总值增长率	%	10.0	9.7	10.3	9.0
(二)财政	–				
地方财政一般预算收入	万元	7150377	6271182	7501085	5915581
其中：各项税收	万元	5753744	5061967	5979981	4863157
其中：企业所得税	万元	748567	726381	743643	649901
个人所得税	万元	175968	172072	211302	191141
地方财政一般预算支出	万元	7660854	6375775	8909590	7011240
一般性公共服务支出	万元	916696	754904	823294	670552
科学技术支出	万元	246407	242095	392872	382236
教育支出	万元	1194323	891689	1369604	963378
文化体育与传媒支出	万元	130962	121791	130393	105886
医疗卫生支出	万元	366015	289045	311201	253534
节能保护支出	万元	213077	157251	101420	96776
城乡社区事务支出	万元	1260436	1111887	1245401	940875
交通运输支出	万元	260931	219560	512054	485547
社会保障和就业支出	万元	1253429	1182773	1226919	1045525
住房保障支出	万元	294951	279784	169203	137434
(三)金融	–				
年末金融机构人民币各项存款余额	万元	102753529	99043571	103223415	90694941
其中：居民人民币储蓄存款余额	万元	43188378	40132652	41604680	32702561
年末金融机构人民币各项贷款余额	万元	78527063	76560799	81273830	73416654
(四)保险	–				
保费收入	万元	1428086		1606199	
其中：财产险	万元	480854		576564	
人身险	万元	922960		1029635	
赔款、给付	万元	464086		285423	
其中：财产险	万元	242548		262340	
人身险	万元	213317		23083	
三、工业	–				
规模以上工业法人企业:	–				
(一)工业企业数	个	4034	2431	3142	1314
(1)内资企业	个	3606	2032	2297	729
其中：国有企业	个	75	68	44	33
私营企业	个	2680	1339	1839	464
其中：私营独资企业	个	828	313	459	43
私营股份有限公司	个	93	50	71	27
(2)港、澳、台商投资企业	个	122	117	142	94
(3)外商投资企业	个	306	282	703	491
(二)工业总产值(当年价)	万元	127023272	89244531	103508193	56947453
(1)内资企业	万元	99790807	63106452	71132906	33432123
其中：国有企业	万元	5288999	5170186	1818819	1485487
私营企业	万元	62845957	31300418	36228333	4297307
其中：私营独资企业	万元	14539098	4861422	9063317	351353
私营股份有限公司	万元	3810492	1954889	1131047	240611
(2)港、澳、台商投资企业	万元	4599404	4311190	3507975	2034487
(3)外商投资企业	万元	22633061	21826889	28867312	21480843
(三)企业财务	–				
从业人员年平均人数	万人	91.38	62.62	97.47	45.05

鞍山		抚顺		本溪		丹东		锦州	
全市	市辖区	全市	市辖区	全市	市辖区	全市	市辖区	全市	市辖区
12931505	6056381	7367444	5671756	6745968	4990042	5085256	1446159	6162331	3042278
10117397	5450420	4145181	3402648	3775702	2753749	3668367	1594432	4361863	2592311
23904392	11030818	11267219	8715090	10748678	7662117	9284155	2854365	11403533	5462778
69211	76331	58512	63082	64459	67647	42171	42430	40002	61449
9.0	2.9	10.7	9.4	10.0	8.7	10.5	11.0	10.4	10.2
2343946	1778604	1301533	981549	1235244	910231	1279733	524173	1315031	742092
1571339	1187078	988364	735905	960041	737368	960786	413758	993115	558745
148364	113331	79574	57254	41791	24901	74541	50977	58696	41216
24326	18084	20054	15765	22599	12785	15241	7775	21626	11507
2902652	2016618	2002015	1409594	1755681	1222999	1969376	835718	2047132	996844
281465	180805	183452	117731	298352	193524	183208	90679	212623	121173
24548	21107	25483	18871	23826	16627	14020	12232	24489	9907
331590	205143	321502	202247	242508	143503	340631	108729	336747	152151
30051	19039	16276	6837	30848	21026	21878	13679	29875	16055
129152	61837	72775	42933	67681	42092	81993	25660	110623	42461
37539	18395	57046	28218	63036	32582	37371	13563	31346	17304
737502	623476	305281	272905	345541	297344	273963	73532	225761	157359
112639	87973	63460	33891	70424	42273	91464	42796	110462	44574
557113	438806	443980	394282	272133	244546	329950	214183	375874	225892
78074	60544	65987	52669	29691	14624	39298	22939	20538	15372
22577208	16366260	11471306	9905525	9337084	7323745	12317512	7032921	12884615	8720298
14373954	9087817	8078909	6873008	6000111	4537879	8930135	4579650	9045045	5454604
13083352	10296233	5012543	4378192	6131435	5384593	6699891	4116836	8291815	5840258
432566		225813		189601		244069		216163	
149733		62892		45143		63670		83691	
282833		162921		144458		180399		132472	
144795		68232		54543		76647		73274	
77579		35084		26599		34741		43992	
67216		33148		27943		41906		29282	
1186	293	922	496	564	405	821	206	815	201
1121	265	860	441	525	380	716	161	749	150
17	9	10	7	11	5	13	7	12	8
742	134	671	324	261	204	563	109	543	64
317	21	310	104	80	61	227	31	239	12
59	26	24	14	17	12	27	9	19	4
24	11	19	17	19	15	18	10	24	19
41	17	43	38	20	10	87	35	42	32
29859400	11819000	24321257	16466435	22028681	19030217	12878304	3663832	24490274	9930522
28455916	11340400	22935423	15237320	16941102	14172699	11105194	2928775	21868690	7836746
6515191	6379300	295834	287029	97236	65102	225906	86844	261816	181754
15547298	3250100	11926304	5460710	5294342	3886496	7649034	1019336	11010196	1229666
5949080	193900	4932446	1626709	2437483	1821353	2681450	239637	4032147	103790
1112687	681600	454900	235364	326614	198008	339291	74157	476033	214410
506278	184000	552465	483973	3892847	3839306	374711	165893	1114664	1027384
897206	294600	833369	745142	1194732	1018212	1398399	569164	1506920	1066392
34.34	21.47	18.81	14.40	13.98	11.38	14.69	4.32	16.00	6.19

附录2 续表 2

指标名称	单位	沈阳		大连	
		全市	市辖区	全市	市辖区
流动资产合计	万元	35440836	32868255	46662401	38221104
固定资产合计	万元	28684244	20348491	28223196	17245822
主营业务收入	万元	126090451	88261164	99242591	55372265
主营业务成本	万元	105147303	73983118	85075040	47695030
主营业务税金及附加	万元	1636049	1428473	2518123	2232301
本年应交增值税	万元	2455759	1823115	3498173	1995107
利润总额	万元	7304621	4541505	5140586	1987344
四、交通运输、邮电通信、能源电力	–				
(一)交通运输	–				
铁路旅客运量	万人	3348.0		2201.3	
铁路货物运量	万吨	456		2569	
公路客运量(全社会)	万人	29121		11246	
公路货运量(全社会)	万吨	21259		25093	
水运客运量(全社会)	万人			490	
水运货运量(全社会)	万吨			11246	
民用航空客运量	万人	399.5		457.8	
民用航空货邮运量	吨	44900		50762	
沿海港口货物吞吐量(规模以上)	万吨			37426	
内河港口货物吞吐量(规模以上)	万吨				
公路里程	公里	11907		11760	
境内高速公路里程	公里	614		531	
民用汽车拥有量	辆	1129026		942603	
其中：私人汽车拥有量	辆	812027		722605	
(二)邮电通信	–				
年末邮政局(所)数	处	211	142	233	133
邮政业务收入	万元	123755		116014	
电信业务收入	万元	1167899		959980	
固定电话年末用户数	万户	281.20		256.40	
移动电话年末用户数	万户	995.50		840.31	
其中：3G移动电话用户	万户	187.91		221.57	
互联网宽带接入用户数	万户	175.80		141.61	
(三)能源电力	–				
综合能源消费量	万吨/标准煤	1379		1673	
全社会用电量	万千瓦时	2700385	2326455	2872527	2256215
其中：工业用电	万千瓦时	1412032	1111283	1880596	1494061
城乡居民生活用电	万千瓦时	464944	400562	377662	267841
五、贸易、外经及旅游	–				
(一)贸易	–				
社会消费品零售总额	万元	28022020	25513712	22240483	17905713
限额以上批发零售贸易业商品销售总额	万元	81509462	79039318	36460804	33429849
限额以上批发零售企业数(法人数)	个	1948	1701	1643	1338
其中：零售业	个	835	731	459	396
限额以上批发零售贸易业企业财务	–				
年末从业人数	万人	11.43	10.50	7.96	7.38
流动资产合计	万元	14658751	14307100	14196323	13144169
固定资产合计	万元	2000935	1736127	1012609	945212
主营业务收入	万元	69792505	67785254	33383993	29412406
主营业务成本	万元	67077843	65368044	30892711	27143166
主营业务税金及附加	万元	152526	128675	90098	80296
本年应交增值税	万元	652405	623203	438315	423163
利润总额	万元	381349	217453	449074	357476

鞍山		抚顺		本溪		丹东		锦州	
全市	市辖区	全市	市辖区	全市	市辖区	全市	市辖区	全市	市辖区
14321737	10130700	5870619	5091653	7559692	6797329	3450757	2202180	4200627	2750147
9513328	5548000	6136729	5530604	6360358	5597148	2184237	918144	5008681	1943003
30938275	13276000	23920172	16246071	20550494	17613881	12672731	3596675	23922198	9695532
25741401	11252900	21565876	14657285	18215608	15725380	11172858	3134861	20262177	8286875
207885	111700	652449	627336	230201	189068	89625	26622	679762	542859
976271	460800	331334	247247	418786	303717	371130	79203	609931	271189
807969	-625500	150223	-254335	693196	448068	723295	145304	1693505	336612
709.8		191.8		1800.8		478.7		871.1	
1294		1018		2969		383		568	
6365		3281		3001.01		5468		4355	
23097		9251		8108		7466		15495	
						45			
						453		155	
						9606		7355	
						50			
7271		6024		4076		7593		7219	
229		267		209		336		175	
327400		187746		104860		159525		274709	
230157		140958		69041		118052		209989	
100	34	82	38	69	35	95	28	99	30
29233		15710		13337		20323		17731	
298866		163891		122460		178011		197340	
101.89		63.67		41.78		83.53		87.65	
342.60		192.13		141.67		198.87		270.55	
55.70		35.84		31.23		16.01		50.46	
62.48		35.46		29.96		35.94		49.96	
2219		1040		1502		255		370	
2377295	1548396	1345141	1013273	1420744	1270718	693813	287510	826797	479634
2036764	1348718	1158693	892805	1280009	1173968	485435	192100	535022	363249
159403	83017	94658	62146	70918	42222	103619	47650	137245	47043
7036806	3616793	4552380	3935094	2611582	1894646	3758959	1688389	4344554	2585004
10975303	8507883	3682831	3482218	1501604	1259003	2038730	1774874	3318382	2427808
674	414	223	176	174	141	203	114	224	155
378	228	106	76	113	90	158	75	149	101
1.94	1.19	1.20	1.05	1.16	1.03	0.75	0.58	1.47	1.02
2146528	1819585	586194	564297	474914	397853	358957	317806	602602	514335
456951	240320	130337	119306	92659	81862	98553	81177	133049	93215
8530015	7036687	2572472	2419229	1082570	994764	1682544	1527410	2679281	1959033
7618611	6459960	2360114	2205335	976815	906919	1518436	1392413	2415035	1749833
158606	101467	19763	18037	9138	8743	19698	16082	38919	29637
139115	97884	39710	37424	17551	13516	13116	12181	21618	18989
351121	268856	67293	59207	33167	27071	41107	35417	75345	54385

附录2 续表 3

指标名称	单位	沈阳		大连	
		全市	市辖区	全市	市辖区
(二)外经	—				
货物进口额(海关数)	万美元	678313		2943100	
货物出口额(海关数)	万美元	596514		3468242	
外商直接投资合同项目	个	158	146	283	251
当年实际使用外资金额	万美元	580435	554767	1235033	905000
(三)旅游	—				
入境游客人数(含一日游游客)	人	750011		1288010	
其中：外国人	人	587028		1128087	
港、澳、台同胞	人	162983		159923	
国际旅游(外汇)收入	万美元	60000		88639	
六、固定资产投资	—				
(一)固定资产投资	—				
全社会固定资产投资	万元	56433999	45133152	56540965	
固定资产投资(不含农户)	万元	56253999	45073152	56243965	37613356
其中：房地产开发投资	万元	19429642	17950433	13965204	12353346
其中：住宅	万元	13314308	12066163	10554073	9290690
全年新增固定资产	万元	32138991	22818392	30728649	19225817
(二)房地产	—				
商品房屋销售面积	万平方米	2469.65	2059.16	1076.36	703.05
其中：住宅	万平方米	2201.45	1829.03	966.89	627.14
商品房屋销售额	万元	15611316	14086711	8614711	6753477
其中：住宅	万元	13185506	11866246	7332894	5696363
待售面积	万平方米	701.93	584.72	481.08	369.53
七、教育、科技、体育、文化及卫生	—				
(一)教育	—				
学校数	—				
普通高等学校数	所	43		29	
中等职业教育学校数	所	121	117	92	84
普通中学学校数	所	322	223	284	154
小学学校数	所	325	248	629	231
专任教师数	—				
普通高等学校教师数	人	24888	24888	17515	17515
中等职业教育学校教师数	人	6963	5250	4513	3898
普通中学教师数	人	24015	18005	21363	12239
小学教师数	人	21963	14651	17745	9593
在校学生数	—				
普通高等学校学生数	人	369285	369285	263692	263692
高中阶段在校学生数	人	200570	173391	171755	122857
中等职业教育学校学生数	人	110458	110458	71075	64184
普通中学学生数	万人	28.16	20.43	25.49	14.54
小学学生数	万人	34.37	24.01	28.28	16.96
初中毕业生升学率	%	110	100	91	99
成人高等学校在校学生数	人	89256	89256	58455	58455
(二)科技	—				
科技活动人员	人	99845	99146	59133	26428
R&D人员数	人	51375	51015	37133	17741
R&D内部经费支出	万元	1414171		1028166	
专利申请受理量	项	12899		18170	
专利申请授权量	项	6771		7490	
其中：发明	项	1595		1407	
(三)体育	—				
体育场馆数	个	13	12	53	46

鞍山		抚顺		本溪		丹东		锦州	
全市	市辖区	全市	市辖区	全市	市辖区	全市	市辖区	全市	市辖区
173491		26909		168557		172230		127653	
237445		69886		243535		287497		175964	
45	26	14	9	9	5	47	40	34	23
127520	99038	12635	10609	46140	37797	120100	80958	100409	57845
383265		169663		638000		491701		308580	
325349		104597		491700		486534		255765	
57916		65066		86800		5167		52815	
35300		12982		45326		26647		18100	
16995005	7154892	9665233	7039771	7232317	5005000	8752500	3954679	8268988	4057031
16423005	7154892	9535233	7039771	7206786	4916572	8532500	3954679	8036988	4029348
3847745	2953716	1297002	1163428	1044135	735261	1983021	1330184	1380929	1041403
2697096	2028484	908038	807409	791554	575061	1515726	1028300	1015205	747069
10083020	3746509	4621699	3201628	5040523	3414131	6012456	2675859	4573039	1789790
766.93	525.70	319.90	285.40	476.21	301.57	480.69	280.40	500.44	354.33
584.84	387.57	267.90	241.10	362.07	239.59	437.91	260.71	463.53	329.15
3123127	2364442	1457461	1329464	1708468	1110909	1787824	1018404	1581257	1157628
2237891	1663658	1090339	1007635	1288719	879323	1530715	894140	1430563	1057989
157	42.14	80.09	57.5	167.89	131.94	64.37	12.18	94.69	49.06
3		6		3		3		9	
22	15	24	21	13	11	20	16	13	9
163	65	119	74	66	40	127	38	140	45
586	90	147	68	65	43	456	78	390	75
1975	1975	2268	2268	1464	1646	1512	1512	4624	4624
1544	1110	1632	1479	2429	2055	1191	811	1173	804
12614	5858	7492	4804	7073	4160	8038	2554	9454	3121
10985	4328	7123	3944	6013	3571	8300	2057	10469	2962
37593	37593	44344	44344	15603	15603	28453	28453	83673	83673
76639	39859	48114	36444	47361	35226	71651	38927	74974	34761
18650	13881	21377	19228	24471	21218	25633	22456	25338	19984
14.43	6.75	7.69	4.92	5.85	3.45	11.24	3.22	13.33	4.46
17.80	6.55	8.18	4.70	6.08	3.42	12.15	2.93	15.60	4.45
80	97	102	128	104	131	94	99	84	
11561	11561	2622	2622	3266	3266	5835	5835		
16028	12672	9266	7180	10623	8785	7746	5699	10698	4022
5126	3668	6716	3932	6812	6204	3435	2256	6478	2693
342811		64760		298174		43391		140534	
2783		855		513		303		682	
2173		491		403		200		498	
354		66		34		100		87	
7	4	8	4	5	4	6	3	48	34

附录2 续表 4

指标名称	单位	沈阳		大连	
		全市	市辖区	全市	市辖区
(四)文化	–				
剧场、影剧院数	个	46	45	6	6
公共图书馆图书总藏量	千册、件	12997	12638	12918.89	12075.43
订销报刊杂志累计份数	千份	125213	105447	108083	82678
广播节目综合人口覆盖率	%	100.0	100.0	99.4	100.0
电视节目综合人口覆盖率	%	100.0	100.0	99.9	100.0
有线电视入户率	%	76.4	116.8	85.4	143.2
(五)卫生	–				
医院、卫生院数	个	304	210	217	108
医院、卫生院床位数	张	50933	46336	34595	23363
医生数(执业医师+执业助理医师)	人	22699	20154	16878	12589
注册护士	人	24429	22510	18491	14270
八、人民生活和社会保障	–				
在岗职工平均人数	万人	116.65	109.95	106.99	89.77
在岗职工工资总额	万元	5820611	5579291	5865315	5142673
(一)居民收支	–				
家庭总收入	元		30011		31777
工资性收入	元		17119		19620
经营净收入	元		3830		2067
财产性收入	元		543		638
转移性收入	元		8520		9452
城镇居民人均可支配收入	元		26431		27539
最低10%户人均可支配收入	元		8908		10542
最高10%户人均可支配收入	元		67048		72098
城镇居民人均消费支出	元		20003		20417
其中:(1)食品	元		6327		7700
(2)衣着	元		2413		2194
(3)居住	元		1624		1650
(4)家庭设备用品及服务	元		1289		1273
(5)医疗保健	元		1474		1716
(6)交通和通信	元		3609		2614
(7)教育文化娱乐服务	元		2270		2402
(二)居民生活	–				
每百户居民家庭拥有:	–				
(1)家用汽车	辆		23		25
(2)家用电脑	台		84		92
(3)固定电话	部		65		78
(4)移动电话	部		202		202
(5)电冰箱(柜)	台		100		103
(6)彩色电视机	台		117		110
(7)钢琴	架		3		4
(8)照相机	架		56		60
(9)摄像机	架		20		20
(10)洗衣机	台		97		94
城镇居民人均住房建筑面积	平方米		26.26		27.3
居民消费价格指数(上年为100)	%		103		103.36
(三)社会保障	–				
城镇职工基本养老保险参保人数	人	3207303	3019819	1762731	1457671
城镇基本医疗保险参保人数	人	3512178	3337598	4531032	3815900
其中:城镇职工参保人数	人	1108152	1027895	2719352	2346736
失业保险参保人数	人	1332625	1259272	1313700	1116736
工伤保险参保人数	人	1728312	1600158	2330235	2040071

鞍山		抚顺		本溪		丹东		锦州	
全市	市辖区	全市	市辖区	全市	市辖区	全市	市辖区	全市	市辖区
11	8	5	4	5	3	3	1	7	4
2419	2166	1070.92	909.36	1010.28	840.18	1302.55	1066.88	1255	891
53050	40205	30195	25474	19896	14524	126	107	28793	14849
97.2	100.0	98.7	98.8	99.5	99.8	98.4	99.8	99.1	100.0
96.4	100.0	98.6	98.7	98.9	99.1	98.5	100.0	99.1	100.0
59.6	82.3	96.6	97.0	99.3	99.2	95.0	98.0	59.1	95.4
152	58	97	49	61	29	118	37	106	20
18094	11349	9895	7647	9627	7444	13597	6454	11887	7429
5453	3436	5144	4089	2891	2261	3725	1743	5112	2752
6363	4662	5208	4530	3978	3228	4197	2342	3803	2499
52.15	38.83	30.48	25.54	26.62	22.30	26.01	16.46	29.67	20.89
1800411	1428011	1181234	1017698	1031904	893580	744578	459716	1118828	863737
	26516		22827		25130		21676		25348
	13995		12262		14145		11516		14649
	1984		1547		2121		1828		4302
	670		523		886		377		169
	9867		8494		7979		7955		6228
	24193		20545		22466		19625		22995
	9275		7057		9269		9507		9257
	69413		52569		50103		41175		51714
	16389		13768		16065		14490		16968
	5521		4968		6222		6207		5777
	1949		1505		1986		1510		2280
	1669		1402		1422		1214		1451
	942		775		1012		922		1298
	1344		1343		1176		1275		851
	2073		1640		1575		1390		2579
	1875		1502		1885		1427		2078
	15		8		6		4		22
	73		69		84		79		88
	77		68		61		82		67
	177		195		208		203		188
	99		91		101		99		100
	123		116		112		122		117
	3		2		3		2		2
	37		34		39		34		34
	8		7		11		8		12
	90		87		94		92		96
	25.87		24.63		23.5		25.54		32.14
	102.3		102.8		102.7		102.9		102.23
899991	621729	928618	812111	869466	733477	760000	460000	699884	479931
1155279	964160	1449899	1364029	1061169	899193	1031200	604904	1249195	781442
650635	539284	1139188	1069553	769160	659337	773714	477687	950060	581906
609769	526232	516065	472405	392054	352945	272055	166290	358107	262327
582483	473399	553091	501755	380053	330554	265218	174154	344165	301486

附录2 续表 5

指标名称	单位	沈阳		大连	
		全市	市辖区	全市	市辖区
生育保险参保人数	人	2742440	2604858	1345293	1146986
社会福利院数	个	141	105	297	203
社会福利院床位数	张	22528	10632	36025	21650
社区服务设施数	个	959	959	673	509
城镇居民最低生活保障人数	人	103698	78904	69133	41605
九、公共管理	–				
(一)事故	–				
交通事故死亡人数	人	502	425	234	160
交通事故损失额	万元	654	546	701	476
火灾事故死亡人数	人	9	9	7	3
火灾事故损失额	万元	1179	643	1597	1198
(二)社会治安	–				
刑事案件立案数	起	12138	10249	5623	4080
犯罪人数	人	15815	13219	6301	4597
其中：青少年人数(年龄14-25周岁)	人	1308	1094	855	660
十、市政公用事业	–				
(一)基础设施	–				
城市维护建设资金支出	万元		1666059		752047
年末实有城市道路面积	万平方米		6647		4098
排水管道长度	公里		3798		2587
供水综合生产能力(包括自备水源)	万立方米/日		193.51		163
城市供水总量	万吨		56641		40896
售水量	万吨		40076		28656
其中：居民生活用水量	万吨		20785		10398
用水人口	万人		571.36		294.60
(二)供气	–				
供气总量（人工、天然气)	万立方米		43332		24435
其中：家庭用量	万立方米		18499		16853
用气人口	人		5027300		2070000
液化石油气供气总量	吨		156000		157816
其中：家庭用量	吨		22500		52680
用液化气人口	人		686300		875500
(三)公共交通	–				
年末实有公共汽(电)车营运车辆数	辆		5232		4972
全年公共汽(电)车客运总量	万人次		113200		106627
年末实有出租汽车数	辆		17844		10592
轨道交通线路长度	公里		111		87
轨道交通客运总量	万人次		14753.26		8622.9
(四)绿地	–				
绿地面积	公顷		28435		18250
其中：公园绿地面积	公顷		7112		3607
建成区绿化覆盖面积	公顷		19210		17647
十一、环境保护	–				
工业废水排放量	万吨	7705		30795	
工业二氧化硫产生量	吨	202174		219996	
工业二氧化硫排放量	吨	96756		114589	
工业烟(粉)尘去除量	吨	2079448		5445970	
工业烟(粉)尘排放量	吨	53191		52149	
一般工业固体废物综合利用率	%	95.19		95.56	
污水处理厂集中处理率	%	87.11		95.10	
生活垃圾无害化处理率	%	100.00		87.90	

鞍山		抚顺		本溪		丹东		锦州	
全市	市辖区	全市	市辖区	全市	市辖区	全市	市辖区	全市	市辖区
446010	355407	419109	404606	251541	197667	251614	150124	249046	197005
172	73	128	79	85	81	107	67	126	35
18558	9613	10665	7579	7714	6855	9986	5606	9361	2595
374	289	1607	1511	756	596	352	132	285	193
51204	39085	123147	103946	52696	39197	54179	29410	69220	43437
153	66	108	68	84	60	143	52	102	39
160	78	104	94	148	130	276	134	116	69
1		1	1	1	1				
146	103	516	351	265	188	203	65	219	157
3283	1614	1938	1208	1412	972	7586	3644	7187	3183
4976	2494	2181	1348	2179	1602	2243	1031	1888	774
712	262	286	216	290	221	442	197	381	168
	75761		150912		191705		36019		121558
	1353		1337		1016		1051		1010
	890		917		357		780		482
	160		131		117.6		31.09		72.6
	30654		22642		24962		5310		14006
	25681		16521		22967		3790		10660
	3529		2177		1508		1477		2884
	156.75		129.60		94.34		61.25		98.90
	18090		7899		4832		3658		9519
	8625		6640		3725		3383		6397
	1585300		665100		698000		520100		883000
	5100		33921		7159		5280		4669
	5100		24920		3228		4719		4530
	160000		645500		169500		88600		92600
	1635		1277		760		594		993
	24902		24656		27225.3		10952.5		15867
	5375		4121		4004		1932		3882
	6210		4951		5282		1962		2669
	1747		1301		899		690		913
	6310		5492		5185		2028		2809
6516		2835		4461		5518		6534	
140506		134739		82237		56522		94743	
122876		55891		75796		33594		47340	
2224012		2483680		2521091		707944		1067686	
85418		49096		60809		30699		34138	
24.78		23.36		15.09		26.98		72.58	
80.00		70.19		81.02		80.28		69.20	
100.00		100.00		100.00				87.40	

附录2 续表 6

指标名称	单位	营口		阜新	
		全市	市辖区	全市	市辖区
一、行政区划、人口、劳动力及土地资源	—				
(一)行政区划	—				
所辖行政区数	个	4		5	
所辖行政县(旗)数	个			2	
所辖行政县级市数	个	2			
(二)人口	—				
年末总人口	万人	235.08	91.45	191.58	77.86
年平均人口	万人	235.27	91.27	191.81	77.96
常住人口	万人	244.20	105.20	179.00	72.40
年出生人口	人	21075	8015	13423	4914
年死亡人口	人	21964	7787	15307	7165
年末总户数	万户	88.39	36.48	67.42	30.87
(三)从业人员	—				
从业人员期末人数(城镇)	万人	27.99	21.11	21.66	17.28
第一产业(农、林、牧、渔业)	万人	0.03	0.01	0.34	0.05
第二产业	万人	14.01	10.89	11.37	10.92
(1)采矿业	万人	0.29	0.10	6.00	6.00
(2)制造业	万人	10.44	7.95	2.53	2.27
(3)电力、燃气及水的生产和供应业	万人	0.81	0.79	0.90	0.80
(4)建筑业	万人	2.47	2.05	1.94	1.85
第三产业	万人	13.95	10.21	9.95	6.31
(1)农、林、牧、渔服务业	万人	0.04	0.03	0.07	0.01
(2)开采辅助活动	万人				
(3)金属制品、机械和设备修理业	万人	0.02	0.02		
(4)批发和零售业	万人	0.92	0.64	0.46	0.37
(5)交通运输、仓储及邮政业	万人	2.28	2.17	0.34	0.20
(6)住宿、餐饮业	万人	0.33	0.31	0.08	0.06
(7)信息传输、计算机服务和软件业	万人	0.34	0.31	0.35	0.26
(8)金融业	万人	0.97	0.97	0.87	0.72
(9)房地产业	万人	0.32	0.30	0.27	0.25
(10)租赁和商业服务业	万人	0.42	0.37	0.24	0.20
(11)科学研究、技术服务	万人	0.29	0.22	0.29	0.25
(12)水利、环境和公共设施管理业	万人	0.75	0.48	0.55	0.34
(13)居民服务和其他服务业	万人	0.03	0.01	0.03	0.01
(14)教育	万人	2.57	1.42	2.58	1.48
(15)卫生和社会工作	万人	1.28	0.79	1.12	0.75
(16)文化、体育和娱乐业	万人	0.19	0.14	0.24	0.18
(17)公共管理和社会组织	万人	3.20	2.03	2.46	1.23
(18)国际组织	万人				
城镇私营和个体从业人员	人	514529	322032	294687	274059
年末城镇登记失业人员数	人	12419	5491	20254	19240
(四)土地面积及水资源	—				
行政区域土地面积	平方公里	5242	702	10355	490
其中：建成区面积	平方公里		110		77
城市建设用地面积	平方公里		110		165
其中：居住用地面积	平方公里		33		64
公共设施用地面积	平方公里		9		3
工业用地面积	平方公里		30		68
水资源总量	万立方米	306400		107290	
二、综合经济	—				
(一)地区生产总值(当年价格)	**万元**	**13811809**	**7831263**	**5599635**	**2876466**
第一产业增加值	万元	1035609	254674	1254017	60316

附录2 续表 7

指标名称	单位	营口		阜新	
		全市	市辖区	全市	市辖区
第二产业增加值	万元	7389873	4448059	2558025	1786174
第三产业增加值	万元	5386327	3128530	1787593	1029976
地区生产总值(2010年价格)	万元	12655134	7244784	4777552	2559924
人均地区生产总值	元	56583	75103	31049	34102
地区生产总值增长率	%	10.9	11.2	10.9	12.3
(二)财政	–				
地方财政一般预算收入	万元	1702183	1089584	640300	451410
其中：各项税收	万元	1270523	782935	447055	309084
其中：企业所得税	万元	83573	63951	40249	28439
个人所得税	万元	15247	10687	10420	7973
地方财政一般预算支出	万元	2210335	1374110	1453992	930665
一般性公共服务支出	万元	239807	155782	124504	91011
科学技术支出	万元	35089	24439	11967	11429
教育支出	万元	350764	197973	207476	106243
文化体育与传媒支出	万元	26089	17972	18911	13283
医疗卫生支出	万元	142363	50633	80320	40381
节能保护支出	万元	34633	18016	69049	37169
城乡社区事务支出	万元	331244	279805	156408	109616
交通运输支出	万元	78879	61378	50555	40640
社会保障和就业支出	万元	353271	213387	243893	200840
住房保障支出	万元	140932	115733	44437	41240
(三)金融	–				
年末金融机构人民币各项存款余额	万元	12804272	8764381	6834149	4391099
其中：居民人民币储蓄存款余额	万元	8059371	5011910	4428129	2840019
年末金融机构人民币各项贷款余额	万元	11289530	8967791	5292929	3553207
(四)保险	–				
保费收入	万元	278755		157430	
其中：财产险	万元	111356		48646	
人身险	万元	167399		108784	
赔款、给付	万元	91528		38221	
其中：财产险	万元	72265		23314	
人身险	万元	19263		14907	
三、工业	–				
规模以上工业法人企业:	–				
(一)工业企业数	个	1447	904	574	384
(1)内资企业	个	1264	794	544	364
其中：国有企业	个	7	4	12	11
私营企业	个	1060	665	444	311
其中：私营独资企业	个	187	65	117	77
私营股份有限公司	个	38	17	16	6
(2)港、澳、台商投资企业	个	44	29	12	4
(3)外商投资企业	个	139	81	18	16
(二)工业总产值(当年价)	万元	26464926	16158442	7735223	5759934
(1)内资企业	万元	20816977	12234688	7253449	5405351
其中：国有企业	万元	58302	35537	1078743	995568
私营企业	万元	13815889	7923499	4846274	3623865
其中：私营独资企业	万元	2497116	900905	873006	875883
私营股份有限公司	万元	503202	196595	149246	24160
(2)港、澳、台商投资企业	万元	1437707	1058378	166559	52898
(3)外商投资企业	万元	4210242	2865376	315215	301685
(三)企业财务	–				
从业人员年平均人数	万人	20.32	13.07	13.96	12.02

附录2 续表 8

指标名称	单位	营口		阜新	
		全市	市辖区	全市	市辖区
流动资产合计	万元	8223269	5749683	3313640	2670059
固定资产合计	万元	7556666	6368785	3665350	2810411
主营业务收入	万元	26101537	15897276	7277762	5488620
主营业务成本	万元	21984607	13622972	6301053	4753897
主营业务税金及附加	万元	352564	254065	52645	41072
本年应交增值税	万元	1154334	604141	198366	175486
利润总额	万元	2071480	1006778	345781	264107
四、交通运输、邮电通信、能源电力	—				
（一）交通运输	—				
铁路旅客运量	万人	496.9		204.3	
铁路货物运量	万吨	2119		1196	
公路客运量(全社会)	万人	4330		1109	
公路货运量(全社会)	万吨	13341		4238	
水运客运量(全社会)	万人				
水运货运量(全社会)	万吨	722			
民用航空客运量	万人				
民用航空货邮运量	吨				
沿海港口货物吞吐量(规模以上)	万吨	30107			
内河港口货物吞吐量(规模以上)	万吨	376			
公路里程	公里	4099		6317	
境内高速公路里程	公里	189		272	
民用汽车拥有量	辆	230031		166943	
其中：私人汽车拥有量	辆	164975		141126	
（二）邮电通信	—				
年末邮政局(所)数	处	70	32	65	15
邮政业务收入	万元	16613		7816	
电信业务收入	万元	209528		112409	
固定电话年末用户数	万户	59.99		49.00	
移动电话年末用户数	万户	225.11		166.97	
其中：3G移动电话用户	万户	26.68		58.50	
互联网宽带接入用户数	万户	37.13		29.56	
（三）能源电力	—				
综合能源消费量	万吨/标准煤	1033		370	
全社会用电量	万千瓦时	1529782	871109	481536	375598
其中：工业用电	万千瓦时	1251811	706217	344649	292951
城乡居民生活用电	万千瓦时	106435	56688	80606	38690
五、贸易、外经及旅游	—				
（一）贸易	—				
社会消费品零售总额	万元	3414104	1964092	2026359	1548757
限额以上批发零售贸易业商品销售总额	万元	2807043	2232280	2673632	2266384
限额以上批发零售企业数(法人数)	个	302	185	143	112
其中：零售业	个	195	117	81	68
限额以上批发零售贸易业企业财务	—				
年末从业人数	万人	1.66	1.06	0.75	0.63
流动资产合计	万元	988532	689961	746215	614904
固定资产合计	万元	198930	124647	107022	86063
主营业务收入	万元	2592158	2052878	2123140	2038815
主营业务成本	万元	2195741	1750820	1964859	1896833
主营业务税金及附加	万元	61020	43410	9853	9481
本年应交增值税	万元	52675	30860	17198	10177
利润总额	万元	164623	134383	49784	21279

附录2 续表 9

指标名称	单位	营口		阜新	
		全市	市辖区	全市	市辖区
(二)外经	–				
货物进口额(海关数)	万美元	161021		9539	
货物出口额(海关数)	万美元	388176		18861	
外商直接投资合同项目	个	48	33	23	18
当年实际使用外资金额	万美元	121330	76765	18295	14857
(三)旅游	–				
入境游客人数(含一日游游客)	人	198032		34308	
其中：外国人	人	178279		22858	
港、澳、台同胞	人	19753		11450	
国际旅游(外汇)收入	万美元	8339		1830	
六、固定资产投资	–				
(一)固定资产投资	–				
全社会固定资产投资	万元	11100902	7856094	5060213	3087455
固定资产投资(不含农户)	万元	10850902	7606094	4980213	3202455
其中：房地产开发投资	万元	3069683	2686936	915816	765714
其中：住宅	万元	2404458	2087422	620343	509122
全年新增固定资产	万元	7000073	4029533	3011088	1634717
(二)房地产	–				
商品房屋销售面积	万平方米	641.82	547.21	186.43	157.28
其中：住宅	万平方米	555.33	457.70	149.09	124.45
商品房屋销售额	万元	2682137	2365132	588467	515285
其中：住宅	万元	2199607	1945179	416503	357079
待售面积	万平方米	135.79	93.87	73.03	52.53
七、教育、科技、体育、文化及卫生	–				
(一)教育	–				
学校数	–				
普通高等学校数	所	2		2	
中等职业教育学校数	所	19	17	19	18
普通中学学校数	所	98	39	112	35
小学学校数	所	174	52	100	41
专任教师数	–				
普通高等学校教师数	人	1020	1020	2589	2289
中等职业教育学校教师数	人	1275	1011	1943	1455
普通中学教师数	人	9985	4149	8372	2773
小学教师数	人	5680	2399	3993	2310
在校学生数	–				
普通高等学校学生数	人	21368	21368	43005	40560
高中阶段在校学生数	人	57515	37796	55249	15977
中等职业教育学校学生数	人	23052	19774	22132	20188
普通中学学生数	万人	9.90	4.51	5.26	1.81
小学学生数	万人	12.44	5.14	9.41	2.92
初中毕业生升学率	%	96	98	55	89
成人高等学校在校学生数	人	3686	3686	6083	3805
(二)科技	–				
科技活动人员	人	5783	4352	5509	5068
R&D人员数	人	4178	3190	2707	2463
R&D内部经费支出	万元	131237		37939	
专利申请受理量	项	818		520	
专利申请授权量	项	548		367	
其中：发明	项	77		97	
(三)体育	–				
体育场馆数	个	18	9	11	7

附录2 续表 10

指标名称	单位	营口		阜新	
		全市	市辖区	全市	市辖区
(四)文化	-				
剧场、影剧院数	个	2	2	3	1
公共图书馆图书总藏量	千册、件	1352.22	1113.81	429	321
订销报刊杂志累计份数	千份	29804	19314	67	59
广播节目综合人口覆盖率	%	99.2	100.0	95.3	100.0
电视节目综合人口覆盖率	%	99.2	100.0	98.4	97.6
有线电视入户率	%	33.0	53.8	53.6	53.1
(五)卫生	-				
医院、卫生院数	个	109	48	104	36
医院、卫生院床位数	张	13467	5899	8484	6331
医生数(执业医师+执业助理医师)	人	4782	2966	3980	2540
注册护士	人	4444	3124	4359	3589
八、人民生活和社会保障	-				
在岗职工平均人数	万人	28.44	20.72	19.87	14.73
在岗职工工资总额	万元	1024707	873362	766280	601550
(一)居民收支	-				
家庭总收入	元		26320		18612
工资性收入	元		14949		10381
经营净收入	元		3285		1175
财产性收入	元		532		360
转移性收入	元		7554		6695
城镇居民人均可支配收入	元		23986		17123
最低10%户人均可支配收入	元		10203		6759
最高10%户人均可支配收入	元		50318		37420
城镇居民人均消费支出	元		16453		12797
其中：(1)食品	元		6640		4667
(2)衣着	元		2412		1826
(3)居住	元		1275		1018
(4)家庭设备用品及服务	元		1202		811
(5)医疗保健	元		920		1229
(6)交通和通信	元		1605		1240
(7)教育文化娱乐服务	元		1666		1488
(二)居民生活	-				
每百户居民家庭拥有:	-				
(1)家用汽车	辆		15		10
(2)家用电脑	台		74		67
(3)固定电话	部		53		56
(4)移动电话	部		182		210
(5)电冰箱(柜)	台		99		98
(6)彩色电视机	台		117		115
(7)钢琴	架		5		2
(8)照相机	架		25		21
(9)摄像机	架		11		4
(10)洗衣机	台		95		95
城镇居民人均住房建筑面积	平方米		31.86		25.25
居民消费价格指数(上年为100)	%		102.75		102.6
(三)社会保障	-				
城镇职工基本养老保险参保人数	人	486683	188477	458773	354119
城镇基本医疗保险参保人数	人	1121645	441868	844667	698229
其中：城镇职工参保人数	人	670899	308848	463865	364736
失业保险参保人数	人	226012	89129	230401	147187
工伤保险参保人数	人	326895	124059	203144	176422

附录2 续表 11

指标名称	单位	营口		阜新	
		全市	市辖区	全市	市辖区
生育保险参保人数	人	253260	95326	116974	99793
社会福利院数	个	84	49	94	36
社会福利院床位数	张	7795	3900	5085	2655
社区服务设施数	个	258	174	182	95
城镇居民最低生活保障人数	人	76556	45639	106841	100431
九、公共管理	–				
(一)事故	–				
交通事故死亡人数	人	115	57	78	40
交通事故损失额	万元	107	20	84	45
火灾事故死亡人数	人	1	1	2	2
火灾事故损失额	万元	360	92	250	41
(二)社会治安	–				
刑事案件立案数	起	1762	684	3480	2007
犯罪人数	人	2009	1324	1838	1154
其中：青少年人数(年龄14-25周岁)	人	199	106	337	201
十、市政公用事业	–				
(一)基础设施	–				
城市维护建设资金支出	万元		91307		73570
年末实有城市道路面积	万平方米		731		497
排水管道长度	公里		539		279
供水综合生产能力(包括自备水源)	万立方米/日		50		38
城市供水总量	万吨		6880		7997
售水量	万吨		4550		6829
其中：居民生活用水量	万吨		1915		2665
用水人口	万人		96.50		77.85
(二)供气	–				
供气总量（人工、天然气）	万立方米		1793		3342
其中：家庭用量	万立方米		1321		1531
用气人口	人		716000		410000
液化石油气供气总量	吨		6005		5100
其中：家庭用量	吨		6000		4800
用液化气人口	人		253000		165000
(三)公共交通	–				
年末实有公共汽(电)车营运车辆数	辆		746		464
全年公共汽(电)车客运总量	万人次		11731		7301.3
年末实有出租汽车数	辆		4836		2558
轨道交通线路长度	公里				
轨道交通客运总量	万人次				
(四)绿地	–				
绿地面积	公顷		4061		2896
其中：公园绿地面积	公顷		1030		874
建成区绿化覆盖面积	公顷		4332		3100
十一、环境保护	–				
工业废水排放量	万吨	2937		4183	
工业二氧化硫产生量	吨	91967		157443	
工业二氧化硫排放量	吨	50723		102154	
工业烟(粉)尘去除量	吨	1947922		1466430	
工业烟(粉)尘排放量	吨	32350		27460	
一般工业固体废物综合利用率	%	84.33		89.45	
污水处理厂集中处理率	%	67.74		55.49	
生活垃圾无害化处理率	%			90.91	

附录3 2012年各市

区 名 称	行政区域土地面积(平方公里)	年 末 总人口(万人)	年平均人 口(万人)	常住人口(万人)	当年出生人 口(人)	当年死亡人 口(人)	年末总户 数(万户)
沈 阳 市							
和 平	61.10	64.05	64.12	69.80	4438	4788	22.53
沈 河	58.00	72.00	72.10	84.20	5194	5281	25.98
大 东	101.00	69.64	69.67	79.20	5952	5805	25.46
皇 姑	66.90	80.94	80.93	94.00	4621	4796	28.44
铁 西	483.30	106.05	103.94	119.86	8780	7525	37.39
大 连 市							
中 山	40.00	35.78	35.72		3204	2658	13.53
西 岗	24.00	29.89	29.95		2538	2432	11.49
沙 河 口	35.00	65.90	65.93		7101	4430	23.87
鞍 山							
铁 东	58.45	50.29	50.96	50.29	2745	3171	20.93
铁 西	143.82	31.48	31.59	29.00	2007	2978	12.38
立 山	52.14	44.50	43.73	43.68	2881	4215	16.26
抚 顺 市							
新 抚	110.90	31.16	31.25	30.00	1915	2397	12.26
东 洲	604.00	31.41	31.59	31.41	1637	3321	13.33
望 花	112.00	31.03	31.11		1945	3278	13.64
丹 东 市							
元 宝	91.60	18.54	18.56	18.54	1210	1731	7.44
振 兴	129.00	42.53	42.56	42.53	3003	3801	15.98
锦 州 市							
古 塔	67.62	26.52	26.48	26.44	1851	1672	
凌 河	30.00	37.92	37.92	37.92	1908	2517	14.08
营 口 市							
站 前	82.00	27.12	27.04	30.88	1850	2052	10.73
西 市	35.00	17.34	16.61	17.34	796	972	7.46
辽 阳 市							
白 塔	35.00	36.50	36.40	36.80	2459	4635	14.60
文 圣	305.00	12.94	13.00	12.94	807	1845	4.79
宏 伟	149.84	14.01	14.29	14.01	1054	1873	5.34

注：本表数据为快报数。

市辖区基本情况

年末单位从业人员数(万人)	#第二产业	#第三产业	城镇私营和个体从业人员(人)	城镇登记失业人员数(人)	地区生产总值(万元)	第二产业增加值	第三产业增加值
15.38	3.59	11.79	73322	9559	7003271	838854	6163120
11.09	1.35	9.74			8281747	1238833	7042914
11.06	7.17	3.89	58428	29718	5214164	3466979	1744390
13.30	3.75	9.54	167071	9620	4174968	1135770	3039198
24.94	18.47	6.47	138705	13345	11049692	7833755	3120045
15.74	1.46	14.25			6547395	262373	6285022
10.71	4.56	6.14			3088505	1167314	1921191
11.96	4.74	7.22			3427140	953021	2474119
11.79	2.76	9.00	25869	31889	3962850	856159	3104660
5.71	3.08	2.61	20592	58202	3315817	2262078	1030992
7.96	5.46	2.50	13465	3515	3287121	2197637	1084266
10.13	6.89	3.14			1653346	665271	969815
3.06	1.99	1.00	29742	4987	2006727	1542159	405528
4.69	3.33	1.37	46305	4135	1407484	982402	409578
2.68	0.72	1.96		1433	528518	214685	301772
9.23	2.78	6.45	33758	5485	1824733	726878	1077843
1.88	1.15	0.73	58663	10420	1650827	673990	973006
3.66	2.31	1.24	22226	8719	969245	458474	507121
4.24	3.06	1.18			1295811	660927	634884
2.04	1.56	0.48			781203	503811	277392
6.55	2.45	4.10	42719	5500	1644162	325777	1316532
1.29	0.84	0.43	32924	5509	568422	284380	242842
4.53	3.66	0.87	12038	1970	1864803	1635372	214331

附录3 续表 1

区 名 称	地区生产总值(2010年价格)(万元)	人均地区生产总值(元)	地区生产总值增长率(%)	公共财政预算收入(万元)		公共财政预算支出(万元)	
					各项税收		一般性公共服务支出
沈阳市							
和 平	6484896	100333	10	920239	840053	566578	93995
沈 河	7698560	98358	9	914785	800678	294049	113244
大 东	4912292	65835	10	631777	613338	312060	43058
皇 姑	3883241	44415	8	310354	283891	171884	26760
铁 西	10375187	92188	9	1063662	830661	715377	37037
大连市							
中 山	5859861		11	293006	276553	263450	23351
西 岗	2858332		9	227353	210336	246330	33365
沙河口	3224096		10	270369	251309	283766	24683
鞍 山							
铁 东	3734829	74266	7	175539	149007	165200	30399
铁 西	3172362	100423	-1	177032	152538	231170	25643
立 山	3130653	70352	2	193278	181865	194504	25979
抚顺市							
新 抚	1562907	55884	11	177484	150429	111263	10155
东 洲	1926904	64478	9	154027	135657	120577	17640
望 花	1379792	45854		100429	81809	70242	8059
丹东市							
元 宝	477644	28512	11	54700	47705	51729	7686
振 兴	1667585		11	153282	132778	103063	24101
锦州市							
古 塔	1530792	62342	9	96865	86768	89472	14247
凌 河	721052	25561	7	112489	99014	107857	28400
营口市							
站 前	1261353	42025	14	212004	162587	159000	22925
西 市	705272	47037	11	75388	51662	71578	37559
辽阳市							
白 塔	1548721	45046	8	117122	111761	63887	13035
文 圣	520706	43926	9	32828	31968	32842	8600
宏 伟	1729062	133088	15	111234	86721	69988	12954

科学技术支出	教育支出	文化体育与传媒支出	医疗卫生支出	城乡社区事务支出	社会保障和就业支出	住房保障支出	规模以上工业企业数（个）
12677	70003	2406	21554	60901	61609	8463	29
4198	74808	1471	12681	56653	34642	13115	74
7230	74328	2886	24737	69753	32344	15006	236
3550	55737	1683	10302	21826	22184	2369	97
15816	106311	8134	22743	370448	6075	80726	481
8218	68425	3362	8520	41185	45077	7903	5
457	53800	1481	8255	18172	40963	6116	21
2178	60150	973	8441	13860	48591	1322	42
1158	30326	593	4071	49686	29960	5972	9
1200	18004	375	4370	75549	34115	6274	47
4860	21194	280	2882	72767	43457	7922	96
149	21103	105	2878	22910	14403	2012	22
136	24383	195	5065	8709	19659	7190	135
587	22427	583	3678	5185	16393	4194	22
189	9127	184	2183	4492	12394	1078	27
1342	16094	361	4323	7485	29851	598	33
1164	13801	279	2809	13906	29056	1314	25
402	16662	148	3004	28259	14325	2326	12
360	24073	300	2019	65896	9124	7147	314
398	10925	254	976	4192	10652		183
916	13894	386	2620	19554	8865		23
513	5806	240	2223	753	4172	37	72
1575	14105	728	4182	6870	7202	125	52

附录3 续表 2

区名称	规模以上工业总产值(现价、万元)	内资企业	港、澳、台商投资企业	外商投资企业	规模以上工业从业人员年平均数(万人)	规模以上工业流动资产合计(万元)
沈阳市						
和平	695081	626778	62050	6253	0.96	757832
沈河	985370	910188	37383	37798	1.80	813278
大东	14721365	4925336	197215	9598814	8.22	6711268
皇姑	2523126	2502067	8818	12241	2.58	1431575
铁西	24094097	18295944	2120555	3677597	19.02	13275210
大连市						
中山	60336	60336			0.13	94046
西岗	3222165	3209384		12782	1.92	8401201
沙河口	1724198	1321649	41273	361277	2.23	1255632
鞍山						
铁东	102400	81956	20444		0.35	93922
铁西	2804918	2594504	43498	166916		1178495
立山	1737094	1640752	20788	75555	3.14	1381946
抚顺市						
新抚	916350	809887	5074	101389	3.33	845482
东洲	6433026	6192257	95021	145749	4.40	1834004
望花	2057790	2051404	6386		2.56	979550
丹东市						
元宝	432414	339250	55046	38118		131799
振兴	425075	173662	54634	196778	0.87	185888
锦州市						
古塔	3872652	3854898	10958	6796	1.50	587636
凌河	153923	87931	12559	53433	0.59	145178
营口市						
站前	3498381	3297504	74219	126658	4.27	641763
西市	1798136	1598106	157399	42631	1.36	378443
辽阳市						
白塔	212401	165960		46441	0.63	283533
文圣	331137	331137			1.32	190400
宏伟	7801327	6010651	1299129	491547	3.80	4868995

规模以上工业固定资产合计(万元)	规模以上工业主营业务收入(万元)	规模以上工业主营业务成本(万元)	主营业务税金及附加(万元)	规模以上工业本年应交增值税(万元)	规模以上工业利润总额(万元)	社会消费品零售总额(万元)	限额以上批发零售贸易业商品销售总额(万元)	限额以上批发零售企业数(法人数、个)
674673	710567	471522	131249	43311	-702	5575352	4826841	248
432438	995769	861012	4524	18494	26471	7509246	49693879	278
2394635	15436079	12079795	795804	575041	1051637	2088206	3529022	181
641912	2351584	2044228	11651	28753	66287	2222186	4716325	194
6143310	24129825	20731624	118625	405185	615700	4409089	9797231	359
12463	58191	40269	213	622	1763	4626313	13409933	355
1442612	3191183	2950476	4402	31829	294170	1985474	2299776	167
1577524	2088985	1819530	11461	69062	32573	3422450	3614635	191
76520	97403	101402	442	3001	-7928	1850527	5937526	96
641461	2759891	2472534	10604	38509	52162	1208624	1000715	133
330486	1722218	1357709	12520	46005	155996	451127	677254	135
853337	929006	690500	10836	46581	64445	1761892	1477058	42
3059798	6384311	5901658	590706	100685	-580404	536370	264839	22
680451	2082678	1933263	5869	39652	-161	555762	109135	8
81047	432032	374922	4965	16490	21924	663227	158012	30
79673	414317	378940	3082	9994	8647	869362	570915	61
605386	3864913	3227845	519879	158504	-121189	1117942	2132776	36
143659	132658	99773	3830	4640	-2602	1049734	1766099	49
483118	3468720	2848520	215829	119861	254140	64000	547426	82
230206	1664266	1346588	10191	64745	99567	99262	77539	33
120233	211706	178613	1866	6171	-3851	727715	1123334	48
139259	320740	266812	3962	6866	21395	78100	1177	4
2338372	8014266	6773518	574089	1359546	2219156	144000	679516	19

附录3 续表 3

区名称	限额以上批发零售企业从业人员年平均人数(万人)	限额以上批发零售企业流动资产合计(万元)	限额以上批发零售企业固定资产合计(万元)	限额以上批发零售企业主营业务收入(万元)	限额以上批发零售企业主营业务成本(万元)	限额以上批发零售企业主营业务税金及附加(万元)
沈阳市						
和　平	3.21	1573662	254272	4057507	3750576	9055
沈　河	3.90	5298355	590556	43417529	42439021	73303
大　东	1.43	985994	67903	2908135	2563263	8021
皇　姑	1.42	1420317	460778	3840327	3642389	15639
铁　西	2.03	3101502	229952	8387567	8033267	10494
大连市						
中　山	3.24	4679404	386460	11677312	10722769	16580
西　岗	0.73	1287085	105972	1954722	1657436	45983
沙河口	1.07	1477039	95607	3015307	2836293	4006
鞍　山						
铁　东	0.62	1165235	147137	4979944	4715845	27502
铁　西	0.51	461690	71757	1115821	877146	60687
立　山		81190	19222	558751	488508	14912
抚顺市						
新　抚	0.57	188635	84161	1153291	1040219	15055
东　洲	0.05	15719	4406	222314	206746	302
望　花	0.18	16396	9208	93278	87486	398
丹东市						
元　宝	0.11	25333	4481	159460	143624	4251
振　兴	0.25	213860	41723	457573	417751	2350
锦州市						
古　塔	0.45	157530	15713	429418	354035	12950
凌　河	0.44	142194	39378	433911	367637	13362
营口市						
站　前	0.54	201917	55082	473411	388178	6564
西　市	0.12	53608	22048	207955	158143	22571
辽阳市						
白　塔	0.30	74032	42455	682813	615161	8430
文　圣	36.00	4536	317	15944	15747	2
宏　伟	0.04	41329	3914	679526	671368	245

限额以上批发零售企业本年应交增值税(万元)	限额以上批发零售企业利润总额(万元)	当年实际使用外资金额(万美元)	全社会固定资产投资总额(万元)	固定资产投资(不含农户)(万元)	房地产开发投资额	住宅	新增固定资产(万元)	商品房屋销售额(万元)
108781	28137	85012	5141505	5141505	3233414	1730683	2235406	119.21
261459	126666	76092	4327423	4327423	2483071	1100302	3273587	1371958
54556	42681	61010	4180265	4180265	896335	597593	2214638	596833
47795	37445	41007	4501459	4501459	910585	551527	3277800	957508
69574	-21504	98104	6800102	2784802	1865334	1760343	2668197	3335632
60823	182737	30000		2020517	1469176	892826	166035	732651
45344	122100	30000		815877	415359	189857	119921	294302
150915	7578	30000		1594236	1178881	632542	1077179	978957
64673	135893	10818	1318934	1318934	818692			406977
13949	190968	7840	2404241	2404241	918670	238919	1372120	630546
10015	24576	13845	2542569	2542569	918064	797486	537913	434826.28
14398	43048	102	566013	566013	294963	158962	528598	222117
19691	1198	4066	1120628	1120628	95597	60993	463705	151809
691	206	60	630537	630537	103521	88214	522892	113669
1021	2337	12000	669238	669238	489573	395512	124117	438471
1870	5218	11236	941523	941523	296273	197600	505296	304101
10038	33014	1950	587282	587282	282098	226617	216003	366774
4722	12976	9132	583304	583304	170799	136921	422900	368447
7366	44809	11626	820926	820926	347609	255799	495511	446702
1027	15848	7108	819942	819942	335973	292641	148232	543178
7336	16511	1180	713228	713228	305761	300414	243768	306717
13	-144	7149	884831	884831	380560	264819	201544	326117
324	1403	17900	1259970	1257231	75451		341578	75625

附录3 续表 4

区名称	住宅	待售面积（万平方米）	普通中学数（所）	小学数（所）	普通中学专任教师数（人）	小学专任教师数（人）	高中阶段在校学生数（人）
沈阳市							
和　平	99.74	33.41	15	26	1753	2020	8151
沈　河	959810	146.49	25	31	2859	1841	9846
大　东	489997	50.29	19	33	2124	1963	6974
皇　姑	798752	60.95	30	38	3421	2517	16121
铁　西	2742353	93.20	44	66	3137	2423	14340
大连市							
中　山	538362	68.88	13	23	1263	1044	2584
西　岗	270107	4.99	11	20	788	714	1481
沙河口	599688	69.92	20	30	1332	1306	974
鞍　山							
铁　东	406977	12.81	10	20	1314	1120	
铁　西	134867	6.55	9	16	861	685	
立　山	346766.3	13.00	12	17	899	801	
抚顺市							
新　抚	140184	0.79	9	10	696	742	
东　洲	99354	7.58	14	18	969	701	
望　花	75672	5.49	11	14	728	941	5239
丹东市							
元　宝	396239		1	11	63	370	
振　兴	248433	7.03	3	21	118	744	311
锦州市							
古　塔	333883		1	11	61	713	
凌　河	322547	2.01		15		1135	
营口市							
站　前	381052	9.00		11		691	
西　市	448089	0.90		8		517	
辽阳市							
白　塔	242510	31.63	6	15	705	827	3617
文　圣	281939		6	14	443	453	2850
宏　伟	65123	6.71	6	11	570	373	3775

普通中学学生数(万人)	小学学生数(万人)	医院、卫生院数(个)	医院、卫生院床位数(张)	医生数(执业医师+执业助理医师)(人)	注册护士(人)	城镇在岗职工年平均人数(万人)	城镇在岗职工工资总额(万元)
1.43	2.44	28	12352	4420	6551	14.15	811109
1.62	3.22	44	6981	5698	3294	10.83	515521
1.45	2.32	151	6209	4418	2408	11.54	595452
1.87	3.59	33	7512	2850	3597	12.38	619472
3.75	4.71	38	11849	3990	4646	23.79	1009140
1.20	1.31	6	3994	2037	2215	13.94	996461
0.72	1.05	13	3285	1798	2465	10.24	628111
1.31	2.20	17	6305	3987	4744	11.47	673181
1.20	1.90	30	3949	1495	1892	11.72	403874
0.51	0.97	9	1844	669	961	4.82	127442
0.76	1.26	11	3887	1019	1389	4.49	123663
0.47	0.85	4	220	82	116	9.89	456356
0.52	0.74	15	812	479	702	3.02	105859
0.46	0.84	8	1276	296	489	4.36	153285
0.09	0.49	6	20	78	64	2.50	34853
0.14	1.18	12	410	532	397	8.94	259232
0.04	0.96	179	330	306	234	2.30	67857
	1.55	3	347	285	50	3.96	136941
	1.08	25	828	817	582	4.37	153904
	0.57	4	130	338	210	2.01	53974
0.87	1.45	17	1125	1156	1327	6.66	256634
0.30	0.47	8	497	168	155	1.26	34580
0.38	0.65	4	845	234	286	4.30	241485

附录3 续表 5

区名称	家庭总收入(元)					城镇居民人均可支配收入(元)	城镇居民人均消费支出(元)
		工资性收入	经营净收入	财产性收入	转移性收入		
沈阳市							
和平	32413	18555	3616	511	9732	28588	21056
沈河	28358	13313	2588	401	7178	28358	21005
大东	29634	18723	2009	531	8371	25858	
皇姑	30452	20614	3350	359	6128	25979	20027
铁西	29366	17054	3778	403	8131	25951	19610
大连市							
中山	32077	18588	1431	596	11463	27939	21721
西岗	31291	17866	2127	698	10599	27350	20437
沙河口	31323	19879	1380	408	9655	26913	20319
鞍山							
铁东	29299	14128	3319	469	11383	27130	17918
铁西	21913	11447	852	730	8885	20470	14438
立山	24093	12988	1442	193	9470	21394	15186
抚顺市							
新抚						22233	
东洲						20509	
望花						18213	
丹东市							
元宝						18825	14490
振兴						21220	
锦州市							
古塔						23198	
凌河							
营口市							
站前	26251	15340	2861	410	7639	24126	17555
西市	22906	12402	2043	393	8069	21426	15462
辽阳市							
白塔							
文圣						18577	
宏伟						23858	

食品	衣着	居住	家庭设备用品及服务	医疗保健	交通和通信	教育文化娱乐服务
8397	2685	1664	1021	1522	2599	2230
5242	1423	794	1063	1413	2301	2716
7900	2220	1533	1087	1492	3201	3173
6729	2459	1602	1076	1322	3397	2476
7327	2381	1833	1140	1587	2451	1861
8615	2086	1760	1324	1918	2623	2295
8321	2053	1787	1079	1806	2284	2050
8145	2119	1784	1151	1558	2359	2222
7052	1880	1553	945	1707	1763	1880
6152	1568	1294	733	1284	1306	1303
6630	1625	1428	808	1144	1365	1247
6207	1510	1214	922	1275	1390	1427
3705	1498	653	679	490	885	1008
3079	891	677	548	460	765	685

附录3 续表 6

区 名 称	城镇职工基本养老保险参保人数（人）	城镇基本医疗保险参保人数（人）	失业保险参保人数（人）	社会福利院数（个）	社会福利院床位数（张）	社区服务设施数（个）
沈阳市						
和　平	177245	647575	244000	6	544	16678
沈　河			256000	7	1090	
大　东	229575	200496	184176	19	2611	129
皇　姑	135030	122750	125674	10	1282	140
铁　西	328830		279458	3	338	166
大连市						
中　山				14	1057	60
西　岗				20	1583	73
沙河口				31	2014	98
鞍　山						
铁　东	80380		18580	6	500	762
铁　西	63642		17500	8	754	152
立　山	70763	84693	14500	16	1691	166
抚顺市						
新　抚	46594	29610	6697	12	940	22210
东　洲	195205	159211	89174	13	1165	305
望　花	6292	15956	6503	12	934	
丹东市						
元　宝				8	460	38
振　兴				12	680	159
锦州市						
古　塔	13904	19875	7973			
凌　河	14603	16650	9171	6	210	63
营口市						
站　前	28317		14874	16	926	
西　市	19105		9303	19	1046	
辽阳市						
白　塔	2523	4800	1732			
文　圣	23235	93369	4300	4	320	8
宏　伟	26670		16212	6	600	62

城镇居民最低生活保障人数(人)	交通事故死亡人数(人)	交通事故损失额(万元)	刑事案件立案数(起)	犯罪人数(人)	绿地面积(公顷)	公园绿地面积
11614	19	59	6959	1668	996.9	519.7
32370	285	1025	9659	1074	1879.0	402.0
16267	36	85.4	1071	1376	2114.0	444.0
14693	34	132	4156	1519	1807.0	657.0
17355	102	923.1	2447	1816	18857.4	980.0
4853	3	11	390	599		
5241	5	47	238	304		
9864	13	109	625	965		
9303	6	14	525	748	1962.0	262.0
13663	10	15	367	439	432.0	44.0
13578			278	452	217.0	3.0
13656			1740	612		
35255			197	254	1150.0	118.0
	28	20	250	17	681.2	
10003			844	315		
12387			1174	216	1021.0	317.0
14865					1.0	1.0
23678						
17561			116	180		
17704						
18512						
40469	30	23	139	180		
2729						

附录4　沈阳经济区主要经济指标

年　份	年末总人口(万人)	生产总值(亿元)	全社会固定资产投资(亿元)	社会消费品零售总额(亿元)	实际利用外商直接投资(亿美元)	出口总额(亿美元)	地方财政一般预算收入(亿元)
2000	2311.5	2433.5	625.6	1059.7	10.4	24.6	136.0
2001	2316.9	2670.9	720.6	1169.2	13.3	22.6	166.5
2002	2319.1	2985.6	873.1	1299.6	20.0	26.1	182.5
2003	2320.5	3420.2	1173.5	1377.2	29.8	34.9	178.1
2004	2327.8	4161.6	1784.3	1554.8	30.0	52.7	228.0
2005	2334.8	4907.6	2479.2	1762.0	24.1	61.2	289.6
2006	2343.8	5790.6	3256.4	2016.7	34.8	78.5	353.8
2007	2354.1	7059.3	4297.4	2367.3	57.1	97.9	467.0
2008	2359.4	8539.3	5739.0	2899.9	68.0	132.3	601.8
2009	2363.5	9694.9	7237.8	3428.4	81.2	81.6	719.1
2010	2363.3	11737.0	9130.5	3941.0	82.7	112.6	1088.0
2011	2363.6	13939.9	9921.5	4632.5	91.1	138.4	1431.7
2012	2356.8	15297.6	12199.6	5358.1	99.2	165.9	1662.2

附录5　沿海经济带主要经济指标

年　份	年末总人口(万人)	生产总值(亿元)	全社会固定资产投资(亿元)	社会消费品零售总额(亿元)	实际利用外商直接投资(亿美元)	出口总额(亿美元)	地方财政一般预算收入(亿元)
2000	1715.8	2040.7	580.1	807.5	16.4	87.4	125.5
2001	1722.9	2226.3	623.3	888.3	19.4	92.6	154.2
2002	1729.5	2470.3	727.6	985.2	21.0	102.1	160.8
2003	1733.9	2843.3	943.9	987.4	28.2	116.8	176.6
2004	1738.1	3373.2	1260.7	1125.3	25.5	142.6	190.5
2005	1746.1	3915.3	1822.7	1280.0	12.5	180.7	231.8
2006	1757.7	4632.0	2366.2	1466.4	25.9	213.5	304.8
2007	1769.9	5533.2	3176.8	1719.3	34.8	264.9	406.2
2008	1779.6	6726.4	4245.7	2087.5	54.9	300.5	518.0
2009	1784.9	7613.7	5450.5	2467.4	77.5	260.1	636.3
2010	1784.7	9259.9	7349.2	2901.9	132.3	335.4	898.8
2011	1785.9	11150.9	8119.7	3410.6	161.2	401.5	1181.4
2012	1782.5	12606.4	10012.9	3945.5	179.1	448.5	1404.0

附录6 辽西北主要经济指标

年 份	年末总人口（万人）	生产总值（亿元）	全社会固定资产投资（亿元）	社会消费品零售总额（亿元）	实际利用外商直接投资（亿美元）	出口总额（亿美元）	地方财政一般预算收入（亿元）
2000	824.8	282.0	98.3	134.8	0.5	0.7	15.8
2001	826.1	310.9	110.0	147.5	0.9	0.8	19.3
2002	827.5	350.6	123.7	159.9	1.1	0.9	20.2
2003	828.9	413.8	160.1	171.4	1.6	1.3	21.4
2004	830.1	514.9	201.6	198.8	1.2	2.5	25.1
2005	834.0	620.0	266.2	226.6	0.3	3.4	39.9
2006	837.6	739.1	443.9	260.7	0.8	4.0	40.2
2007	838.7	936.6	643.3	306.8	1.5	5.3	55.8
2008	839.3	1206.5	1000.3	378.7	2.2	6.1	79.5
2009	841.0	1411.8	1352.9	448.0	3.1	9.0	108.7
2010	836.7	1757.4	1809.5	592.8	4.8	9.9	176.4
2011	838.0	2167.1	1761.2	696.9	6.0	10.0	242.1
2012	834.4	2455.9	2165.2	805.0	7.7	10.5	285.7

附录7 2012年各市农业

县(市)区名称	行政区域土地面积(平方公里)	乡(镇)个数(个)	年末总人口(万人)	乡村人口(万人)	年末总户数(户)	乡村户数(户)	年末单位从业人员数(人)	第二产业	第三产业
苏家屯区	782.0		43.0	22.2	159047	74130	34054	17144	16674
东 陵 区	600.0		38.0	21.9	142656	70689	88730	49542	39144
沈北新区	892.0		31.1	20.5	108855	64352	71045	41503	28385
于洪区	499.0		33.5	17.3	124704	57369	28323	5312	22963
辽中县	1470.0	15	47.3	39.1	164507	133405	14354	2486	11784
康平县	2175.0	13	35.1	28.0	118579	84493	14417	1720	12644
法库县	2281.0	19	44.6	39.2	138103	115405	24097	3720	19336
新民市	3296.6	24	69.4	58.1	245234	177821	24097	3720	19336
甘井子区	492.0		70.2	15.4	268304	57392	132309	81268	50498
旅顺口区	404.5		20.1	9.4	81504	37514	55043	34332	19444
金州区	1043.6		60.6	25.3	221256	94993	266601	216854	49298
长海县	119.0	5	7.3	4.2	26153	13848	8319	808	4631
瓦房店市	3793.5	21	100.2	72.9	355070	236483	61248	35806	25359
普兰店市	2896.0	8	93.1	57.9	325696	188586	62056	40118	21557
庄河市	4086.0	21	90.5	70.9	285264	215402	45320	22597	22557
千山区	268.8	5	10.5	8.7	33844	28663	11986	6048	5661
台安县	1394.0	10	37.7	32.9	134830	98783	34351	17115	14753
岫岩县	4502.0	21	51.6	42.5	152489	117881	31187	11713	18985
海城市	2570.0	21	109.1	86.1	353135	256737	72172	29062	42590
顺城区	348.0	3	43.0	6.0	166737	21796	58091	21933	35592
抚顺县	1754.0	8	11.6	11.3	41419	37861	9346	4015	4956
新宾县	4287.0	15	30.1	24.7	100883	72245	13530	3283	9569
清原县	3921.0	14	33.5	25.7	121136	80314	26956	14015	10828
平山区	179.0		36.2	1.7	122360	5467	162018	120478	41527
溪湖区	478.0	1	21.0	3.6	85503	11370	28523	8123	9933
明山区	400.0	1	43.2	3.8	124860	11620	65662	39008	24037
南芬区	619.0		7.8	3.3	31094	10471	3933	2613	1120
本溪县	3343.0	10	29.1	19.0	100976	55746	14260	3101	10478
桓仁县	3547.0	12	29.9	21.4	105818	58134	20971	7731	11838
振安区	672.0	5	17.6	11.0	64186	35315	23389	7839	4939
宽甸县	6115.0	22	43.3	34.4	141391	97344	22421	6483	14879
东港市	2398.8	15	60.7	49.2	199083	153769	44122	18899	23039
凤城市	5515.0	18	57.8	41.8	200795	124300	34144	9936	23884
太和区	220.7	3	16.7	8.3	57334	31449	16267	11146	5120
黑山县	2487.0	21	62.0	48.9	218208	153668	43201	12027	12305
义县	2476.0	18	43.3	36.6	166881	105815	12478	680	11318
凌海市	2585.0	18	52.7	44.7	172652	140697	31526	10916	15133
北镇市	1694.0	17	52.1	43.9	156730	131541	13989	194	11812
鲅鱼圈区	259.0	3	36.0	13.5	138864	46111	58168	41975	16193

县区基本情况

乡村从业人员数(人)	农林牧渔业	城镇登记失业人员数(人)	生产总值(万元)	第一产业增加值(万元)	农业	林业	牧业	渔业	农林牧渔服务业
111365	49839	2890	3234061	299834	128907	1045	160612	5016	4254
116313	50093	1500	4427290	70610	45018	204	22823		2565
102808	51774	1732	4995039	310722	127000	1602	161341	3527	17252
92638	27171	2848	4288526	119380	64715	3155	40523	4018	6969
215426	124489	1508	4044933	711960	260394	20790	328099	56931	45746
121228	75640	1053	1818863	337470	142050	5010	176960	1800	11650
228853	146158	1077	2696580	433000	179311	16000	223064	1200	13425
265865	176314	3117	4157555	745555	374968	4801	307525	40056	18205
77599	8571		8889456	107770	20514	1888	4287	73370	7711
61581	20615	6789	2472926	180118	39203	1480	18156	101599	19680
130023	47420	13400	14720694	551620	242465	2121	102404	148300	56330
22277	14317	663	773287	504796	738	15	677	449610	53756
366554	183628	5269	9573341	940154	391425	5925	199121	268472	75211
281220	149526	20153	7157659	967893	369385	9709	290181	226026	72592
370836	149117	6663	7549602	1149566	264704	16308	210016	606857	51681
45339	15634	31	802656	59075	21701	110	35550	945	769
202169	123313		2479376	420134	201228	648	200226	15822	2210
219960	125384	5424	2101246	290088	179473	1265	98307	8431	2612
408440	183554	10602	8035803	439108	220765	784	198456	13220	5883
37695	14487	6202	1986563	78804	28873	11030	29244	7622	2035
78284	50218	531	774023	155449	63524	20931	40763	26316	3915
138912	91612	4285	1158490	236640	97200	31088	65125	36959	6268
150069	98981	465	1392200	237120	89681	38576	66656	36341	5866
9496	4015	5207	2012002	12800	4020	1398	6698	82	602
28243	15079	17816	1368060	36552	13762	2627	17293	1678	1192
23164	9445	6559	1489250	68015	29995	15150	21217	589	1064
17521	8214	2000	529616	38550	9110	4577	19437	4163	1263
99267	44872	2620	1659029	204372	61866	73274	46912	20282	2038
117653	64299	1870	1566830	243608	93177	88213	38312	20406	3500
63947	29904	312	783941	64528	48274	2000	10163	2611	1480
186994	118049	2215	1959765	273631	109153	25591	65130	66659	7098
265819	137101	3890	4749178	691485	234754	1295	63222	375535	16679
233062	136013	5962	4234629	289492	117856	32171	101209	27970	10286
48473	24397	7576	1010855	72031	52483	203	18137	887	321
276649	178392	28330	1647944	488232	188151	3027	285063	4946	7045
182697	110792	1523	1076273	209133	78788	1337	126090	612	2306
244357	145208	860	2442132	498460	232232	2520	154224	101768	7716
220319	164160	1218	1359351	459735	311675	2799	128804	8139	8318
68451	32287	4199	5047069	97487	23221	3491	10767	59408	600

附录7 续表 1

县(市)区名称	行政区域土地面积(平方公里)	乡(镇)个数(个)	年末总人口(万人)	乡村人口(万人)	年末总户数(户)	乡村户数(户)	年末单位从业人员数(人)	第二产业	第三产业
老边区		3	11.0	7.8	44029	28923	16077	6855	8760
盖州市	2946.0	19	71.9	61.9	251018	193752	22011	6332	15565
大石桥市	1598.0	13	71.7	55.9	268045	176706	46799	25004	21649
海州区	98.0	1	27.3	2.1	108195	6879	39928	15980	23908
新邱区	125.6	1	8.6	3.0	34610	10797	5735	1764	3971
太平区	94.8	1	16.8	2.0	68681	7211	16678	1568	5006
清河门区	98.0	2	7.1	2.6	28290	7781	7238	4710	2498
细河区	97.0	1	14.3	3.1	56058	8793	4569	2467	3879
阜新县	6217.9	35	72.4	68.7	229670	200134	27064	2781	21989
彰武县	3623.3	24	41.3	35.3	142822	104098	16674	1215	14289
弓长岭区	329.0	2	9.2	3.3	38276	12020	4830	1400	3300
太子河区	273.4	4	15.4	11.5	56155	38052	14358	6292	4076
辽阳县	2485.0	15	56.6	42.7	173019	140917	20434	9520	10734
灯塔市	1170.3	11	44.5	37.3	167546	119431	16489	4172	11084
双台子区	128.0	1	20.5	4.5	73916	16397	27087	10204	16553
兴隆台区	276.0		43.3	4.6	156787	15589	124809	52484	72174
大洼县	1628.0	15	40.2	32.2	151435	104797	179853	25910	22886
盘山县	2036.0	13	29.9	28.1	98194	94374	63830	2966	11427
银州区	78.0	1	34.4	2.9	127601	9931	52855	21097	31664
清河区	480.0	3	9.7	6.5	32961	19988	10348	5441	4773
铁岭县	2249.0	14	38.7	37.0	135453	117663	21810	3423	18105
西丰县	2685.0	18	34.4	27.8	120988	82259	15110	1844	11971
昌图县	4317.0	33	102.8	79.8	346530	245998	38034	789	21754
调兵山市	262.0	3	23.9	6.6	92477	21978	61205	52135	9070
开原市	2838.0	18	53.3	43.4	199154	129952	23751	4553	18752
双塔区	502.0	4	40.0	9.2	133556	29013	77222	32132	44898
龙城区	635.5	6	21.9	15.8	65555	47694	20112	9911	9820
朝阳县	3762.0	27	57.4	56.5	171141	163880	34872	5033	18516
建平县	4868.0	24	58.0	48.0	198282	142358	23953	3065	20657
喀左县	2238.0	21	42.4	37.5	138254	112964	26058	8963	16000
北票市	4469.0	27	58.1	39.4	218520	130220	32293	12530	19364
凌源市	3278.0	22	66.0	53.0	210614	151353	52077	19386	29558
连山区	1150.0	9	43.0	18.0	156529	61990	46092	27795	17932
龙港区	177.8	1	22.2	3.3	84772	13427	68756	35120	33602
南票区	993.0	10	28.9	20.2	103656	71718	12342	7032	5089
绥中县	2763.0	25	64.2	55.2	222093	166827	22763	1826	18999
建昌县	3195.0	28	62.5	55.0	185514	150521	19319	2824	14478
兴城市	2116.0	20	54.8	41.4	195000	131378	27846	6994	20506

注：本表数据为快报数据。

乡村从业人员数(人)	农林牧渔业	城镇登记失业人员数(人)	生产总值(万元)	第一产业增加值(万元)	农业	林业	牧业	渔业	农林牧渔服务业
49919	17614	482	2533256	155052	24169	2556	36236	88804	3287
333262	181968	23000	2192651	352928	165977	10168	82042	90421	4320
294700	114762	2427	4999379	421677	212912	6300	146566	54799	1100
10151	3181	19687	610291	7556	2584		4873		99
17613	4866	500	293574	13245	5309		7671		265
13291	4399	9496	390317	9523					
11665	5191	6810	242739	13765	7971	13	4057		251
11718	3064	1773	445005	8612					
394429	224493	3950	1581536	650078	355885	11088	262758	1766	18581
202653	135989	4642	1141633	542623	281716	39010	202625	4307	15965
17844	6530	662	737676	19659	6096	1689	10769	1045	60
61920	32070	709	661981	65574	26587	2346	27887	7654	1100
208063	117745	8097	2368113	229784	87853	4880	101415	34336	1300
202271	125204	1050	2258745	258909	99580	2883	118970	27645	9831
23200	9732	2852	1310751	17716	7429	59	5356	4652	220
26781	14699	949	3317830	18240	12883	112	3643	1192	410
187869	113086	5452	2989913	606642	264395	1947	65758	264273	10269
162473	101637	1416	1848121	441749	197052	854	81843	157968	4032
14960	4206	3203	1001450	12712	5438	201	3444	198	131
30504	16896	373	871463	37033	12836	2695	19972	473	324
186449	107306	270	3398396	336547	128627	17250	189246	5204	588
124268	86410	1525	827644	235657	78739	14358	138345	3429	275
382930	233103	4692	3011899	762773	324235	14735	411106	4217	6675
34065	17800	1207	1855486	72538	26635	649	45238	700	71
222787	120658	2320	4722975	449852	163047	27015	252039	4525	618
53440	24299	2018	1531402	61588	30368	4000	22985		4235
83407	39110	910	814716	118364	55490	19100	42714	60	1000
331324	201270	1789	1378585	360087	212397	20046	112681	390	14573
259960	153358	1885	1969464	350021	180856	47000	114000	165	8000
216752	105511	851	1162754	329119	244710	16000	62729	400	5280
214253	113701	3241	2192458	433232	269772	13761	147389	360	1950
282203	156824	21451	1826607	397852	279747	12800	100805	1000	3500
82586	45169	731	1869382	93211	40240	696	48669	1503	2103
18727	6954	1678	1232214	22000	4997	44	3098	13400	461
104241	51760	1477	392688	112731	59556	1028	68576		3266
285278	161208	1682	1464493	370729	159931	3045	101881	97780	8092
283842	142378	1642	649586	167625	90023	7312	65270	650	4370
203399	118938	4820	1280672	197410	49502	4042	53508	86695	3663

附录7 续表 2

县(市)区名称	第二产业增加值(万元)	工业	第三产业增加值(万元)	地方财政一般预算收入(万元)	各项税收(万元)	地方财政一般预算支出(万元)	农林水事务支出	科学技术支出	医疗卫生支出	教育支出
苏家屯区	1816227	1693165	1118000	261232	225093	261357	25125	647	14085	59726
东 陵 区	3209890	3094516	1146790	800940	723730	619910	19663	49504	13705	59510
沈北新区	3487250	3408149	1197067	371360	350593	360932	35803	2006	12310	55986
于洪区	2725741	2581425	1443405	370439	318080	266407	21780	2284	10780	54500
辽中县	2209450	2131515	1123523	245074	191155	326124	24372	885	17422	77522
康平县	985176	921680	496217	140017	109303	241721	31883	656	14940	53756
法库县	1683832	1629550	579748	240104	189194	345950	55914	1323	17414	70401
新民市	2347441	2225895	1064559	254000	202125	371284	60541	1448	27194	100955
甘井子区	6403836	5637217	2377850	535511	1667660	537399	9673	6627	12392	151522
旅顺口区	1503548	1398455	789260	300078	187014	319810	15050	4908	16580	66555
金州区	10323515	8764141	3845559	1052203	802493	1065624	38693	55896	42915	160205
长海县	79075	64218	189416	42009	20084	67794	5995	644	5145	13044
瓦房店市	6351564	6070710	2281623	641174	472373	762440	63055	2693	19795	146196
普兰店市	4385552	4019014	1804214	419964	501354	486885	24793	2518	8534	114676
庄河市	4532450	4019446	1867586	482357	447212	581231	42909	4781	24193	132310
千山区	543054	494000	200527	81999	76584	139909	13726	400	4722	10307
台安县	1307884	1215160	751358	100098	89907	126473	20938	365	10197	18987
岫岩县	1167596	1107128	643562	105226	61367	231717	56825	1143	18804	31175
海城市	3922349	3642000	3674346	360018	408567	494536	65144	1625	36870	64848
顺城区	812881	515388	1094878	155323	138508	125198	6130	366	5320	29455
抚顺县	432545	370184	186029	83266	62631	137058	31504	792	6291	27642
新宾县	528952	485028	392898	102029	80713	214183	64762	1537	10727	44994
清原县	770807	720349	384273	134689	109115	241180	49065	4283	12824	46619
平山区	569601	335231	1429601	125205	112130	127858	1326	2012	1435	11542
溪湖区	938554	917996	392954	302789	309063	311976	4417	4293	3474	15466
明山区	622842	420905	798393	116566	121113	111270	4167	1949	2341	17194
南芬区	374970	358119	116096	65000	56551	70690	3129	119	1300	12139
本溪县	979102	921218	475555	185001	181943	280875	39948	3535	11121	51305
桓仁县	776824	728037	546398	140012	140511	251807	48039	3664	14468	47700
振安区	504596	450491	214817	68418	57325	88505	12384	354	4972	16749
宽甸县	1024170	919210	661964	177966	168043	314274	73584	643	18340	62914
东港市	2275797	2087099	1781896	300006	269094	411512	53798	572	20543	83890
凤城市	2425371	2215262	1519766	277588	186640	407872	56106	573	17451	85098
太和区	791541	737429	147283	104539	85766	122057	12530	1457	4537	19210
黑山县	518582	502698	641130	120000	121125	260817	43158	3916	20624	44970
义县	647818	639798	219322	116889	89283	222419	50899	4175	18446	40941
凌海市	1454970	1434244	488702	215050	202772	329222	126856	3661	14418	56797
北镇市	485158	462085	414458	121000	92168	238043	42919	2830	14674	41888
鲅鱼圈区	3001499	2751499	1948083	425328	324208	346361	10585	1693	12226	56768

年末金融机构各项存款余额（万元）		年末金融机构各项贷款余额（万元）		农业机械总动力（万千瓦特）	有效灌溉面积（公顷）	农作物总播种面积（公顷）				
	居民储蓄存款余额		涉农贷款				粮食作物播种面积（公顷）	稻谷	玉米	大豆
2094816	1361630	752624	233313	11071	11127	38649	28289	10458	16752	886
1151035	975235	512625	4756	3840	3746	24083	22034	2259	18598	817
2344783	1259806	1653430	256629	6811	15620	42145	31848	10930	20690	208
211319	103629	973640	59703	6823	15180	27628	23280	8348	13209	1699
1097068	950279	467499	410899	29644	55028	94918	77884	40849	34251	1797
556479	441917	378349	312988	25391	4074	101999	68154	4074	54457	3512
745448	577093	502049	450000	41130	6973	131596	100113	4728	88846	3105
1310962	1086437	618367	407247	68230	96820	200535	151689	39407	101532	2621
				1305	4	2097	617		520	53
2661060	1588554	1666207	80750	4400	2326	4641	2579	1	2188	133
12683325	6531826	8869988	1580080	14333	14580	23665	16566	402	12767	2089
443690	307442	161856	133779	227	491	638	576		498	26
5150365	3515824	3256375	1892907	53631	20480	88870	76352	810	54583	9353
3581177	2538136	2391080	176024	40143	11088	90946	76032	6472	52788	11523
3412419	2579513	2101324	1588392	45722	30197	111906	100867	20002	63956	11092
642861	331465	510372	7611	4636	8730	8966	7703		7439	208
723944	565756	523999	365114	29494	26020	83554	69996	17129	51514	831
1331545	1092529	683815		17169	9070	61580	50777	1764	44331	3036
4163196	3605000	1579305	1190000	41203	47770	93401	80451	17747	61025	899
1294556	1198088	612562	21051	2249	6271	5265	4332	533	3462	152
301388	242654	198418	71566	4654	3560	16873	13912	2343	10337	593
753709	598837	271136	210546	9659	11500	39517	34428	9273	22324	1966
812072	607064	363215	240725	13465	16324	38773	32340	7481	23041	1161
952240	611915	937204	24847	574	1128	1128	860	8	795	27
1160060	765685	829988	16888	155	156	724	555		549	3
132256	85660	92687	18875	1089		3600	2346	138	1903	125
253888	189859	81956	34274	848	840	2599	2008	8	1850	114
1015061	741034	389368	26000	4190	1231	23458	20057	1204	15905	1217
998277	310966	357474	70998	5901	7557	26127	22773	7592	13273	1084
794600	663300	448300	6448	3368	2890	10690	6805	473	5660	234
1110480	934983	452379	330501	16555	6570	37832	30624	587	25530	2422
2458938	1959955	1321178	934652	35528	48760	89559	72089	44045	25207	689
1722932	1460291	830034	309200	16764	15390	62744	51002	3972	42446	3125
573056	562373	301268	66475	2998	4640	9426	5522		5184	158
1126643	954842	549964	419495	69577	38740	157892	131345	6191	120306	1355
708175	595813	403636	322548	20371	33266	80055	60142	65	54299	2091
1151339	970007	862875	561200	31400	53090	97755	78153	13814	53859	2820
1210127	972045	697649	135043	38625	51897	90203	67671	10083	55420	851
3216879	1737854	4739936	15466	4382	2970	3779	2862		2498	122

附录7 续表 3

县(市)区名称	第二产业增加值(万元)	工业	第三产业增加值(万元)	地方财政一般预算收入(万元)	各项税收(万元)	地方财政一般预算支出(万元)	农林水事务支出	科学技术支出	医疗卫生支出	教育支出
老边区	1962434	1869434	415770	277546	229966	223794	10342	3016	12326	36700
盖州市	1061060	964424	778663	210617	245577	304289	27885	4765	24034	57096
大石桥市	3020284	2926284	1557418	401981	425821	387672	35678	5815	67705	70820
海州区	217034	124454	385701	52650	41477	67623	912	18	1975	17247
新邱区	203531	180285	76798	36167	27749	47354	1379	21	1936	7736
太平区	235678	195508	145116	33070	24592	44642	784	88	1392	11368
清河门区	158502	143223	70472	30035	32071	28970	710	55	490	4570
细河区	240383	143483	196010	30784	51866	31418		75	1842	9520
阜新县	511373	470403	420085	105731	111040	310735	94803	217	24304	63463
彰武县	278040	246357	320970	83159	58932	212592	52319	321	15635	37770
弓长岭区	537271	531865	180746	95126	69975	108605	5579	353	1921	16632
太子河区	344670	332574	251737	51846	45580	54879	5253	978	4348	9560
辽阳县	1770237	1748441	368092	177177	135917	262586	38855	10180	17774	41130
灯塔市	1517191	1489184	482645	253103	307843	256718	26349	2798	13476	45583
双台子区	879218	802563	413817	80096	59247	74125	2672	1500	3607	11350
兴隆台区	1580407	1240119	1719183	324005	418461	309581	8277	5330	4642	37628
大洼县	1871533	1679396	511738	356980	381317	489924	75250	1709	10989	74218
盘山县	1059986	982523	346386	207483	200466	315909	51966	4075	12060	51964
银州区	447794	403200	540944	75066	54192	69728	1465	206	3639	12340
清河区	606394	576803	228036	53025	44498	70188	15778	685	2213	12492
铁岭县	2182550	2092747	879299	205559	164092	211545	52979	3998	12897	34872
西丰县	343135	315497	248852	67418	40832	162319	37114	1002	9513	41729
昌图县	1143268	1067606	1105858	100277	73981	389900	82684	4330	33031	69565
调兵山市	1272122	1213507	510826	149566	130602	154563	8489	2881	7291	28596
开原市	2765216	2654644	1507907	353168	266379	468327	63179	12124	16890	84438
双塔区	619137	393449	850677	60369	57481	104512	8128	1049	4792	15749
龙城区	489044	342464	207308	81551	88805	134145	12219	7527	7622	17379
朝阳县	607714	532371	410784	120820	125644	254404	50396	1682	22109	43840
建平县	1064087	977561	555356	226003	252177	370702	82650	1385	23818	62172
喀左县	523853	455579	309782	76318	97635	219758	44886	1649	16535	39948
北票市	1202428	1081456	556798	200100	140515	376364	67268	622	20760	64155
凌源市	813570	736627	615185	130144	93208	288485	54633	4014	22272	49220
连山区	1296056	1129743	480115	164415	138051	174862	19635	2640	12928	33275
龙港区	586627	448027	623587	160017	137265	99463	5574	1358	3345	19263
南票区	132746	124946	147211	34500	26689	102385	13010	113	5003	18312
绥中县	600642	489134	493122	154107	113481	325800	56064	7224	19902	54380
建昌县	260978	211813	220983	57088	45044	209399	40991	2097	21494	52124
兴城市	599936	555978	483326	117541	106602	250300	1121	3117	17894	65296

年末金融机构各项存款余额(万元)	居民储蓄存款余额	年末金融机构各项贷款余额(万元)	涉农贷款	农业机械总动力(万千瓦特)	有效灌溉面积(公顷)	农作物总播种面积(公顷)	粮食作物播种面积(公顷)	稻谷	玉米	大豆
500492	364009	386957	61621	3019	8000	6936	6010	3552	2427	26
1511481	1155898	739906	319528	26369	24830	38484	30220	2706	24498	1309
2545752	1894741	1584115	248699	24120	45650	55562	50434	32323	17310	527
1695052	1016952	1138274		965	197	1548	1349	45	1258	35
				1026	414	3117	2533	22	2296	50
					226	1064	967		906	13
42900	27660	30580	1850	1427	347	4149	2728		2200	140
36320	31892	23859		466		4563	1355		1270	35
1065877	797326	821673	352700	82992	28979	334218	204012	136	176928	9323
676223	509582	625434		59382	21523	181497	98642	4541	84645	3318
603091	473351	197433	3600	955		3214	2605	126	2338	27
				786	7750	18079	14275	5764	8228	147
1465374	1091097	854124	582146	25389	18562	68591	59164	18562	38098	950
1616995	1191326	794592	627368	20671	24612	60828	52944	24612	27316	449
3003139	1754369	1802789	46984	2078	4021	4300	4021	3802	66	153
4951021	2816451	2951560	64351		7800	7998	7874	7745	88	41
1266292	811559	1003344	92790	23154	55984	69285	60022	55984	692	3346
877161	700811	407460	365260	21470	45564	62830	55503	39805	13980	1601
2430115	330079	1621837	40102	1713	796	4480	3351	791	2527	26
326140	262595	365792	5794	1758	537	9870	9571	537	8781	218
962669	962669	895914	895914	29261	22726	86284	71911	18998	50852	1200
525753	415272	377637	282729	25918	16450	53620	47166	4873	40312	975
1216093	956756	859719	358600	124352	51933	321351	238991	11357	214649	2771
1425221	967815	840176	620423	2002	10001	12660	10870	711	9933	193
1092864	968245	792312	620129	35940	45040	98146	75592	23563	47632	4160
94010	79637	78950	5820	1946	3011	10263	7733		6573	140
25120	21210	31850	7970	3136	7867	20652	14166		12713	14
301569	270754	270824	230737	25854	28333	79660	66550	6	55677	1283
1592417	1244302	647520	502590	25107	27530	175025	154553	10	102921	5035
768203	642739	444627	320330	17109	12892	48488	37328		29755	1081
1393298	989634	637826	190000	19798	16100	106705	68401	33	60166	1182
1614236	1281321	937663	790318	19530	19168	59260	32297	35	25851	909
401800	319189	140997	10194	8821	2544	22766	18712		17177	383
456423	214851	461452	9861	815	200	2538	2394		2379	7
369957	263944	133722	67010	3124	1000	26692	22715	7	21344	293
1489474	1260494	876417	769032	35573	25406	80373	58137	7797	39042	3687
759179	647254	498717	318996	19308	6062	47878	44590	6	37012	1904
1443366	1192908	759393	390000	17426	18636	58611	42707	748	38286	1069

附录7 续表 4

县(市)区名称	油料播种面积(公顷)	蔬菜播种面积(公顷)	粮食总产量(吨)	稻谷	玉米	大豆	油料产量(吨)	水果产量(吨)	肉类总产量(吨)	奶类总产量(吨)
苏家屯区	328	6647	228397	104887	118345	2888	1399	70342	144056	31141
东陵区	688	1042	169850	16557	147618	2457	2477	20455	13557	15963
沈北新区	110	8196	259711	98059	160859	690	435	11865	111787	141262
于洪区		3669	206865	75124	125816	5290		10833	21095	23234
辽中县	3270	12310	690949	374301	304415	5250	10984	29923	200029	36492
康平县	28777	4177	608403	34666	520297	14877	101435	44731	136883	3810
法库县	8416	16820	811065	41472	736435	8885	29399	25153	172160	129400
新民市	5648	27918	1031623	310078	654324	7781	15193	16500	164947	95766
甘井子区	1	1386	3385		2950	161	1	18995	4055	546
旅顺口区	18	1999	17392	4	15447	443	56	35006	16157	11997
金州区	603	5220	91943	2799	77116	5539	1952	99800	61005	43808
长海县		62	2573		2327	49		336	946	10
瓦房店市	1307	9873	432675	5517	340255	23684	3396	728598	235569	10687
普兰店市	2882	11099	415691	33977	334338	26223	8520	458274	258744	12752
庄河市	849	7388	590094	128340	372460	29841	3028	374212	214339	2604
千山区	98	1105	47541		46927	404	322	83117	18725	2480
台安县	3034	9630	505497	129746	371200	2327	8490	90830	391039	4920
岫岩县	1895	8231	206550	9428	183824	6601	5569	41495	114458	1130
海城市	377	11833	525241	142455	376339	2499	1046	132014	128831	6013
顺城区	79	784	33153	4801	26738	467	204	16255	30204	15240
抚顺县	312	1729	116406	17743	88645	2948	1265	64780	29398	28867
新宾县	22	1631	205129	53460	139546	5961	69	5573	42990	2248
清原县	25	1202	204756	44559	151446	4464	121	9447	55328	2100
平山区		262	4205	66	3974	51		803	8217	652
溪湖区		169	2738		2698	8		328	2380	830
明山区	99	767	12047	765	10646	294	158	2143	11237	8600
南芬区		561	9910	50	9386	353		2578	22800	1095
本溪县	144	1266	103725	7577	85901	2478	364	13251	41603	773
桓仁县	70	1255	129958	47099	75526	2228	184	25821	29858	
振安区	61	3214	32000	2034	27776	481	156	9550	25569	7496
宽甸县	419	2301	140012	3312	124656	5659	777	47207	56865	3590
东港市	1791	8906	502538	338034	149776	2025	7714	123353	94707	10414
凤城市	982	4450	243982	21214	210643	5727	2836	10124	135434	4825
太和区	72	3770	32610		31473	273	175	7181	10088	16886
黑山县	16072	9290	1009543	62225	918497	4226	53208	91711	270424	49846
义县	12664	7054	525044	485	499457	6285	33531	49556	113172	97825
凌海市	4358	9997	542044	104789	382208	7296	10111	62249	158956	22212
北镇市	4439	17779	530044	86216	435632	2145	12353	384622	151137	1869
鲅鱼圈区	31	671	16359		15141	368	100	106132	8913	442

禽蛋产量(吨)	蔬菜产量(吨)	水产品产量(吨)	规模以上工业企业数(个)	规模以上工业总产值(现价、万元)				从业人员年平均数(人)	流动资产合计(万元)
					内资企业	港、澳、台商投资企业	外商投资企业		
86567	356749	10534	274	7970444	6583650	223954	1162840	43899	551885
10173	88837	582	314	7825017	4409198	721011	2694808	61359	3951627
120608	469960	6500	426	16256241	12503213	531965	3221063	94419	3034441
18534	322907	6272	445	9728248	8895360	291653	541235	81158	1139000
86806	921606	90120	441	11418025	11298347	902	118776	56374	454279
31609	255363	4114	483	5176810	5164722		12088	84321	1080525
62479	455956	1950	322	10654772	10255462	247355	151955	85024	396668
297185	1863739	75794	376	10924371	10354565	39956	529851	64008	692263
73	51359	104634	322	4206800	2903500	195900	1107400	59852	3245442
25418	109356	187166	128	1847368	1005523	41174	800671	25764	1105879
35544	463704	322264	543	24783826	7930908	1471561	15381357	172131	10189433
144	2643	487768	6	87056	80318	6738		944	52234
56017	704759	156232	791	17325717	15641583	380810	1303324	209558	3797034
95207	749019	202806	405	11416060	8172288	422209	2821563	121694	2124834
72566	459458	565384	519	15242000	12884000	1518000	840000	140162	1660017
54607	55489	1961	46	1065600	989400	34300	41900	9000	658900
97286	681303	25608	175	3596600	3565500	21000	10100	34100	848800
24702	589249	13054	154	3431800	3102900	71000	257900	21300	454100
251250	1015374	20500	564	10999200	10424200	230300	344700	72900	2888200
12202	49827	906	87	1350781	1110368	54930	185483	13820	637231
17046	80840	2573	102	2600008	2545494	54513		11378	411130
15782	105642	4305	162	2080261	2055265	13978	11018	13460	87882
46072	55054	5101	162	3174553	3097344		77209	18810	279954
4207	10675	108	62	13832475	9102109	3780070	950296	71177	5632322
1560	2324	125	186	2745419	2695180	3251	46988	23999	704748
14071	39221	701	88	1439247	1395257	26741	17249	11444	296643
10481	32800	520	71	1013076	980154	29243	3679	7210	163616
15106	65560	7396	92	2054624	1995854		58771	16147	497372
8894	47184	7793	67	943840	772548	53541	117750	9840	264991
6891	179937	2310	95	1129522	927022	56213	146288	12300	360938
23087	129524	68900	155	1907514	1816160	15929	75424	16206	200070
94970	507412	403578	257	4701628	3887246	179055	635327	57201	604724
21682	163357	21497	203	2605330	2473013	13833	118483	30357	443783
21674	594614	330	98	3178090	2849793	237342	90955	25549	997201
363146	828931	11100	192	3012958	3003847		9111	35352	228960
21081	384412	1435	126	2514532	2384338		130194	19660	434239
65555	864859	172414	183	6623191	6362350	66668	194173	29335	454832
141284	1019018	14806	113	2409071	2281409	20613	107049	13758	332449
4411	29980	111800	160	6727830	3812054	844819	2070957	39998	2104397

附录7 续表 5

县(市)区名称	油料播种面积(公顷)	蔬菜播种面积(公顷)	粮食总产量(吨)				油料产量(吨)	水果产量(吨)	肉类总产量(吨)	奶类总产量(吨)
				稻谷	玉米	大豆				
老边区		916	42077	31832	10149	76		620	26802	2386
盖州市	132	6098	135496	10573	115803	2842	244	446105	78474	2530
大石桥市	25	4505	505354	386702	115190	1500	102	62160	105577	6580
海州区		199	12717	285	12359	52		582	3844	6678
新邱区	277	307	23781	198	22543	150	926	4791	7530	4299
太平区		97	8511		8197	49		1062	3998	1300
清河门区	420	895	21305		18291	1471	1570	5514	11105	850
细河区	2992	216	10478		9035	1200	4000	769	2796	2340
阜新县	116579	11383	1752050	1003	1649485	20386	367962	164508	356152	229458
彰武县	68777	8139	836271	35224	764821	9481	236588	210524	176178	121695
弓长岭区	21	406	10991	1176	9000	120	76	3241	2067	15
太子河区	255	3050	101799	48447	51958	301	504	10955	13352	4455
辽阳县	244	8240	358862	145866	200785	2610	1227	65982	56774	6324
灯塔市	532	6412	367764	199092	163216	1761	1284	16402	80365	6383
双台子区		279	25296	24448	418	430			4019	
兴隆台区		124	53563	52583	619	361		28	3393	3
大洼县		9241	504562	488745	5360	10457		9623	130768	7156
盘山县	141	5994	500219	390460	103912	4930	356	2715	69511	18907
银州区	6	533	27000	7130	19726	94	33	4575	19029	37602
清河区	6	186	73000	4000	68249	580	20	23616	30145	39682
铁岭县	120	14021	502000	118000	375438	2620	259	29777	200553	60751
西丰县	49	4564	201000	26000	163983	2400	115	54749	132451	1970
昌图县	53335	25539	2500400	106000	2270350	11200	197033	111674	532625	48362
调兵山市	2	1707	62000	4000	57288	460	8	4609	34393	15290
开原市	987	14102	502000	162000	327690	10270	3657	118303	309087	17993
双塔区	170	2001	51500		45484	489	669	12439	11695	4860
龙城区	114	5994	113500		104028	32	471	21204	28178	21344
朝阳县	1158	10069	579500	57	499717	6213	5250	281702	135614	70020
建平县	2325	3957	1115000	75	858140	12805	4889	16755	87588	97068
喀左县	1532	8991	314500		275389	4209	5146	46936	91688	1494
北票市	1053	35774	568521	275	523505	3246	2748	60928	149283	7471
凌源市	65	26667	264000	300	238200	2500	100	50741	125543	8816
连山区	2058	1764	104419		98840	701	3275	50626	33684	11860
龙港区	20	124	18984		18921	19	47	956	1349	888
南票区	854	3054	135370	46	126922	672	1781	46603	39347	18208
绥中县	5631	15928	374998	47722	266998	8084	11981	682877	243564	2767
建昌县	57	3118	350087	41	318696	5158	183	162806	62345	2134
兴城市	14035	1718	272367	4248	247726	2592	31288	66238	93111	12824

注：本表数据为快报数据。

禽蛋产量(吨)	蔬菜产量(吨)	水产品产量(吨)	规模以上工业企业数(个)	规模以上工业总产值(现价、万元)				从业人员年平均数(人)	流动资产合计(万元)
					内资企业	港、澳、台商投资企业	外商投资企业		
7392	72251	89279	193	3342030	3104286	50092	187652	21067	1966024
40550	280927	182000	232	2875775	2648590	70000	157185	20559	441781
112854	440615	79000	311	7430709	5933699	309330	1187680	51986	2031805
8909	11497		45	1215111	1183390		31721	66062	695425
2442	20572		47	471653	471653			4101	420711
2408	8110		49	780919	696046	8321	76552	11792	392885
369	36938		50	524071	445254	16674	62144	6423	207146
5613	8122		190	2748850	2589679	27903	131268	30437	938790
90166	621383	2110	106	1094275	980451	100292	13531	12466	435368
88852	467919	5000	87	900344	886976	13368		8319	223317
798	22072	2181	48	417084	408861	4623	3600	3789	67488
5328	111957	360	70	813470	653609	18830	141031	11518	644693
45899	406649	36252	236	5128308	5057249	63630	7429	27551	1113844
37004	288398	47800	200	6093561	5818076	159865	115620	24715	671379
3461	9391	5175	29	791944	567909	2070	221965	3471	612860
3350	8550	1360	145	3770680	3551049	11080	208551	20200	1476019
33558	754752	215125	165	6436002	6369913		66089	30481	1436907
52568	518495	121830	153	2996219	2562140	68320	365759	13444	638153
1159	25333	209	230	4948947	4693865	110610	144472	35360	763233
3866	10880	584	102	2248017	1992695	211543	43780	12641	385448
24700	772193	4907	380	8564437	8278248	39440	246749	40234	1435344
18035	218727	1931	46	467334	448754	18580		2993	82384
184805	1696132	4990	326	5078577	5016486	25318	36774	33598	703735
15996	115995	312	91	2748759	2593063		155695	58277	1272221
63438	845085	6393	421	10522734	10430433	7823	84478	59878	938929
33550	108867		54	1569436	1563780	5657		13561	418560
86874	172986	70	76	1467278	1467278			13368	480609
102099	823631	803	76	1572621	1527385		45236	12281	431705
86548	183481	300	133	1469453	1325718	71187	72548	14262	447590
90009	886764	750	127	1823812	1764956	58855		15045	375999
112481	956007	650	168	2482334	2447270	35063		32128	470799
93845	1104322	1200	86	2163929	2153453		10476	30429	1065269
33019	98361	5000	41	4059895	4041111	18784		32105	168523
2234	8312	38634	30	1999746	1969055		30691	36080	2538547
85991	204592		15	249165	212399		36766	7609	110069
44909	1552661	225020	77	1758133	1752245		5888	8179	204192
53926	194680	1200	36	347737	347737			6321	206048
15774	73756	186510	83	1341228	1276219		65009	20141	503577

附录7 续表 6

县(市)区名称	固定资产净值(万元)	主营业务入(万元)	#主营业务税金及附加	本年应交增值税(万元)	利润总额(万元)	境内公路里程(公里)	高等级公路	民用汽车拥有量(辆)	固定电话用户(户)	移动电话用户数(户)
苏家屯区	677445	7810885	84439	49712	131130	905	48	15210	136900	299369
东 陵 区	2380927	7707432	45833	129765	587486	601	245	18586	112520	130235
沈北新区	3656413	16044843	90356	351695	1478501	877	78	7436	85001	552233
于洪区	2224158	8733214	119720	113306	584533	1195	190	23225	113774	124654
辽中县	2519773	11384037	49260	80919	797807	1437	719	20800	135000	125765
康平县	1390592	5138242	49438	83066	219240	1741	10	16000	66710	231000
法库县	1402195	10663476	102373	431840	1211100	1736	74	32947	73000	200000
新民市	2645377	11025062	11925	39897	1070453	2600	78	18392	152500	505161
甘井子区		3322382	18208	78227	184387	416	111	8019	143686	299731
旅顺口区	1221816	1655269	7197	28895	90428	286	73	32000	114513	436753
金州区	5583935	21452149	640538	956897	892694	814	79	198418	371356	1292912
长海县	11129	76218	88	183	5067	298		3277	23000	57200
瓦房店市		17985282	142643	512084	791269	3512	510	132998	460000	860000
普兰店市	1822761	9865473	46228	130260	459040	2779	156	85264	225008	110024
庄河市	2764648	14594115	84199	257032	852649	3613	877	77109	230928	491012
千山区	393000	1077200	10700	47000	107200	282	2			
台安县	1163700	3481700	44700	37100	273500	1492	574	28563	85403	266135
岫岩县	539200	3340600	21800	210200	291300	2557	73	28092	114704	328499
海城市	2266800	10869400	29700	268200	873400	2328	138	100979	291783	937535
顺城区	446235	1289188	2941	17587	-3558	160	60	21990	150855	164508
抚顺县	142053	2527994	17905	55857	279180	1062		4505	46800	42700
新宾县	203210	2022666	4528	15884	62228	1718	122	19683	70199	166299
清原县	253971	3123441	2680	12346	77964	1846	84	30657	74588	193823
平山区	4251563	12806333	147169	138684	4786	110	28	9340	139980	131825
溪湖区	435979	2804588	25110	139354	232502	318	70	11988	22060	40468
明山区	248879	1084768	4705	10653	51323	180	100	26987	118237	190025
南芬区	137860	918192	12084	15026	33942	350	110	12000	22000	59896
本溪县	398604	2051490	23586	63847	150812	1294	29	6950	78211	53500
桓仁县	275565	885123	17547	51222	99424	1701	95	7521	56414	192016
振安区	477972	1101120	5277	24804	68001	640	270	2800	53000	61000
宽甸县	126697	1902793	22621	66776	105849	1950	107	8396	136178	80322
东港市	460938	4674037	16564	153429	418724	1852	131	24707	173027	222145
凤城市	490197	2499227	23817	71722	53419	2042	716	21600	150000	382000
太和区	719217	3086564	12476	93059	117505	302	63	7420	41543	54300
黑山县	502811	2903987	22122	88995	289734	429	234	9839	209015	460858
义县	434111	2409974	20812	48359	179314	1564	50	17272	85686	223136
凌海市	1649659	6547787	91355	159354	777769	1693	255	21753	98600	379230
北镇市	297478	2365462	2615	42034	110046	1290	68	31298	110258	130025
鲅鱼圈区	4357041	6766127	18757	334363	710962	173	57	8060	96287	95000

互联网宽带接入用户(户)	全年用电量(万千瓦时)			社会消费品零售总额(万元)	限额以上批发零售贸易业商品销售总额(万元)	出口总额(万美元)	当年实际使用外资金额(万美元)	全社会固定资产投资额(万元)	固定资产投资完成额(不含农户)(万元)
		工业用电量	居民生活用电量						
32580	171800	95300	38400	1068430	864379	14889	12245	3525046	3525046
13021	71838	58632	13205	1195346	2626563	128200	68800	6259674	6259674
43215	131504	88718	24290	727831	488995	45030	72583	5730021	5730021
60626	131685	90083	20437	673200	642163	33814	37005	3495964	3495964
49000	95152	48165	19931	757745	474651	4800	4640	3438500	3438500
24000	51623	34210	10427	359354	104162	1600	3010	1817090	1817090
30000	114495	93070	13183	461061	1148292	800	8009	2487416	2487416
60154	114795	64794	24638	930148	611859	9200	10009	3437841	3437841
92347	311208	168190	85727	3638868	4927312	342150	90000	9743050	9743050
50519	103836	54344	16971	537384	329163	129817	35000	4563913	4563913
197722	839917	644122	63605	3011045	3355192	1057356	370000	15991382	15753647
9000	11968	3282	5271	105531	12768	10626	10000	575915	339640
175000	238942	154535	39011	1485180	2013606	265310	205000	7885294	6202060
48558	214953	153237	38685	1401220	294282	134826	50000	5572073	4729438
57373	99789	46464	28060	1375517	1313626	60090	65000	5246479	2642503
				51412	388522	1860	25450	472502	453975
36620	117202	93060	11562	598126	254731	3218	5068	1789955	909292
123168	89959	62392	16885	820492	345220	4000	3238	1360635	768007
116000	582090	508958	47285	13601997	1301997	43100	20176	6096291	5109953
31491	62000	50803	8550	975690	526598	11847	2029	847510	451099
23000	70629	59869	10660	66683	26531	1747	295	403074	303074
31352	34020	19647	8243	269750	95925	2255	1430	1033152	850698
25240	36165	32340	3570	280853	92065	2464	300	1059236	1059235
14938	376875	326760	10456	1118025	523173	1010	100	989700	351311
12006	320075	266895	9920	144688	51348	8400	8373	718100	718100
7409	209987	30320	10365	565629	598507	2536	9500	1034225	1034225
8800	38218	27605	4827	34493	6557	920	6010	569200	449668
6300	119617	101928	9212	386283	62701	2200	4398	1200786	1200786
31819	35752	21592	9992	330195	17795		8002	1001000	856494
9830	27013	20050	6963	141993	112195	22965	8046	693420	693420
20413	53640	34684	10956	513978	109574	3893	10094	1434275	1362275
42219	95002	49570	23683	917068	121899	66313	13104	1549342	1474342
251000	213650	181501	22149	639524	92230	12823	10106	1452634	1379634
8315	401290	242206	1750	159985	104219	5117	11	581589	581589
99306	56947	28937	18448	508744	289904	1049	2286	1035024	792417
34878	49463	33466	13177	211737	22337	1772	5740	1035680	811902
41970	114488	91619	20758	585105	146242	2859	8851	1575074	931317
45129	62990	33025	17381	453964	415143	1050	5305	1035706	842646
8990	140392	71526	25737	842771	549323	187795	32005	2253104	2253104

附录7 续表 7

县(市)区名称	固定资产净值(万元)	主营业务入(万元)		本年应交增值税(万元)	利润总额(万元)	境内公路里程(公里)		民用汽车拥有量(辆)	固定电话用户(户)	移动电话用户数(户)
			#主营业务税金及附加				高等级公路			
老边区		3090243	6306	55645	24265	387	21	3892	39580	151050
盖州市	353500	2817215	53861	136767	209798	1755	105	28762		
大石桥市		7387045	44638	413426	854904	1684	409	83013	207007	510213
海州区	581473	1186137	20211	76700	13357	520	100	7666	45712	417184
新邱区	33737	441003	2552	5902	27646	101	5	4589		
太平区	1043176	766688	5186	16651	-12678	60				
清河门区	303006	518570	4762	13980	31600	62	12	3950	10700	55100
细河区	469220	2556894	7534	60748	46908		4			
阜新县	425857	946783	10004	16188	40460	3275	2180	48326	181400	230800
彰武县	418068	861688	2396	8197	41215	2421	132	27935	105376	10259
弓长岭区	61863	413845	10777	23814	37765	230	60	5600	26580	60000
太子河区	395176	777907	5198	25283	54711	281	74	5060	38518	72183
辽阳县	741582	5125711	28723	102142	315228	1186	88	10321	140902	108818
灯塔市	992229	5955884	61106	129263	684723	875	25	25500	189036	74576
双台子区	153311	818715	2147	5500	95177	755	38	35482	45350	48614
兴隆台区	422449	3795441	29552	39587	366669	920		90123	196732	251438
大洼县	995184	6405031	36208	83532	320692	1331	265	34761	101400	347300
盘山县	537847	2914812	8883	18245	193410	1606	101	14896	75846	182000
银州区	1068939	4932172	33082	169152	12661	46	13		108701	854008
清河区	657394	2217441	9405	17565	71912	379	119	3370	13000	30500
铁岭县	2204821	8565163	31955	297921	395801	2175	75	15650	44000	244500
西丰县	138268	475396	3810	8216	14455	854	156	4150	57202	86730
昌图县	1302949	5060454	19310	79906	679388	4374	288	12666	158347	175357
调兵山市	1263436	3107600	29791	102403	77256	347	3	15417	27628	130726
开原市	2579818	10287691	81866	340736	574450	2679	55	13504	127002	402900
双塔区	204703	1399818	6436	27155	183830	305		7751	30450	178250
龙城区	1308359	1409373	3672	18598	34980	414	68	1220	31000	22300
朝阳县	162603	1551789	9636	29932	207439	2254	114	3015	88500	192523
建平县	343028	1439997	26737	57835	130900	3233	91	37123	140010	340000
喀左县	310847	1838719	9527	31443	211705	752	20	3132	81000	300145
北票市	442582	2438003	51312	68205	306400	2852	15	83825	112000	268352
凌源市	1077033	2205735	7149	32402	78097	1553	417	10780	140185	315000
连山区	1579013	4247304	505292	13052	82087	481	20	5500	117634	31300
龙港区	874562	1808666	2107	11100	-539348	150		3813	32561	82103
南票区	225812	192903	1880	11048	-5661	162		450	63909	66200
绥中县	1167879	1696603	8833	52882	85954	1930	91	31880	119231	188312
建昌县	84948	295621	2647	9175	8174	1925	40	12955	97900	291250
兴城市	216165	1296726	9167	11669	33383	342	278	24840	113748	245697

互联网宽带接入用户(户)	全年用电量(万千瓦时)			社会消费品零售总额(万元)	限额以上批发零售贸易业商品销售总额(万元)	出口总额(万美元)	当年实际使用外资金额(万美元)	全社会固定资产投资额(万元)	固定资产投资完成额(不含农户)(万元)
		工业用电量	居民生活用电量						
23520	59913	45911	4093	149803	110919	48427	17545	1610909	1610909
	136400	93564	22418	531160	171395	13628	21143	1634032	1634032
76746	522273	452030	27329	917144	309574	86639	23422	1610776	1610776
22112	11237	6237	1211	1055328	2723885	1450	2092	357893	181265
	10028	5932	3882	51062	7448	500	1878	943295	932977
	10210	8502	1708	84246	107539	3570	655	293052	229750
7210	20830	13620	6670	34300	22479			309923	271000
	8500	2000	6000	157100	250527			451671	
86829	112672	60779	46893	344635	4797	1850	2600	1013921	790511
23157	32922	13593	13090	132967	280010	1869	839	878837	877615
3600	34590	24818	4180	166615	23346	3013	4374	417950	413633
23842				186046	164464	11208	3233	393857	370763
19783	176900	147297	19071	387914	36001	8793	2000	1268133	1136051
20889	132900	94500	18100	752400	329261	5504	2100	1307769	1162339
43379	29570	7758	10048	686292	1197166	7240	18517	772000	771900
372431	56423	52344	1130	1224185	553000	14897	38568	2007250	2007250
47618	78972	38060	15446	414120	58479	7663	37177	5263280	5190280
34646	58587	33844	9189	195713	631159	9300	22528	1779939	1707939
113003	120455	45544	20540	426741	1108442	2245	4015	543040	543040
2700	27802	16348	7430	135563	7394	1614	4057	501417	501417
19000	47584	38196	5768	350058	93870	9132	7080	2442130	2382130
20591	24573	12194	7666	260274	11061	794	1500	367440	347440
12881	59490	18285	26715	619321	73751	6060	5359	1220823	1150823
32015	21570	10799	5953	353927	974007	5210	4150	907851	907851
77194	60219	31815	14930	619183	148288	11842	7051	2447054	2407054
22123	100327	47210	22446	631686	757121	1572	1338	623019	623019
3400	149601	138218	5913	204726	239530			1015807	1015807
16760	78617	66582	9104	386161	389819	1505	320	942015	797538
44000	132876	106208	13926	419720	51339	4042	3294	1288326	1288326
43000	112223	95937	9628	292559	73480	7112	2403	938000	813784
40000	159670	135124	15273	477831	163029	3520	3029	1411111	1411111
88153	229400	201164	15900	531325	169293	4000	3651	927388	792652
15201	242553	228153	13900	1043126	228807	5976	6191	732158	630187
5012	52167	22354	12113	571894	254443	19406	4266	693588	693588
8300	72939	45133	26732	210104		1000		123277	123277
46292	53685	20205	19952	552582	302763	4283	6554	1451370	852748
33121	43170	23057	8901	190863	83206	300	1009	611542	545044
6587	67849	18422	20761	561696	513313	7914	10438	1309021	1018185

附录7 续表 8

县(市)区名称	新增固定资产(万元)	房地产开发投资完成(万元)	住宅	普通中学数(所)	小学数(所)	普通中学专任教师数(人)	小学专任教师数(人)	普通中学在校学生数(人)	小学在校学生数(人)	专业技术人员数(人)
苏家屯区	2742856	567889	469208	26	12	1456	1416	15848	21121	9897
东 陵 区	2036321	2604722	1817555	11	17	978	819	10275	14101	9312
沈北新区	1356296	3010681	2213988	23	21	1480	1305	19244	17197	8344
于洪区	1402890	2188193	1858139	15	36	734	1089	8866	22282	390
辽中县	2572044	670749	662737	19	22	1671	2079	11885	24210	878
康平县	2024324	43556	31156	18	13	2041	427	9598	16875	10473
法库县	1972901	82059	65059	21	46	1082	2025	18846	23513	8517
新民市	2805534	682845	489193	31	8	1983	2266	20351	36668	10244
甘井子区	5203317	4228410	3446942	24	65	2000	2746	28178	53798	7389
旅顺口区	1725882	1547250	1282081	14	28	984	777	11494	14171	9810
金州区	10153688	3514270	2846442	38	54	3135	2546	39244	48314	9808
长海县	303010	12830	12249	7	12	314	278	3722	4040	2523
瓦房店市	4454287	647849	489886	40	113	2463	2841	34354	35814	32428
普兰店市	3508355	543151	454476	45	126	3257	2698	34443	35150	40089
庄河市	4167575	408028	306772	34	150	2767	2523	33923	33647	16592
千山区	216924	133464	92864	9	19	732	632	5586	5481	3590
台安县	654301	144990	106729	21	88	893	1571	11768	20469	5589
岫岩县	743361	166473	144850	26	136	1024	2116	13921	29939	9001
海城市	2900786	582566	417033	39	269	2952	5164	50213	72133	16107
顺城区	451099	324855	250533	9	15	533	902	5882	11923	4830
抚顺县	312317	2446	2046	10	9	279	515	2528	4359	2015
新宾县	630049	50213	41304	16	38	1167	1463	8057	15433	6616
清原县	445426	80915	66621	14	47	790	1297	7612	14186	5765
平山区	125	88298	70527	11	20	988	1306	7616	12163	3501
溪湖区	899195	288264	42719	9	15	606	705	4688	9688	3760
明山区	340413	312734	245940	9	11	789	1186	8306	10699	7435
南芬区	341520	41485	41485	4	3	190	302	2166	2288	686
本溪县	469733	174858	120288	10	14	1051	1155	12924	13849	8210
桓仁县	718004	134016	96205	14	20	608	852	7442	12714	4607
振安区	141877	251147	213628	14	37	826	615	10318	5854	2070
宽甸县	138702	77626	58919	27	133	1295	1921	18430	24244	8085
东港市	362393	421149	309662	30	124	1647	1810	19684	33129	11106
凤城市	94382	154062	10106	29	121	1725	2206	25184	30176	10652
太和区	304230	200128	106558	6	26	383	683	2553	5476	4452
黑山县	609722	61913	50113	21	87	1249	1786	19242	30594	10203
义县	811902	67778	50146	20	117	1687	1989	15740	20555	7166
凌海市	932203	85844	63500	30	46	1561	1674	23123	32752	7650
北镇市	451506	186295	126295	23	88	1768	1721	22693	27234	7186
鲅鱼圈区	1607089	961554	763034	15	31	1561	1306	22371	27325	4776

#农业技术人员	医院、卫生院数(所)	医院、卫生院床位数(床)	医院、卫生院技术人员数(人)	医生	城镇在岗职工年平均人数(人)	城镇在岗职工工资总额(万元)	农村居民人均纯收入(元)	农村居民人均生活消费支出(元)	各种社会福利收养性单位数(个)
930	20	1832	1842	918	29495	122383	14293.2	5921.1	9
4210	13	1094	878	412	63120	277852	15116.8	8550.3	24
171	20	1484	1170	407	68171	274472	14293.2	6965.1	8
297	12	740	661	250	28376	122232	15881.3	9491.2	9
737	29	1587	1698	1190	14152	52606	12595.1	5825.4	15
1234	19	959	1125	586	14005	53504	10543.7	5982.9	9
1164	19	393	712	618	17166	58995	11012.0	5787.1	7
541	37	1760	2130	830	23267	76895	12431.9	5907.1	10
319	26	4639	3620	1178	128646	696194	28900.0	12425.0	
138	13	1130	1157	506	52747	245473	20301.0	11653.0	20
291	67	3365	3205	1296	264430	1246962	22630.0	8864.0	13
1035	8	252	271	106	8028	39102	25000.0	10501.0	4
1225	38	5103	4787	2669	59256	274410	13340.0	6820.0	27
7813	34	3300	2318	892	61028	244474	13250.0	6820.0	31
1101	39	2745	3317	1578	43775	164443	13350.0	6401.0	29
289	4	268	132	70	11935	31643	15420.0	6193.0	16
322	24	1300	1914	813	33375	81162	12115.0	5041.0	15
266	30	1368	2142	1305	30342	82927	9970.0	4530.0	27
2511	49	3283	3133	2440	67079	203631	13399.0	7162.0	86
175	9	382	385	173	60208	221673	12197.0	6714.0	
115	9	429	315	173	9314	30192	10408.0	7005.0	8
492	18	767	1038	497	14282	49327	9262.0	6472.0	16
172	20	1046	1327	476	25799	84016	9405.0	7922.0	14
21	14	2655	2895	1508	140685	510099	14724.0	7660.0	4
41	14	1288	899	310	30836	77486	14420.0	7838.0	3
220	11	3386	3705	1466	36007	246146	14562.3	7589.0	35
17	4	485	466	116	3649	12713	11822.0	8818.0	2
185	14	1162	1088	355	15672	26015	10308.5	5648.0	9
122	18	960	907	370	20747	77757	9399.0	7028.0	7
85	13	586	399	229	23188	87457	11160.0	9479.0	6
591	28	1881	1095	394	20870	58115	10445.0	6397.6	15
444	26	2423	2029	855	43339	131651	12381.0	8669.0	21
645	29	1938	2025	1472	30526	91263	11254.0	6034.0	19
382	2	862	657	202	16193	54118	11755.7	9002.0	4
1021	35	1793	2413	816	43366	75730	10720.0	5676.0	23
792	21	1089	1031	361	12443	37567	8535.0	4818.0	18
602	24	1210	1430	825	30634	76817	12120.0	6684.0	21
614	32	1391	1083	1037	13781	37279	11596.0	6166.0	18
56	30	2884	3627	1227	57984	197599	13282.0	12986.0	4

附录7 续表 9

县(市)区名称	新增固定资产(万元)	房地产开发投资完成(万元)		普通中学数(所)	小学数(所)	普通中学专任教师数(人)	小学专任教师数(人)	普通中学在校学生数(人)	小学在校学生数(人)	专业技术人员数(人)
			住宅							
老边区	906117	565784	461898	5	3	59	322	5147	6140	2539
盖州市	1634909	242639	187989	31	89	2894	2566	21921	39464	8548
大石桥市	1076620	140108	129047	26	65	2497	2321	31381	39345	17260
海州区	286561	176628	114913	9	10	790	1105	5188	10105	1895
新邱区	2454	10317	10317	4	12	202	320	1351	2511	
太平区	229750	63302	43172	7	14	487	774	2693	4813	82
清河门区	115000	28000	23000	2	9	176	329	1375	3356	366
细河区		199909	16861	6	8	823	476	16330	7655	
阜新县	760691	87144	70165	39	38	2140	3376	21869	38939	11000
彰武县	682699	62958	50311	29	30	1297	1477	15874	22937	7831
弓长岭区	258626	55810	43512	2	3	219	378	1708	4011	1200
太子河区	170929	90427	54580	6	23	371	472	3680	6208	7714
辽阳县	583346	84617	71798	21	93	1027	1416	15274	24922	638
灯塔市	694451	167512	143594	17	69	1315	1623	15640	23385	7834
双台子区	100000	203000	157000	7	13	700	581	9869	9148	4299
兴隆台区	647136	815841	548867	21	27	1585	1296	20983	19090	1046
大洼县	3477487	630053	394360	22	21	2217	2419	22591	23898	10551
盘山县	1183548	138450	119754	18		2294		24598		5313
银州区	485076	535440	429509		17	890	890		15657	13
清河区	479567	77743	64818	4	5	430	383	2249	4217	1350
铁岭县	2319728	222439	166502	7	52	948	1398	11898	15631	4684
西丰县	247531	29015	21158	17	46	1015	1197	11434	14653	5240
昌图县	874967	172006	123512	37	150	2645	4627	25164	51414	19567
调兵山市	582698	411140	378321	9	14	576	751	5556	9960	4126
开原市	1682218	426172	312051	25	73	1383	1946	14856	28148	12809
双塔区	348756	233787	210777	4	37	195	1811	1481	29476	2805
龙城区	378777	195341	130340	9	55	440	928	3632	8607	1739
朝阳县	797538	144477	116613	35	194	2551	2810	24363	37271	8905
建平县	927413	175186	112716	34	119	2266	2442	29436	33019	8977
喀左县	185047	98290	72388	8	27	1054	2163	13413	23731	8387
北票市	933137	104289	93652	27	105	2386	2222	26864	27517	12393
凌源市	227860	127251	105041	30	163	2982	3427	36705	47098	12000
连山区	71937	101971	81861	18	58	1460	1561	12833	27800	4744
龙港区	851211	411514	338137	6	10	678	552	7885	12973	1773
南票区		5465	5465	12	13	864	1339	8346	13500	2501
绥中县	1056330	598622	487425	33	143	2036	2196	30186	38868	6132
建昌县	580808	55601	48505	25	180	2407	2579	28681	39489	9054
兴城市	369224	109109	86562	31	139	1458	2240	16880	33110	7420

#农业技术人员	医院、卫生院数(所)	医院、卫生院床位数(床)	医院、卫生院技术人员数(人)	医生	城镇在岗职工年平均人数(人)	城镇在岗职工工资总额(万元)	农村居民人均纯收入(元)	农村居民人均生活消费支出(元)	各种社会福利收养性单位数(个)
111	4	230	210	140	15240	54827	13153.2	9370.7	6
476	35	1709	1349	752	21147	60482	10841.0	6728.0	25
965	30	3293	3430	1896	46267	151345	12979.0	8099.0	6
15	12	3320	4288	1251	39804	147896	10875.0	5810.0	11
	4	240	175	12	6727	20554	10030.0		4
7	8	10	537	176	16678	38442	9240.0	30.0	6
31	7	116	220	130	3417	14065	9165.0	8400.0	1
	14	1008	1165	212					9
800					24217	75015	8693.0	6955.1	34
365	28	1093	1048	389	16335	53988	8631.0	5248.0	19
20	8	1058	445	198	4797	16960	12783.0	4000.0	7
1543	5	269	116	59	14276	34179	13113.0	7083.0	6
331	18	1680	940	608	21512	72632	10417.0	6118.0	13
745	16	831	542	523	25041	80888	11224.0	4781.0	17
130	13	2203	1863	734	21611	69498	13645.0	7232.2	2
47	22	2461	2447	975	76209	274164	13236.0	6463.0	1
1045	21	1349	1047	660	19490	57141	12842.0	5892.0	14
295	16	412	486	211	17084	38052	12852.0	6900.0	13
1	6	350	648	326	62380	224425	11606.0	6628.0	6
11	4	216	217	92	10911	40808	11575.0	6151.0	4
310	22	663	983	150	21782	87611	11575.0	5730.9	5
2003	20	1037	1204	310	15100	34664	8585.0	6302.0	20
9884	40	2986	1941	1464	37961	81262	10045.0	5578.0	19
55	3	983	1148	480	61946	298247	11606.0	8155.0	3
1503	31	1282	1177	616	23753	69265	11575.0	6813.0	6
248	4	1408	127	15	81805	307382	9362.0	7031.0	4
28	6	410	195	120			9549.0	8915.0	11
306	35	1050	1395	739	32749	106461	8533.0	6831.0	29
717	40	1867	1797	684	21156	79131	8541.0	6534.0	15
705	30	1120	1092	691	32546	115232	8460.0	5528.0	6
460	38	2871	2057	780	29051	102014	8930.0	6961.0	75
3372	34	3416	3247	2644	64515	203417	8703.0	4854.0	25
173	13	662	551	185	47771	194905	9698.0	6095.0	13
28	2	230	80	42	54708	225263	11785.0	8619.0	
82	11	477	229	110	12167	35020	9504.0	5256.0	11
343	24	1145	1540	480	21062	68763	8940.0	5307.0	21
210	38	1476	1365	988	15347	45959	8401.0	3812.0	16
326	33	1455	1270	484	25825	69839	8995.0	5984.0	5

附录7 续表 10

县(市)区名称	各种社会福利收养性单位床位数(床)	城镇基本养老保险参保人数(人)	城镇基本医疗保险参保人数(人)	参加失业保险人数(人)	城镇居民最低生活保障人数(人)	农村居民最低生活保障人数(人)	新型农村合作医疗参保人数(人)
苏家屯区	1173	102817	167275	61200	2858	3909	177581
东 陵 区	1130	52300	86141	82532	5302	3862	160116
沈北新区	1055	64081	169199	72411	1797	2202	163535
于洪区	1480	84565	66660	61000	4354	2782	142149
辽中县	1750	32113	57771	19778	5964	18678	344699
康平县	1348	27054	26310	13869	4602	14701	245593
法库县	1330	34355	39210	17893	5035	13332	345192
新民市	2000	31351	84014	30097	9183	20659	475117
甘井子区					10366		
旅顺口区	3000	115343	162619	33160	2172	2711	51094
金州区	1704	281100	680400	211300	4380	4189	186400
长海县	454	13600	49276	6028	1830		1827
瓦房店市	3400	80155	207633	55490	9960	12217	573336
普兰店市	3380	82704	161269	39897	9314	24679	598665
庄河市	5513	93727	194359	36857	5638	22255	633236
千山区	800	46757	22456	16787	788	1958	79133
台安县	1500	30524	42158	4002	2633	10898	298817
岫岩县	2369	91626	89492	8480	5314	20809	411980
海城市	4978	141028	111938	63000	4772	12455	762978
顺城区	1848	145581	91514	45216	18664	3054	49121
抚顺县	460	17505	15781	8914	739	4497	97098
新宾县	1167	44627	34291	10723	8595	10101	201340
清原县	887	29000	34613	14583	8759	16796	216684
平山区	165	133768	73364	125447	20338	570	14377
溪湖区	185	1401188	90230	84335	2360	1295	24675
明山区	1953	5821	14321	150865	5467	1080	31400
南芬区	334	38000	37629	1800	2081	1225	27794
本溪县	550	28809	6923	36500	16754	7001	165283
桓仁县	1370	42166	44315	17859	7507	7285	193474
振安区	680	17900	9100	7000	5690	3207	92430
宽甸县	1512	71519	48234	25301	10122	12474	339800
东港市	1703	137906	119688	33088	3800	13541	493211
凤城市	1727	82016	182000	47300	12613	12227	388223
太和区	322	14043	32473	5402	2459	5805	71756
黑山县	1260	46304	132456	20080	7520	21112	456346
义县	1947	39126	41890	11920	6783	23265	305050
凌海市	1820	58434	115327	30822	7478	20566	382912
北镇市	1330	39697	66954	32958	3831	19139	370682
鲅鱼圈区	600	106212	111599	45557	7172	7095	182748

新型农村社会养老保险参保人数（人）	森林面积（公顷）	常用耕地面积（公顷）	环境污染治理本年完成投资总额（万元）	工业二氧化硫排放量（吨）	氮氧化物排放量（吨）	工业烟尘排放达量（吨）	城镇生活污水处理率（%）	污水处理厂数（个）	垃圾处理站数（个）
82284	13533	44758	5200	6731	4618	3629	99	1	1
5213	13545	20742	36429	4481	1219	5170	100	3	10
48888	17259	49799	149732	8771	3393	3304	95	7	3
31199	8372	26681	18710	6282	3241	4298	82	5	
193284	21430	102106	5500	810	198	1105	92	1	3
128611	90667	123661	4000	8548	12861	6361	86	1	1
198000	66667	155843	90000	9220	10185	6237	87	1	1
256406	60733	217254	16500	2792	712	1813	100	2	2
	19993	2016							
10523	19125	6668	20255	3356	959	2269	85	1	
40500	22600	27600	12162	10610	13036	6010	75	5	1
6000	6804	1365	3225	313	61	205	100	19	2
360247	135441	106058	12000	5738	3073	3343	90	3	3
356779	90500	125788		13518	12177	6996	89	4	1
370501	170168	133561	116000	11861	13449	4003	75	3	3
9165	9648								
154073	37682	80304	7000	1194	617	1876	100	5	1
145336	331026	47258	2377	10365	5445	5779	87	1	1
361193	94359	82749	26000	8420	7426	13335	92	4	1
21096	15974	6273	2661	390	266	2127	92	1	
60569	114362	25047	17618	32	83	120	53	8	32
111970	338956	57406	2520	871	281	3911	95	3	1
134283	278733	37001	4173	2208	484	2821	100	2	3
14129	10305	1128	195	1352	100	100	90	1	1
6255	23194	5130	60	2180	98	95	95	1	1
6791	28533	5092	1100	1457	526	3259	90	1	
4443	48067	5051	6500	1317	420	870	85	1	
93320	252200	32239	3000	6162	1341	8294	100	1	1
142756	278000	35727	9668	3840	90	1202	89	1	1
14658	40694	10766	194	2180	3260	2768			1
74487	502196	31212	4553	4119	625	4372	81	1	1
152889	51698	75451	16000	3338	488	2257	82	2	1
118098	296269	56313	16162	7155	2024	90	100	1	1
40355	6010	8841	995	884	26033	23594	100		1
275175		171805	2800	3034	405	1299	100	1	1
195810	87476	95782	2840	411	502	759	100	1	
334224	40929	114954	716	2618	1306	1294	100	1	1
219902	39792	94069	15800	1876	1140	1428	100	2	3
13180	2333	4424	1521	6090	205	820	80	2	1

附录7 续表 11

县(市)区名称	各种社会福利收养性单位床位数(床)	城镇基本养老保险参保人数(人)	城镇基本医疗保险参保人数(人)	参加失业保险人数(人)	城镇居民最低生活保障人数(人)	农村居民最低生活保障人数(人)	新型农村合作医疗参保人数(人)
老边区	620	34828	41842	19152	2510	2951	76749
盖州市	2482	62863	162920	23000	14854	38469	506563
大石桥市	1300	110890	125880	38175	16179	20084	426237
海州区	431	30520	43650	11912	28704	683	13392
新邱区	179	17517	11881	9266	11445	575	17093
太平区	1298	3795	1231	6367	32497	619	10291
清河门区	52	3400	2450	1310	9950	1300	20580
细河区	520	15036	2898	10772	17674		
阜新县	1368	46522	49368	14903	4955	38443	549401
彰武县	1083	37490	27196	21002	2719	16935	313416
弓长岭区	600	17886	19994	7046	2201	1844	29570
太子河区	424	814	78348	9660	3439	4655	99022
辽阳县	1120	74000	61019	22526	9394	21203	365101
灯塔市	1190	80918	115000	16834	4407	18864	345000
双台子区	454	47934	92120	15466	12036		31616
兴隆台区	222	55696	199815	51923	2814	951	30379
大洼县	858	55760	65471	10827	5402	7705	262323
盘山县	1680	38837	35889	6703	4120	9063	185378
银州区	713	20058		5400	15248	897	23104
清河区	597	9570	24290	1738	2768	4057	50543
铁岭县	810	44993	67045	21108	4300	15700	310854
西丰县	850	23926	46353	15192	11500	29626	258948
昌图县	2000	76000	110000	38400	11161	30685	797000
调兵山市	240	74385	108112	69758	5701	3621	52755
开原市	2500	83680	158243	53184	10768	18715	395861
双塔区	680	14860	67526	10015	32864	4048	84697
龙城区	650	15202	37750	10025	12408	6724	142874
朝阳县	2350	38768	40000	12000	3749	18359	486391
建平县	1395	48922	129082	28045	8897	18179	429431
喀左县	812	29085	84771	27028	10024	14572	292191
北票市	3000	63165	171827	37151	43025	21000	342326
凌源市	524	51773	153721	48500	22011	49695	497896
连山区	1230	51247	107440	848	4525	9600	171688
龙港区		44347	77351	21219	2264	2031	32208
南票区	538	14400	36540	4161	152567	11406	174359
绥中县	1695	55772	116850	15299	6880	24493	446508
建昌县	1512	32095	30834	12007	10710	23211	534319
兴城市	870	41827	109360	18257	11408	45714	399724

新型农村社会养老保险参保人数（人）	森林面积（公顷）	常用耕地面积（公顷）	环境污染治理本年完成投资总额（万元）	工业二氧化硫排放量（吨）	氮氧化物排放量（吨）	工业烟尘排放达量（吨）	城镇生活污水处理率（%）	污水处理厂数（个）	垃圾处理站数（个）
19135	927	8051	50000	457	166	851	50	1	1
285782	163963	35954	4239	1145	407	20206	89	2	1
194936	56666	67267	25300	8572	3519	9565	80	1	1
11685	719	1361	120	2010	1800	1010	96		
1272	3104	3515		20394	1112	566			
953	2533	1131		2500	95	100	93		
5300	360	3200	610	1641	112		90	4	
			200	10119	97	98	100		
158973	242666	319245						1	
156535	4	170565	216	6010	75	71	100	1	13
11688	20180	4916	1607	1600	335	680	92	1	1
28507	1360	16000		2197	1545	1287	100	1	1
52218	127333	61443							
124000	18237	66069	10000	11717	7453	5023	90	2	1
10375	246	4998	2544	120	31	97	100	1	1
2670	479	7120	846	1250	288	669	100		
133661	7270	66238	436	1062	203	1170	100	2	
53888	8667	55758	8542	1202	595	2643	94	8	
2405	674	2363							
31058	25741	9853	6832	8851	21597	1862	80	1	1
173954	68800	105064	230	11918	31559	3375			
155204	97001	80587	150	431	434	948	80	2	1
226165	79333	327947	2582	698				1	1
22183	3232	14056	12520	10244	5876	3540	97	1	1
169107	142733	119081	8358	3097	3262	5007	100	1	9
8731	13600	8458		1416	248	1725	80	2	2
156111	75333	19870	2783	1826	40	80	38		
220989	58714	93390	3245	1550	1240	15842			
236295	218600	183484	6514	4931	3152	4382	85	1	1
142458	94467	63586	6750	3675	1751	4360	87	1	1
183339	27000	116899	200	3825	635	6009	84	1	1
268836	179265	50000	350	1842	210	2095	100	3	
84733		25078	5400	1903	140	150	99		1
11768	3661	2437	81	581	350	567	100	2	
120898	24333	24816	560	981	401	865	100	1	
299151	126000	81398	62	13091	49988	3586	100	1	1
332218	105500	68454	8340	2648	246	547	100	1	1
252765	54770	79552	13200	910	412	1252	90	1	1

附录8 2012年东北三省国民经济主要指标

指标	单位	三省合计	辽宁	吉林	黑龙江	辽宁省相当于三省%
国民经济核算						
地区生产总值	亿元	50477.3	24846.4	11939.2	13691.6	49.2
第一产业	亿元	5681.6	2155.8	1412.1	2113.7	37.9
第二产业	亿元	25644.9	13230.5	6376.8	6037.6	51.6
第三产业	亿元	19150.8	9460.1	4150.4	5540.3	49.4
人均地区生产总值	元		56649.0	43415.0	35711.0	
地区生产总值指数(上年=100)	%		109.5	112.0	110.0	
第一产业	%		105.1	105.3	106.5	
第二产业	%		109.8	114.0	110.3	
第三产业	%		110.1	111.3	110.8	
人均地区生产总值			109.4	111.9	110.1	
人口						
年底总人口	万人	10829.2	4244.8	2750.4	3834.0	39.2
自然增长率	‰		-1.3	0.4	1.3	
劳动就业						
年末就业人员	万人	5807.5	2423.8	1355.9	2027.8	41.7
城镇就业人员	万人	2849.8	1206.0	604.5	1039.3	42.3
乡村就业人员	万人	2957.7	1217.8	751.4	988.5	41.2
城镇登记失业人数	万人	113.6	38.1	34.2	41.3	33.5
城镇登记失业率	%		3.6	3.7	4.2	
投　资						
全社会固定资产投资总额	亿元	41128.1	21836.3	9511.6	9780.2	53.1
#房地产开发	亿元	8301.6	5455.8	1310.0	1535.8	65.7
#国有经济	亿元	9805.4	4492.9	2191.0	3121.5	45.8
集体经济	亿元	665.4	505.3	82.2	77.9	75.9
个体经济	亿元	9142.9	8402.8	367.0	373.1	91.9
财　政						
#公共财政预算收入	亿元	5309.8	3105.4	1041.3	1163.2	58.5
公共财政预算支出	亿元	10201.3	4558.6	2471.2	3171.5	44.7
物价(上年＝100)						
商品零售价格指数	%		102.2	101.7	102.2	
居民消费价格指数	%		102.8	102.5	103.2	
人民生活						
城镇居民人均可支配收入	元		23222.7	20208.0	17760.0	
农村居民家庭人均纯收入	元		9383.7	8598.0	8604.0	
城市人均住宅建筑面积	平方米		27.3	29.1	29.0	
农村人均住房面积	平方米		29.5	24.7	24.8	
城市居民的恩格尔系数	%		35.0	31.7	36.1	
农村居民的恩格尔系数	%		38.4	36.7	37.9	
农　业						
农林牧渔业总产值	亿元		4062.4	2502.0	3952.3	
播种面积	万公顷	2433.6	436.1	531.5	1466.0	17.9
粮食产量	万吨	11174.8	2070.5	3343.0	5761.3	18.5

附录8 续表

指 标	单位	三省合计				辽宁省相当于三省%
			辽宁	吉林	黑龙江	
规模以上工业企业主要指标						
工业总产值	亿元	81569.1	49031.5	19972.0	12565.6	60.1
#国有及国有控股	亿元	26866.9	12889.8	7518.3	6458.7	48.0
利润总额	亿元	4989.3	2435.7	1215.0	1338.6	48.8
#国有及国有控股	亿元	1508.4	10.8	512.6	985.0	0.7
税金总额	亿元	6943.9	4612.3	1003.9	1327.7	66.4
#国有及国有控股	亿元	2752.4	1046.4	608.3	1097.7	38.0
工业产品销售率	%	293.6	97.8	98.3	97.5	33.3
#国有及国有控股	%	296.7	99.3	99.1	98.3	33.5
原油产量	万吨	5811.9	1000.0	810.4	4001.5	17.2
天然气	亿立方米	63.1	7.2	22.2	33.7	11.4
发电量	亿千瓦小时	2980.6	1453.1	684.4	843.1	48.8
钢产量	万吨	7763.9	5924.2	1229.5	610.2	76.3
水泥产量	万吨	13839.9	5809.0	4158.0	3872.9	42.0
汽车产量	万辆	294.7	87.3	197.6	9.8	29.6
交通运输业						
货运量	万吨	341174.8	212956.6	59768.0	68450.3	62.4
货物周转量	亿吨公里	15368.3	11616.2	1731.3	2020.8	75.6
客运量	万人	230143.2	104113.0	72677.0	53353.2	45.2
旅客周转量	亿人公里	2405.6	1099.4	572.3	733.9	45.7
邮电						
邮电业务总量	亿元	1101.3	514.1	262.2	325.0	46.7
本地固定电话用户数	万户	2642.2	1285.1	581.0	776.1	48.6
移动电话用户数	万户	9212.2	4291.3	2257.0	2663.9	46.6
互联网用户数	万户	1526.3	707.9	364.7	453.7	46.4
国内贸易						
社会消费品零售总额	亿元	19520.5	9256.6	4772.9	5491.0	47.4
进出口						
进出口总额	亿美元	1663.8	1039.9	245.7	378.2	62.5
出口总额	亿美元	783.7	579.5	59.8	144.4	73.9
进口总额	亿美元	880.2	460.4	185.9	233.9	52.3
利用外资						
实际利用外商直接投资	亿美元	323.4	267.9	16.5	39.0	82.8
旅 游						
入境旅游人数	万人	799.1	473.1	118.3	207.6	59.2
国际旅游收入	亿美元	45.1	31.8	4.9	8.4	70.6
金 融						
金融机构各项存款余额	亿元	63600.0	34567.3	12706.1	16326.6	54.4
#居民储蓄存款余额	亿元	34111.7	17967.4	6875.1	9269.2	52.7
金融机构各项贷款余额	亿元	43792.5	24730.2	9155.6	9906.7	56.5